미래와 통하는 책

동양북스 외국어
베스트 도서
700만 독자의 선택!

새로운 도서, 다양한 자료 동양북스 홈페이지에서 만나보세요!

www.dongyangbooks.com
m.dongyangbooks.com

※ 학습자료 및 MP3 제공 여부는 도서마다 상이하므로 확인 후 이용 바랍니다.

홈페이지 도서 자료실에서 학습자료 및 MP3 무료 다운로드

PC

❶ 홈페이지 접속 후 도서 자료실 클릭
❷ 하단 검색 창에 검색어 입력
❸ MP3, 정답과 해설, 부가자료 등 첨부파일 다운로드
* 원하는 자료가 없는 경우 '요청하기' 클릭!

MOBILE

* 반드시 '인터넷, Safari, Chrome' App을 이용하여 홈페이지에 접속해주세요. (네이버, 다음 App 이용 시 첨부파일의 확장자명이 변경되어 저장되는 오류가 발생할 수 있습니다.)

❶ 홈페이지 접속 후 ☰ 터치

❷ 도서 자료실 터치

❸ 하단 검색창에 검색어 입력
❹ MP3, 정답과 해설, 부가자료 등 첨부파일 다운로드
* 압축 해제 방법은 '다운로드 Tip' 참고

일본어능력시험

일단 합격 JLPT N3 완벽 대비

기본서 ✦ 모의고사 ✦ 단어장

이지민 지음 | 하나무라 미사키 감수

동양북스

개정 1쇄 | 2025년 4월 10일

지은이 | 이지민
감　수 | 하나무라 미사키
발행인 | 김태웅
책임 편집 | 길혜진
디자인 | 남은혜, 김지혜
마케팅 총괄 | 김철영
온라인 마케팅 | 신아연
제　작 | 현대순

발행처 | (주)동양북스
등　록 | 제 2014-000055호
주　소 | 서울시 마포구 동교로22길 14 (04030)
구입 문의 | 전화 (02)337-1737　팩스 (02)334-6624
내용 문의 | 전화 (02)337-1762　dybooks2@gmail.com

The Preparatory Course for the Japanese Language Proficiency Test :
JITSURYOKU-APPU Series
Copyright : 2011 by JLCI : Matsumoto Setsuko
The original edition was published by UNICOM Inc. in Japan.

ISBN 979-11-7210-097-1 13730

© 2025. 이지민

▶ 본 책은 저작권법에 의해 보호를 받는 저작물이므로 무단 전재와 복제를 금합니다.
▶ 잘못된 책은 구입처에서 교환해드립니다.
▶ 도서출판 동양북스에서는 소중한 원고, 새로운 기획을 기다리고 있습니다.
　http://www.dongyangbooks.com

일본어 능력 시험(JLPT, Japanese-Language Proficiency Test)은 일본어를 모국어로 하지 않는 사람들을 위한 세계적으로 인정받는 국제 자격증 시험입니다. 이 시험은 일본어를 배우고자 하는 전 세계의 학습자들에게 실력을 인정받을 수 있는 기회를 제공하며, 일본어 능력을 객관적으로 평가하는 중요한 기준으로 자리 잡고 있습니다. 한국에서도 많은 수험생들이 이 시험을 통해 일본어 실력을 인정받고 있으며, 특히 취업, 학업, 개인적인 목표를 이루기 위한 중요한 수단으로 활용되고 있습니다.

JLPT는 매년 두 차례(7월과 12월) 실시되며, N5부터 N1까지 총 5개의 레벨로 나뉘어 있습니다. 그중 N3 레벨은 일본어를 일상적인 상황에서 원활하게 구사할 수 있는지를 평가하는 중요한 단계입니다. N3 시험에 합격하려면 일본인이 자주 사용하는 어휘와 문법, 표현을 잘 이해하고 능숙하게 사용할 수 있어야 합니다. 특히 한국에서는 일본어와 한국어가 언어적으로 유사한 점 덕분에 N3 레벨부터 시작하는 수험생들이 많으며, 이 레벨은 일본어 학습을 지속적으로 이어가고 실력을 쌓는 데 중요한 이정표로 여겨집니다.

저자는 현재 일본어 학원을 운영하며, 10년 넘게 일본어를 가르치면서 다양한 목적을 가진 수많은 학생들을 만났습니다. 취업, 승진, 일본 대학 입학, 혹은 현재 자신의 일본어 실력을 점검하고 싶다는 이유로 일본어 공부에 힘쓰는 수험생들의 모습을 가까이에서 지켜보았습니다. 이러한 경험을 바탕으로, 저자는 학생들의 시험 합격률을 높이고자 끊임없이 시험의 변화와 패턴을 분석하고, 그에 맞는 수업 자료를 준비하는 데 많은 노력을 기울여 왔습니다. 또한, 8년간 일본에서 유학하면서 실제 사용했던 생동감 넘치는 일본어 표현들을 학생들에게 전달하기 위한 노력도 게을리하지 않았습니다.

이 책은 저자가 오랜 시간 동안 쌓아온 경험과 분석을 바탕으로, 최신 시험 유형을 반영한 내용으로 구성되었습니다. 또한 현장에서 직접 들었던 학생들의 다양한 질문과 고민을 그들의 입장에서 쉽게 이해할 수 있도록 설명했고, 실생활에서 유용한 일본어 예문도 함께 제공합니다. 학생들이 완벽한 시험 준비는 물론, 실생활에서 바로 사용 가능한 일본어 실력을 키울 수 있도록 집중했습니다.

마지막으로, 이 책으로 일본어를 학습하는 모든 분들이 일본어능력시험 자격증을 취득하는 것에서 그치지 않고, 자신감을 가지고 일본어 구사 능력을 향상시켜 일본어 실력이 진정 높아지길 바랍니다. 이 책이 여러분의 다양한 꿈과 목표를 이루는 데 조금이나마 도움이 되기를 진심으로 기원하며, 앞으로도 계속해서 여러분을 응원하겠습니다.

감사합니다.

저자 이지민

이 책은 2010년부터 시행된 JLPT N3에 대비할 수 있도록 구성된 종합 학습서입니다. 각 과목별로 문제 유형과 최신 출제 유형을 분석하였으며, 각각의 유형마다 고득점을 학습 팁과 실전 팁을 제시하였습니다. 또한 그동안의 기출 어휘·문법 정리와 더불어 충분한 문제 풀이를 통해 실전에 철저히 대비할 수 있도록 구성하였습니다.

문제 유형 공략법

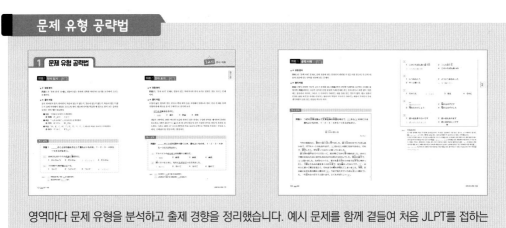

영역마다 문제 유형을 분석하고 출제 경향을 정리했습니다. 예시 문제를 함께 곁들여 처음 JLPT를 접하는 학습자도 시험에 쉽게 적응할 수 있도록 구성하였으며, 해설을 함께 제시해 시험을 탄탄히 대비할 수 있도록 하였습니다.

유형별 실전 문제

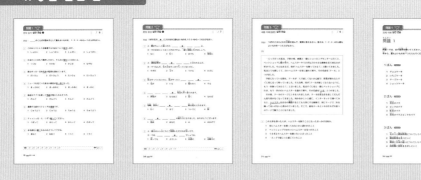

실제 시험과 동일한 형식의 문제를 풀어보며 실전 감각을 키울 수 있습니다. 앞에서 제시되었던 문제 풀이 팁을 활용하며 문제를 풉니다. 문제 아래에 정답 번호가 나와 있어 정답 확인 시간을 절약할 수 있고, 보다 상세한 해설은 별책 해설서를 통해 확인할 수 있습니다.

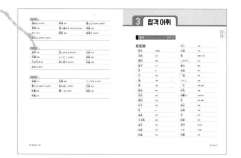

문자 · 어휘

최신 기출 어휘와 함께, N3 합격을 위해 필수로 알아야 할 단어를 정리해 두었습니다. 어휘를 품사별로 정리해 두어 취약한 영역을 골라 효율적으로 학습할 수 있도록 하였습니다. 또한 전체 어휘 학습을 마친 후에는 '확인 문제'를 통해 성취도를 확인할 수 있습니다.

문법

최신 기출 문법을 정리하고, 출제 가능성이 높은 문법 항목을 상세히 설명하였습니다. 필수 문법 표현은 물론, 접속 형태에 따라 상세히 분류하여 효율적으로 학습이 가능하도록 하였습니다. 경어, 부사, 접속사를 따로 공부할 수 있게 마련하였습니다. 문법 학습을 마친 뒤에는 '확인 문제'를 통해 성취도를 확인할 수 있습니다.

독해

독해 지문에 자주 등장하는 어휘들을 주제별로 정리하여, 자칫 어렵게 느껴질 수 있는 독해 공부에 보다 빨리 적응할 수 있도록 하였습니다.

청해

시험에 자주 나오는 어휘와 축약·구어체 표현을 주제별로 정리하여 실전에 대비할 수 있도록 하였습니다. 실전 연습에서는 풍부한 양의 연습 문제를 수록하여 문제 유형 공략법에서 배운 풀이 요령을 실제 문제 풀이에 적용하면서 자신만의 청해 학습 전략을 세워볼 수 있습니다.

JLPT(일본어 능력시험)란?

❶ JLPT에 대해서

JLPT(Japanese-Language Proficiency Test)는 일본어를 모국어로 하지 않는 사람의 일본어 능력을 측정하고 인정하는 시험으로, 국제교류기금과 재단법인 일본국제교육지원협회가 주최하고 있습니다. 1984년부터 실시되었으며 2010년부터 새로워진 일본어 능력시험이 연 2회(7월, 12월) 실시되고 있습니다.

❷ JLPT 레벨과 인정 기준

레벨	과목별 시간		인정 기준
	유형별	시간	
N1	언어지식(문자·어휘·문법) 독해	110분	폭넓은 상황에서 사용되는 일본어를 이해할 수 있다. [읽기] 폭넓은 화제에 대한 신문 논설, 평론 등 논리적으로 다소 복잡한 글이나 추상도가 높은 글 등을 읽고, 글의 구성이나 내용을 이해할 수 있다. 내용의 깊이가 있는 글을 읽고 이야기의 흐름이나 상세한 표현 의도를 이해할 수 있다.
	청해	55분	[듣기] 폭넓은 상황에 있어 자연스러운 속도의 회화나 뉴스, 강의를 듣고 이야기의 흐름이나 내용, 등장인물의 관계, 내용의 논리적 구성 등을 상세하게 이해하고 요지를 파악할 수 있다.
N2	언어지식(문자·어휘·문법) 독해	105분	일상적인 상황에서 사용되는 일본어의 이해와 더불어, 보다 폭넓은 상황에서 사용되는 일본어를 어느 정도 이해할 수 있다. [읽기] 신문이나 잡지 기사, 해설, 쉬운 평론 등 논지가 명확한 글을 읽고 글의 내용을 이해할 수 있다. 일반적인 화제의 글을 읽고 이야기의 흐름이나 표현 의도를 이해할 수 있다.
	청해	50분	[듣기] 일상적인 상황과 더불어, 다양한 상황에서 자연스러운 속도의 회화나 뉴스를 듣고 이야기의 흐름이나 내용, 등장인물의 관계를 이해하거나 요지를 파악할 수 있다.
N3	언어지식(문자·어휘)	30분	일상적인 상황에서 사용되는 일본어를 어느 정도 이해할 수 있다.
	언어지식(문법)·독해	70분	[읽기] 일상적인 화제에 대해 쓰인 구체적인 내용을 나타내는 글을 읽고 이해할 수 있다. 신문 기사 제목 등에서 정보의 개요를 파악할 수 있다. 일상적인 상황에서 난이도가 약간 높은 글은, 다른 말로 바꿔 제시되면 요지를 이해할 수 있다.
	청해	40분	[듣기] 일상적인 상황에서 자연스러움에 가까운 속도의 회화를 듣고 이야기의 구체적인 내용을 등장인물의 관계에 맞춰 거의 이해할 수 있다.
N4	언어지식(문자·어휘)	25분	기본적인 일본어를 이해할 수 있다.
	언어지식(문법)·독해	55분	[읽기] 기본적인 어휘나 한자를 이용해서 쓰여진 일상생활에서 흔히 접할 수 있는 화제의 글을 읽고 이해할 수 있다.
	청해	35분	[듣기] 일상적인 상황에서 다소 느리게 말하는 회화라면 내용을 거의 이해할 수 있다.
N5	언어지식(문자·어휘)	20분	기본적인 일본어를 어느 정도 이해할 수 있다.
	언어지식(문법)·독해	40분	[읽기] 히라가나, 가타카나, 일상생활에서 사용되는 기본적인 한자로 쓰인 정형적인 어구나 글을 읽고 이해할 수 있다.
	청해	30분	[듣기] 교실이나 주변 등 일상생활 속에서 자주 접하는 상황에서 천천히 말하는 짧은 회화라면 필요한 정보를 얻을 수 있다.

❸ 시험 결과의 표시

레벨	득점 구분	인정 기준
N1	언어지식(문자 · 어휘 · 문법)	0~60
	독해	0~60
	청해	0~60
	종합득점	0~180
N2	언어지식(문자 · 어휘 · 문법)	0~60
	독해	0~60
	청해	0~60
	종합득점	0~180
N3	언어지식(문자 · 어휘 · 문법)	0~60
	독해	0~60
	청해	0~60
	종합득점	0~180
N4	언어지식(문자 · 어휘 · 문법) · 독해	0~120
	청해	0~60
	종합득점	0~180
N5	언어지식(문자 · 어휘 · 문법) · 독해	0~120
	청해	0~60
	종합득점	0~180

❹ 시험 결과 통지의 예

다음 예와 같이 ① '득점구분별 득점'과 득점구분별 득점을 합계한 ② '종합득점', 앞으로의 일본어 학습을 위한 ③ '참고정보'를 통지합니다. ③ '참고정보'는 합격/불합격 판정 대상이 아닙니다.

*예 N3을 수험한 Y씨의 '합격/불합격 통지서'의 일부 성적 정보(실제 서식은 변경될 수 있습니다.)

① 득점 구분별 득점			② 종합 득점
언어지식 (문자 · 어휘 · 문법)	독해	청해	120/180
50/60	30/60	40/60	

③ 참고 정보	
문자 · 어휘	문법
A	C

A 매우 잘했음 (정답률 67% 이상)
B 잘했음 (정답률 34%이상 67% 미만)
C 그다지 잘하지 못했음 (정답률 34% 미만)

목 차

1교시

문자·어휘

1 문제 유형 공략법

問題 1 한자 읽기 📖

● ● **유형 분석**

問題 1은 '한자 읽기' 문제로, 밑줄이 있는 한자의 정확한 히라가나 표기를 보기에서 고르는 문제이다.

● ● **풀이 비법**

음독 한자인지 훈독 한자인지, 탁음이 있는지 없는지, 장음이 있는지 없는지, 촉음이 있는지 없는지 등에 주의해서 정답을 고르도록 한다. 평소에 단어를 학습할 때 입으로 읽어 보는 습관을 들이는 것이 매우 중요하다.

❶ 장음 う 발음이 들어가는지 확인한다.
   ㉠ 動物 ど<u>う</u>ぶつ   どぶつ

❷ 촉음 「つ」가 아니라 「っ」가 들어가는지 확인한다.
   ㉠ 発見 はつけん   は<u>っ</u>けん

❸ 탁음 「が、ぎ、ぐ、げ、ご」「だ、ぢ、づ、で、ど」와 같은 탁음이 들어가는지 확인한다.
   ㉠ 数学 すうかく   すう<u>が</u>く

예시 문제

> 問題1 ＿＿＿＿＿のことばの読み方として最もよいものを、1・2・3・4から
> 一つえらびなさい。
>
> 1 山本さんはクラスの<u>代表</u>に選ばれた。
>   1 たいひょう   2 だいひょ   3 だいひょう   4 たいひょ
>
> 2 3日前から雨が<u>続いて</u>いる。
>   1 ういて   2 うごいて   3 ついて   4 つづいて

| 해석 | 1 야마모토 씨는 학급 <u>대표</u>로 선출되었다.
        2 3일 전부터 비가 <u>계속되고</u> 있다.

問題2 한자 표기

● ● **유형 분석**

問題2는 '한자 표기' 문제로, 밑줄이 있는 히라가나의 한자 표기로 알맞은 것을 고르는 문제이다.

● ● **풀이 비법**

모양이 닮은 한자의 경우, 부수나 획의 위치 등을 주의해서 살피도록 한다. 다음 문제를 통해 유형과 출제 의도를 좀 더 구체적으로 분석해 보자.

けつえき検査を受けた。

1　血液　　　2　血圧　　　3　決益　　　4　身体

정답은 1번이다. 2번은 비슷한 모습의 한자나 같은 한자로 구성된 단어를 제시하여 혼란을 유도하고, 3번은 決(けつ), 益(えき)와 같이 발음이 같은 가상의 단어를 만들어 혼란을 유도한다. 그리고 4번은 けつえき(혈액)의 뜻을 몰라서 문맥으로 막연히 추측하는 경우를 노려서, '신체검사'를 연상시키는 함정이다.

예시 문제

問題2　_____のことばを漢字で書くとき、最もよいものを、1・2・3・4から一つえらびなさい。

1　アルバイトの<u>めんせつ</u>は来週の土曜日だ。

　　1　面接　　　　2　面投　　　　3　両接　　　　4　両投

2　<ruby>困<rt>こま</rt></ruby>っているときに、先生に<u>たすけて</u>いただきました。

　　1　助けて　　　2　守いて　　　3　支けて　　　4　協けて

| 해석 |　1　아르바이트 면접은 다음 주 토요일이다.

　　　　2　곤란해하고 있을 때, 선생님께서 도와주셨습니다.

問題3 문맥 규정

● ● 유형 분석
問題3은 '문맥 규정' 문제로, 문장의 흐름에 맞는 어휘를 고르는 문제이다.

● ● 풀이 비법
다른 유형에 비해 부사의 출제 빈도가 높은 유형이다. 이 유형에 효과적으로 대응하려면 평소 학습할 때, 단어를 하나하나 외우는 데 머무르지 않고 문장으로 이해하고 기억해 두는 노력이 필요하다.

예시 문제

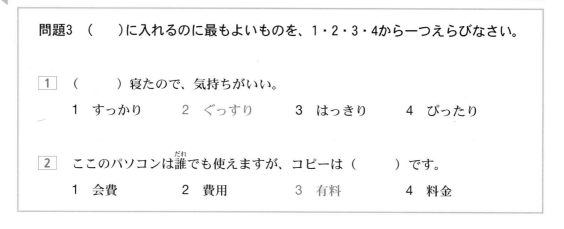

問題3 （　　）に入れるのに最もよいものを、1・2・3・4から一つえらびなさい。

1　（　　）寝たので、気持ちがいい。
　　1　すっかり　　　2　ぐっすり　　　3　はっきり　　　4　ぴったり

2　ここのパソコンは誰でも使えますが、コピーは（　　）です。
　　1　会費　　　　2　費用　　　　3　有料　　　　4　料金

| 해석 |　1　푹 자서 기분이 좋다.
　　　　2　여기 컴퓨터는 누구나 쓸 수 있습니다만, 복사는 유료입니다.

問題4 유의어

●● 유형 분석

問題4는 '유의어' 문제로, 제시된 어휘와 뜻이 비슷한 어휘를 보기에서 고르는 문제이다. 즉, 제시된 단어와 바꿔 사용하더라도 같은 의미를 나타내는 단어를 선택하는 문제이다.

●● 풀이 비법

이 유형은 문제에 제시된 단어와 그것을 대체할 수 있는 보기의 단어를 동시에 알아야 풀 수 있기 때문에 어휘력과 문장력이 동시에 요구된다. 그러므로 평소 단어를 외울 때 그 단어의 뜻만 외우지 말고 「がんばる(열심히 하다)＝努力する(노력하다)」와 같이 유사 표현도 함께 연계해서 학습하도록 한다.

예시 문제

問題4 _____に意味が最も近いものを、1・2・3・4から一つえらびなさい。

1 次々に新しいゲームが作られる。

  1 だんだん 2 これから 3 いつでも 4 どんどん

2 明日の飛行機の予約を確認してください。

  1 変えて   2 調べて   3 行って   4 頼んで

| 해석 | 1 잇따라 새로운 게임이 만들어진다.

   ↘ 次々に(차례로, 잇따라)＝どんどん(잇따라, 계속해서)

  2 내일 비행기 예약을 확인해 주세요.

   ↘ 確認する(확인하다)＝調べる(조사하다, 점검하다)

문자·어휘

● ● **유형 분석**

問題5는 '용법' 문제로, 제시된 어휘가 문장 안에서 알맞은 의미로 쓰이고 있는지를 묻는 문제이다.

● ● **풀이 비법**

결론부터 말하자면, 문장을 많이 외워 두어야 한다. 실제로 앞에 제시된 예제들을 풀 때, 그 단어가 어떻게 쓰이는지 일일이 분석하면서 학습하는 것은 시간적으로도 효율적이지 못하다. 그러므로 단어 하나가 지닌 의미도 중요하지만, 평소에 문장을 많이 익혀 두어 문장 속에서의 의미를 파악하는 능력을 키워야 한다. 또한 평소 단어를 외울 때 하나의 뜻만 외우지 말고 다른 의미로 쓰이는 경우도 함께 외워 두도록 한다.

예시 문제

問題5　つぎのことばの使い方として最もよいものを、1・2・3・4から一つえらびなさい。

1　今ごろ
  1　それでは、<u>今ごろ</u>テストを始めます。
  2　<u>今ごろ</u>東京では桜が咲いているでしょう。
  3　<u>今ごろ</u>現金で支払うことが少なくなった。
  4　<u>今ごろ</u>雨が降りそうな天気だ。

2　かわいがる
  1　山田さんは子どもをとても<u>かわいがって</u>います。
  2　あの人は親をとても<u>かわいがって</u>います。
  3　田中さんは、いただいた時計をとても<u>かわいがって</u>います。
  4　あの人は自分の家をとても<u>かわいがって</u>います。

| 해석 |　1　今ごろ(지금쯤, 이맘때)　<u>지금쯤</u> 도쿄에서는 벚꽃이 피어 있겠지요.
　　　　2　かわいがる(귀여워하다)　야마다 씨는 아이를 매우 <u>귀여워합</u>니다.

2 기출 어휘

● 問題 1 **한자 읽기**

2010년

□ 岩 바위 (いわ)

□ ~件（会議の件）~건 (회의 건) (けん / かいぎ / けん)

□ 通勤 통근 (つうきん)

□ 努力 노력 (どりょく)

□ 発見 발견 (はっけん)

□ 得意だ 자신 있다, 잘하다 (とくい)

□ 表す 나타내다 (あらわ)

□ 包む 포장하다 (つつ)

□ 息 숨 (いき)

□ 空席 공석, 빈자리 (くうせき)

□ 失業 실업 (しつぎょう)

□ 夫婦 부부 (ふうふ)

□ 移す 옮기다 (うつ)

□ 組む 짜다, 맞추다 (く)

□ 順番 순서, 순번 (じゅんばん)

□ 苦労 고생 (くろう)

2011년

□ 応募 응모 (おうぼ)

□ 首都 수도 (しゅと)

□ 単語 단어 (たんご)

□ 地球 지구 (ちきゅう)

□ 発表 발표 (はっぴょう)

□ 遅れる 늦다 (おく)

□ 協力 협력 (きょうりょく)

□ 疑問 의문, 질문 (ぎもん)

□ 過去 과거 (かこ)

□ 到着 도착 (とうちゃく)

□ 折る 접다, 굽히다 (お)

□ 情報 정보 (じょうほう)

□ 値段 가격 (ねだん)

□ 深い 깊다 (ふか)

□ 返す 돌려주다 (かえ)

□ 表面 표면 (ひょうめん)

2012년

□ 汗 땀 (あせ)

□ 配る 나누어 주다 (くば)

□ 完成 완성 (かんせい)

□ 島 섬 (しま)

□ 困る 곤란하다 (こま)

□ 平日 평일 (へいじつ)

□ 卒業 졸업 (そつぎょう)

□ 固い 딱딱하다 (かた)

□ 短い 짧다 (みじか)

□ 他人 타인 (たにん)

□ 示す 나타내다 (しめ)

□ 外科 외과 (げか)

□ 笑顔 웃는 얼굴, 미소　　□ 以降 이후　　□ 横断 횡단

□ 合図 신호

□ 苦しい 괴롭다　　□ 出張 출장　　□ 席 좌석

□ 根 뿌리　　□ 事情 사정　　□ 通知 통지

□ 選手 선수　　□ 実力 실력　　□ 生える 나다, 돋아나다

□ 各地 각지　　□ 貯金 저금　　□ 留守 부재

□ 浅い 얕다　　□ 文章 문장　　□ 改札 개찰

□ 笑う 웃다

□ 商業 상업　　□ 覚える 외우다, 기억하다　　□ 広告 광고

□ 相手 상대　　□ 大会 대회　　□ 割れる 깨지다, 나누어지다

□ 集中 집중　　□ 食器 식기　　□ 横 옆, 가로

□ 自然 자연　　□ 替える 교체하다　　□ 応用 응용

□ 一般的だ 일반적이다　　□ 検査 검사　　□ 厚い 두껍다

□ 呼吸 호흡

□ 美しい 아름답다　　□ 創造 창조　　□ 汚れる 더러워지다

□ 朝食 조식, 아침 식사　　□ 首 목　　□ 経営学 경영학

□ 分類 분류　　□ 干す (널어)말리다, (잔)비우다　　□ 血液型 혈액형

□ 湖 호수　　□ 変化 변화　　□ 伝える 전달하다

□ 荷物 짐　　□ 平均 평균　　□ 支給する 지급하다

□ 表す 나타내다, 표현하다

2016년

- ☐ 丸い 둥글다
- ☐ 個人 개인
- ☐ 方向 방향
- ☐ 申し込み 신청
- ☐ はかる 재다, 측정하다
- ☐ 独立 독립
- ☐ 豆 콩
- ☐ 折れる 부러지다, 꺾이다
- ☐ 努力 노력
- ☐ 観客 관객
- ☐ 払う 지불하다
- ☐ 到着 도착
- ☐ 加える 추가하다
- ☐ 訓練 훈련
- ☐ 共通 공통
- ☐ 税金 세금

2017년

- ☐ 汚い 더럽다
- ☐ 商品 상품
- ☐ 冷える 차가워지다
- ☐ 早退 조퇴
- ☐ 下線 밑줄
- ☐ 転ぶ 구르다, 넘어지다
- ☐ 主要だ 주요하다
- ☐ 過去 과거
- ☐ 直接 직접
- ☐ 燃える 타다
- ☐ 位置 위치
- ☐ 計算 계산
- ☐ 回す 돌리다
- ☐ 禁煙 금연
- ☐ 結ぶ 잇다, 연결하다
- ☐ 手術 수술

2018년

- ☐ 塩 소금
- ☐ 命令 명령
- ☐ 恋しい 그립다
- ☐ 機械 기계
- ☐ 休日 휴일
- ☐ 部分 부분
- ☐ 疑う 의심하다
- ☐ 得意だ 잘하다
- ☐ 卒業 졸업
- ☐ 相談 상담
- ☐ 確かに 확실히
- ☐ 遊ぶ 놀다
- ☐ 制服 제복
- ☐ 換える 바꾸다, 교환하다
- ☐ 血圧 혈압
- ☐ 改札 개찰(구)

2019년

- ☐ 遅い 느리다
- ☐ 線 선
- ☐ 調査 조사
- ☐ 郵便 우편
- ☐ 腰 허리
- ☐ 方角 방위, 방향

☐ 包む 포장하다　　　☐ 昼食 중식, 점심밥　　　☐ 予約 예약

☐ 若い 젊다　　　☐ 上品だ 고상하다　　　☐ 助ける 돕다, 살리다

☐ 未来 미래　　　☐ 各駅 각 역　　　☐ 勝つ 이기다

☐ 印象 인상

2020년

☐ 調査 조사　　　☐ 種類 종류　　　☐ 岩 바위

☐ 交流 교류　　　☐ 預ける 맡기다　　　☐ 普通 보통

☐ 疑う 의심하다　　　☐ 留守 집을 비움, 부재

2021년

☐ 裏 뒤, 뒤쪽　　　☐ 呼吸 호흡　　　☐ 悲しい 슬프다

☐ 駐車 주차　　　☐ 逃げる 도망치다　　　☐ 努力 노력

☐ 過去 과거　　　☐ 動作 동작　　　☐ 自然 자연

☐ 秒 초(시간)　　　☐ 残り 나머지　　　☐ 増減 증감

☐ 通知 통지　　　☐ 生える (풀, 이 등이) 나다　　　☐ 恋しい 그립다

☐ 郵送 우송

2022년

☐ 情報 정보　　　☐ 現在 현재　　　☐ 丸い 둥글다

☐ 有名だ 유명하다　　　☐ 角 모서리, 모퉁이　　　☐ 包む 포장하다

☐ 計算 계산　　　☐ 容器 용기　　　☐ 比べる 비교하다

☐ 複数 복수　　　☐ 血圧 혈압　　　☐ 夕日 석양

☐ 難しい 어렵다　　　☐ 横断 횡단　　　☐ ~件 (出張の件) ~건 (출장 건)

□ 復習 복습　□ 小型 소형　□ 疑う 의심하다

□ 細い 가늘다　□ 退院 퇴원　□ 夫婦 부부

□ 留守 집을 비움, 부재　□ 高価だ 고가다, 값이 비싸다　□ 汚す 더럽히다

□ 選手 선수　□ 月末 월말　□ 裏 뒤, 뒤쪽

□ 産業 산업　□ 朝刊 조간　□ 断る 거절하다

□ 広場 광장

□ 割る 깨다　□ 基本 기본　□ 横 옆, 가로

□ 最初 최초　□ 返す 돌려주다　□ 包丁 식칼

□ 適当だ 적당하다　□ 家具 가구　□ 配る 나눠주다

□ 加熱 가열　□ 石油 석유　□ 深い 깊다

□ 父母 부모　□ 感情的 감정적　□ 主要 주요

□ 残す 남기다

● 問題 2 한자 표기

□ 正常 정상　□ 血液 혈액　□ 追う 뒤쫓다

□ 降りる (탈것에서) 내리다　□ 身長 신장, 키　□ 物語 이야기

□ 成績 성적　□ 楽器 악기　□ 専門家 전문가

□ 制服 제복, 교복　□ 内側 안쪽　□ 過ごす 지내다, 보내다

□ 案内 안내　□ 解決 해결　□ 気温 기온

□ 健康 건강　□ 大量 대량　□ 痛い 아프다

문자 · 어휘

☐ 現在 현재	☐ 自由 자유	☐ 法律 법률
☐ 観光 관광	☐ ~券(入場券) ~권(입장권)	☐ 涙 눈물

2012년

☐ 守る 지키다	☐ 週刊誌 주간지	☐ 相談 상담
☐ 自信 자신(자신감)	☐ 温める 따뜻하게 하다	☐ 原料 원료
☐ 帰宅 귀가	☐ 育てる 키우다, 기르다	☐ 記録 기록
☐ 歯 이, 치아	☐ 結ぶ 연결하다, 묶다	☐ 復習 복습

2013년

☐ 信じる 믿다	☐ 遅い 느리다, 늦다(2배)	☐ 容器 용기(그릇)
☐ 疲れる 피로하다	☐ 重ねる 거듭하다	☐ 残業 잔업
☐ ~倍(2倍) ~배(2배)	☐ 停電 정전	☐ 包む 포장하다
☐ 独身 독신	☐ 貸す 빌려주다	☐ 逃げる 달아나다, 도망치다

2014년

☐ 消す 끄다, 지우다	☐ 欠席 결석	☐ 細かい 자세하다, 작다
☐ 若い 젊다	☐ 複数 복수(여러 개)	☐ 減少 감소
☐ 駐車 주차	☐ 移る 옮기다	☐ 温泉 온천
☐ 雑誌 잡지	☐ 恋しい 그립다	☐ 仮定する 가정하다

2015년

☐ 正解 정답	☐ 関心 관심	☐ 投げる 던지다
☐ 原因 원인	☐ 勤める 근무하다	☐ 規則 규칙
☐ 楽器 악기	☐ 借りる 빌리다	☐ 欠点 결점
☐ 現在 현재	☐ 緑 초록, 녹색	☐ 願う 바라다, 부탁하다

2016년

- □ 逃げる 도망치다
- □ 成績 성적
- □ 焼く 굽다, 태우다
- □ 回す 돌리다
- □ 記録 기록
- □ 乗車 승차
- □ 波 파도
- □ 速い 빠르다
- □ 満足 만족
- □ 組む 짜다, 맞추다
- □ 輸出 수출
- □ 眠る 자다, 잠들다

2017년

- □ 困る 곤란하다
- □ 期待 기대
- □ 頭痛 두통
- □ 葉 잎
- □ 預ける 맡기다
- □ 経由 경유
- □ 秒 초(시간)
- □ 飛ぶ 날다
- □ 坂道 비탈길, 언덕길
- □ 違う 다르다
- □ 関係 관계
- □ 教師 교사

2018년

- □ 疲れ 피로
- □ 泣く 울다
- □ 複雑だ 복잡하다
- □ 当たる 맞다, 적중하다
- □ 右折 우회전
- □ 帰宅 귀가
- □ 週刊誌 주간지
- □ 続き 계속, 연결
- □ 熱心に 열심히
- □ 退院 퇴원
- □ 厚い 두껍다
- □ 出勤 출근

2019년

- □ 最初 최초, 처음
- □ 停電 정전
- □ 訳す 번역하다, 해석하다
- □ 家具 가구
- □ 内側 안쪽, 내면
- □ 浅い 얕다
- □ 理由 이유
- □ 島 섬
- □ 記念 기념
- □ 一般的だ 일반적이다
- □ 必ず 반드시, 꼭
- □ 現れる 나타나다

2020년

- □ 逆 반대
- □ 低い 낮다
- □ 観察 관찰
- □ 泣く 울다
- □ 以降 이후
- □ 複雑だ 복잡하다

2021년

- □ 泊まる <ruby>泊<rt>と</rt></ruby>まる 묵다, 숙박하다
- □ 規則 <ruby>規則<rt>き そく</rt></ruby> 규칙
- □ 暖かい <ruby>暖<rt>あた</rt></ruby>かい 따뜻하다
- □ 薬局 <ruby>薬局<rt>やっきょく</rt></ruby> 약국
- □ 重ねる <ruby>重<rt>かさ</rt></ruby>ねる 겹치다, 거듭하다
- □ 伝言 <ruby>伝言<rt>でん ごん</rt></ruby> 전언, 전할 말
- □ 娘 <ruby>娘<rt>むすめ</rt></ruby> 딸
- □ 性格 <ruby>性格<rt>せいかく</rt></ruby> 성격
- □ 命令 <ruby>命令<rt>めいれい</rt></ruby> 명령
- □ 預ける <ruby>預<rt>あず</rt></ruby>ける 맡기다
- □ 予想 <ruby>予想<rt>よ そう</rt></ruby> 예상
- □ 高価だ <ruby>高価<rt>こう か</rt></ruby>だ 고가다, 값이 비싸다

2022년

- □ 記録 <ruby>記録<rt>き ろく</rt></ruby> 기록
- □ 広告 <ruby>広告<rt>こうこく</rt></ruby> 광고
- □ 冷える <ruby>冷<rt>ひ</rt></ruby>える 차가워지다
- □ 検査 <ruby>検査<rt>けん さ</rt></ruby> 검사
- □ 確かだ <ruby>確<rt>たし</rt></ruby>かだ 확실하다
- □ 絵画 <ruby>絵画<rt>かい が</rt></ruby> 회화, 그림
- □ 吸う <ruby>吸<rt>す</rt></ruby>う (공기 등을) 마시다
- □ 短い <ruby>短<rt>みじか</rt></ruby>い 짧다
- □ 胃 <ruby>胃<rt>い</rt></ruby> 위
- □ 笑顔 <ruby>笑顔<rt>え がお</rt></ruby> 웃는 얼굴
- □ 黒板 <ruby>黒板<rt>こくばん</rt></ruby> 칠판
- □ 一般的だ <ruby>一般的<rt>いっぱんてき</rt></ruby>だ 일반적이다

2023년

- □ 短気だ <ruby>短気<rt>たん き</rt></ruby>だ 성질이 급하다
- □ 心配 <ruby>心配<rt>しんぱい</rt></ruby> 걱정
- □ 焼く <ruby>焼<rt>や</rt></ruby>く 굽다, 태우다
- □ 必ず <ruby>必<rt>かなら</rt></ruby>ず 반드시, 꼭
- □ 制服 <ruby>制服<rt>せいふく</rt></ruby> 제복
- □ 薬局 <ruby>薬局<rt>やっきょく</rt></ruby> 약국
- □ 降りる <ruby>降<rt>お</rt></ruby>りる (탈 것에서) 내리다
- □ 帰宅 <ruby>帰宅<rt>き たく</rt></ruby> 귀가
- □ 細かい <ruby>細<rt>こま</rt></ruby>かい 자잘하다, 세세하다
- □ 法律 <ruby>法律<rt>ほう りつ</rt></ruby> 법률
- □ 空 <ruby>空<rt>から</rt></ruby> 텅 빔
- □ 会費 <ruby>会費<rt>かい ひ</rt></ruby> 회비

2024년

- □ 解く <ruby>解<rt>と</rt></ruby>く 풀다
- □ 腰 <ruby>腰<rt>こし</rt></ruby> 허리
- □ 翌週 <ruby>翌週<rt>よくしゅう</rt></ruby> 다음주
- □ 順番 <ruby>順番<rt>じゅんばん</rt></ruby> 순서, 순번
- □ 勤める <ruby>勤<rt>つと</rt></ruby>める 근무하다
- □ 左右 <ruby>左右<rt>さ ゆう</rt></ruby> 좌우
- □ 低い <ruby>低<rt>ひく</rt></ruby>い 낮다
- □ 方向 <ruby>方向<rt>ほうこう</rt></ruby> 방향
- □ 規則 <ruby>規則<rt>き そく</rt></ruby> 규칙
- □ 負ける <ruby>負<rt>ま</rt></ruby>ける 지다
- □ 過去 <ruby>過去<rt>か こ</rt></ruby> 과거
- □ 逆 <ruby>逆<rt>ぎゃく</rt></ruby> 반대

● 問題 3 문맥 규정

2010년

□ カタログ 카탈로그	□ 感^{かん}じる 느끼다	□ 家賃^{やちん} 집세
□ しまう 넣다, 간수하다	□ 最新^{さいしん} 최신	□ しばる 묶다
□ キャンセル 취소	□ 感動^{かんどう} 감동	□ りっぱだ 훌륭하다
□ 早^{はや}めに 일찌감치	□ あわ 거품	□ ノック 노크
□ 半日^{はんにち} 반나절	□ 扱^{あつか}う 다루다, 취급하다	□ 希望^{きぼう} 희망
□ 迷^{まよ}う 헤매다, 망설이다	□ しばらく 잠시	□ 体力^{たいりょく} 체력
□ どきどき 두근두근	□ ~向^むき(南^{みなみ}向^むき) ~향(남향), ~쪽	
□ 全^{ぜん}~(全人口^{ぜんじんこう}) 전~(전 인구)	□ うっかり 깜빡, 무심코(실수하는 모습)	

2011년

□ 不満^{ふまん} 불만	□ ぶらぶら 어슬렁어슬렁, 천천히	□ 申込書^{もうしこみしょ} 신청서
□ 複雑^{ふくざつ}な 복잡한	□ 流^{なが}れる 흐르다	□ インタビュー 인터뷰
□ 主張^{しゅちょう} 주장	□ 整理^{せいり} 정리	□ ためる 모으다, 담다
□ かかる 걸리다	□ 清潔^{せいけつ}だ 청결하다	□ あわせる 합치다
□ 出張^{しゅっちょう} 출장	□ 冗談^{じょうだん} 농담	□ さっそく 즉시
□ カーブ 곡선, 커브	□ 両替^{りょうがえ} 환전	□ 前後^{ぜんご} 전후, 앞뒤
□ 影響^{えいきょう} 영향	□ しっかり 단단히, 꽉, 제대로	
□ ~産^{さん}(アメリカ産^{さん}) ~산 (미국산)	□ からから 바싹바싹(몹시 건조한 모습)	

2012년

□ ながれ 흐름	□ 外食^{がいしょく} 외식	□ 差^さ 차이, 차
□ セット 세트	□ 意志^{いし} 의지	□ 別^{わか}れる 헤어지다, 작별하다
□ 起^おきる 일어나다	□ 応援^{おうえん} 응원	□ のばす 연장하다, 연기하다
□ ふる 흔들다	□ カバー 커버, 덮개	□ 想像^{そうぞう} 상상
□ むく (껍질을) 벗기다	□ かれる 시들다	□ 期待^{きたい} 기대

□ がっかりする 낙심하다 　□ ヒント 힌트 　□ なつかしい 그립다

□ 代金(だいきん) 대금(비용) 　□ しつこい 끈질기다 　□ 自動的だ(じどうてきだ) 자동적이다

□ 片方(かたほう) 한쪽

2013년

□ かわく 마르다 　□ 渋滞(じゅうたい) 정체(밀리는 상태) 　□ おかしい 이상하다

□ 交換(こうかん) 교환 　□ リサイクル 리사이클, 재활용 　□ うわさ 소문

□ 主に(おもに) 주로 　□ 不安(ふあん) 불안 　□ なるべく 가능한 한

□ とじる 닫다, (눈을)감다 　□ たたむ 접다, 개다 　□ 調子(ちょうし) 상태

□ 緩い(ゆるい) 느슨하다, 완만하다 　□ 経つ(たつ) 지나다, 경과하다 　□ 突然(とつぜん) 돌연, 갑자기

□ 物価(ぶっか) 물가 　□ 追いつく(おいつく) 따라잡다 　□ おぼれる 물에 빠지다

□ 材料(ざいりょう) 재료 　□ 別々に(べつべつに) 따로따로 　□ 引き受ける(ひきうける) 받아들이다

□ 自慢する(じまんする) 자랑하다

2014년

□ 分ける(わける) 나누다, 구분하다 　□ お祝い(おいわい) 축하 　□ 方法(ほうほう) 방법

□ 積極的だ(せっきょくてきだ) 적극적이다 　□ 資源(しげん) 자원 　□ 印象(いんしょう) 인상

□ 我慢する(がまんする) 참다 　□ 記念(きねん) 기념 　□ 使用(料)(しよう(りょう)) 사용(료)

□ あきる 질리다, 식상하다 　□ パンフレット 팸플릿, 소책자 　□ 目標(もくひょう) 목표

□ 覚める(さめる) (잠) 깨다, 정신 들다 　□ テーマ 주제, 테마 　□ 穴(あな) 구멍, 구덩이

□ 合計(ごうけい) 합계 　□ 悔しい(くやしい) 분하다, 억울하다 　□ ぶつける 부딪다, 들이받다

□ 感覚(かんかく) 감각 　□ くせ 버릇 　□ ふらふら 비틀비틀, 휘청휘청

□ 当日(とうじつ) 당일

2015년

□ 発表(はっぴょう) 발표 　□ 守る(まもる) 지키다 　□ 順番(じゅんばん) 순번, 차례

□ 文句(もんく) 불평, 잔소리 　□ キャンセル 취소 　□ 代表的だ(だいひょうてきだ) 대표적이다

□ 栄養 영양　　□ 隠す 숨기다　　□ 割合 비율

□ そっくり 똑같이 생김　　□ 観察 관찰　　□ 破れる 찢어지다, 파손되다

□ 料金 요금　　□ 編む 짜다, 뜨개질하다　　□ 戦う 싸우다

□ 興味 흥미　　□ 香り 향기　　□ 演奏 연주

□ 防ぐ 막다, 방지하다　　□ ぴったり 딱(밀착함, 어울림)　　□ リサイクル 리사이클, 재활용

□ 盛んだ 왕성하다, 번성하다

2016년

□ アドバイス 어드바이스, 충고　　□ うまい 능숙하다　　□ 自信 자신(자신감)

□ 検査 검사　　□ チャレンジ 챌린지, 도전　　□ 流行 유행

□ 断る 거절하다　　□ 惜しい 아깝다, 아쉽다　　□ 傷 상처

□ 頼る 의지하다　　□ 特長 특징　　□ イメージ 이미지

□ 囲む 포위하다　　□ がらがら 텅텅(텅 빈 모습)　　□ うわさ 소문

□ 許す 용서하다, 허락하다　　□ 姿勢 자세　　□ 確かめる 확인하다

□ 農業 농업　　□ 沈む 가라앉다　　□ 内緒 비밀

□ うっかり 깜박, 무심코(실수하는 모습)

2017년

□ 比較 비교　　□ 応募 응모　　□ 底 바닥

□ 平均 평균　　□ 解決 해결　　□ マナー 매너

□ 正常だ 정상이다　　□ 拭く 닦다, 훔치다　　□ 確実だ 확실하다

□ そっと 살짝　　□ 呼び掛ける 호소하다　　□ 目的 목적

□ 床 바닥, 마루　　□ 完成 완성　　□ 列 줄

□ 苦しい 괴롭다　　□ 登場 등장　　□ ずいぶん 몹시, 상당히

□ 落ち着く 안정되다, 진정되다　　□ 申請 신청　　□ 染み 얼룩

□ そっくり 꼭 닮음

□ エネルギー 에너지	□ <ruby>想像<rt>そうぞう</rt></ruby> 상상	□ <ruby>制限<rt>せいげん</rt></ruby> 제한
□ <ruby>意外<rt>い がい</rt></ruby>に 의외로	□ <ruby>経営<rt>けいえい</rt></ruby> 경영	□ きつい 고되다, 꽉 끼다
□ <ruby>溢<rt>あふ</rt></ruby>れる 넘치다, 넘쳐흐르다	□ <ruby>原料<rt>げんりょう</rt></ruby> 원료	□ しっかり 확실히
□ <ruby>搾<rt>しぼ</rt></ruby>る (쥐어)짜다	□ <ruby>重<rt>かさ</rt></ruby>ねる 겹치다, 거듭하다	□ <ruby>目標<rt>もくひょう</rt></ruby> 목표
□ <ruby>自動的<rt>じ どうてき</rt></ruby>だ 자동적이다	□ バケツ 양동이	□ <ruby>乾燥<rt>かんそう</rt></ruby> 건조
□ <ruby>発展<rt>はってん</rt></ruby> 발전	□ <ruby>迷<rt>まよ</rt></ruby>う 망설이다	□ <ruby>偶然<rt>ぐうぜん</rt></ruby> 우연히
□ <ruby>期待<rt>き たい</rt></ruby> 기대	□ うっかり 깜빡	□ <ruby>交<rt>ま</rt></ruby>ざる 섞이다
□ <ruby>待<rt>ま</rt></ruby>ち<ruby>合<rt>あ</rt></ruby>わせる (시간, 장소를 정하고) 만나기로 하다		

□ ノック 노크	□ <ruby>芸術<rt>げいじゅつ</rt></ruby> 예술	□ <ruby>冗談<rt>じょうだん</rt></ruby> 농담
□ <ruby>積極的<rt>せっきょくてき</rt></ruby> 적극적	□ <ruby>親<rt>した</rt></ruby>しい 친하다	□ <ruby>集中<rt>しゅうちゅう</rt></ruby> 집중
□ <ruby>取<rt>と</rt></ruby>り<ruby>消<rt>け</rt></ruby>す 취소하다	□ しまう 넣다, 간수하다	□ <ruby>早速<rt>さっそく</rt></ruby> 곧, 즉시, 바로
□ <ruby>間隔<rt>かんかく</rt></ruby> 간격	□ うろうろ 어슬렁어슬렁	□ <ruby>就職<rt>しゅうしょく</rt></ruby> 취직
□ デザイン 디자인	□ <ruby>締<rt>し</rt></ruby>め<ruby>切<rt>き</rt></ruby>り 마감	□ <ruby>通訳<rt>つうやく</rt></ruby> 통역
□ <ruby>突然<rt>とつぜん</rt></ruby> 돌연, 갑자기	□ <ruby>信<rt>しん</rt></ruby>じる 믿다	□ <ruby>清潔<rt>せいけつ</rt></ruby>だ 청결하다
□ <ruby>面倒臭<rt>めんどうくさ</rt></ruby>い 귀찮다	□ どきどき 두근두근	□ <ruby>溶<rt>と</rt></ruby>ける 녹다
□ <ruby>事情<rt>じ じょう</rt></ruby> 사정		

□ <ruby>偶然<rt>ぐうぜん</rt></ruby> 우연히	□ ユーモア 유머	□ <ruby>希望<rt>き ぼう</rt></ruby> 희망
□ <ruby>登場<rt>とうじょう</rt></ruby> 등장	□ ぴったり 딱 맞음	□ <ruby>配達<rt>はいたつ</rt></ruby> 배달
□ <ruby>引<rt>ひ</rt></ruby>き<ruby>受<rt>う</rt></ruby>ける (떠)맡다	□ <ruby>比較<rt>ひ かく</rt></ruby> 비교	□ あくび 하품
□ <ruby>文句<rt>もん く</rt></ruby> 불평	□ <ruby>囲<rt>かこ</rt></ruby>む 둘러싸다	

2021년

- □ 延期 연기
- □ セット 세트, 설정함
- □ ～者 (愛用者) ～자 (애용자)
- □ ペラペラ (외국어를) 술술
- □ 当たる 맞다, 적중하다
- □ 翌日 다음날
- □ このあいだ 요전(번)
- □ おつかれさま (인사말)수고했다

- □ 枯れる 시들다
- □ もったいない 아깝다
- □ 渋滞 정체
- □ 身に付ける 몸에 지니다, 습득하다
- □ 無駄だ 쓸데없다, 헛되다
- □ チャレンジ 챌린지, 도전
- □ ばらばら 뿔뿔이

- □ 訓練 훈련
- □ 材料 재료
- □ 効果 효과
- □ 報告 보고
- □ なるべく 가능한 한
- □ 土地 토지
- □ 意志 의지

2022년

- □ 剥く (껍질 등을) 벗기다
- □ キャンセル 캔슬, 취소
- □ 防ぐ 막다
- □ 話し合う 의논하다
- □ 偶然 우연히
- □ 干す 말리다
- □ どきどき 두근두근
- □ 追い越す 추월하다

- □ 資源 자원
- □ 染み 얼룩
- □ 乾く 마르다
- □ ずきずき 욱신욱신
- □ 迷う 망설이다
- □ レシピ 레시피
- □ 希望 희망

- □ 悔しい 분하다, 억울하다
- □ 叩く 두드리다
- □ 別々 따로따로, 각자
- □ 親戚 친척
- □ ぴったり 딱 맞음
- □ 登場 등장
- □ 吠える 짖다

2023년

- □ 平気だ 아무렇지도 않다
- □ テーマ 테마, 주제
- □ 可能だ 가능하다
- □ 恋しい 그립다
- □ 想像 상상
- □ 感覚 감각

- □ 面倒臭い 귀찮다
- □ 差 차이
- □ 動作 동작
- □ 付き合う 사귀다, 어울리다
- □ 振る 흔들다
- □ 効果的 효과적

- □ あくび 하품
- □ うっかり 깜빡
- □ 期限 기한
- □ ヒント 힌트
- □ きちんと 제대로
- □ お互いに 서로

☐ 番 순서, 차례	☐ 制限 제한	☐ なめる 핥다
☐ だるい 나른하다		

2024년

☐ 影響 영향	☐ 我慢 참음	☐ 経由 경유
☐ 取り出す 꺼내다	☐ アクセス 교통, 접근	☐ うろうろ 어슬렁어슬렁
☐ 汗 땀	☐ 目が覚める 눈이 떠지다	☐ 通知 통지
☐ 禁止 금지	☐ 隠す 숨기다	☐ うらやましい 부럽다
☐ 消極的だ 소극적이다	☐ 仲 사이	☐ 一度に 한꺼번에
☐ 諦める 포기하다	☐ 運休 운행 중지	☐ マイク 마이크
☐ 怪しい 수상하다	☐ 派手だ 화려하다	☐ もったいない 아깝다
☐ 一応 일단		

● 問題 4 **유의어**

2010년

☐ きつい 힘들다	≒	☐ 大変だ 큰일이다, 힘들다
☐ くたびれる 지치다	≒	☐ つかれる 피로하다
☐ 明ける 날이 새다, 끝나다	≒	☐ おわる 끝나다
☐ 混雑している 혼잡하다	≒	☐ 客がたくさんいる 손님이 많이 있다
☐ 単純だ 단순하다	≒	☐ わかりやすい 알기 쉽다
☐ まご 손자	≒	☐ 娘の息子 딸의 아들
☐ たまる 쌓이다	≒	☐ たくさん残る 많이 남다
☐ 短気だ 성미가 급하다	≒	☐ すぐ怒る 바로 화를 내다
☐ 暗記する 암기하다	≒	☐ 覚える 외우다, 기억하다
☐ きまり 규칙	≒	☐ 規則 규칙

□ 通勤する 통근하다	≒	□ 仕事に行く 일하러 가다
□ おそろしい 무섭다	≒	□ こわい 무섭다
□ わけ 이유	≒	□ 理由 이유
□ 減る 줄어들다	≒	□ 少なくなる 적어지다
□ やり直す 다시 하다	≒	□ もう一度やる 한번 더 하다
□ 欠点 결점	≒	□ 悪いところ 나쁜 점
□ 翌年 이듬해	≒	□ 次の年 다음 해
□ スケジュール 스케줄	≒	□ 予定 예정
□ らくな 편한	≒	□ かんたんな 간단한
□ さっき 조금 전에	≒	□ 少し前に 조금 전에

□ 共通点 공통점	≒	□ 同じところ 같은 점
□ 整理する 정리하다	≒	□ 片付ける 치우다, 정리하다
□ ぜったいに 절대로	≒	□ かならず 반드시
□ ないしょにする 비밀로 하다	≒	□ だれにも話さない 누구에게도 이야기하지 않는다
□ 気に入っている 마음에 들어하다	≒	□ すきだ 좋아하다
□ あきらめる 포기하다	≒	□ やめる 그만두다
□ 年中 일 년 내내	≒	□ いつも 항상
□ うばう	≒	□ 取る 잡다, 빼앗다
□ そっと 살짝	≒	□ 静かに 조용하게
□ まぶしい 눈부시다	≒	□ 明るすぎる 너무 밝다

□ サイズ 사이즈	≒	□ 大きさ 크기
□ 注文する 주문하다	≒	□ 頼む 부탁하다, 주문하다

□ たしかめる 확인하다	≒	□ チェックする 체크하다
□ このごろ 요즈음	≒	□ さいきん 최근
□ しゃべる 말하다	≒	□ 話す 이야기하다
□ キッチン 키친	≒	□ 台所 부엌
□ 位置 위치	≒	□ 場所 장소
□ 売り切れる 매진되다	≒	□ 全部売れる 전부 팔리다
□ わけ 이유	≒	□ 理由 이유
□ 回収する 회수하다	≒	□ あつめる 모으다

2014년

□ さっき 아까, 조금 전	≒	□ 少し前に 조금 전에
□ おかしな 이상한	≒	□ 変な 이상한
□ 経つ 지나다	≒	□ 過ぎる 지나다
□ あわてて 허둥대며, 황급하게	≒	□ 急いだようすで 서두르는 모습으로
□ カーブしている 굽어 있다	≒	□ 曲がっている 굽어 있다
□ きつい (1) 꼭 끼다 (2) 힘들다	≒	□ 大変だ 힘들다, 큰일이다
□ 案 안, 방안	≒	□ アイデア 아이디어
□ くたびれる 지치다	≒	□ 疲れる 피로하다
□ 約 약	≒	□ だいたい 대략
□ 指導する 지도하다	≒	□ 教える 가르치다

2015년

□ すべて 모두	≒	□ 全部 전부
□ 手段 수단	≒	□ やり方 방식
□ 配達する 배달하다	≒	□ 届ける (1) 전달하다 (2) 신고하다
□ 黙って 아무 말 없이	≒	□ 何も言わずに 아무 말 없이
□ 次第に 점차	≒	□ 少しずつ 조금씩

□ 得意な 잘하는, 자신 있는 ≒ □ 上手にできる 능숙하게 할 수 있는

□ 短気な 성급한 ≒ □ すぐ怒る 바로 화를 내는

□ 疑う 의심하다 ≒ □ 本当ではないと思う 사실이 아니라고 생각하다

□ 機会 기회 ≒ □ チャンス 기회, 찬스

□ 相変わらず 여전히 ≒ □ 前と同じで 예전과 같이

2016년

□ きまり 규칙 ≒ □ 規則 규칙

□ 不安だ 불안하다 ≒ □ 心配だ 걱정이 되다

□ 学ぶ 배우다 ≒ □ 勉強する 공부하다

□ まったく 전혀 ≒ □ ぜんぜん 전혀

□ 延期する 연기하다 ≒ □ 後の別の日にやる 나중에 다른 날에 하다

□ かがやく 빛나다 ≒ □ 光る 빛나다

□ がっかりする 낙심하다 ≒ □ 残念だと思う 유감스럽다고 생각하다

□ 当然 당연히 ≒ □ もちろん 물론

□ あまる 남다 ≒ □ 多すぎて残る 너무 많아서 남다

□ 横断禁止です 횡단금지입니다 ≒ □ 渡ってはいけないです 건너서는 안 됩니다

2017년

□ 絶対 반드시, 절대로 ≒ □ 必ず 반드시, 꼭

□ 逆 반대 ≒ □ 反対 반대

□ 信じる 믿다 ≒ □ 本当だと思っている 진짜라고 생각하고 있다

□ おしまい 끝 ≒ □ 終わり 끝

□ まぶしい 눈부시다 ≒ □ 明るすぎる 너무 밝다

□ 協力する 협력하다 ≒ □ 手伝う 돕다

□ スケジュール 스케줄 ≒ □ 予定 예정

□ 約 약 ≒ □ だいたい 대체로, 대략

☐ どなる 호통치다	≒	☐ 大声で怒る 큰소리로 화내다
☐ あらゆる 모든	≒	☐ 全部の 전부, 모든

2018년

☐ 団体 단체	≒	☐ グループ 그룹
☐ しゃべる 말하다	≒	☐ 話す 이야기하다
☐ 退屈だ 지루하다	≒	☐ つまらない 시시하다
☐ 多少 다소	≒	☐ ちょっと 좀, 조금
☐ 駆ける 빠르게 달리다	≒	☐ 走る 달리다
☐ 指導する 지도하다	≒	☐ 教える 가르치다
☐ トレーニング 트레이닝	≒	☐ 練習 연습
☐ 手段 수단	≒	☐ やり方 하는 방식
☐ ぺらぺらだ 유창하다	≒	☐ 上手に話す 능숙하게 이야기하다
☐ ようやく 겨우, 간신히	≒	☐ やっと 겨우, 간신히

2019년

☐ 整理する 정리하다	≒	☐ 片付ける 정리하다
☐ おかしい 이상하다	≒	☐ 変だ 이상하다
☐ 済む 끝나다, 해결되다	≒	☐ 終わる 끝나다
☐ 欠点 결점	≒	☐ よくないところ 좋지 않은 점
☐ そのまま 그대로	≒	☐ 何も変えないで 아무것도 바꾸지 않고
☐ 感謝 감사	≒	☐ お礼 감사
☐ キッチン 키친, 부엌	≒	☐ 台所 부엌
☐ 不安だ 불안하다	≒	☐ 心配だ 걱정이다
☐ おなかがぺこぺこだ 배가 고프다	≒	☐ おなかがすいている 배가 고프다
☐ 黙る 입을 다물다	≒	☐ 何も話さない 아무것도 이야기하지 않다

2020년

□ 価格 가격 ≒ □ 値段 가격

□ 楽だ 편하다 ≒ □ 簡単だ 간단하다

□ 回収する 회수하다 ≒ □ 集める 모으다

□ めい (여자)조카 ≒ □ 兄弟の娘 형제의 딸

□ おこづかい 용돈 ≒ □ お金 돈

2021년

□ さまざまだ 가지각색이다 ≒ □ いろいろだ 여러가지다

□ 報告する 보고하다 ≒ □ 知らせる 알리다

□ 絶対に 반드시, 절대로 ≒ □ かならず 반드시, 꼭

□ おしまい 끝 ≒ □ おわり 끝

□ サボる 땡땡이치다 ≒ □ あそびたくて休む 놀고 싶어서 쉬다

□ 退屈だ 지루하다 ≒ □ つまらない 시시하다

□ ふれる 접촉하다 ≒ □ 触る 만지다

□ 機会 기회 ≒ □ チャンス 찬스, 기회

□ きつい 고되다 ≒ □ 大変だ 힘들다

□ 納得する 납득하다 ≒ □ とてもよく分かる 매우 잘 이해하다

2022년

□ ふだん 평소 ≒ □ いつも 언제나, 항상

□ 短気だ 성질이 급하다 ≒ □ すぐ怒る 바로 화내다

□ グラウンド 그라운드, 운동장 ≒ □ 運動場 운동장

□ おい (남자)조카 ≒ □ 姉の息子 누나(언니)의 아들

□ くわしい 자세하다, 상세하다 ≒ □ 細かい 자잘하다, 세세하다

□ あたえる 주다 ≒ □ あげる 주다

□ ずいぶん 몹시, 상당히 ≒ □ 非常に 몹시, 상당히

□ 指定する 지정하다	≒	□ 決める 정하다, 결정하다
□ 不安だ 불안하다	≒	□ 心配だ 걱정이다
□ スケジュール 스케줄	≒	□ 予定 예정

2023년

□ サイズ 사이즈	≒	□ 大きさ 크기
□ 暗記する 암기하다	≒	□ 覚える 외우다
□ 得意だ 잘하다	≒	□ とても上手だ 매우 잘하다
□ 欠点 결점	≒	□ よくないところ 좋지 않은 점
□ どなる 호통치다	≒	□ 大声で怒る 큰소리로 화내다
□ 避難する 피난하다	≒	□ にげる 도망치다
□ 案 안건	≒	□ アイデア 아이디어
□ だまる 입을 다물다	≒	□ 話さない 이야기하지 않다
□ ベスト 베스트	≒	□ 最もよい 가장 좋다
□ 配達する 배달하다	≒	□ 届ける 보내다

2024년

□ 売り切れる 다 팔리다	≒	□ 全部売れる 전부 팔리다
□ カーブする 커브를 돌다	≒	□ 曲がる 방향을 바꾸다
□ 退屈だ 지루하다	≒	□ つまらない 시시하다
□ さっそく 즉시, 당장	≒	□ すぐに 바로
□ 緩い 헐렁하다	≒	□ 大きい 크다
□ 非難する 피난을 가다	≒	□ 逃げる 도망치다
□ 企業 기업	≒	□ 会社 회사
□ バックする 후진을 하다	≒	□ 後ろに下がる 뒤로 물러가다
□ ベストだ 최고다	≒	□ 最もよい 가장 좋다
□ ようやく 겨우, 드디어	≒	□ やっと 겨우, 드디어

● 問題 5 용법

2010년

- ☐ 未来 미래
- ☐ 落ち着く 안정되다, 차분하다
- ☐ はかる 재다, 측정하다
- ☐ そっくり 꼭 닮은 모습
- ☐ ユーモア 유머
- ☐ 回収 회수
- ☐ 修理 수리
- ☐ まずしい 가난하다
- ☐ なだらかだ 완만하다
- ☐ 区切る 구분하다

2011년

- ☐ ころぶ 넘어지다
- ☐ 指示 지시
- ☐ 見送る 배웅하다
- ☐ 植える 심다
- ☐ 正直だ 정직하다
- ☐ 断る 거절하다
- ☐ ゆるい 느슨하다, 완만하다
- ☐ 性格 성격
- ☐ 受け入れる 받아들이다
- ☐ そろそろ 슬슬

2012년

- ☐ 緊張 긴장
- ☐ 暗記 암기
- ☐ 通り過ぎる 지나가다
- ☐ 訪問 방문
- ☐ 翻訳 번역
- ☐ 募集 모집
- ☐ 空 빈 상태
- ☐ 活動 활동
- ☐ 行き先 목적지, 행선지
- ☐ 経由 경유

2013년

- ☐ 建設 건설
- ☐ 身につける 익히다, 터득하다
- ☐ 発生 발생
- ☐ にぎる 움켜쥐다
- ☐ だるい 나른하다
- ☐ 早退 조퇴
- ☐ 進歩 진보
- ☐ 余る 남다
- ☐ 効果 효과
- ☐ こぼす 쏟다, 엎지르다

문자 · 어휘

2014년

- □ 内容 내용
- □ 発展 발전
- □ 伝わる 전달되다
- □ どなる 고함을 지르다
- □ 期限 기한
- □ たまる 쌓이다
- □ 縮小 축소
- □ 制限 제한
- □ 話しかける 말을 걸다
- □ 離す 떼어내다, 분리하다

2015년

- □ 移動 이동
- □ 預ける 맡기다
- □ 新鮮だ 신선하다
- □ 清潔だ 깨끗하다
- □ 混ぜる 섞다
- □ 修理 수리
- □ 親しい 친하다
- □ 締め切り 마감
- □ ゆでる 삶다
- □ 渋滞 정체(밀리는 상태)

2016년

- □ 性格 성격
- □ 募集 모집
- □ 似合う 어울리다
- □ 消費 소비
- □ 空 빈 상태
- □ 急に 갑자기
- □ 沸騰 비등
- □ まげる 구부리다, 굽히다
- □ 出張 출장
- □ 慰める 위로하다

2017년

- □ 分類 분류
- □ 引き受ける (떠)맡다
- □ 滞在 체재, 체류
- □ どきどき 두근두근
- □ かれる 시들다
- □ 減少 감소
- □ 受け取る 수취하다, 받다
- □ 中古 중고
- □ 断る 거절하다
- □ 身につける 몸에 지니다, 습득하다

2018년

- ☐ 距離 거리
- ☐ 建築 건축
- ☐ 活動 활동
- ☐ 埋める 묻다, 메우다
- ☐ 盛んだ 왕성하다, 번성하다
- ☐ 重大だ 중대하다
- ☐ 区別 구별
- ☐ 延期 연기
- ☐ 追いつく 따라잡다
- ☐ 知り合う 서로 알게 되다

2019년

- ☐ 報告 보고
- ☐ 健康 건강
- ☐ 満員 만원
- ☐ 参加 참가
- ☐ かき混ぜる 뒤섞다
- ☐ 中旬 중순
- ☐ 発生 발생
- ☐ 落ち着く 안정되다, 진정되다
- ☐ お互いに 서로
- ☐ ほえる 짖다

2020년

- ☐ 割引 할인
- ☐ ふらふら 흔들흔들, 휘청휘청
- ☐ 気づく 눈치채다, 깨닫다
- ☐ 滞在 체재, 체류
- ☐ 栄養 영양

2021년

- ☐ オーバー 오버, 초과
- ☐ 欠点 결점
- ☐ 親しい 친하다
- ☐ 詰める 채우다
- ☐ 支給 지급
- ☐ 集合 집합
- ☐ 中古 중고
- ☐ 追い抜く 앞지르다
- ☐ 見本 견본
- ☐ だるい 나른하다

2022년

- □ 諦める 포기하다
- □ 参加 참가
- □ 盛んだ 왕성하다, 번성하다
- □ 整理 정리
- □ 通り過ぎる 지나가다, 통과하다
- □ 発展 발전
- □ だく 안다
- □ 原料 원료
- □ 異常だ 이상하다
- □ 重なる 겹쳐지다, 거듭되다

2023년

- □ 進歩 진보
- □ 話しかける 말을 걸다
- □ 交流 교류
- □ 渋滞 정체
- □ にこにこ 싱글벙글
- □ 診察 진찰
- □ 行き先 행선지
- □ 取り消す 취소하다
- □ 共通 공통
- □ 詰める 채우다

2024년

- □ 知識 지식
- □ 実物 실물
- □ ぐっすり 푹 (자다)
- □ 慌てる 당황하다, 허둥대다
- □ 落ち着く 진정되다
- □ 完成 완성
- □ 活動 활동
- □ 響く 울려 퍼지다
- □ 内容 내용
- □ 性格 성격

명사

あ 행

□ 相手 あいて	상대(방)
□ 合図 あいず	신호
□ 愛用 あいよう	애용
□ 握手 あくしゅ	악수
□ 汗 あせ	땀
□ 穴 あな	구멍
□ 油 あぶら	기름
□ 泡 あわ	거품
□ 暗記 あんき	암기
□ 安全 あんぜん	안전
□ 案内 あんない	안내
□ 医学 いがく	의학
□ 息 いき	숨
□ 意義 いぎ	의의
□ 生き物 いきもの	생물
□ 意見 いけん	의견
□ 以後 いこ	이후
□ 医師 いし	의사

□ 以上 いじょう	이상
□ 以前 いぜん	이전
□ 板 いた	널빤지, 판자
□ いたずら	장난
□ 痛み いた	통증
□ 位置 いち	위치
□ 一部 いちぶ	일부
□ いとこ	사촌
□ 一生 いっしょう	일생, 평생
□ 田舎 いなか	시골
□ 居眠り いねむ	앉아서 졺
□ 命 いのち	목숨, 생명
□ 違反 いはん	위반
□ 居間 いま	거실
□ 岩 いわ	바위
□ 印象 いんしょう	인상
□ 受付 うけつけ	접수(처)
□ うそ	거짓말
□ 内側 うちがわ	안쪽

□ 腕 (うで)	팔		□ 押入れ (おしいれ)	벽장
□ 裏 (うら)	뒤쪽, 안쪽		□ おしゃべり	수다
□ 売り上げ (うりあげ)	매상		□ お互い (おたがい)	서로
□ 売り切れ (うりきれ)	품절, 매진		□ おつり	거스름돈
□ 売り場 (うりば)	매장		□ お手洗い (おてあらい)	화장실
□ 上着 (うわぎ)	윗옷		□ 落し物 (おとしもの)	분실물
□ うわさ	소문		□ お見舞い (おみまい)	병문안
□ 運 (うん)	운		□ 思い出 (おもいで)	추억
□ 運転 (うんてん)	운전		□ お湯 (おゆ)	뜨거운 물
□ 栄養 (えいよう)	영양		□ 表 (おもて)	겉, 표면
□ 遠足 (えんそく)	소풍		□ お礼 (おれい)	감사 인사, 감사 선물
□ 遠慮 (えんりょ)	사양, 거리낌		□ 音楽 (おんがく)	음악
□ 応援 (おうえん)	응원		□ 温室 (おんしつ)	온실
□ 横断歩道 (おうだんほどう)	횡단보도		□ 温泉 (おんせん)	온천
□ 往復 (おうふく)	왕복		□ 温度 (おんど)	온도
□ 応募 (おうぼ)	응모		**か 행**	
□ 応用 (おうよう)	응용		□ 貝 (かい)	조개
□ 大通り (おおどおり)	큰길		□ 会員 (かいいん)	회원
□ 大家 (おおや)	집주인		□ 絵画 (かいが)	회화, 그림
□ お菓子 (おかし)	과자		□ 海外 (かいがい)	해외
□ おかず	반찬		□ 海岸 (かいがん)	해안
□ お金持ち (おかねもち)	부자		□ 解決 (かいけつ)	해결
□ おかわり	(음식)리필		□ 改札口 (かいさつぐち)	개찰구
□ 奥 (おく)	속, 안쪽		□ 回収 (かいしゅう)	회수
□ 贈り物 (おくりもの)	선물		□ 外出 (がいしゅつ)	외출

☐ 外食	외식		☐ 家庭	가정	
☐ 解説	해설		☐ 角	모퉁이, 모서리	
☐ 会費	회비		☐ 家内	아내	
☐ 回復	회복		☐ 壁	벽	
☐ 外部	외부		☐ 我慢	참음, 인내	
☐ 買い物	쇼핑, 장보기		☐ 髪	머리카락	
☐ 画家	화가		☐ 画面	화면	
☐ 価格	가격		☐ 科目	과목	
☐ 科学	과학		☐ 皮	가죽, 껍질	
☐ 鍵	열쇠		☐ 感覚	감각	
☐ 家具	가구		☐ 環境	환경	
☐ 学者	학자		☐ 関係	관계	
☐ 学習	학습		☐ 歓迎	환영	
☐ 確認	확인		☐ 観光	관광	
☐ 学費	학비		☐ 感謝	감사	
☐ 学問	학문		☐ 患者	환자	
☐ 傘	우산		☐ 関心	관심	
☐ 貸し出し	대출		☐ 完成	완성	
☐ 歌手	가수		☐ 完全	완전	
☐ 課題	과제		☐ 感想	감상	
☐ 形	모양, 형태		☐ 感動	감동	
☐ 片道	편도		☐ 完了	완료	
☐ 価値	가치		☐ 気温	기온	
☐ 楽器	악기		☐ 機会	기회	
☐ 活動	활동		☐ 期間	기간	

□ 帰国 ^{き こく}	귀국	□ 教科書 ^{きょう か しょ}	교과서
□ 記事 ^{き じ}	기사	□ 兄弟 ^{きょうだい}	형제
□ 記者 ^{き しゃ}	기자	□ 教師 ^{きょう し}	교사
□ 技術 ^{ぎ じゅつ}	기술	□ 行事 ^{ぎょう じ}	행사
□ 傷 ^{きず}	상처	□ 競争 ^{きょうそう}	경쟁
□ 季節 ^{き せつ}	계절	□ 強調 ^{きょうちょう}	강조
□ 基礎 ^{き そ}	기초	□ 共通 ^{きょうつう}	공통
□ 規則 ^{き そく}	규칙	□ 興味 ^{きょう み}	흥미
□ 期待 ^{き たい}	기대	□ 協力 ^{きょうりょく}	협력
□ 帰宅 ^{き たく}	귀가	□ 許可 ^{きょ か}	허가
□ 喫煙 ^{きつえん}	흡연	□ 記録 ^{き ろく}	기록
□ 切手 ^{きっ て}	우표	□ 禁煙 ^{きんえん}	금연
□ 切符 ^{きっ ぷ}	표, 티켓	□ 禁止 ^{きん し}	금지
□ 記入 ^{き にゅう}	기입	□ 近所 ^{きんじょ}	근처, 이웃
□ 記念 ^{き ねん}	기념	□ 勤務 ^{きん む}	근무
□ 気分 ^{き ぶん}	기분	□ 具合 ^{く あい}	(몸)상태, 형편
□ 希望 ^{き ぼう}	희망	□ 区域 ^{く いき}	구역
□ 決まり ^き	결정, 규칙	□ 空港 ^{くうこう}	공항
□ 疑問 ^{ぎ もん}	의문	□ 空席 ^{くうせき}	공석
□ 休業 ^{きゅうぎょう}	휴업	□ 草 ^{くさ}	풀
□ 急行 ^{きゅうこう}	급행	□ くせ	버릇, 습관
□ 休日 ^{きゅうじつ}	휴일	□ 靴下 ^{くつした}	양말
□ 給料 ^{きゅうりょう}	급료	□ 苦悩 ^{く のう}	고뇌
□ 教育 ^{きょういく}	교육	□ 区別 ^{く べつ}	구별
□ 強化 ^{きょう か}	강화	□ 雲 ^{くも}	구름

□ 苦労 (くろう)	고생	□ 玄関 (げんかん)	현관
□ 経営 (けいえい)	경영	□ 研究 (けんきゅう)	연구
□ 計画 (けいかく)	계획	□ 現金 (げんきん)	현금
□ 経験 (けいけん)	경험	□ 健康 (けんこう)	건강
□ 経済 (けいざい)	경제	□ 検査 (けんさ)	검사
□ 警察 (けいさつ)	경찰	□ 現在 (げんざい)	현재
□ 計算 (けいさん)	계산	□ 現実 (げんじつ)	현실
□ 芸術 (げいじゅつ)	예술	□ 建設 (けんせつ)	건설
□ 携帯 (けいたい)	휴대, 휴대전화	□ 現代 (げんだい)	현대
□ 怪我 (けが)	상처	□ 現場 (げんば)	현장
□ 景色 (けしき)	경치	□ 恋 (こい)	사랑
□ 下宿 (げしゅく)	하숙	□ 恋人 (こいびと)	애인
□ 化粧 (けしょう)	화장	□ 効果 (こうか)	효과
□ 血液 (けつえき)	혈액	□ 郊外 (こうがい)	교외
□ 結果 (けっか)	결과	□ 合格 (ごうかく)	합격
□ 決定 (けってい)	결정	□ 講義 (こうぎ)	강의
□ 欠点 (けってん)	결점	□ 工業 (こうぎょう)	공업
□ 決心 (けっしん)	결심	□ 合計 (ごうけい)	합계
□ 欠席 (けっせき)	결석	□ 広告 (こうこく)	광고
□ 月末 (げつまつ)	월말	□ 交差点 (こうさてん)	교차로
□ 結論 (けつろん)	결론	□ 工事 (こうじ)	공사
□ 煙 (けむり)	연기	□ 交通 (こうつう)	교통
□ 原因 (げんいん)	원인	□ 講堂 (こうどう)	강당
□ けんか	싸움	□ 合同 (ごうどう)	합동
□ 見学 (けんがく)	견학	□ 行動 (こうどう)	행동

□ 後輩 (こうはい)	후배		□ 最中 (さいちゅう)	한창
□ 後半 (こうはん)	후반		□ 最低 (さいてい)	최저
□ 交番 (こうばん)	파출소		□ 才能 (さいのう)	재능
□ 公務員 (こうむいん)	공무원		□ 材料 (ざいりょう)	재료
□ 紅葉 (こうよう)	단풍		□ 坂 (さか)	고개, 비탈
□ 公立 (こうりつ)	공립		□ 作業 (さぎょう)	작업
□ 氷 (こおり)	얼음		□ 昨年 (さくねん)	작년
□ 誤解 (ごかい)	오해		□ 作品 (さくひん)	작품
□ 故郷 (こきょう)	고향		□ 酒 (さけ)	술
□ 国語 (こくご)	국어		□ 座席 (ざせき)	좌석
□ 国際 (こくさい)	국제		□ 作家 (さっか)	작가
□ 黒板 (こくばん)	칠판		□ 作曲 (さっきょく)	작곡
□ 国民 (こくみん)	국민		□ 皿 (さら)	접시
□ 国立 (こくりつ)	국립		□ 参加 (さんか)	참가
□ 故障 (こしょう)	고장		□ 産業 (さんぎょう)	산업
□ 子育て (こそだて)	육아		□ 残業 (ざんぎょう)	잔업
□ 国会 (こっかい)	국회		□ 参考書 (さんこうしょ)	참고서
□ 小包 (こづつみ)	소포		□ 賛成 (さんせい)	찬성
□ 好み (このみ)	기호, 취향		□ 散歩 (さんぽ)	산책

さ 行

□ 最近 (さいきん)	최근		□ 試合 (しあい)	시합
□ 最高 (さいこう)	최고		□ 司会 (しかい)	사회
□ 最初 (さいしょ)	최초		□ 四角 (しかく)	사각
□ 最新 (さいしん)	최신		□ 試験 (しけん)	시험
□ 最大 (さいだい)	최대		□ 事故 (じこ)	사고
			□ 時刻 (じこく)	시각

□ 自習	자습	□ 死亡	사망
□ 事情	사정	□ しまい	끝
□ 自信	자신(감)	□ 姉妹	자매
□ 地震	지진	□ 自慢	자랑
□ 自然	자연	□ しみ	얼룩
□ 時代	시대	□ 市民	시민
□ 下着	속옷	□ 事務所	사무소
□ 支度	준비	□ 締め切り	마감
□ 自宅	자택	□ 市役所	시청
□ 失業	실업	□ 車庫	차고
□ 湿気	습기	□ 社長	사장(님)
□ 実験	실험	□ 車道	차도
□ 実現	실현	□ 邪魔	방해
□ 実行	실행	□ 車輪	바퀴
□ 湿度	습도	□ 自由	자유
□ 失敗	실패	□ 周囲	주위
□ 実力	실력	□ 習慣	습관
□ 失礼	실례	□ 住所	주소
□ 失恋	실연	□ 就職	취직
□ 指定	지정	□ 住宅	주택
□ 支店	지점	□ 収入	수입
□ 辞典	사전	□ 周辺	주변
□ 自動販売機	자동판매기	□ 週末	주말
□ 品物	물건	□ 住民	주민
□ 次男	차남	□ 修理	수리

☐ 授業料 (じゅぎょうりょう)	수업료		☐ 上司 (じょうし)	상사
☐ 祝日 (しゅくじつ)	공휴일		☐ 常識 (じょうしき)	상식
☐ 受験 (じゅけん)	수험		☐ 乗車券 (じょうしゃけん)	승차권
☐ 主人 (しゅじん)	남편		☐ 少女 (しょうじょ)	소녀
☐ 手段 (しゅだん)	수단		☐ 小説 (しょうせつ)	소설
☐ 主張 (しゅちょう)	주장		☐ 冗談 (じょうだん)	농담
☐ 出勤 (しゅっきん)	출근		☐ 商店 (しょうてん)	상점
☐ 出場 (しゅつじょう)	출전		☐ 商人 (しょうにん)	상인
☐ 出身 (しゅっしん)	출신		☐ 少年 (しょうねん)	소년
☐ 出席 (しゅっせき)	출석		☐ 商売 (しょうばい)	장사
☐ 出張 (しゅっちょう)	출장		☐ 消費 (しょうひ)	소비
☐ 出版 (しゅっぱん)	출판		☐ 商品 (しょうひん)	상품
☐ 首都 (しゅと)	수도		☐ 情報 (じょうほう)	정보
☐ 主婦 (しゅふ)	주부		☐ 証明書 (しょうめいしょ)	증명서
☐ 趣味 (しゅみ)	취미		☐ 正面 (しょうめん)	정면
☐ 寿命 (じゅみょう)	수명		☐ 将来 (しょうらい)	장래
☐ 種類 (しゅるい)	종류		☐ 職業 (しょくぎょう)	직업
☐ 順番 (じゅんばん)	순서, 차례		☐ 食後 (しょくご)	식후
☐ 準備 (じゅんび)	준비		☐ 職場 (しょくば)	직장
☐ 使用 (しよう)	사용		☐ 食品 (しょくひん)	식품
☐ 消化 (しょうか)	소화		☐ 植物 (しょくぶつ)	식물
☐ 紹介 (しょうかい)	소개		☐ 食欲 (しょくよく)	식욕
☐ 上級 (じょうきゅう)	상급		☐ 食料品 (しょくりょうひん)	식료품
☐ 上下 (じょうげ)	상하		☐ 初心者 (しょしんしゃ)	초심자
☐ 条件 (じょうけん)	조건		☐ 女性 (じょせい)	여성

□ 書店 しょてん	서점	□ 生活費 せいかつひ	생활비
□ 女優 じょゆう	여배우	□ 請求書 せいきゅうしょ	청구서
□ 書類 しょるい	서류	□ 税金 ぜいきん	세금
□ 知らせ し	공지, 알림	□ 成功 せいこう	성공
□ 知り合い し あ	지인	□ 生産 せいさん	생산
□ 資料 しりょう	자료	□ 政治 せいじ	정치
□ 進学 しんがく	진학	□ 性質 せいしつ	성질
□ 信号 しんごう	신호	□ 成人 せいじん	성인
□ 人口 じんこう	인구	□ 成績 せいせき	성적
□ 診察 しんさつ	진찰	□ 清掃 せいそう	청소
□ 申請 しんせい	신청	□ 成長 せいちょう	성장
□ 人生 じんせい	인생	□ 生年月日 せいねんがっぴ	생년월일
□ 身長 しんちょう	신장, 키	□ 製品 せいひん	제품
□ 進歩 しんぽ	진보	□ 制服 せいふく	제복
□ 深夜 しんや	심야	□ 正門 せいもん	정문
□ 親友 しんゆう	친한 친구	□ 西洋 せいよう	서양
□ 心理 しんり	심리	□ 整理 せいり	정리
□ 水泳 すいえい	수영	□ 世界 せかい	세계
□ 水道 すいどう	수도	□ 責任 せきにん	책임
□ 数学 すうがく	수학	□ 説明 せつめい	설명
□ 末っ子 すえ こ	막내	□ 節約 せつやく	절약
□ 砂 すな	모래	□ 背中 せなか	등
□ 住まい す	사는 곳	□ 世話 せわ	돌봄, 보살핌
□ 隅 すみ	구석	□ 全世界 ぜんせかい	전 세계
□ 性格 せいかく	성격	□ 全員 ぜんいん	전원

□ 選挙 ^{せんきょ}	선거		□ 速度 ^{そくど}	속도
□ 専攻 ^{せんこう}	전공		□ 底 ^{そこ}	바닥
□ 全国 ^{ぜんこく}	전국		□ 卒業式 ^{そつぎょうしき}	졸업식
□ 先日 ^{せんじつ}	요전(날)		□ 外側 ^{そとがわ}	바깥쪽
□ 選手 ^{せんしゅ}	선수		□ 祖父 ^{そふ}	할아버지
□ 洗面所 ^{せんめんじょ}	세면장		□ 祖母 ^{そぼ}	할머니
□ 全身 ^{ぜんしん}	전신		□ 存在 ^{そんざい}	존재

た 行

□ 戦争 ^{せんそう}	전쟁		□ 体育 ^{たいいく}	체육
□ 全体 ^{ぜんたい}	전체		□ 退院 ^{たいいん}	퇴원
□ 選択 ^{せんたく}	선택		□ 体温 ^{たいおん}	체온
□ 洗濯物 ^{せんたくもの}	세탁물		□ 大会 ^{たいかい}	대회
□ 先輩 ^{せんぱい}	선배		□ 大学院 ^{だいがくいん}	대학원
□ 専門家 ^{せんもんか}	전문가		□ 代金 ^{だいきん}	대금
□ 線路 ^{せんろ}	선로		□ 体験 ^{たいけん}	체험
□ 騒音 ^{そうおん}	소음		□ 対策 ^{たいさく}	대책
□ 送金 ^{そうきん}	송금		□ 体重 ^{たいじゅう}	체중
□ 相互 ^{そうご}	상호		□ 退職 ^{たいしょく}	퇴직
□ 掃除 ^{そうじ}	청소		□ 態度 ^{たいど}	태도
□ 送信 ^{そうしん}	송신		□ 大統領 ^{だいとうりょう}	대통령
□ 想像 ^{そうぞう}	상상		□ 台所 ^{だいどころ}	부엌
□ 相続 ^{そうぞく}	상속		□ 代表 ^{だいひょう}	대표
□ 相談 ^{そうだん}	상담		□ 台風 ^{たいふう}	태풍
□ 送別会 ^{そうべつかい}	송별회		□ 代理 ^{だいり}	대리
□ 送料 ^{そうりょう}	운송료, 송료		□ 大量 ^{たいりょう}	대량
□ 速達 ^{そくたつ}	속달			

□ 体力 たいりょく	체력		□ 中間 ちゅうかん	중간
□ 竹 たけ	대나무		□ 中古 ちゅうこ	중고
□ 畳 たたみ	다다미		□ 中止 ちゅうし	중지
□ 立場 たちば	입장		□ 注射 ちゅうしゃ	주사
□ 棚 たな	선반		□ 駐車 ちゅうしゃ	주차
□ 種 たね	씨앗, 종자		□ 昼食 ちゅうしょく	점심 식사
□ 旅 たび	여행		□ 中心 ちゅうしん	중심
□ ため息 いき	한숨		□ 中年 ちゅうねん	중년
□ 単語 たんご	단어		□ 注目 ちゅうもく	주목
□ 誕生 たんじょう	탄생		□ 注文 ちゅうもん	주문
□ 断水 だんすい	단수		□ 調査 ちょうさ	조사
□ 男性 だんせい	남성		□ 調子 ちょうし	몸 상태, 컨디션
□ 団体 だんたい	단체		□ 長所 ちょうしょ	장점
□ 暖房 だんぼう	난방		□ 長女 ちょうじょ	장녀
□ 血 ち	피		□ 長男 ちょうなん	장남
□ 違い ちが	차이		□ 貯金 ちょきん	저금
□ 近道 ちかみち	지름길		□ 直後 ちょくご	직후
□ 地球 ちきゅう	지구		□ 直接 ちょくせつ	직접
□ 遅刻 ちこく	지각		□ 直線 ちょくせん	직선
□ 知人 ちじん	지인		□ 直前 ちょくぜん	직전
□ 地図 ちず	지도		□ 地理 ちり	지리
□ 父親 ちちおや	부친, 아버지		□ 治療 ちりょう	치료
□ 地方 ちほう	지방		□ 通過 つうか	통과
□ 地名 ちめい	지명		□ 通学 つうがく	통학
□ 注意 ちゅうい	주의		□ 通勤 つうきん	통근

□ 通行 つうこう	통행	□ 到着 とうちゃく	도착
□ 通信 つうしん	통신	□ 動物園 どうぶつえん	동물원
□ 通帳 つうちょう	통장	□ 道路 どうろ	도로
□ 通訳 つうやく	통역	□ 遠回り とおまわ	멀리 돌아감
□ 都合 つごう	형편, 사정, 스케줄	□ 毒 どく	독
□ 妻 つま	아내	□ 読書 どくしょ	독서
□ 梅雨 つゆ	장마	□ 特色 とくしょく	특색
□ 提案 ていあん	제안	□ 独身 どくしん	독신
□ 定員 ていいん	정원	□ 独立 どくりつ	독립
□ 定期 ていき	정기	□ 登山 とざん	등산
□ 停車 ていしゃ	정차	□ 都市 とし	도시
□ 提出 ていしゅつ	제출	□ 年上 としうえ	연상
□ 停電 ていでん	정전	□ 年寄り としよ	노인
□ 出入口 で いりぐち	출입구	□ 土地 とち	토지
□ 出来事 で きごと	일, 사건	□ 途中 とちゅう	도중
□ 鉄道 てつどう	철도	□ 特急 とっきゅう	특급
□ 寺 てら	절	□ 努力 どりょく	노력
□ 店員 てんいん	점원	□ 泥 どろ	진흙
□ 電球 でんきゅう	전구	□ 泥棒 どろぼう	도둑
□ 電子レンジ でんし	전자레인지	**な 행**	
□ 伝統 でんとう	전통	□ 内容 ないよう	내용
□ 展覧会 てんらんかい	전람회	□ 仲 なか	사이, 관계
□ 問い合わせ と あ	문의	□ 仲直り なかなお	화해
□ 道具 どうぐ	도구	□ 名札 なふだ	명찰
□ 登場 とうじょう	등장	□ 生 なま	날것, 생~

□ 波 (なみ)	파도	□ 灰色 (はいいろ)	회색
□ 涙 (なみだ)	눈물	□ 歯医者 (はいしゃ)	치과 의사
□ 並木 (なみき)	가로수	□ 配達 (はいたつ)	배달
□ 匂い (におい)	냄새	□ 売店 (ばいてん)	매점
□ にせ物 (にせもの)	가짜, 위조품	□ 売買 (ばいばい)	매매
□ 日程 (にってい)	일정	□ 葉書 (はがき)	엽서
□ 入社 (にゅうしゃ)	입사	□ 拍手 (はくしゅ)	박수
□ 入場料 (にゅうじょうりょう)	입장료	□ 博物館 (はくぶつかん)	박물관
□ 入力 (にゅうりょく)	입력	□ 箸 (はし)	젓가락
□ 人気 (にんき)	인기	□ 橋 (はし)	다리
□ 人形 (にんぎょう)	인형	□ 場所 (ばしょ)	장소
□ 人間 (にんげん)	인간	□ バス停 (バスてい)	버스 정류장
□ 値段 (ねだん)	가격	□ 畑 (はたけ)	밭
□ 寝坊 (ねぼう)	늦잠	□ 発音 (はつおん)	발음
□ 年賀状 (ねんがじょう)	연하장	□ 発見 (はっけん)	발견
□ 年中 (ねんじゅう)	연중(일 년 동안)	□ 発車 (はっしゃ)	발차
□ 年末 (ねんまつ)	연말	□ 発展 (はってん)	발전
□ 能力 (のうりょく)	능력	□ 発電 (はつでん)	발전(전기를 일으킴)
□ 飲み会 (のみかい)	술자리, 회식	□ 発表 (はっぴょう)	발표
□ 乗り換え (のりかえ)	환승	□ 発明 (はつめい)	발명
□ 乗り物 (のりもの)	탈것	□ 花火 (はなび)	불꽃놀이
□ 喉 (のど)	목구멍	□ 花見 (はなみ)	꽃구경
は 행		□ 羽 (はね)	날개
□ 場合 (ばあい)	경우	□ 幅 (はば)	폭
□ ～倍(２倍) (ばいにばい)	～배(2배)	□ 母親 (ははおや)	모친, 어머니

□ 場面	ばめん	장면	□ 昼休み	ひるやす	점심시간

□ 場面	ばめん	장면	□ 昼休み	ひるやす	점심시간
□ 範囲	はんい	범위	□ 風景	ふうけい	풍경
□ 番組	ばんぐみ	방송 프로그램	□ 夫婦	ふうふ	부부
□ 反省	はんせい	반성	□ 部下	ぶか	부하
□ 反対	はんたい	반대	□ 復習	ふくしゅう	복습
□ 販売	はんばい	판매	□ 不合格	ふごうかく	불합격
□ 半分	はんぶん	절반	□ 不足	ふそく	부족
□ 犯人	はんにん	범인	□ ふた		뚜껑, 덮개
□ 日当たり	ひあたり	양지	□ 舞台	ぶたい	무대
□ 被害	ひがい	피해	□ 普段	ふだん	평소
□ 日帰り	ひがえり	당일치기	□ 普通	ふつう	보통
□ ひげ		수염	□ 物価	ぶっか	물가
□ 飛行場	ひこうじょう	비행장	□ 筆	ふで	붓
□ 美術	びじゅつ	미술	□ 布団	ふとん	이불
□ 美人	びじん	미인	□ 船便	ふなびん	배 편
□ 日付	ひづけ	날짜	□ 船	ふね	배
□ 引っ越し	ひっこし	이사	□ 部品	ぶひん	부품
□ ひも		끈	□ 部分	ぶぶん	부분
□ 秘密	ひみつ	비밀	□ 不満	ふまん	불만
□ 費用	ひよう	비용	□ 雰囲気	ふんいき	분위기
□ 美容	びよう	미용	□ 文化	ぶんか	문화
□ 表現	ひょうげん	표현	□ 文学	ぶんがく	문학
□ 表情	ひょうじょう	표정	□ 文法	ぶんぽう	문법
□ 表面	ひょうめん	표면	□ 文房具	ぶんぼうぐ	문구점
□ 昼寝	ひるね	낮잠	□ 平均	へいきん	평균

□ 平行 へいこう	평행	□ 本日 ほんじつ	오늘
□ 平日 へいじつ	평일	□ 本店 ほんてん	본점
□ 平和 へいわ	평화	□ 本人 ほんにん	본인
□ 変化 へんか	변화	□ 本部 ほんぶ	본부
□ 勉強 べんきょう	공부	□ 本物 ほんもの	진짜
□ 変更 へんこう	변경	□ 翻訳 ほんやく	번역
□ 返事 へんじ	대답, 답장		

ま 행

□ 編集 へんしゅう	편집	□ 迷子 まいご	미아
□ 返信 へんしん	답신, 답장	□ 毎度 まいど	매번
□ 弁当 べんとう	도시락	□ 孫 まご	손주
□ 貿易 ぼうえき	무역	□ 街 まち	(길)거리
□ 報告 ほうこく	보고	□ 待ち合わせ まちあ	만날 약속을 함
□ 帽子 ぼうし	모자	□ 間違い まちが	실수, 착각
□ 宝石 ほうせき	보석	□ 街角 まちかど	길 모퉁이
□ 放送 ほうそう	방송	□ 祭り まつ	축제, 제사
□ 法則 ほうそく	법칙	□ 窓ガラス まど	창유리
□ 包丁 ほうちょう	식칼	□ 窓側 まどがわ	창가 쪽
□ 方法 ほうほう	방법	□ 窓口 まどぐち	창구
□ 方面 ほうめん	방면	□ 真似 まね	흉내
□ 法律 ほうりつ	법률	□ 豆 まめ	콩
□ ほこり	먼지	□ 周り まわ	주변
□ 募集 ぼしゅう	모집	□ 満員 まんいん	만원
□ 保存 ほぞん	보존	□ 満点 まんてん	만점
□ 歩道 ほどう	보도	□ 真ん中 まなか	한가운데
□ 骨 ほね	뼈	□ 湖 みずうみ	호수

□ 皆 (みな)	모두	□ 目標 (もくひょう)	목표
□ 港 (みなと)	항구	□ 物語 (ものがたり)	(옛날)이야기
□ 未来 (みらい)	미래	□ 文句 (もんく)	불평, 불만
□ 向かい (むかい)	맞은편	**や 행**	
□ 昔 (むかし)	옛날	□ 矢 (や)	화살
□ 虫 (むし)	벌레	□ 夜間 (やかん)	야간
□ 無視 (むし)	무시	□ 火傷 (やけど)	화상
□ 虫歯 (むしば)	충치	□ 約束 (やくそく)	약속
□ 息子 (むすこ)	아들	□ 家賃 (やちん)	집세
□ 娘 (むすめ)	딸	□ 薬局 (やっきょく)	약국
□ 胸 (むね)	가슴	□ やり方 (かた)	하는 방법
□ 無理 (むり)	무리	□ 勇気 (ゆうき)	용기
□ 無料 (むりょう)	무료	□ 有効 (ゆうこう)	유효
□ 名作 (めいさく)	명작	□ 友情 (ゆうじょう)	우정
□ 名刺 (めいし)	명함	□ 夕食 (ゆうしょく)	저녁 식사
□ 命令 (めいれい)	명령	□ 友人 (ゆうじん)	친구
□ 迷惑 (めいわく)	폐	□ 郵送 (ゆうそう)	우송
□ 目上 (めうえ)	손윗사람	□ 夕日 (ゆうひ)	석양
□ 目下 (めした)	손아랫사람	□ 有料 (ゆうりょう)	유료
□ めまい	현기증	□ 床 (ゆか)	마루
□ 免許 (めんきょ)	면허	□ 輸出 (ゆしゅつ)	수출
□ 面接 (めんせつ)	면접	□ 輸入 (ゆにゅう)	수입
□ 申込書 (もうしこみしょ)	신청서	□ 指輪 (ゆびわ)	반지
□ 毛布 (もうふ)	담요	□ 郵便 (ゆうびん)	우편
□ 目的 (もくてき)	목적	□ 夢 (ゆめ)	꿈

□ 夜明け	새벽	□ 料金	요금
□ 用意	준비	□ 領収書	영수증
□ 用事	(볼)일, 용무	□ 両方	양쪽
□ 幼児	유아	□ 旅館	여관
□ 幼稚園	유치원	□ 留守	부재, 집을 비움
□ 翌日	다음 날	□ 留守番	빈집을 지킴
□ 欲張り	욕심(쟁이)	□ 例外	예외
□ 予算	예산	□ 冷房	냉방
□ 予習	예습	□ 冷凍	냉동
□ 予想	예상	□ 歴史	역사
□ 予定	예정	□ 列	줄
□ 夜中	한밤중	□ 列車	열차
□ 世の中	세상	□ 連絡	연락
□ 予防	예방	□ 老人	노인
□ 予約	예약		

ら 행

□ 理科	이과
□ 理解	이해
□ 離婚	이혼
□ 理想	이상
□ 理由	이유
□ 留学	유학
□ 流行	유행
□ 利用	이용
□ 両替	환전

わ 행

□ 若者	젊은이
□ 訳	이유, 사정
□ 忘れ物	분실물
□ 話題	화제
□ 割合	비율
□ 割引	할인

동사

あ 행

□ 諦める	포기하다		□ 受かる	합격하다
□ 飽きる	질리다, 싫증나다		□ 浮く	뜨다, 떠오르다
□ 空ける	비우다		□ 受け取る	받다, 수취하다
□ 明ける	(날이) 새다, (기간이) 끝나다		□ 受ける	받다
□ 預ける	맡기다		□ 動かす	움직이게 하다, 옮기다
□ 与える	주다		□ 疑う	의심하다
□ 扱う	다루다, 취급하다		□ 打つ	치다, 때리다
□ 集まる	모이다		□ 移す	옮기다
□ 集める	모으다		□ 写す	베끼다, 묘사하다
□ 浴びる	끼얹다, 쐬다		□ 生まれる	태어나다
□ あふれる	흘러넘치다		□ 埋める	묻다, 메우다
□ 編む	뜨다, 편집하다		□ 奪う	빼앗다
□ 謝る	사과하다		□ 売れる	팔리다
□ 誤る	잘못하다		□ 得る	얻다
□ 表す	나타내다		□ 追う	뒤쫓다
□ 表れる	나타나다		□ 終える	끝내다
□ 慌てる	당황하다, 허둥거리다		□ 遅れる	늦다
□ いじめる	괴롭히다		□ 行う	행동하다, 실시하다
□ 急ぐ	서두르다		□ 送る	보내다
□ 祈る	기도하다		□ 起こる	일어나다, 발생하다
□ 祝う	축하하다		□ 怒る	화내다
□ 植える	심다		□ おごる	한턱내다
			□ 教わる	배우다, 가르침을 받다

□ 落ち込む	빠지다, 침울해지다	□ 勝つ	이기다
□ 落ち着く	안정되다	□ 悲しむ	슬퍼하다
□ 落とす	떨어뜨리다	□ 噛む	물다, 씹다
□ 踊る	춤추다	□ 通う	다니다, 왕래하다
□ 驚く	놀라다	□ 枯れる	시들다
□ 覚える	외우다, 기억하다	□ 乾かす	말리다
□ 思い出す	생각해 내다	□ 乾く	마르다
□ 思いつく	생각이 떠오르다	□ 変わる	바뀌다, 변하다
□ 降りる	내리다	□ 感じる	느끼다
□ 折る	꺾다, 접다	□ 頑張る	노력하다, 힘내다
□ 折れる	꺾이다, 접히다	□ 着替える	옷을 갈아입다
□ 降ろす	내리다, 내려놓다	□ 効く	효력이 있다

か 행

□ 飼う	기르다, 사육하다	□ 気付く	눈치채다, 깨닫다
□ 返す	돌려주다	□ 切る	자르다
□ 返る	돌아오다	□ 切れる	잘리다
□ 書き直す	다시 쓰다	□ 気を付ける	조심하다
□ 隠す	숨기다	□ 区切る	구분 짓다
□ 隠れる	숨다	□ 腐る	썩다, 부패하다
□ 囲む	둘러싸다	□ くたびれる	지치다
□ 重なる	거듭되다, 겹쳐지다	□ 配る	나눠주다, 배분하다
□ 重ねる	거듭하다, 겹치다	□ 組む	짜다, 엮다
□ 飾る	장식하다, 꾸미다	□ 暮らす	생활하다, 살다
□ 数える	(수를) 세다	□ 比べる	비교하다
□ 片付ける	정리하다	□ 繰り返す	되풀이하다
		□ 苦しむ	괴로워하다

□ 暮れる	(날이) 저물다	□ 騒ぐ	떠들썩거리다
□ 加える	더하다	□ 触る	만지다, 손을 대다
□ 加わる	더해지다	□ 沈む	가라앉다
□ 蹴る	차다	□ しかる	꾸짖다
□ 超える	넘다	□ 支払う	지불하다
□ 断る	거절하다	□ 縛る	묶다, 붙들어 매다
□ こぼす	흘리다, 엎지르다	□ しまう	넣다
□ こぼれる	흘러내리다	□ 示す	보이다, 가리키다
□ 込む	붐비다	□ 調べる	조사하다
□ 転がる	구르다, 넘어지다	□ 過ごす	지내다
□ 殺す	죽이다	□ 進む	진행하다
□ 転ぶ	구르다, 넘어지다	□ 進める	진행시키다
□ 壊す	망가뜨리다	□ 捨てる	버리다
□ 壊れる	망가지다	□ 滑る	미끄러지다

さ 행

□ 探す	찾다	□ 済ませる	끝내다, 해결하다
□ 咲く	(꽃 등이) 피다	□ 済む	끝나다, 해결되다
□ 叫ぶ	외치다	□ 注ぐ	(물 등을) 붓다
□ 避ける	피하다	□ 育つ	자라다
□ 誘う	권하다	□ 育てる	기르다, 키우다
□ サボる	수업, 일 등을 빼먹다	□ 揃う	갖추어지다
□ 冷ます	식히다	□ 揃える	고루 갖추다
□ 冷める	식다		

た 행

□ 覚ます	(잠이) 깨다, (눈이) 떠지다	□ 倒す	쓰러뜨리다
□ 覚める	(잠을) 재우다, (눈을) 뜨다	□ 倒れる	쓰러지다
		□ 抱く	안다, 품다

□ 確かめる	확인하다		□ 捕まえる	잡다, 붙들다
□ 足す	더하다		□ 捕まる	잡히다, 붙잡히다
□ 助かる	살아나다, 도움을 받다		□ 疲れる	지치다, 피로해지다
□ 助ける	구하다, 돕다		□ 付き合う	사귀다, 어울리다
□ 訪ねる	방문하다		□ 伝える	전달하다
□ 尋ねる	묻다		□ 伝わる	전해지다
□ 戦う	싸우다		□ 続く	계속되다
□ 叩く	두드리다		□ 続ける	계속하다
□ 畳む	접다, 개다		□ 包む	포장하다
□ 立ち止まる	멈춰 서다		□ 勤める	근무하다
□ 立つ	서다		□ つながる	이어지다
□ 建つ	(건물이) 서다		□ 潰す	찌부러트리다
□ 立てる	세우다		□ 潰れる	찌부러지다
□ 建てる	(건물을) 세우다		□ 積む	쌓다
□ 楽しむ	즐기다		□ 積もる	쌓이다
□ 頼む	부탁하다		□ 強まる	강해지다
□ 騙す	속이다		□ 強める	강화하다
□ 黙る	입다물다		□ 連れる	데리고 가다, 데리고 오다
□ 貯まる	(돈이) 모이다		□ 出会う	(우연히) 만나다
□ 貯める	(돈을) 모으다		□ 出来上がる	완성되다
□ 足りる	충분하다		□ 出来る	생기다, 할 수 있다
□ 近づく	다가가다		□ 問い合わせる	문의하다
□ 散らかる	흩어지다		□ 通る	통과하다
□ 散る	(꽃, 잎이) 지다		□ 通り過ぎる	지나가다
□ 通じる	통하다		□ 溶ける	녹다

□ 閉じる	닫다	□ 鳴らす	(소리를) 울리다
□ 届く	도착하다, 닿다	□ 鳴る	(소리가) 울리다
□ 届ける	보내다	□ 慣れる	익숙해지다, 적응되다
□ 飛び出す	뛰어나오다	□ 似合う	어울리다
□ 飛ぶ	날다	□ 握る	쥐다
□ 泊まる	묵다, 숙박하다	□ 逃げる	도망가다
□ 取り替える	바꾸다, 갈다	□ 似る	닮다
□ 取り出す	꺼내다	□ 煮る	삶다
□ 取れる	떨어지다	□ 抜く	빼다, 뽑다

な 행

□ 直す	고치다	□ 抜ける	빠지다, 뽑히다
□ 治す	(병을) 고치다	□ 盗む	훔치다
□ 直る	고쳐지다	□ 塗る	칠하다, 바르다
□ 治る	(병이) 낫다	□ 濡れる	젖다
□ 流す	흘리다	□ 願う	바라다, 원하다
□ 眺める	바라보다	□ 眠る	잠들다
□ 流れる	흐르다	□ 残す	남기다
□ 泣く	울다	□ 残る	남다
□ 亡くす	여의다	□ 載せる	싣다, 게재하다
□ 無くす	없애다, 잃어버리다	□ 除く	제외하다
□ 亡くなる	죽다, 돌아가시다	□ 伸ばす	늘이다
□ 無くなる	없어지다	□ 延ばす	연장하다
□ 投げる	던지다	□ 伸びる	늘어나다
□ 怠ける	게으름 피우다	□ 乗り遅れる	놓치다
□ 悩む	고민하다	□ 載る	실리다, 게재되다

は 행

□ 計る (はか)	재다, 달다
□ 掃く (は)	쓸다
□ 運ぶ (はこ)	옮기다
□ 始まる (はじ)	시작되다
□ 始める (はじ)	시작하다
□ 外す (はず)	떼어내다, 벗기다
□ 外れる (はず)	빗나가다, 벗겨지다
□ 働く (はたら)	일하다
□ 話し合う (はな あ)	의논하다
□ 払う (はら)	(돈을) 내다
□ 払い戻す (はら もど)	환불하다
□ 冷える (ひ)	차가워지다
□ 引き受ける (ひ う)	(일을) 맡다
□ 引き出す (ひ だ)	꺼내다, 인출하다
□ 引く (ひ)	끌다, 당기다
□ びっくりする	깜짝 놀라다
□ 冷やす (ひ)	차게 하다
□ 拾う (ひろ)	줍다
□ 広がる (ひろ)	퍼지다, 확산되다
□ 広げる (ひろ)	퍼뜨리다, 확산하다
□ 増える (ふ)	늘다
□ 深める (ふか)	깊게 하다
□ 含む (ふく)	포함하다
□ ぶつかる	부딪치다

□ 太る (ふと)	살찌다
□ 踏む (ふ)	밟다
□ 増やす (ふ)	늘리다
□ 降る (ふ)	(눈·비 등이) 내리다
□ 震える (ふる)	흔들리다, 떨리다
□ 減らす (へ)	줄이다
□ 減る (へ)	줄다
□ ほほ笑む (え)	미소 짓다
□ ほめる	칭찬하다

ま 행

□ 任せる (まか)	맡기다
□ 曲がる (ま)	구부러지다, 돌다
□ 巻く (ま)	감다, 말다
□ 負ける (ま)	지다
□ 曲げる (ま)	구부리다, 굽히다
□ 混ぜる (ま)	섞다
□ 間違える (ま ちが)	잘못하다, 틀리다
□ まとめる	한데 모으다, 정리하다
□ 学ぶ (まな)	배우다
□ 間に合う (ま あ)	늦지 않다
□ 招く (まね)	부르다, 초대하다
□ 守る (まも)	지키다
□ 迷う (まよ)	망설이다
□ 見える (み)	보이다
□ 見送る (み おく)	배웅하다

□ 見^みかける	언뜻 보다, 눈에 띄다	□ 止^やめる	그만하다
□ 見^みつかる	발견되다	□ やり直^{なお}す	다시 하다
□ 見^みつける	발견하다	□ 呼^よぶ	부르다
□ 見直^{みなお}す	다시 보다, 재검토하다	□ 寄^よる	들르다
□ 診^みる	진찰하다	□ 喜^{よろこ}ぶ	기뻐하다
□ 迎^{むか}える	마중하다, 맞이하다	□ 譲^{ゆず}る	양보하다
□ 蒸^むす	찌다	□ ゆでる	삶다, 데치다
□ 結^{むす}ぶ	매다, 묶다	□ 許^{ゆる}す	용서하다, 허가하다
□ 目立^{めだ}つ	눈에 띄다	□ 揺^ゆれる	흔들리다
□ 申^{もう}し込^こむ	신청하다	□ 酔^よう	취하다, 멀미하다
□ 燃^もえる	타다	□ 汚^{よご}す	더럽히다
□ 戻^{もど}す	되돌리다	□ 汚^{よご}れる	더러워지다
□ 戻^{もど}る	되돌아오다		
□ 燃^もやす	태우다	**わ 행**	
□ 盛^もる	담다, 쌓아 올리다	□ 沸^わかす	끓이다
や 행		□ 別^{わか}れる	헤어지다
□ 焼^やく	굽다	□ 分^わかれる	나뉘지다
□ 役^{やく}に立^たつ	도움이 되다	□ 沸^わく	끓다
□ 焼^やける	구워지다	□ 分^わける	나누다
□ やせる	마르다	□ 渡^{わた}す	건네다
□ 破^{やぶ}る	찢다	□ 笑^{わら}う	웃다
□ 破^{やぶ}れる	찢어지다	□ 割^わる	깨다
□ 敗^{やぶ}れる	패하다	□ 割^われる	깨지다
□ 止^やむ	그치다		

い형용사

あ行

□ 青い（あお）	파랗다
□ 青白い（あおじろ）	푸르스름하다, 창백하다
□ 赤い（あか）	빨갛다
□ 浅い（あさ）	얕다
□ 甘い（あま）	달다, 엄하지 않다
□ 怪しい（あや）	수상하다, 이상하다
□ 痛い（いた）	아프다
□ 薄い（うす）	얇다, 연하다
□ 薄暗い（うすぐら）	조금 어둡다, 침침하다
□ 美しい（うつく）	아름답다
□ うまい	맛있다, 잘하다
□ うらやましい	부럽다
□ うるさい	시끄럽다
□ 嬉しい（うれ）	기쁘다
□ おかしい	이상하다
□ 幼い（おさな）	어리다
□ 恐ろしい（おそ）	무섭다
□ 大人しい（おとな）	얌전하다

か行

□ 賢い（かしこ）	현명하다
□ 固い（かた）	단단하다, 견고하다
□ かっこいい	멋지다

□ 悲しい（かな）	슬프다
□ 辛い（から）	맵다
□ かゆい	가렵다
□ かわいらしい	사랑스럽다
□ 汚い（きたな）	더럽다
□ きつい	꽉 끼다, 고되다
□ 厳しい（きび）	엄하다, 엄격하다
□ 臭い（くさ）	(나쁜) 냄새가 나다
□ くだらない	시시하다, 하찮다
□ 悔しい（くや）	분하다, 억울하다
□ 暗い（くら）	어둡다
□ 苦しい（くる）	괴롭다
□ 詳しい（くわ）	자세하다, 상세하다
□ 険しい（けわ）	험하다
□ 濃い（こ）	진하다
□ 細かい（こま）	자잘하다, 세세하다
□ 怖い（こわ）	무섭다

さ行

□ 寂しい（さび）	외롭다
□ 塩辛い（しおから）	짜다
□ 親しい（した）	친하다
□ しつこい	끈질기다
□ 図々しい（ずうずう）	뻔뻔하다

□ すごい	굉장하다
□ すっぱい	시다
□ 素晴らしい〈すば〉	훌륭하다
□ 鋭い〈するど〉	날카롭다
□ そそっかしい	덜렁대다

た행

□ 正しい〈ただ〉	바르다, 옳다
□ 楽しい〈たの〉	즐겁다
□ 辛い〈つら〉	괴롭다
□ つまらない	시시하다, 하찮다
□ とんでもない	당치도 않다, 터무니없다

な행

□ 苦い〈にが〉	쓰다
□ 憎い〈にく〉	밉다
□ 眠い〈ねむ〉	졸리다

は행

□ 激しい〈はげ〉	격렬하다, 세차다
□ 恥ずかしい〈は〉	부끄럽다
□ ひどい	심하다
□ 深い〈ふか〉	깊다

ま행

□ 貧しい〈まず〉	가난하다
□ 眩しい〈まぶ〉	눈부시다
□ 蒸し暑い〈む あつ〉	무덥다
□ 空しい〈むな〉	공허하다

□ 珍しい〈めずら〉	희귀하다, 신기하다
□ もったいない	아깝다

や행

□ 優しい〈やさ〉	상냥하다
□ やむを得ない〈え〉	어쩔 수 없다
□ 柔らかい〈やわ〉	부드럽다
□ 緩い〈ゆる〉	느슨하다, 헐겁다

わ행

□ 若い〈わか〉	젊다

な형용사

あ행

□ 当たり前だ	당연하다
□ 意外だ	의외다
□ 意地悪だ	심술궂다
□ 嫌だ	싫다
□ おしゃれだ	멋지다

か행

□ 勝手だ	제멋대로다
□ 可能だ	가능하다
□ かわいそうだ	불쌍하다
□ 簡単だ	간단하다
□ 気軽だ	홀가분하다
□ 危険だ	위험하다
□ 基本的だ	기본적이다
□ 気楽だ	홀가분하다
□ けちだ	인색하다
□ 下品だ	천하다
□ 元気だ	건강하다
□ 健康だ	건강하다
□ 幸福だ	행복하다
□ 混雑だ	혼잡하다
□ 混乱だ	혼란스럽다

さ행

□ 盛んだ	왕성하다, 번성하다, 번창하다
□ 様々だ	다양하다
□ 残念だ	유감스럽다
□ 幸せだ	행복하다
□ 静かだ	조용하다
□ 地味だ	수수하다
□ 重大だ	중대하다
□ 重要だ	중요하다
□ 消極的だ	소극적이다
□ 正直だ	솔직하다, 정직하다
□ 上品だ	고상하다
□ 丈夫だ	튼튼하다
□ 親切だ	친절하다
□ 新鮮だ	신선하다
□ 素敵だ	멋지다
□ 素直だ	솔직하다
□ 正確だ	정확하다
□ 正常だ	정상이다
□ 積極的だ	적극적이다

た행

□ 大切だ	소중하다, 중요하다
□ 大事だ	소중하다, 중요하다

□ <ruby>大変<rt>たいへん</rt></ruby>だ	힘들다, 큰일이다		□ <ruby>平気<rt>へいき</rt></ruby>だ	태연하다
□ <ruby>確<rt>たし</rt></ruby>かだ	확실하다		□ <ruby>平凡<rt>へいぼん</rt></ruby>だ	평범하다
□ だめだ	안 된다		□ <ruby>変<rt>へん</rt></ruby>だ	이상하다
□ <ruby>短気<rt>たんき</rt></ruby>だ	성격이 급하다			
□ <ruby>単純<rt>たんじゅん</rt></ruby>だ	단순하다		**ま 행**	
□ <ruby>丁寧<rt>ていねい</rt></ruby>だ	정중하다, 친절하다		□ まじめだ	성실하다
□ <ruby>適当<rt>てきとう</rt></ruby>だ	적당하다		□ <ruby>真<rt>ま</rt></ruby>っ<ruby>赤<rt>か</rt></ruby>だ	새빨갛다
□ <ruby>当然<rt>とうぜん</rt></ruby>だ	당연하다		□ <ruby>真<rt>ま</rt></ruby>っ<ruby>暗<rt>くら</rt></ruby>だ	아주 캄캄하다
□ <ruby>得<rt>とく</rt></ruby>だ	이득이다, 유리하다		□ <ruby>真<rt>ま</rt></ruby>っ<ruby>黒<rt>くろ</rt></ruby>だ	새까맣다
□ <ruby>得意<rt>とくい</rt></ruby>だ	잘하다		□ <ruby>真<rt>ま</rt></ruby>っ<ruby>青<rt>さお</rt></ruby>だ	새파랗다
□ <ruby>特別<rt>とくべつ</rt></ruby>だ	특별하다		□ <ruby>真<rt>ま</rt></ruby>っ<ruby>白<rt>しろ</rt></ruby>だ	새하얗다
			□ <ruby>満足<rt>まんぞく</rt></ruby>だ	만족스럽다
な 행			□ <ruby>無駄<rt>むだ</rt></ruby>だ	쓸데없다
□ なだらかだ	완만하다		□ <ruby>明確<rt>めいかく</rt></ruby>だ	명확하다
□ <ruby>苦手<rt>にがて</rt></ruby>だ	잘 못하다, 서툴다		□ <ruby>面倒<rt>めんどう</rt></ruby>だ	귀찮다
□ <ruby>賑<rt>にぎ</rt></ruby>やかだ	번화하다			
□ <ruby>熱心<rt>ねっしん</rt></ruby>だ	열심이다		**や 행**	
			□ <ruby>豊<rt>ゆた</rt></ruby>かだ	풍부하다, 풍요롭다
は 행				
□ <ruby>派手<rt>はで</rt></ruby>だ	화려한		**ら 행**	
□ <ruby>貧乏<rt>びんぼう</rt></ruby>だ	가난하다		□ <ruby>楽<rt>らく</rt></ruby>だ	편하다
□ <ruby>不可能<rt>ふかのう</rt></ruby>だ	불가능하다		□ <ruby>利口<rt>りこう</rt></ruby>だ	영리하다
□ <ruby>複雑<rt>ふくざつ</rt></ruby>だ	복잡하다		□ <ruby>立派<rt>りっぱ</rt></ruby>だ	훌륭하다
□ <ruby>不幸<rt>ふこう</rt></ruby>だ	불행하다		□ <ruby>冷静<rt>れいせい</rt></ruby>だ	냉정하다
□ <ruby>不思議<rt>ふしぎ</rt></ruby>だ	불가사의하다, 신기하다			
□ <ruby>不自由<rt>ふじゆう</rt></ruby>だ	부자유스럽다			
□ <ruby>不便<rt>ふべん</rt></ruby>だ	불편하다			

부사

あ행

□ あっという間に　눈 깜짝할 사이에

□ いきいき　생기있는 모양, 싱싱한 모양

□ いつか　언젠가

□ 一気に　단숨에, 한번에

□ いつの間にか　어느샌가

□ いらいら　안절부절

□ うっかり　깜빡, 무심코

□ うろうろ　어슬렁어슬렁, 허둥지둥

□ 大いに　대단히, 매우

□ 思わず　무의식중에, 엉겁결에

□ およそ　대강, 대체로

か행

□ がっかり　실망, 낙심하는 모양

□ かなり　꽤, 제법

□ からから　바싹 마른 모양

□ がらがら　텅텅 빈 모습

□ きちんと　말끔히, 말쑥히

□ ぎっしり　가득, 꽉, 빽빽이

□ 急に　갑자기

□ ぎりぎり　아슬아슬, 빠듯한 모양

□ ぐっすり　푹, 깊은 잠을 자는 모양

□ ぐらぐら　펄펄, 흔들흔들

□ 結局　결국

□ 決して　결코

□ 今後　앞으로, 이후

□ 今度　이번, 다음 번

さ행

□ さっさと　냉큼, 후딱

□ ざっと　대강, 대충

□ さっぱり　후련하게, 산뜻하게

□ しいんと　쥐죽은 듯이

□ しっかり　단단히, 꽉

□ じっと　가만히, 꾹, 지그시

□ 実は　실은, 사실은

□ しばらく　잠깐, 잠시

□ しみじみ　곰곰이, 절실히

□ 少々　약간, 조금

□ 徐々に　서서히

□ ずいぶん　몹시, 아주, 대단히

□ 少なくとも　적어도

□ すっかり　죄다, 완전히

□ すっきり　산뜻, 개운

□ ずっと　쭉, 훨씬

□ 絶対に　절대로

□ 全然　전혀

□ 続々　잇달아, 끊임없이

□ そっくり　꼭 닮은 모양, 모조리

□ そろそろ	슬슬, 이제 곧	□ のろのろ	느릿느릿, 꾸물꾸물

た 행

□ 大体 <small>だいたい</small>	대체, 대략	□ のんびり	한가로이, 유유히

は 행

□ たいてい	대부분, 대체로	□ はきはき	시원시원, 또랑또랑
□ だいぶ	상당히, 꽤	□ はっきり	분명히, 틀림없이
□ 互いに <small>たが</small>	서로, 다 함께	□ ばったり	딱(우연히 마주치는 모양), 털썩
□ 多少 <small>た しょう</small>	다소	□ 早めに <small>はや</small>	일찌감치
□ たっぷり	잔뜩, 충분히	□ ばらばら	뿔뿔이(흩어지는 모양)
□ 例えば <small>たと</small>	예를 들면, 가령	□ 久しぶりに <small>ひさ</small>	오랜만에
□ たまたま	마침, 우연히	□ 非常に <small>ひ じょう</small>	매우, 몹시
□ たまに	간혹, 이따금	□ ぴったり	딱, 착 (꼭 들어맞음)
□ 単に <small>たん</small>	단순히, 단지, 그저	□ ぶつぶつ	중얼중얼, 투덜투덜
□ ちかちか	반짝반짝, 따끔따끔	□ ふらふら	휘청휘청, 비틀비틀
□ ちっとも	조금도, 전혀	□ ぶらぶら	흔들흔들, 어슬렁어슬렁
□ ちゃんと	착실하게, 틀림없이	□ ぺこぺこ	몹시 배가 고픈 모양
□ 次々と <small>つぎつぎ</small>	잇달아, 계속해서	□ 別に <small>べつ</small>	별로, 특별히
□ 常に <small>つね</small>	늘, 항상	□ 別々 <small>べつべつ</small>	따로따로, 제각각
□ 同時に <small>どう じ</small>	동시에	□ ぺらぺら	술술, 나불나불
□ どきどき	두근두근	□ ほとんど	거의, 대부분
□ 特に <small>とく</small>	특히	□ ほぼ	거의, 대략
□ 突然 <small>とつぜん</small>	갑자기, 돌연		

ま 행

□ どんどん	착착, 잇따라, 자꾸자꾸	□ まごまご	우물쭈물, 갈팡질팡

な 행

□ なかなか	(1) 꽤, 상당히, (2) 좀처럼	□ まさか	설마
□ なるべく	가능한 한, 되도록	□ 最も <small>もっと</small>	가장, 제일
□ にこにこ	생글생글, 싱글벙글	□ もともと	원래, 본디

や 행

□ にっこり	생긋, 방긋	□ やはり	역시, 결국

가타카나

あ 행

- □ アイデア   아이디어
- □ アドバイス   어드바이스(충고, 조언)
- □ アナウンサー   아나운서
- □ アニメ   애니메이션(만화영화)
- □ アマチュア   아마추어
- □ アルバイト   아르바이트
- □ アルバム   앨범
- □ アンケート   앙케트, 설문
- □ イメージ   이미지
- □ イヤリング   이어링(귀고리)
- □ インク   잉크
- □ インスタント   인스턴트
- □ インターネット   인터넷
- □ インタビュー   인터뷰
- □ ウイルス   바이러스
- □ エネルギー   에너지
- □ エンジン   엔진
- □ オーダー   오더(주문, 명령)
- □ オフィス   오피스(사무실)
- □ オペラ   오페라

か 행

- □ カーテン   커튼
- □ カード   카드
- □ カーブ   커브
- □ カーペット   카펫
- □ カタログ   카탈로그
- □ カット   컷, 삭제
- □ カップ   컵
- □ カメラマン   카메라맨
- □ カラー   컬러
- □ ガラス   유리
- □ カロリー   칼로리
- □ カンニング   커닝(부정 행위)
- □ キッチン   키친(부엌)
- □ キャンセル   캔슬(취소)
- □ キャンパス   캠퍼스
- □ クイズ   퀴즈
- □ クーラー   쿨러(냉방 장치)
- □ グラス   유리잔
- □ クラスメート   클래스메이트(동급생)
- □ クリーニング   세탁
- □ グループ   그룹
- □ ケース   케이스(상자)
- □ コート   코트
- □ コミュニケーション   커뮤니케이션

☐ コンタクト	콘택트렌즈		☐ ストレス	스트레스	
☐ コンサート	콘서트		☐ スピーチ	스피치(연설)	
☐ コンビニ	편의점		☐ スピード	스피드	

さ 행

☐ サービス	서비스		☐ セール	세일	
☐ サイズ	사이즈		☐ セット	세트	
☐ サイン	사인		☐ ソース	소스	
☐ サラダ	샐러드		☐ ソファー	소파	

た 행

☐ サラリーマン	샐러리맨		☐ ダイエット	다이어트	
☐ サンダル	샌들		☐ ダイヤモンド	다이아몬드	
☐ サンドイッチ	샌드위치		☐ ダイヤル	다이얼	
☐ サンプル	샘플		☐ タオル	타월	
☐ シャツ	셔츠		☐ ダンス	댄스	
☐ シャワー	샤워		☐ チーズ	치즈	
☐ ジュース	주스		☐ チェック	체크	
☐ ショップ	숍, 점포		☐ チケット	티켓	
☐ スイッチ	스위치		☐ チップ	팁, 칩	
☐ スーツ	슈트, 정장		☐ チャンス	찬스	
☐ スープ	스프		☐ データ	데이터	
☐ スカーフ	스카프		☐ デート	데이트	
☐ スクリーン	스크린		☐ テキスト	텍스트	
☐ スケジュール	스케줄		☐ デザート	디저트	
☐ スタート	스타트, 출발		☐ デジカメ	디지털카메라	
☐ ステーキ	스테이크		☐ トップ	톱, 선두	
☐ ストーリー	스토리		☐ ドライブ	드라이브	

☐ ドライヤー	드라이어	☐ ファイル	파일
☐ トラック	트럭	☐ ファスナー	파스너(지퍼)
☐ ドラマ	드라마	☐ ファックス	팩스
☐ トレーニング	트레이닝	☐ フォーク	포크
☐ ドレス	드레스	☐ ブラウス	블라우스
☐ トンネル	터널	☐ ブラシ	브러시(솔)

문자 · 어휘

な 행

☐ ニュース	뉴스	☐ プラス	플러스
☐ ネット	네트(그물, 망), 인터넷	☐ プラン	플랜(계획)
☐ ノック	노크	☐ プリント	프린트

は 행

☐ パーセント	퍼센트(%)	☐ ブレーキ	브레이크
☐ パート	파트타임(아르바이트)	☐ ベルト	벨트
☐ ハイキング	하이킹	☐ ペンキ	페인트
☐ バイク	바이크	☐ ボート	보트
☐ バイト	바이트(아르바이트)	☐ ボーナス	보너스
☐ バケツ	양동이	☐ ホームページ	홈페이지
☐ パソコン	퍼스널컴퓨터(개인용 컴퓨터)	☐ ボール	볼(공)
☐ バック	뒤, 배후	☐ ポスター	포스터
☐ バランス	밸런스(균형)		

ま 행

☐ ハンバーグ	햄버그스테이크	☐ マイナス	마이너스
☐ ピクニック	피크닉(소풍)	☐ マスク	마스크
☐ ビタミン	비타민	☐ マフラー	머플러
☐ ビル	빌딩	☐ マナー	매너
☐ ピンク	핑크(분홍색)	☐ マラソン	마라톤
		☐ ミス	미스(미혼 여성, 실수)
		☐ メール	메일

☐ メッセージ	메시지	
☐ メニュー	메뉴	
☐ メモ	메모	
☐ メンバー	멤버	

や 행

☐ ユーモア	유머	
☐ ヨーロッパ	유럽	

ら 행

☐ ライト	라이트(빛, 광선)	
☐ ランチ	런치(점심)	
☐ ランニング	러닝(달리기)	
☐ リーダー	리더	
☐ リサイクル	리사이클(재활용)	
☐ リットル	리터	
☐ リボン	리본	
☐ ルール	룰(규칙)	
☐ レインコート	레인코트(우비)	
☐ レジ	레지스터(금전등록기)	
☐ レシート	레시트(영수증)	
☐ レベル	레벨	
☐ レポート	리포트	
☐ レンズ	렌즈	
☐ ロビー	로비	
☐ ロボット	로봇	

問題 _____のことばの読み方を書きなさい。

1 週3回以上働ける方を募集しています。
( )

2 氷が溶け始める温度を知っていますか。
( )

3 ガスが漏れる事故を防ぐために毎週教育を行っている。
( )

4 汗をかきながらする運動が健康に一番いいと思う。
( )

5 この動物園はえさをやる体験ができることで有名だ。
( )

6 あなたが成功した姿を想像してみてください。
( )

7 科学の発展とともに人間の寿命は延びつつある。
( )

8 インドという国の歴史について興味を持っています。
( )

9 将来、何になりたいですか。
( )

10 アカウントのメールアドレスを変更したいです。
( )

問題 _____のことばの読み方を書きなさい。

1 「努力は裏切らない」という言葉が好きだ。
（　　　　　）

2 申し訳ございません。本日の受付は終了いたしました。
（　　　　　）

3 被害者の立場に立って考えてみてください。
（　　　　　）

4 この山は願いを叶えてくれるという岩があって人気だ。
（　　　　　）

5 効率良く暗記するための方法を教えてください。
（　　　　　）

6 カードの暗証番号を忘れた場合はどうすればいいですか。
（　　　　　）

7 公務員試験は独学でも合格できますか。
（　　　　　）

8 この薬は頭が痛い時に飲むと効果があるらしい。
（　　　　　）

9 10年後息子と二人で旅行に行くためのお金を貯めている。
（　　　　　）

10 彼女にプロポーズをするため、指輪を買いにいった。
（　　　　　）

問題 _____のことばの読み方を書きなさい。

1 円安になると輸出は増えるでしょう。
（　　　　　）

2 20分以内の昼寝は健康にいいと言われている。
（　　　　　）

3 最近豆で作ったパンがよく売れています。
（　　　　　）

4 失敗しても諦めずやり直す。
（　　　　　）

5 学生課へ直接提出してください。
（　　　　　）

6 交通や通信の発達で我々の生活は楽になった。
（　　　　　）

7 他の店より安い価格で売っています。
（　　　　　）

8 禁煙ガムにもニコチンは入っているよ。
（　　　　　）

9 アレルギーの原因を調べる研究をしております。
（　　　　　）

10 大事な書類をなくしてしまった。
（　　　　　）

정답 1 ゆしゅつ 2 ひるね 3 まめ 4 しっぱい 5 ていしゅつ 6 はったつ 7 かかく 8 きんえん 9 げんいん 10 しょるい　**해석** 별책 p.2

問題 ＿＿＿のことばの読み方を書きなさい。

1 居間は狭くても構いません。
（　　　　　）

2 窓が大きくて川が見える事務所を探しています。
（　　　　　　　）

3 嬉しくて涙が出る時もあるよ。
（　　　　　）

4 あの双子の兄弟は顔は似ているが、性格は全然違う。
（　　　　　）

5 お皿を洗いながら歌を歌います。
（　　　　）

6 銀行の窓口でお振込みできます。
（　　　　　）

7 試合に勝つために毎日練習をしています。
（　　　　）

8 優秀な部下と出会えてよかった。
（　　　　　）

9 残業を強要するのは法律違反です。
（　　　　）

10 悩みがあったら専門家に相談してください。
（　　　　　）

問題　＿＿＿のことばを漢字で書きなさい。

1 彼女は<u>こうこく</u>を作る仕事をしたがっている。
　　　（　　　　　　）

2 <u>けんきゅう</u>したい分野を自由に話してください。
　（　　　　　　）

3 父は貿易会社を<u>けいえい</u>している。
　　　　　（　　　　　　）

4 来週、<u>えんそく</u>でテーマパークに行くらしい。
　　　　（　　　　　）

5 全商品３<u>わりびき</u>をさせていただきます。
　　　　（　　　　　）

6 <u>せきにん</u>は誰が取るんですか。
　（　　　　　）

7 学校の<u>だいひょう</u>としてコンクールに出場することになりました。
　　　　（　　　　　）

8 好きな色を<u>せんたく</u>しても構いません。
　　　　（　　　　　）

9 海の底で古い遺跡を<u>はっけん</u>したようだ。
　　　　　　（　　　　　）

10 あの、<u>はば</u>30㎝くらいの棚を探していますが、こちらにありますか。
　　　（　　　　　）

問題 _____のことばを漢字で書きなさい。

1 一番苦手な科目は<u>すうがく</u>です。
（ ）

2 <u>すな</u>で使ったアートを展示している。
（ ）

3 <u>ふだん</u>からメモをとるようにしている。
（ ）

4 個人が本を出版する時にかかる<u>ひよう</u>が知りたいです。
（ ）

5 <u>こうつう</u>・通信の発達によって我々の生活は楽になった。
（ ）

6 飲み会の<u>ふんいき</u>を盛り上げるゲームを知っています。
（ ）

7 <u>かいぎ</u>で配る資料をコピーしてきてね。
（ ）

8 色んな<u>だんたい</u>から協力してもらっています。
（ ）

9 アメリカでは<u>のうりょく</u>によって昇進が決まるそうだ。
（ ）

10 学校の<u>きそく</u>にしたがって処分いたします。
（ ）

정답 1 数学 2 砂 3 普段 4 費用 5 交通 6 雰囲気 7 会議 8 団体 9 能力 10 規則 　　　해석 별책 p.3

問題　_____のことばを漢字で書きなさい。

1 学校^{がっこう}のなふだをつける時^{とき}、服^{ふく}に穴^{あな}が空^あかないように気^きを付^つけてください。
　　　（　　　　　　）

2 輸出規制^{ゆしゅつきせい}をきょうかしなければならない。
　　　（　　　　　　）

3 ペーパードライバーなので、ちゅうしゃするのに時間^{じかん}がかかります。
　　　　　　　（　　　　　　）

4 台風^{たいふう}の影響^{えいきょう}で、なみが高^{たか}くなる恐^{おそ}れがあります。
　　　　（　　　　　　）

5 直接^{ちょくせつ}げんばに行^いって証拠^{しょうこ}を探^{さが}してきます。
　　（　　　　　　）

6 ちずに表示^{ひょうじ}されてるところへ行^いきなさい。
　（　　　　　）

7 彼女^{かのじょ}と一緒^{いっしょ}にこのけしきが見^みたかったです。
　　　　　（　　　　　　）

8 中央図書館^{ちゅうおうとしょかん}は市^しの中心部^{ちゅうしんぶ}にいちしている。
　　　　　　（　　　　　）

9 いいじょうけんの物件^{ぶっけん}を見^みつけましたが、家賃^{やちん}が安^{やす}すぎて逆^{ぎゃく}に怪^{あや}しいです。
　　　（　　　　　　）

10 外^{そと}にいる時^{とき}、じしんが起^おきたらどうしますか。
　　　（　　　　　　）

정답 1 名札 2 強化 3 駐車 4 波 5 現場 6 地図 7 景色 8 位置 9 条件 10 地震　　　　　　　　**해석** 별책 p.3

問題 _____のことばを漢字で書きなさい。

1 空港内の銀行で<u>りょうがえ</u>するよりも市内銀行でするほうがお得です。
（　　　　　）

2 なぜ、<u>じっけん</u>などではネズミが使われるのですか。
（　　　　　）

3 授業に<u>しゅっせき</u>しなくても単位が取れるとは信じられない。
（　　　　　）

4 「勉強は<u>きそ</u>が大事」と言われています。
（　　　　　）

5 手を振ったら、止まれの<u>あいず</u>だと思ってください。
（　　　　　）

6 気分転換のために<u>かみ</u>を切ることにした。
（　　　　　）

7 <u>はんばい</u>実績から評価されるのは納得できなかった。
（　　　　　）

8 <u>へいじつ</u>にもかかわらず、混んでいる。
（　　　　　）

9 最近の<u>わかもの</u>が使う言葉には略したカタカナ語がたくさんある。
（　　　　　）

10 来月、ハワイで結婚する<u>よてい</u>です。
（　　　　　）

정답 1 両替 2 実験 3 出席 4 基礎 5 合図 6 髪 7 販売 8 平日 9 若者 10 予定

해석 별책 p.3

問題　_____のことばの読み方を書きなさい。

1　海に捨てられるごみの量は増える一方だ。
　　　　　　　　　　　　（　　　　　　　）

2　就職のために、英会話教室に通っています。
　　　　　　　　　　　　　　　（　　　　　　　）

3　お気軽にお問い合わせください。
　　　　　　　（　　　　　　　　　）

4　財布を拾ったら交番に届けてください。
　　　　　　（　　　　　）

5　店の前に誰かが倒れていて、救急車を呼んだ。
　　　　　　　　　　　（　　　　　）

6　すぐにかっとなって物を壊したり、投げる人とは別れた方がいい。
　　　　　　　　　　　　（　　　　　　　）

7　スーパーに寄ってビールを買いました。
　　　　　　　　（　　　　　）

8　お忙しい中、手伝っていただき感謝しています。
　　　　　　　　　（　　　　　　　）

9　水をやらないと花は枯れる。
　　　　　　　　　　　（　　　　　）

10　日本の生活にはもう慣れましたか。
　　　　　　　　　（　　　　　　　）

정답 1 ふえる 2 かよって 3 といあわせ 4 ひろった 5 たおれて 6 こわしたり 7 よって 8 てつだって 9 かれる 10 なれました　**해석** 별책 p.4

問題 _____のことばの読み方を書きなさい。

1 私^{わたし}は友達^{ともだち}に結婚式^{けっこんしき}の司会^{しかい}を頼んだ。
                   （　　　　　　　）

2 母^{はは}に預けておいた通帳^{つうちょう}をもらった。
   （　　　　　）

3 どちらの仕事^{しごと}を引き受けるか迷^{まよ}っています。
           （　　　　　　）

4 頭痛^{ずつう}によく効く薬^{くすり}を教^{おし}えてください。
       （　　　　）

5 トンネルが崩れる夢^{ゆめ}をみた。
       （　　　　　）

6 大勢^{おおぜい}の前^{まえ}で彼女^{かのじょ}にプロポーズしたが、断られた。
                      （　　　　　　　）

7 お金^{かね}のことで夢^{ゆめ}を諦めたくない。
          （　　　　　）

8 モナリザの絵^えに心^{こころ}を奪われてしまった。
         （　　　　　）

9 名刺^{めいし}は両手^{りょうて}で渡すのがマナーです。
       （　　　　　）

10 仕事^{しごと}に追われて余裕^{よゆう}がない。
       （　　　　　）

정답 1 たのんだ 2 あずけて 3 ひきうける 4 きく 5 くずれる 6 ことわられた 7 あきらめ 8 うばわれて 9 わたす 10 おわれて   **해석** 별책 p.4

問題 （   ）に入れるのに最もよいものを、1・2から一つえらびなさい。

1 先生に（1 頼ろう 2 迷おう）としてはいけない。

2 サーカス団から（1 ふえた 2 逃げた）チンパンジーを保護しています。

3 夫と（1 話し合った 2 問い合わせた）上でご連絡いたします。

4 ごめんなさい。道に（1 迷って 2 分けて）遅れました。

5 人のものを（1 勤める 2 盗む）ことは明白な犯罪だ。

6 悪い時には悪いことが（1 重なる 2 なおる）。

7 彼女と（1 取り出す 2 付き合う）想像をしてみた。

8 手紙でも（1 つぶして 2 送って）ください。

9 昨日、部長から書類を（1 受け取りました 2 できあがりました）。

10 ゴミを（1 貯める 2 捨てる）日が決まっています。

정답 1① 2② 3① 4① 5② 6① 7② 8② 9① 10②

해석 별책 p.4

問題 （　　）に入れるのに最もよいものを、１・２から一つえらびなさい。

1 食事を（1 こえる　2 残す）のがマナーの国もあるそうだ。

2 約束を簡単に（1 つながる　2 破る）人がいて困っています。

3 その資料は私が持っていると（1 伝えて　2 使って）ください。

4 朝起きたらすぐに布団を（1 畳みます　2 折れます）。

5 新聞に誤報が（1 載って　2 冷えて）いるというクレームが殺到した。

6 昨日飲み過ぎたせいか、頭が（1 かこむ　2 われる）ように痛い。

7 友人の結婚式を（1 祝う　2 だまる）メッセージを書いています。

8 彼女が犯人ではないか（1 あふれて　2 うたがわれて）いる。

9 クラス全員の名前を（1 覚える　2 学ぶ）のに時間がかかりそうだ。

10 今回の事故で、これ以上被害が生まれないことを（1 かよって　2 いのって）います。

정답 1② 2② 3① 4① 5① 6② 7① 8② 9① 10②

해석 별책 p.4

問題 ＿＿＿のことばの読み方を書きなさい。

1 彼女とは深く関わらないほうがいいと思う。
（   ）

2 歴史に詳しい彼女に聞いてみたらどうですか。
（   ）

3 機嫌が悪い日は甘い物に限る。
（   ）

4 汚い手で触るな。
（   ）

5 中古で買ったスカートが緩くてはけません。
（   ）

6 詐欺にあって貧しい生活を送っている人もいるらしい。
（   ）

7 彼女とはディズニーランドへ行って来てから親しくなった気がする。
（   ）

8 学生に厳しい先生は人気がないだろう。
（   ）

9 あの人はいつも賢く立ち回っている。
（   ）

10 私はお酒を飲むと眠くなります。
（   ）

정답 1 ふかく 2 くわしい 3 あまい 4 きたない 5 ゆるく 6 まずしい 7 したしく 8 きびしい 9 かしこく 10 ねむく   해석 별책 p.5

問題 （ ）に入れるのに最もよいものを、1・2から一つえらびなさい。

1 子供に（1 にくい 2 にがい）薬を飲ませるのは大変です。

2 イさんは（1 からい 2 くさい）ラーメンを食べても汗をかきません。

3 その答えが（1 正しい 2 わかい）とは言えない。

4 （1 険しい 2 珍しい）切手を集めるのが私の趣味です。

5 （1 しつこい 2 苦しい）時こそ笑って生きよう。

6 （1 こまかい 2 やわらかい）ことにこだわるな。

7 隣の部屋が（1 いたく 2 うるさく）てたまらない。

8 （1 まぶしい 2 まずしい）ほど美しい少女を見た。

9 元かれから（1 しつこく 2 つらく）連絡がきて困っています。

10 毎日一人でご飯を食べても（1 幼い 2 寂しい）と思ったことはない。

問題 _____のことばの読み方を書きなさい。

1 仕事柄派手な服装は禁止されています。
（　　　　　　）

2 彼女は親切で素直な人です。
　　　　　（　　　　　　）

3 恥ずかしくて顔が真っ赤になっちゃった。
　　　　　（　　　　　）

4 豊かで安心できる町づくりを目指しています。
（　　　　　）

5 この荷物邪魔だから、片付けて。
　　　　　（　　　　　）

6 残念ながら欠席させていただきます。
（　　　　　）

7 平気な顔でうそをつく人とは付き合わない方がいい。
（　　　　　）

8 田中さんのような立派な人になりたいです。
　　　　　　（　　　　　　）

9 先日はとてもご親切なご対応をしていただきありがとうございました。
　　　　　　（　　　　　　）

10 私はあまり歌が得意ではありません。
　　　　　（　　　　　）

問題 （ ）に入れるのに最もよいものを、1・2から一つえらびなさい。

1 会議で（1 積極的に 2 面倒に）発言できる人になりたいです。

2 報告書は（1 楽に 2 確かに）受け取りました。

3 夜遅くビジネスメールを送ることは、（1 利口 2 迷惑）です。

4 彼女と出会い、（1 平凡な 2 豊かな）毎日が一変した。

5 （1 ふしぎな 2 てきとうな）出来事が続き、占い師に見てもらうことにした。

6 （1 めいかくな 2 とくべつな）能力を持つ人を超能力者という。

7 この壁にペンキを塗る作業は（1 大変 2 満足）そうです。

8 SNSは時間の（1 むだだ 2 けちだ）と考えている。

9 来週の月曜日の予約は（1 可能 2 正常）でしょうか。

10 （1 まじめに 2 さまざまに）働いて課長に昇進した。

정답 1① 2② 3② 4① 5① 6② 7① 8① 9① 10①

問題 （ ） に入れるのに最もよいものを、１・２から一つえらびなさい。

1 約束の時間が迫っているのに、バスが来なくて（1 いらいら　2 ぶらぶら）している。

2 パンにイチゴジャムを（1 たっぷり　2 ばったり）塗って食べるのが好きです。

3 掃除をすると（1 のんびり　2 すっきり）する。

4 しばらく会わない間に（1 たいてい　2 ずいぶん）大きくなりましたね。

5 宿題が多くて、学生たちは（1 ぶつぶつ　2 もともと）文句を言っている。

6 お客様、（1 互いに　2 少々）お待ちください。

7 （1 最も　2 まさか）君が犯人ではないだろう。

8 このドレス、あなたに（1 ぎっしり　2 ぴったり）だと思います。

9 その子は、少しも（1 じっと　2 ぎりぎり）していることができない。

10 （1 やはり　2 なるべく）早く対応いたします。

問題　（　）に入れるのに最もよいものを、1・2から一つえらびなさい。

1　面倒なことこそ、（1 さっさと　2 ちっとも）片付けてしまおう。

2　戦争で家族が（1 ばらばら　2 ぺらぺら）になりました。

3　お酒を飲むと（1 ふらふら　2 まごまご）して歩けなくなる。

4　椅子を（1 たまたま　2 ちゃんと）戻して帰ってください。

5　（1 実は　2 別に）離婚を考えている。

6　不審な男が（1 うっかり　2 うろうろ）しています。

7　危ないので（1 決して　2 ぐっすり）屋根の上に登ったりしてはいけません。

8　（1 つぎつぎと　2 特に）問題はございません。

9　人の顔を見て（1 そっくり　2 にっこり）笑う赤ちゃんがとてもかわいい。

10　今度こそ（1 同時に　2 絶対に）勝ってみせる。

問題 （ ）に入れるのに最もよいものを、1・2から一つえらびなさい。

1 中古の靴を買ったが（1 サイズ 2 サービス）が合わなくて困っている。

2 （1 スクリーン 2 スケジュール）調整をしたいから時間を教えて。

3 誰でも（1 アナウンサー 2 アイデア）を出すことができます。

4 （1 ペンキ 2 タオル）を塗ったばかりなので触らないでください。

5 お会計は（1 ダイヤル 2 レジ）でお願いします。

6 持久力がなくても（1 グループ 2 マラソン）選手になれますか。

7 車内（1 マナー 2 クイズ）へのご協力お願いします。

8 今年の文化祭の（1 サンプル 2 ポスター）は誰が作ったの？

9 マイケルジャクソンの（1 クーラー 2 コンサート）を再現してみた。

10 （1 カロリー 2 ヨーロッパ）を気にせず食べられるお菓子が人気を集めている。

問題　（　　）に入れるのに最もよいものを、１・２から一つえらびなさい。

1　セミナーを受講した参加者に（1 アンケート　2 レンズ）を実施した。

2　署名欄に（1 サイン　2 ルール）してください。

3　最近はスマホで戸締まりを（1 チェック　2 マイナス）することができる。

4　注文後、（1 キャンセル　2 ドライブ）はお受けいたしかねます。

5　ピンクのワンピースにこの（1 ボール　2 コート）を着たらどうですか。

6　韓国と聞いて（1 イメージ　2 ボーナス）するものは何ですか。

7　運動してから（1 メール　2 シャワー）を浴びました。

8　母の日に（1 スタート　2 スカーフ）をプレゼントした。

9　このレストランはお年寄り向けの（1 メニュー　2 メモ）が多い。

10　メールに（1 アマチュア　2 ファイル）を添付するのを忘れてしまった。

문자 · 어휘 완전 정복을 위한 꿀팁!

문제를 풀어 본 후에는 반드시 복습을 해야 합니다. 본서에 제시된 예문들을 충실하게 학습해 두면 어떤 문제든 풀 수 있을 겁니다.

● 問題 1 한자 읽기
음독과 훈독, 장음, 촉음을 구분하여 풉니다. 비슷한 형태의 한자는 같은 발음인 경우가 많습니다.

● 問題 2 한자 표기
음독인 경우, 비슷한 모양의 한자는 구성 요소를 분석·비교하여 함정에 빠지지 않도록 합시다.

● 問題 3 문맥 규정
다양한 품사가 출제되는데, 동사나 い형용사는 사전형을 떠올려 보고, 부사는 호응하는 단어를 찾아내면 확실하게 답을 구할 수 있습니다.

● 問題 4 유의어
사전적인 의미가 완전히 같지 않더라도 문장의 의미가 손상되지 않는 경우에는 답이 될 수 있다는 것을 명심하세요.

● 問題 5 용법
단어를 원래의 의미대로 사용한 것을 찾는 한편, 해당 단어가 원래의 품사대로 사용되고 있는지도 확인해 봅니다.

1교시
문자 · 어휘

유형별 실전 문제

한자 읽기 실전 연습 ❶　　　　　　　　　　　　　　　　　　　　[　 / 8]

問題 1 　＿＿＿のことばの読み方として最もよいものを、1・2・3・4から一つえらびなさい。

1 これからストレスを解消する方法について紹介します。
　　1　しょかい　　　　2　しょうかい　　　3　しょがい　　　　4　しょうがい

2 お金のことはもう解決したから、そんなに悩むことはないよ。
　　1　くらむ　　　　　2　たのむ　　　　　3　かこむ　　　　　4　なやむ

3 彼はサッカー日本代表の監督を務めています。
　　1　だいひょ　　　　2　だいひょう　　　3　たいひょ　　　　4　たいひょう

4 ニュースを見ていた彼女の顔色が真っ青になった。
　　1　まっさおに　　　2　まっあおに　　　3　まっおあに　　　4　まっおに

5 最近はアプリを使って単語が覚えられるそうだ。
　　1　だんご　　　　　2　だんごう　　　　3　たんご　　　　　4　たんごう

6 運動する前のストレッチは重要です。
　　1　じゅうよう　　　2　じゅうよ　　　　3　ちゅうよ　　　　4　ちゅうよう

7 ティッシュは一人一つずつ配ってください。
　　1　くばって　　　　2　はらって　　　　3　からって　　　　4　たがって

8 本を読むと眠くなるのはどうしてですか。
　　1　まねく　　　　　2　ねむく　　　　　3　くらく　　　　　4　くろく

정답　1②　2④　3②　4①　5③　6①　7①　8②　　　　　　　　　　해석 별책 p.7

問題1 _____のことばの読み方として最もよいものを、1・2・3・4から一つえらびなさい。

1 父と一緒に庭に花を植えた。
　1　かえた　　　　2　こえた　　　　3　うえた　　　　4　つかえた

2 子供の前で夫婦げんかをしてはいけない。
　1　ふうふ　　　　2　ふうふう　　　3　ふふ　　　　　4　ふふう

3 この店は中古家具を扱っている。
　1　つかって　　　2　あつかって　　3　あつまって　　4　つかまって

4 1点差で負けるとは、悔しくて眠れない。
　1　くわしくて　　2　くやしくて　　3　くらしくて　　4　くるしくて

5 売れ残った場合はどうすればいいですか。
　1　じょうごう　　2　ばごう　　　　3　じょうあい　　4　ばあい

6 いまさら泣いてもしょうがない。
　1　かいて　　　　2　ないて　　　　3　まいて　　　　4　しいて

7 お年寄りに席を譲るのは当然のことでしょう。
　1　とぜん　　　　2　あたりまえ　　3　とうまえ　　　4　とうぜん

8 今回は新聞に広告を出すことにした。
　1　こうこく　　　2　ここく　　　　3　こうこ　　　　4　こうこう

問題1 _____のことばの読み方として最もよいものを、1・2・3・4から一つえらびなさい。

1 正直に言えば許してあげるよ。
   1 しょうちょく   2 しょうじき   3 せいちょく   4 せいじき

2 20歳になったら一人で旅をしてみたい。
   1 すな   2 まめ   3 たび   4 いわ

3 新しい企画について相談に乗っていただきたいことがございます。
   1 しょうだん   2 そうだん   3 あいだん   4 じょうだん

4 幼い頃から親しい友人とけんかしました。
   1 おかしい   2 くやしい   3 おさない   4 あやしい

5 アメリカ大統領は間接選挙によって選ばれる。
   1 せんきょ   2 せんきょう   3 せんこ   4 せんこう

6 深いところは危ないから浅いところで泳ぎなさい。
   1 あさい   2 かるい   3 ふかい   4 あかい

7 目を覚ますため、冷たい水で顔を洗ってみました。
   1 めざます   2 さます   3 かます   4 めさます

8 あと3分で発車するので急いでください。
   1 きゅういで   2 そいで   3 かいで   4 いそいで

정답 1② 2③ 3② 4③ 5① 6① 7② 8④   해석 별책 p.7

問題1 ＿＿＿のことばの読み方として最もよいものを、１・２・３・４から一つえらびなさい。

1 ペット禁止のマンションでこっそりハムスターを飼っている。

1 おって　　　　　2 もって　　　　　3 かって　　　　　4 さって

2 就職のために上京して一人で暮らしています。

1 くらして　　　　2 くるして　　　　3 こらして　　　　4 もらして

3 生活習慣病の予防のために、食べ過ぎに注意してください。

1 ようぼ　　　　　2 ようぼう　　　　3 よぼ　　　　　　4 よぼう

4 バルコニーから湖を眺めるのが好きだ。

1 うみかい　　　　2 みずかい　　　　3 うみみず　　　　4 みずうみ

5 燃えるゴミと燃えないゴミを分けて捨てなければならない。

1 あえる　　　　　2 もえる　　　　　3 そえる　　　　　4 たえる

6 激しい運動をするとアドレナリンが出るそうです。

1 げきしい　　　　2 かげしい　　　　3 はげしい　　　　4 かぎしい

7 あの女優は表情が豊かなことで知られている。

1 ほうかな　　　　2 ゆるかな　　　　3 ほふかな　　　　4 ゆたかな

8 輸入が禁止されている品目をまとめてみました。

1 ゆにゅう　　　　2 しゅにゅう　　　　3 しゅうにゅ　　　　4 ゆうにゅ

정답　1③　2①　3④　4④　5②　6③　7④　8①　　　　　해석 별책 p.7

問題1 ＿＿＿＿のことばの読み方として最もよいものを、１・２・３・４から一つえらびなさい。

1 私の長所は努力を惜しまないことです。
  1 のりょく　　　　2 どりょく　　　　3 どうりょく　　　　4 のうりょく

2 壊れた家電製品を無料で買収いたします。
  1 くずれた　　　　2 たおれた　　　　3 つぶれた　　　　4 こわれた

3 彼女は上品な身なりをして人のお金をだまし取ることで有名だった。
  1 うえしな　　　　2 うえひん　　　　3 じょうしな　　　　4 じょうひん

4 最近、胸が苦しくて眠れません。
  1 くるしくて　　　　2 にがしくて　　　　3 わかしくて　　　　4 くしくて

5 地震に備えて命を守りましょう。
  1 めい　　　　2 いのち　　　　3 みょう　　　　4 いき

6 どんなに辛くても希望を捨ててはいけません。
  1 きぼう　　　　2 きぼ　　　　3 きもう　　　　4 きも

7 もう少し調べてからお知らせします。
  1 くらべて　　　　2 ならべて　　　　3 しらべて　　　　4 すべて

8 就活に失敗し、不安な日々を送っている。
  1 ふうあん　　　　2 ふあん　　　　3 ぶあん　　　　4 ぶうあん

정답 1② 2④ 3④ 4① 5② 6① 7③ 8② 　　　　해석 별책 p.7

問題 1 ＿＿＿のことばの読み方として最もよいものを、1・2・3・4から一つえらびなさい。

1 今日はローストビーフを薄く切るスキルをお教えします。
   1 うすく   2 かるく   3 ながく   4 あまく

2 妊娠中の女性がいたので、すぐに立ち、席を譲った。
   1 ゆずった   2 ふるった   3 わたった   4 くるった

3 私は人が多いところが苦手なんですが、これって病気でしょうか。
   1 みぎて   2 わかて   3 にがて   4 ふるて

4 ふたを開けるだけで自然に泡が立ち上がる缶ビールが発売された。
   1 ほう   2 かい   3 つみ   4 あわ

5 子育てしながらできる仕事を探している。
   1 こいくて   2 しいくて   3 こそだて   4 しそだて

6 友達を招いてティータイムを楽しむのが好きです。
   1 まねいて   2 しいて   3 あいて   4 あるいて

7 玄関に防犯カメラを設置することにした。
   1 げいかん   2 けいかん   3 けんかん   4 げんかん

8 どれにしようか迷っています。
   1 まもって   2 かよって   3 まよって   4 とおって

정답 1① 2① 3③ 4④ 5③ 6① 7④ 8③   해석 별책 p.8

한자 표기 실전 연습 ❶　　　　　　　　　　　　　　　　　　[　/ 8]

問題 2 ＿＿＿＿のことばを漢字で書くとき、最もよいものを、1・2・3・4から一つえらびなさい。

1 もくひょうは高く設定したほうがいいと思う。

　　1 目評　　　　　2 目表　　　　　3 目標　　　　　4 目票

2 エレベーターがこしょうしているので階段を利用してください。

　　1 古障　　　　　2 故障　　　　　3 故章　　　　　4 古章

3 海外でパスポートをぬすまれたらどうすればいいですか。

　　1 盛まれた　　　2 盗まれた　　　3 次まれた　　　4 成まれた

4 無事に赤ちゃんが産まれてしあわせです。

　　1 福せ　　　　　2 幸せ　　　　　3 副せ　　　　　4 辛せ

5 芸能人のスキャンダルほうどうが続出している。

　　1 放道　　　　　2 報同　　　　　3 放同　　　　　4 報道

6 この荷物、隣の部屋へはこんでほしい。

　　1 運んで　　　　2 移んで　　　　3 連んで　　　　4 写んで

7 イチョウなみきを背景に写真を撮った。

　　1 波木　　　　　2 並木　　　　　3 波気　　　　　4 並気

8 年を取ったせいか膝がいたいです。

　　1 痛い　　　　　2 通い　　　　　3 傷い　　　　　4 居い

정답　1③　2②　3②　4②　5④　6①　7②　8①　　　　　　　　　　　　해석 별책 p.8

問題 2 _____のことばを漢字で書くとき、最もよいものを、1・2・3・4から一つえらびなさい。

1 多くのテレビばんぐみに出演したデザイナーの鈴木さんをご紹介します。

1 番組　　　　　2 番粗　　　　　3 放粗　　　　　4 放組

2 お客様、今買うとおとくですよ。

1 特　　　　　　2 得　　　　　　3 説　　　　　　4 徳

3 オンラインめんせつの経験がない方はこちらをご覧ください。

1 面接　　　　　2 面切　　　　　3 面節　　　　　4 面説

4 こちらの博物館で世界のめずらしい植物を展示することになりました。

1 参しい　　　　2 診しい　　　　3 惨しい　　　　4 珍しい

5 好きなアイドルとあくしゅできて感激です。

1 屋手　　　　　2 渥手　　　　　3 握手　　　　　4 空手

6 社長の命令なのでことわるわけにはいかない。

1 絶る　　　　　2 諦る　　　　　3 断る　　　　　4 切る

7 お酒が飲めない私は、飲み会にさそわれても嬉しくない。

1 委われて　　　2 誘われて　　　3 秀われて　　　4 優われて

8 心よりおれい申し上げます。

1 お礼　　　　　2 お祝　　　　　3 お列　　　　　4 お例

問題2 ＿＿＿のことばを漢字で書くとき、最もよいものを、1・2・3・4から一つえらびなさい。

1 彼女は音楽の<u>さいのう</u>を持っている。

　　　1　才能　　　　　　2　才脳　　　　　　3　再能　　　　　　4　再脳

2 サーバーエラーが発生して<u>せいじょう</u>に機能できなくなりました。

　　　1　正常　　　　　　2　正上　　　　　　3　政上　　　　　　4　政常

3 子供に<u>にがい</u>薬を飲ませる方法を教えてください。

　　　1　若い　　　　　　2　苦い　　　　　　3　古い　　　　　　4　右い

4 お名前を<u>よぶ</u>まで、お待ちください。

　　　1　呼ぶ　　　　　　2　叫ぶ　　　　　　3　遊ぶ　　　　　　4　学ぶ

5 学校の勉強が将来<u>やくにたつ</u>とは思えない。

　　　1　約に立つ　　　　2　段に立つ　　　　3　疫に立つ　　　　4　役に立つ

6 みんなで集まって安全<u>たいさく</u>を立てました。

　　　1　対作　　　　　　2　対策　　　　　　3　帯作　　　　　　4　帯策

7 最近、<u>しょくば</u>の人間関係で悩む人が増えているそうだ。

　　　1　職所　　　　　　2　職場　　　　　　3　触場　　　　　　4　触所

8 <u>そふ</u>が亡くなってもう10年以上経ちました。

　　　1　祖父　　　　　　2　叔父　　　　　　3　祖母　　　　　　4　叔母

問題 2 ＿＿＿のことばを漢字で書くとき、最もよいものを、1・2・3・4から一つえらびなさい。

☐1 公共料金をクレジットカードでしはらうとポイントが貯まります。

　　1　支払う　　　　　2　技払う　　　　　3　技腹う　　　　　4　支腹う

☐2 私にとってあなたはとくべつな存在です。

　　1　得別　　　　　　2　持別　　　　　　3　特別　　　　　　4　詩別

☐3 安いひっこしセンターを紹介してもらった。

　　1　引っ濃し　　　　2　取っ越し　　　　3　引っ越し　　　　4　取っ濃し

☐4 広いいまのある家に住んでみたい。

　　1　居関　　　　　　2　居間　　　　　　3　居問　　　　　　4　居門

☐5 けんこうな毎日を過ごすためにサプリメントを飲むようにしている。

　　1　健効　　　　　　2　建康　　　　　　3　建効　　　　　　4　健康

☐6 親に感謝の気持ちをつたえるため、手紙を書きました。

　　1　加える　　　　　2　教える　　　　　3　伝える　　　　　4　替える

☐7 筋肉痛でうでに力が入らない。

　　1　腹　　　　　　　2　腕　　　　　　　3　腰　　　　　　　4　胸

☐8 彼女はお気に入りのコップがわれているのを見つけて怒っている。

　　1　倒れて　　　　　2　割れて　　　　　3　売れて　　　　　4　崩れて

정답　1 ①　2 ③　3 ③　4 ②　5 ④　6 ③　7 ②　8 ②　　　　　해석 별책 p.9

問題 2 _____のことばを漢字で書くとき、最もよいものを、1・2・3・4から一つえらびなさい。

1　ちきゅうは太陽の周りを回っている。
　　1　池球　　　　　2　池求　　　　　3　地球　　　　　4　地求

2　公園での犬のさんぽは必ずリードをつけてください。
　　1　散渉　　　　　2　参歩　　　　　3　散歩　　　　　4　参渉

3　いくらなやんでも時間の無駄ですよ。
　　1　悔んで　　　　2　悩んで　　　　3　恨んで　　　　4　忙んで

4　入学試験のけっかはホームページでご確認ください。
　　1　結果　　　　　2　結課　　　　　3　決果　　　　　4　決課

5　学生たちは先生の話をねっしんに聞いていた。
　　1　熱新に　　　　2　熱親に　　　　3　熱信に　　　　4　熱心に

6　コーヒーをこぼしてお客様の服をよごしてしまった。
　　1　壊して　　　　2　崩して　　　　3　倒して　　　　4　汚して

7　想像するだけでおそろしい事件だった。
　　1　怖ろしい　　　2　遅ろしい　　　3　恐ろしい　　　4　速ろしい

8　カラオケで時間をつぶすことにした。
　　1　回す　　　　　2　潰す　　　　　3　流す　　　　　4　消す

정답　1 ③　2 ③　3 ②　4 ①　5 ④　6 ④　7 ③　8 ②　　　　　해석 별책 p.9

問題 2 _____のことばを漢字で書くとき、最もよいものを、1・2・3・4から一つえらびなさい。

1 れいぼうをつけながら加湿器を使ってもいいですか。
　　1　令房　　　　　2　冷房　　　　　3　令防　　　　　4　冷防

2 私はキャラクターを操作しながら銃でたたかうゲームが好きです。
　　1　争う　　　　　2　競う　　　　　3　戦う　　　　　4　扱う

3 鈴木さんは独身のままきらくに暮らしたいと思っているらしい。
　　1　木楽に　　　　2　木薬に　　　　3　気薬に　　　　4　気楽に

4 今年の冬は昨年と比べて寒くなることがよそうされます。
　　1　予想　　　　　2　予相　　　　　3　預相　　　　　4　預想

5 おべんとうは会社の近くのコンビニで買っています。
　　1　お弁党　　　　2　お弁当　　　　3　お弁問　　　　4　お弁堂

6 こちらのクリニックは夜21時いこうも受付できます。
　　1　以降　　　　　2　以来　　　　　3　以後　　　　　4　以外

7 先にあやまることができる人は偉いと思う。
　　1　誤る　　　　　2　頼る　　　　　3　謝る　　　　　4　断る

8 私はうらに隠れた真実を知りたいだけです。
　　1　表　　　　　　2　横　　　　　　3　縦　　　　　　4　裏

정답 1② 2③ 3④ 4① 5② 6① 7③ 8④　　　　　　　　　　해석 별책 p.9

文脈 規定 実戦 練習 ❶ [/ 8]

問題 3 （   ）に入れるのに最もよいものを、1・2・3・4から一つえらびなさい。

---

1 服をたんすに（   ）前に洗い、アイロンをかけるようにしています。

  1 わたす   2 つかう   3 しまう   4 あける

2 道でスマートフォンを拾ったので、（   ）に届けに行った。

  1 交番   2 利用   3 交通   4 速度

3 （   ）を変えるだけで部屋の雰囲気が変わりました。

  1 カーテン   2 ノック   3 プラス   4 ランニング

4 少子化問題は、わが国にとって（   ）な課題です。

  1 反応   2 地味   3 重大   4 派手

5 壊れたギターを（   ）値段で買ってしまった。

  1 たりない   2 すくない   3 かけない   4 とんでもない

6 猫が急に道に飛び出してきて（   ）した。

  1 すっきり   2 びっくり   3 ばったり   4 がっかり

7 データを処理する技術は急速に（   ）してきた。

  1 発売   2 発展   3 発表   4 発信

8 今日の関東の（   ）は少し低めでした。

  1 梅雨   2 地面   3 天気   4 気温

정답 1③ 2① 3① 4③ 5④ 6② 7② 8④   해석 별책 p.9

問題 3 （   ）に入れるのに最もよいものを、1・2・3・4から一つえらびなさい。

1 彼女に（   ）されたまま振られてしまいました。

    1 誤解   2 完了   3 理解   4 限界

2 先生に漢字の書き順が（   ）と言われた。

    1 おかしい   2 むなしい   3 くわしい   4 けわしい

3 留学生と話す時は日本語と英語を（   ）会話します。

    1 かけて   2 すべて   3 ふくんで   4 まぜて

4 当日（   ）はご遠慮ください。

    1 ストーリー   2 キャンセル   3 ショップ   4 アドバイス

5 コロナ禍で（   ）が大幅に減少した。

    1 受け取り   2 売れ行き   3 売り上げ   4 引き取り

6 夜中のバイクの騒音で（   ）します。

    1 いらいら   2 ふらふら   3 のろのろ   4 はらはら

7 （   ）迷惑メールが増えた気がする。

    1 今後   2 早めに   3 同時に   4 最近

8 就職や受験に役立つニュースを（   ）みました。

    1 なやんで   2 まとめて   3 みとめて   4 かくして

정답 1① 2① 3④ 4② 5③ 6① 7④ 8②   **해석** 별책 p.9

問題 3 （ ）に入れるのに最もよいものを、1・2・3・4から一つえらびなさい。

1 LED（ ）に交換することで省エネの効果が見られます。
    1 水道　　　　　2 気体　　　　　3 家具　　　　　4 電球

2 結婚費用のために毎月3万円ずつ（ ）しています。
    1 料金　　　　　2 税金　　　　　3 現金　　　　　4 貯金

3 当店では厳しい品質（ ）を行っております。
    1 チェック　　　2 マイナス　　　3 ダイヤル　　　4 チャンス

4 （ ）人が家の周りをうろうろしている。
    1 くやしい　　　2 するどい　　　3 あやしい　　　4 まぶしい

5 短時間で（ ）するコツをブログに載せたので、ぜひご覧ください。
    1 反対　　　　　2 参加　　　　　3 不満　　　　　4 暗記

6 （ ）なことはつい後回しにしてしまう。
    1 残念　　　　　2 立派　　　　　3 面倒　　　　　4 新鮮

7 妊娠すると体の（ ）はどう変わりますか。
    1 調子　　　　　2 都合　　　　　3 期待　　　　　4 意味

8 あの二人は双子のように（ ）です。
    1 しっかり　　　2 そっくり　　　3 はっきり　　　4 ぐっすり

問題 3 （   ）に入れるのに最もよいものを、1・2・3・4から一つえらびなさい。

1 インクの（   ）がなかなかとれません。
　　1 まめ　　　　　　　2 しみ　　　　　　　3 いけ　　　　　　　4 あせ

2 インターネットに必ずしも（   ）情報ばかりあるとは限らない。
　　1 寂しい　　　　　　2 貧しい　　　　　　3 正しい　　　　　　4 きつい

3 （   ）に間に合うように急いだほうがいいですよ。
　　1 締め切り　　　　　2 問い合わせ　　　　3 取り出し　　　　　4 売り切れ

4 天ぷらや唐揚げなど（   ）で揚げた料理が好きです。
　　1 池　　　　　　　　2 湖　　　　　　　　3 油　　　　　　　　4 汗

5 生クリーム（   ）のせたパンケーキが食べたくなった。
　　1 たっぷり　　　　　2 すっきり　　　　　3 のんびり　　　　　4 あっさり

6 先ほど（   ）をお送りしましたが、ご確認ください。
　　1 ダンス　　　　　　2 スタート　　　　　3 インタビュー　　　4 ファックス

7 電車が遅れたが、授業にぎりぎり（   ）。
　　1 送った　　　　　　2 間に合った　　　　3 壊した　　　　　　4 帰った

8 このプロジェクトはあなたに（   ）。
　　1 誘います　　　　　2 断ります　　　　　3 認めます　　　　　4 任せます

해석 별책 p.10

問題 3 (   ) に入れるのに最もよいものを、1・2・3・4から一つえらびなさい。

1 彼女は結婚したばかりなのに、(   ) を考えているらしい。
   1 破壊   2 離婚   3 通勤   4 読書

2 (   ) をよく知らなくても、ゴルフを楽しむことができますか。
   1 キャンセル   2 スピーチ   3 グループ   4 ルール

3 だめならだめだと (   ) 言ってほしい。
   1 うっかり   2 しっかり   3 すっかり   4 はっきり

4 火災が発生したら、(   ) を吸わないように低い姿勢で逃げましょう。
   1 氷   2 草   3 壁   4 煙

5 もらったお年玉やお小遣いは母に (   ) います。
   1 あずけて   2 たよって   3 あつかって   4 いわって

6 今回は特別に30パーセントの (   ) をさせていただきます。
   1 割合   2 比率   3 割引   4 計算

7 住民の皆様のおかげで、(   ) は順調に進んでいます。
   1 工事   2 予習   3 団体   4 独立

8 この前借りたDVDを (   ) に来ました。
   1 借り   2 貸し   3 帰し   4 返し

問題3 （   ）に入れるのに最もよいものを、1・2・3・4から一つえらびなさい。

1　（   ）のすべての国でユーロを導入しているわけではありません。
　　1　ヨーロッパ　　　　2　カーペット　　　　3　エンジン　　　　4　スクリーン

2　高校時代の友人に街で（   ）会った。
　　1　ゆっくり　　　　2　そっくり　　　　3　ばったり　　　　4　はっきり

3　（   ）から感染する病気もあるらしいです。
　　1　講堂　　　　2　血液　　　　3　最新　　　　4　表情

4　アメリカは日本や韓国に（   ）と治安がいいとはいえません。
　　1　くらべる　　　　2　おそわる　　　　3　くわえる　　　　4　たとえる

5　彼氏が酒に酔って見知らぬ人と（   ）をしてしまいました。
　　1　けが　　　　2　ほこり　　　　3　きず　　　　4　けんか

6　志望校に（   ）ために一生懸命勉強しています。
　　1　落ちる　　　　2　助ける　　　　3　受かる　　　　4　囲む

7　新型コロナウイルス感染症の主な症状は、（   ）の痛みです。
　　1　かみ　　　　2　おく　　　　3　のど　　　　4　いき

8　私は明るいところより（   ）ところでお酒を飲むのが好きです。
　　1　蒸し暑い　　　　2　厳しい　　　　3　深い　　　　4　薄暗い

유의어 실전 연습 ❶ [/ 8]

問題 4 ＿＿＿＿に意味が最も近いものを、1・2・3・4から一つえらびなさい。

1 昨日、たまたま駅前で高校時代の友達に会った。

   1 まさか　　　　2 徐々に　　　　3 しばらく　　　　4 偶然

2 明日の昼食は私が用意します。

   1 使用　　　　2 会計　　　　3 選択　　　　4 準備

3 どんなに辛いことがあっても、諦めないでほしい。

   1 若い　　　　2 苦しい　　　　3 臭い　　　　4 緩い

4 片手で運転するのは危険だ。

   1 あぶない　　　　2 まぶしい　　　　3 けわしい　　　　4 くやしい

5 無断欠勤したので、社長が怒るのも当然だ。

   1 不思議だ　　　　2 平凡だ　　　　3 当たり前だ　　　　4 盛んだ

6 夜遅く食べると太るよ。

   1 体重が増える　　2 体重が減る　　3 背が高くなる　　4 背が低くなる

7 2年間お世話になった先生にお礼のメールを送りました。

   1 関心　　　　2 参加　　　　3 歓迎　　　　4 感謝

8 無料サンプルを申し込みたい方は、こちらへお電話ください。

   1 資料　　　　2 手本　　　　3 見本　　　　4 材料

정답 1④ 2④ 3② 4① 5③ 6① 7④ 8③　　　　해석 별책 p.11

問題4 ＿＿＿に意味が最も近いものを、1・2・3・4から一つえらびなさい。

1 私の学校には「髪の色を変えてはいけない」という<u>ルール</u>があります。
　　1 規則　　　　　2 結論　　　　　3 過程　　　　　4 作業

2 彼女はペットボトルを<u>再利用</u>して美術作品を作っている。
　　1 キャンパス　　2 インスタント　　3 リサイクル　　4 チップ

3 通勤途中に、車が<u>故障して</u>遅刻してしまった。
　　1 倒れて　　　　2 崩れて　　　　3 壊れて　　　　4 破れて

4 彼女には薄いメイクの方がよく<u>似合う</u>と思う。
　　1 ぴったり　　　2 たっぷり　　　3 にっこり　　　4 ぐっすり

5 <u>仲のいい</u>親子の姿を見ると、うらやましいです。
　　1 新しい　　　　2 親しい　　　　3 寂しい　　　　4 悔しい

6 彼女は美しくて<u>賢い</u>女性です。
　　1 頭が悪い　　　2 顔が白い　　　3 頭がいい　　　4 顔が黒い

7 ゴッホの絵の魅力に心を<u>奪われて</u>しまった。
　　1 盗まれて　　　2 飼われて　　　3 救われて　　　4 取られて

8 3歳の息子がご飯を<u>ちっとも</u>食べないので悩んでいます。
　　1 早めに　　　　2 少しも　　　　3 たいてい　　　4 ずいぶん

정답　1① 2③ 3③ 4① 5② 6③ 7④ 8②　　　　　해석 별책 p.11

問題 4 ＿＿＿＿に意味が最も近いものを、1・2・3・4から一つえらびなさい。

1 足の不自由なお年寄りのために、お弁当の配達サービスを行っております。
　　1 若者　　　　　　2 患者　　　　　　3 素人　　　　　　4 老人

2 急いでいるので、なるべく早く答えてほしい。
　　1 できるだけ　　　2 だいぶ　　　　　3 もっとも　　　　4 さっさと

3 私は顔も性格も母に似ています。
　　1 そっくり　　　　2 うっかり　　　　3 しっかり　　　　4 ゆっくり

4 注文したケーキがまだ来てないので、確認してください。
　　1 断った　　　　　2 用いた　　　　　3 頼んだ　　　　　4 謝った

5 うっかり宿題を忘れてしまって先生に怒られました。
　　1 取られました　　2 聞かれました　　3 叱られました　　4 叩かれました

6 明日は雨が止むといいですね。
　　1 さがる　　　　　2 とまる　　　　　3 あがる　　　　　4 かかる

7 朝食はちゃんと食べたの？
　　1 ほとんど　　　　2 つぎつぎと　　　3 だいたい　　　　4 きちんと

8 このレストランでは豚カツ定食を食べるとご飯とみそ汁のおかわりが無料です。
　　1 削除　　　　　　2 追加　　　　　　3 合計　　　　　　4 料金

問題 4 ＿＿＿＿に意味が最も近いものを、1・2・3・4から一つえらびなさい。

1 平日の映画館はがらがらで、一人で映画を見ている感じがして好きです。
　　1　空いている　　　2　埋まっている　　　3　集まっている　　　4　混んでいる

2 週末は、学費を稼ぐためにコンビニでアルバイトをしている。
　　1　光熱費　　　　　2　授業料　　　　　　3　参加費　　　　　　4　電気代

3 ディズニーランドのチケットはインターネットで購入した方がいい。
　　1　切手　　　　　　2　手紙　　　　　　　3　手袋　　　　　　　4　切符

4 昨日、彼女のすっぴんを見てびっくりした。
　　1　気付いた　　　　2　払った　　　　　　3　乾いた　　　　　　4　驚いた

5 3歳以下のお子さまは無料で入園できます。
　　1　ただ　　　　　　2　いけ　　　　　　　3　にわ　　　　　　　4　すみ

6 この時計は修理したばかりなのに、また壊れてしまった。
　　1　こわした　　　　2　なおした　　　　　3　わたした　　　　　4　こぼした

7 人生で一番大切なものは何ですか。
　　1　かなり　　　　　2　ざっと　　　　　　3　もっとも　　　　　4　けっして

8 業務によって在宅勤務もできる。
　　1　可能だ　　　　　2　必要だ　　　　　　3　満足だ　　　　　　4　特別だ

정답　1①　2②　3④　4④　5①　6②　7③　8①　　　　　해석 별책 p.11

問題 4 ＿＿＿に意味が最も近いものを、1・2・3・4から一つえらびなさい。

1 非常に強い風が吹いていて早く歩けませんね。
　　1 とても　　　　　2 さすが　　　　　3 やはり　　　　　4 さっさと

2 東京大学に受かった先輩に受験のことについて聞いてみた。
　　1 志望した　　　　2 試合した　　　　3 合格した　　　　4 決心した

3 私の友達に冷たい態度を取る彼氏にがっかりした。
　　1 安心した　　　　2 応援した　　　　3 失望した　　　　4 反対した

4 世界一周の計画を立てています。
　　1 ロビー　　　　　2 ファイル　　　　3 ハイキング　　　4 プラン

5 暗記を伴う勉強は、夜寝る前がベストです。
　　1 覚える　　　　　2 加える　　　　　3 教える　　　　　4 間違える

6 電話で済む話を直接会って話したがるクライアントがいて困っている。
　　1 汚れる　　　　　2 終わる　　　　　3 曲がる　　　　　4 冷える

7 あなたは私にとって大切な人です。
　　1 利口な　　　　　2 苦手な　　　　　3 大事な　　　　　4 地味な

8 スキーがうまい人でもけがや事故に気を付けなければならない。
　　1 上手な　　　　　2 上品な　　　　　3 丈夫な　　　　　4 平気な

정답 1① 2③ 3③ 4④ 5① 6② 7③ 8①   해석 별책 p.12

問題 4 _____ に意味が最も近いものを、1・2・3・4から一つえらびなさい。

1 学校でおばけの話を聞いて以来、怖くてなかなか眠れません。
  1 寂しくて   2 険しくて   3 恐ろしくて   4 恥ずかしくて

2 いつもつまらない話ばかりしてくる友達がいます。
  1 くだらない   2 あぶない   3 もったいない   4 きたない

3 いつ雨が降るか分からないので、いつも折り畳み傘を持ち歩いている。
  1 大体   2 常に   3 結構   4 急に

4 いろいろな工夫をしてすばらしい作品を作っていただきました。
  1 スキル   2 アイデア   3 ベンチ   4 アドバイス

5 3月22日土曜日にたずねてもよろしいですか。
  1 準備しても   2 確認しても   3 報告しても   4 訪問しても

6 インフレーションに伴い水道料金が徐々に上がってきた。
  1 もともと   2 だんだん   3 そもそも   4 なかなか

7 先輩にレポートの書き方について学んでいます。
  1 教えて   2 稼いで   3 教わって   4 働いて

8 韓国のことをよく知っている木村さんと一緒に韓国へ旅行に行くことにした。
  1 悔しい   2 細かい   3 親しい   4 詳しい

정답 1③ 2① 3② 4② 5④ 6② 7③ 8④   해석 별책 p.12

용법 실전 연습 ❶　　　　　　　　　　　　　　　　　　　[　/ 5]

問題 5　つぎのことばの使い方として最もよいものを、1・2・3・4から一つえらびなさい。

1　空く

1　ガスが空いているせいか暖房が付かなくなった。
2　空いている席にお座りください。
3　買ったばかりのプリンターが空いてしまった。
4　公園で遊ぶのが好きな孫のために、遊具がたくさんある公園に空いて行くことにした。

2　プラン

1　世界プランを立てるために、毎日練習に励んでいる。
2　今日はプランの書き方について説明します。
3　授業中に集中してプランをとってもなかなか覚えられない。
4　プランも立てずにデートに誘ってしまったんです。

3　囲む

1　寒い冬にこたつを囲んでみかんを食べるのが定番です。
2　誕生日プレゼントを囲んで意見が分かれた。
3　なくなった財布が見つかったが、現金が囲まれていた。
4　彼に司会を囲んでも断られるに決まっている。

4　はっきり

1　私は「父にはっきりだねぇ」と言われるのが嫌だった。
2　はっきり言っておくけど、あなたとは結婚したくない。
3　食事の時間は15〜20分ほどかけてはっきり食べた方がいい。
4　双子じゃないのに、あの二人ははっきり似ている。

5　影響

1　3年連続MVPに影響された。
2　所得税は、景気の影響を受けやすい。
3　毎朝ジョギングをして影響になった気がする。
4　タバコをやめられないという方はご影響ください。

정답　1 ②　2 ④　3 ①　4 ②　5 ②　　　　　　　　　　해석 별책 p.12

문자·어휘

問題5 つぎのことばの使い方として最もよいものを、1・2・3・4から一つえらびなさい。

1 将来
  1 将来始まる韓国ドラマを紹介いたします。
  2 ご理解いただきありがとうございます。将来気を付けます。
  3 息子に将来の夢について聞いてみた。
  4 今日の遅刻は見逃してあげるから、将来は遅刻しないでね。

2 互いに
  1 人間は互いに助け合って生きていかなければならない存在だ。
  2 思ったとおり互いにプロの技はすごい。
  3 一人で行くのは寂しいから互いに行こうじゃないか。
  4 ケーキを互いに切って、持って帰ってもいいです。

3 単純
  1 私は単純な色や柄が好みです。
  2 彼は意外に単純なところがある。
  3 夜遅くまで単純の勉強をしている。
  4 単純ながら不合格です。

4 役に立つ
  1 転職で役に立つ資格を教えてください。
  2 幼稚園で友達とけんかをして先生に役に立ちました。
  3 困っている人を助けるのは役に立つことです。
  4 おかげさまで、無事にレポートが役に立ちました。

5 重要
  1 テストが始まる前に、注意重要をご説明いたします。
  2 野菜が嫌いな子どもでも食べられるように重要しました。
  3 ここは会社の重要な情報を保管している部屋です。
  4 この質問に重要に答えてください。

問題 5 つぎのことばの使い方として最もよいものを、1・2・3・4から一つえらびなさい。

1 世話
  1 水分がなくなったら油に入れて揚げるのがこの店の世話です。
  2 納豆の作り方を世話している。
  3 お世話になった先生にお礼を送るつもりです。
  4 芸能界のスキャンダルを世話している。

2 治る
  1 認知症を治ることができますか。
  2 ガンを早い段階で発見できれば、治る可能性は高まります。
  3 このコピー機、インクが切れているので治ってください。
  4 車のブレーキから変な音がするので治りに行った。

3 旅
  1 服の袖の中に物を隠す手品の旅を教えてもらった。
  2 出張に行く旅に、子どものお土産を買います。
  3 私は旅を立てる自体に意味があると思います。
  4 離婚後、一人で旅に出ようと思っています。

4 落ち着く
  1 記録を更新するために、落ち着いて練習しています。
  2 テレビに出演した子どもたちが喜んで落ち着いている。
  3 ヨガは心が落ち着くリラックス効果があるそうだ。
  4 スマートフォンが落ち着いていたので拾って近くの交番に届けました。

5 オーダー
  1 オーダーで簡単に作れるクッキーのレシピを紹介します。
  2 最近はネットオーダーで簡単に出前を取ることができる。
  3 朝ごはんは牛乳にオーダーを入れて飲みました。
  4 クリスマスの日にホテルのオーダーがしたいです。

정답 1③ 2② 3④ 4③ 5② 　　　　　　　　　해석 별책 p.12

問題 5 つぎのことばの使い方として最もよいものを、1・2・3・4から一つえらびなさい。

1 受ける
1 教科書は卒業した先輩から受けました。
2 昨夜の地震で大きな被害を受けました。
3 一流の大学に受けたのに、全然嬉しくない。
4 壁にポスターを受けるのは禁止されています。

2 問い合わせ
1 気になることがあって、先生に問い合わせを送ろうとしている。
2 恐れ入りますが、お電話でのお問い合わせはお受けしておりません。
3 問い合わせの場所を変更してもらった。
4 次の文章を読んであとの問い合わせに答えなさい。

3 レンズ
1 来年、一人暮らし向けのレンズを載せた本を出版することになった。
2 電子レンズでパスタをゆでることができます。
3 家電もレンズできる時代になりましたね。
4 眼鏡のレンズに色を付けたいのですが。

4 商売
1 すべての商売には消費税が含まれています。
2 商売の特徴を生かしたロゴを作ってもらった。
3 地元でないところで商売を始めるのは難しいかもしれない。
4 こちらの商売は売り切れです。

5 くわしい
1 全国大会がかかった試合に負けてくわしい。
2 彼はくわしい目をしている。
3 パソコンにくわしい木村さんに聞いてみることにした。
4 くわしい気持ちは悪い感情のように考えがちです。

정답 1② 2② 3④ 4③ 5③　　　　　　　　　　해석 별책 p.13

問題 5 つぎのことばの使い方として最もよいものを、1・2・3・4から一つえらびなさい。

1 枯れる
  1 暖かい春になって桜が枯れ始めました。
  2 暗くならないうちに早く枯れましょう。
  3 かばんの中にあった教科書などが雨で枯れてしまった。
  4 庭に植えた花が枯れてしまいました。

2 うっかり
  1 定年後は働かずにうっかり暮らしたい。
  2 運転免許の更新をうっかり忘れていた。
  3 ずっと気になっていたところを片付けたらうっかりした。
  4 最近うっかり寒くなって乾燥してきましたね。

3 ポスター
  1 郵便ポスターが赤い理由を知っていますか。
  2 自分なりのポスターを持って行動することはすばらしいことだと思う。
  3 はしごに登ってポスターを貼る作業はけっこう難しいと思うよ。
  4 ポスター素材は基本的に洗濯機で洗っても大丈夫です。

4 居眠り
  1 授業中、居眠りしている学生に注意しました。
  2 長い間、病気で居眠りしている祖母のために手紙を書きました。
  3 居眠りしている時期なのに、やせたクマが市内に現れた。
  4 亀は気温が下がると居眠りに入ります。

5 こぼす
  1 お客様に熱いコーヒーをこぼしてしまいやけどをさせました。
  2 幼稚園で、娘が友達のおもちゃをこぼしてしまいました。
  3 眼鏡をこぼしてコンタクトに変えた。
  4 インターネットカフェで時間をこぼすことにした。

정답 1④ 2② 3③ 4① 5①   해석 별책 p.13

問題 5 つぎのことばの使い方として最もよいものを、1・2・3・4から一つえらびなさい。

1 仲直り
1 壊れたラジオを仲直りしてもらった。
2 仲直りの友達と映画を見に行くつもりです。
3 友達と仲直りしたくても勇気が出ません。
4 最近、体調が悪くて仲直りに病院へ行った。

2 ばったり
1 彼氏との約束をばったり忘れていた。
2 飼っているハムスターがばったりいなくなりました。
3 駅前で好きな人とばったり会ったけど、恥ずかしくて気付かないふりをしてしまった。
4 私のことが嫌ならばったり言ってほしい。

3 しまう
1 あなたとの思い出は私の心の中にしまっておきます。
2 ドアがしまっていて入れません。
3 コーヒーに砂糖をしまって飲むのが好きです。
4 無人島に勝手にしまってはいけません。

4 応援
1 衛生上の理由から応援できない場合があります。
2 母は私のことをいつも応援してくれます。
3 ご購入いただいたお客様に応援シリアルをお渡しします。
4 このページは応援していません。

5 だいたい
1 忙しい中、だいたいのご返事ありがとうございます。
2 さて、世界でだいたい高いアイスクリームはいくらでしょうか。
3 家の掃除はだいたい何時間くらいかかりますか。
4 朝早く目が覚めても、だいたい問題はありません。

2교시

문법

1 문제 유형 공략법

問題 1 문법 형식 판단

● ● 유형 분석

問題 1은 '문법 형식 판단' 문제로, 빈칸에 들어갈 알맞은 문법 기능어를 1~4의 보기 중에서 고르는 문제이다.

● ● 풀이 비법

N3 문법은 초급 후반의 문법, 즉 수동문, 사역문, 조건 표현, 추량 표현, 경어 등이 중심이 되므로 이에 대한 접속 방법과 용법 등을 확실히 익혀 두어야 한다. 또한 중급 초반에 학습하는 표현과 기능어들도 예문과 함께 의미와 용법을 확실히 내것으로 만들어 두도록 한다.

예시 문제

問題 1　つぎの文の（　　）に入れるのに最もよいものを、1・2・3・4から一つえらびなさい。

1　父が短気なの（　　　）、母の方は気が長い。
　　1　において　　　2　に対して　　　3　について　　　4　によって

2　A　「時間ありますか。」
　　B　「ええ、1時間（　　　）ありますよ。」
　　1　ごろなら　　　2　ごろでも　　　3　ぐらいでも　　4　ぐらいなら

| 해석 |　1　아버지가 성격이 급한 데 대해 어머니는 느긋하다.
　　　　2　A : 시간 있습니까?
　　　　　　B : 네, 1시간 정도라면 있습니다.

問題 2 문장 완성

● ● **유형 분석**

問題 2는 '문장 완성' 문제로, 통어적으로 옳고 의미가 통하는 문장을 만들 수 있는지를 묻는다. 보기에 주어진 네 개의 표현을 문맥에 맞게 순서대로 나열해 전체 문장을 완성하고, ★표시가 붙어 있는 빈칸에 들어갈 말을 골라 정답시트에 체크하면 된다.

● ● **풀이 비법**

이 문제는 문법 지식은 물론, 독해력과 작문 능력을 종합적으로 발휘해야 하는 문제이다. 각 기능어의 접속 방법을 잘 기억해 두었다가 기능어 앞뒤에 오는 표현을 고르는 데 활용하면 문장을 완성하는 시간과 고민을 덜 수 있다.

예시 문제

問題2　つぎの文の＿★＿に入る最もよいものを、１・２・３・４から一つえらびなさい。

3　先週 ＿＿＿ ＿＿＿ ＿★＿ ＿＿＿ から、行ってみませんか。

　　1　ばかりの　　2　レストランが　　3　オープンした　　4　ある

4　A　「田中さんはダンスが上手ですよね。」

　　B　「そうですね。どうやったら ＿＿＿ ＿＿＿ ＿★＿ ＿＿＿ 不思議に思います。」

　　1　できるのか　　2　動きが　　3　とても　　4　あんな

|해석| 3 지난주에 막 오픈한 레스토랑이 있으니까 가볼래요?

↘ <u>オープンした</u>　<u>ばかりの</u>　<u>レストランが</u>　<u>ある</u>
　　　　　　　　　　　　　★

4 A : 다나카 씨는 춤을 잘추는군요.

B : 그러게요. 어떻게 하면 저런 동작이 가능한지 아주 신기해요.

↘ <u>あんな</u>　<u>動きが</u>　<u>できるのか</u>　<u>とても</u>
　　　　　　　　　　★

●● 유형 분석

問題 3은 '문맥 이해' 문제로, 글의 흐름에 맞는 문장인지 판단할 수 있는지를 묻는다. 즉 글의 내용과 흐름에 맞는 단어를 빈칸에 넣는 문제다.

●● 풀이 비법

問題 1에서 간단한 기능어 고르기 문제를 풀고 問題 2에서 간단한 독해력을 요구하는 문제를 풀었다면, 問題 3에서는 조금은 길어진 문법 중심의 독해 문제를 푸는 것과 같다고 보면 된다. 빈칸에는 접속사나 지시어, 그리고 그 지시어가 가리키는 내용 등을 묻는 경우가 많다. 평소 일본어 문장을 읽을 때 문장 사이를 이어주는 접속사의 역할과 지시어가 가리키는 내용이 무엇인지 등을 생각하면서 글을 읽는 연습을 하도록 하자.

예시 문제

問題3　つぎの文章を読んで文章全体の内容を考えて、[5]から[9]の中に入る最もよいものを、1・2・3・4から一つえらびなさい。

富士山の思い出

ヒエン

　今年の夏休みに、初めて富士山に登りました。富士山は日本でいちばん高い山で、3776メートルもあります。[5]はわたしの国にはありません。それで、留学したら、ぜひ登ってみたいと思っていました。
　富士山の途中までバスで行って、夜10時ごろから登り始めました。山の上で朝日を見るために夜中も歩かなければなりませんでした。登山の途中で、[6]と思いました。なぜかというと、夏でも富士山の上のほうは本当に寒かったし、予想よりも山の道を歩くのは大変で、足も痛かったからです。[7]、山の上に着いて朝日を見たら、それまでの疲れが消えてしまいました。突然、目の前に広がる雲の間から朝日が[8]。今まで見た中でいちばん美しい朝日でした。一生忘れないだろうと思います。とてもすばらしい[9]。

5

1 このいちばん高い富士山
2 こんな富士山
3 こんなに高い山
4 このいちばん高い山

6

1 いつか行こう
2 とうとう来なかった
3 やっと帰った
4 もう帰りたい

7

1 そのうえ
2 しかし
3 実は
4 それに

8

1 現れたのです
2 現れるはずです
3 現れたのでしょう
4 現れるはずでした

9

1 思い出を作りたいです
2 思い出もあります
3 思い出になりました
4 思い出がほしいです

| 해석 | 후지산의 추억

올 여름 방학에 처음 후지산에 올라갔습니다. 후지산은 일본에서 가장 높은 산으로, 3,776미터나 됩니다. **5** 이렇게 높은 산은 나의 고향에는 없습니다. 그래서 유학하면 꼭 올라가 보고 싶다고 생각했습니다.
후지산 도중까지 버스로 가서, 밤 10시쯤부터 오르기 시작했습니다. 산 위에서 아침 해를 보기 위해 한밤 중에도 걷지 않으면 안 되었습니다. 등산 도중에 **6** 이제 돌아가고 싶다고 생각했습니다. 왜냐하면 여름이라도 후지산 위는 정말로 추웠고, 예상보다도 산길을 걷는 것은 큰일이고 다리도 아팠기 때문입니다. **7** 그러나 산 위에 도착해서 아침 해를 보니 그때까지의 피곤이 사라져 버렸습니다. 갑자기 눈앞에 펼쳐진 구름 사이에서 아침 해가 **8** 나타난 것입니다. 지금까지 본 중에서 가장 아름다운 아침 해였습니다. 평생 잊을 수 없을 것 같습니다. 아주 멋진 **9** 추억이 되었습니다.

2 기출 문법

● 問題 1 문법 형식 판단

□ ~って(＝と) ~라고

□ ~ように ~하도록

□ ~ようになる ~하게 되다 〈변화〉

□ ~ばいい ~하면 된다

□ とうとう 드디어

□ ~てほしい ~했으면 좋겠다

□ ~ことになっている ~하기로 되어 있다

□ ~にする ~으로 하다 〈결정〉

□ ~させないでください ~하게 하지 마세요

□ お~いたす ~하다 〈겸손〉

□ ~はずがない ~할 리가 없다

□ ~させるつもりだ ~시킬 작정이다

□ いつのまにか 어느새

□ ござる 있다 〈ある의 정중〉

□ ~すぎる 지나치게 ~하다

□ ~ために ~때문에 〈원인〉

□ ~ないうちに ~하기 전에

□ ~だろうけど ~하겠지만

□ ~たびに ~할 때마다

□ あいだ ~하는 동안

□ ~かどうか / ~について ~인지 어떤지 / ~에 대하여

□ いまにも~そうだ 금세라도 ~할 것 같다

□ ~あいだ ~하는 동안

□ ~てあげる ~해 주다

□ ~ように ~하도록

□ ~のことで ~에 관한 일로

☐ いつか 언젠가	☐ ～ほしがる ～을 원하다
☐ ～たらどうでしょう ～하면 어떨까요?	☐ ～までには ～까지는
☐ ～そうだ ～할 것 같다	☐ ～形をしている ～모습을 하다
☐ ～なら ～라면	☐ ～たところだ 막 ～한 참이다
☐ ～な ～하지 마	☐ ～ような ～와 같은
☐ お目にかかる 만나뵙다 〈会う의 겸손〉	☐ ～そうもない ～할 것 같지도 않다
☐ ～って(＝というのは)　～은, ～라는 것은	☐ ～なんか ～같은 것
☐ うかがう 찾아뵙다 〈겸손〉	☐ ～だけで ～만으로
☐ ～ようなら ～할 것 같으면	☐ ～として ～로서
☐ ～など ～등 〈나열〉	☐ ～にくらべて ～과 비교해서
☐ ～させてください ～하게 해 주세요	☐ さしあげる 드리다 〈あげる의 겸손〉
☐ ～だけでよければ ～만으로 좋다면	☐ ～ようになる ～하게 되다

2012년

☐ ～にとって ～에게 있어서	☐ ～だろうと思う ～할 것이라 생각하다
☐ こんなに 이렇게	☐ ～ば～ほど ～하면 할수록
☐ ～られる ～할 수 있다 〈가능〉	☐ ～たり～たり ～하기도 하고 ～하기도 하고
☐ ～するところだ ～하려는 참이다	☐ たしかに 분명히, 확실하게
☐ どうしたらいいのか 어떻게 하면 좋을지	☐ ～だけ ～뿐
☐ ご覧になる 보시다 〈見る의 존경〉	☐ ～ためにも ～하기 위해서도
☐ ～かもしれない ～할 지도 모른다	☐ ～でも ～라도 〈예시〉

□ 〜としても ~라고 할지라도　　　□ AにBにC A에 B에 C 〈첨가, 나열〉

□ 〜なくて ~하지 않아서 〈원인〉　　　□ 〜にまで ~에까지

□ 〜前(まえ)に ~하기 전에　　　□ 〜を中心(ちゅうしん)に ~을 중심으로

□ まだ〜ている 아직 ~하고 있다　　　□ 〜てほしい ~했으면 좋겠다

□ 〜ていただく ~해 받다〈~てもらう의 겸손〉　　　□ 〜たばかりだ 막 ~한 참이다

□ 〜てもらえませんか ~해 주시겠습니까?　　　□ 〜はずだ (틀림없이) ~할 것이다

2013년

□ 〜という ~라는 〈인용, 설명〉　　　□ 〜と比(くら)べて ~과 비교해서

□ 〜のだから ~한 것이니까　　　□ 〜がる ~해하다

□ 近(ちか)くに 근처에, 가까이에　　　□ 〜には ~하려면 〈목적〉

□ 〜てもいいんじゃない ~해도 좋지않을까?　　　□ 必(かなら)ず 반드시

□ 〜にとって ~에게 있어서　　　□ 〜(さ)せてあげる ~하게 해 주다

□ うかがう 여쭙다 〈겸손〉　　　□ 〜にくい ~하기 어렵다

□ 〜てくる ~해 오다 〈이동의 방향〉　　　□ 〜への ~로의

□ 〜たら ~했더니 〈발견〉　　　□ あんなに〜のに 그렇게나 ~데도

□ 〜させていただけませんか ~하게해주실수없겠습니까?　　　□ 〜なくなってから ~하지 않게 되고 나서

□ 〜てもおかしくない ~해도 이상하지 않다　　　□ 〜を ~을, ~를

□ あの 저　　　□ 〜たら ~하면 〈조건〉

□ 〜ないといけない ~하지 않으면 안 된다　　　□ どこからでも 어디서든

□ 〜ないうちに ~하기 전에　　　□ 〜すぎる 너무 ~하다

□ 〜によって 〜에 따라서 〈차이, 구별〉

□ 〜たりする 〜하기도 한다

□ 〜らしい 〜답다

□ 〜でございます 〜입니다 〈です의 정중〉

□ 〜ためなら 〜을 위해서라면

□ 〜される 억지로 〜하게 되다〈사역수동의 축약〉

□ 〜ないように 〜하지 않도록

□ 〜に比べて 〜과 비교해서

□ ああ 저렇게

□ 〜んじゃなくて 〜한 것이 아니라

□ 〜てほしい 〜해 주었으면 좋겠다

□ 〜でも何でも 〜이든 무엇이든

□ 〜すぎる 너무 〜하다

□ もちろん 물론

□ 〜ろ 〜해 〈명령〉

□ もう〜ない 이미 〜하지 않는다

□ ご〜いたす 〜합니다 〈겸손〉

□ 〜ぐらい 〜정도

□ 〜でなくてもよければ 〜아니라도 좋다면

□ 〜をしている 〜를 하고 있다 〈상태〉

□ 〜たばかりだ 막 〜한 참이다

□ 次第に 점차, 점점

□ ご存じだ 아시다, 알고 계시다 〈知る의 존경〉

□ 〜ずつしかない 〜씩밖에 없다

□ 〜か 〜할지

□ 〜てあげる 〜해 주다

□ 〜には 〜에게는

□ 〜により 〜에 의해서 〈원인〉

□ 〜(よ)うとする 〜하려고 하다

□ 〜(さ)せてください 〜하게 해 주세요

□ 〜になら 〜에게라면

□ 〜のか 〜인 것인지

□ 〜たまま 〜한 채

□ 〜って(＝という) 〜라는

□ 〜せいで 〜탓에

□ 〜はじめる 〜하기 시작하다

☐ ～ないように ～하지 않도록	☐ ～になるまで ～가 될 때까지
☐ ～つもりだ ～할 작정이다	☐ ついに 끝내, 마침내
☐ ～うちに ～하는 사이에	☐ ～てくれ ～해 줘
☐ ～いらっしゃる ～계시다 〈いる의 존경〉	☐ ～ように ～하도록
☐ ～たこともある ～한 적도 있다	☐ ～ほかに ～외에
☐ どれだけ～か 얼마나 ～한지	☐ ～のだったら ～하는 것이라면
☐ ～ござる ～있다 〈ある의 정중〉	☐ ～ぐらい／～しか～ない ～정도 / ～밖에 ～않는다
☐ 誰^{だれ}からも 누구로부터든	☐ ～てしまう/そうだ ～해 버리다 / ～할 것 같다 〈양태〉

2016년

☐ ～てほしい ～해 주길 바란다	☐ に対^{たい}して ～에 대해서, ～에게
☐ 少^{すこ}しも～ない 조금도 ～않다	☐ そう 그렇게
☐ ～直^{なお}す 다시 ～하다	☐ ～ても不思議^{ふしぎ}ではない ～해도 이상하지 않다
☐ おっしゃる 말씀하시다 〈言う의 존경〉	☐ ～させていただきます ～하겠습니다 〈겸양〉
☐ ～しか ～밖에	☐ ～ことができる ～할 수 있다
☐ ～ほうがよければ ～하는 쪽이 좋으면	☐ ～やすい ～하기 쉽다
☐ ～てくれる ～해 주다	☐ ～として ～로서
☐ ～としたら ～한다고 하면	☐ どうしても 무슨 일이 있어도
☐ ～だけだ ～뿐이다	☐ ～れる/られる ～하게 되다, ～해지다 〈수동〉
☐ お～ください ～해 주세요 〈존경〉	☐ 申^{もう}す 말하다 〈言う의 겸양〉
☐ ～ことになる ～하게 되다	☐ ～ないと ～하지 않으면

□ ～たくても ~하고 싶어도　　　　　　□ ～ておく ~해 두다

□ ～てもよさそうだ ~해도 좋을 것 같다　　□ ～ましょうか ~할까요?

2017년

□ ～ばかりではなく ~뿐만 아니라　　　　□ ～にしたがって ~에 따라서

□ ようやく 겨우, 점차　　　　　　　　　□ ～一方で ~하는 한편

□ ～たがる ~하고 싶어 하다　　　　　　□ ～そうにない ~일 것 같지 않다

□ ～な ~하지 마　　　　　　　　　　　□ ～てしまう ~해 버리다

□ ～だけでも ~만이라도　　　　　　　　□ ～ないで ~하지 않고, 말고

□ ～てからのほうが ~하고 나서 쪽이　　□ ～がする ~이/가 나다

□ ～ため ~때문에, ~위해서　　　　　　□ あと 앞으로

□ ～てみると ~해 보았더니　　　　　　□ いただく 받다 〈もらう의 겸양〉

□ なんて ～なんだろう 이 얼마나 ~인가　□ ～でございます 입니다 〈です의 정중〉

□ ～そうじゃない ~일 것 같지 않다　　　□ ～しか ~밖에

□ ～にしても ~로 해도　　　　　　　　□ ～まま ~인 채

□ ～やすい ~하기 쉽다　　　　　　　　□ ～ところだ ~한 참이다

2018년

□ ～に対して ~에 대해서, ~에게　　　　□ せっかく 모처럼

□ ～だけではなく ~뿐만 아니라　　　　□ ～させようか ~시킬까

□ ～ことではない ~것은 아니다　　　　□ なさる 하다 〈する의 존경〉

□ 〜させていただけませんか ～해도 되겠습니까? 〈겸양〉　□ 〜までなら ～까지라면

□ 〜てみる ～해 보다　□ 〜てしまう ～해 버리다

□ 〜のに ～하는데　□ 〜ないといけない ～하지 않으면 안 된다

□ あまりにも 너무나도　□ にくらべて ～에 비해서

□ 〜<ruby>直<rt>なお</rt></ruby>す 다시 ～하다　□ 〜おかげだ 덕분이다

□ いたす 하다 〈する의 겸양〉　□ 〜には ～하려면

□ 〜ようと思う ～하려고 생각한다　□ 〜てもらう ～해 받다

□ 〜なければならない ～하지 않으면 안 된다

2019년

□ 〜を<ruby>中心<rt>ちゅうしん</rt></ruby>に ～을 중심으로　□ どうしても〜ない 아무리 해도 ～않다

□ 〜のほかに ～외에　□ 〜ないうちに ～하기 전에

□ くださる 주시다 〈くれる의 존경〉　□ 〜ちゃう ～해 버리다 〈てしまう의 회화〉

□ 〜はずがない ～일 리가 없다　□ どちらからでも 어느 쪽부터라도

□ 〜てある ～해져 있다　□ 〜ことがある ～한 적이 있다

□ 〜そうだ ～일 것 같다　□ 〜って ～라는

□ いつの<ruby>間<rt>ま</rt></ruby>にか 어느새인가　□ いくつか 몇 개인가

□ 〜<ruby>終<rt>お</rt></ruby>わる 다 ～하다　□ 〜ことにする ～하기로 하다

□ 〜てよかった ～해서 다행이다　□ おっしゃる 말씀하시다 〈言う의 존경〉

□ 〜ようと思う ～하려고 생각하다　□ 〜てから ～하고 나서

□ 〜ほど ~정도, ~만큼, ~할수록

□ 〜だけなら ~만이라면

□ ちっとも〜ない 조금도 ~않다

□ 〜おかげで ~덕분에

□ 〜としても ~라고 해도

□ 〜てから ~하고 나서

□ 〜させる ~시키다, ~하게 하다

□ いらっしゃる 계시다 〈いる의 존경〉

□ 〜ばかりしている ~만 하고 있다

□ 〜なきゃならない ~하지 않으면 안 된다

□ いつの間にか 어느새인가

□ 〜にとって ~에게 있어서

□ 〜しか ~밖에

□ 〜でも ~라도, ~든지

□ なんて 〜なんだろう 이 얼마나 ~인가

□ 〜ようかと思う ~할까 하고 생각하다

□ 〜やすい ~하기 쉽다

□ 〜れる/られる ~하게 되다/~해지다 〈수동·가능〉

□ 〜ても不思議ではない ~해도 이상하지 않다

□ 〜ちゃう ~해 버리다 〈てしまう의 회화〉

□ いただく 받다 〈もらう의 겸양〉

□ 〜かもしれない ~일지도 모른다

□ ついに 드디어, 마침내, 결국

□ 〜なら ~라면

□ 〜において ~에 있어서, ~에서

□ 〜たびに ~할 때마다

□ 〜続ける 계속 ~하다

□ 〜てくる ~해 오다

□ 〜ように ~하도록

□ 〜そうだ ~일 것 같다

□ 〜すぎる 너무 ~하다

□ 〜ていただけないでしょうか ~해 주실 수 없을까요?

□ ～って ~라는
□ ちっとも～ない 조금도 ~않다

□ ～のほかに ~외에
□ ～一方で ~하는 한편

□ ～前に ~하기 전에
□ ～しか ~밖에

□ ～ことがある ~하는 경우가 있다
□ ～おかげだ ~덕분이다

□ ～直す 다시 ~하다
□ ～てくれる ~해 주다

□ ～ことにする ~하기로 하다
□ ～ように ~하도록

□ ～において ~에 있어서, ~에서
□ ～でも ~라도, ~든지

□ 必ず 꼭, 틀림없이, 반드시
□ どうしても～ない 아무리 해도 ~않다

□ ～ために ~위해서, ~때문에
□ ～ずに ~하지 않고, ~하지 말고

□ ～ところだ ~하려던 참이다
□ ～ていく ~해 가다

□ ～てる ~하고 있다 〈ている의 회화〉
□ ～おる 있다 〈いる의 겸양〉

□ ～こともある ~한 적도 있다

□ ～を中心に ~을 중심으로
□ ～にしたがって ~에 따라서

□ ～しか ~밖에
□ できれば 가능하면

□ ～出す 갑자기 ~하기 시작하다
□ ～れる/られる ~하게 되다, ~해지다 〈수동〉

□ ～せいで ~탓에, ~때문에
□ ～ておく ~해 두다

□ ～なければならない ~하지 않으면 안 된다
□ 少しも～ない 조금도 ~않다

□ ～そうにない ~일 것 같지 않다
□ ～らしい ~인 것 같다, ~라고 한다, ~답다

□ 〜てもらう 〜해 받다　　　　　□ 〜によって 〜에 의해서, 〜에 따라서

□ ついに 드디어, 마침내, 결국　　　□ 〜ないうちに 〜하기 전에

□ させる 〜시키다, 〜하게 하다　　　□ 〜ようになる 〜하게 되다

□ 〜のに 〜하는 데　　　　　　　□ 〜たがる 〜하고 싶어 하다

□ 〜でございます 입니다 〈です의 정중〉　　□ 〜にいってくる 〜하러 갔다 오다

2024년

□ どちらへも 어느 쪽에도　　　　　□ 〜として 〜로서

□ 結局(けっきょく) 결국　　　　　　　　　□ 〜たびに 〜할 때마다

□ 〜てみる 〜해 보다　　　　　　　□ 〜ないといけない 〜하지 않으면 안 된다

□ 〜れる/られる 〜하게 되다, 〜해지다 〈수동〉　□ 〜の 〜했니?

□ 〜ておく 〜해 두다　　　　　　　□ 〜ことではない 〜인 것은 아니다

□ なさる 하다 〈する의 존경〉　　　　□ 〜に〜てほしい 〜가 〜해주길 바라다

□ 〜のことで 〜의 일로　　　　　　□ ぐらいで (시간) 정도로

□ さっき 아까, 좀 전에　　　　　　　□ 〜たまま 〜한 채로

□ 〜たって 〜한들　　　　　　　　□ 〜てみてから 〜해 보고 나서

□ めしあがってください 드셔 주세요 〈食べる의 존경어〉　□ 〜なってきた 〜해졌다

□ 〜てよかった 〜해서 다행이다　　□ 〜ていただけませんか 〜해 주시지 않겠습니까?

□ 〜てあげようか 〜해 줄까?　　　□ 〜ところなんです 〜하려던 참입니다

● 問題 2 문장 완성

2010년

□ ~ても ~해도 〈역접〉

□ いらっしゃる 계시다 〈いる의 존경〉

□ ~だろうと思う ~할 것이라 생각하다

□ ~たばかりだ 막 ~한 참이다

□ ~というような ~라는 것 같은

□ ~てもらう ~해 받다(상대로부터 받다)

□ ~ことで ~것 때문에 〈원인〉

□ ~と比べて ~과 비교해서

□ ~など ~등 〈나열〉

□ ~だって ~라도 〈でも의 회화체〉

2011년

□ ちっとも~ない 조금도 ~않는다

□ ~によって ~에 따라서 〈차이, 구별〉

□ どんなに~ことか 얼마나 ~한 일인지

□ ~にする ~로 하다 〈선택〉

□ やらせてやる 시켜 주다

□ ~ほど~ない ~만큼 ~않는다

□ ~によって ~에 의해서 〈수동의 동작의 주체〉

□ ~ないうちに ~하기 전에

□ ~という ~라는 〈인용, 설명〉

□ ~おかげだ ~덕분이다

2012년

□ 多分 아마

□ ~の一つに ~중의 하나로

□ ~するまで ~할 때까지

□ 言われると 말을 들으면 〈수동〉

□ ~方がいい ~하는 편이 좋다

□ ~聞いたことがある ~한 적이 있다

□ ~について/~(さ)せられる ~에 대하여 / 하게 된다

□ ~そうだ ~할 것 같다 〈양태〉

□ ~だけでなく ~뿐만 아니라

□ ~まで ~까지

2013년

- お〜になる 〜하시다 〈존경〉
- 〜という 〜라는
- ようやく 마침내
- 〜ほど〜ない 〜만큼 〜않는다
- 〜よりも 〜보다도

- 〜ないように 〜하지 않도록
- 最も 가장, 제일
- 〜だけは 〜만은
- 〜そうだ 〜해 보인다 〜할 것 같다 〈양태〉
- 〜られる 〜할 수 있다 〈가능〉

2014년

- 〜てやる 〜해 주다
- 〜するところだ 〜하려는 참이다
- 〜たら 〜했더니 〈발견〉
- 〜てもおかしくない 〜해도 이상하지 않다
- 〜と 〜하면

- 〜たまま 〜한 채
- 〜なくてはいけない 〜하지 않으면 안 된다
- 〜かもしれない 〜일지도 모른다
- 〜で 〜중에서 〈범위의 한정〉
- 音がする 소리가 나다

2015년

- 〜のに 〜인데도
- 〜の 연체수식절의 の
- 〜ぴったり 〜꼭, 딱(꼭 들어맞거나 잘 어울림)
- だれも〜ない 아무도 〜않는다
- 〜ながら 〜하면서

- 〜ことから 〜것으로부터
- 〜そうだ 〜라고 한다 〈전문〉
- あまりに 너무나
- 〜てもおかしくない 〜해도 이상하지 않다
- どうしてかというと〜からだ 어째서인가 하면 〜때문이다

☐ ~で ~이 함께, ~끼리 〈범위의 한정〉

☐ ~かもしれない ~일지도 모른다

☐ すっかり 완전히

☐ ~ほど~ない ~정도(만큼) ~않다

☐ これまでに 지금까지

☐ なかなか~ない 좀처럼 ~않다

☐ ~にしかできない ~로밖에 할 수 없다

☐ ~ずに ~하지 않고, ~하지 말고

☐ ~っていわれる ~라고 듣다

☐ ~ば~ほど ~하면 ~할수록

☐ ~てから ~하고 나서

☐ ~ことがない ~한 적이 없다

☐ ~てもおかしくない ~해도 이상하지 않다

☐ ~させる ~시키다, ~하게 하다

☐ ~ようにする ~하도록 하다

☐ ~まででいい ~까지면 된다

☐ ~ながら ~하면서

☐ ~という ~라는

☐ どうしても~ない 아무리 해도 ~않다

☐ ~てくれる ~해 주다

☐ ~にとって ~에게 있어서

☐ 何度(なんど)も 몇 번이나

☐ ~せいで ~탓에, ~때문에

☐ ~ほど ~정도, ~만큼, ~할수록

☐ ~たびに ~할 때마다

☐ ~ことにする ~하기로 하다

☐ とうとう 드디어, 결국

☐ ~ことから ~로 보아, ~때문에

☐ ~ばかり ~만, ~뿐

☐ さっきまで 방금까지

☐ ~による ~에 의한, ~에 따른

☐ なかなか~ない 좀처럼 ~않다

☐ 今_{いま}にも 당장이라도

☐ ~ことで ~것으로, ~일로

☐ ~みたいだ ~인 것 같다

☐ ~てほしい ~해 주길 바란다

☐ ~に対_{たい}する ~에 대한

☐ ~ばかりだ ~한 지 얼마 되지 않았다

☐ ~ば ~하면

☐ ~つもりだ ~할 생각이다

☐ ~だけでなく ~뿐만 아니라

☐ ~しかない ~할 수밖에 없다

☐ ~といい ~하면 좋다

☐ ~ずに ~하지 않고, ~하지 말고

☐ ~し ~하고

☐ ~ば ~하면

☐ ~てみたい ~해 보고 싶다

☐ ~という 라는

☐ ~ているところだ 한창 ~하고 있는 중이다

☐ ~ずに ~하지 않고, ~하지 말고

☐ ~ことから ~로 보아, ~때문에

☐ ~ような ~같은, ~처럼

☐ ~ばかり ~만, ~뿐

☐ ~ほど~ない ~정도(만큼) ~않다

☐ どれだけ 얼마나

☐ ~ながら ~하면서

☐ ~ほど~ない ~정도(만큼) ~않다

☐ ~ことで ~것으로, ~일로

□ 〜てみる 〜해 보다　　　　　　　　□ 〜を中心に 〜을 중심으로

□ 〜間に 〜동안에, 〜사이에　　　　　□ 〜ば〜ほど 〜하면 〜할수록

□ 〜が欲しい 〜를 원하다, 〜를 갖고 싶다　□ 〜という 〜라는

2023년

□ 〜による 〜에 의한, 〜에 따른　　　　　□ なかなか〜ない 좀처럼 〜않다

□ どうして 왜, 어째서　　　　　　　　□ 〜んじゃない 〜지 않아?

□ 〜でいらっしゃる 〜이시다 〈존경〉　　□ 〜ほど〜ない 〜정도(만큼) 〜않다

□ 〜という 〜라는　　　　　　　　　□ 〜てもらう 〜해 받다

□ 〜てしまう 〜해 버리다　　　　　　□ 〜ことにする 〜하기로 하다

2024년

□ 〜がする 〜이/가 나다　　　　　　　□ 〜とか 〜라든가

□ 〜ばかりだ 〜한 지 얼마 되지 않았다　　□ 〜なければならない 〜하지 않으면 안 된다

□ なんて〜なんだろう 이 얼마나 〜인가　　□ 〜だって 〜래, 〜데

□ 〜に対して 〜에 대하여　　　　　　□ 〜するつもりだ 〜할 생각이다, 〜할 예정이다

□ 〜のために 〜을 위하여　　　　　　□ 〜ようにしている 〜하도록 하고 있다

□ 〜たびに 〜할 때마다　　　　　　　□ 〜だけでなく〜も 〜뿐 아니라 〜도

● 問題3 **문맥 이해**

2010년

☐ ところが～のだ 그렇지만 ~것이다 ☐ ～と言っている ~라고 말하고 있다

☐ ～かもしれない ~할지도 모른다 ☐ ～のだ ~인 것이다

☐ つまり 즉, 결국 ☐ この 이

☐ ですから 그러므로 ☐ ～というのは ~라는 것은

☐ ～なら ~라면 ☐ ～ようにする ~하도록 하다

2011년

☐ ～てくる ~하기 시작하다 ☐ こういう 이러한

☐ ～なるのでしょうか ~인 걸까요? ☐ ～からだ ~때문이다

☐ ～ことができる ~할 수 있다 ☐ それから 그리고

☐ なぜなのか 왜 그런지 ☐ そこで 그래서

☐ 同じ～ 같은~ ☐ ～のだと思う ~한 것이라고 생각한다

2012년

☐ それとも 그렇지 않으면 ☐ 気がつく 알아차리다, 깨닫다

☐ 知りました 알았습니다 ☐ 思った 생각했다

☐ しかし 그러나 ☐ ～と言われる ~라는 말을 듣다

☐ その～ 그~ ☐ それ 그것

☐ ～のだそうだ ~인 것이라고 한다 ☐ ～ができる ~을 할수 있다

- □ ～てくださる ~해 주시다
- □ ～ようになる ~하게 되다
- □ ～てあげたい ~해 주고 싶다
- □ こんなに 이렇게나
- □ ～ようにする/～つもりだ ~하도록 하다/~할 작정이다
- □ ところが 그렇지만
- □ そういう 그러한
- □ お世話になりました 신세 많이 졌습니다
- □ でも 그렇지만 〈접속사〉
- □ ～てくださいませんか ~해주시지 않겠습니까?

- □ ～でした ~이었습니다
- □ そういう 그러한
- □ ～ている ~하고 있다
- □ ～てくれる ~해 주다
- □ ～みたいだ ~한 것 같다
- □ ところが 그렇지만
- □ ～てくれる ~해 주다
- □ それ 그것
- □ すると 그러자, 그랬더니
- □ ～ようと思っている ~하려고 생각하고 있다

- □ ～ている ~하고 있다
- □ ～のだ ~인 것이다
- □ ところが 그렇지만
- □ ～ようにする ~하도록 하다
- □ そのころ 그 무렵
- □ ～てしまう/～のだ ~해 버리다 / ~한 것이다
- □ ～も ~도
- □ 気がする 느낌이 들다

2016년

- こんなこと 이런 것
- 言いました 말했습니다
- ~ようになる ~하게 되다
- ~てしまう ~해 버리다
- ~かもしれない ~일지도 모른다

- すると 그러자
- ~の方が ~쪽이, ~편이
- けれども 그렇지만, 하지만
- 広がって 퍼져서, 확산되어서
- これ 이것

2017년

- すると 그러자
- その 그
- ~と思う ~라고 생각한다
- ~と思っていたからだ ~라고 생각하고 있었기 때문이다
- 部屋 방

- 驚きました 놀랐습니다
- ~なら ~라면
- それでも 그렇지만
- ~ことにする ~하기로 하다
- ~でも ~라도, ~든지

2018년

- ~しか ~밖에
- ~ようにする ~하도록 하다
- ~おかげだ ~덕분이다
- それに 게다가

- そこで 그래서
- ラーメンやの~ 라면 집의~
- ~れる/られる ~하게 되다, ~해지다 〈수동〉
- ~てみたい ~해 보고 싶다

□ ～のかわからない ~일지 모르겠다

□ そして 그리고

□ ～かもしれない ~일지도 모른다

□ ～てくれる ~해 주다

□ あのとき 저 때

□ この 이

□ まず 우선, 먼저

□ まで 까지

□ ～ことができる ~할 수 있다

□ 決^きめた 결정했다

□ ～ている ~하고 있다

□ でも 하지만

□ ～と言^いわれて ~라고 들어서

□ 別^{べつ}の～ 다른~

□ ～だろうと思^{おも}う ~일 것이라고 생각한다

□ ただ 다만, 그저

□ ～からだ ~때문이다

□ そういう店^{みせ} 그런 가게

□ でも 하지만

□ 友達^{ともだち} 친구

□ ～てある ~해져 있다

□ ～ことができない ~할 수 없다

□ 見学^{けんがく}した 견학했다

□ そこ 그곳

□ ～てみる ~해 보다

□ ～つもりだ ~할 생각이다

□ 温泉^{おんせん} 온천

□ ～そうだ ~일 것 같다

□ 〜ではないでしょうか 〜가 아닐까요?

2023년

□ でも 하지만

□ 〜れる/られる 〜하게 되다, 〜해지다 〈수동〉

□ 大学 대학

□ 〜ことができる 〜할 수 있다

□ 〜しか 〜밖에

□ そのうえ 게다가

□ 行った 갔다

□ 〜と思う 〜라고 생각한다

2024년

□ 〜てくれる 〜해 주다

□ それから 그러고 나서

□ 〜のような 〜같은, 〜처럼

□ 会えて 만날 수 있어서

□ 〜のです 〜한 것입니다

□ 実は 실은, 사실은

□ 〜しか 〜밖에

□ 〜ことにした 〜하기로 했다

3 합격 문법 — 조사(に · を · は)로 시작되는 문법 31

POINT 1   ~において   ~에 있어서, ~에서

쓰임 행동이 행해지는 장소, 시간, 경우 등을 나타낼 때 사용한다.

비슷한 표현 ~で (~에서)

접속 명사 +において

A : 人生において一番大切なことは何だと思う？

B : そうだね。自分らしく生きることかな。

A : 今年の卒業式は東京ドームにおいて行われるそうですよ。

B : すごいですね。そんなに学生数が多いですか。

A : 인생에 있어서 가장 중요한 것은 뭐라고 생각해?

B : 글쎄. 나답게 사는 것이 가장 중요하지 않을까?

A : 올해 졸업식은 도쿄돔에서 행해진다고 해요.

B : 굉장하네요. 그렇게 학생 수가 많습니까?

POINT 2   ~に違いない   ~임에 틀림없다

쓰임 어떠한 일의 성립을 확신하고 있음을 나타낼 때 사용한다.

비슷한 표현 ~に決まっている (~임에 틀림없다)

접속 동사 보통형 い형용사 보통형 な형용사 어간 명사 +に違いない

A : あんなに美しい曲を作れるなんて、あなたは天才に違いないよ。

B : そんなことないですよ。この曲を完成するのに1年以上かかりました。

A : 저렇게 아름다운 곡을 만들 수 있다니, 너는 천재일 것임에 틀림없어.

B : 그렇지 않아요. 이 곡을 완성시키는데 1년 이상 걸렸습니다.

POINT 3 ~に決まっている ~임에 틀림없다

쓰임 어떠한 일의 성립을 강하게 확신, 예측하고 있음을 나타낼 때 사용한다.

비슷한 표현 ~に違いない (~임에 틀림없다)

접속 동사 보통형 い형용사 보통형 な형용사 어간 명사 + に決まっている

A : あの監督の映画、おもしろいかな。

B : ハリウッドで賞をもらった作品だから、おもしろいに決まっているよ。

A : 저 감독의 영화 재미있을까?

B : 할리우드에서 상을 받은 작품이니까 재미있을 것임에 틀림없어.

A : 鈴木君、まだ来ないね。電話してみようか。

B : また、どこかで道に迷ったに決まっているよ。あいつ、方向音痴だからね。

A : 스즈키 군, 아직 안 오네. 전화해 볼까?

B : 또 어디선가 길을 헤매고 있을 것임에 틀림없어. 그 녀석 길치니까.

POINT 4 ~に比べ(て) ~에 비해서 / ~に比べると ~에 비하면

쓰임 앞의 내용을 비교하여 말할 때 사용한다.

비슷한 표현 ~より(~보다)

접속 명사 + に比べ(て) / 명사 + に比べると

A : 去年に比べて今年の夏はもっと暑い気がする。

B : そうだね。じゃ、今週末、海にでも行こうか。

A : 작년에 비해서 올해 여름은 더 더운 것 같아.

B : 맞아. 그럼 이번 주말, 바다라도 갈까?

A : 高校を卒業したら都会に出ようと思っているんだ。

B : へー。確かに田舎は都会に比べて選べる職種が少ないよね。

A : 고등학교 졸업하고 도시에 나가려고 생각하고 있어.

B : 와~ 확실히 시골은 도시에 비해서 고를 수 있는 직종이 적지?

~に関し(て) ~에 관해서 / ~に関する ~에 관한

쓰임 대상과의 관계성을 이야기하거나 생각하는 내용을 나타낼 때 사용한다.
비슷한표현 ~について (~에 관해서) / ~についての (~에 관한)
접속 명사 + に関して / 명사 + に関する

A : 川口教授のゼミではどんな研究が行われています
か。
B : 韓国と日本の文化の違いに関して研究をしていま
す。

A : 카와구치 교수님의 세미나에서는
어떤 연구를 하고 있습니까?
B : 한국과 일본의 문화의 차이에 관해
서 연구를 하고 있습니다.

A : あの、すみません。日本の留学に必要な書類を教
えていただけませんか。
B : 書類に関する質問は直接相談窓口へお越しくださ
い。

A : 저기, 실례합니다. 일본 유학에 필
요한 서류를 가르쳐 주실 수 있을
까요?
B : 서류에 관한 질문은 직접 상담 창구
로 와 주세요.

POINT 6 ~について ~에 관해서 / ~についての ~에 관한

쓰임 대상과의 관계성을 이야기하거나 생각하는 내용을 나타낼 때 사용한다.
비슷한표현 ~に関して (~에 관해서) / ~に関するの (~에 관한)
접속 명사 + について / 명사 + についての

A : 先生、夏休みの宿題について質問があります。
B : ええ、何でしょう。

A : 선생님, 여름방학 숙제에 관해서 질
문이 있습니다.
B : 네, 무엇이죠?

A : 昨日、今年の4月に結婚するとの記事が出ました
が事実なのでしょうか。
B : 本日の記者会見ではプライベートについての質問
はお断りいたします。

A : 어제, 올해 4월에 결혼한다는 기사
가 나왔습니다만, 사실인가요?
B : 오늘 기자회견에서는 사생활에 관
한 질문은 거절하겠습니다.

～に対して ～에 대해서, ～에게 / ～に対する ～에 대한

쓰임 행동의 대상이나 대비되는 내용을 나타낼 때 사용한다.

비슷한 표현 ～に反して (~에 반하여)

접속 명사 + に対して / 명사 + に対する

A : 最近、夫に対してイライラが止まりません。

B : それは大変ですね。イライラする原因は何ですか。

A : 최근, 남편에게 짜증이 멈추질 않아요.

B : 그거 큰일이네요. 짜증나는 원인은 무엇입니까?

A : 昨日、学校から息子が先生に対して反抗的な態度をとっているという連絡がきました。

B : へー。息子さん、もしかして思春期始まったんじゃないですか。

A : 어제, 학교에서 아들이 선생님에게 반항적인 태도를 취하고 있다는 연락이 왔습니다.

B : 어머. 아드님 혹시 사춘기 시작된 것 아닌가요?

～に反して ～에 반해서, ～와 반대로 / ～に反する ～에 반한

쓰임 내용, 상황이 반대 혹은 다른 것이 되었음을 나타낼 때 사용한다.

비슷한 표현 ～に対して (~에 대해서)

접속 명사 + に反して / 명사 + に反する

A : 校則に反しているから髪を黒く染めてきなさい。

B : 生まれつきの茶髪でも染めなければならないですか。

A : 교칙에 위반되고 있기 때문에 머리를 검게 염색하고 오렴.

B : 자연 갈색 머리라도 염색해야 하나요?

A : 憲法に反する法律はどうなるか知ってる？

B : そうだね。無効になるのかな。

A : 헌법에 반하는 법률은 어떻게 되는지 알고 있어?

B : 글쎄. 무효가 되려나?

POINT 9

～にとって・～にとっては・～にとっても
～에게 있어서 · ～에게 있어서는 · ～에게 있어서도

쓰임 그 입장에서 보았을 때의 판단, 평가 등을 나타낼 때 사용한다

비슷한 표현 ～の立場から見れば (~의 입장에서 보면)

접속 명사 ＋にとって(は/も)

A : 私にとって一番大切な人は私の息子です。

B : 私もそうですよ。母親はみんな同じですね。

A : 저에게 있어서 가장 중요한 사람은 저의 아들입니다.

B : 저도 그래요. 엄마는 모두 똑같네요.

A : この前なくしたハンカチ見つけましたか。

B : いいえ、まだです。本当に悲しいです。私にとっては大事なものですから。

A : 요전에 잃어버린 손수건 찾았어요?

B : 아니요. 아직이에요. 정말로 슬퍼요. 저에게 있어서는 중요한 물건이기 때문에.

POINT 10

～によって・により　～에 따라서 · ～에 의해서

쓰임 '수단 · 방법', '원인 · 이유', '근거 · 기준'을 나타낼 때 사용한다.

접속 명사 ＋によって・により

A : 韓国では箸とスプーンを縦に置くのがマナーだそうですよ。

B : へー。国によって箸の置き方も違うんですね。

A : 한국에서는 젓가락과 수저를 세로로 놓는 것이 매너라고 해요.

B : 와. 나라에 따라서 젓가락을 두는 방식도 다르군요.

A : お医者さんにレントゲン検査をすすめられましたが。

B : そうですか。医者の指示によって検査を受ける場合は保険がきいて安くできますよ。

A : 의사선생님께 엑스레이 검사를 추천받았습니다만.

B : 그래요? 의사의 지시에 따라 검사를 받는 경우에는 보험이 적용되어 싸게 할 수 있어요.

　〜によると・によれば　〜에 따르면・〜에 의하면

쓰임 '수단·방법', '원인·이유', '근거·기준'을 나타낼 때 사용한다.

접속 명사 ＋によると・によれば

A： ねね、天気予報によると明日、朝から雨だそうだ
　　よ。
B： えっ、どうしよう。雨だと外でバーベキューでき
　　ないじゃん。

A : 저기 일기예보에 따르면 내일 아침부터 비온대.

B : 헉, 어쩌지. 비 오면 밖에서 바비큐 할 수 없잖아.

A： 鈴木先生の授業、今年も人数多いかな。
B： 先輩の話によると、毎年人数が多くて、先着順に
　　しているらしいよ。

A : 스즈키 선생님의 수업, 올해도 인원 수가 많을까?

B : 선배의 이야기에 따르면, 매년 인원 수가 많아서 선착순으로 하고 있다고 해.

POINT **12**　〜にしたがって・にしたがい　〜에 따라서

쓰임 어떠한 일과 관련하여 다른 한쪽도 변화해 감을 나타낼 때 사용한다.

비슷한 표현 〜につれて (~함에 따라)

접속 동사 사전형 명사 ＋にしたがって・にしたがい

A： 最近ひざが痛くて病院に通っているんです。
B： 人って年をとるにしたがって骨が弱くなるんです
　　ね。

A : 최근 무릎이 아파서 병원에 다니고 있어요.

B : 사람은 나이가 듦에 따라 뼈가 약해지죠.

A： この前、気に入る物件を見つけましたが、家賃が
　　高くて悩んでいます。
B： 駅から離れるにしたがって家賃は安くなりますよ。
　　こちらの物件はどうですか。

A : 요전에 마음에 드는 매물을 찾았습니다만, 집세가 비싸서 고민하고 있습니다.

B : 역에서 떨어짐에 따라 집세는 싸져요. 이 매물은 어떻습니까?

　　～につれ（て）　～함에 따라

쓰임　앞에 일어난 일의 변화에 따라 뒤에 일어나는 일도 변화함을 나다낼 때 시용한다.
비슷한 표현　～にしたがって・にしたがい (~에 따라서)
접속　동사 사전형　명사 ＋につれ（て）

A：寒くなるにつれて、スーパーにおでんの種類が増
　　えてきているんですよ。
B：小池さん、おでん好きですか。私おでん鍋持って
　　いるんですけど、貸しましょうか。

A : 추워짐에 따라 슈퍼에 오뎅의 종류
　　가 늘고 있어요.
B : 코이케 씨, 오뎅 좋아해요? 저 오뎅
　　냄비 갖고 있는데 빌려줄까요?

A：渡辺部長、今年のリストラ対象になったみたいだよ。
B：そっか。景気が悪くなるにつれて、リストラされ
　　る人も増えているね。

A : 와타나베 부장님 올해 해고 대상이
　　된 것 같아.
B : 그래? 경기가 나빠짐에 따라 해고
　　되는 사람도 늘고 있네.

　　～に過ぎない　～에 지나지 않다, ~에 불과하다

쓰임　내용의 범위와 정도를 한정하여 중요도가 낮다는 것을 나타낼 때 사용한다.
접속　동사 보통형　い형용사 보통형　な형용사 어간(である)　명사(である) ＋に過ぎない

A：あの、すみません。私今年で62歳になりますが、
　　剣道を習えますか。
B：もちろんですよ。年齢はただの数字にすぎないと
　　思いますよ。

A : 저기, 죄송합니다. 저 올해로 62세
　　가 됩니다만, 검도를 배울 수 있을
　　까요?
B : 물론입니다. 연령은 그저 숫자에 불
　　과하다고 생각해요.

A：あの2人、付き合っているって本当かな。
B：私の目にはそう見えないよ。単なる噂にすぎない
　　と思うよ。

A : 저 두 사람, 사귀고 있다는데 진짜
　　일까?
B : 내 눈에는 그렇게 보이지 않아. 단
　　순한 소문에 불과하다고 생각해.

POINT 15 ～に代わって・に代わり　～를 대신하여

쓰임　누군가를 대신하여 무언가를 한다는 것을 나타낼 때 사용한다.
비슷한 표현　～代わりに (～대신에)
접속　**명사** ＋に代わって・に代わり

A：明日の出張、小池さんに代わって私が行くことになったよ。

B：へー。小池さん、何かあったの？

A：내일 출장, 코이케 씨를 대신해서 내가 가게 되었어.

B：헉. 코이케 씨 무슨 일 있었어?

A：あの、すみません。こちらの担当者は木村さんですよね。どちら様ですか。

B：はじめまして。今月から木村に代わり私が担当することになりました。よろしくお願いいたします。

A：저기, 실례합니다. 이쪽의 담당자는 기무라 씨 맞죠? 누구세요?

B：처음 뵙겠습니다. 이번달부터 키무라를 대신해서 제가 담당하게 되었습니다. 잘 부탁드립니다.

POINT 16 ～に加え(て)　～에 더해서, ～에다가

쓰임　어떠한 내용을 추가하여 설명할 때 사용한다.
접속　**명사** ＋に加え(て)

A：第2次試験では何をしますか。

B：体力検査に加えて、面接を行います。

A：제2차 시험에서는 무엇을 합니까?

B：체력 시험에 더해서 면접을 행하겠습니다.

A：高速道路上で地震が起きたらどうすればいいですか。

B：気象情報に加え交通情報も確認した上で、ゆっくり減速し、道路の左側に停車してください。

A：고속도로 위에서 지진이 일어나면 어떻게 해야 합니까?

B：기상 정보에 더해 교통 정보도 확인한 후에 천천히 감속하고 도로의 왼쪽에 정차해 주세요.

POINT 17　～に限(かぎ)って・に限(かぎ)り　～에 한해서

쓰임 '평소와 다르게 특별하게'를 강소할 때 사용한다.

접속　명사 ＋に限(かぎ)って・に限(かぎ)り

A：あのさ、午後(ごご)から雨(あめ)だそうだよ。

B：えっ、本当(ほんとう)に。傘(かさ)を持(も)ってこなかった日(ひ)に限(かぎ)って
　　雨(あめ)降(ふ)るんだよね。

A：있잖아, 오후부터 비온대.

B：헉, 진짜로? 우산을 가져오지 않은 날에 한해서 비가 내린다니까.

A：なぜか急(いそ)いでいる時(とき)に限(かぎ)って赤信号(あかしんごう)に引(ひ)っかかり
　　ませんか。

B：私(わたし)もそう思(おも)ったことあります。本当(ほんとう)に不思議(ふしぎ)です
　　ね。

A：웬일인지 서두르고 있을 때에 한해서 빨간 불에 걸리지 않아요?

B：저도 그렇게 생각한 적 있어요. 진짜 신기하네요.

POINT 18　～に基(もと)づいて・に基(もと)づき　～에 근거하여, ~에 의거하여

쓰임 원인, 발단, 근거 등에 기반하고 있음을 나타낼 때 사용한다.

비슷한표현　～を基(もと)にして (~를 근거로 하여)

접속　명사 ＋に基(もと)づいて・に基(もと)づき

A：どんなジャンルの本(ほん)が好(す)きですか。

B：やっぱり事実(じじつ)に基(もと)づいて書(か)かれた本(ほん)を読(よ)むのが好(す)
　　きです。

A：어떤 장르의 책을 좋아합니까?

B：역시 사실에 근거하여 쓰인 책을 읽는 것을 좋아합니다.

A：地震(じしん)って予測(よそく)できるのかしら。

B：過去(かこ)のデータに基(もと)づいて地震(じしん)を予測(よそく)することがで
　　きるってこの前(まえ)テレビでやってた。

A：지진은 예측할 수 있는 건가?

B：과거의 데이터에 근거하여 지진을 예측할 수 있다고 요전에 텔레비전에서 했었어.

쓰임　시간과 장소가 그 범위 전체에 걸친다는 것을 나타낼 때 사용한다.

비슷한 표현　〜から〜にかけて (~부터 ~에 걸쳐서)

접속　명사 ＋ にわたって・にわたり

A：小倉さん、フランス料理好きだったっけ。来月3日間にわたってフランス料理フェアが開催されるんだけど、一緒に行かない。

B：いいですよ。料理も食べられますか。

A : 오구라 씨, 프랑스 요리 좋아했던 가? 다음 달 3일간에 걸쳐서 프랑스 요리 페어가 개최되는데 같이 가지 않을래?

B : 좋아요. 요리도 먹을 수 있습니까?

A：3時間にわたって会議が続いているけど、何か問題でもできたのかな。

B：そうだね。ちょっと覗いてみようか。

A : 3시간에 걸쳐 회의가 계속되고 있는데, 뭔가 문제라도 생긴 건가?

B : 글쎄. 조금 들여다 볼까?

쓰임　어느 쪽이든 해당된다는 것을 나타낼 때 사용한다.

접속　동사 보통형　い형용사 보통형　な형용사 어간(である)　명사(である) ＋ にしても

A：子供を叱るにしてもただ叱ればいいというものではありません。

B：じゃ、どうすればいいですか。

A : 아이를 혼낸다고 해도 그냥 혼내면 되는 것이 아닙니다.

B : 그럼, 어떻게 하면 됩니까?

A：今月、夏休みも始まるし、新しい生徒がたくさん入るといいね。

B：そっか。でも、入るにしてもせいぜい10人ぐらいだろう。

A : 이번 달, 여름방학도 시작되고, 새로운 학생이 많이 들어오면 좋겠다.

B : 그래? 하지만 들어온다고 해도 고작 10명 정도겠지.

～につき ～에 관해서, ～당

쓰임 원인, 이유를 실명하거나 숫자에 집속해 단위를 실명할 때 사용한다.

비슷한 표현 ～について (~에 관해서) / ～当たり (~당)

접속 명사 + につき

A: ねね、韓国のカラオケ行ったことあるの？来週行くんだけど、料金が気になってさ。

B: もちろん行ったことあるよ。たしか、1曲につき500ウォンだったよ。

A: 저기, 한국 노래방 가 본 적 있니? 다음 주에 가는데 요금이 걱정되어서 말이야.

B: 물론 가 본 적 있어. 아마 1곡당 500원이었어.

A: あの、こちらの駐車場は一時間当たりいくらですか。

B: えっと、1時間につき800円でございます。

A: 저기요, 이 주차장은 1시간당 얼마입니까?

B: 음, 1시간당 800엔입니다.

～に関わらず ～에 관계없이

쓰임 두 상황이 무관계로 다양한 상황에 대해 변화하지 않음을 나타낼 때 사용한다.

비슷한 표현 ～に関わりなく (~에 관계없이)

접속 동사 보통형 い형용사 보통형 な형용사 어간 명사 + に関わらず

A: 新幹線の掃除は性別に関わらず誰でもできる仕事だと思いますよ。

B: 確かに、求人ポスターにも書いてありました。

A: 신칸센 청소는 성별에 관계없이 누구나 할 수 있는 일이라고 생각해요.

B: 맞아요, 구인 포스터에도 쓰여 있었어요.

A: あの、未経験者でも応募できますか。

B: ええ、経験の有無にかかわらず誰でも応募できます。ただし、年齢制限があります。

A: 저기, 미경험자라도 응모할 수 있습니까?

B: 네, 경험의 유무에 관계없이 누구나 응모할 수 있습니다. 단, 연령 제한이 있습니다.

POINT 23　～にも関わらず　～임에도 불구하고

쓰임　앞에서 말한 내용과 상반되는 상황이 진행됨을 나타낼 때 사용한다.

접속　동사 보통형　い형용사 보통형　な형용사 어간(である)　명사(である) + にも関わらず

A： どうして彼女は背が低いにもかかわらず舞台で一
　　番目立つのでしょうか。
B： 彼女は他の人より動きが大きいらしいですよ。

A : 왜 그녀는 키가 작음에도 불구하고 무대에서 가장 눈에 띄는 걸까요?

B : 그녀는 다른 사람보다 움직임이 크다고 해요.

A： 結婚式で一番感動した瞬間はいつですか。
B： えっと、雨にもかかわらず大勢の人が来てくれて
　　とても感動しましたね。

A : 결혼식에서 가장 감동한 순간은 언제입니까?

B : 음, 비가 오는 날임에도 불구하고 많은 사람들이 와 주셔서 매우 감동했습니다.

POINT 24　～を中心に(して)　～를 중심으로(해서)

쓰임　행동의 중심, 회전 운동의 중심 등을 나타낼 때 사용한다.

접속　명사 + を中心に(して)

A： 本日は原宿を中心に人気を集めているジーンズを
　　ご紹介します。
B： あの、写真を撮ってもいいですか。

A : 오늘은 하라주쿠를 중심으로 인기를 모으고 있는 청바지를 소개하겠습니다.

B : 저기 사진 찍어도 돼요?

A： 若い世代を中心に広がっているK-POPブームにつ
　　いてどう思っていますか。
B： 音楽の力ってすごく大きいなあと実感する毎日で
　　すね。

A : 젊은 세대를 중심으로 확산되고 있는 K-POP 붐에 관해서 어떻게 생각하십니까?

B : 음악의 힘이란 굉장히 크구나 하고 실감하는 매일입니다.

〜を込め(て) 〜를 담아

쓰임 기분이나 힘 등을 넣어 무언가를 행함을 나타낼 때 사용한다.

접속 명사 + を込め(て)

A : 感謝の気持ちを込めて作ってみました。ぜひ食べ
　　てみてください。

B : へー、すごい！かわいすぎて食べられないよ。

A : 감사의 마음을 담아 만들어 봤습니다. 부디 먹어 보세요.

B : 와, 굉장해! 너무 귀여워서 먹을 수 없어.

A : これよかったら、どうぞ。心を込めて選んだプレ
　　ゼントです。

B : へー、いいの？いただきます。

A : 이거 괜찮으시다면 받아주세요. 마음을 담아 고른 선물입니다.

B : 와, 받아도 돼? 잘 받겠습니다.

〜をめぐって・〜をめぐり 〜를 둘러싸고

쓰임 분쟁이나 대립에 의해 추구되는 대상을 나타낼 때 사용한다.

접속 명사 + をめぐって・〜をめぐり

A : 今朝、子供の教育方針をめぐって夫とけんかをし
　　ました。

B : 夫婦げんかを見せるのが子供の教育にもっとよく
　　ないと思うけど。

A : 오늘 아침, 아이의 교육 방침을 둘러싸고 남편과 싸웠습니다.

B : 부부싸움을 보여주는 것이 아이의 교육에 더 좋지 않다고 생각하는데.

A : 親の遺産をめぐって20年以上揉めている兄弟がい
　　て話題です。

B : お金がすべてではないのに。悲しい話ですね。

A : 부모의 유산을 둘러싸고 20년 이상 싸우고 있는 형제가 있어 화제입니다.

B : 돈이 전부가 아닌데 슬픈 이야기네요.

～をはじめ　～를 비롯해

쓰임　여러가지 것 중 한 가지를 대표적으로 소개할 때 사용한다.

접속　명사 + をはじめ

A：うちの店は豚カツをはじめ色々な揚げ物が自慢ですよ。

B：ぜひ食べてみたいですね。

A：우리 가게는 돈가스를 비롯해 여러 튀김음식이 자랑입니다.

B：꼭 먹어 보고 싶어요.

A：藤森さんはテーブルをはじめ本棚、椅子など様々な家具を作っています。

B：ネット販売もしているんですか。

A：후지모리 씨는 테이블을 비롯해 책장, 의자 등 가지각색의 가구를 만들고 있습니다.

B：인터넷 판매도 하고 있습니까?

～を通し(て)　～를 통해서

쓰임　사람이나 물건을 매개로 하여 어떠한 일을 행할 때 사용한다.

비슷한 표현　～を通じ(て) (～를 통해서)

접속　명사 + を通し(て)

A：二人はどこで知り合ったのですか。

B：マッチングアプリを通して知り合いました。

A：두 사람은 어디에서 알게 되었습니까?

B：만남 앱을 통해서 알게 되었습니다.

A：毎日カメラを持ち歩いていますね。その理由は何ですか。

B：カメラのレンズを通して見た世界は本当に不思議で美しいんですよ。その美しさを撮ってみんなに見せるのが私の喜びです。

A：매일 카메라를 들고 다니네요. 그 이유는 무엇입니까?

B：카메라 렌즈를 통해서 본 세계는 정말로 신기하고 아름답습니다. 그 아름다움을 찍어서 모두에게 보여주는 것이 저의 기쁨입니다.

POINT 29 ～を問わず ～를 불문하고

쓰임 과거의 결과나 상태에 좌우되지 않는 것을 나타낼 때 사용한다.

접속 명사 + を問わず

A : 年齢を問わず誰でも参加できるエクササイズを教えてください。

B : ピラティスはどなたにもおすすめのエクササイズです。期間限定で無料体験できるので申し込んでみたらどうですか。

A : 연령을 불문하고 누구나 참가할 수 있는 운동을 알려 주세요.

B : 필라테스는 어느 분에게나 추천하는 운동입니다. 기간한정으로 무료 체험을 할 수 있기 때문에 신청해 보면 어떻습니까?

A : ハウス栽培の長所は何だと思いますか。

B : そうですね。季節を問わず、安定した生産ができるところだと言えますね。

A : 하우스 재배의 장점은 뭐라고 생각합니까?

B : 글쎄요, 계절을 불문하고 안정된 생산이 가능하다는 점이라고 말할 수 있겠죠.

POINT 30 ～をきっかけに ～를 계기로

쓰임 어떠한 일을 시작하게 된 원인이나 동기를 나타낼 때 사용한다.

접속 명사 + をきっかけに

A : 一人暮らしは何歳からはじめましたか。

B : 大学入学をきっかけに一人暮らしを始めたので、18歳からですね。

A : 몇 살부터 혼자 살기 시작했습니까?

B : 대학 입학을 계기로 혼자 살기 시작했기 때문에 18살부터네요.

A : お料理が上手ですね。いつ頃からお料理をされていたのでしょうか。

B : 私は結婚をきっかけに料理教室に通い始めました。

A : 요리를 잘하시네요. 언제부터 요리를 하셨을까요?

B : 저는 결혼을 계기로 요리교실을 다니기 시작했습니다.

POINT 31　～はもちろん　～는 물론

쓰임　말할 것도 없이 당연한 것을 나타낼 때 사용한다.

접속　**명사** + はもちろん

A： 子供のころ、すごくモテた里奈という女の子覚えてる？今は何をしているのかな。

B： 彼女は歌はもちろんダンスも上手だったから、音楽関係の仕事をしてるんじゃないかな。

A： あの、うちの息子、塾でちゃんとやっているんですか。

B： えっと、このアプリをダウンロードすれば、塾での出欠状況はもちろん成績も確認できます。

A : 어렸을 때 굉장히 인기가 많았던 리나라는 여자 아이 기억해? 지금은 뭐하고 있을까?

B : 그녀는 노래는 물론 춤도 잘 췄으니까 음악 관계의 일을 하고 있지 않을까?

A : 저기, 우리 아들, 학원에서 제대로 하고 있나요?

B : 음. 이 애플리케이션을 다운로드 하면 학원에서의 출결 상황은 물론 성적도 확인할 수 있습니다.

問題 1 つぎの文の（　　）に入れるのに最もよいものを1・2から一つえらびなさい。

1 A： 中卒でも入社できる会社ってあるのか。
　　B： 学歴（1　を問わず　　2　にしたがって）入社できる会社ってたくさんあると思うよ。

2 A： このケーキ、すごくおいしそうですね。
　　B： お世話になった先生のために、心（1　にとって　　2　を込めて）作ったケーキなんです。

3 A： 業務内容（1　について　　2　によって）質問があったら、いつでも聞いてください。
　　B： ありがとうございます。これからもよろしくお願いします。

4 A： 来年から田舎でのんびり暮らしたいと思っています。
　　B： へー、すごい。私も都会（1　に比べて　　2　にわたって）田舎の方が空気もきれいだし、静かでいいと思いますよ。

5 A： 明日の天気をお伝えください。
　　B： 関東地方は明日も雨（1　に加えて　　2　において）強風にも注意が必要です。

6 A： 竹内さん、会社辞めるんだって。
　　B： 彼が退職するというのはただの噂（1　にかわりません　　2　にすぎません）。私、竹内さんに直接聞いてみます。

7 A： 子供の頃は自分（1　に代わって　　2　を中心に）世界は回っていると考えていた。
　　B： 今は違うの？

問題 1 つぎの文の(　　　)に入れるのに最もよいものを 1・2 から一つえらびなさい。

1 A： あの、ポールダンスを習いたいと思ってきましたが。

    B： いらっしゃいませ。こちらが料金表となります。1 レッスン（1 により　2 につき）2200円でございます。

2 A： このレストラン、年中無休ですか。

    B： はい。土日（1 はもちろん　2 にしたがって）祝日も営業しています。

3 A： 日本の名所をお勧めしてください。

    B： 日本にはスカイツリー（1 てはじめて　2 をはじめ）お勧めしたいところがたくさんあります。

4 A： 私、クラスのみんな（1 に対して　2 にすぎない）迷惑だと先生に怒られました。

    B： へー。何かあったんですか。

5 A： あー、何か楽しいことないかな。

    B： あなたって本当に暇（1 にちがいない　2 に対する）わ。

6 A： なぜ高い山に登ると頭が痛くなるのですか。

    B： 高く登る（1 について　2 につれて）空気が薄くなるからです。

7 A： 夫は、私が反対している（1 にもかかわらず　2 にきまっている）会社を辞めてきましたよ。

    B： へー。これからはどうするつもりですかね。

問題 1 つぎの文の（　　　）に入れるのに最もよいものを 1・2 から一つえらびなさい。

1　A：石川さんとはどこで知り合ったの？

　　B：石川さんは仕事（1 を通して　2 にわたって）出会った人です。

2　A：あなた（1 にとって　2 にかけて）大金とはいくらですか。

　　B：1千万円ぐらいかな。

3　A：6日間（1 にくわえて　2 にわたって）行われたイベントが無事に終わりましたね。

　　B：おかげさまで、無事に終えることができました。

4　A：なぜ宅配は人がいない時（1 に限ぎって　2 につき）来るのかなあ。

　　B：最近は希望する配達時間帯を指定できるよ。

5　A：あの映画、見たの？一人の女性（1 にしても　2 をめぐって）兄弟が対立する内容だって。

　　B：昨日、見てきたけど、あんまりおもしろくなかった。

6　A：ブランド価値は何（1 に比らべて　2 に基づいて）評価されるのですか。

　　B：申し訳ございません。その質問には回答できません。

7　A：来週の海外出張、藤田さん（1 につれて　2 に代わって）私が行くことになったよ。

　　B：藤田さん、ずっと行きたくないって言ったよね。

해석 별책 p.14

問題 2 つぎの文の＿★＿に入る最もよいものを、1・2・3・4から一つえらびなさい。

1 A： お父さん、私、引っ越したくないよ。だって、転校したくないんだもん。

B： 分かった。転校 ＿＿＿ ＿＿＿ ＿★＿ ＿＿＿ お母さんと話してみるね。

　　1　こと　　　　2　は　　　　　3　について　　　4　の

2 A： 今年の文具フェアはどこで開催されるのか知っていますか。

B： ええと、今年は、3月と8月に ＿＿＿ ＿＿＿ ＿★＿ ＿＿＿ です。

　　1　において　　2　そう　　　3　横浜　　　4　開かれる

3 A： 最近、忙しそうですね。

B： そうですよ。仕事 ＿＿＿ 、 ＿＿＿ ＿★＿ ＿＿＿ いますよ。

　　1　まで　　　2　に加え　　　3　一人で育児　　4　やって

4 A： あの、すみません。この割引券を使うと、いくらになりますか。

B： こちらの割引券は ＿＿＿ ＿★＿ ＿＿＿ となっております。

　　1　一名　　　2　大人　　　3　200円引き　　4　につき

5 A： 「タバコ」ってポルトガル語から由来しているって知ってた？

B： タバコって ＿＿＿ ＿＿＿ ＿＿＿ ＿★＿ 伝わられたものだって聞いたこと あるよ。

　　1　ポルトガル人　2　に　　　3　日本　　　4　によって

問題 2 つぎの文の___★___に入る最もよいものを、1・2・3・4から一つえらびなさい。

1 A： 彼女とはうまくやっているの？

B： この前、別れました。仕事が ＿＿＿ ＿＿＿ ＿★＿ ＿＿＿ 、会えなくなっちゃって。

1 忙しく　　　2 につれて　　3 なる　　　4 の

2 A： ねね、上原さん、51歳でユーチューバーにチャレンジするらしいよ。

B： それ私も聞いたんだけど、＿＿＿ ＿＿＿ ＿★＿ ＿＿＿ って。

1 すぎない　　2 の　　　　3 ただ　　　4 噂に

3 A： この前、ドラッグストアの店員に勧められた薬、どうだった？

B： 薬の効果って ＿★＿ ＿＿＿ ＿＿＿ ＿＿＿ けど、私にはすごくよかった。

1 と思う　　　2 違う　　　3 よって　　4 人に

4 A： 週末のディズニーランドって混んでたでしょう？

B： いいえ、＿＿＿ ＿＿＿ ＿＿＿ ＿★＿ ので逆にびっくりしました。

1 に反して　　2 いなかった　3 予想　　　4 混んで

5 A： 今日のランチ、駅前の新しくできたレストランにしようか。

B： あそこ、朝から人が並んでいましたよ。 ＿★＿ ＿＿＿ ＿＿＿ ＿＿＿ います。

1 と　　　　　2 入れないに　　3 ランチタイムだ　4 決まって

問題 2 つぎの文の ＿★＿ に入る最もよいものを、1・2・3・4から一つえらびなさい。

1 A： 私、学生たちに嫌われている気がします。

  B： ＿＿＿ ＿★＿ ＿＿＿ ＿＿＿ 先生は人気ないぞ。

   1 に対して   2 すぎる   3 厳し   4 学生

2 A： みなさん、町で決められた曜日、＿＿＿ ＿＿＿ ＿★＿ ＿＿＿ ください。

  B： あの、生ごみも決められた日にしか出せないですか。

   1 ルールに   2 出して   3 したがって   4 ゴミを

3 A： 本当にすみません。知りませんでした。

  B： ＿＿＿ ＿＿＿ ＿★＿ 、＿＿＿ の前に駐車してはいけません。

   1 お店   2 しても   3 に   4 知らなかった

4 A： 彼女は大切な ＿＿＿ ＿＿＿ ＿★＿ ＿＿＿ 、長い間うつ病に悩まされていました。

  B： 今は大丈夫ですか。

   1 家族が   2 にも   3 かかわらず   4 いる

5 A： エリカちゃん、ドイツ語も話せるんだって。

  B： 彼女は、＿★＿ ＿＿＿ ＿＿＿ ＿＿＿ が話せるらしいよ。

   1 5ヶ国語   2 はじめ   3 ドイツ語   4 を

4 합격 문법 - て형과 た형에 접속하는 문법 19

POINT 1 ～て以来 ～한 이래

쓰임 어떤 일을 계기로 전과는 다른 상태가 계속 이어지고 있음을 나타낼 때 사용한다.

접속 동사 て형 + 以来

A： 週末、何をしましたか。

B： えっと、同窓会に行ってきたんですが、卒業して以来30年ぶりに会う友達もいて嬉しかったです。

A : 주말에 뭐 했어요?

B : 음, 동창회에 갔다 왔습니다만, 졸업하고 난 이래 30년만에 만나는 친구도 있어서 기뻤습니다.

A： 飯田さん、お酒止めましたか。

B： 止めたというか、息子を産んで以来、お酒を飲んでいません。

A : 이이다 씨, 술 끊었습니까?

B : 끊었다고 할까, 아들을 낳은 이래, 술을 마시고 있지 않습니다.

POINT 2 ～てしかたがない ～해서 어쩔 수 없다, ～해서 참을 수 없다

쓰임 참을 수 없는 감정을 나타낼 때 사용한다.

비슷한 표현 ～てしようがない・てしょうがない (~해서 어쩔 수 없다, ~해서 참을 수 없다)

접속 동사 て형 / 형용사 て형 + しかたがない

A： きれいで性格もいい植田さんのことがうらやましくてしかたがないです。

B： 私の目にはあなたもきれいですよ。

A : 예쁘고 성격도 좋은 우에다 씨가 부러워서 참을 수 없습니다.

B : 제 눈에는 당신도 예뻐요.

A： 明日レポートを出さなければならないのに、ゲームがしたくてしかたがないよ。

B： えっ、レポートの締め切り明日だったっけ。すっかり忘れてた。

A : 내일 리포트를 내야 하는데, 게임을 하고 싶어서 어쩔 수가 없어.

B : 헉, 리포트 마감 내일까지였던가? 완전히 잊고 있었어.

POINT 3　〜てしようがない・てしょうがない
〜해서 어쩔 수 없다, 〜해서 참을 수 없다

쓰임　참을 수 없는 감정을 나타낼 때 사용한다

비슷한 표현　〜てしかたがない (~해서 어쩔 수 없다, ~해서 참을 수 없다)

접속　동사 て형　형용사 て형 + しようがない・しょうがない

A：　どうしたの？あくびばかりして。

B：　昨夜徹夜して、今眠くてしようがないよ。

A：무슨 일 있니? 하품만 하고.

B：어젯밤 밤을 새서, 지금 졸려서 참을 수 없어.

A：　寂しくてしようがない時は私に電話してください。

B：　ありがとうございます。お気持ちだけで嬉しいです。

A：외로워서 어쩔 수 없는 때에는 저에게 전화해 주세요.

B：감사합니다. 마음만으로 기쁩니다.

POINT 4　〜てたまらない　〜해서 참을 수 없다

쓰임　참을 수 없는 감정을 나타낼 때 사용한다.

비슷한 표현　〜てしかたがない (~해서 어쩔 수 없다, ~해서 참을 수 없다)

접속　동사 て형　형용사 て형 + たまらない

A：　ダイエット中なのに、ドーナツが食べたくてたまらないよ。

B：　ドーナツはだめよ。ドーナツの代わりに牛乳でも飲んだらどう？

A：다이어트 중인데, 도넛이 먹고 싶어서 참을 수 없어.

B：도넛은 안 돼. 도넛 대신에 우유라도 마시는 게 어때?

A：　今年は、悲しいことがありすぎて辛くてたまらないです。

B：　そのうちいいことありますよ。頑張りましょう。

A：올해는 슬픈 일이 너무 많아서 괴로워서 참을 수 없습니다.

B：머지않아 좋은 일이 있을 거예요. 힘냅시다.

쓰임 처음으로 경험하고 알게 된 것을 나타낼 때 사용한다.

접속 동사 て형 + はじめて

A：親になってはじめて親の気持ちが分かりました。

B：私もそうです。とても感謝しています。

A : 부모가 되고 나서 비로소 부모님의 마음을 알았습니다.

B : 저도 그래요. 매우 감사하고 있습니다.

A：大学生になったら一人暮らしがしたいです。

B：そうですか。私は一人で暮らしてはじめて家事の 大変さが分かりましたよ。

A : 대학생이 되면 혼자 살고 싶습니다.

B : 그래요? 저는 혼자 살고 나서 비로소 가사의 고됨을 알았어요.

쓰임 어떤 행동이나 상태가 반복되고 있음을 비판할 때 사용한다.

비슷한 표현 ～てばかりだ (~하기만 한다)

접속 동사 て형 + ばかりいる

A：休日、寝てばかりいる夫にイライラしませんか。

B：うちの旦那は、休みの日も仕事をしていて逆に不満です。

A : 휴일에 누워 있기만 하는 남편에게 짜증나지 않습니까?

B : 우리 남편은, 쉬는 날도 일을 하고 있어서 반대로 불만입니다.

A：運動もせずに食べてばかりいると太ってしまうよ。

B：太ると分かっていても止められません。

A : 운동도 하지 않고 먹기만 하고 있으면 살찌고 말아.

B : 살찐다고 알고 있어도 멈출 수가 없습니다.

～てばかりいないで　～하고 있지만 말고

쓰임　어떤 행동이나 상태가 반복되고 있음을 비판할 때 사용한다.

접속　동사 て형 ＋ばかりいないで

A : ゲームしてばかりいないで勉強_{べんきょう}もしなさい。

B : はい。はい。分_わかりました。

A : 게임만 하고 있지 말고 공부도 해라.

B : 네. 네. 알겠습니다.

A : ただ見_みてばかりいないで、少_{すこ}しは手伝_{てつだ}ってよ。

B : ごめん。私_{わたし}、何_{なに}からすればいいの？

A : 그저 보기만 하고 있지 말고, 조금 은 도와줘.

B : 미안. 나 뭐부터 하면 좋을까?

～て(は)いられない　～하고(는) 있을 수 없다

쓰임　이대로의 상태를 계속 유지할 수 없음을 나타낼 때 사용한다.

비슷한 표현　～てたまらない (~해서 어쩔 수 없다, ~해서 참을 수 없다)

접속　동사 て형 ＋いられない

A : ねね、一緒_{いっしょ}にゲームセンターに行_いかない？

B : ごめん。明日_{あした}試験_{しけん}だから、遊_{あそ}んでいられないの。

A : 저기, 같이 오락실에 가지 않을래?

B : 미안. 내일 시험이라서 놀고 있을 수 없어.

A : 親_{おや}に足_たりない分_{ぶん}のお金_{かね}を出_だしてもらったら？

B : だめよ。もう社会人_{しゃかいじん}になったし、親_{おや}に頼_{たよ}ってはいられないよ。

A : 부모님에게 부족한 분의 돈을 내달 라고 하는 건 어때?

B : 안 돼. 이제 사회인이 되었고, 부모 님에게 의지하고는 있을 수 없어.

POINT 9 ~てほしい ~해 주길 바란다, ~하길 원한다

쓰임 상대에 대한 희망, 요구, 바람을 나타낼 때 사용한다.

접속 동사 て형 + ほしい

A : ちょっと聞いてほしい話があるんです。

B : ええ、何でしょう。

A : 잠깐 들어 주길 바라는 이야기가 있습니다.

B : 네, 뭔데요.

A : この仕事、必ず成功して見せるから、私のこと、信じてほしいの。

B : 口だけじゃなくて根性を見せろよ。

A : 이 일, 반드시 성공해 보일 테니까, 나를 믿어 주길 바라.

B : 말만이 아니라 근성을 보여 줘.

POINT 10 ~ても構わない ~해도 상관없다

쓰임 어떠한 일에 대해 인정, 허가를 나타낼 때 사용한다.

비슷한 표현 ~てもいい (~해도 좋다)

접속 동사 て형 + も構わない

A : ここではタバコを吸っても構いませんか。

B : ええ、喫煙席なので大丈夫です。

A : 여기에서는 담배를 피워도 상관없습니까?

B : 네, 흡연석이기 때문에 괜찮습니다.

A : 新幹線の自由席が満席の時は、指定席に座っても構わないですか。

B : いいえ、指定席に空席があっても勝手に座ってはいけません。

A : 신칸센의 자유석이 만석일 때는, 지정석에 앉아도 상관없습니까?

B : 아니요, 지정석에 공석이 있어도 마음대로 앉아서는 안 됩니다.

～てからでないと・てからでなければ ～하고 나서가 아니면

쓰임 앞일을 하고 난 후가 아니면 뒷일을 할 수 없음을 나타낼 때 사용한다.

접속 동사 て형 ＋からでないと・からでなければ

A： 海外旅行に行く時、パスポートとお金さえあれば
   問題ありませんよね。

B： ビザをもらってからでないと、行けない国もあり
   ますよ。

A : 해외여행에 갈 때, 여권과 돈만 있
    으면 문제 없죠?

B : 비자를 받고 나서가 아니면 갈 수
    없는 나라도 있어요.

A： 上原さん、今日も残業ですか。

B： そうだよ。この仕事が終わってからでないと帰れ
   ないんだよ。

A : 우에하라 씨, 오늘도 잔업입니까?

B : 맞아. 이 일이 끝나고 나서가 아니
    면 집에 갈 수 없어.

～たとたん（に） ～하자마자, ～한 순간

쓰임 어떤 일이 행해진 그 순간을 나타낼 때 사용한다.

접속 동사 た형 ＋とたん（に）

A： 昨日、窓を開けたとたん、トンボが飛び込んできき
   てびっくりしたよ。

B： へー、7月になったばかりなのに、トンボだなんて。

A : 어제, 창문을 연 순간, 잠자리가 날
    아 들어와서 깜짝 놀랐어.

B : 어머, 7월이 된 지 얼마 되지 않았
    는데 잠자리라니.

A： あのね、今朝、朝ごはんを食べてから立ち上がっ
   たとたんに頭がくらくらして、気持ちが悪くなっ
   たよ。

B： 今は大丈夫なの。病院に行った方がいいよ。

A : 있잖아. 오늘 아침, 아침밥을 먹고
    나서 일어서자마자 머리가 어지럽
    고 속이 이상해졌어.

B : 지금은 괜찮아? 병원에 가는 편이
    좋아.

　　〜たつもりで　〜한 셈치고, 〜했다 생각하고

쓰임　강한 의지로 무언가를 해낼 것임을 나타낼 때 사용한다.

접속　동사 た형　＋つもりで

A：<ruby>私<rt>わたし</rt></ruby>、こういう<ruby>撮影<rt>さつえい</rt></ruby>は<ruby>初<rt>はじ</rt></ruby>めてですごく<ruby>緊張<rt>きんちょう</rt></ruby>しています。

B：<ruby>大丈夫<rt>だいじょうぶ</rt></ruby>ですよ。モデルになったつもりでポーズを<ruby>取<rt>と</rt></ruby>ってみてください。

A : 저, 이런 촬영은 처음이라서 굉장히 긴장하고 있습니다.

B : 괜찮아요. 모델이 되었다 생각하고 포즈를 취해 보세요.

A：10<ruby>年間<rt>ねんかん</rt></ruby>、<ruby>借金<rt>しゃっきん</rt></ruby>を<ruby>返<rt>かえ</rt></ruby>すために、<ruby>死<rt>し</rt></ruby>んだつもりで<ruby>働<rt>はたら</rt></ruby>いてきました。

B：すごいですね。<ruby>私<rt>わたし</rt></ruby>も、<ruby>住宅<rt>じゅうたく</rt></ruby>ローンを<ruby>返<rt>かえ</rt></ruby>さなければならないので、もっと<ruby>頑張<rt>がんば</rt></ruby>ります。

A : 10년간 빚을 갚기 위해서 죽은 셈치고 일을 해 왔습니다.

B : 굉장하네요. 저도 주택 대출을 갚아야 하기 때문에 더 힘내겠습니다.

　　〜たものだ　〜하곤 했었다(과거회상)

쓰임　과거의 상태나 자주 있었던 일을 회상할 때 사용한다.

접속　동사 た형　＋ものだ

A：<ruby>最近<rt>さいきん</rt></ruby>、<ruby>栗<rt>くり</rt></ruby>を<ruby>食<rt>た</rt></ruby>べたくても<ruby>高<rt>たか</rt></ruby>くて<ruby>食<rt>た</rt></ruby>べられません。

B：<ruby>昔<rt>むかし</rt></ruby>は、<ruby>道端<rt>みちばた</rt></ruby>に<ruby>落<rt>お</rt></ruby>ちている<ruby>栗<rt>くり</rt></ruby>を<ruby>拾<rt>ひろ</rt></ruby>って<ruby>食<rt>た</rt></ruby>べたりしたものですよ。

A : 최근, 밤이 먹고 싶어도 비싸서 먹을 수 없습니다.

B : 옛날에는 길가에 떨어져 있는 밤을 주워서 먹거나 하곤 했습니다.

A：<ruby>子供<rt>こども</rt></ruby>のころ、この<ruby>公園<rt>こうえん</rt></ruby>でよく<ruby>遊<rt>あそ</rt></ruby>んだものです。

B：あなたにとって<ruby>大切<rt>たいせつ</rt></ruby>なところでしょうね。

A : 어렸을 때, 이 공원에서 자주 놀곤 했습니다.

B : 당신에게 있어서 소중한 곳이겠네요.

POINT 15　～たまま　～한 채

쓰임　그 상태의 변화가 없음을 나타낼 때 사용한다.

접속　동사 た형　동사 たい형　い형용사　な형용사 어간 + な　명사 + の　+ まま

A：コンタクトレンズをつけたまま、温泉に入っても
　　大丈夫ですか。

B：コンタクトレンズが汚れる恐れがあるので止めた
　　方がいいよ。

A：콘택트렌즈를 낀 채로 온천에 들어
　　가도 괜찮습니까?

B：콘택트렌즈가 오염될 우려가 있기
　　때문에 하지 않는 편이 좋아.

A：最近、ハンガーにかけたまま手入れができるアイ
　　ロンが人気を集めています。

B：便利そうですね。値段は高くないですか。

A：최근, 옷걸이에 건 채 손질을 할 수
　　있는 다리미가 인기를 모으고 있습
　　니다.

B：편리할 것 같네요. 가격은 비싸지
　　않나요?

POINT 16　～たばかりだ　～한 지 얼마 되지 않았다

쓰임　얼마 전에 일어난 상황을 나타낼 때 사용한다.

비슷한 표현　～たところだ (막 ~한 참이다)

접속　동사 た형　+ ばかりだ

A：ずっと寝ていますね。しっかりと成長している証
　　拠ですかね。

B：そうですね。生まれたばかりの赤ちゃんはミルク
　　を飲む時以外はほとんど眠っていますよ。

A：계속 자고 있네요. 잘 성장하고 있
　　다는 증거일까요?

B：그렇죠. 태어난 지 얼마 안 된 아기
　　는 우유를 먹을 때 외에는 거의 잠
　　들어 있어요.

A：先月、結婚したばかりですが、離婚を考えていま
　　す。

B：えっ、何かあったんですか。

A：지난달, 결혼한 지 얼마 되지 않았
　　습니다만, 이혼을 생각하고 있습
　　니다.

B：헉, 무슨 일 있었나요?

～たところだ　막 ～한 참이다

쓰임　어떤 행동의 직후의 상황을 나타낼 때 사용한다.

비슷한 표현　～たばかりだ (~한 지 얼마 되지 않았다)

접속　동사 た형 + ところだ

A : お約束の時間に遅れてしまい、大変申し訳ございません。

B : いえいえ。私もちょうど着いたところです。

A : 약속 시간에 늦어 버려 대단히 죄송합니다.

B : 아닙니다. 저도 막 도착한 참입니다.

A : 佐藤さん、今日一緒にランチしませんか。

B : あ、ごめんなさい。さっき食べてきたところです。

A : 사토 씨, 오늘 함께 점심 먹지 않을래요?

B : 아, 죄송합니다. 방금 먹고 온 참입니다.

～た上で　～한 후에

쓰임　우선 앞의 행동을 한 후에 뒤의 행동을 할 것임을 나타낼 때 사용한다.

비슷한 표현　～た後で (~한 후에)

접속　동사 た형 + 上で

A : ここにサインすればいいですよね。

B : お客様、契約の内容をきちんと読んだ上で、サインをお願いします。

A : 여기에 사인하면 되죠?

B : 손님, 계약 내용을 제대로 읽은 후에 사인 부탁드립니다.

A : あの、サイズが合わなかったら交換できますよね。

B : えっと、下着の場合、交換及び返品はお受けできませんので、サイズを確認した上でご購入ください。

A : 저기, 사이즈가 맞지 않으면 교환할 수 있죠?

B : 음, 속옷의 경우, 교환 및 반품은 할 수 없기 때문에, 사이즈를 확인한 후에 구입해주세요.

POINT 19 ～たあげく（に）～한 끝에

쓰임 여러 행동을 한 후의 결과를 나타낼 때 사용한다.

접속 동사 た형 / 명사 + の + あげく（に）

A： 彼女は毎日お酒を飲んだあげくに、アルコール依存症になってしまったらしいです。

B： それは大変ですね。心配なので彼女のところに行ってきます。

A： 그녀는 매일 술을 마신 끝에 알코올 중독이 되어 버렸다고 해요.

B： 그거 큰일이네요. 걱정이 되기 때문에 그녀에게 갔다 오겠습니다.

A： ウエディングドレスは決めたの？

B： ううん、まだなんだ。どれにするか迷ったあげく、結局決められなかったよ。

A： 웨딩드레스는 정했니?

B： 아니, 아직이야. 어느 것으로 할지 망설인 끝에, 결국 정하지 못했어.

問題 1 つぎの文の（　　　）に入れるのに最もよいものを 1・2 から一つえらびなさい。

1 A：田中さん、タバコ止めましたか。

　 B：そうですよ。病気になっ（1　てはじめて　　2　てばかりいないで）健康のありがたさを知って、一発で止めました。

2 A：その漫画、アニメ化されるそうだよ。

　 B：本当に？私、この漫画を読ん（1　で以来　　2　でからでないと）ずっとアニメ化を楽しみにしていたよ。

3 A：あのう、薬を水なしで飲ん（1　でしようがないです　　2　でも構いません）か。

　 B：薬が吸収されるには、溶けた状態でなければならないので、薬を水なしで飲んではいけません。

4 A：伊藤君って映画好きだったっけ。

　 B：学生時代はよく映画を見た（1　ところだ　　2　ものだ）けど、最近はあまり見ないね。

5 A：この帽子、どう？ 昨日、フリーマーケットで安く買ったの。

　 B：今度行く時は、私も連れて行っ（1　てほしい　　2　ていられない）なあ。

6 A：どうしよう。1000円札をポケットに入れた（1　つもりで　　2　まま）洗濯してしまったよ。

　 B：破れていなければ広げて干してください。

7 A：生まれた（1　ばかり　　2　だけ）の子犬は目が閉じていて、見たりできないそうです。

　 B：じゃあ、いつ頃、目を開けますか。

정답　1①　2①　3②　4②　5①　6②　7①

해석 별책 p.16

問題 1 つぎの文の（　　　　）に入れるのに最もよいものを 1・2 から一つえらびなさい。

1 A：料理が楽しくなるコツがあったら教えてください。

B：そうですね。一流シェフになった（1　ところで　　2　つもりで）料理を作って
　　みてください。

2 A：留学中の彼氏に会いたく（1　てたまらない　　2　ていられない）です。

B：ビデオ通話をしてみたらどうですか。

3 A：仕事終わったら一緒に飲みに行きませんか。

B：ちょうど仕事を終えた（1　つもり　　2　ところ）です。行きましょう。

4 A：何から始めればいいか考えています。

B：考え（1　てばかり　　2　ていらい）いないでとにかくやるべきことをやれ。

5 A：明日、朝早く家を出なければならないので、いつものように遅くまでテレビを見
　　て（1　たまらない　　2　いられない）んだ。

B：そっか。じゃ、今日は早く寝よう。

6 A：昨日の飲み会楽しかったの。

B：いや、最悪だった。酔っ払って騒いだ（1　あげく　　2　上で）、隣の席の人
　　とけんかしてしまったよ。

7 A：最近、日本に帰りたくて（1　しょうがない　　2　ほしい）です。

B：それ、ホームシックの症状かも。

정답 1② 2① 3② 4① 5② 6① 7①

問題 2 つぎの文の___★___に入る最もよいものを、1・2・3・4から一つえらびなさい。

1 A： 日本では何歳からお酒が飲めますか。

   B： 20歳 _____ _____ _____ ___★___ お酒を飲んではいけません。

   1　なって　　　　2　に　　　　　　3　からでない　　4　と

2 A： ねね、中村さんと連絡している？

   B： いや、彼女とは10年前 ___★___ _____ _____ 、_____ 連絡を取っていないよ。

   1　会って　　　　2　同窓会で　　　3　以来　　　　4　一度も

3 A： このレストラン、おいしいのに、客が少ないですね。

   B： _____ ___★___ _____ _____ 、あまり知られていないんです。

   1　した　　　　2　だから　　　3　ばかり　　　4　オープン

4 彼女に「_____ _____ ___★___ _____ ほしい」と言われました。

   1　少し　　　　2　して　　　　3　優しく　　　4　もう

5 A： あなた、今日も仕事ですか。

   B： 新製品の開発で、日曜日 _____ _____ ___★___ _____ よ。

   1　だから　　　　2　休んでは　　　3　といって　　4　いられない

6 私はどんなことでも必ず _____ _____ ___★___ _____ います。

   1　決めて　　　　2　上で　　　　3　妻と　　　　4　話し合った

정답 1④ 2② 3① 4③ 5② 6②

問題 2 つぎの文の __★__ に入る最もよいものを、1・2・3・4から一つえらびなさい。

1　A：昨日、雨大丈夫だったの？

　　B：うん、＿＿＿　＿＿＿　__★__　＿＿＿、降ってきたんだ。

　　　　1　ついた　　　2　家に　　　　3　に　　　　　4　とたん

2　A：木村、どこにいるか知っている？

　　B：木村さんですか。＿＿＿　__★__　＿＿＿　＿＿＿ですよ。

　　　　1　今　　　　　2　ところ　　　3　帰った　　　4　たった

3　先生に ＿＿＿　＿＿＿　__★__　＿＿＿ の難しさがわかりました。

　　　　1　こと　　　　2　なって　　　3　教える　　　4　はじめて

4　A：あの、このガイドブック、＿＿＿　＿＿＿　＿＿＿　__★__ か。

　　B：ええ、どうぞ。

　　　　1　持って　　　2　も　　　　　3　かまいません　　4　帰って

5　A：花火したいな。

　　B：そうだね。子どもの頃は、よく ＿＿＿　＿＿＿　＿＿＿　__★__ ものだね。

　　　　1　川で　　　　2　した　　　　3　花火を　　　4　この

6　＿＿＿　__★__　＿＿＿　＿＿＿ 言ってくださいよ。

　　　　1　ばかり　　　2　何か　　　　3　黙って　　　4　いないで

5 합격 문법 – 동사 사전형에 접속하는 문법 13

POINT 1　**〜ことはない　〜할 필요는 없다, 〜할 필요가 없다**

쓰임　행동을 할 필요성이 없음을 나타낼 때 사용한다.

비슷한 표현　〜までもない (~할 것까지도 없다)

접속　동사 사전형 + ことはない

A : 私、スリッパとかビニール袋とか傘とか適当に
　　持って行けばいいのかな。

B : 雨降らない地域だから、わざわざ傘は持って行く
　　ことはないよ。

A : 나, 슬리퍼나 비닐봉지나 우산이나 대충 가져가면 될까?

B : 비가 내리지 않는 지역이니까 굳이 우산은 가져갈 필요가 없어.

A : ネットで注文すれば次の日に届く時代ですから、
　　わざわざ買いに行くことはありません。

B : 本当に便利な時代になりましたね。

A : 인터넷으로 주문하면 다음 날 도착하는 시대이기 때문에 굳이 사러 갈 필요는 없습니다.

B : 정말로 편리한 시대가 되었네요.

POINT 2　**〜までもない　〜할 것까지도 없다**

쓰임　행동을 할 필요성이 없음을 나타낼 때 사용한다.

비슷한 표현　〜ことはない (~할 필요가 없다)

접속　동사 사전형 + までもない

A : 言うまでもないことですが、明日遅れないように
　　してください。

B : もちろんです。

A : 말할 것까지도 없는 일이지만, 내일 늦지 않도록 해 주세요.

B : 물론입니다.

A : このぐらいの雨なら傘を差すまでもないよ。

B : いやだ。私は雨に降られたくないんだもん。

A : 이 정도의 비라면 우산을 쓸 것까지도 없어.

B : 싫어. 나는 비 맞기 싫어.

POINT 3　～ことにする　～하기로 하다

쓰임　자신의 의사로 결정하고 행동함을 나타낼 때 사용한다.

접속　동사 사전형　동사 ない형 ＋ことにする

A： 私、会社辞めて自分の店を開くことにしました。

B： すごいですね。もしかして、この前話してたヴィン
テージショップですか。

A : 저, 회사 그만두고 제 가게를 열기로 했습니다.

B : 굉장하네요. 혹시 요전에 말했던 빈티지샵인가요?

A： 今日から甘い物は控えることにしました。

B： えっ、今日一緒にショットケーキ食べに行きたかっ
たのに。

A : 오늘부터 단 것은 삼가기로 했습니다.

B : 헉, 오늘 같이 조각 케이크 먹으러 가고 싶었는데.

POINT 4　～ことになる　～하게 되다

쓰임　자신의 의사가 아닌 이미 정해져 있는 결정 등을 나타낼 때 사용한다.

접속　동사 사전형　동사 ない형 ＋ことになる

A： 雑誌の撮影のため、髪を短く切ることになった
の。

B： へー。なんかショートヘアもすごく似合いそう。

A : 잡지 촬영을 위해서 머리를 짧게 자르게 되었어.

B : 어머, 뭔가 짧은 머리도 굉장히 잘 어울릴 것 같아.

A： 部長、明日の会議は第3会議室ですることになり
ました。

B： わかった。そういえば、何時からだっけ。

A : 부장님, 내일 회의는 제3회의실에서 하게 되었습니다.

B : 알겠어. 그러고 보니 몇 시부터였지?

POINT 5 ～ようにする ～하도록 하다

쓰임 의도적으로 노력을 하고 있음을 나타낼 때 사용한다.

접속 동사 사전형 동사 ない형 + ようにする

A : 私、新年から日記を書こうと思っています。

B : 私は何年間日記を書いていますが、できるだけ毎日書くようにしています。

A : 저, 신년부터 일기를 쓰려고 생각하고 있습니다.

B : 저는 몇 년간 일기를 쓰고 있습니다만, 가능한 한 매일 쓰도록 하고 있습니다.

A : 仕事で帰りが遅い夫のために、夕食は消化のいいものを作るようにしています。

B : 愛をこめて料理を作っていますね。

A : 일로 귀가가 늦은 남편을 위해서 저녁밥은 소화가 잘 되는 것을 만들도록 하고 있습니다.

B : 사랑을 담아 요리를 만들고 있군요.

POINT 6 ～べきだ ～해야 한다

쓰임 하는 것이 당연함을 나타낼 때 사용한다.

비슷한 표현 ～なければならない (~하지 않으면 안 된다)

접속 동사 사전형 + べきだ

Tip 동사 する에 접속하는 경우 するべきだ(O) = すべきだ(O)

A : 住民に悪影響を与える条例なら一日でも早く見直すべきだと私は思います。

B : 僕もその意見に同意します。

A : 주민에게 악영향을 주는 조례라면 하루라도 빨리 재검토해야 한다고 저는 생각합니다.

B : 저도 그 의견에 동의합니다.

A : ちょっと待って。多数決がいいというわけではないと思うけど。

B : そうだよ。少数の声にも耳を傾けるべきだと思うよ。

A : 잠깐만. 다수결이 좋다고는 할 수 없다고 생각하는데.

B : 맞아. 소수의 목소리에도 귀를 기울여야 한다고 생각해.

POINT 7 　～べきではない　～해서는 안 된다

쓰임　하지 않는 것이 당연함을 나타낼 때 사용한다.

비슷한 표현　～てはいけない (~해서는 안 된다)

접속　**동사 사전형** ＋べきではない

Tip　동사 する에 접속하는 경우 するべきではない(O) ＝ すべきではない(O)

A： 家庭内暴力はどんな理由があっても絶対に許すべきではありません。

B： そうです。どんな形であれ人に暴力を振るってはいけないですよ。

A : 가정 내 폭력은 어떤 이유가 있어도 절대로 용서해서는 안 됩니다.

B : 맞습니다. 어떤 형태든 사람에게 폭력을 휘둘러서는 안 됩니다.

A： どんなにほしくても、人の物を盗むべきではないです。

B： ほしいものがあっても、盗みなんてしませんよ。

A : 아무리 갖고 싶어도 사람의 물건을 훔쳐서는 안 됩니다.

B : 갖고 싶은 것이 있어도 도둑질 같은 건 하지 않습니다.

POINT 8 　～しかない・ほかない　～할 수밖에 없다

쓰임　그 밖의 다른 행동은 한정되어 있음을 나타낼 때 사용한다.

비슷한 표현　～よりほかない (~할 수밖에 없다)

접속　**동사 사전형** ＋しかない

A： 終電を逃したらしい。歩いて帰るしかないな。

B： もしよければ、私と一緒にタクシーで帰りませんか。

A : 막차를 놓친 것 같아. 걸어서 돌아갈 수밖에 없군.

B : 만약 괜찮으시다면 저랑 같이 택시로 돌아가시지 않겠습니까?

A： 世の中には、諦めるしかないことがたくさんあると思います。

B： 確かにそうだけど、前向きに考えよう。

A : 세상에는 포기할 수밖에 없는 일이 많이 있다고 생각합니다.

B : 확실히 그렇지만 긍정적으로 생각하자.

쓰임　나쁜 일이 발생할지도 모르는 상황을 추측할 때 사용한다.

접속　동사 사전형　명사 + の + 恐れがある

A： 暗いところで本を読むと、視力が落ちる恐れがあるそうです。

B： そうですか。これから気を付けます。

A : 어두운 곳에서 책을 읽으면 시력이 떨어질 우려가 있다고 합니다.

B : 그래요? 이제부터 조심하겠습니다.

A： 窓がない部屋で勉強を続けると成績が下がる恐れがあります。

B： えっ、そうなんですか。私は窓がない方が集中できると思っていました。

A : 창문이 없는 방에서 공부를 계속하면 성적이 떨어질 우려가 있습니다.

B : 헉, 그래요? 저는 창문이 없는 쪽이 집중이 될 거라고 생각하고 있었습니다.

쓰임　한 방향으로만 변화하고 있음을 나타낼 때 사용한다.

비슷한 표현　〜ばかりだ (〜할 뿐이다)

접속　동사 사전형　명사 + の + 一方だ

A： 最近の売れ行きはどうですか。

B： 最悪です。物価は上がる一方で、大変なのはみんな同じでしょう。

A : 요즘 장사는 어때요?

B : 최악입니다. 물가는 오르기만 할 뿐이고, 힘든 건 모두 똑같겠죠.

A： どうしたの。悩みでもあるの？

B： はい。成績が下がる一方ですが、何が問題なのか全然分かりません。

A : 무슨 일 있니? 고민이라도 있어?

B : 네. 성적이 떨어지기만 할 뿐이지만, 뭐가 문제인지 전혀 모르겠습니다.

제6장

POINT 11 　～たび（に）　～할 때마다

쓰임　행동의 반복을 나타낼 때 사용한다.

접속　동사 사전형　명사 + の　+ たび（に）

A : 私は新宿へ行くたびに新宿中央公園で一時間ぐらい散歩をします。

B : そうですか。私も行ってみたいです。

A : 저는 신주쿠에 갈 때마다 신주쿠 중앙 공원에서 1시간 정도 산책을 합니다.

B : 그래요? 저도 가보고 싶습니다.

A : 彼氏とはうまくいってるの？

B : いいえ。彼氏と会うたびにけんかをしてしまいます。

A : 남자친구와는 잘 사귀고 있니?

B : 아니요. 남자친구와 만날 때마다 싸움을 하고 말아요.

POINT 12 　～ところだった　～할 뻔했다

쓰임　조금만 더 했다면 어떠한 일이 발생할 가능성이 있었음을 나타낼 때 사용한다.

접속　동사 사전형　+ ところだった

A : 危ない！もう少しで車とぶつかるところだったよ。

B : 本当に危なかった。ここから飛び出してくるとは思ってもみなかった。

A : 위험해! 조금만 더 갔으면 차랑 부딪힐 뻔했어.

B : 진짜 위험했다. 여기서 튀어나올 거라고는 생각지도 못 했어.

A : 今朝、時計が狂っていて、危うく遅刻するところだったよ。

B : でも、遅れなくてよかったね。

A : 오늘 아침, 시계가 망가져 있어서 하마터면 지각할 뻔했어.

B : 그래도, 늦지 않아 다행이야.

　〜代わり(に)　〜대신에

쓰임　누군가를 대신하여 무언가를 한다는 것을 나타낼 때 사용한다.

비슷한 표현　〜に代わって・に代わり (~을 대신해서)

접속　동사 사전형　명사＋の ＋代わり(に)

A： このステーキ、本当においしいですね。

B： 肉の代わりに大豆を使って作ったステーキです。
　　おいしいでしょう？

A: 이 스테이크, 정말 맛있네요.

B: 고기 대신에 콩을 사용해서 만든
　스테이크입니다. 맛있죠?

A： 最近、料理に砂糖を入れる代わりにオリゴ糖を入
　　れています。

B： 特に理由がありますか。

A: 최근 요리에 설탕을 넣는 대신에
　올리고당을 넣고 있습니다.

B: 특별히 이유가 있습니까?

問題 1 つぎの文の（　　　）に入れるのに最もよいものを1・2から一つえらびなさい。

1　A：海外旅行に行く（1　たびに　　2　ところで）、その国のマグネットを買って集めています。
　　B：ぜひ私にも見せてください。

2　A：このスカート、サイズが合わないから捨てる（1　代わりだ　　2　しかない）な。
　　B：もったいないよ。捨てるなら、私にちょうだい。

3　A：ね、私のことどう思ってるの？
　　B：先輩、誤解を招く（1　恐れ　　2　怒り）があることは言わないでほしいです。

4　A：もう少しでガムを踏む（1　ところ　　2　だけ）だった。
　　B：道にガムを吐き捨てるなんて、本当に非常識だわ。

5　A：私はこどもは家で両親を手伝う（1　ためだ　　2　べきだ）と思います。
　　B：私もそう思います。

6　A：来週まで健康診断証明書を出さなければならないって。健康診断は受けたの？
　　B：私は明日、健康診断を（1　うけることに　　2　うけるものに）しました。

7　A：あ、そうだ。公共料金払いに行かなきゃ。
　　B：大丈夫。昨日、自動振り込みを申し込んだから、わざわざ払いに行く（1　ばかりはない　　2　ことはない）よ。

問題 1 つぎの文の(   )に入れるのに最もよいものを 1・2 から一つえらびなさい。

1 A： あの、すみません。レッスンを休みたい時はどうすればいいですか。

   B： レッスンを休む時は、授業が始まる24時間以内に連絡することに（1　して
       2　なって）います。

2 新型コロナウイルスの感染者は増える（1　一方　　2　べき）です。

3 A： 健康のためにやっていることはありますか。

   B： そうですね。毎朝、家の近くにある公園でジョギングをするように（1　して
       2　なって）います。

4 A： パンを焼く時、バターの（1　いっぽう　　2　代わり）にマーガリンを使
       ってもいいですか。

   B： もちろんです。

5 A： 条例の改正についてあなたの意見を聞かせてください。

   B： そうですね。住民にいい影響を与えている条例は変える（1　どころではない
       2　べきではない）と思います。

6 A： 電卓貸しましょうか。

   B： 要らないよ。こんな計算は簡単だから、電卓を使う（1　までもない
       2　しかない）よ。

7 A： 私たち、4月に結婚する（1　ことになりました　　2　ものになりました）。

   B： ご結婚、おめでとうございます。

정답 1② 2① 3① 4② 5② 6① 7①

해석 별책 p.18

問題 2 つぎの文の＿★＿に入る最もよいものを、1・2・3・4から一つえらびなさい。

1 A： 日本は駐車料金が高いですね。

    B： 車の数が ＿★＿ ＿＿＿ 、 ＿＿＿ ＿＿＿ スペースは限られているからです。

     1 駐車   2 増加する   3 一方で   4 できる

2 A： この土地に ＿＿＿ ＿★＿ ＿＿＿ ＿＿＿ しました。

    B： すごいですね。ホテルの名前は決めましたか。

     1 に   2 こと   3 建てる   4 ホテルを

3 自分の発言には ＿＿＿ ＿★＿ ＿＿＿ ＿＿＿。

     1 責任   2 持つ   3 べきです   4 を

4 A： 毎週、山に登る理由って何ですか。

    B： 山に ＿＿＿ ＿＿＿ 、 ＿＿＿ ＿★＿ 景色を撮りますが、それが本当に気持ちいいです。

     1 の   2 たびに   3 頂上から   4 登る

5 A： 明日は祝日だから、道路が混むかもしれないって。

    B： じゃあ、 ＿★＿ ＿＿＿ ＿＿＿ ＿＿＿ 行こうよ。

     1 車で   2 行く   3 電車で   4 代わりに

6 交通対策をしないと ＿＿＿ ＿★＿ ＿＿＿ ＿＿＿ あります。

     1 恐れが   2 混雑が   3 深刻な   4 発生する

問題 2 つぎの文の　★　に入る最もよいものを、1・2・3・4から一つえらびなさい。

1　A：朝寝坊をして飛行機 _____ _____ ★ _____。

　　B：本当ですか。何より無事に帰ってよかったです。

　　　　1　でした　　　　　2　ところ　　　　3　逃す　　　　　4　を

2　A：毎朝、スプーン1杯の _____ _____ ★ _____ います。

　　B：健康のためなんですか。

　　　　1　飲む　　　　　　2　して　　　　　3　オリーブ油を　4　ように

3　面接でプライベートな質問は _____ _____ _____ ★ と思います。

　　　　1　す　　　　　　　2　では　　　　　3　べき　　　　　4　ない

4　A：日本では家に上がる時、 ★ _____ _____ _____ なっています。中国も
　　　同じですよね。

　　B：中国は地域によって脱がないところもあるそうです。

　　　　1　こと　　　　　　2　靴を　　　　　3　脱ぐ　　　　　4　に

5　A：彼女は _____ _____ ★ _____ します。

　　B：私の周りにもそういう人がいて困っています。

　　　　1　自慢話　　　　　2　たびに　　　　3　ばかり　　　　4　会う

6　テントは私の _____ _____ ★ _____ はないですよ。

　　　　1　貸します　　　　2　買う　　　　　3　こと　　　　　4　から

6 합격 문법 — 함께 공부하면 좋은 문법 15

POINT 1

～間 ～동안, ～사이, ～내내 (연속성 동작)

～間に ～동안에, ～사이에 (1회성 동작)

접속 　동사 보통형　い형용사 보통형　な형용사 어간 + な　명사 + の　+ 間・間に

A： 冬の間、冬眠をする動物を教えてください。

B： えっと、熊やリスなどがいますね。

A：겨울 동안, 겨울잠 자는 동물을 알려 주세요.

B：음, 곰이나 다람쥐 등이 있습니다.

A： 普段、お風呂に入るのは何時ぐらいですか。

B： 私はたいてい7時から8時の間にお風呂に入ります。

A：평소, 목욕은 몇 시 정도에 합니까?

B：저는 대체로 7시에서 8시 사이에 목욕을 합니다.

POINT 2

～おかげで ～덕분에

～せいで ～탓에, ～때문에

접속 　동사 보통형　い형용사 보통형　な형용사 어간 + な　명사 + の　+ おかげで・せいで

A： 信じられないほどきれいになったね。

B： あなたが手伝ってくれたおかげでいつもより早く終わりました。ありがとうございます。

A：믿을 수 없을 정도로 깨끗해졌네.

B：당신이 도와준 덕분에 평소보다 빨리 끝났습니다. 감사합니다.

A： 僕のせいで負けた気がします。本当にごめんなさい。

B： そんなことないよ。次の試合は必ず勝つぞ。

A：저 때문에 진 느낌이 듭니다. 정말로 죄송합니다.

B：그렇지 않아. 다음 시합은 반드시 이길 거야.

POINT 3

동사 사전형 + ところだ 막 ~하려던 참이다

동사 た형 + ところだ 막 ~한 참이다

동사 ている형 + ところだ 한창 ~하고 있는 중이다

A: ねね、今から遊びに行ってもいいの？

B: ごめん。ちょうど出かけるところだよ。

A: 있잖아, 지금 놀러가도 돼?

B: 미안. 지금 막 나가려던 참이야.

A: お待たせしました。遅れてすみません。

B: いえいえ。私も今、着いたところです。

A: 오래 기다리셨습니다. 늦어서 죄송합니다.

B: 아닙니다. 저도 지금 막 도착한 참입니다.

A: 今お電話よろしいでしょうか。

B: あ、すみません。今電車に乗っているところなので、後でこちらからかけ直します。

A: 지금 전화 가능하세요?

B: 아, 죄송합니다. 지금 전철에 타고 있는 중이라서 나중에 제가 다시 걸겠습니다.

POINT 4

~まで ~까지 (계속)

~までに ~까지 (기한)

접속 **동사 사전형** **명사** + まで・までに

A: 普段、朝は何時ごろに起きますか。

B: 私はたいてい7時に起きます。でも、今日は日曜日なので11時まで寝ていました。

A: 평소, 아침에는 몇 시쯤 일어납니까?

B: 저는 대체로 7시에 일어납니다. 하지만 오늘은 일요일이기 때문에 11시까지 자고 있었습니다.

A: このレポート、6時までに提出しなければならないよ。

B: どうしよう。時間に間に合いそうにない。

A: 이 레포트 6시까지 제출해야 해.

B: 어떡하지. 시간에 맞추지 못할 것 같아.

POINT 5	上<ruby>うえ</ruby>に ~하는 데다가 上<ruby>うえ</ruby>は 막 ~한 이상에는 上<ruby>うえ</ruby>で ~한 후에

접속 | 동사 보통형 | い형용사 보통형 | な형용사 어간 + な | 명사 + である·の + 上<ruby>うえ</ruby>に

동사 사전형 | 동사 た형 + 上<ruby>うえ</ruby>は

동사 た형 | 명사 + の + 上<ruby>うえ</ruby>で

A： このレストランは、おいしい上<ruby>うえ</ruby>に、雰囲気<ruby>ふんいき</ruby>もいいですね。

B： そうですよ。なので、予約<ruby>よやく</ruby>がなかなか取<ruby>と</ruby>れないんです。

A: 이 레스토랑은 맛있는 데다가 분위기도 좋네요.

B: 맞아요. 그렇기 때문에, 예약을 좀처럼 할 수가 없어요.

A： 一人<ruby>ひとり</ruby>でやると決<ruby>き</ruby>めた上<ruby>うえ</ruby>は、責任<ruby>せきにん</ruby>を持<ruby>も</ruby>って頑張<ruby>がんば</ruby>るしかない。

B： 私<ruby>わたし</ruby>もあなたのこと応援<ruby>おうえん</ruby>します。

A: 혼자서 한다고 결정한 이상에는 책임을 갖고 열심히 할 수밖에 없다.

B: 저도 당신을 응원하겠습니다.

A： お見積書<ruby>みつもりしょ</ruby>をお送<ruby>おく</ruby>りいたしました。ご確認<ruby>かくにん</ruby>お願<ruby>ねが</ruby>いします。

B： では、確認<ruby>かくにん</ruby>した上<ruby>うえ</ruby>でご連絡<ruby>れんらく</ruby>させていただきます。

A: 견적서 보내 드렸습니다. 확인 부탁 드립니다.

B: 그럼 확인한 후에 연락하겠습니다.

POINT 6	どんなに~ても（でも） 아무리 ~해도 いくら~ても（でも） 아무리 ~해도

접속 | どんなに・いくら + 동사 て형 | い형용사 て형 | な형용사 て형 + も

A： 毎朝<ruby>まいあさ</ruby>のお弁当作<ruby>べんとうづく</ruby>り、大変<ruby>たいへん</ruby>じゃないですか。

B： どんなに疲<ruby>つか</ruby>れても毎朝<ruby>まいあさ</ruby>、夫<ruby>おっと</ruby>のために愛<ruby>あい</ruby>を込<ruby>こ</ruby>めて作<ruby>つく</ruby>っています。

A: 매일 아침 도시락 만들기 힘들지 않나요?

B: 아무리 피곤해도 매일 아침 남편을 위해서 사랑을 담아 만들고 있습니다.

A： 伊藤<ruby>いとう</ruby>さんはいくら食<ruby>た</ruby>べても太<ruby>ふと</ruby>らないらしいよ。

B： へぇー。うらやましいな。

A: 이토 씨는 아무리 먹어도 살이 찌지 않는대.

B: 어머나. 부럽다.

POINT 7	～うちに　～동안에, ～사이에 ～ないうちに　～하기 전에

접속　동사 사전형　い형용사 보통형　な형용사 어간 + な　명사 + の　+ うちに

동사 ない형　い형용사 ない형　な형용사 ない형　+ ないうちに

A：若いうちに勉強しておいた方がいいよ。

B：でも、私は勉強より早くお金を稼ぎたいです。

A：冷めないうちに、どうぞお召し上がりください。

B：じゃあ、遠慮なくいただきます。

A : 젊은 동안에 공부를 해 두는 편이 좋아.

B : 하지만 저는 공부보다 빨리 돈을 벌고 싶습니다.

A : 식기 전에 드세요.

B : 그럼 사양 않고 먹겠습니다.

POINT 8	わけだ　～인 것이 당연하다, ～인 셈이다, ～인 것이다 わけではない　～인 것은 아니다 / わけがない　～일 리가 없다 わけにはいかない　～할 수는 없다

접속　동사 보통형　い형용사 보통형　な형용사 어간 + な　명사 + な　+ わけだ・わけではない・わけがない

동사 사전형　+ わけにはいかない

A：木村さんは日本に来てもう20年だそうです。

B：なるほど。それで日本語がぺらぺらなわけですね。

A：部長のことが嫌いなわけではないけど、一緒にいると疲れてしまうよ。

B：言われてみれば確かにそうだね。

A：ねね、木村さん、医学部に入るために共通テストを受けるんだって。

B：漫画ばかり読んでいる彼が受かるわけがないよ。

A：部長、私にもやらせてください。

B：いや、自分の仕事を部下に任せるわけにはいかないんだ。

A : 기무라 씨는 일본에 온 지 벌써 20년이 지났다고 합니다.

B : 역시. 그래서 일본어를 잘하는 것이군요.

A : 부장님이 싫은 건 아닌데, 같이 있으면 지쳐 버려.

B : 듣고 보니 확실히 그렇네.

A : 있잖아, 기무라 씨 의학부에 들어가기 위해서 공통 시험을 친대.

B : 만화만 읽고 있는 그가 합격할 리가 없어.

A : 부장님, 저에게도 시켜주세요.

B : 아니, 내 일을 부하에게 맡길 순 없지.

～はずだ 틀림없이 ～일 것이다
～はずがない ～일 리가 없다

접속 동사 보통형 い형용사 보통형 な형용사 어간 + な 명사 + な + はずだ・はずがない

A： この虫の名前知ってる？見たことない虫だな。

B： 写真を撮って香川さんに送ってみて。虫に詳しい彼ならきっと知っているはずだよ。

A： 中山さん、絵が上手ですね。市場に出せば結構売れると思いますよ。

B： とんでもないです。こんな下手な絵が売れるはずがないです。

A : 이 벌레 이름 알고 있어? 본 적이 없는 벌레야.

B : 사진을 찍어서 카가와 씨에게 보내 봐. 벌레에 정통한 그라면 틀림없이 알고 있을 거야.

A : 나카야마 씨 그림 잘 그리네요. 시장에 내 놓으면 꽤 팔릴 거라고 생각해요.

B : 별 말씀을요. 이런 서툰 그림이 팔릴 리가 없습니다.

～たところ ～했더니, ～했는데
～たところで ～해 보았자, ～한들

접속 동사 た형 + ところ・ところで

A： 掃除当番はいつ決めるの？

B： みんなに日程を聞いたところ、来週の木曜日がいいっていう人が多かったよ。

A： 今更謝ったところで許してもらえるとは思いません。

B： しかし、時間が経っていても謝った方がいいと僕は思います。

A : 청소 당번은 언제 정해?

B : 모두에게 일정을 물어 봤더니 다음 주 목요일이 좋다는 사람이 많았어.

A : 이제 와서 사과한들 용서받을 수 있을 거라고는 생각하지 않습니다.

B : 하지만, 시간이 지나도 사과하는 편이 좋다고 저는 생각합니다.

POINT 11

〜どころか 〜커녕
〜どころでは(じゃ)ない 〜할 상황이 아니다

접속 동사 사전형 い형용사 사전형 な형용사 어간 + な・である 명사 + どころか
동사 사전형 명사 + どころでは(じゃ)ない

A : この前、ドラッグストアの店長に勧められた薬は
どうだった？

B : それがね、熱が下がるどころか頭痛がもっとひど
くなったよ。

A : 요전에, 드럭스토어의 점장에게 추천받은 약은 어땠니?

B : 그게 말이야, 열이 내려가기는 커녕 두통이 더 심해졌어.

A : 今年のクリスマスは彼氏とデートですか。

B : いいえ。私クリスマス当日に駅前で手作りのクッ
キーを販売することになって、デートどころでは
ありません。

A : 올해 크리스마스는 남자친구와 데이트입니까?

B : 아니요. 저 크리스마스 당일에 역 앞에서 수제 쿠키를 판매하게 되어 데이트할 상황이 아닙니다.

POINT 12

〜から〜にかけて 〜부터 〜에 걸쳐서
〜から〜にわたって・にわたり 〜부터 〜에 걸쳐서

접속 명사 + から 명사 + にかけて・にわたって・にわたり

A : あの、すみません。K-POPフェスティバルは何日
間行われますか。

B : えっと、12月3日から6日にかけて行われる予定
です。

A : 저기, 죄송합니다. K-POP 페스티벌은 며칠간 진행됩니까?

B : 음, 12월 3일부터 6일에 걸쳐서 행해질 예정입니다.

A : NHK特別番組は今週の水曜日から3日間にわたって
お送りします。

B : 放送時間も教えていただけませんか。

A : NHK 특별방송은 이번 주 수요일부터 3일간에 걸쳐서 보내 드립니다.

B : 방송 시간도 알려주실 수 있을까요?

206 **2교시** 문법

POINT 13 ～さえ ～조차 / ～さえ～ば ～만 ～면

접속 | 동사 ます형 | 명사 + さえ
동사 ます형 | い형용사 어간 + く | な형용사 어간 + に | 명사 + さえ～ば
な형용사 어간 | 명사 + でさえあれば / 동사 て형 + さえいれば

A： 手術の前はさ、膝が痛くて自分で座ることさえできなかったよ。

B： 何より、手術が無事に終わってほっとしました。

A : 수술 전에는 말이야, 무릎이 아파서 스스로 앉는 것조차 할 수 없었어.

B : 무엇보다, 수술이 무사히 끝나서 안심했습니다.

A： お金さえあれば、幸せになれるのかな。

B： そんなことないと思うよ。人生ってお金がすべてではないから。

A : 돈만 있으면 행복해질 수 있을까?

B : 그렇지 않다고 생각해. 인생이란 게 돈이 전부가 아니니까.

POINT 14 ～ほど ～정도, ～만큼, ～할수록 / ～ほど～ない ～정도(만큼) ～않다 / ～ば～ほど ～하면 ～할수록

접속 | 명사 + ほど

A： 今日は昨日ほど寒くないですね。

B： そうですね。それでもストーブをつけないと寒いです。

A : 오늘은 어제만큼 춥지 않네요.

B : 그렇네요. 그래도 난로를 켜지 않으면 춥습니다.

A： 日本語は勉強すればするほど難しいという人が結構いますね。

B： 確かにそうですね。

A : 일본어는 공부하면 공부할수록 어렵다는 사람이 꽤 있네요.

B : 확실히 그렇네요.

～ていただけませんか (상대방에게) ～해 주시지 않겠습니까?
～させていただけませんか (내가) ～해도 되겠습니까?

접속　동사 て형 + いただけませんか

　　　동사 사역형 て형 + いただけませんか

A： 先生、もう一度説明していただけませんか。

B： もちろん、いいですよ。

A： 課長、明日用事があるので休ませていただけませんか。

B： 明日は大事な会議があるからだめだよ。

A : 선생님, 한번 더 설명해 주시지 않겠습니까?

B : 물론, 좋지요.

A : 과장님, 내일 볼일이 있기 때문에 쉬어도 되겠습니까?

B : 내일은 중요한 회의가 있기 때문에 안 돼.

問題 1 つぎの文の（　　　）に入れるのに最もよいものを１・２から一つえらびなさい。

1 A： 彼のどこが好きで付き合い始めたの？

　 B： 彼はね、ハンサムな（1　上に　　2　上で）性格もいいし、何より優しいんだ。

2 A： えっ、もうこんな時間。そろそろ帰らなきゃ。

　 B： 暗く（1　ならない前に　　2　ならないうちに）早く帰りましょう。

3 A： 清水さんが教えてくれた（1　せいで　　2　おかげで）、並ばずに買うことができ
　　　ました。

　 B： お役に立てて良かったです。

4 A： かき氷食べたいな。

　 B： 暑くなればなる（1　ぐらい　　2　ほど）食べたくなるのがかき氷ですよね。

5 A： 小池さんは旅行に行かないですか。

　 B： 私だって行きたいよ。時間（1　さえあれば　　2　もあれば）国内外を問わず旅行
　　　に行けるのに。

6 A： ホテルの空室があるかどうか確認した（1　元で　　2　上で）ご予約をお願いし
　　　ます。

　 B： 空き部屋の状況はホームページでも確認できますか。

7 A： どうやら風邪を引いちゃったみたい。

　 B： だから今日、マスクしてきた（1　だけ　　2　わけ）だ。

問題 1 つぎの文の（　　　）に入れるのに最もよいものを 1・2 から一つえらびなさい。

1　A：お世話になっている先輩からの頼みだから断る（1　わけにはいかない　　2　だけならいかない）です。
　　B：何かお手伝いできることがあれば私にも言ってね。

2　A：朝7時から2時間（1　にしたがって　　2　にわたって）放送される朝番組に出演することになったよ。
　　B：朝番組に出るなんてすごいね。

3　A：ちょっと今、時間ある？相談したいことがあって。
　　B：ごめん、今から授業に（1　入った　　2　入る）ところだから、授業終わったら連絡するね。

4　A：あのう、先生、レポートの締め切りが書いてありません。
　　B：あ、書き忘れたわ。皆さん、レポートは来週の水曜日（1　から　　2　まで）に出してくださいね。

5　A：昨日から腰が痛いんだけど、桜クリニックの受付、何時からだったっけ。
　　B：今日は祝日だからやっていない（1　ところ　　2　はず）だよ。

6　A：ねね、山本さんに勧められたサプリメントを飲んでみた（1　ほど　　2　ところ）、本当にやせたのよ。
　　B：本当に？私にも教えてよ。

7　A：高橋先生、A組の美穂さんのことなんですが、カタカナ（1　ころか　　2　どころか）ひらがなも書けないんです。
　　B：田中美穂さんですよね。じゃあ、私のクラスで指導してみてもよろしいでしょうか。

問題 2 つぎの文の＿★＿に入る最もよいものを、1・2・3・4から一つえらびなさい。

1　A：今日、動物園に行くって言ってましたよね。

　　B：そうです。でも、朝から＿＿＿＿　＿＿＿＿　＿＿＿＿　＿★＿＿ ないんですね。

　　　　1　動物園　　　　2　大雪で　　　　3　では　　　　4　どころ

2　A：バラの見頃はいつですか。

　　B：5月から6月にかけて、＿＿＿＿　＿＿＿＿　＿★＿＿　＿＿＿＿ 咲きますよ。

　　　　1　辺は　　　　　2　バラが　　　　3　たくさん　　4　この

3　最近、昼ご飯を食べる＿＿＿＿　＿＿＿＿　＿★＿＿　＿＿＿＿ とても忙しいです。

　　　　1　さえ　　　　　2　ない　　　　　3　時間　　　　4　ほど

4　A：駅前のレストラン、どうだった？

　　B：値段も＿＿＿＿　＿★＿＿　＿＿＿＿　＿＿＿＿ おいしくなくて最悪だった。

　　　　1　料理　　　　　2　高い　　　　　3　も　　　　　4　上に

5　A：課長、申し訳ございませんが、＿＿＿＿　＿＿＿＿　＿★＿＿　＿＿＿＿ いただけま

　　せんか。

　　B：どうしたんですか。具合でも悪いんですか。

　　　　1　早く　　　　　2　今日　　　　　3　帰らせて　　4　少し

6　子供の頃、＿＿＿＿　＿＿＿＿　＿★＿＿　＿＿＿＿ 叱られたことがあります。

　　　　1　双子の　　　　2　せいで　　　　3　弟　　　　　4　の

問題 2 つぎの文の___★___に入る最もよいものを、1・2・3・4から一つえらびなさい。

1 A： あなた、熱_{ねつ}もあるし、顔色_{かおいろ}悪_{わる}いよ。今日_{きょう}、会社_{かいしゃ}休_{やす}んだら？

  B： だめよ。今日_{きょう}は新商品_{しんしょうひん}プロモーションを行_{おこな}う_____ _____ ___★___、_____ わ

   けにはいかないよ。

   1 休_{やす}む   2 日_ひ   3 大事_{だいじ}な   4 なので

2 A： 中村_{なかむら}さんとずいぶん仲良_{なかよ}くなりましたね。

  B： いいえ。なんか彼女_{かのじょ}とは_____ ___★___ _____ _____ 感_{かん}じがしません。

   1 したしく   2 話_{はな}しても   3 いくら   4 なった

3 留学_{りゅうがく}して_____ ___★___、_____ _____ 登_{のぼ}ってみたいです。

   1 いる   2 間_{あいだ}に   3 に   4 富士山_{ふじさん}

4 A： どうぞ、_____ ___★___ _____ _____ ください。

  B： はい、いただきます。

   1 温_{あたた}かい   2 に   3 お召_めし上_あがり   4 うち

5 A： 中村_{なかむら}さん、お酒_{さけ}は飲_のまれますか。

  B： あまり好_すきではありませんが、___★___ _____ _____ _____ です。

   1 ではない   2 飲_のまない   3 全然_{ぜんぜん}   4 わけ

6 ___★___ _____ _____ _____ よくわかりました。

   1 ていねいに   2 おかげで   3 教_{おし}えて   4 くれた

해석 별책 p.20

합격 문법 – 꼭 체크해야 하는 필수 문법 23

POINT 1 　～くせに　～주제에

쓰임 비난, 비판, 경멸 등 불만스러운 심정을 나타낼 때 사용한다.

접속 동사 보통형 ｜ い형용사 보통형 ｜ な형용사 어간 + な ｜ 명사 + の ＋くせに

A： 今日はみんなで朝まで飲もうよ。

B： お酒に弱いくせに何言ってるの。

A：오늘은 모두 아침까지 마시자!

B：술도 약한 주제에 뭐라고 하는 거니.

A： 君は背が高い人が好きなタイプなんでしょう？

B： 違うよ。私のこと知らないくせに勝手に言わないで。

A：너는 키가 큰 사람이 좋아하는 타입이지?

B：아니야. 나에 대해 모르는 주제에 멋대로 말하지 마.

POINT 2 　～ついでに　～하는 김에

쓰임 어떤 일을 행할 때 그 외의 일을 함께 행함을 나타낼 때 사용한다.

접속 동사 사전형 ｜ 동사 た형 ｜ 명사 + の ＋ついでに

A： ちょっとコンビニに行ってくるね。

B： コンビニに行くついでに、その隣のドラッグストアで頭痛薬も買ってきてくれる？

A：잠깐 편의점에 갔다 올게.

B：편의점에 가는 김에 그 옆의 드럭스토어에서 두통약도 사다 줄 수 있어?

A： アメリカに行ったついでに、スミスさんと会ってきたよ。

B： へー。私もスミスさんに会ってみたいな。

A：미국에 간 김에 미국에서 스미스 씨와 만나고 왔어.

B：어머. 나도 스미스 씨를 만나보고 싶어.

쓰임 ~에 따라, ~와 같이 능의 의미를 나타낼 때 사용한다.

접속 　동사 보통형　 명사 + の 　+ とおり(に) / 　명사 + どおり(に)

A ： 説明書に書いてあるとおりに作ったんだけど、なんか変だよね。

B ： そうだね。その説明書、私にも見せて。

A : 설명서에 쓰여 있는 대로 만들었는데 뭔가 이상하지?

B : 그렇네. 그 설명서, 나도 보여줘.

A ： 約束したとおりに頭金を持ってきました。

B ： ありがとうございます。では、そのお金はこちらでお預かりいたします。

A : 약속한 대로 계약금을 가져 왔습니다.

B : 감사합니다. 그럼, 그 돈은 저희 쪽에서 맡겠습니다.

쓰임 함께 어떤 행동을 하거나 두 상태가 같음을 나타낼 때 사용한다.

비슷한 표현 　〜と一緒に (〜와 함께)

접속 　동사 사전형　 명사 　+ とともに

A ： みなさん、我が幼稚園のモットーを考えてみましょう。

B ： あのう、「子供とともに成長していく幼稚園」ってどうですか。

A : 여러분, 우리 유치원의 모토를 생각해 봅시다.

B : 저기, '아이와 함께 성장해 가는 유치원'은 어떻습니까?

A ： 電子書籍って、どれくらいの人が利用しているのかな。

B ： スマートフォンの普及とともに、電子書籍を利用する人も増えているそうですよ。

A : 전자서적은 어느 정도의 사람이 이용하고 있을까?

B : 스마트폰의 보급과 함께 전자서적을 이용하는 사람도 늘고 있다고 합니다.

POINT 5 　～ず(に)　～하지 않고, ～하지 말고

쓰임 부정의 의미를 나타낼 때 사용한다.

비슷한 표현 ～ないで (～하지 않고, ～하지 말고)

접속 동사 ない형 + ず(に)

　　　Tip　동사 する에 접속하는 경우 しず(に) (×) → せず(に) (○)

A : 明日、区役所の前で会いましょう。

B : はい。分かりました。ハンコと証明写真、忘れずに持ってきてくださいね。

A : 내일 구청 앞에서 만납시다.

B : 네. 알겠습니다. 도장과 증명사진, 잊지 말고 가져와 주세요.

A : 娘さん、今も部屋に引きこもっていますか。

B : そうですよ。ご飯も食べずに、部屋の中で何をしているんだろう。

A : 따님 지금도 방에 틀어박혀 있나요?

B : 맞아요. 밥도 먹지 않고, 방 안에서 뭘 하고 있는 건지.

POINT 6 　～がする　～이/가 나다

쓰임 맛, 소리, 냄새 등의 감각이나 느낌을 나타낼 때 사용한다.

접속 명사 + がする

A : わあ。何だかいい匂いがする。

B : お帰り。今日、あなたのためにロールキャベツを作ってみたの。

A : 와. 왠지 좋은 냄새가 난다.

B : 어서 와. 오늘 너를 위해서 양배추 롤을 만들어 봤어.

A : このスープ、食べてみて。駅前に新しくできた店で買ってきたの。

B : えっ、このスープ、何？変な味がするんだけど。

A : 이 수프 먹어봐. 역 앞에 새로 생긴 가게에서 사 왔어.

B : 헉. 이 수프 뭐야? 이상한 맛이 나는데.

POINT 7　〜にする　〜로 하다

쓰임　결정을 물어보거나 대답할 때 사용한다.

접속　명사 + にする

A： 木村さん、今日のランチ、何にしますか？

B： 私はうな丼にしたいです。

A： 기무라 씨, 오늘 점심 뭘로 할래요?

B： 저는 장어덮밥으로 하고 싶습니다.

A： 飲み物はコーヒーにしますか。それとも紅茶にしますか。

B： えっと、私はコーヒーにします。

A： 마실 것은 커피로 하겠습니까? 아니면 홍차로 하겠습니까?

B： 음, 저는 커피로 하겠습니다.

POINT 8　〜かどうか　〜할지 어떨지

쓰임　판단하기 어렵거나 단언할 수 없음을 나타낼 때 사용한다.

접속　동사 보통형　い형용사 보통형　な형용사 어간　명사 + かどうか

A： 西川さん、今日の飲み会行きますか。

B： えっと、行くかどうか迷っています。

A： 니시카와 씨, 오늘 회식 갈 거예요?

B： 음, 갈지 말지 망설이고 있습니다.

A： 彼女の誕生日プレゼントは買ったんですか。

B： うん。一応買ってきたんだけど、喜ぶかどうか分からないな。

A： 여자친구 생일 선물은 샀나요?

B： 응. 일단 사 왔는데, 기뻐할지 어떨지 모르겠네.

POINT 9　〜ようと思う　〜하려고 생각하다

쓰임　자신의 의지를 상대에게 전달할 때 사용한다.

접속　동사 의지형 + と思う

A：そろそろ娘さんの誕生日ですね。今年の誕生日
　　パーティーはどこでするつもりですか。

B：そうですね。今年は家でやろうと思います。

A : 슬슬 따님 생일이네요. 올해 생일
　　파티는 어디에서 할 생각입니까?

B : 글쎄요. 올해는 집에서 하려고 생각
　　합니다.

A：韓国に行ったことがありますか。

B：ううん、まだ行ったことないけど、来年行こうと
　　思っているの。

A : 한국에 간 적이 있습니까?

B : 아니, 아직 간 적은 없지만 내년에
　　가려고 생각하고 있어.

POINT 10　〜ようとする　〜하려고 하다

쓰임　자신의 생각을 행동으로 보이려는 의지를 나타낼 때 사용한다.

접속　동사 의지형 + とする

A：モルモットってかわいいんだけど、触ろうとする
　　と逃げてしまうんだよ。

B：それはモルモットってとても臆病な生き物だから
　　ね。

A : 기니피그는 귀엽지만 만지려고 하
　　면 도망가버려.

B : 그건 기니피그는 매우 겁이 많은
　　생물이니까.

A：伊藤さん、今日は早く帰ると言ってましたよね。

B：そうだよ。でも帰ろうとしたら社長に呼び出され
　　たんだよ。

A : 이토 씨, 오늘은 빨리 집에 간다고
　　말했잖아요.

B : 맞아. 하지만 집에 가려고 했더니
　　사장님에게 호출 당했어.

POINT 11　～一方(で)　～하는 한편

쓰임　앞의 내용과 다른 내용이 전개되고 있음을 나타낼 때 사용한다.

접속　동사 보통형　い형용사 보통형　な형용사 어간　명사 ＋一方(で)

A: 昨日の会議で意見はまとまったの？

B: それがさ、私の意見に賛成する人が多かったけれど、その一方で反対する人も少なくなかったよ。

A: 어제 회의에서 의견은 모였어?

B: 그게 말이야. 내 의견에 찬성하는 사람이 많았지만, 그 한편으로 반대하는 사람도 적지 않았어.

A: 交換留学生に選ばれるなんて、すごいね。おめでとう！

B: ありがとう。でも、海外に住むことができて嬉しい一方で引っかかることもあるんだ。

A: 교환유학에 선발되다니, 굉장하다. 축하해.

B: 고마워. 하지만 해외에 살 수 있어 기쁜 한편으로 마음에 걸리는 것도 있어.

POINT 12　～として　～로서

쓰임　자격이나 입장을 나타낼 때 사용한다.

접속　명사 ＋として

A: 将来は何になりたいですか。

B: 私は将来、日本を代表するスキー選手として活躍したいと思います。

A: 장래에는 뭐가 되고 싶습니까?

B: 저는 장래에 일본을 대표하는 스키 선수로서 활약하고 싶다고 생각합니다.

A: 彼女は日本を代表する女優として知られていますが、実はベストセラー作家でもあるんです。

B: すごいですね。彼女はきれいなだけでなく頭もいいというわけですね。

A: 그녀는 일본을 대표하는 여배우로서 알려져 있지만, 실은 베스트셀러 작가이기도 합니다.

B: 굉장하네요. 그녀는 외모가 예쁠 뿐만 아니라 머리도 좋네요.

POINT 13   〜だけでなく・ばかりでなく　〜뿐만 아니라

쓰임　앞에서 서술한 내용에 추가의 내용을 나타낼 때 사용한다.

비슷한 표현　〜に限らず (~뿐만 아니라)

접속　동사 보통형　い형용사 보통형　な형용사 어간 + な・である　명사(である) ＋ だけでなく・ばかりで
なく

A：あのう、フランス語のできる人を探しているんで
すが、誰かいませんか。

B：営業部の中川さんってご存じですか。彼女は英語
ばかりでなくフランス語もできるらしいです。

A : 저기, 프랑스어를 할 수 있는 사람을 찾고 있습니다만, 누군가 없을까요?

B : 영업부의 나카가와 씨 알고 계십니까? 그녀는 영어뿐만 아니라 프랑스어도 할 수 있다고 합니다.

A：こちらの八百屋さん、野菜だけでなく野菜をたっ
ぷり入れて作ったコロッケも売っていますよ。

B：うわ、新鮮な野菜を使って作ったコロッケだなん
て、おいしそうですね。

A : 이 야채가게, 야채뿐만 아니라 야채를 듬뿍 넣어 만든 고로케도 팔고 있어요.

B : 우와, 신선한 야채를 사용해서 만든 고로케라니, 맛있을 것 같아요.

POINT 14   〜といえば・というと・といったら　〜라고 하면

쓰임　어떤 말을 듣고 바로 연상되는 것을 나타낼 때 사용한다.

접속　명사 ＋ といえば・というと・といったら

A：春といえば桜ですね。

B：そうですね。春になったら花見でも行きましょう。

A : 봄이라고 하면 벚꽃이죠.

B : 그렇죠. 봄이 되면 꽃구경이라도 갑시다.

A：来週、日本に行くんでしょう？何が一番食べてみ
たいの？

B：日本の食べ物といえば、やっぱり寿司でしょう。

A : 다음 주에 일본 가지? 뭐를 가장 먹어 보고 싶어?

B : 일본의 음식이라고 하면 역시 초밥이죠.

〜といっても 〜라고 해도

쓰임 전에 말한 것과 실제로는 다름을 나타낼 때 사용한다.

접속 | 동사 보통형 | い형용사 보통형 | な형용사 보통형 | 명사(だ) | + といっても

A: 石田さん、去年、教員免許取りましたよね。

B: はい。でも、教員免許を持っているといっても教壇に立ったことは一度もありません。

A: 이시다 씨, 작년에 교원면허 취득했죠?

B: 네. 하지만, 교원면허를 갖고 있다고 해도 교단에 선 적은 한 번도 없습니다.

A: 社長だなんてすごいじゃない。

B: そんなことないよ。社長といっても社員は一人だけだよ。

A: 사장님이라니 굉장하잖아.

B: 그렇지 않아. 사장이라고 해도 사원은 1명뿐이야.

POINT 16 **〜というより 〜라기보다**

쓰임 전의 말한 것보다 후의 말한 것이 보다 적절함을 나타낼 때 사용한다.

비슷한 표현 〜というか (~랄까)

접속 | 동사 보통형 | い형용사 보통형 | な형용사 보통형 | 명사 | + というより

A: この傷あとはいつできたの？痛くないの？

B: うん。痛いというよりかゆいよ。

A: 이 상처는 언제 생긴 거야? 아프지 않아?

B: 응. 아프다기보다 가려워.

A: あの人は、政治に関心があるというより注目されたいだけじゃない？

B: そうだよ。彼は政治家には向いてないと思うよ。

A: 저 사람은 정치에 관심이 있다기보다 주목받고 싶을 뿐이잖아?

B: 맞아. 그는 정치가에는 적합하지 않다고 생각해.

POINT 17   ～としたら・とすれば　～라고 한다면

쓰임　어떠한 일을 가정할 때 사용한다.

접속　동사 보통형　い형용사 보통형　な형용사 보통형　명사　+ というより

Tip　もし(만약, 혹시)와 함께 사용하는 경우가 많다.

A：宝くじに当たったとしたら、何に使いたいですか。

B：えっと、私は広い庭がある一戸建てを買いたいです。

A : 복권에 당첨된다고 하면 무엇에 쓰고 싶습니까?

B : 음, 저는 넓은 정원이 있는 단독주택을 사고 싶습니다.

A：もし1週間休めるとすれば、何がしたいの？

B：私は韓国にいる彼氏に会いに行きたいな。

A : 만약 1주일 쉴 수 있다고 하면 뭘 하고 싶어?

B : 나는 한국에 있는 남자친구를 만나러 가고 싶어.

POINT 18   ～れる・られる　～당하다, ～하게 되다, ～해지다

쓰임　어떤 동작을 하도록 외부에 의해 행위를 당할 때 사용한다.

접속　1그룹동사 う단→あ단 + れる, 2그룹동사 る 떼고 + られる

3그룹동사 する→される, くる→こられる

A：この漫画って有名なんですか。

B：世界中の人に読まれている人気漫画だよ。

A : 이 만화 유명해요?

B : 전 세계 사람들에게 읽히고 있는 인기 만화야.

A：吉田さん、最近彼女に振られたって。

B：本当に？全然気づかなかった。

A : 요시다씨, 최근에 여자친구에게 차였대.

B : 진짜? 전혀 눈치 못 챘어.

POINT 19 〜せる・させる 〜시키다, 〜하게 하다

쓰임 다른 사람에게 행위를 시킬 때 사용한다.

접속 1그룹동사 う단→あ단 + せる, 2그룹동사 る 떼고 + させる
3그룹동사 する→させる, くる→こさせる

A： あなた、まりの成績がまた下がっちゃったよ。どうしよう。

B： しょうがないなあ。まりは塾には行きたくないと言ってるけど、行かせるしかないな。

A : 여보. 마리의 성적이 또 떨어져 버렸어. 어떡해.

B : 어쩔 수 없군. 마리는 학원에는 가고 싶지 않다고 말하고 있지만 가게 할 수(보낼 수)밖에 없네.

A： 子供に新聞を読ませる理由は何でしょうか。

B： 新聞を読むことによって視野が広がると思うからです。

A : 아이에게 신문을 읽게 하는 이유는 무엇입니까?

B : 신문을 읽는 것에 의해 시야가 넓어진다고 생각하기 때문입니다.

POINT 20 〜せられる・される・させられる 억지로 〜하다, 어쩔 수 없이 〜하다

쓰임 자의가 아니라 타인의 명령 등에 의해 강제적으로 행함을 나타낼 때 사용한다.

접속 1그룹동사 う단→あ단 + せられる/される, 2그룹동사 る 떼고 + させられる
3그룹동사 する→させられる, くる→こさせられる

A： 昨日の飲のみ会かいどうだった？楽しかったの？

B： いいえ。たくさんのお酒を飲まされて、辛かったです。

A : 어제 회식 어땠어? 즐거웠어?

B : 아니요. 술을 억지로 많이 마셔서 괴로웠습니다.

A： 納豆が好きではないのに、母に食べさせられました。

B： それは納豆は健康にいいからでしょう。

A : 낫토를 좋아하지 않는데 엄마가 먹으라고 해서 억지로 먹었습니다.

B : 그건 낫토는 건강에 좋아서겠죠.

POINT 21　～そうだ　～라고 한다 〈전문의 そうだ〉

쓰임　신뢰성이 높은 정보를 다른 사람에게 전달할 때 사용한다.

접속　동사 보통형　い형용사 보통형　な형용사 보통형　명사　+ そうだ

A：　ねね、テレビで見たんだけど、30分ぐらいの昼寝
　　は体にいいそうだよ。

B：　そうなんだ。でも、会社では寝られないじゃん。

A : 저기, TV에서 봤는데, 30분 정도의
　　낮잠은 몸에 좋다고 해.

B : 그렇구나. 하지만 회사에서는 잘 수
　　없잖아.

A：　天気予報によると、明日雨だそうです。

B：　そうですか。でも最近、天気予報が当たらない気
　　がします。

A : 일기예보에 따르면 내일 비가 온다
　　고 합니다.

B : 그래요? 하지만 최근, 일기예보가
　　맞지 않는 느낌이 들어요.

POINT 22　～そうだ　～일 것 같다 〈양태의 そうだ〉

쓰임　모양과 형태를 보고 직감적으로 느낌 감정을 나타낼 때 사용한다.

접속　동사 ます형　い형용사 어간　な형용사 어간　+ そうだ

> Tip　い형용사 「ない」의 경우 「なさそうだ」가 되고, 「いい・よい」의 경우 「よさそうだ」가 된다. 또한 명사에는 양태의
> そうだ가 접속할 수 없으므로 ようだ・みたいだ(~인 것 같다)를 사용한다.

A：　わあ、あのハンバーグおいしそうですね。

B：　僕、昨日食べてみたんだけど本当においしかった
　　よ。しおりちゃんも食べてみて。

A : 와, 저 함박 스테이크 맛있을 것 같
　　네요.

B : 나 어제 먹어 봤는데 진짜 맛있었
　　어. 시오리 너도 먹어 봐.

A：　ずいぶんと高そうな指輪をしていますね。

B：　ああ、これ結婚指輪なんです。

A : 몹시 비쌀 것 같은 반지를 끼고 있
　　네요.

B : 아, 이거 결혼 반지입니다.

～なさそうだ・そうにない　～일 것 같지 않다 〈양태의 そうだ 부정〉

쓰임　모양과 형태를 보고 직감적으로 느낌 감정을 나타낼 때 사용한다.

접속　동사 ない형 ＋なさそうだ

동사 ます형 ＋そうにない・そうもない・そうにもない

い형용사 어간 ＋くなさそうだ

な형용사 어간 ＋ではなさそうだ

A： 彼氏の誕生日プレゼント何買ったの？

B： それがさ、彼氏にネクタイをプレゼントしたんだ
けど、あまり嬉しくなさそうな顔をしていたの。

A : 남자친구 생일 선물 뭐 샀니?

B : 그게 말이야, 남자친구에게 넥타이를 선물 했는데, 별로 기쁜 것 같지 않은 표정을 하고 있었어.

A： 雨、止みそうにないですね。

B： そうですね。私がコンビニで傘買ってきますよ。

A : 비가 그칠 것 같지 않네요.

B : 그렇네요. 제가 편의점에서 우산 사 올게요.

복합동사

동사 ます형 + 동사	뜻	예문
동사 ます형 + 始める	~하기 시작하다	書き始める 食べ始める
동사 ます형 + 出す	갑자기 ~하기 시작하다	雨が降り出す 泣き出す
동사 ます형 + 終わる	다 ~하다	読み終わる 見終わる
동사 ます형 + 合う	서로 ~하다	話し合う 抱き合う
동사 ます형 + 抜く	끝까지 ~하다	走り抜く やり抜く
동사 ます형 + 続ける	계속 ~하다	使い続ける 飲み続ける
동사 ます형 + 直す	다시 ~하다	電話をかけ直す 作り直す
동사 ます형 + すぎる	너무 ~하다	食べすぎる 悩みすぎる
동사 ます형 + 回る	~돌아다니다	飛び回る 走り回る
동사 ます형 + きる	다 ~하다	使いきる
동사 ます형 + きれる	다 ~할 수 있다	食べきれる
동사 ます형 + きれない	다 ~할 수 없다	数えきれない

問題 1 つぎの文の（   ）に入れるのに最もよいものを1・2から一つえらびなさい。

1 A：　スーパーに行ってアイスクリーム買って来るね。

   B：　じゃ、スーパーに行く（1　ついでに　　2　とおりに）クリーニング屋でスカートも取ってきてくれない？

2 A：　田中さんは勉強（1　だけでなく　　2　おかげで）スポーツもできるんだよね。

   B：　そうだよ。本当に彼のことがうらやましくてしょうがない。

3 A：　1億円がもらえる（1　といっても　　2　としたら）何に使いたいですか。

   B：　私はとりあえずキャンピングカーを買って、全国を周りたいです。

4 A：　韓国（1　というより　　2　といえば）何をイメージしますか。

   B：　やっぱりキムチですかね。

5 A：　今日は僕がおごるから、お金のことは心配しないで。

   B：　お金もない（1　せいで　　2　くせに）、何言ってるの。意味わからない。

6 A：　どんなお仕事をなさっていますか。

   B：　私はエプロンをデザインするデザイナー（1　ばかりでなく　　2　として）働いています。

7 A：　私、バレンタインデーに彼氏に手作りのチョコレートを（1　くれよう　　2　あげよう）と思うの。

   B：　私は料理が苦手だから市販のチョコレートにしよう。

問題 1 つぎの文の（　　　）に入れるのに最もよいものを1・2から一つえらびなさい。

1 A： 本の中身は（1　読まずに　　2　読みずに）、表紙だけで本を選んでいませんか。

　　B： そうですね。雑誌なら付録を見て選んでいますが。

2 A： 証拠は見つかったの？

　　B： はい。予想した（1　とおり　　2　とおして）、川に捨てられていました。

3 A： 清水さんは香水をつけてないのにいい匂いが（1　します　2　でます）ね。

　　B： えっ、私、香水つけてますよ。

4 A： いつも母に電話をかけよう（1　とする　　2　となる）と、電話がかかってくるんだ。

　　B： 親子はテレパシーでつながっているとも言うんじゃない。

5 A： お飲み物は何になさいますか。

　　B： えっと、私はコーラ（1　がします　　2　にします）。

6 A： 最近、忙しそうですね。

　　B： 仕事で忙しい（1　というより　　2　といっても）赤ちゃんが産まれてからプライベートな時間がないんだ。

7 A： 就職おめでとうございます。

　　B： いえいえ、就職が決まった（1　おかげで　　2　といっても）口約束に過ぎません。

問題 2 つぎの文の＿★＿に入る最もよいものを、1・2・3・4から一つえらびなさい。

1 A： 野村君は本当にまじめな人ですね。

   B： 彼は仕事に ＿＿＿ ＿＿＿ ＿＿＿ ＿★＿ しているらしいです。

   1 熱心な   2 しっかり   3 一方で   4 健康管理も

2 A： 花見といえば、桜でしょう。

   B： 現在、＿＿＿ ＿＿＿ ＿★＿ ＿＿＿、昔は梅の花を見ていたそうです。

   1 といえば   2 桜   3 ですが   4 花見

3 たばこの煙は ＿★＿ ＿＿＿ ＿＿＿ ＿＿＿、周りの人にも悪影響を与えます。

   1 吸っている   2 でなく   3 人   4 ばかり

4 A： 小林さん、お酒止めましたか。

   B： そうだよ。＿＿＿ ＿＿＿ ＿＿＿ ＿★＿ しか経っていないけどね。

   1 いっても   2 止めた   3 1週間   4 と

5 A： 気持ち悪いから、ちょっと病院行ってくるね。

   B： じゃあ、病院に ＿＿＿ ＿★＿ ＿＿＿ ＿＿＿ 来てね。

   1 行く   2 薬も   3 ついでに   4 もらって

6 私は母のことを ＿＿＿ ＿★＿ ＿＿＿ ＿＿＿ 尊敬しています。

   1 の   2 として   3 女性   4 一人

問題 2 つぎの文の____★____に入る最もよいものを、1・2・3・4から一つえらびなさい。

1 A： 明日、佐々木さんの誕生日パーティー行くの？

   B： それが、明日大事な会議があって ＿＿＿＿ ＿★＿ ＿＿＿＿ ＿＿＿＿ いるの。

      1 か   2 なやんで   3 行く   4 どうか

2 A： この機械を使えばどんな食べ物でも賞味期限が分かるんだって。

   B： へぇー、すごい。技術の ＿＿＿＿ ＿＿＿＿ ＿★＿ ＿＿＿＿ の水準も向上してい

   るね。

      1 生活   2 ともに   3 と   4 進歩

3 彼女は ＿＿＿＿ ＿＿＿＿ ＿★＿ ＿＿＿＿ ばかりいる。

      1 何も   2 泣いて   3 言わずに   4 ただ

4 A： これから ＿＿＿＿ ＿＿＿＿ ＿★＿ ＿＿＿＿ 動いてください。

   B： 先生と同じ方向に動けばいいですか。

      1 言う   2 私   3 が   4 とおりに

5 A： 井上君は韓国語がぺらぺらですね。

   B： 彼のお母さんは韓国人で、お母さんとは ＿＿＿＿ ＿＿＿＿ ＿＿＿＿ ＿★＿ です。

      1 そう   2 いる   3 韓国語で   4 話して

6 そのパン、＿＿＿＿ ＿★＿ ＿＿＿＿ ＿＿＿＿、食べてみたら本当においしかったです。

      1 そうに   2 見えても   3 なさ   4 おいしく

8 합격 문법 – 경어

일본어의 경어는 행동의 주체와 대상에 따라 존경 표현과 겸양 표현, 정중 표현으로 나뉜다.

1. 존경 표현

존경어는 윗사람(직장 상사나 다른 회사 사람, 선생님, 연장자 등)이나 잘 모르는 사람 등이 하는 행위에 대해 말할 때 쓴다. 따라서 이 문장의 주어는 '윗사람'이다.

(1) 존경 동사

다음과 같은 방법으로 동사를 존경형으로 만들 수 있다.

★ **동사의 존경형** (수동형 만들기와 같다.)

동사 종류	만드는 법	예	존경형 만들기
1그룹동사 (5단동사)	어미 あ단+れる	書_かく 読_よむ	書か+れる ⇒ 書かれる 読ま+れる ⇒ 読まれる
2그룹동사 (1단동사)	어미 る 떼고+られる	教_{おし}える とめる	教える+られる ⇒ 教えられる とめる+られる ⇒ とめられる
3그룹동사 (불규칙동사)	불규칙 활용	来_くる する	来られる される

(2) お+동사 ます형+になります　～하십니다

윗사람의 행위를 높여 말할 때 쓴다.

先生_{せんせい}は毎月_{まいつき}、本_{ほん}を何冊_{なんさつ}もお読_よみになるそうです。

선생님은 매달 책을 몇 권이나 읽으신다고 합니다.

> **Tip** ます 앞이 히라가나 한 글자로 된 동사일 때는 이 형태를 쓸 수 없다.
>
> 見_みます： ✕ お見になります　→　○ ごらんになります
> 寝_ねます： ✕ お寝になります　→　○ お休_{やす}みになります
> 来_きます： ✕ お来になります　→　○ いらっしゃいます
> します： ✕ おしになります　→　○ なさいます

(3) お+동사 ます형+ください　～해 주세요

윗사람에게 공손하게 부탁할 때 쓴다.

ここで、しばらくお待ちください。 여기서 잠시 기다려 주세요.

どうぞ、こちらにおかけください。 어서 이쪽에 앉으세요.

(4) ～てくださいます　～해 주십니다

「～てくれます」의 존경 표현이다.

先生が資料を送ってくださいました。 선생님께서 자료를 보내 주셨습니다.

(5) ～(さ)せてくださいます　～하게 해 주십니다

「～(さ)せてくれます」의 존경 표현이다.

課長が1週間休ませてくださいましたので、すっかり元気になりました。
과장님이 일주일간 쉬게 해 주셔서 완전히 건강해졌습니다.

2. 겸양 표현

겸양어는 자기 자신이나 자기 그룹의 사람(가족, 동료 등)이 하는 행위에 대해 말할 때 쓰며, 자신(자기 그룹)이 아래라는 인상을 준다. 따라서 이 문장의 주어는 '자기 자신'이나 '자신의 그룹 사람'이다.

(1) お/ご+동사 ます형+します/いたします　～해 드리겠습니다, (제가) ～하겠습니다

「します」의 겸양 표현이다.

重い荷物は私がお持ちします。 무거운 짐은 제가 들어 드리겠습니다.

コートはこちらでおあずかりいたします。 코트는 이쪽에서 맡아 드리겠습니다.

> **Tip**
>
> 1. ます 앞이 히라가나 한 글자로 된 동사일 때는 이 형태를 쓰지 못하는 경우가 많다.
>
>   見ます： × お見します　→　○ 拝見します
>   します： × おしします　→　○ いたします
>   来ます： × お来します　→　○ まいります
>
> 2. 「します」 앞이 する동사 일 때는 「お」가 아니라 「ご」를 쓴다.
>
>   明日ご連絡いたします。 내일 연락드리겠습니다.
>   結果はすぐにご報告します。 결과는 바로 보고드리겠습니다.

(2) 동사 て형+ていただきます ～해 받습니다, (다른 사람이) ～해 줍니다

「～てもらいます」의 겸양 표현이다.

先輩にレポートの書き方を教えていただきました。
선배한테 리포트 작성법을 배웠습니다.

先生に辞書を貸していただきました。
선생님께서 사전을 빌려 주셨습니다.

(3) ～(さ)せていただきます (제가) ～하겠습니다

「～(さ)せてもらいます」의 겸양 표현이다.

風邪を引いたようなので、今日は帰らせていただきます。
감기에 걸린 것 같으니 오늘은 돌아가겠습니다.

この部屋を使わせていただいてもよろしいですか。
이 방을 써도 될까요?

(4) 동사의 て형+ております ～하고 있습니다

「～ています」의 겸양 표현이다.

先月から大阪で仕事をしております。 지난달부터 오사카에서 일을 하고 있습니다.

大学で研究を続けております。 대학에서 연구를 계속하고 있습니다.

3. 정중 표현

정중어는 위, 아래에 관계없이 공손하게 표현할 때 쓴다.

(1) ～がございます ～이 있습니다

「～があります」의 공손한 표현이다.

こちらに新しい商品がございますので、ごらんください。
이쪽에 새로운 상품이 있으니 봐 주십시오.

(2) ～でございます ～입니다

「～です」의 공손한 표현이다.

私がこの店の店長でございます。
제가 이 가게의 점장입니다.

4. 특별 경어 동사 단어 자체에 존경이나 겸양의 의미가 들어 있는 동사를 말한다.

기본 표현	존경 표현	겸양 표현
行きます(갑니다)	いらっしゃいます おいでになります (가십니다)	まいります (갑니다)
来ます(옵니다)	いらっしゃいます おいでになります お越しになります (오십니다)	まいります (옵니다)
います(있습니다)	いらっしゃいます (계십니다)	おります (있습니다)
します(합니다)	なさいます(하십니다)	いたします(합니다)
見ます(봅니다)	ごらんになります(보십니다)	拝見します(봅니다)
言います (말합니다)	おっしゃいます (말씀하십니다)	申し上げます(말씀 올립니다) 申します(말합니다)
食べます(먹습니다) 飲みます(마십니다)	召し上がります (드십니다)	いただきます (먹습니다)
知っています (알고 있습니다)	ご存じです (알고 계십니다)	存じております 存じ上げています (알고 있습니다)
くれます(줍니다)	くださいます(주십니다)	-
もらいます (받습니다)	-	ちょうだいします いただきます (받습니다)
あげます(줍니다)	-	さしあげます(드립니다)
訪ねます (방문합니다)	-	うかがいます(찾아뵙습니다)
聞きます (묻습니다)	-	うかがいます うけたまわります (여쭙습니다)
会います(만납니다)		お目にかかります(뵙습니다)

5. お와 ご

사람의 동작이나 사물을 나타내는 말 앞에 「お」나 「ご」를 붙이면 존경이나 겸양 표현이 된다.

(1) 존경의 お・ご

윗사람의 동작이나 사물을 나타내는 말 앞에 붙이면 존경의 의미가 된다.

どうぞ、お体に気をつけてください。 부디 몸조심하세요.

課長はお忙しいそうです。 과장님은 바쁘시다고 합니다.

先生にご意見をうかがいました。 선생님께 의견을 여쭈었습니다.

(2) 겸양의 お・ご

윗사람에게 영향을 미치는 자신의 동작이나 사물에 붙이면 겸양의 의미가 된다.

お手紙をさしあげます。 편지를 드리겠습니다.

お礼を申し上げます。 감사드립니다.

私が東京をご案内しましょう。 제가 도쿄를 안내해 드리지요.

(3) お・ご가 붙는 말

① 「お」: 훈독어, 즉 뜻으로 읽는 글자에 붙는다.

お手紙(편지), お礼(감사 인사), お体(몸), お手伝い(도움), お荷物(짐), お忙しい(바쁘심) 등

② 「ご」: 음독어, 즉 소리로 읽는 글자에 붙는다.

ご相談(상담), ご案内(안내), ご意見(의견), ご連絡(연락), ご旅行(여행), ご親切(친절함) 등

③ 외래어나 동식물명, 공공시설이나 조직, 고유명사 등에는 「お・ご」를 붙일 수 없다.

외래어 : コンサート(콘서트), クラス(클래스), カメラ(카메라), ガソリン(휘발유) 등

동물이나 식물명 : 犬(개), 猫(고양이), 桜(벚꽃), 竹(대나무) 등

공공시설이나 조직 : 大使館(대사관), 図書館(도서관), 区役所(구청) 등

고유명사 : 中山花子(나카야마 하나코), 京都(교토), 富士山(후지산) 등

問題　（ ⓐ ）（ ⓑ ）に入る最もいいものはどれですか。1・2・3・4から一つえらびなさい。

1　部下：　部長は毎朝1時間ほど（ ⓐ ）そうですね。

　　部長：　健康のためにね。

　　部下：　父も、犬を連れて毎朝（ ⓑ ）ので、体の調子がいいようです。

　　　　1　ⓐ　歩かれる　　　　　　　ⓑ　歩かれています
　　　　2　ⓐ　お歩きする　　　　　　ⓑ　歩いています
　　　　3　ⓐ　歩かれる　　　　　　　ⓑ　歩いております
　　　　4　ⓐ　お歩きする　　　　　　ⓑ　歩かれております

2　学生：　先生はいつも朝早く学校に（ ⓐ ）ね。何時ごろお宅を（ ⓑ ）んですか。

　　　　1　ⓐ　まいります　　　　　　ⓑ　お出になる
　　　　2　ⓐ　おいでになります　　　ⓑ　出られる
　　　　3　ⓐ　来ます　　　　　　　　ⓑ　出る
　　　　4　ⓐ　来られます　　　　　　ⓑ　出る

3　A：　お母様はお元気ですか。

　　B：　はい。一人暮らしですが、となりの方に親切に（ ⓐ ）いるようなので、私も
　　　　安心（ ⓑ ）。

　　　　1　ⓐ　してもらって　　　　　ⓑ　していただきます
　　　　2　ⓐ　してくれて　　　　　　ⓑ　しています
　　　　3　ⓐ　して　　　　　　　　　ⓑ　させていただきます
　　　　4　ⓐ　していただいて　　　　ⓑ　しております

4 学生： 先生、また論文を （ ⓐ ） んですね。

先生： そうなんだ。ずいぶん時間がかかったよ。

学生： （ ⓑ ） いただきました。

1 ⓐ お書きした　　　　　ⓑ お読みになって

2 ⓐ 書かれた　　　　　　ⓑ 読んで

3 ⓐ お書きになった　　　ⓑ 読ませて

4 ⓐ 書いた　　　　　　　ⓑ お読みして

5 客 ： チケットはどこで買えばいいんですか。

係り： チケットを （ ⓐ ） かたは、こちらに （ ⓑ ） ください。

1 ⓐ お買いになる　　　　ⓑ おならびして

2 ⓐ お買いする　　　　　ⓑ おならび

3 ⓐ お買いになる　　　　ⓑ おならびに

4 ⓐ 買われる　　　　　　ⓑ おならび

6 A： 大使館の場所はすぐ （ ⓐ ） か。

B： はい。地図を （ ⓑ ） ので、すぐわかりました。

1 ⓐ おわかりしました　　　　ⓑ かいた

2 ⓐ おわかりになりました　　ⓑ かいていただいた

3 ⓐ わかっておりました　　　ⓑ おかきした

4 ⓐ わかりました　　　　　　ⓑ おかきした

問題　（ ⓐ ）（ ⓑ ）に入る最もいいものはどれですか。1・2・3・4から一つえらびなさい。

1 A： 田中先生は今どちらに（ ⓐ ）。1時にお約束しているんですが。
   B： 研究室だと思います。
   A： では研究室に（ ⓑ ）。

   1 ⓐ　おりますか　　　　　ⓑ　いらっしゃいます
   2 ⓐ　いらっしゃいますか　ⓑ　うかがいます
   3 ⓐ　いらっしゃいますか　ⓑ　いらっしゃいます
   4 ⓐ　まいりますか　　　　ⓑ　うかがいます

2 A： めずらしいお茶碗ですね。ちょっと（ ⓐ ）よろしいですか。
   B： どうぞ（ ⓑ ）。

   1 ⓐ　拝見して　　　　　ⓑ　拝見してください
   2 ⓐ　拝見して　　　　　ⓑ　ごらんください
   3 ⓐ　ごらんになって　　ⓑ　ごらんください
   4 ⓐ　見て　　　　　　　ⓑ　拝見してください

3 A： これは浅草の浅草寺の写真ですね。
   B： そうです。よく（ ⓐ ）ね。
   A： ええ。先生に東京名所の本を（ ⓑ ）のですが、その中に写真がありましたから。

   1 ⓐ　存じております　　ⓑ　いただいた
   2 ⓐ　ご存じです　　　　ⓑ　いただいた
   3 ⓐ　存じ上げています　ⓑ　ちょうだいした
   4 ⓐ　ご存じです　　　　ⓑ　くださった

4 A： 来週、（ ⓐ ）のですが、ご都合はいかがでしょうか。
   B： 水曜日の午後でしたら会社に（ ⓑ ）ので、どうぞ。

   1 ⓐ　会いたい　　　　　　　　ⓑ　おります
   2 ⓐ　ごらんになりたい　　　　ⓑ　います
   3 ⓐ　お目にかかりたい　　　　ⓑ　おります
   4 ⓐ　お目にかかりたい　　　　ⓑ　いらっしゃいます

5 A： すみません。ちょっと（ ⓐ ）ことがあるのですが。
   B： はい。何でしょうか。私が（ ⓑ ）。

   1 ⓐ　うかがいたい　　　　　　ⓑ　うけたまわります
   2 ⓐ　うけたまわりたい　　　　ⓑ　うけたまわります
   3 ⓐ　うかがいたい　　　　　　ⓑ　ききます
   4 ⓐ　うけたまわりたい　　　　ⓑ　うかがいます

6 A： お茶をどうぞ（ ⓐ ）ください。
   B： ありがとうございます。では（ ⓑ ）。

   1 ⓐ　いただいて　　　　　　　ⓑ　いただきます
   2 ⓐ　いただいて　　　　　　　ⓑ　めしあがります
   3 ⓐ　めしあがって　　　　　　ⓑ　いただきます
   4 ⓐ　めしあがって　　　　　　ⓑ　めしあがります

問題1　（　　）の中に「お」または「ご」を入れなさい。どちらも付けないものには「×」を入れなさい。

1　（　）旅行

2　（　）手伝い

3　（　）北海道

4　（　）親切

5　（　）出張

6　（　）スプーン

7　（　）名前

8　（　）忙しい

9　（　）家族

10　（　）アイスクリーム

問題2　（　ⓐ　）（　ⓑ　）（　ⓒ　）に入る最もいいものはどれですか。1・2・3・4から一つ選びなさい。何も入れないところには「×」を入れなさい。

11　A：（　ⓐ　）ひさしぶりです。（　ⓑ　）元気そうですね。

　　B：はい、おかげさまで。

　　A：今（　ⓒ　）住まいはどちらですか。

　　B：大阪に住んでおります。

	ⓐ	ⓑ	ⓒ
1	お	ご	×
2	×	お	ご
3	お	お	お
4	×	ご	×

해석 별책 p.22

12 客 ： このTシャツ他の色ありますか。

店員： はい、青と赤が（ ⓐ ）。

客 ： どっちがいいかなあ。

店員： そうですね。（ ⓑ ）客さまの（ ⓒ ）洋服には青がいいと思いますが。

    1 ⓐ あります   ⓑ お   ⓒ ×

    2 ⓐ ございます   ⓑ お   ⓒ お

    3 ⓐ ございます   ⓑ ご   ⓒ ご

    4 ⓐ あります   ⓑ ご   ⓒ ×

13 受付： はい。ビッグノート（ ⓐ ）。

客 ： あのう、セールはいつからですか。

受付： 今週の土曜日から（ ⓑ ）。

客 ： 車で行ってもだいじょうぶですか。

受付： 駐車場がございますので（ ⓒ ）車でもだいじょうぶです。

    1 ⓐ でございます   ⓑ あります   ⓒ ご

    2 ⓐ です   ⓑ がございます   ⓒ ご

    3 ⓐ でございます   ⓑ でございます   ⓒ お

    4 ⓐ がございます   ⓑ でございます   ⓒ お

14 山下： 山下（ ⓐ ）。いつもお世話になっております。

田中： 田中（ ⓑ ）。こちらこそお世話になっております。

山下： 来週の会議の時間について（ ⓒ ）相談させていただきたいと思いまして。

    1 ⓐ です   ⓑ です   ⓒ お

    2 ⓐ でございます   ⓑ がございます   ⓒ ×

    3 ⓐ がございます   ⓑ でございます   ⓒ ご

    4 ⓐ でございます   ⓑ でございます   ⓒ ご

問題　空欄に敬語の特別な言い方を入れなさい。

	존경 표현	겸양 표현
行きます		
来ます		
います		
します		
見ます		
言います		
食べます		
飲みます		
知っています		
くれます		
もらいます		
あげます		
訪ねます		
聞きます		
会います		

정답 별책 p.22 또는 본책 p.233

합격 문법 – 부사

부사는 동사나 형용사, 또 다른 부사를 수식하여 동작이나 상태의 모양, 정도, 말하는 사람의 기분 등을 나타낸다.

1. 겨우 · 마침내

오랜 시간 뒤에 기대한 일이 이루어진 것을 나타내는 부사 5

やっと 겨우, 가까스로	오랫동안 열심히 해서 좋은 결과가 나왔을 때 주로 쓴다. 初級の文法を勉強し、漢字を覚えてやっと日本語が話せるようになった。 초급 문법을 공부하고 한자를 외워서 겨우 일본어를 말할 수 있게 되었다.
ようやく 겨우, 간신히	노력해서 좋은 결과가 나왔거나 기다렸던 일이 실현된 것을 강조할 때 많이 쓴다. 駅まで走って、電車に飛び乗り、ようやく会社に間にあった。 역까지 달려가서 전철에 뛰어올라 타서 간신히 회사에 늦지 않았다.
ついに 마침내, 드디어, 결국	결과를 강조할 때 쓴다. 人類はついに月に立ったのだ。 인류는 마침내 달에 선 것이다.
いよいよ 드디어, 마침내	어떤 일이 시작된다는 내용의 문장과 함께 쓸 때가 많다. いよいよ明日は宇宙に出発だ。 드디어 내일은 우주로 출발이다.
とうとう 끝내, 결국 드디어, 마침내	과거나 완료를 나타내는 말에 붙어 결과를 강조할 때 쓴다. 부정문에도 쓸 수 있다. 迷子になった猫をさがしまわったが、とうとう見つけられなかった。 길 잃은 고양이를 찾아다녔지만 끝내 찾지 못했다.

2. 몰래·살짝

	다른 사람이 알아채지 못하게 무언가를 할 때 쓰는 부사 2
そっと 살짝, 가만히	소리를 내지 않고 조용히 무언가를 할 때 쓴다. 子供を起こさないように、そっと布団をかけた。 아이를 깨우지 않도록 살짝 이불을 덮었다.
こっそり 남몰래, 살짝	아무도 모르게 뭔가를 할 때 쓴다. 会議中にこっそり抜けてきた。 회의 중에 몰래 빠져나왔다.

3. 일부러, 애써

	기대 이상으로 노력해서 어떤 일을 하거나 남이 해 주는 것을 나타내는 부사 3
せっかく 일부러, 모처럼, 애써, 힘껏	기회를 충분히 살린다는 뜻으로도 쓰고, 어떤 일을 한 것에 대해 유감이라는 뜻으로도 쓴다. せっかく日本にいるんだから、日本語を勉強しよう。〈기회〉 모처럼 일본에 있으니까 일본어를 공부해야지. せっかく重いカメラを持って出かけたのに、一枚も写真を撮らなかった。〈유감〉 애써 무거운 카메라를 들고 나갔는데, 사진을 한 장도 찍지 않았다.
わざわざ 일부러, 굳이	다른 사람을 위해 특별히 시간이나 비용 등을 들여 어떤 일을 하는 것으로, 굳이 하지 않아도 될 일을 하는 것을 뜻한다. わざわざ迎えに来てくれてありがとう。 일부러 마중 나와 줘서 고마워요.
わざと 일부러	상대에게 좋지 않은 일이라는 것을 알고서 고의로 그러한 행동을 하는 것을 뜻한다. いっしょに歩きたくないので、わざとゆっくり歩いた。 함께 걷고 싶지 않아서 일부러 천천히 걸었다.

4. 아까 · 지난번

가까운 과거를 나타내는 부사 2

さっき 아까, 조금 전	하루 중에서 조금 전의 일을 나타낼 때 쓴다. さっき電話があって、リーさん少し遅れるって。 아까 전화가 왔는데, 리 씨 조금 늦는대.
この間 지난번, 요전, 일전	그다지 멀지 않은 과거의 어느 날을 가리킨다. この間行ったレストラン、駅の向こうに引っ越したんだって。 지난번에 갔던 레스토랑, 역 맞은편으로 이전했대.

5. 머지않아 · 이윽고

가까운 미래를 나타내는 부사 3

そのうち 일간, 머지않아, 가까운 시일 안에	언제라고 확실히 특정할 수 없는 가까운 미래를 나타낼 때 쓴다. そのうち、君んちに遊びに行くね。 조만간 너희 집에 놀러 갈게.
まもなく 곧, 이윽고, 머지않아,	현재를 기준으로 지금부터 잠시 후를 나타낸다. 社長はまもなく到着されます。 사장님은 곧 도착하십니다.
やがて 이윽고, 머지않아, 얼마 안 있어	과거에도 쓸 수 있으며「そのうち」「まもなく」보다 긴 시간을 나타낸다. 현재 상태가 계속되고, 그 후에 어떤 변화가 일어나는 것을 뜻한다. このままこの開発が続けば、やがてこのあたりから動物はいなくなってしまうだろう。 이대로 이 개발이 계속된다면, 머지않아 이 주변에서 동물은 사라져 버릴 것이다. × やがて、3番線に電車がまいります。 ○ まもなく3番線に電車がまいります。 곧 3번 홈으로 열차가 옵니다.

6. 무심코 · 깜박

	의도하지 않은 일을 했을 때 쓰는 부사 2
つい 그만, 어느덧, 무심코	평소의 습관으로 몸이 저절로 움직일 때 쓴다. ダイエット中、「いけない、いけない」と思いながらも、ついチョコレートを食べてしまうんです。 다이어트 중에 '안 돼, 안 돼'라고 생각하면서도 무심코 초콜릿을 먹고 맙니다.
うっかり 깜박, 멍청히, 무심코	부주의로 어떤 일을 했을 때 쓴다. そうじをしていて、うっかり母の大切な鏡を割ってしまった。 청소를 하다가 그만 엄마의 소중한 거울을 깨고 말았다.

7. 곧 · 당장

	짧은 시간 뒤를 나타내는 부사 4
すぐ 곧, 즉시, 금방	아주 짧은 시간 뒤를 나타낸다. 私は風邪を引くと、すぐのどが痛くなって困るんです。 나는 감기에 걸리면 금방 목이 아파져서 곤란합니다.
ただちに 곧, 즉시, 당장	무언가를 끝낸 뒤 바로 다음 일을 한다는 뜻이다. 火災が発生しました。ただちにホテルの外へ避難してください。 화재가 발생했습니다. 즉시 호텔 밖으로 피난하십시오.
さっそく 곧, 즉시, 이내, 재빨리, 당장	당장 어떤 일을 하고 싶어서 한다는 뜻이다. 뒤에는 주로 기쁜 일이나 좋은 일이 온다. 注文しておいた服が届いた。さっそく着てみよう。 주문한 옷이 도착했다. 당장 입어 봐야지.
至急 지급, 매우 급함	사안이 매우 급함을 뜻한다. 事故です。至急、救急車をお願いします。 사고입니다. 속히 구급차를 부탁합니다.

8. 기껏해야 · 적어도

せいぜい 기껏해야, 고작(해서)	'좋아봤자 ~정도'라는 뜻으로, 도달할 수 있는 상한을 나타낸다. 夏休<ruby>なつやす</ruby>みは2週間<ruby>しゅうかん</ruby>ほしいけど、せいぜい五日<ruby>いつか</ruby>くらいしかないだろうな。 여름 휴가는 2주 필요한데, 기껏해야 5일 정도밖에 없겠지.
せめて 최소한, 하다못해, 적어도, 그나마	'적어도 ~이상은'이라는 뜻으로 최저 조건을 나타낸다. いくら忙<ruby>いそが</ruby>しくても、せめて日曜日<ruby>にちようび</ruby>くらいは休<ruby>やす</ruby>みたいよ。 아무리 바빠도 최소한 일요일 정도는 쉬고 싶어.

9. 꼭 · 틀림없이

ぜひ 꼭, 반드시	부탁이나 희망을 나타내며, 「~てほしい」「~てください」「~たい」 등과 함께 사용한다. 今度<ruby>こんど</ruby>ぜひ私<ruby>わたし</ruby>の家<ruby>いえ</ruby>に遊<ruby>あそ</ruby>びに来<ruby>き</ruby>てください。 다음에는 꼭 저희 집에 놀러 오세요. 大学<ruby>だいがく</ruby>にぜひ合格<ruby>ごうかく</ruby>したい。 대학에 꼭 합격하고 싶다.
かならず 틀림없이, 반드시	예외없이 100% 그렇게 될 것이라고 강하게 확신할 때 쓴다. 必<ruby>かなら</ruby>ず成功<ruby>せいこう</ruby>してみせる。 반드시 성공해 보이겠다. 安全速度<ruby>あんぜんそくど</ruby>を必<ruby>かなら</ruby>ず守<ruby>まも</ruby>りましょう。 안전 속도를 반드시 지킵시다.
きっと 틀림없이, 반드시	「きっと」는 결심이나 단정에 가까운 추측을 나타낸다. 「かならず」보다는 정도가 약한 느낌을 준다. 彼<ruby>かれ</ruby>ならきっと成功<ruby>せいこう</ruby>するだろう。 그라면 반드시 성공할 것이다. 明日<ruby>あした</ruby>はきっと晴<ruby>は</ruby>れるだろう。 내일은 틀림없이 맑을 것이다.

10. 갑자기 · 느닷없이

急に 갑자기	생각지도 못한 일이 일어났을 때 쓴다. 11月になり、急に寒くなったので、風邪を引いてしまった。 11월이 되어 갑자기 추워져서 감기에 걸리고 말았다.
いきなり 돌연, 갑자기, 느닷없이	당연하게 예상되는 순서대로가 아닐 때 쓴다. 私は泳げないのに、いきなりプールに入れられて、クロールの練習をさせられた。 나는 수영을 못하는데 갑자기 수영장에 들여 보내져 자유형 연습을 하게 되었다.
いっせいに 일제히	전체가 동시에 일어났을 때 쓴다. 大きな音に驚いて、湖の白鳥がいっせいに飛び立った。 큰 소리에 놀라서 호수의 백조가 일제히 날아올랐다.

問題　つぎの文の（　　）に入る正しい副詞を1・2からえらびなさい。

1　A：田中さん、まだ来ないんだけど、どうする、先に行っちゃおうか。
　　B：あっ、来た、来た、（1　ようやく　　2　いよいよ）来たね。
　　　　いつも遅いんだから、いやになるよ。

2　大切なお皿なので、壊さないように（1　そっと　　2　こっそり）持ってください。

3　ぼんやりしていて、（1　せっかく　　2　うっかり）降りる人と一緒に5階でエレベーターを降りてしまった。僕は10階で降りるはずだったのに。

4　（1　さっき　　2　この間）の地震で家を失った人に、必要な物を送ってあげた。

5　（1　まもなく　　2　やがて）電車がまいります。危ないですから白線の内側までお下がりください。

6　「英語教師（1　さっそく　　2　至急）求む」って紙が駅に置いてあったけど、連絡してみようかな。

7　あんなに元気だった愛犬が（1　いっせいに　　2　急に）死んでしまうなんて、信じられません。

8　父にもらった大切なカメラが（1　ようやく　　2　ついに）壊れてしまった。残念だな。大切にしていたのに。

9　部屋でかくれて（1　そっと　　2　こっそり）たばこをすっていたら、親にみつかっちゃった。

10　お忙しいのに（1　わざわざ　　2　せっかく）来ていただいてありがとうございます。

11　A：インドから日本に来たばかりで、寒くて仕方がないんです。
　　B：大変ですね。でも、（1　そのうち　　2　やがて）慣れますよ。心配ないですよ。

問題　つぎの文の（　）に入る正しい副詞を1・2からえらびなさい。

1　一生懸命に看病したのに、猫は（1　とうとう　　2　やっと）死んでしまった。

2　この部屋の大きさなら、（1　せいぜい　　2　せめて）50人くらいしか入らないん
じゃないかな。

3　たばこをやめようと思うんですが、仕事でイライラしたりすると、（1　つい
2　うっかり）吸ってしまうんですよ。

4　（1　わざわざ　　2　せっかく）コンサートの切符が2枚あるのに、一緒に行く人が
いない。

5　彼が、荒れ地に植えた木々が（1　そのうち　　2　やがて）成長し、そのあたりは
緑の森となって、人々の目を楽しませた。

6　（1　さっき　　2　この間）帰ってきたばかりで、まだ服も着替えてないんだ。

7　新しい家は無理だとしても（1　せめて　　2　せいぜい）自分の部屋くらいはほしいよな。

8　日本語の勉強を始めたばかりなのに、チョウさん（1　いっせいに　　2　いきな
り）日本語能力試験のN1に受かったんだよ。信じられないよね。

9　地震が起こっても（1　すぐ　　2　さっそく）には動かないで、しばらく様子を見
てください。

10　今日習った言葉を（1　ただちに　　2　さっそく）使ってみたんだけど、笑われちゃ
った。使い方が違ったのかな。

11　首相が入ってくると、記者たちはみんな（1　いきなり　　2　いっせいに）立ち
上がった。

합격 문법 – 접속사

접속사는 단어와 단어, 문장과 문장 등을 이어 주는 역할을 하는 말이다.

1. 그래서 · 왜냐 하면

원인이나 이유를 나타내는 접속사 7	
だから 그러니까, 그래서, 때문에	私は中国に長い間住んでいました。だから、中国語がわかります。 나는 중국에 오랫동안 살았습니다. 그래서 중국어를 압니다.
それで 그러므로, 그래서, 그런 까닭으로	前の駅で人身事故がありました。それで、電車が止まっているんです。 역 앞에서 인명사고가 났습니다. 그래서 전철이 멈춰 있는 것입니다.
そのため 그 때문에	台風が接近しています。そのため、明日の旅行は中止となりました。 태풍이 접근하고 있습니다. 그 때문에 내일 여행은 취소되었습니다.
したがって 따라서, 그러므로	ダム建設に賛成23票。反対11票。したがって、ダム建設は承認されました。 댐 건설에 찬성 23표. 반대 11표. 따라서 댐 건설은 승인되었습니다.
なぜなら 왜냐하면	彼は肉は食べません。なぜなら、アレルギーがあるからです。 그는 고기는 먹지 않습니다. 왜냐하면 알레르기가 있기 때문입니다.
だって 그게 그러니까	A：どうして食べないの? 왜 안 먹어? B：だって、おいしくないんだもん。 그게 그러니까 맛이 없는 걸.
というのは 왜냐하면	どうしても、来週の同窓会に参加できません。というのは、海外に転勤することになったので、いそいで準備をしなければならないんです。 아무리 해도 다음 주 동창회에 참석할 수 없습니다. 왜냐하면 해외로 전근하게 되었기 때문에 서둘러 준비를 하지 않으면 안 됩니다.

2. 그러고 나서 · 그렇다면

それから 그러고 나서, 그리고	<ruby>友達<rt>ともだち</rt></ruby>とレストランで<ruby>食事<rt>しょくじ</rt></ruby>をしました。それから、<ruby>映画<rt>えいが</rt></ruby>を<ruby>見<rt>み</rt></ruby>ました。 친구와 레스토랑에서 식사를 했습니다. 그러고 나서 영화를 보았습니다.
すると 그랬더니, 그러자, 그렇다면, 그러면	동작 뒤의 동작을 나타내는 객관적인 표현이다. 말하는 사람 등이 의지로 컨트롤할 수 없는 결과가 뒤에 오는 경우가 많다. ドアをたたく<ruby>音<rt>おと</rt></ruby>がしたので<ruby>開<rt>あ</rt></ruby>けた。すると、<ruby>知<rt>し</rt></ruby>らない<ruby>女<rt>おんな</rt></ruby>の<ruby>人<rt>ひと</rt></ruby>が<ruby>立<rt>た</rt></ruby>っていた。 문을 두드리는 소리가 나서 열었다. 그랬더니 모르는 여자가 서 있었다.
そこで 그래서, 그런 까닭으로, 그런데, 그러면	앞에 서술한 상황에 대해서 사람의 의지로 행하는 행동이 뒤에 온다. 뒤에는 주로 '동사 과거형'이 온다. <ruby>最近<rt>さいきん</rt></ruby>は<ruby>悪性<rt>あくせい</rt></ruby>の<ruby>風邪<rt>かぜ</rt></ruby>が<ruby>流行<rt>はや</rt></ruby>っています。そこで、わが<ruby>社<rt>しゃ</rt></ruby>は<ruby>新<rt>あたら</rt></ruby>しいタイプの<ruby>風邪薬<rt>かぜぐすり</rt></ruby>を<ruby>開発<rt>かいはつ</rt></ruby>いたしました。 요즘 악성 감기가 유행하고 있습니다. 그래서 우리 회사는 새로운 타입의 감기약을 개발했습니다.
では / じゃ 그럼	<ruby>今日<rt>きょう</rt></ruby>の<ruby>授業<rt>じゅぎょう</rt></ruby>はここまでです。では、<ruby>終<rt>お</rt></ruby>わりにしましょう。 오늘 수업은 여기까지입니다. 그럼 끝내기로 합시다.
それでは / それじゃ 그렇다면, 그러면	A : このスカートはちょっと……。 B : それでは、こちらはいかがですか。 A : 이 스커트는 좀……. B : 그럼 이쪽은 어떠십니까? それじゃ、また<ruby>明日<rt>あした</rt></ruby>な。 그럼, 내일 또 봐.
それなら 그렇다면, 그러면, 그럼	A : <ruby>温泉<rt>おんせん</rt></ruby>に<ruby>行<rt>い</rt></ruby>きたいんですが……。 B : それなら、<ruby>箱根<rt>はこね</rt></ruby>がいいですよ。 A : 온천에 가고 싶은데요. B : 그렇다면 하코네가 좋아요.

3. 그래서 · 그러니까

이야기를 진행시킬 때 쓰는 접속사 2	
それで 그런 다음, 그리하여, 그래서	A : わたし、会社を辞めます。 B : えっ、それで、これからどうするんですか。 A : 저, 회사 그만두겠습니다. B : 뭐? 그래서 앞으로 어떻게 할 건데요?
で 그래서, 그러니까, 그러고 나서	상대방에게 다음 말을 재촉할 때 쓴다. A : わたし、結婚するの。나, 결혼해. B : で、相手はどんな人なの？ 그래서 상대는 어떤 사람이야?

4. 게다가 · 그리고

앞의 단어나 문장에 또 다른 단어나 문장을 첨가할 때 쓰는 접속사 4	
それに 게다가, 더욱이	せきも出るし、鼻水も出る。それに、熱もある。 기침도 나고 콧물도 난다. 게다가 열도 있다.
そのうえ 게다가, 또한, 더욱 (＝さらに)	風邪をひいて頭が痛い。そのうえ、熱まで出てきた。 감기에 걸려서 머리가 아프다. 게다가 열까지 났다.
それから 게다가, 또	彼はピアノが弾けます。それから、バイオリンも弾けます。 그는 피아노를 칠 수 있습니다. 게다가 바이올린도 켤 수 있습니다.
あと 그리고	卵を買ってきてください。あと、牛乳もお願いします。 계란을 사다 주세요. 그리고 우유도 부탁합니다.

5. 게다가 · 또한

여러 가지를 나열할 때 쓰는 접속사 3	
そして 그리고, 그러고 나서, 그 다음에(＝それから)	日本の地下鉄はとてもきれいです。そして、便利です。 일본 지하철은 매우 깨끗합니다. 그리고 편리합니다.
それに 게다가, 더욱이	木村さんは親切だし、まじめだし、それにハンサムです。 기무라 씨는 친절하지 성실하지, 게다가 잘 생겼어요.
また 또, 또한, ～도 역시	彼女は妻であり、母親であり、また芸術家でもある。 그녀는 아내이자 엄마이자, 또한 예술가이기도 하다.

6. 그러나 · 하지만

앞 문장과 반대되는 내용이 뒤에 올 때 쓰는 접속사 6	
しかし 그러나, 하지만, 그렇지만	彼女は美しくて勉強もできる。しかし、性格があまりよくない。 그녀는 예쁘고 공부도 잘한다. 그러나 성격은 별로 좋지 않다.
けれども 하지만, 그렇지만	アカギのスーツはかなり安い。けれども、あまり丈夫ではない。 아카기의 옷은 상당히 싸다. 하지만 별로 튼튼하지 않다.
だが 그러나, 그렇지만, 하지만 (=しかし、けれども)	彼女はダイエットした。だが、ちっともやせなかったそうだ。 그녀는 다이어트를 했다. 하지만 살이 조금도 빠지지 않았다고 한다.
でも 그럴지라도, 그래도, 그러나, 하지만 (=けれども、だけど)	映画も見たいし、美術館へも行きたい。でも、時間がなくて、無理。 영화도 보고 싶고, 미술관에도 가고 싶다. 하지만 시간이 없어서 무리다.
それなのに 그런데도, 그럼에도 불구하고	彼は必ず来ると約束した。それなのに、いくら待っても来なかった。ひどい。 그는 반드시 오겠다고 약속했다. 그런데도 아무리 기다려도 오지 않았다. 너무하다.
それでも 그럼에도 불구하고, 그런데도	医者にタバコを止めるように言われた。それでも、タバコは止められない。 의사가 담배를 끊으라고 했다. 그럼에도 불구하고 담배는 끊을 수 없다.

7. 또는 · 아니면

둘 중에서 어느 하나를 선택할 때 쓰는 접속사 3	
それとも 그렇지 않으면, 아니면	コーヒーがいいですか。それとも、紅茶がいいですか。 커피가 좋습니까, 아니면 홍차가 좋습니까?
あるいは 또는, 혹은, 더러는, 때로는 (=または、もしくは)	奈良へは新幹線、あるいは高速バスで行くことができます。 나라에는 신칸센, 또는 고속버스로 갈 수 있습니다.
または 또는, 혹은 (=あるいは、もしくは)	黒、または青のボールペンで記入してください。 검정색, 또는 파란색 볼펜으로 기입해 주세요.

8. 단·다만

ただし 단, 다만	ここは駐車禁止です。ただし、事前に許可を取ってある場合は別です。여기는 주차금지입니다. 단, 사전에 허가를 받은 경우는 예외입니다.
もっとも 그렇다고는 하지만, 하기는, 다만 (=ただし, しかし)	明日の会議には全員出席すること。もっとも、インフルエンザの場合は別ですが。내일 회의에는 전원 출석할 것. 단, 감기 걸린 경우는 예외입니다만.
なお 덧붙여(말하면), 또한	製品に関する説明は以上です。なお、詳細は説明書をご覧ください。제품에 관한 설명은 이상입니다. 또한 자세한 것은 설명서를 봐 주십시오.
ただ 단, 다만, 그러나	彼は頭が良くて、ハンサムで、その上性格もいいんです。ただ、貧乏なんです。그는 머리가 좋고 잘 생긴 데다가 성격도 좋습니다. 다만, 가난합니다.

9. 그런데·그건 그렇고

ところで 그런데, 그건 그렇고	もうすぐ冬休みだね。ところで、君、今年で何歳になるんだったっけ。이제 곧 겨울 방학이야. 그런데 너, 올해 몇 살이 된다고 했지?
さて 그런데, 한데, 그건 그렇고, 각설하고, 한편	やっと仕事が終わった。さて、今日の晩御飯は何にしようかな。겨우 일이 끝났다. 그런데 오늘 저녁은 뭘로 하지.
そういえば 그러고 보니	あ、いけない、そういえば今日は妻の誕生日だった。아, 안 돼, 그러고 보니 오늘은 아내 생일이었어.

10. 그런데

ところが 그런데, 그러나	A:彼、国へ帰ってお父さんの会社に入ったかな。 B:ところが、あの会社、倒産しちゃったんだって。 A:그는 고향에 돌아가서 아버지 회사에 들어갔으려나. B:그런데 그 회사 도산했대.

問題　つぎの文の　1　から　6　の中に入る正しい接続詞を1・2・3・4から一つえらび
なさい。

1.

> 妻は掃除をしない。自分ではハウスダスト・アレルギーだからだという。ほこ
> りを吸うと咳がでるし、ほこりに触れると肌がかゆくなるという。　1　、掃除
> 機も使えない。　2　、私が毎週休みの日に家の掃除をすることになる。私だっ
> てあんまりほこりがたまっていたら気になるから、しかたがないと思ってやって
> いるんだ。　3　、妻はアレルギー体質と診断されたことは一度もない。

1	1 さて	2 すると	3 しかし	4 だから
2	1 それで	2 それでも	3 ただし	4 ところで
3	1 また	2 しかし	3 で	4 そこで

2.

> 学生: 先生、今よろしいでしょうか。レポートのことでお願いがあるんですが……。
> 先生: ああ、斉藤君。レポートは「選挙と投票率について」だったね。　4　?
> 学生: あのう、あと3枚で完成するんですが……　5　締め切りが今日の5時ま
> 　　　でなので……間に合いそうもないんです。　6　、あと1日あれば、必ず
> 　　　出せます。
> 先生: あと3枚か。わかった。明日の午前9時までに必ずここに持ってきなさい。

4	1 また	2 ただし	3 それで	4 それでも
5	1 でも	2 なお	3 そこで	4 それに
6	1 そのうえ	2 ところが	3 それで	4 それなのに

問題 つぎの文の □1□ から □10□ の中に入る正しい接続詞を1・2・3・4から一つえらびなさい。

1.

> 友人の紹介で、出版関係に顔が広いという人を訪ねた。□1□僕は出版社に就職したいと思っているから、就職活動というわけだ。友人が書いてくれた地図を見ながら、やっと目的の家に着き、少し緊張してドアホンを押した。□2□、まもなくドアが開き、そこには真っ白な髪の身長が2mはありそうな大男がマスクをして立っていた。僕は思わず「ど、どろぼう」と叫んでしまった。これで僕の出版社就職の夢は消えた。

□1□　1　あるいは　　　　2　なぜなら　　　　3　ただし　　　　4　それなら
□2□　1　ところが　　　　2　ところで　　　　3　あと　　　　　4　すると

2.

> そろそろ木枯らしがふく季節です。日本の冬は空気が乾燥して、のどや鼻が乾いて、インフルエンザなどウイルスが入り込みやすくなります。□3□、皆様にはこの加湿器「シメール」をおすすめしたいと思います。「シメール」は自動的に室内の湿度を調節します。□4□、空気をきれいにし、マイナスイオンをだして、皆様の生活を快適にしてくれます。年末のボーナスで家族の健康のためにぜひ一台お求めください。

□3□　1　それとも　　　　2　そこで　　　　　3　それに　　　　4　それから
□4□　1　ところが　　　　2　それなのに　　　3　そのうえ　　　4　あるいは

3.

> メールのやり取りをはじめて1年も経ったなんて信じられません。「一度会いませんか」という話に、この3日間悩みました。
>
> 正直に言うと、私も会ってみたいです。 5 、一方で会うのが恐いという気持ちもあります。 6 会ってがっかりされるのが恐いんです。 7 このままネット上のお付き合いだけでいたいなと思うんです。

5	1 でも	2 その上	3 それなら	4 それから
6	1 それなのに	2 そして	3 しかし	4 なぜなら
7	1 それとも	2 それなら	3 それから	4 もっとも

4.

> 小学生の娘が、「クラスのみんなが持っているから、携帯が欲しい」と言い出した。 8 、私も妻も子供に携帯を持たせるのに反対である。できれば中学を卒業するまでは与えたくないと考えている。 9 、娘は歩いて3分の小学校に通い、友だちも近所に住んでいる。遠くへ出かける時は家族と一緒だ。そんな娘になぜ携帯が必要なのか。何度も「だめだ」と返事をした。 10 、娘は「みんなが持っている」と繰り返している。娘の言う「みんな」は、クラスの4、5人なのだが。

8	1 それで	2 けれども	3 また	4 それなのに
9	1 それに	2 それで	3 それでも	4 そして
10	1 そういえば	2 それでも	3 その上	4 それとも

問題　つぎの文の　1　から　11　の中に入る正しい接続詞を1・2・3・4から一つえらび
　　　なさい。

1.

> 　　私の母国は日本とは習慣や文化がかなり違います。　1　、去年日本に来て隣
> の部屋の鈴木さんに挨拶した時、「僕がなにか間違ったことをしたら注意してく
> ださい」と頼みました。　2　、鈴木さんはゴミを出す日を僕が間違えると、僕
> の部屋の前にゴミを置きます。　3　、友達が来ておしゃべりしていると、隣の部
> 屋で壁を叩き続けるんです。あらかじめ言ってあるんです。「今日は友達が集ま
> ります」って。　4　、鈴木さんは話し合いもしないで、ただ仕返しだけ。これ
> って、日本の文化なんですか。

1	1 したがって	2 だから	3 というのは	4 すると
2	1 それなら	2 それなのに	3 なお	4 それでは
3	1 もっとも	2 それから	3 ただし	4 ところで
4	1 でも	2 だから	3 それに	4 また

2.

> 　　東京近代美術館は、日本で初めての国立の美術館として1952年に建てられまし
> た。ここには明治時代から現代まで約100年間の作品が展示されています。美術館
> に入ったら、　5　4階へ行って、　6　3階、2階へと見て行くことをおすすめ
> します。日本の近代美術の歴史がよくわかるでしょう。　7　、同じ時代に描かれ
> た日本画と洋画を見ることができるのも、この美術館の特徴です。

5	1 さて	2 その上	3 それから	4 まず
6	1 それから	2 すると	3 それでも	4 まず
7	1 したがって	2 または	3 しかし	4 また

正답 1② 2② 3② 4① 5④ 6① 7④

해석 별책 p.26

3.

　あなたは「日本」という漢字のふりがなを、どう書きますか。「にほん」ですか。　8　「にっぽん」ですか。

　会社名として使う時や、オリンピックの応援では、「にっぽん」と言うことが多いようです。　9　、「いつ日本にきましたか」のように「にほん」と読むことも多いような気がします。

　2009年、国会で「日本」の読み方を「にほん」「にっぽん」のどちらかに統一する必要はない、とされましたから、どちらでもいいということでしょうか。

| 8 | 1 それとも | 2 それから | 3 そして | 4 そういえば |
| 9 | 1 ところで | 2 それじゃ | 3 それなのに | 4 けれども |

4.

　授業の最終日に試験を行います。今年は３月９日です。はじめの20分が聴解試験です。聴解試験が終わったら、すぐ筆記試験をします。試験範囲は教科書の10課から25課までです。　10　、54ページの「辞書の引き方」は除きます。以上です。なにか質問がありますか。

　11　この試験は、遅刻したら受けることができませんから、遅刻しないよう注意してください。

| 10 | 1 ところが | 2 なぜなら | 3 ただし | 4 それとも |
| 11 | 1 そこで | 2 それに | 3 そのため | 4 なお |

문법 완전 정복을 위한 꿀팁!

N3 문법에서는 다양한 수준의 문법 실력을 테스트합니다. PART 2의 실전 연습에 나오는 표현들을 내 것으로 만든다면 시험에서 좋은 결과를 얻을 수 있을 것입니다.

● **問題 1 문법 형식 판단**
단순 문법이 아닌 다양한 변형 문제가 출제됩니다. 선택지 하나하나의 뜻을 살펴본 뒤 답을 고르도록 합니다.

● **問題 2 문장 완성**
문법을 아는 것뿐 아니라 문장을 제대로 구성하는 것이 중요합니다. 자칫 순서를 착각해서 답을 놓칠 수 있으므로 반드시 공란에 번호를 적어 가면서 풀도록 합니다.

● **問題 3 문맥 이해**
전체 내용 이해가 중요합니다. 독해 파트를 풀 때처럼 단락을 나누면서 공란에 내용을 요약하면 지문을 읽는 시간을 절약할 수 있습니다.

유형별 실전 문제

문법 형식 판단 실전 연습 ❶　　　　　　　　　　　　　　[　 / 7]

問題　つぎの文の（　　　）に入れるのに最もよいものを 1・2・3・4から一つえらびなさい。

1　父は出張に行く（　　　　　）、私におみやげを買って来てくれます。

　　1　うえに　　　　　　2　たびに　　　　　　3　ぶりに　　　　　　4　おきに

2　レシピに書いてある（　　　　）作ったのに、全然おいしくなかった。

　　1　とおりに　　　　　2　とともに　　　　　3　として　　　　　　4　といっても

3　家事など色々なことを頑張っているので、体（　　　　）心もかなり疲れています。

　　1　ばかりで　　　　　2　だけでなく　　　　3　どころか　　　　　4　わけで

4　化粧をしていない日（　　　　　）、好きな人に会ってしまう。

　　1　にしたがって　　　2　にくらべて　　　　3　にかんして　　　　4　にかぎって

5　あのう、このパンフレット、家に持ち帰っても（　　　　）ですか。

　　1　かまわない　　　　2　いられない　　　　3　つかえない　　　　4　かからない

6　たばこは体に悪いと知りながらも、（　　　　）吸ってしまう。

　　1　さっき　　　　　　2　もちろん　　　　　3　つい　　　　　　　4　まさか

7　お風呂に入っている（　　　　）電話がかかってきました。

　　1　間に　　　　　　　2　間　　　　　　　　3　までに　　　　　　4　まで

정답 1② 2① 3② 4④ 5① 6③ 7①　　　　　　　　　　　　　　　　해석 별책 p.28

問題　つぎの文の（　　　　）に入れるのに最もよいものを 1・2・3・4から一つえらびなさい。

1　今から新幹線に乗る（　　　　）から、降りたら連絡するね。

　　1　ばかりだ　　　　2　ところだ　　　　3　だけだ　　　　4　いっぽうだ

2　決められたルールに（　　　　）プレイしてください。

　　1　くわえて　　　　2　はんして　　　　3　したがって　　　　4　かかわって

3　小林さんはインフルエンザで会議に出席できないので、私が彼（　　　　）プレゼンを行います。

　　1　にかわって　　　2　にかけて　　　　3　について　　　　4　につれて

4　関東地方では、木曜日から土曜日（　　　　）雨が続く見込みです。

　　1　にかえて　　　　2　にかけて　　　　3　にかかって　　　4　にかわって

5　彼女の両親は二人とも東大出身だから彼女も頭がいい（　　　　）だよ。

　　1　もの　　　　　　2　当然　　　　　　3　だけ　　　　　　4　わけ

6　赤ちゃんを起こさないように（　　　　）窓を閉めた。

　　1　そっと　　　　　2　うっかり　　　　3　せっかく　　　　4　わざわざ

7　メイクをした（　　　　）寝るのは肌に良くないです。

　　1　とおり　　　　　2　ながら　　　　　3　まま　　　　　　4　ところ

問題 つぎの文の( )に入れるのに最もよいものを 1・2・3・4 から一つえらびなさい。

1 毎回女に振られる( )、偉そうに言うな。

1 おかげで   2 ごとに   3 くせに   4 せいで

2 あの監督が作った映画なら、映像が美しい( )。

1 にすぎない   2 にきまっている   3 にしたがわない   4 にくわえない

3 年齢( )カロリー消費量も減ります。

1 をこめて   2 とともに   3 といえば   4 をめぐって

4 今日の授業では、亀という生き物( )学びたいと思います。

1 というより   2 にかぎり   3 について   4 わけがなく

5 水泳ゴーグルは私のを貸すから、買う( )よ。

1 ことはない   2 わけではない   3 どころではない   4 だけでない

6 ( )訪問していただき、ありがとうございます。

1 いよいよ   2 とうとう   3 わざと   4 わざわざ

7 国( )時差があるのはどうしてですか。

1 にとって   2 にして   3 において   4 によって

問題　つぎの文の（　　　）に入れるのに最もよいものを1・2・3・4から一つえらびなさい。

1　食事を（　　　　）薬を飲んではいけません。
　　1　食べなくて　　　　2　食べられない　　　3　食べずに　　　　4　食べなくても

2　健康のために、なるべく早く寝て早く起きる（　　　　）います。
　　1　ようになって　　　2　ようにして　　　　3　ことになって　　　4　ようにできて

3　私はほぼ10年（　　　　）、放射能について研究してきました。
　　1　にかかって　　　　2　にとって　　　　　3　にしたがって　　　4　にわたって

4　飼っている犬の（　　　　）、ご近所の友達ができました。
　　1　おかげで　　　　　2　として　　　　　　3　わけで　　　　　　4　ために

5　薬の副作用（　　　　）太る恐れがあります。
　　1　において　　　　　2　にかぎり　　　　　3　により　　　　　　4　にくらべ

6　優秀な彼なら（　　　　）成功できるだろう。
　　1　きっと　　　　　　2　せめて　　　　　　3　ぜひ　　　　　　　4　いきなり

7　好きな人が彼女と別れた（　　　　）。これってチャンスだと思ってもいいでしょうか。
　　1　ほどです　　　　　2　だけです　　　　　3　そうです　　　　　4　までです

問題　つぎの文の（　　　）に入れるのに最もよいものを 1・2・3・4 から一つえらびなさい。

1　子供のやることに口を出さないのは、子ども（　　　）親（　　　）いいみたい。

　　1　においても　　　2　にそっても　　　3　によっても　　　4　にとっても

2　毎日ビールを飲んでいるわりにそんなに太った（　　　）なと思っていたら、5 キロも太っていた。

　　1　わけではない　　2　はずだ　　　　3　はずではない　　4　わけだ

3　これ、感謝の気持ち（　　　）編んだセーターですが、よかったらどうぞ。

　　1　にもとづいて　　2　はもちろん　　　3　をこめて　　　4　とともに

4　多くの人の予想（　　　）、ビットコインの価値は 1000 万円を超えた。

　　1　に関して　　　2　につれて　　　3　に反して　　　4　にしたがって

5　先生に（　　　）質問されて、答えられなかった。

　　1　いきなり　　　2　かならず　　　3　いっせいに　　　4　さっそく

6　私は（　　　）悲しくても、人前では泣きません。

　　1　いまさら　　　2　いくら　　　3　やはり　　　4　いまにも

7　君の（　　　）計画が台無しになったんだから、責任取ってよ。

　　1　おかげで　　　2　うちに　　　3　あいだに　　　4　せいで

問題　つぎの文の（　　　　）に入れるのに最もよいものを 1・2・3・4 から一つえらびなさい。

1 安楽死の問題（　　　　）、様々な意見が出ている。

1 をとわず　　　　2 にかかわらず　　3 をめぐって　　4 をもとにして

2 彼氏のために（　　　　）作ったお弁当なのに、食べてもらえなかった。

1 そのうち　　　　2 せっかく　　　　3 せめて　　　　4 きゅうに

3 病気になっ（　　　　）、健康のありがたさを知った。

1 ていらい　　　　2 てしかたがなく　3 てはじめて　　4 てまで

4 A：「お客様、朝食付き（　　　　）か？それとも朝食なし（　　　　）か？」
　 B：「えっと、私は朝食付きでお願いします。」

1 になります　　　2 にします　　　　3 になりました　4 にしました

5 昨日、酔っ払った客に危うく殴られる（　　　　）だったよ。

1 だけ　　　　　　2 こと　　　　　　3 ばかり　　　　4 ところ

6 私は、プロポーズ（　　　　）婚約指輪さえもらっていないです。

1 どころか　　　　2 ところで　　　　3 ところか　　　　4 ばかりで

7 日本では、18歳になっ（　　　　）10年有効のパスポートは取得できないそうです。

1 てからでないと　2 てからだと　　　3 てからでは　　　4 てからみると

문장 완성 실전 연습 ❶ [/ 7]

問題 つぎの文の___★___に入れるのに最もよいものを、1・2・3・4から一つえらびなさい。

1 A：腰がちょっと痛いけど、_____ _____ ★ _____ _____よ。

　 B：そのままにしておくとだめですよ。一緒に病院に行きましょう。

　 1　ない　　　　　 2　行く　　　　　 3　までも　　　　　 4　病院に

2 A：健康診断を _____ ★ _____ _____ と言われるんだ。

　 B：そうなんだ。見た目はそこまで太っていないのに。

　 1　すぎだ　　　　 2　太り　　　　　 3　うける　　　　　 4　たびに

3 私はやっていないのに、私がやったと _____ _____ ★ _____。

　 1　気が　　　　　 2　いる　　　　　 3　疑われて　　　　 4　する

4 _____ _____ _____ ★ 、税金も多く取られます。

　 1　所得が　　　　 2　なるほど　　　 3　高く　　　　　　 4　なれば

5 毎晩、散歩に _____ ★ _____ _____ 娘を迎えに行きます。

　 1　行く　　　　　 2　まで　　　　　 3　ついでに　　　　 4　駅

6 _____ ★ _____ _____ の誕生日になりました。ありがとうございます。

　 1　最高　　　　　 2　あなた　　　　 3　の　　　　　　　 4　おかげで

7 A：都合のいい日にちにご訪問いただければ幸いです。

　 B：では、_____ _____ ★ _____ でしょうか。

　 1　伺っても　　　 2　よろしい　　　 3　来週の　　　　　 4　金曜日に

정답　1②　2④　3①　4②　5③　6③　7①　　　　　　　　　　　　　　해석 별책 p.29

問題　つぎの文の ＿＿＿★＿＿ に入れるのに最もよいものを、1・2・3・4から一つえらびなさい。

1　A：＿＿＿　＿＿＿　★　＿＿＿ 誰もいないと思うよ。

　　B：そうかな。みんな、帰ったのかな。

　　1　ところ　　　　2　で　　　　　　　3　いまさら　　　4　行った

2　人は見た目 ＿＿＿　＿＿＿　★　＿＿＿ です。

　　1　で　　　　　　2　べきではない　　3　判断　　　　　4　す

3　僕は ＿＿＿　★　＿＿＿　＿＿＿、よく分かりません。

　　1　に　　　　　　2　一般社員　　　　3　ので　　　　　4　すぎない

4　A：デパ地下って何？

　　B：デパ地下 ＿＿＿　★　＿＿＿　＿＿＿ スイーツなどを売るデパートの地下にあ

　　る食品売り場のことだよ。

　　1　価値　　　　　2　の　　　　　　　3　というのは　　4　高い

5　A：伊藤さん、顔が真っ赤ですよ。大丈夫ですか。

　　B：調子が悪いので、＿＿＿　★　＿＿＿　＿＿＿ いただけませんか。

　　1　早く　　　　　2　今日は　　　　　3　すこし　　　　4　帰らせて

6　魚が好きではないが、＿★＿　＿＿＿　＿＿＿　＿＿＿ です。

　　1　ない　　　　　2　まったく　　　　3　食べない　　　4　わけでは

7　結婚式を前 ＿★＿、＿＿＿　＿＿＿　＿＿＿ しました。

　　1　する　　　　　2　ダイエットを　　3　ことに　　　　4　にして

해석 별책 p.29

問題 つぎの文の ___★___ に入れるのに最もよいものを、1・2・3・4から一つえらびなさい。

1   A：先生の _____ _____ _____ __★__ いますか。

      B：妻は雑誌の出版の仕事をしているよ。

      1 なさって   2 仕事を   3 奥さんは   4 どんな

2   A：お腹空いた。料理はまだなの？

      B：ちょっと待ってね。_____ _____ _____ __★__ だよ。

      1 いる   2 ところ   3 今   4 作って

3   _____ __★__ _____ _____ いただいてもよろしいでしょうか。

      1 もう   2 させて   3 一度   4 検討

4   A：今日はお忙しいなか、_____ __★__ _____ _____、ありがとうございました。

      B：どういたしまして。喜んでいただけて嬉しいです。

      1 お   2 誘い   3 食事に   4 くださり

5   この魚、_____ _____ __★__ _____、食べにくいよ。

      1 小さい   2 骨が   3 あって   4 いっぱい

6   ストーブの上に水の入ったやかんを _____、_____ __★__ _____、湿度も高くできます。

      1 室内の   2 くわえて   3 置くと   4 温度に

7   あまり勉強 _____ _____ __★__ _____ 下がる一方です。

      1 して   2 いない   3 成績が   4 から

問題 つぎの文の ___★___ に入れるのに最もよいものを、1・2・3・4から一つえらびなさい。

1 A：マーティンさんが日本にいらっしゃった目的は何ですか。

B：えっと、日本の文化に興味があって、日本の＿＿＿＿ ＿＿＿＿ ＿★＿＿ ＿＿＿＿ 来ました。

1 について　　　　2 ために　　　　3 歴史　　　　4 研究する

2 A：今日のランチは韓国料理にしない？

B：いいよ。＿＿＿＿ ＿＿＿＿ ＿★＿＿、＿＿＿＿ キムチチゲだろう。

1 と　　　　2 韓国料理　　　　3 いうと　　　　4 やっぱり

3 病気になった ＿＿＿＿ ＿★＿＿ ＿＿＿＿ ＿＿＿＿ が家事をしています。

1 かわって　　　　2 姉　　　　3 母　　　　4 に

4 A：天気予報によると、午後から雨だそうです。

B：じゃあ、＿＿＿＿ ＿＿＿＿ ＿★＿＿ ＿＿＿＿ 帰りましょう。

1 うちに　　　　2 さっさと　　　　3 ない　　　　4 雨が降ら

5 この店は年中無休で、＿＿＿＿ ＿★＿＿ ＿＿＿＿ ＿＿＿＿。

1 土日祭日も　　　　2 おります　　　　3 営業　　　　4 して

6 私が生徒会長 ＿＿＿＿ ＿＿＿＿ ＿★＿＿ ＿＿＿＿、「少数の意見にも耳を傾けること」でした。

1 として　　　　2 の　　　　3 心掛けた　　　　4 は

7 両親と ＿＿＿＿ ＿★＿＿ ＿＿＿＿ ＿＿＿＿ でしょうか。

1 決めても　　　　2 上で　　　　3 よろしい　　　　4 相談した

問題 つぎの文の ___★___ に入れるのに最もよいものを、1・2・3・4から一つえらびなさい。

1 A：仕事帰(しごとがえ)りに一杯(いっぱい)どうですか。

B：あ、すみません。今日(きょう)は仕事(しごと)が終(お)わってから中山(なかやま)さんの _____ __★__ _____ _____思(おも)いまして。

1 お見舞(みま)い 　　　2 行(い)こう 　　　3 に 　　　4 と

2 A：このかばんは何(なに)？とてもかわいいね。

B：あ、これ？環境(かんきょう)のことを考(かんが)えて、_____ _____ __★__ _____ を持(も)ち歩(ある)くようにしているんだ。

1 の 　　　2 エコバック 　　　3 かわりに 　　　4 レジ袋(ぶくろ)

3 ヨーロッパは _____ __★__ _____ _____という。

1 たかい 　　　2 にくらべて 　　　3 日本(にほん) 　　　4 消費税(しょうひぜい)が

4 A：この部屋(へや)、すごく暑(あつ)いですね。

B：たった今(いま)、エアコンを _____ _____ __★__ _____ すぐ涼(すず)しくなると思(おも)います。

1 なので 　　　2 ところ 　　　3 もう 　　　4 つけた

5 ハムスターを _____ __★__ _____ _____を知(し)った。

1 ハムスターの 　　　2 飼(か)って 　　　3 はじめて 　　　4 魅力(みりょく)

6 大学(だいがく)を _____ __★__ _____ _____ に入(はい)ることはできないです。

1 から 　　　2 大学院(だいがくいん) 　　　3 でないと 　　　4 卒業(そつぎょう)して

7 お酒(さけ)に弱(よわ)い _____、_____ __★__ _____ かまいません。

1 無理(むり) 　　　2 飲(の)まなくても 　　　3 なら 　　　4 して

해석 별책 p.30

問題　つぎの文の＿＿★＿＿に入れるのに最もよいものを、1・2・3・4から一つえらびなさい。

1　A：足、どうしたの？

　　B：それがさ、電車の中で隣に＿＿＿＿　＿＿＿＿　＿★＿＿　＿＿＿＿踏まれたんだ。

　　1　立って　　　　　2　足を　　　　　　3　いた　　　　　4　男に

2　キムさんは日本語の勉強をして、＿＿＿＿　＿★＿＿　＿＿＿＿　＿＿＿＿しているらしい。

　　1　店を　　　　　　2　と　　　　　　　3　日本で　　　　4　開こう

3　田舎暮らし＿＿＿＿　＿＿＿＿　＿★＿＿　＿＿＿＿、近所との付き合いです。

　　1　一番　　　　　　2　において　　　　3　大切な　　　　4　ことは

4　A：その荷物、＿＿＿＿　＿＿＿＿　＿★＿＿　＿＿＿＿か。

　　B：いいの？助かるよ。ありがとう。

　　1　お　　　　　　　2　持ち　　　　　　3　しましょう　　4　わたしが

5　あのホテルは一流ですから、＿＿＿＿　＿★＿＿　＿＿＿＿　＿＿＿＿。

　　1　はずが　　　　　　　　　　　　2　ない

　　3　ルームサービスが　　　　　　　4　ないです

6　A：あの人が＿＿＿＿　＿＿＿＿　＿★＿＿　＿＿＿＿が、日本語はぺらぺらでした。

　　B：アジア人って見た目では判断できませんよね。

　　1　わかりません　　2　か　　　　　　　3　日本人　　　　4　どうか

7　独身の＿＿＿＿　＿＿＿＿　＿★＿＿　＿＿＿＿してみたいです。

　　1　で　　　　　　　2　生活　　　　　　3　海外　　　　　4　うちに

問題 つぎの文の ＿★＿ に入れるのに最もよいものを、1・2・3・4から一つえらびなさい。

1 A：身分証明書を拝見してもよろしいでしょうか。

   B：あのう、＿＿＿ ＿★＿ ＿＿＿ ＿＿＿ が、これでも大丈夫ですか。

   1 持って 　　　　　 2 しか 　　　　　　 3 学生証 　　　　　 4 いません

2 A：私の ＿＿＿ ＿＿＿ ＿★＿ ＿＿＿ しまった。ごめんなさい。

   B：気にすることないよ。誰でも失敗はするんだから。

   1 なって 　　　　　 2 ことに 　　　　　 3 せいで 　　　　　 4 こんな

3 昨日は ＿＿＿ ＿★＿ ＿＿＿ ＿＿＿ 時間さえありませんでした。

   1 すぎて 　　　　　 2 忙し 　　　　　　 3 いく 　　　　　　 4 トイレに

4 A：木村という人をご存じですか。

   B：海外営業部の ＿＿＿ ＿★＿ ＿＿＿ ＿＿＿ よ。

   1 います 　　　　　 2 木村さん 　　　　 3 知って 　　　　　 4 なら

5 私は春 ＿＿＿ ＿★＿ ＿＿＿ ＿＿＿ 入ることになりました。

   1 学校 　　　　　　 2 寮に 　　　　　　 3 の 　　　　　　　 4 から

6 こちらの ＿＿＿ ＿＿＿ ＿＿＿ ＿★＿ 、プルコギやサムゲタンなど、韓国料理を習

   うことができます。

   1 文化センター 　　 2 チヂミ 　　　　　 3 をはじめ 　　　　 4 では

7 この店はうどんがメイン ＿＿＿ 、＿＿＿ ＿★＿ ＿＿＿ おにぎりも売っています。

   1 だが 　　　　　　 2 もちろん 　　　　 3 揚げ物 　　　　　 4 は

해석 별책 p.31

問題 つぎの文の ___★___ に入れるのに最もよいものを、1・2・3・4から一つえらびなさい。

1　A：吉田君、これからみんなで飲みに行くんだけど、一緒に行かない？

　　B：あ、ごめんなさい。まだ ____ ____ __★__ ____ です。先に行ってください。

　　1　終わり　　　　　2　ない　　　　　3　そうに　　　　4　仕事が

2　A：子供が寝て ____ ____、__★__ ____ くるね。

　　B：うん。子どものことは心配しないで気を付けて行ってらっしゃい。

　　1　行って　　　　　2　いる　　　　　3　スーパーに　　4　間に

3　こちらにカタログが __★__ ____、____ ____。

　　1　ので　　　　　　2　ください　　　3　ございます　　4　ごらん

4　A：清水さん、病院には行ってきましたか。

　　B：うん。薬を飲んでゆっくり ____ __★__ ____ ____ だって。

　　1　すれば　　　　　2　さえ　　　　　3　休み　　　　　4　大丈夫

5　ここは ____ ____ __★__ ____。ただし、事前の許可を得た場合は例外です。

　　1　と　　　　　　　2　おります　　　3　水泳禁止　　　4　なって

6　約束した ____、__★__ ____ ____ 必ず行きます。

　　1　あっても　　　　2　上は　　　　　3　ことが　　　　4　どんな

7　先週、____ __★__ ____ ____ なのに、画面が映らないんです。

　　1　買った　　　　　2　の　　　　　　3　ばかり　　　　4　テレビ

問題　つぎの文章を読んで、文章全体の内容を考えて 1 から 5 の中に入る最もよいものを、1・2・3・4から一つえらびなさい。

　おもちゃのメーカーがボランティアでおもちゃの病院を開いています。最近は、こわれたおもちゃを直す人は少なくなって、1 時代と言われています。けれども、物を大切にする気持ちをもっと大事にしようと思っている人も、2。

　大好きなおもちゃがこわれてしまった子どもにとっては、それを直してくれるおもちゃの専門家が、3 見えるようです。おもちゃの修理がきっかけで物を大事にする気持ちを持ってくれるなら、こんなにうれしいことはありません。

　4 切れた電気の線や折れたネジをちょっと直す昔のおもちゃと違って、今のおもちゃは直すのが難しくなりました。新しい技術を使っているからです。また、電子部品の値段が高く、修理にお金もかかります。それでも、おもちゃが直ったときに子どもたちのうれしそうな顔を見たり、「ありがとう」という明るい声を聞いたりすると、5 と思うそうです。

1

   1　買ったらすぐ捨てる　　　　　　2　こわれたら捨てる

   3　捨てずに買う　　　　　　　　　4　直さず使う

2

   1　多くないのです　　　　　　　　2　いないのです

   3　減りました　　　　　　　　　　4　少なくないのです

3

   1　神様だそう　　　　2　神様みたいで　　　3　神様のように　　　4　神様らしく

4

   1　なぜなら　　　　　2　もっとも　　　　　3　そこで　　　　　　4　それに

5

   1　直らなくて残念だ　　　　　　　2　直すのが大変だ

   3　直せてよかった　　　　　　　　4　直せばよかった

問題 つぎの文章を読んで、文章全体の内容を考えて 1 から 5 の中に入る最もよいものを、1・2・3・4から一つえらびなさい。

　図書館で本を借りて読みたいと思っても、図書館から遠いところに住んでいるひとり暮らしのお年寄りには難しい。特に地方では人口が少なくなったため、電車やバスの本数が減って利用しにくくなっている。それで、家にずっと 1 人が増えている。

　そんな人のために注文に 2 郵便局員が図書館の本を届けてくれるサービスが本田市で始まった。サービスを希望すると、月に2回、その人のところを郵便局員が訪問してくれる。リストを見せて読みたい本の希望を聞く。 3 、郵便で届けるというやり方だ。もちろん、郵送料はサービスを受ける人が払うことになる。本が読みたくても 4 人にとっては安い料金だろう。こんなサービスを自分が住む町でも始めてほしいと思う人は 5 多いに違いない。

1　いるしかない　　　　　　　　2　いることができない

3　いてもいい　　　　　　　　　4　いなくてもいい

2

1　とって　　　　2　応じて　　　　3　際して　　　　4　通じて

3

1　それでは　　　　2　すると　　　　3　そして　　　　4　さて

4

1　図書館に行く　　　　　　　　2　図書館に行けない

3　図書館に行った　　　　　　　4　図書館に行ける

5

1　とっくに　　　　2　かえって　　　　3　ほとんど　　　　4　きっと

問題　つぎの文章を読んで、文章全体の内容を考えて 1 から 5 の中に入る最もよいものを、1・2・3・4から一つえらびなさい。

　新入生のみなさん、 1 大学生活が始まりましたね。サークルはのぞいてみましたか。気に入ったサークル、入ってみたいなと思うサークルはありましたか。近くのカフェやレストランも、もうチェックしましたか。

　松下大学では１０００人以上の留学生が勉強しています。そう、そうなんです。あなたさえ 2 、大学内で 3 友だちになれるんです。いろいろな国の人と楽しく話してみませんか。 4 いろんな文化が体験できちゃうんですよ。でも、留学生はどこに?

　そんなあなたを「サークルわいわい」にご招待。１１号館の２０１号室で毎週水曜・金曜の５時から２時間、国籍や学年に関係なく楽しく 5 しています。日本語も英語もＯＫです。留学生と友だちになりたいあなた、留学を考えている君、一度見に来ませんか。

1

    1 そろそろ   2 いよいよ   3 わくわく   4 どきどき

2

    1 その気に入れば   2 その気がつけば

    3 その気がなければ   4 その気になれば

3

    1 日本中の人と   2 世界中の人と

    3 大学の先輩と   4 学生寮の人と

4

    1 日本にいなくても   2 日本に帰らなくても

    3 外国に行かなくても   4 大学に行かなくても

5

    1 交流   2 試験   3 交際   4 試合

問題　つぎの文章を読んで、文章全体の内容を考えて 1 から 5 の中に入る最もよいものを、1・2・3・4から一つえらびなさい。

　最近、働きながら資格を取るための勉強をしている人が増えているそうです。不景気が続いていて、毎日のように社員のリストラのニュースを耳にします。大企業に勤めているからといって、安心は 1 。そのため、将来に不安を感じる人や、独立しようと考える人が、資格を 2 ようです。

　しかし、働きながら勉強するのは 3 。勉強の時間を作るために、皆さん、いろいろな工夫や努力をしていることがわかりました。

　 4 、毎朝4時に起きて勉強している人や、 5 まで会社の近くの喫茶店で勉強するなど、朝の時間を活用している人もたくさんいました。また、通勤の時間を勉強の時間にしたり、グループで勉強会を開いて、お互いに励まし合いながら勉強をしたりしている人もいました。

1

   1　できたのでしょう　　　　　　　2　できるはずです

   3　できないのです　　　　　　　　4　できるはずでした

2

   1　取ろうとしている　　　　　　　2　取るためだった

   3　取ろうとしていない　　　　　　4　取るためになっている

3

   1　簡単なことでした　　　　　　　2　簡単になるでしょう

   3　簡単にはなりません　　　　　　4　簡単なことではありません

4

   1　つまり　　　　　2　たとえば　　　　3　あるいは　　　　4　そのうえ

5

   1　出勤時間　　　　2　昼休み　　　　3　仕事後　　　　4　帰宅時

問題　つぎの文章を読んで、文章全体の内容を考えて 1 から 4 の中に入る最もよいも
　　　のを、1・2・3・4から一つえらびなさい。

　「馬鹿は死ななきゃ治らない」と、よく世間で言われているが、「親ばか」
もここで言う、「ばか」の仲間に入るのだろうか。

　「親ばか」というのは、子どもを 1 、子どものこととなると何も考えら
れなくなり、ただ子どものためだけを思って、他人から見れば「 2 」とい
うようなことをしてしまう親のことである。

　浜さん夫婦には中学2年生になる息子がいる。1人息子だけに「目に入れて
も痛くない」と思うほどかわいがっている。先日この息子がスーパーでDVD
を 3 警察に捕まった。ビデオにもその様子が映っていたし、見ていた人も
何人かいたが、浜さん夫婦は「うちの子に限ってそんなことはしない。何かの
間違いだ」と言い続けたそうだ。

　浜さん夫婦は常識のあるごく普通の夫婦で、決して 4 ではない。が、そ
の人たちがこのようになってしまうのである。

　親とは本当に不思議なものである。

1

1 かわいがりすぎて   2 にくむあまり

3 かわいすぎて   4 自慢しすぎて

2

1 こうしてあんなことを   2 そうしてこんなことを

3 ああしてどんなことを   4 どうしてそんなことを

3

1 あげて   2 もらって

3 買って   4 盗んで

4

1 文句を言わない人   2 賛成をしない人

3 無理を言う人   4 無理を言わない人

2교시

독해

독해 문제는 크게 2가지 유형으로 출제된다. 하나는 독해문을 읽고 내용을 이해했는지를 묻는 내용 이해 문제이고, 또 하나는 전단지 등의 정보를 제대로 이해할 수 있는지를 묻는 정보 검색 문제이다. 내용 이해 문제는 문장 길이에 따라 단문 독해, 중문 독해, 장문 독해의 3가지 유형으로 출제되는데, 모두 에세이 등을 읽고 필자의 감정을 이해하거나 논리를 이해할 수 있는지를 묻는 문제가 출제된다.

그럼 각 문제의 출제 유형을 이해하고 학습 방법과 고득점으로 연결할 수 있는 비법을 살펴 보자.

問題 4 내용 이해 (단문)

●● 유형 분석

설명문이나 지시문 등 150~200자 정도의 짧은 글을 읽고 내용을 이해할 수 있는지를 묻는 문제이다. 각 지문당 1문항씩 출제된다.

●● 풀이 비법

주요 화제는 생활이나 일 등 일상에서 흔히 접할 수 있는 다양한 소재가 다뤄진다. 따라서 일상에 관한 다양한 글을 평소 많이 읽고 관련 어휘를 익혀 두도록 한다.

예시 문제

つぎの文章を読んで、質問に答えなさい。答えは、１・２・３・４から最もよいものを一つえらびなさい。

2024年9月3日

さくら株式会社（かぶしきがいしゃ）
営業部　御中（おんちゅう）

ABC 株式会社（かぶしきがいしゃ）
輸出入部　ヤン・イシイ

拝啓（はいけい）
　わが社は、日本のアクセサリーやバッグ、くつなどを過去10年以上アジア各国に輸出しております。

先日、さくら株式会社様のホームページ上にて新しいバッグのカタログを拝見しました。ぜひ輸出を検討したく思いますので、最新のバッグのカタログと価格表を今月中に送っていただけないでしょうか。

よろしくお願いいたします。

---

1 この手紙の中の会社について、正しいのはどれか。

1 「さくら株式会社」は、各国から輸入したバッグを日本で10年以上売っている。

2 「さくら株式会社」は、バッグを輸出するかどうか検討し、今月中に返事をする。

3 「ABC株式会社」は、アジア各国の最新バッグをホームページで紹介している。

4 「ABC株式会社」は、「さくら株式会社」にバッグのカタログと価格表を頼んだ。

해석 및 해설

2024년 9월 3일

사쿠라 주식회사
영업부 귀중

ABC주식회사
수출입부 얀·이시이

배계
　저희 회사는 일본의 액세서리와 가방, 구두 등을 과거 10년 이상 아시아 각국에 수출하고 있습니다.
　요전에 사쿠라 주식회사의 홈페이지상에서 새로운 가방 카탈로그를 보았습니다. 꼭 수출을 검토하고 싶다고 생각하오니, 최신 가방 카탈로그와 가격표를 이달 중으로 보내 주시지 않겠습니까?
　잘 부탁드립니다.

1 이 편지 속 회사에 대해 맞는 것은 어느 것인가?

1 '사쿠라 주식회사'는 각국에서 수입한 가방을 일본에서 10년 이상 팔고 있다.

2 '사쿠라 주식회사'는 가방을 수출할지 여부를 검토해서 이달 중으로 답변을 한다.

3 'ABC 주식회사'는 아시아 각국의 최신 가방을 홈페이지에서 소개하고 있다.

4 'ABC 주식회사'는 '사쿠라 주식회사'에 가방 카탈로그와 가격표를 부탁했다.

↘ 단문 내용을 이해하고 있는지 묻는 문제이다. 이 글은 'ABC 주식회사'가 '사쿠라 주식회사'에 보낸 카탈로그와 가격표 요청서이다. '사쿠라 주식회사'는 가방을 제작하는 일본 내 회사이고, 'ABC 주식회사'는 일본 국내의 가방 등을 아시아 각국에 수출하는 회사이다. 따라서 정답은 4번이다.

●● 유형 분석

설명문이나 수필 등 350자 정도의 글을 읽고 키워드와 인과 관계 등을 이해할 수 있는지 묻는 문제이다. 각 지문당 3문항씩 출제된다.

●● 풀이 비법

내용을 이해하고 키워드 등 포인트를 파악하는 게 중요하다. 평소 글을 읽을 때 그 글의 키워드가 무엇인지, 글쓴이가 말하고자 하는 것이 무엇인지 등 포인트를 파악하면서 읽는 연습을 하자. 해당되는 문장이나 키워드에 밑줄을 쳐 가며 연습을 하는 것도 도움이 될 것이다.

예시 문제

つぎの文章を読んで、質問に答えなさい。答えは、1・2・3・4から最もよいものを一つえらびなさい。

　　海外旅行をするときの一般的な方法には、ガイドと一緒の「パック旅行」があるが、フリーツアー(※1)というものもある。

　　パック旅行は、目的地までの往復の交通や宿泊、観光などがパッケージ(※2)になっているので、そのように呼ばれている。すべてが決められているので、大変便利だが、団体行動をしなければならない。もっとゆっくり見たいなと思うような場所でも、決められたスケジュールにしばられる。

　　その点、フリーツアーは往復の交通手段と宿泊先が決められているだけで、それ以外は自由＝フリーだ。目的地での行動を自由に決めて、移動に必要な鉄道やバスなどの切符もいっしょに申し込むことができる。ただ、フリーツアーでも注意しなければならない点がある。一度ツアー料金を払ってしまったら、往復の飛行機やホテルは変えられないし、キャンセルする場合は出発日の3週間も前からキャンセル料を取られてしまう。自分なりの計画をきちんと立てて、自由な旅を楽しもう。

（※1）ツアー：旅行のこと
（※2）パッケージ：関係あるものを一つにまとめたもの

---

1 ガイドと一緒の「パック旅行」のいい点はどんなところだと言っているか。

1 交通手段、宿泊先、予定などを自分で決めなくてもいいこと

2 他の旅行客と一緒に見て回れるので、友人が作れること

3 ガイドが一緒に行ってくれるので、くわしい説明が聞けること

4 ゆっくり見たいときには時間をのばしてゆっくり見られること

2 「フリーツアー」のいい点はどんなところだと言っているか。

　　1　団体で行動して他の旅行客と一緒に楽しく旅行できること

　　2　宿泊先が決まっているので、ホテルをさがす必要がないこと

　　3　時間にしばられないで、行きたい場所を自由に見て回れること

　　4　決められたスケジュールにしたがってゆっくり観光できること

3 「フリーツアー」で注意しなければならない点はどんなことだと言っているか。

　　1　料金を支払った後は、往復の交通手段と宿泊先は変えられないこと

　　2　鉄道やバスなどの切符は、目的地で自分で買わなければならないこと

　　3　ガイドがいないから、観光するときに道に迷うかもしれないこと

　　4　宿泊先が決まっていないので、ホテルをさがさなければならないこと

해석 및 해설 |

　　해외여행을 할 때의 일반적인 방법에는 가이드와 함께하는 '패키지 여행'이 있는데, 자유 여행이라는 것도 있다.

　　패키지 여행은 목적지까지의 왕복 교통과 숙박, 관광 등이 패키지로 되어 있기 때문에 그렇게 불리고 있다. 모든 것이 정해져 있기 때문에 대단히 편리하지만 단체 행동을 해야만 한다. 좀 더 느긋하게 보고 싶다고 생각하는 장소에서도 정해진 스케줄에 얽매인다.

　　그 점이 자유 여행은 왕복 교통 수단과 숙박지가 정해져 있을 뿐이고, 그 이외는 자유=프리이다. 목적지에서의 행동을 자유롭게 정하고, 이동에 필요한 철도나 버스 등의 표도 함께 신청할 수 있다. 단, 자유 여행에서도 주의해야만 하는 점이 있다. 한번 여행 요금을 지불하면 왕복 비행기와 호텔은 변경할 수 없고, 취소하는 경우는 출발일 3주나 전부터 취소료를 뜯긴다. 자기 나름의 계획을 제대로 세워서 자유로운 여행을 즐기자.

　　(※1) 투어 : 여행

　　(※2) 패키지 : 관계있는 것을 하나로 모은 것

---

1 가이드와 함께하는 '패키지 여행'의 장점은 어떤 점이라고 말하고 있는가?

　　1　교통 수단, 숙박지, 예정 등을 자신이 정하지 않아도 되는 것

　　2　다른 여행객과 함께 보고 돌아다닐 수 있으므로 친구를 만들 수 있는 것

　　3　가이드가 함께 가 주기 때문에 자세한 설명을 들을 수 있는 것

　　4　느긋하게 보고 싶을 때에는 시간을 늘여서 느긋하게 볼 수 있는 것

↳　글쓴이는 패키지 여행의 장점으로는 교통과 숙박, 관광 등 모든 것이 정해져 있는 것을, 단점으로는 단체 행동과 정해진 스케줄에 따라 행동해야 하는 것을 들고 있다. 따라서 정답은 1번이다.

2 '자유 여행'의 장점은 어떤 점이라고 말하고 있는가?

　　1　단체로 행동해서 다른 여행객과 함께 즐겁게 여행할 수 있는 것

　　2　숙박지가 정해져 있으므로 호텔을 찾을 필요가 없는 것

　　3　시간에 얽매이지 않고 가고 싶은 장소를 자유롭게 보고 돌아다닐 수 있는 것

　　4　정해진 스케줄에 따라서 느긋하게 관광할 수 있는 것

↳　글쓴이는 패키지 여행의 단점을 자유 여행의 장점이라고 말하고 있다. 즉 시간에 얽매이지 않고, 목적지에서의 행동을 자유롭게 정할 수 있다는 것을 자유 여행의 장점이라고 말하고 있다. 따라서 정답은 3번이다.

  1 요금을 지불한 후에는 왕복 교통 수단과 숙박지는 바꿀 수 없는 것

  2 철도와 버스 등의 표는 목적지에서 직접 사야만 하는 것

  3 가이드가 없으므로 관광할 때에는 길을 잃을지도 모르는 것

  4 숙박지가 정해져 있지 않으므로 호텔을 찾아야만 하는 것

↘ 글 후반부에서 자유 여행의 주의사항에 대해 말하고 있다. 일단 결제하고 난 뒤에는 비행기 표나 숙소를 바꾸기 힘들고, 취소하게 되면 아무리 오래 전에 취소를 하더라도 별도의 취소 수수료를 내야 한다는 점을 주의해야 한다고 말하고 있다. 따라서 정답은 1번이다.

問題 6   내용 이해 (장문)

● ● 유형 분석

해설문이나 수필, 편지 등 550자 정도의 긴 글을 읽고 개요와 논리의 전개 등을 이해할 수 있는지 묻는 문제가 출제된다. 1개의 지문에서 총 4문항이 출제된다.

● ● 풀이 비법

문장은 길지만 지시어가 가리키는 것이 구체적으로 무엇인지 등, 그 문장이 전달하고자 하는 요점을 묻는 문제가 출제된다. 따라서 평소 글을 읽을 때 넓게는 전체적인 내용을 파악하고, 세부적으로는 지시어 등이 가리키는 내용이 무엇인지에 대해 생각하면서 글 읽는 연습을 하도록 한다.

예시 문제

つぎの文章を読んで、質問に答えなさい。答えは、１・２・３・４から最もよいものを一つえらびなさい。

玉ねぎを切るとき、涙が出て困った経験はだれにでもあるだろう。①涙が出る原因は、玉ねぎの中に入っている「アリシン」である。アリシンは、常温で空気中に出ていく性質があり、玉ねぎを切るときに飛び出す。そして、呼吸したりするときに体の中に入ってきて、涙を出させるのである。

では、これを防ぐにはどうしたらいいだろうか。以下のような方法がある。

  A 台所の換気扇をつける。

  B 鼻にティッシュペーパーをつめる。

  C 玉ねぎをいくつかに切って水につけておく。

  D 玉ねぎを冷蔵庫に入れて冷やしておく。

  E 包丁に熱湯をかけてから切る。

  F 玉ねぎを電子レンジで温めておく。

これらの方法は二つのタイプに分けられる。一つは、②空気中に出たアリシンが体に入るのを防ぐタイプである。もう一つは、アリシンが空気中に出るのを防ぐタイプで、こちらはアリシンの性質を利用する方法だ。アリシンには、水に溶けやすい、冷たいと外に出にくい、熱で壊れやすい、という性質がある。玉ねぎを冷やしたり、熱い包丁を使ったりするのは、少し時間が経つと効果がなくなる。これに対して、玉ねぎを水につけておいたり、③レンジで温めたりするやり方は、効果が高いようだ。

　しかし、実はアリシンは体にいいものなのだ。そのため水に流れ出たり、熱で壊れたりしてしまうと涙は出にくくなるが、アリシンが減ってしまうという欠点がある。これらのことを考えて、④一番いいと思う方法を選ぶといいだろう。

（※１）玉ねぎ：野菜の名前
（※２）常温：15度から25度ぐらいの気温
（※３）性質：物がもっている性格や特徴

1　①涙が出る原因は、玉ねぎの中に入っている「アリシン」であるとあるが、玉ねぎを切っているとき、涙が出てくるのはどうしてか。

1　目から「アリシン」が少しずつ体の中に入ってきて、目が痛くなってくるから。
2　「アリシン」が流れ出た空気を吸っていると、だんだん呼吸がしにくくなるから。
3　「アリシン」が体に入ってきて、体の中の悪いものを涙で外に出そうとするから。
4　息を吸うことで空気中の「アリシン」が体の中に入り、それが涙を出させるから。

2　②空気中に出たアリシンが体に入るのを防ぐタイプとあるが、これは文章の中のどの方法か。

1　A
2　AとB
3　AとBとC
4　AとBとCとD

3　③レンジで温めたりするやり方とあるが、この方法の特徴について正しく説明しているのはどれか。

1　涙は出にくくなるが、アリシンが壊されるという欠点がある。
2　アリシンが熱で少なくなるので、この方法はやらない方がいい。
3　効果はとても高いが、アリシンが水の中に流れ出る心配がある。
4　アリシンの熱に弱い性質を利用していて、一番いい方法である。

④<u>一番いいと思う方法を選ぶといいだろう</u>とあるが、ここで言いたいことはどんなことか。

1 涙を完全に出なくする方法はまだない。いい方法を知っていたら教えてほしい。

2 ６つの方法の中には一つだけいい方法があるので、自分で実験して調べてほしい。

3 最後に紹介(しょうかい)した方法が一番効果(こうか)があるので、一度その方法をやってみてほしい。

4 紹介(しょうかい)した方法にはいい点も悪い点もある。自分に合う方法を見つけてほしい。

해석 및 해설 |

양파를 자를 때, 눈물이 나서 곤란했던 경험은 누구에게나 있을 것이다. ①눈물이 나는 원인은 양파 속에 들어 있는 '알리신'이다. 알리신은 상온에서 공기 중으로 나가는 성질이 있어, 양파를 자를 때 튀어나온다. 그리고 호흡하거나 할 때에 몸 속으로 들어와서 눈물이 나게 하는 것이다.

그럼 이것을 막기 위해서는 어떻게 하면 될까? 다음과 같은 방법이 있다.

　A　부엌의 환기팬을 켠다.

　B　코에 티슈를 틀어막는다.

　C　양파를 몇 개로 잘라 물에 담가 둔다.

　D　양파를 냉장고에 넣어 차게 해 둔다.

　E　부엌칼에 뜨거운 물을 끼얹은 후 자른다.

　F　양파를 전자레인지로 데워 둔다.

이들 방법은 두 가지 타입으로 나뉜다. 하나는, ②공기 중에 나온 알리신이 몸에 들어가는 것을 막는 타입이다. 다른 하나는, 알리신이 공기 중에 나오는 것을 막는 타입으로, 이것은 알리신의 성질을 이용하는 방법이다. 알리신에는, 물에 녹기 쉽다, 차가우면 밖으로 나오기 힘들다, 열에 파괴되기 쉽다, 라는 성질이 있다. 양파를 차게 하거나 뜨거운 부엌칼을 사용하거나 하는 것은, 시간이 조금 지나면 효과가 사라진다. 이에 반해, 양파를 물에 담가 두거나 ③레인지로 데우거나 하는 방법은 효과가 높은 것 같다.

그러나 사실은 알리신은 몸에 좋은 물질이다. 그 때문에 물에 녹아 나오거나 열에 파괴되어버리면 눈물은 잘 나오지 않게 되지만, 알리신이 감소해 버린다는 결점이 있다. 이런 것들을 고려해서 ④가장 좋다고 생각하는 방법을 고르면 좋을 것이다.

(※1) 양파 : 야채 이름

(※2) 상온 : 15도에서 25도 정도의 기온

(※3) 성질 : 물건이 갖고 있는 성격이나 특징

---

1 ① 눈물이 나는 원인은 양파 속에 들어 있는 '알리신'이다라고 쓰여 있는데, 양파를 자를 때 눈물이 나는 것은 어째서인가?

　1　눈을 통해 '알리신'이 조금씩 몸속에 들어와서 눈이 아파져 오므로

　2　'알리신'이 흘러나온 공기를 들이마시면 점점 호흡이 하기 힘들어지므로

　3　'알리신'이 몸에 들어와서 몸속의 나쁜 것을 눈물로 밖으로 내보내려고 하므로

　4　숨을 쉬면 공기 중의 '알리신'이 몸속에 들어가고, 그것이 눈물을 나게 하므로

↘　상온에서 공기 중에 녹은 알리신을 사람이 호흡을 하면서 들이마시기 때문이다. 따라서 정답은 4번이다.

2 ② 공기 중에 나온 알리신이 몸에 들어가는 것을 막는 타입이라고 쓰여 있는데, 이것은 글 속의 어느 방법인가?

　1　A　　　　　2 A와 B　　　　　3 A와 B와 C　　　　　4 A와 B와 C와 D

↘　알리신을 들이마시기 전에 환기를 시키거나 코를 막아 호흡할 때 알리신이 들어가는 것을 막는 타입을 찾으면 된다. 따라서 정답은 2번.

3 ③ 레인지로 데우거나 하는 방법이라고 쓰여 있는데, 이 방법의 특징에 대해 옳게 설명하고 있는 것은 어느 것인가?

1 눈물은 잘 나오지 않게 되지만 알리신이 파괴된다는 결점이 있다.

2 알리신이 열로 감소하므로 이 방법은 쓰지 않는 것이 좋다.

3 효과는 매우 높지만 알리신이 물속으로 흘러나올 염려가 있다.

4 알리신이 열에 약한 성질을 이용하고 있으므로 가장 좋은 방법이다.

↘ 알리신은 열에 파괴되기 쉬운 성질이 있기 때문에 레인지로 데우면 눈물은 나지 않게 되지만, 몸에 좋은 성분인 알리신이 파괴된다는 결점이 있다. 따라서 정답은 1번이다.

4 ④ 가장 좋다고 생각하는 방법을 고르면 좋을 것이라고 쓰여 있는데, 여기에서 말하고 싶은 것은 어떤 것인가?

1 눈물을 완전히 나지 않게 하는 방법은 아직 없다. 좋은 방법을 알고 있으면 가르쳐 주기 바란다.

2 여섯 가지 방법 중에는 좋은 방법이 하나만 있으므로 직접 실험해서 찾기 바란다.

3 마지막으로 소개한 방법이 가장 효과가 있으니, 그 방법을 한번 해 보기 바란다.

4 소개한 방법에는 좋은 점도 나쁜 점도 있다. 자신에게 맞는 방법을 찾기 바란다.

↘ 알리신은 눈물이 나게 하는 단점이 있지만, 몸에 좋은 성분이라는 장점도 있으므로, 이런 부분들을 잘 판단해서 최선의 방법을 고르라는 의미이다. 따라서 정답은 4번이다.

問題 7　정보 검색

●● 유형 분석

600자 정도의 광고나 팸플릿 등 실생활에서 흔히 접하는 안내문 등을 읽고 필요한 정보를 찾아낼 수 있는지를 묻는 문제가 출제된다. 1개의 지문에서 총 2문항이 출제된다.

●● 풀이 비법

긴 글이 아니므로 깊이 있게 읽을 필요는 없지만 한자와 어휘 지식이 없으면 어렵게 느껴질 것이다. 일본어를 일상생활에서 얼마나 쓸 수 있는지를 알아보는 문제라고 할 수 있다. 평소에 광고지나 팸플릿 등을 보면서 중요하다고 생각하는 부분에 밑줄을 치는 등, 많은 정보 중에서 필요한 것을 골라내는 연습을 하는 게 도움이 될 것이다.

예시 문제

つぎの文章^{ぶんしょう}は、クラスで日本語を学ぶ人を募集するための案内である。下の質問に答えなさい。答えは、１・２・３・４から最もよいものを一つえらびなさい。

> ユリナさんは、市民センターで日本語を勉強したいと考えています。できれば漢字も勉強したいと思っています。
> ユリナさんの仕事は８時から５時までで、お休みは毎週水曜日と日曜日です。

1 ユリナさんが、とることのできるクラスはどれか。

1 （1）と（6）

2 （2）と（5）

3 （3）と（6）

4 （4）と（5）

2 ユリナさんは、何月何日までに申し込まなければならないか。

1 4月5日

2 4月8日

3 4月10日

4 9月14日

外国人のみなさん、日本語を勉強しませんか

- 場所　　　市民センター
- 先生　　　国際交流しよう市民の会
- 申込方法　3月1日から4月5日までの間に、申込書に必要なことを書いて、市民センターに出してください。申込書は、市民センターにおいてあります。
- 説明会　　4月8日（日）の午前11時から市民センターで、説明会をします。
- 期間　　　授業は4月10日（火）〜9月14日（金）です。
- 費用　　　テキスト代だけ払ってください。
- 時間割

クラス名	曜日	午前 （10時〜11時30分）	午後 （13時〜14時30分）	夜 （19時〜20時30分）
（1）会話 A	火			○
（2）会話 B	水		○	
（3）日本語 A	木			○
（4）日本語 B	金	○		
（5）漢字 A	土		○	
（6）漢字 B	日	○		

［注意］

・AとBの内容は同じです。

・「漢字」のクラスをとる人は、「日本語」のクラスもとってください。

> 유리나 씨는 시민센터에서 일본어를 공부하고 싶다고 생각하고 있습니다. 가능하면 한자도 공부하고 싶다고 생각하고 있습니다.
> 유리나 씨의 일은 8시부터 5시까지로, 휴일은 매주 수요일과 일요일입니다.

1 유리나 씨가 선택할 수 있는 클래스는 어느 것인가?

1　(1)과 (6)
2　(2)와 (5)
3　(3)과 (6)
4　(4)와 (5)

↘　유리나 씨가 공부하고 싶어하는 것은 일본어와 한자이며, 공부를 할 수 있는 시간은 평일 오전 8시 이전과 오후 5시 이후, 그리고 휴일인 수요일과 일요일이다. 따라서 정답은 3번이다.

2 유리나 씨는 몇 월 며칠까지 신청해야 하는가?

1　4월 5일
2　4월 8일
3　4월 10일
4　9월 14일

↘　신청 기간은 3월 1일부터 4월 5일까지이다. 따라서 정답은 1번이다.

외국인 여러분, 일본어를 공부하지 않겠습니까?

- 장소 … 시민센터
- 교사 … 국제교류합시다 시민모임
- 신청 방법 … 3월 1일부터 4월 5일까지 사이에, 신청서에 필요한 것을 써서 시민센터에 제출해 주세요. 신청서는, 시민센터에 비치되어 있습니다.
- 설명회 … 4월 8일(일) 오전 11시부터 시민센터에서 설명회를 합니다.
- 기간 … 수업은 4월 10일(화)~9월 14일(금)입니다.
- 비용 … 교재값만 내주세요.
- 시간표

클래스명	요일	오전 (10시~11시 30분)	오후 (13시~14시 30분)	밤 (19시~20시 30분)
(1) 회화 A	화			○
(2) 회화 B	수		○	
(3) 일본어 A	목			○
(4) 일본어 B	금	○		
(5) 한자 A	토		○	
(6) 한자 B	일	○		

[주의]
· A와 B의 내용은 같습니다.
· '한자' 클래스를 선택하는 사람은 '일본어' 클래스도 선택해 주세요.

2 주제별 독해 필수 어휘

❶ 지시문

えらぶ	고르다
質問に答える	질문에 답하다
つぎ	다음
文章を読む	문장을 읽다
最も	가장
よいもの	알맞은 것

❷ 자연현상

雨・雪が降る	비/눈이 내리다
雨・雪が止む	비/눈이 그치다
大雨/洪水	폭우/홍수
温度が下がる	온도가 내려가다
火災	화재
風が吹く・止む	바람이 불다/멎다
災害	재해
地震が起こる	지진이 발생하다
湿度が低い・高い	습도가 낮다/높다
台風が近づく・来る	태풍이 접근하다/오다
大地震・大震災	대지진
津波	쓰나미

土砂災害	산사태
霜が降りる	서리가 내리다
霧が晴れる・出る	안개가 걷히다/피다
雪崩	눈사태
雪が溶ける	눈이 녹다
光がさす	빛이 비치다
揺れる	흔들리다

❸ 일상생활

愛情	애정
預ける	맡기다
洗う/水洗いする	씻다/헹구다
アレルギーが起こる	알레르기가 일어나다
案内	안내
犬嫌い	개를 싫어하는 사람
犬・猫を愛する	개/고양이를 좋아하다
いやになる	싫어지다
運転する	운전하다
追い越す	추월하다, 앞지르다
大怪我をさせる	큰 상처를 입히다
回収	회수

□ 快適 (かいてき)	쾌적	□ 締める (し)	매다, 묶다
□ 飼い主 (か ぬし)	주인	□ 地面に倒れる (じ めん たお)	땅에 넘어지다
□ 確認票 (かくにんひょう)	확인표	□ 省エネ (しょう)	에너지 절약
□ 勝手に行動する (かって こうどう)	제멋대로 행동하다	□ 捨てる (す)	버리다
□ 可燃ごみ (か ねん)	타는 쓰레기	□ スピードを出す (だ)	속도를 내다
□ 我慢する (が まん)	참다	□ 座り込む (すわ こ)	주저 앉다
□ 紙くず (かみ)	휴지, 종이 부스러기	□ 粗大ごみ (そ だい)	대형 쓰레기
□ 体を守る (からだ まも)	몸을 지키다	□ ぞっとする	오싹하다
□ 危険を予測する (き けん よ そく)	위험을 예측하다	□ 町内会 (ちょうないかい)	반상회
□ 規則を守る (き そく まも)	규칙을 지키다	□ ～点 (てん)	～점
□ キャップを外す (はず)	뚜껑을 제거하다	□ 透明の袋 (とうめい ふくろ)	투명 봉투
□ 気をつける / 注意する (き ちゅう い)	주의하다	□ 道路が狭い (どう ろ せま)	도로가 좁다
□ 暮らす (く)	생활하다, 살다	□ 通り過ぎる (とお す)	지나가다
□ 車にはねられる (くるま)	차에 치이다	□ 投げ出される (な だ)	내던져지다
□ 玄関前に出す (げんかんまえ だ)	현관 앞에 내놓다	□ 生ごみ (なま)	음식물 쓰레기
□ 公園 (こうえん)	공원	□ 走る (はし)	달리다
□ ごみ処理券 (しょ り けん)	쓰레기 처리권	□ 貼る (は)	붙이다
□ ごみの収集 (しゅうしゅう)	쓰레기 수거	□ 半透明の袋 (はん とうめい ふくろ)	반투명 봉투
□ ごみの仕分け方 (し わ かた)	쓰레기 분리 방법	□ ハンドルを切る (き)	핸들을 꺾다
□ 散歩する (さん ぽ)	산책하다	□ 被害を与える・受ける (ひ がい あた う)	피해를 주다/입다
□ 資源ごみ (し げん)	재활용 쓰레기	□ 引っ張る (ひ ぱ)	팽팽하게 당기다
□ 資源プラスチック (し げん)	재활용 플라스틱	□ ひもで縛る (しば)	끈으로 묶다
□ 事故にあう (じ こ)	사고를 당하다	□ 不注意 (ふ ちゅう い)	부주의
□ しつける	예의범절을 가르치다	□ ぶつかる	부딪치다
□ 自転車に乗る (じ てんしゃ の)	자전거를 타다	□ 不燃ごみ (ふ ねん)	안 타는 쓰레기

☐ 不要になる <ruby>不<rt>ふ</rt></ruby><ruby>要<rt>よう</rt></ruby>になる	필요 없어지다		☐ <ruby>体<rt>からだ</rt></ruby>にいい・よい	몸에 좋다
☐ プラマーク	플라스틱 회수 기호		☐ カロリーが<ruby>高<rt>たか</rt></ruby>い	칼로리가 높다
☐ ブレーキをかける	브레이크를 밟다		☐ <ruby>換気扇<rt>かんきせん</rt></ruby>をつける	환풍기를 켜다
☐ <ruby>分別<rt>ぶんべつ</rt></ruby>	분별, 분리		☐ <ruby>牛乳<rt>ぎゅうにゅう</rt></ruby>	우유
☐ ペット	애완동물		☐ きゅうり	오이
☐ ペットボトルを<ruby>出<rt>だ</rt></ruby>す	페트병을 내놓다		☐ <ruby>細<rt>こま</rt></ruby>かく<ruby>切<rt>き</rt></ruby>る	잘게 썰다
☐ <ruby>別<rt>べつ</rt></ruby>に<ruby>出<rt>だ</rt></ruby>す	따로 내놓다		☐ さっぱりした<ruby>味<rt>あじ</rt></ruby>	개운한 맛, 깔끔한 맛
☐ <ruby>歩行者<rt>ほこうしゃ</rt></ruby>	보행자		☐ さつまいも / じゃがいも	고구마/감자
☐ <ruby>歩道<rt>ほどう</rt></ruby>	보도		☐ <ruby>砂糖<rt>さとう</rt></ruby>・<ruby>酒<rt>さけ</rt></ruby>を<ruby>入<rt>い</rt></ruby>れる	설탕/술을 넣다
☐ <ruby>迷惑<rt>めいわく</rt></ruby>をかける	폐를 끼치다		☐ <ruby>皿<rt>さら</rt></ruby>にしく・のせる	접시에 깔다/담다
☐ <ruby>面倒<rt>めんどう</rt></ruby>を<ruby>見<rt>み</rt></ruby>る	보살피다, 돌보다		☐ しいたけ / まいたけ	표고버섯/잎새버섯
☐ <ruby>持<rt>も</rt></ruby>ち<ruby>込<rt>こ</rt></ruby>む	갖고 들어오다, 반입하다		☐ <ruby>塩<rt>しお</rt></ruby> / こしょうをかける	소금/후추를 치다
☐ <ruby>容器<rt>ようき</rt></ruby>	용기		☐ <ruby>時間<rt>じかん</rt></ruby>が<ruby>経<rt>た</rt></ruby>つ	시간이 지나다
☐ ラベルを<ruby>取<rt>と</rt></ruby>る	라벨을 제거하다		☐ <ruby>常温<rt>じょうおん</rt></ruby>	상온
☐ リサイクル	재활용		☐ <ruby>専門家<rt>せんもんか</rt></ruby>	전문가
☐ ルールを<ruby>守<rt>まも</rt></ruby>る	규칙을 지키다		☐ そろう	구비하다, 갖추다
❹ 요리			☐ <ruby>大根<rt>だいこん</rt></ruby>	무
☐ あげる	튀기다		☐ <ruby>台所<rt>だいどころ</rt></ruby>	부엌
☐ <ruby>味<rt>あじ</rt></ruby>わう	맛보다		☐ たっぷり<ruby>取<rt>と</rt></ruby>る	충분히 섭취하다
☐ <ruby>油<rt>あぶら</rt></ruby>っこい<ruby>味<rt>あじ</rt></ruby>	느끼한 맛		☐ たまご	계란
☐ <ruby>油<rt>あぶら</rt></ruby>でいためる	기름에 볶다		☐ <ruby>玉<rt>たま</rt></ruby>ねぎ / ねぎ	양파/파
☐ うす<ruby>味<rt>あじ</rt></ruby>	담백한 맛		☐ <ruby>調味料<rt>ちょうみりょう</rt></ruby>	조미료
☐ <ruby>栄養不足<rt>えいようぶそく</rt></ruby>	영양 부족		☐ <ruby>次々<rt>つぎつぎ</rt></ruby>と	차례대로, 잇따라
☐ <ruby>選<rt>えら</rt></ruby>び<ruby>方<rt>かた</rt></ruby>	고르는 방법		☐ <ruby>作<rt>つく</rt></ruby>り<ruby>方<rt>かた</rt></ruby> / レシピ	만드는 법/레시피
☐ かぼちゃ	호박		☐ <ruby>手作<rt>てづく</rt></ruby>り	손으로 만듦

□ 電子レンジで温める	전자레인지에 데우다
□ トマト	토마토
□ ナイフで手を切る	칼에 손을 베다
□ 煮る	삶다, 끓이다, 조리다
□ にんじん	당근
□ 熱で壊れる	열에 파괴되다
□ 熱湯をかける	뜨거운 물을 붓다
□ バランスがいい	밸런스가 좋다
□ バランスが取れる	밸런스가 맞다
□ バランスを取る	밸런스를 맞추다
□ 冷やす	식히다, 차게 하다
□ 太る / やせる	살찌다 / 마르다
□ フライパンで焼く	프라이팬에 굽다
□ ブロッコリー	브로콜리
□ 包丁を使う	칼을 쓰다
□ ほうれん草	시금치
□ まぜる	섞다
□ 丸い形・しかくにする	둥근 모양 / 사각으로 하다
□ 水につける	물에 담그다
□ 水に溶ける	물에 녹다
□ むす	찌다
□ もやし	콩나물
□ やわらかくなる	부드러워지다
□ 夕飯を作る	저녁밥을 짓다
□ ゆでる	데치다, 삶다

□ 冷蔵庫に入れる	냉장고에 넣다
□ レタス / キャベツ	양상추 / 양배추
□ レモン汁をかける	레몬즙을 뿌리다

❺ 스포츠

□ 合気道	합기도
□ 足が速い	발이 빠르다
□ 〜位	〜위
□ 打つ	치다
□ 応援	응원
□ 勝ち進む	진출하다
□ 勝つ / 負ける	이기다 / 지다
□ 〜が得意だ	〜을 잘하다, 〜이 특기이다
□ 観戦	관전
□ がんばる	힘내다, 열심히 하다
□ 競技場	경기장
□ 競争する	경쟁하다
□ ゲーム	게임
□ 決勝	결승
□ 蹴る	차다
□ 剣道	검도
□ 国籍	국적
□ ゴルフ	골프
□ 転ぶ	구르다
□ サッカー	축구
□ 試合	시합

☐ 指導者を育てる	지도자를 기르다	
☐ 柔道	유도	
☐ 出場する	출전하다	
☐ 上手 / 下手	잘함/못함	
☐ 水泳	수영	
☐ セット	세트	
☐ 大会を行う	대회를 실시하다	
☐ 対象とする	대상으로 하다	
☐ 倒れる	넘어지다	
☐ 卓球	탁구	
☐ 男女	남녀	
☐ 調子が悪い	컨디션이 나쁘다	
☐ テニス	테니스	
☐ トーナメント	토너먼트	
☐ 取る / 取られる	뺏다/빼앗기다	
☐ 投げる	던지다	
☐ 入場する	입장하다	
☐ 入場料金を払う	입장료를 지불하다	
☐ 走しる	달리다	
☐ バスケット(バスケ)	농구	
☐ ファン	팬	
☐ まず / 続いて / 最後に	우선/이어서/마지막으로	
☐ マラソン	마라톤	
☐ 野球	야구	
☐ 野球場	야구장	

☐ 優勝する	우승하다	

⑥ 여가 생활

☐ インターネットで調べる	인터넷으로 조사하다	
☐ 映画 / 演劇	영화/연극	
☐ お土産 / お土産物屋	기념품/기념품점	
☐ ガイド	가이드	
☐ 観覧する / 見る	관람하다/보다	
☐ 計画を立てる	계획을 세우다	
☐ 時間にしばられる	시간에 얽매이다	
☐ 時間をのばす	시간을 늘리다	
☐ 写真を撮る / 撮影する	사진을 찍다/촬영하다	
☐ 集合 / 解散	집합/해산	
☐ 自由時間	자유 시간	
☐ 渋滞 / 道が込む	정체/길이 막히다	
☐ 宿泊 / 宿泊先	숙박/숙박지	
☐ 出発 / 到着	출발/도착	
☐ 団体旅行	단체 여행	
☐ パック旅行(パッケージ)	단체 여행(패키지 여행)	
☐ 団体割引	단체 할인	
☐ チケットを買う	티켓을 사다	
☐ 昼食 / お昼	점심 식사	
☐ 乗り遅れる	(차를) 놓치다	
☐ 人込み	인파	
☐ フリーツアー	자유 여행	
☐ ホテルを探す	호텔을 찾다	

枚数（まいすう）	매수, 장수	完成する（かんせい）	완성하다
前売り / 予約（まえう / よやく）	예매 / 예약	技術（ぎじゅつ）	기술
目的地 / 旅先（もくてきち / たびさき）	목적지 / 여행지	喫煙所（きつえんじょ）	흡연실
旅行 / 旅 / 観光（りょこう / たび / かんこう）	여행, 관광	キャンセルする	취소하다

❼ 비즈니스

		興味を持つ（きょうみ / も）	관심을 갖다
あきらめる	포기하다	検討する（けんとう）	검토하다
頭を下げる（あたま / さ）	고개를 숙이다	濃い / 薄い（こ / うす）	진하다 / 흐리다
Eメールを送る（おく）	이메일을 보내다	広告（こうこく）	광고
受け付ける（う / つ）	접수하다	後日（ごじつ）	훗날
営業部（えいぎょうぶ）	영업부	コピー機（き）	복사기
影響を与える（えいきょう / あた）	영향을 주다	今回（こんかい）	금회, 이번
応募（おうぼ）	응모	最新型（さいしんがた）	최신형
オープンする	오픈하다	採用（さいよう）	채용
お知らせ（し）	공지, 소식	参加する / 不参加となる（さんか / ふさんか）	참가하다 / 불참하다
お勤め（つと）	근무지, 직업	～次第（しだい）	～하는 대로
御社（おんしゃ）	귀사	指定日（していび）	지정일
御中（おんちゅう）	귀중	社員そろって（しゃいん）	사원 모두
会議室（かいぎしつ）	회의실	写真付き（しゃしんつ）	사진 부착
下記のとおり（かき）	아래와 같이	修理する / 直す（しゅうり / なお）	수리하다 / 고치다
各位（かくい）	여러분	私用（しよう）	사적인 볼일, 사사로이 씀
拡大 / 縮小（かくだい / しゅくしょう）	확대 / 축소	条件（じょうけん）	조건
画質（がしつ）	화질	情報（じょうほう）	정보
カタログ	카탈로그	証明書（しょうめいしょ）	증명서
株式会社（かぶしきがいしゃ）	주식회사	書類に記入する（しょるい / きにゅう）	서류에 기입하다
関心が高い（かんしん / たか）	관심이 높다	新製品（しんせいひん）	신제품

☐ スケジュール	스케줄	☐ 販売する	판매하다
☐ 制限	제한	☐ 筆記用具	필기 용구
☐ 相談に乗る	상담에 응하다	☐ 評判がいい	평판이 좋다
☐ 総務部	총무부	☐ 部品	부품
☐ 代金を振り込む	대금을 입금하다	☐ 変更 / 変える	변경/바꾸다
☐ 遅刻する	지각하다	☐ 返事	답장
☐ 追加	추가	☐ ホームページ	홈페이지
☐ 通勤	통근	☐ 募集する	모집하다
☐ 都合がいい・悪い	사정이 좋다/나쁘다	☐ 本年	올해
☐ 停止	정지	☐ 間に合う	제시간에 대다
☐ ～ております	～고 있습니다	☐ メーカー	메이커, 제조사
☐ 手伝う	돕다	☐ 問題になる	문제가 되다
☐ 点検する	점검하다	☐ 問題を解決する	문제를 해결하다
☐ ドアを叩く	문을 두드리다	☐ 休みの日	휴일
☐ 問い合わせ	문의	☐ 休む	쉬다
☐ 当日	당일	☐ 輸入 / 輸出	수입/수출
☐ 取引	거래	☐ 用紙	용지
☐ 内線	내선	☐ 予定	예정
☐ 日時変更	일시 변경	☐ 来日	일본에 옴
☐ 日程	일정	☐ 履歴書	이력서
☐ 人数	인원 수	☐ 連絡する	연락하다
☐ 年末年始	연말연시	☐ わが社 / 当社	저희 회사/당사
☐ ～の代わりに	～대신에		
☐ 拝啓	삼가 아룀		
☐ 拝見する	보다		

⑧ 학교/문화센터

アルバイトを探す	아르바이트를 찾다
学生課	학생과
学部 / 学科 / 専攻	학부/학과/전공
通う	다니다
期間	기간
期末試験	기말시험
キャンパス	캠퍼스
～教室	～교실, ～강습(회)
区民 / お住まいの方	구민/거주자
クラス	클래스, 반
結果が出る	결과가 나오다
研修	연수
講義	강의
講師	강사
国際交流	국제 교류
参考にする	참고로 하다
時間割	시간표
試験範囲	시험 범위
締め切り	마감
授業を受ける	수업을 받다
奨学金	장학금
初級 / 中級 / 上級	초급/중급/상급
大学祭	대학 축제
定員になる	정원이 차다
提出する / 出す	제출하다, 내다
手書き	손으로 씀
テキスト / テキスト代	교재/교재비
手続きの仕方	수속 방법
問い合わせる	문의하다
習う / 学ぶ	배우다, 익히다
筆記試験	필기시험
費用	비용
開く	열다, 개최하다
プログラム	프로그램
文化センター	문화센터
ボランティア	자원봉사
毎週	매주
身につける	몸에 익히다
申込書	신청서
申し込み方	신청 방법
申し込み順	신청순
申し込む	신청하다
寮に入る	기숙사에 들어가다
寮費	기숙사비
レベル	레벨
レポート	리포트
休み	휴일, 방학

❾ 건물/장소

【〜館】

- □ 映画館 (えいがかん) — 영화관
- □ 写真館 (しゃしんかん) — 사진관
- □ 体育館 (たいいくかん) — 체육관
- □ 大使館 (たいしかん) — 대사관
- □ 図書館 (としょかん) — 도서관
- □ 博物館 (はくぶつかん) — 박물관
- □ 美術館 (びじゅつかん) — 미술관
- □ 旅館 (りょかん) — 여관

【〜所】

- □ 研究所 (けんきゅうしょ) — 연구소
- □ 児童相談所 (じどうそうだんじょ) — 아동상담소
- □ 事務所 (じむしょ) — 사무소, 사무실
- □ 市役所 (しやくしょ) — 시청
- □ 診察所 (しんさつじょ) — 진료소
- □ 発電所 (はつでんしょ) — 발전소
- □ 保育所 (ほいくじょ) — 보육원, 탁아소
- □ 役所 (やくしょ) — 관청, 관공서

❿ 자·타동사 표현

- □ 〜が折れる / を折る (お) ~이 부러지다/~을 부러뜨리다
- □ 〜が切れる / を切る (き) ~이 끊어지다/~을 끊다
- □ 〜が壊れる / を壊す (こわ) ~이 고장 나다/~을 고장 내다
- □ 〜が破れる / を破る (やぶ) ~이 찢어지다 /~을 찢다
- □ 〜が割れる / を割る (わ) ~이 깨지다/~을 깨다

【不〜】

- □ 不運 (ふうん) — 불운
- □ 不快 (ふかい) — 불쾌
- □ 不規則 (ふきそく) — 불규칙
- □ 不況 (ふきょう) — 불황
- □ 不自由 (ふじゆう) — 부자유
- □ 不十分 (ふじゅうぶん) — 불충분
- □ 不親切 (ふしんせつ) — 불친절
- □ 不足 (ふそく) — 부족

⓫ 돈

【〜金・代】

- □ 敷金 (しききん) — 보증금
- □ 料金 (りょうきん) — 요금
- □ 礼金 (れいきん) — 사례금
- □ ガス代 / ガス料金 (だい / りょうきん) — 가스 요금
- □ 水道代 / 水道料金 (すいどうだい / すいどうりょうきん) — 수도 요금
- □ 電気代 / 電気料金 (でんきだい / でんきりょうきん) — 전기 요금
- □ 電話代 / 電話料金 (でんわだい / でんわりょうきん) — 전화 요금
- □ タクシー代 (だい) — 택시비
- □ バス代 (だい) — 버스비
- □ 薬代 (くすりだい) — 약값

【〜料】

- □ 給料 (きゅうりょう) — 급료
- □ 無料 / 有料 (むりょう / ゆうりょう) — 무료/유료
- □ 使用料 (しようりょう) — 사용료

□ 授業料 じゅぎょうりょう	수업료		□ 商人 しょうにん	상인
□ 手数料 てすうりょう	수수료		□ 職人 しょくにん	장인
【～費ひ】			□ 通行人 つうこうにん	통행인
□ 交通費 こうつうひ	교통비		□ 犯人 はんにん	범인
□ 参加費 さんかひ	참가비		□ 保証人 ほしょうにん	보증인
【～賃ちん】			□ 役人 やくにん	공무원
□ 運賃 うんちん	운임		**【～員いん】**	
□ 船賃 ふなちん	뱃삯		□ 委員 いいん	위원
□ 家賃 やちん	집세		□ 駅員 えきいん	역무원

⑫ 사람

			□ 会員 かいいん	회원
【～者しゃ】			□ 会社員 かいしゃいん	회사원
□ 医者 いしゃ / 患者 かんじゃ	의사 / 환자		□ 係員 かかりいん	담당자
□ 加害者 かがいしゃ / 被害者 ひがいしゃ	가해자 / 피해자		□ 議員 ぎいん	의원
□ 記者 きしゃ	기자		□ 銀行員 ぎんこういん	은행원
□ 技術者 ぎじゅつしゃ	기술자		□ 公務員 こうむいん	공무원
□ 希望者 きぼうしゃ	희망자		□ 従業員 じゅうぎょういん	종업원
□ 経営者 けいえいしゃ / 労働者 ろうどうしゃ	경영자 / 노동자		□ 乗務員 じょうむいん	승무원
□ 作者 さくしゃ / 読者 どくしゃ	작자 / 독자		□ 職員 しょくいん	직원
□ 失業者 しつぎょうしゃ	실업자		□ 部員 ぶいん	부원
□ 初心者 しょしんしゃ	초보자		□ 役員 やくいん	임원
□ 生産者 せいさんしゃ / 消費者 しょうひしゃ	생산자 / 소비자		**【～士し】**	
【～人にん】			□ 栄養士 えいようし	영양사
□ 管理人 かんりにん	관리인		□ 会計士 かいけいし	회계사
□ 芸人 げいにん	연예인, 예능인		□ 弁護士 べんごし	변호사
□ 証人 しょうにん	증인		□ 力士 りきし	장사, 씨름 선수

【〜手】

□ 運転手	운전사
□ 歌手	가수
□ 投手	투수

⑬ 복합 표현

【気〜】

□ 気が大きい・小さい	마음이 넓다/속이 좁다
□ 気がつく	정신이 나다
□ 気が強い・弱い	기가 세다/소심하다, 온순하다
□ 気が長い・短い	성질이 느긋하다/급하다
□ 気になる	걱정하다
□ 気に入る	마음에 들다

【〜がする】

□ 味がする	맛이 나다
□ 音がする	소리가 나다
□ 気がする	생각(느낌)이 들다
□ 声がする	소리가 나다
□ 匂いがする	냄새가 나다

【〜にする】

□ 口にする	먹다
□ 手にする	잡다
□ 耳にする	듣다
□ 目にする	보다

【〜合う】

□ 言い合う	말을 주고받다, 말다툼하다

【〜合う】 (continued)

□ 語り合う	서로 이야기를 주고받다
□ 助け合う	서로 돕다
□ 取り合う	손을 맞잡다, 다투다
□ 話し合う	서로 의논하다

【軽い〜】

□ 軽い運動	가벼운 운동
□ 軽い音楽	가벼운 음악
□ 軽い気持ちで〜する	가벼운 마음으로 〜하다
□ 軽いけが	가벼운 상처
□ 軽い食事	가벼운 식사
□ 軽い罪	가벼운 죄
□ 軽い病気	가벼운 병
□ 軽く見る	가볍게 보다
□ 口が軽い	입이 가볍다
□ 財布が軽い	지갑이 가볍다

【〜力】

□ 圧力	압력
□ 引力	인력
□ 火力	화력
□ 気力	기력
□ 原子力	원자력
□ 水力	수력
□ 全力	전력, 온 힘
□ 電力	전력
□ 能力	능력

☐ 風力 ふうりょく	풍력	☐ 漁業 ぎょぎょう	어업
☐ 魅力 み りょく	매력	☐ 工業 こうぎょう	공업
【～談】 だん		☐ 作業 さぎょう	작업
☐ 経験談 けいけんだん	경험담	☐ 産業 さんぎょう	산업
☐ 雑談 ざつだん	잡담	☐ 事業 じ ぎょう	사업
☐ 失敗談 しっぱいだん	실패담	☐ 失業 しつぎょう	실업
☐ 商談 しょうだん	상담(거래를 위한 협의)	☐ 商業 しょうぎょう	상업
☐ 冗談 じょうだん	농담	☐ 農業 のうぎょう	농업
☐ 相談 そうだん	상담	**【～学】** がく	
☐ 体験談 たいけんだん	체험담	☐ 医学 い がく	의학
☐ 対談 たいだん	대담	☐ 機械工学 き かいこうがく	기계공학
☐ 面談 めんだん	면담	☐ 教育学 きょういくがく	교육학
【～先】 さき		☐ 経営学 けいえいがく	경영학
☐ 相手先 あい て さき	상대방	☐ 経済学 けいざいがく	경제학
☐ アルバイト先 さき	아르바이트 하는 곳	☐ 言語学 げん ご がく	언어학
☐ 送り先 おく さき	보내는 곳	☐ 心理学 しん り がく	심리학
☐ 仕事先 し ごとさき	직장	☐ 数学 すうがく	수학
☐ 宿泊先 しゅくはくさき	숙박지	☐ 政治学 せい じ がく	정치학
☐ 出張先 しゅっちょうさき	출장지	☐ 生物工学 せいぶつこうがく	생물공학
☐ 旅先・旅行先 たびさき りょこう さき	여행지	☐ 電気工学 でん き こうがく	전기공학
☐ 訪問先 ほうもんさき	방문지	☐ 法学 ほうがく	법학
☐ 留学先 りゅうがくさき	유학지	☐ 薬学 やくがく	약학
【～業】 ぎょう			
☐ 営業 えいぎょう	영업		
☐ 企業 き ぎょう	기업		

독해 완전 정복을 위한 꿀팁!

문단을 잘 요약하는 것이 점수를 높이는 비결입니다. 한번에 전체 내용을 파악하려고 하기보다 문단별로 나누어 요약한 내용을 간단히 메모하면서 풀어 보세요.

● 問題4 내용 이해(단문)
주제를 찾는 것이 가장 중요합니다. 문단의 뒷부분에 중심 내용이 오는 경우가 많으므로 마지막 1~2줄을 완벽하게 해석하며 풀도록 합니다.

● 問題5 내용 이해(중문)
문제를 먼저 본 후에 본문을 2~3단락으로 나누어 풉니다. 밑줄 친 문제는 앞뒤 문장을, 필자의 주장 문제는 마지막 1~2줄을 파악하는 것이 중요합니다.

● 問題6 내용 이해(장문)
문제를 먼저 보고 본문을 단락으로 구분합니다. 난이도 높은 문제도 출제되므로, 시간 배분을 위해 한 번에 풀지 못한 문제는 해당하는 단락과 함께 체크해 두었다가 나중에 푸는 것도 요령입니다.

● 問題7 정보 검색
문제의 조건부터 눈에 잘 띄게 표시를 해 둡시다. 주로 앞부분에서 1문제, 뒷부분에서 1문제가 출제됩니다. 문제와 본문을 왔다 갔다 하면서 문제를 푼다고 생각해도 좋습니다.

유형별 실전 문제

内容 이해(단문) 실전 연습　　　　　　　　　[　　/ 4]

問題4　つぎの(1)から(4)の文章を読んで、質問に答えなさい。答えは、1・2・3・4から最も
　　　よいものを一つえらびなさい。

(1)

　　　毎年、「母の日」は5月の第2日曜日、「父の日」は6月の第3日曜日です。では、
2025年、今年の「母の日」と「父の日」は何日でしょうか。「母の日」は5月11日、「父
の日」は6月15日だそうです。このように毎年日付が異なるので、私は新しい年が
始まると、すぐに日付を調べ、カレンダーに記入する習慣を持っています。そして、
毎年「母の日」には、カーネーションとともに気持ちを込めたプレゼントを、「父の
日」には黄色いバラとともにコンサートのチケットなどをあげています。年を取る
につれて両親と過ごす時間が減ってきていませんか。こんな特別な日にはどんなに
忙しくても家族と一緒に過ごすことが大切だと思います。今年の母の日、父の日に
は、両親への感謝の気持ちを込めた手紙を書いて渡そうと思っています。

1　筆者が一番大事だと思っていることはどれか。

　　1　「母の日」と「父の日」の日付をカレンダーに書いておくこと
　　2　感謝の気持ちを込めた手紙を渡すこと
　　3　特別な日には家族と一緒に過ごすこと
　　4　花と特別なプレゼントをあげること

(2)

　　中学校の時から、私は声優になりたいという夢を持っていました。それで、アニメを見て主人公の声を真似しながら、声優への夢を育てていきました。しかし、両親は私が勉強をせずにアニメばかり見ていることを心配していました。それでも高校に進学してからも、私の夢は変わりませんでした。結局、私は両親に内緒で声優オーディションに応募し、そのオーディションに合格しました。

　　しかし、未成年だったので両親の許可が必要でした。家に帰って両親にオーディションに合格したことを伝えると、両親は喜んで応援してくれました。30代になった現在、有名な声優になれたのは両親のおかげだと思っています。

2　本文の内容として正しくないものはどれか。

　1　高校に進学した後も声優になりたいという夢は変わらなかった。

　2　両親は勉強をしない私を心配していた。

　3　両親に言わずにオーディションを受けた。

　4　30代になった今も声優になりたいという夢を持っている。

(3)

　　女性の神様がいる神社に行ったカップルは必ず別れるという説を聞いたことがあ
りますか。別れる理由は、女性の神様がそのカップルに嫉妬し、別れさせるからだ
そうです。それは本当でしょうか。私は<u>あり得ない話</u>だと思います。おそらく、別
れた人が認めたくない心理から生まれた説ではないでしょうか。二人が愛で強く結
びついている関係であれば、どんな場所に一緒に行っても別れることはないと思い
ます。もし女性の神様がいる神社に行って別れたと思っている人がいるのなら、縁
結びの神社に一緒に行けば、再びカップルになるかもしれません。

3　<u>あり得ない話</u>とあるが、何か。

　　1　縁結びの神社に一緒に行けば、カップルになるという話
　　2　女性の神様がいる神社にカップルが行くと、別れるという話
　　3　縁結びの神社にカップルが行くと、別れるという話
　　4　女性の神様がいる神社に一緒に行けば、カップルになるという話

(4)

シェアハウスの共用スペースのルール
―みんなで気持ちよく過ごそう―

トイレ
- トイレットペーパーを使い過ぎないこと。
- トイレットペーパーは水に流すこと。

シャワールーム
- 排水溝の髪の毛を取り除くこと。
- シャワーは15分以内にすること。
- 私物(シャンプーやせっけんなど)を置いておかないこと。
- 換気扇は24時間常に回しておくこと。

キッチン
- 冷蔵庫に入れるものに名前を書いておくこと。
- 匂いが強すぎる料理は作らないこと。
- シンクに洗いものをためないこと。

---

4 共用スペースのルールについて正しいものはどれか。

1 冷蔵庫に匂いがするものを入れてはいけない。

2 トイレのふたを閉めてから水を流さなければならない。

3 シャワーをした後、自分の髪の毛が残っているか確認しなければならない。

4 シンクで皿を洗ってはいけない。

問題5 つぎの(1)から(3)の文章を読んで、質問に答えなさい。答えは、1・2・3・4から最も よいものを一つえらびなさい。

(1)

　　一人っ子だった私は、子供の頃、両親と一緒にショッピングセンターに行くと、ペットショップに駆け寄り、ハムスターやうさぎなどの小さな動物を見て回るのが好きでした。そんなある日、母が「ハムスターを飼ってみる？」と聞いてきました。私はとても嬉しくて、白いハムスターを家に連れて帰り、その名前を「ドール」とつけました。

　　学校に行っている間も、ドールが一人で寂しくないか心配で、授業が終わるとすぐに家に走って帰っていました。そんな時、母が「ドールが寂しくならないように、もう一匹飼ってみたら？」と言いました。私はすぐに母と一緒にペットショップに行き、もう一匹の白いハムスターを連れて帰り、その名前を「シル」とつけました。

　　その後、ドールのケージにシルを入れましたが、ドールは変な音を出してだんだん落ち着かなくなってきました。何かおかしいと感じ、インターネットで調べてみると、ハムスターは自分の縄張りをとても大事にする動物で、同じケージで二匹を飼ってはいけないと書かれていました。そこで、結局ドールとシルはそれぞれ別々のケージで飼うことになりました。

1 この文章を書いた人が、ハムスターを飼うことになったきっかけは何か。

1 母にハムスターを飼ってみないかと誘われたこと

2 ペットショップでかわいいハムスターを見つけたこと

3 うさぎよりハムスターを飼いたいと言ったこと

4 一人っ子で寂しいと感じていたこと

2　この文章によると、①「シル」を連れてきた理由は何か。

　1　母がショッピングセンターへ一緒に行きたいと言ったから

　2　母にドールが寂しそうだと言われたから

　3　ドールが変な音を出していたから

　4　ドールが寂しくないか心配だったから

3　この文章によると、②ハムスターを飼う時、知っておくべきことは何か。

　1　ハムスターはたまに変な音を出すこと

　2　ハムスターは自分の領域を大切にすること

　3　2匹以上のハムスターを飼ってはいけないこと

　4　ハムスターは孤独を感じやすいこと

(2)

　　ある日、突然、これまで一生懸命働いてきた私は意欲を失い、無気力な状態になりました。病院に行き、処方された薬を飲んでも症状はあまり改善しませんでした。運動をしてみようと思い、水泳を始めましたが、それも続かなくなりました。結局、仕事にも支障が出て、会社を辞めることになりました。その後、部屋に閉じこもり、憂うつな日々を過ごしました。

　　そんな私を心配していた妻は、毎朝、庭で 30分だけヨガをしてみようと提案してくれました。最初は断りましたが、粘り強く説得する妻の言葉に、仕方なくやってみようと答えました。最初は妻がヨガをしているのを見ていただけでしたが、少しずつ動作を真似するようになりました。

　　そうして 1ヶ月が過ぎた頃、少しずつ食欲が戻り、意欲も湧き始めました。私は妻に、ヨガのおかげで気分が良くなったと感謝の気持ちを伝えました。しかし妻は首を横に振りながらこう言いました。「ヨガのおかげではなく、日光を浴びるようになったことがあなたに良い影響を与えたのよ。」

　　その言葉を聞いて、過去を振り返ると、会社に勤めていた時、私は日が出る前に出勤し、日が沈んだ後、帰宅する生活を繰り返していたことを思い出しました。

4 　そんな私とあるが、どんな状態だったのか。

1　病院にいくために会社を辞めた状態

2　やる気を失い、部屋からなかなか出ない状態

3　病院にも行かずに、薬だけ飲んでいる状態

4　運動を始めてもなかなか続かない状態

5 その言葉とあるが、それは何か。

1 ヨガのおかげで元気になった。

2 会社を辞めたおかげですべてがよくなった。

3 日差_ひしのおかげで元気になった。

4 食欲と意欲はともによくなる

6 この文章で、筆者が最も言いたいことは何か。

1 人間にとって日光を浴びることは重要だ。

2 ヨガのような運動をすることは健康にいい。

3 やる気を失った時は家族に相談したほうがいい。

4 運動は一人でするより一緒にしたほうがいい。

問題6   つぎの文章を読んで、質問に答えなさい。答えは、1・2・3・4から最もよいものを一
      つえらびなさい。

　社会人になってからは、クリスマスの日にも残業をしたり、仕事で疲れて家に
帰って寝るだけの日が多かった。しかし、今年のクリスマスは思い切って休暇を取り、
　　　　　　　　　　　　　　　　　　　　　①
母と一緒に箱根に行ってきた。母と二人で旅行に行くのは初めてだったので、素敵
な思い出を作りたかった。そのため、11月から箱根の温泉や周辺の観光地を調べ始
めた。

　箱根には新宿駅からロマンスカーに乗って行くことにした。ロマンスカーの一番
　　　　　　　　　　　　　　　　　　　　　　　　　　　　　　　　　　　②
前の席は人気があるそうだ。その理由は、最前席が展望席になっていて、電車が走
る時に風景を楽しめるからだそうだ。しかし、11月にもかかわらず、展望席はすで
に予約で埋まっていたため、一般席を予約するしかなかった。

　12月25日、私と母はロマンスカーに乗って箱根湯本駅に向かった。駅に着いて
からはタクシーに乗り、山奥にある旅館に向かった。12月だったが、あまり寒くな
かった。旅館のフロントで鍵を受け取り、階段を上って予約した部屋に入った。部
屋にある露天風呂を見て、母はとても喜んでいた。温度差のせいか、露天風呂から
　　　　　　　　　　　　　　③
は湯気が立ち上がっていた。

　懐石料理を食べた後、母と一緒に露天風呂を楽しんだ。山の中だったので、明る
い光がなく、星がたくさん見え、夜になって涼しくなった風がとても気持ち良かっ
た。毎年クリスマスに旅行に行くことは難しいだろうと思ったが、幸せそうな母の
姿を見て、私まで幸せなクリスマスとなった。

1 ①今年のクリスマスは思い切って休暇を取りとあるが、休暇を取った理由は何か。

　　1　残業がしたくなかったから

　　2　母との思い出を作りたかったから

　　3　温泉に行きたかったから

　　4　来年、休暇が取れないかもしれないから

2 ②ロマンスカーの一番前の席は人気があるとあるが、人気がある理由は何か。

　　1　値段が一番安いから

　　2　予約が難しいから

　　3　風景が楽しめるから

　　4　一般席より広いから

3 ③母はとても喜んでいたとあるが、どうして喜んだのか。

　　1　部屋の中に露天風呂があったから

　　2　あまり寒くなかったから

　　3　星がたくさん見えたから

　　4　山の中に旅館があったから

4 筆者は今年のクリスマスについてどう考えているのか。

　　1　幸せそうな母を見て、嬉しかった。

　　2　クリスマスは母と送ったほうがいい。

　　3　来年のクリスマスにも母と旅行に行きたい。

　　4　母と温泉に行くことをお勧めしたい。

内容 이해(장문) 실전 연습 ❷　　　　　　　　　　　　[　/ 4]

問題6　つぎの文章を読んで、質問に答えなさい。答えは、1・2・3・4から最もよいものを一
　　　　つえらびなさい。

　私は高所恐怖症で、高い場所に登ると恐怖を感じる。これが不便なことが多い。
①
例えば、友達とスキー場に行ってスキーをしたいと思っても、リフトに乗るのが怖
くてスキーができない。また、高い山に登るとき、ケーブルカーで楽に登りたいけ
れど、やはり怖くて苦労して歩いて登らなければならない。彼氏と遊園地に行って
も、高い場所に上がる乗り物は絶対に乗れない。

　その恐怖心を克服したいと彼氏に言ったところ、彼は「僕も子供の頃は高い場所
に登るのが怖かったけど、観覧車に乗って楽しさを感じながら乗り越えることがで
きたよ」と言った。その言葉に勇気をもらい、想像するだけで怖かったけれど、こ
②
の恐怖心を克服できるなら観覧車に乗ってみようと思った。

　そして、次の日、彼氏と一緒にお台場にある観覧車に乗りに行った。観覧車は思っ
③
ていたよりずっと大きかった。足が震えたけれど、勇気を出して乗った。だんだん
と高くなっていくにつれて、手と背中に冷や汗が流れたけれど、外の景色を見よう
と努力した。

　しかし、風のせいか観覧車が揺れて、ものすごく怖かった。その時、彼は「美し
い夜景に集中してみて」と応援してくれた。でも、私は夜景を見る暇もなく、目の
前が真っ白になるような感じがした。1周するのに約16分かかったが、私にとって
④
その16分は恐ろしい16時間のように感じた。

---

1 ①高い場所に登ると恐怖を感じるとあるが、例として正しくないものはどれか。

　1　バンジージャンプをしようとしている友達を見上げるだけで怖さを感じた。

　2　家族でケーブルカーで登ることにしたが、怖くて私だけ歩いて登ることにした。

　3　高い所から落ちる乗り物は怖くて乗れない。

　4　スキー場のリフトに乗ったら、落ちるのではないかと不安になって泣きそうだった。

2 ②その言葉とあるが、何か。

　1　彼氏が一緒に観覧車に乗った経験談

　2　子供の時、観覧車に乗った経験談

　3　子供の時、高い所に登った経験談

　4　彼氏の怖さを乗り越えた経験談

3 ③彼氏と一緒にお台場にある観覧車に乗りに行ったとあるが、観覧車に乗りに行った理由は何か。

　1　高いところで感じる怖さを乗り越えるため

　2　高いところに登ると汗をかいてしまうため

　3　彼氏は高い所に登ると怖さを感じるため

　4　彼氏に怖さを克服した姿を見せるため

4 ④私にとってその16分は恐ろしい16時間のように感じたとあるが、どういう意味か。

　1　夜景がきれいだったので、もっと長く見たかった。

　2　とても怖かったので、観覧車から早く降りたかった。

　3　彼氏と一緒にもっと長くいたかった。

　4　風が吹いていなければ、もっと長く乗りたかった。

問題7 つぎの文章はフェスティバルの紹介である。下の質問に答えなさい。答えは、1・2・3・4から最もよいものを一つえらびなさい。

1 吉田さんは今年2歳になる2kgのマルチーズと、3歳になる3kgのプードルを2匹飼っている。吉田さんが2匹の犬と一緒にこのフェスティバルに参加するためにまず何をしなければならないか。

1 4月のスケジュールを空けておく。

2 3月18日までにホームページで申し込みをする。

3 事務局に電話で問い合わせる。

4 参加に必要な物を買いに行く。

2 川口さんはわんわんフェスティバルに参加する予定だ。次の条件をもとに参加できるイベントは何か。

川口さんの犬は今年6歳で、体重は9kgです。

4月2日には犬と一緒にキャンプに行く予定です。

川口さんは毎週土曜日の午前中に水泳教室に通っています。

1 3月22日 わんちゃん運動会

2 3月23日 わんちゃん健康セミナー

3 4月1日 わんちゃんのしつけ教室

4 4月2日 ランチタイム

わんわんフェスティバル

一愛犬と楽しむフェスティバルー

わんちゃんと飼い主が一緒に楽しめるフェスティバルに皆さんをご招待いたします。

安全のため、犬の体重に応じて参加できる日が制限されています。申し込みの際には、必ず犬の体重をご記入ください。また、攻撃的な犬種や気性の荒い犬は、イベントへの参加を控えていただきますようお願いいたします。

1. 日　時：2025年3月22日(土)、23日(日) 10：00～17：00（5Kg未満の犬）
   2025年4月01日(土)、02日(日) 10：00～17：00（5Kg以上の犬）
2. 場　所：新宿さくら公園
3. 参加費：無料
4. スケジュール

時間	イベント内容
10：00 ～ 11：00	わんちゃん健康セミナー
11：30 ～ 12：30	ランチタイム
13：00 ～ 13：50	わんちゃんと写真撮影
14：00 ～ 14：50	わんちゃんのしつけ教室
15：00 ～ 17：50	わんちゃん運動会

5. 参加に必要なもの：リード、うんち袋、レジャーシート、昼食代（一人あたり1000円）
6. 申し込み方法：3月18日(火)までに、当社のホームページの申し込みフォームから、
   1) 犬の名前　2) 犬の年齢　3) 犬の種類　4) 飼い主の携帯電話番号を記載してください。
7. 注意事項
   ① 生後3ヶ月未満の犬は参加できません。
   ② 5キロ未満の犬と5キロ以上の犬は同じ日に一緒に参加できません。
   ③ 2匹以上の犬の参加を希望する場合は、事務局(080-1234-5678)までお問い合わせください。
   ④ 犬の昼ごはんは提供されないので、各自でご準備ください。

問題7　つぎの文章は図書館のイベントの紹介である。下の質問に答えなさい。答えは、1・
　　　　2・3・4から最もよいものを一つえらびなさい。

3 渡辺さんはイベント期間中に子供のために絵本を3冊借りようとしている。5月21日
　に3冊を借りた場合、返却可能な日はいつか。

　　1　6月6日
　　2　6月10日
　　3　6月12日
　　4　6月14日

4 図書貸し出しイベントの内容と合っているのは何か。

　　1　平日に本を返却する場合は、9時から17時まで可能です。
　　2　2人で本を借りる場合、最大8冊まで借りることができます。
　　3　イベント期間前に借りた本は返却しなければなりません。
　　4　2冊以上本を借りなければなりません。

子ども市立図書館

―図書貸し出しイベントについて―

こども市立図書館の開館 10周年を記念して、図書の貸出可能冊数を増やすイベントを開催します。借りた本の冊数に応じて、貸出期間の延長も可能です。子どもたちが本にもっと興味を持ち、さまざまな本に触れることができるよう、大人の皆さんのご関心とご参加をよろしくお願いいたします。

1. 貸出可能日時
   令和 7年 5月 19日（月） 〜 5月 26日（月）

平日	9 時から 17 時まで
休日	10 時から 15 時まで

2. 貸出可能冊数
   通常：一人当たり 2冊まで
   イベント中：一人当たり 4冊まで

3. 返却期間
   通常：貸出後 10日間（1冊）・14日間（2冊）
   イベント中：貸出後 10日間（1冊）・14日間（2冊）・19日間（3冊）・24日間（4冊）

4. 返却場所(24時間可)
   玄関ロビーの返却ポスト

5月						
日	月	火	水	木	金	土
				1	2	3
4	5	6	7	8	9	10
11	12	13	14	15	16	17
18	19	20	21	22	23	24
25	26	27	28	29	30	31

6月						
日	月	火	水	木	金	土
1	2	3	4	5	6	7
8	9	10	11	12	13	14
15	16	17	18	19	20	21
22	23	24	25	26	27	28
29	30					

ご不明な点がございましたら、下記の担当までご連絡ください。
こども市立図書館　渡辺しおり　TEL: 03-1234-5678

問題7　つぎの文章は学生向けマンションの広告である。下の質問に答えなさい。答えは、
1・2・3・4から最もよいものを一つえらびなさい。

5　2025年に大学に入学する香川さんは、一人暮らしをするための部屋を探している。
香川さんが探している条件に合った物件は何か。

・敷金と礼金を合わせて5万円を超えないこと

・学校まで徒歩15分以内であること

・日当たりがいい部屋であること

1　キラキラマンション

2　平成タワー

3　マリンワールド

4　田中ハウス

6　大学3年生の池上さんは、不動産アプリ「スマイル」を通じて平成タワーを契約しよ
うとしている。アプリを通じて部屋を契約する場合、初期費用はいくらかかるか。

1　26000円

2　35000円

3　38000円

4　41000円

学生向けマンション大特集

キラキラマンション

カードキーでロック解除！
人感センサー付き照明！
家賃：57000円
学校まで：歩いて9分、自転車で4分
敷金：57000円
礼金：なし
築年月：2016年5月
間取り：1K

平成タワー

オートロック付き！
Wi-Fi利用無料！
家賃：29000円
学校まで：歩いて23分、自転車で9分
敷金：なし
礼金：9000円
築年月：1998年2月
間取り：1R

マリンワールド

新築物件！！南向き！！
Wi-Fi利用無料！
家賃：59000円
学校まで：歩いて2分、自転車で1分
敷金：30000円
礼金：10000円
築年月：2025年1月
間取り：1K

田中ハウス

コンビニが近い！！
Wi-Fi利用無料！
家賃：43000円
学校まで：歩いて13分、自転車で5分
敷金：43000円
礼金：なし
築年月：2021年2月
間取り：1K

※ 学生証を見せると、礼金が0円になります。アプリで契約する際は、学生証の写真を撮ってアップロードしてください。

※ 不動産アプリ「スマイル」を通じて部屋を契約する場合、初期費用（家賃＋敷金＋礼金）の3000円割引イベント中です！

他にも物件多数あります。お気軽にお問い合わせください。

つぎの文章はごみの収集についてのお知らせである。下の質問に答えなさい。答え
は、1・2・3・4から最もよいものを一つえらびなさい。

7 木村さんは娘の机と古い棚を捨てようとしている。木村さんはごみを捨てる前に何
をしなければならないか。

1 スーパーに行って指定袋を買う。

2 コンビニに行ってクレジットカードで粗大ごみ用のステッカーを買う。

3 スーパーに行って現金で粗大ごみ用のステッカーを買う。

4 業者に電話して収集を頼む。

8 ごみ出しルールの案内内容と合っていないのはどれか。

1 燃えるごみと燃えないごみを分けて捨てなければならない。

2 粗大ごみは月に2回捨てることができる。

3 ごみ袋の空気を抜かなければ収集してもらえない。

4 市では収集できないものは、ごみ置き場に出してはいけない。

ごみ出しルールの案内

ごみ出しルールを守ってください！
朝7時までに出してください！＊時間厳守

燃えるごみ	火曜日・金曜日	生ごみ・ビニール・プラスチック・皮など
燃えないごみ	木曜日	電池・ガラス・傘・金属など
資源ごみ	月曜日	缶・ペットボトル・ビンなど
粗大ごみ	第2水曜日・第4水曜日	家具・自転車・カーペットなど

1. 燃えるごみと燃えないごみは指定袋に入れて出してください。

2. 粗大ごみはステッカーを貼って出してください。

   ※ステッカーはコンビニやスーパーでご購入できます。

   ※ステッカーは現金でしかご購入できません。

3. 市では収集しないものは、個人的に業者に依頼してください。

   最後のチェックリスト
   - ☐ ごみ袋はしっかりしばりましたか。
   - ☐ ごみ袋の空気は抜きましたか。
   - ☐ 生ごみの水は抜きましたか。
   - ☐ ルールのとおりにごみを分けましたか。

정보 검색 실전 연습 ❷ [/ 8]

問題7　つぎの文章^{ぶんしょう}は会社説明会の案内である。下の質問に答えなさい。答えは、1・2・3・4
　　　　から最もよいものを一つえらびなさい。

1　次の6人のうち、会社説明会に参加できる人は何人か。

田中 年齢：22歳 性別：男性 学部：国際関係学部 学年：4年生 その他：短期留学予定（7月～9月）	石田 年齢：24歳 性別：女性 学部：経営学部 学年：3年生 その他：なし
キム 年齢：25歳 性別：男性 学部：経済学部経済学科 学年：4年生 その他：韓国人留学生	スミス 年齢：22歳 性別：男性 学部：社会学部 学年：1年生 その他：アメリカへ一時帰国（10月）
木村 年齢：23歳 性別：女性 学部：商学部 学年：4年生 その他：単位不足で卒業できない	鈴木 年齢：22歳 性別：男性 学部：法学部 学年：4年生 その他：なし

1　1人

2　2人

3　3人

4　4人

2　会社説明会について正しいものは何か。

1　会社について質問する時間がある。

2　大学を卒業した人なら誰でも参加できる。

3　オンラインで行う場合もある。

4　日付は指定できないが、時間は指定できる。

会社説明会のご案内

　株式会社ジミノでは、26年度卒業予定の大学生を対象に、以下の内容にて会社説明会を実施いたします。皆さまのご参加、お待ちしています。

〈日程〉
　2025年 8月 8日（金）14時 ～ 16時
　2025年 8月 15日（金）14時 ～ 16時
　2025年 8月 22日（金）14時 ～ 16時

〈場所〉当社の 1階の第 2ビジネス講堂

〈プログラム〉
　1. 社長からの挨拶
　2. 池田部長による会社紹介
　3. 質疑応答

〈参加費用〉無料

〈参加対象〉2026年 3月卒業予定の大学生
　※性別、年齢、国籍は問いません。

〈申込方法〉株式会社ジミノのホームページにある会社説明会ページより、お申し込みください。

以上、ぜひとも皆さまのご参加をお待ちしています。
2025年 7月 11日

株式会社ジミノ
人事部長　小池勇人

問題7　つぎの文章は子どもの日に行われるイベントの案内である。下の質問に答えなさい。
　　　　答えは、1・2・3・4から最もよいものを一つえらびなさい。

3　森野さんはこどもの日を迎えて、夫と 3歳の息子と一緒にいちご狩り体験に参加し
　　ようとしている。コースはお持ち帰りコースと食べ放題コースの両方とも予約した。
　　家に帰る時は、いちごを3パック持ち帰ろうと思っている。その場合、全部でいくら
　　かかるか。
　　1　　6200円
　　2　　6800円
　　3　　7400円
　　4　　8000円

4　いちご狩り＆いちご食べ放題の案内について正しいものは何か。
　　1　持ち物を持参しない場合、入場できません。
　　2　いちごは一人につき3パック以上持ち帰ることはできません。
　　3　1つのコースのみの予約もできます。
　　4　入場人数は抽選で決まります。

子どもの日（5月5日）
いちご狩り&いちご食べ放題のご案内

5月5日子供の日！子供と一緒にいい思い出を作ってみませんか。

いちご狩り体験後、自分で摘んだいちごを思う存分食べられるバイキング形式の食べ放題も可能です。

5月 5日（子供の日）のいちご狩りは 100名様限定、先着順となりますのでご了承ください。

◆ お持ち帰りコース（1時間）

入場料	3歳以上	200円
	2歳以下	無料
1パックあたり （300〜500g）	600円	

◆ 食べ放題コース（40分）

大人	2500円
小学生	2000円
未就学児(3〜6歳)	1200円
2歳以下	無料

※　お持ち帰りコースと食べ放題コースの両方を予約された方は、入場料が無料です。

※　持ち物（手袋・エプロン・ウェットティッシュなど）は各自持参してください。

※　練乳は無料で提供いたします。

問題7　つぎの文章は文化センターの案内である。下の質問に答えなさい。答えは、1・2・3・4から最もよいものを一つえらびなさい。

5　会社員の池田さんは、退勤後に運動を習いたいと考えている。池田さんが受ける講座は何か。

> ・水曜日は残業が多いほうだ。
> ・金曜日は英語を習っている。
> ・週末は両親の店を手伝っている。

1　卓球
2　ヨガ教室
3　テニス
4　水泳

6　すずめ文化センターの講座について正しいものはどれか。
1　この文化センターに通っている人だけが試合を観覧できる。
2　コンテストに参加するには、韓国語の実力が中級以上でなければならない。
3　展示会に子供を連れて来ても構わない。
4　午後しか受けられない教室もある。

<すずめ文化センター>
7月教室カレンダー

日	月	火	水	木	金	土
		1 ヨガ教室 （初級） ○●	2 韓国語 （初級） ●	3 生け花 ○	4 韓国語 （中級） ●	5 水泳 ○
6	7 卓球 ○	8 ヨガ教室 （中級） ○●	9 テニス ○●	10 卓球 ○	11 テニス ○●	12 水泳 ○
13	14 卓球 ○	15 ヨガ教室 （初級） ○●	16 韓国語 （初級） ●	17 生け花 ○	18 韓国語 （中級） ●	19 水泳 ○
20	21	22 ヨガ教室 （中級） ○●	23 テニス ○●	24 卓球 ○	25 テニス ○●	26 水泳 ○
27	28 *試合 （卓球）	29 *コンテスト	30 *試合 （テニス）	31 *展示会		

※ ○は午前、●は午後です。

※ ▨はお休みです。

* 試合は卓球とテニス教室を受講している人だけが参加できます。ただし、観
  覧は誰でも可能です。

* 展示会は生け花教室を受講している人のみ参加できます。

※子供のご入場はご遠慮ください。

* コンテストは韓国語教室を受講している人だけが参加できます。

問題7 つぎの文章^{ぶんしょう}はアルバイト募集の広告である。下の質問に答えなさい。答えは、1・2・3・4から最もよいものを一つえらびなさい。

7 高校生の佐藤さんは、夏休みを迎えてアルバイトを探している。佐藤さんが選ぶアルバイトは何か。

・週末にできる仕事

・寝坊することが多いため、午後にできる仕事

・時給は高ければ高いほど良い

1　山のどんぐり

2　野菜天国

3　あいさい弁当

4　ハイハイボール

8 大学3年生の野口さんは、シェフになるために、専門学校に通っていて、学費を稼ぐためにアルバイトを探している。野口さんが選ぶアルバイトは何か。

・平日には学校の授業が終わると3時を過ぎる。

・週末にはコンビニでアルバイトをしている。

・週に3日ほどできるアルバイトを探している。

1　山のどんぐり

2　野菜天国

3　あいさい弁当

4　ハイハイボール

パート＆アルバイト募集中
未経験者 OK！短時間 OK！

山のどんぐり

仕事内容：特産品販売

勤務時間（月～金）

① 10：00 ～ 13：00

② 13：00 ～ 16：00

③ 16：00 ～ 19：00

時給：850円～

その他：制服エプロン貸出有

野菜天国

仕事内容：レジ・品出し

勤務時間（土・日）

① 10：00 ～ 15：00

② 15：00 ～ 20：00

③ 20：00 ～ 24：00

時給：1020円～

その他：昇給あり

あいさい弁当

仕事内容：キッチン補助

勤務時間（勤務日数、相談 OK）

① 6：00 ～ 10：00

② 10：00 ～ 14：00

③ 14：00 ～ 18：00

時給：990円～

その他：お弁当無料提供

ハイハイボール

仕事内容：ホールスタッフ、キッチン

勤務時間（週2～週5、出勤できる方）

17：00 ～ 24：00

時給：1060円～

年齢：18歳以上～（高校生不可）

その他：元気で明るい方、お待ちして
おります。

3교시

청해

1 문제 유형 공략법

● ● 유형 분석

問題 1은 구체적인 과제 해결에 필요한 정보를 듣고 다음에 해야 할 일을 4개의 보기 중에서 고르는 문제이다. 6문항이 출제되며, 〈질문 듣기(1차) → 본문 듣기 → 질문 듣기(2차) → 정답 선택〉의 순서로 문제가 진행된다. 텍스트 외에 그림이나 도표 문제가 출제되는 경우도 있다.

● ● 풀이 비법

처음에 질문을 들려줄 때 과제가 무엇인지, 과제를 수행하는 주체가 여자인지 남자인지를 미리 파악해 둔다. 그리고 본문을 들으면서 '무엇을 할까, 무엇이 필요할까, 언제, 어디, 누구' 등 요점을 파악하고 중요한 것은 메모하도록 한다. '그 다음에 무엇을 하면 되는지'를 묻는 것이므로 '그 다음에 해야 할 일'을 주의 깊게 듣는다. 또한 처음에 질문을 듣지 못했더라도 한 번 더 질문을 들려주니 당황하지 말고 침착하게 문제에 집중하자.

예시 문제

① 질문(듣기)	**1番** ホテルで、会社員の男の人と女の人が話しています。女の人は、明日、何時までにホテルを出ますか。
② 본문(듣기)	男：では、明日は、９時半に事務所にいらしてください。 女：はい、えーと、このホテルから事務所まで、タクシーでどのぐらいかかりますか。 男：そうですね、３０分もあれば着きますね。 女：じゃあ、９時に出ればいいですね。 男：あ、朝は道が混むかもしれません。１５分ぐらい早めに出られたほうがいいですね。 女：そうですか。じゃ、そうします。
③ 질문(듣기)	女の人は、明日、何時までにホテルを出ますか。
④ 보기(인쇄)	1　８時４５分　　　　2　９時　　　　3　９時１５分　　　　4　９時３０分
⑤ 정답 선택	1　❶　②　③　④

問題 2 포인트 이해

● ● 유형 분석

問題 2는 들어야 할 것을 미리 보여 주고, 그것을 근거로 포인트를 파악하는 문제이다. 6문항이 출제되며, 〈상황 설명 및 질문 듣기(1차) → 보기 읽기 → 본문 듣기 → 질문 듣기(2차) → 정답 선택〉의 순서로 문제가 진행된다.

● ● 풀이 비법

이 문제의 특징은 질문을 들은 뒤, 본문을 듣기 전에 먼저 보기를 읽을 수 있는 시간이 별도로 주어진다는 것이다. 보기 4개를 읽는 시간은 대략 20초 정도로 충분하니 침착하게 읽고 내용을 기억해 두자. 問題 2의 듣기 포인트는 말하는 사람의 기분이나 일이 발생한 이유 등으로 좀 더 복잡한 내용이다. 따라서 질문 형태도 「なぜ(왜)/ どうして(어째서)/ どんな理由(어떤 이유)」 등이 많다. 질문을 들을 때부터 질문 포인트가 무엇인지 파악하고 필요한 정보만 집중해서 들도록 한다. 보기에 없는 내용은 흘려들어도 된다. 또 말하는 사람의 말투에는 그 사람의 감정이나 진심이 담겨 있으므로 말투만 잘 체크해도 단서를 잡을 수 있다.

예시 문제

① 상황 설명 및 질문(듣기)	**1番** 男の人と女の人がスーパーで話しています。男の人が自分で料理をしないのはどうしてですか。
② 보기(인쇄)	1　いそがしくて時間がないから 2　料理がにがてだから 3　ざいりょうがあまってしまうから 4　いっしょに食べる人がいないから
③ 본문(듣기)	女：あら、田中くん、お買い物？ 男：うん、夕飯を買いにね。 女：お弁当にサンドイッチ？う〜ん……、自分で作らないの？時間ないか……。 男：いや、そういうわけじゃないんだけど……。 女：材料が余っちゃう？ 男：ん〜、まぁ、それはいいんだけど、一生懸命作っても一人で食べるだけじゃ、なんか寂しくて。 女：う〜ん、それもそうか。
④ 질문(듣기)	男の人が自分で料理をしないのはどうしてですか。
⑤ 정답 선택	1　①　②　③　❹

問題3　개요 이해

● ● **유형 분석**

問題3은 본문을 듣고 말하는 사람의 의도나 주장 등을 이해하고 있는지를 묻는 문제이다. 특정 정보나 세부적인 포인트를 듣는 것이 아니라 전체적인 개요를 파악해야 한다. 3문항이 출제되며, 〈상황 설명 듣기 → 본문 듣기 → 질문 듣기 → 보기 듣기 → 정답 선택〉의 순서로 문제가 진행된다.

● ● **풀이 비법**

이 문제는 問題1, 2와 달리 질문을 먼저 들려 주지 않는다. 따라서 특정 포인트를 듣는 것이 아니라 요점을 파악하면서 전체적인 흐름을 이해하는 것이 중요하다. 질문 형태도「何について(무엇에 대해서)/何のために(무엇을 위해서)」가 많다. 이 문제는 본문 서두에서 어디서, 누가 누구와 대화하는 장면인지 간단한 설명을 해준다. 보기가 제시되어 있지 않고 질문 또한 한번밖에 들려주지 않기 때문에 오로지 듣기 실력과 상황 추측 능력이 요구된다. 내용을 제대로 이해하지 못하면 풀기 어려운 문제이니 중요한 포인트는 메모를 해가며 듣도록 한다.

예시 문제

① 상황 설명 (듣기)	**1番** 女の人が友達の家に来て、話しています。
② 본문(듣기)	女1：田中で〜す。 女2：あ、は〜い。昨日友達が泊まりに来てたんで、片付いてないけど、入って。 女1：あ、でもここで。すぐ帰るから。あの〜、この前借りた本なんだけど、ちょっと破れちゃって。 女2：え？本当？ 女1：うん、このページなんだけど……。 女2：あっ、うん、このくらいなら大丈夫、読めるし……。 女1：ほんと、ごめん。これからは気をつけるから。 女2：うん、いいよ。ねえ、入ってコーヒーでも飲んでいかない？ 女1：ありがとう。
③ 질문(듣기)	女の人は友達のうちへ何をしに来ましたか。
④ 보기(듣기)	1　謝りに来た 2　本を借りに来た 3　泊まりに来た 4　コーヒーを飲みに来た
⑤ 정답 선택	1　❶　②　③　④

問題 4 발화 표현

●● 유형 분석

問題4는 그림을 보면서 상황에 대한 설명을 듣고 그 상황에 알맞은 회화 표현을 고르는 문제이다. 총 4문항이 출제되며, 〈그림 보기 → 상황 설명 및 질문 듣기 → 보기 듣기 → 정답 선택〉의 순서로 문제가 진행된다.

●● 풀이 비법

問題4의 질문 형태는 「何と言いますか」(뭐라고 합니까?)로, 그림에 표시된 화살표(←)가 가리키는 인물의 대사로 알맞은 것을 고르면 된다. 대화 형식의 지문이 아니라, 어떤 상황에서 뭐라고 말하면 되는지를 묻는 단순한 형식이지만, 그림밖에 주어지지 않기 때문에 부담이 될 것이다.

문제를 푸는 요령은 먼저 제시된 그림을 보고 어떤 상황인지, 이야기를 나누고 있는 사람들은 어떤 사람들인지 미리 예측해 보고 질문을 듣는 것이다. 이 유형의 문제를 풀기 위해서는 평소에 일상에서 자주 사용되는 회화 표현 등을 익혀 두고, 표현이 사용되는 장면이나 상황, 상대방과의 관계(상하, 동료, 친구 등) 등을 이해해 두는 것도 도움이 된다.

예시 문제

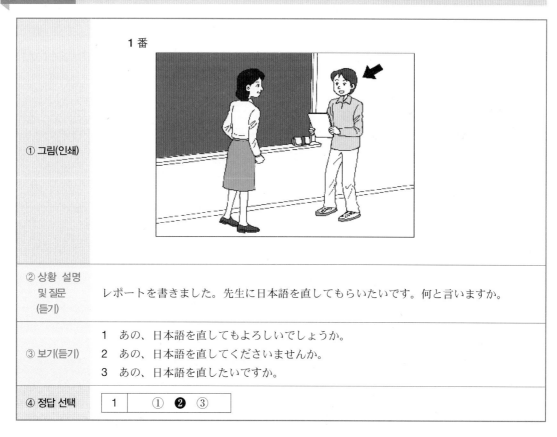

① 그림(인쇄)	1番
② 상황 설명 및 질문 (듣기)	レポートを書きました。先生に日本語を直してもらいたいです。何と言いますか。
③ 보기(듣기)	1 あの、日本語を直してもよろしいでしょうか。 2 あの、日本語を直してくださいませんか。 3 あの、日本語を直したいですか。
④ 정답 선택	1 ① ❷ ③

● ● 유형 분석

問題5는 짧은 문장을 듣고 그에 맞는 대답을, 들려 주는 3개의 보기 중에서 고르는 문제이다. 問題4와 같이 회화 능력과 커뮤니케이션 능력을 묻는 문제이다. 9문항이 출제되며, 〈본문 듣기 → 보기 듣기 → 정답 선택〉의 순서로 진행된다.

● ● 풀이 비법

이 문제는 A, B 두 사람의 대화를 기본으로 하며, 먼저 A의 말을 들려 주고, 그에 대한 B의 대답으로 알맞은 것을 고르는 문제이다. 문제 용지에는 아무것도 인쇄되어 있지 않으며, 보기도 들려 준다. 어떤 장소, 상황에서 누가 무엇에 대해 말하고 있는지를 순식간에 이해하고 답을 골라야 한다. 회화가 짧아서 알아듣기 어렵지 않으나, 순식간에 다음 문제로 넘어가기 때문에 메모를 활용하는 게 좋다. 또한 문제를 놓쳤을 때는 미련을 두지 말고 과감히 다음 문제에 집중하도록 한다.

예시 문제

① 본문(듣기)	**1 番** 女：わたし、試験勉強、あまりやってないんだ……今から、頑張らなきゃ。
② 보기(듣기)	男：1　うん、頑張るつもり。 　　　2　そう、よく頑張ったね。 　　　3　これから頑張ればいいよ。
③ 정답 선택	1　　① ② ❸

2 주제별 청해 필수 어휘

① 청해 지시문

- [ ] 印刷 인쇄
- [ ] 選ぶ 고르다
- [ ] 絵を見る 그림을 보다
- [ ] 答え 정답
- [ ] 質問を聞く 질문을 듣다
- [ ] それから 그러고 나서
- [ ] 正しい 올바른
- [ ] 何も 아무것도
- [ ] 話を聞く 이야기를 듣다
- [ ] 文 글, 문장
- [ ] 返事を聞く 대답을 듣다
- [ ] まず 우선
- [ ] 問題用紙 문제 용지

② 교통

- [ ] 集める 모으다
- [ ] 移す 옮기다
- [ ] 運賃不足 운임 부족
- [ ] 運転手 운전기사
- [ ] 駅 역

- [ ] 駅前 역 앞
- [ ] 駅員 역무원
- [ ] 横断歩道を渡る 횡단보도를 건너다
- [ ] ～置きに ～간격으로
- [ ] 音がする 소리가 나다
- [ ] 落し物 유실물
- [ ] お年寄り 노인
- [ ] お忘れ物センター 분실물 센터
- [ ] 改札口 개찰구
- [ ] 改札を出る 개찰구를 나오다
- [ ] 聞く 묻다
- [ ] 切符を入れる 표를 넣다
- [ ] 急行 급행
- [ ] 午前 / 午後 오전/오후
- [ ] ～ごとに ～마다
- [ ] 探す 찾다
- [ ] 30分 / 半 30분/반
- [ ] 時刻表 시간표
- [ ] ～時ちょうど ～시 정각
- [ ] 始発 시발

□ 終点 종점

□ 終電 막차

□ 乗客 승객

□ 座る 앉다

□ 席を譲る 자리를 양보하다

□ タクシー乗り場 택시 승차장

□ 遅刻する 지각하다

□ 出口 출구

□ 電車 전철

□ 電車が止まる 전철이 멈추다

□ 電車がまいる 전철이 오다

□ 電車に乗る 전철을 타다

□ 電車を降りる 전철을 내리다

□ 届ける 신고하다

□ 何時 / いつ 몇 시/언제

□ 何番線 몇 번 플랫폼

□ 何番出口 몇 번 출구

□ 〜に乗る 〜을 타다

□ 乗り換える 갈아타다

□ バスが出る 버스가 출발하다

□ バス停・バス乗り場 버스 정류장

□ 早い / 遅い 빠르다, 이르다/늦다

□ 〜番目 〜번째

□ 保管する 보관하다

□ 〜分前 〜분 전

□ 間に合う 시간 안에 도착하다

□ 道が込む / 渋滞 길이 막히다/정체

□ 道に迷う 길을 잃다, 헤매다

□ 〜行き 〜행

□ 忘れ物をする 물건을 두고 내리다

□ (忘れ物が)出てくる 분실물이 나오다

□ (忘れ物が)届く 분실물이 도착하다

□ (忘れ物が)見つかる 분실물이 발견되다

❸ 사건 · 사고

□ お金を奪われる 돈을 빼앗기다

□ 救急車 구급차

□ 緊急 긴급

□ 車にぶつかる 자동차에 부딪치다

□ 警察官・警官・お巡りさん 경찰관

□ 強盗にあう・やられる 강도를 만나다/당하다

□ 交番 파출소

□ 事故にあう 사고를 당하다

□ 調べる 조사하다

□ すりにすられる 소매치기를 당하다

□ 間違える 잘못 알다

□ 道を教える 길을 가르쳐 주다

□ 道を聞く 길을 묻다

❹ 비즈니스

□ 相手 상대방

□ 意見 의견

□ Eメール 이메일

□ 伺う 방문하다

□ 受付の人 접수 담당자

□ お約束の時間 약속 시간

□ 奥さん 사모님

□ お世話になる 신세 지다

□ 折り返す 곧 회신하다

□ 会議室 회의실

□ 会社を出る 회사를 나오다

□ 外出中 외출 중

□ かしこまる 이해하다

□ 技術 기술

□ 件 건

□ コピー 복사

□ コンピュータ(一) 컴퓨터

□ 賛成する / 反対する 찬성하다/반대하다

□ 仕事を頼む 일을 부탁하다

□ 事務室 사무실

□ 就職する / 退職する 취직하다/퇴직하다

□ 上司 상사

□ 書類 서류

□ 進む 진행하다

□ すばらしい 훌륭하다

□ ストレスがたまる 스트레스가 쌓이다

□ ストレスが解消できる 스트레스가 해소되다

□ 送別会 / 歓迎会 송별회/환영회

□ 伝える 전달하다

□ 手がはなせない / 忙しい 바쁘다

□ 手伝う 돕다

□ 電池・バッテリーが切れる 배터리가 떨어지다

□ 電話がかかる 전화가 걸려 오다

□ 電話が遠い 전화감이 멀다

□ 電話に出る / 電話を受ける 전화를 받다

□ 電話をかける 전화를 걸다

□ 同僚 동료

□ 取引先 거래처

□ 値段 / 価格 가격

□ 発言する 발언하다

□ 引き受ける 인수하다

□ 秘書 비서

□ ファックス 팩스

□ プレゼン 프레젠테이션

□ 忘年会 / 新年会 망년회 / 신년회

□ ホームページ 홈페이지

□ 回る 돌다

□ メッセージ 메시지

□ 申し訳ございません 죄송합니다

□ 戻る 돌아오다

□ 用事がある 용무가 있다, 볼일이 있다

□ よく聞こえる 잘 들리다

□ 予定 예정

❺ 학교

□ いい / 悪い 좋다 / 나쁘다

□ 居眠り 앉아서 좀

□ 受かる / 合格する 합격하다

□ 学食 / 学生食堂 학생식당

□ 学生会館 학생회관

□ 課題 / リポート 과제 / 리포트

□ カフェテリア 카페

□ 頑張る 노력하다, 힘쓰다

□ 掲示板 게시판

□ 研究室 연구실

□ 講義 강의

□ 講堂 강당

□ 作文 작문

□ 就職 취직

□ 就職活動 취직 활동

□ 授業中 수업 중

□ 専攻 / 学部 / 学科 전공 / 학부 / 학과

□ 成績 / 点数 / 結果 성적 / 점수 / 결과

□ ゼミ / セミナー 세미나

□ 先輩 / 後輩 선배 / 후배

□ 相談 상담

□ 卒業 졸업

□ 大変だ 힘들다

□ 遅刻する 지각하다

□ 疲れる 피곤하다, 지치다

□ 強い / 弱い 잘하다 / 못하다, 약하다

□ テスト / 試験 테스트, 시험

□ 同級生 동급생

□ 内定 내정

□ 売店 매점

□ バイト / アルバイト 아르바이트

□ ボランティア 자원봉사

□ 留学 / 留学先 유학 / 유학지

□ 寮 기숙사

□ 廊下 복도

□ 論文を書く 논문을 쓰다

□ お代わり 리필

□ お酒 술

□ お茶 / 紅茶 녹차/홍차

□ お腹がすく / 腹がへる 배가 고프다

□ お昼 점심 식사

□ お弁当 도시락

□ お水 / お湯 찬물/더운물

□ 会計 계산

□ カウンター 카운터

□ かぼちゃ 호박

□ カレーライス 카레라이스

□ キュウリ 오이

□ 結構だ 괜찮다

□ コーヒー 커피

□ コーラ 콜라

□ こしょう 후추

□ 材料 재료

□ 魚 생선

□ 砂糖 설탕

□ 皿 접시

□ サラダ 샐러드

□ 塩 소금

□ 支払う 지불하다

□ ジュース 주스

□ 使用する / 入る / 入れる 사용하다/들어가다/넣다

□ しょう油 간장

□ 酢 식초

□ すし 초밥

□ すし屋 초밥집

□ 請求書 청구서

□ そば屋 메밀국수집

□ 大根 무

□ 注文する 주문하다

□ チラシ 전단지

□ デザート 디저트

□ とり肉 닭고기

□ とんかつ 돈가스

□ なし 배

□ なす 가지

□ 並ぶ / 行列する 줄을 서다

□ ねぎ / たまねぎ 파/양파

□ 飲み放題 마시고 싶은 대로 마심

□ 白菜 배추

□ 箸 젓가락

□ ハンバーガー 햄버거

- [ ] ビール 맥주
- [ ] ファーストフード 패스트푸드
- [ ] ぶた肉 / 牛肉 돼지고기 / 쇠고기
- [ ] ぶどう 포도
- [ ] ブロッコリー 브로콜리
- [ ] ほうれん草 시금치
- [ ] 味噌 된장
- [ ] みりん 맛술
- [ ] ミルク・牛乳 우유
- [ ] 召し上がる 드시다
- [ ] 持ち帰る 가지고 가다
- [ ] ラーメン 라면
- [ ] 領収書 영수증
- [ ] りんご 사과
- [ ] レストラン 레스토랑
- [ ] レタス 양배추
- [ ] 野菜 채소
- [ ] 予約する / キャンセルする 예약하다 / 취소하다

❼ 숙박

- [ ] インターネット 인터넷
- [ ] お部屋の掃除 방 청소
- [ ] 空室 / 空き部屋 공실, 빈방
- [ ] 交換 교환

- [ ] シーツ 시트
- [ ] 宿泊 숙박
- [ ] シングルルーム 싱글룸
- [ ] タオル 타월, 수건
- [ ] ドアノブにかける 손잡이에 걸다
- [ ] 荷物 짐
- [ ] 札 표, 푯말
- [ ] フロント 프런트
- [ ] ベッドメイキング 침대 정리
- [ ] ホテル 호텔

❽ 병원

- [ ] 足が痛い 다리가 아프다
- [ ] 足をくじく 발을 삐다
- [ ] 頭が痛い 머리가 아프다
- [ ] 受付 접수
- [ ] おかけになる 앉다
- [ ] お大事にしてください 몸조심하세요
- [ ] お手洗い・トイレ 화장실
- [ ] おなかをこわす 배탈 나다
- [ ] お見舞い 문병
- [ ] 外来 외래
- [ ] 係の人 담당자
- [ ] 風邪を引く 감기에 걸리다

□ 体の具合 몸의 상태, 건강 상태

□ 看護師 간호사

□ 血圧 혈압

□ 検査 검사

□ 転ぶ 구르다

□ 手術 수술

□ 診察券 진찰권

□ 診察室に入る 진찰실에 들어가다

□ 体温計 체온계

□ 倒れる 쓰러지다

□ 出す 내다, 제출하다

□ 注射を打つ 주사를 놓다

□ 治療 치료

□ 手を切る 손을 베다

□ 点滴をする 링거를 놓다, 링거를 맞다

□ 名前を呼ぶ 호명하다

□ 入院する 입원하다

□ 熱がある 열이 있다

□ 熱を測る 열을 재다

□ 歯医者 치과 의사

□ 病気になる 병이 나다

□ 骨が折れる 골절되다

□ 待合室 대합실

□ レントゲン室 엑스(X)선실

❾ 공공시설

□ 暗証番号 비밀번호

□ 印鑑 / はんこ 인감, 도장

□ 運動が苦手だ 운동이 서툴다

□ 英会話 영어회화

□ 映画館 영화관

□ エレベーターに乗る 엘리베이터를 타다

□ お住まい 거주지

□ オンライン 온라인

□ 開館 개관

□ 外国人登録 외국인 등록

□ 回数 횟수

□ 確認する 확인하다

□ 貸出中 대출 중

□ 貸す 빌려주다

□ 通う 다니다

□ 借りる 빌리다

□ 休館 휴관

□ 銀行 은행

□ 銀行員 은행원

□ 区役所 / 市役所 구청/시청

□ 口座を作る 계좌를 만들다

□ 戸籍 <ruby>戸<rt>こ</rt></ruby><ruby>籍<rt>せき</rt></ruby> 호적

□ <ruby>小<rt>こ</rt></ruby><ruby>包<rt>づつみ</rt></ruby>を<ruby>送<rt>おく</rt></ruby>る 소포를 보내다

□ <ruby>込<rt>こ</rt></ruby>む 붐비다

□ <ruby>茶<rt>さ</rt></ruby><ruby>道<rt>どう</rt></ruby> 다도

□ <ruby>自<rt>じ</rt></ruby><ruby>動<rt>どう</rt></ruby><ruby>振<rt>ふ</rt></ruby>り<ruby>込<rt>こ</rt></ruby>み 자동 이체

□ <ruby>支<rt>し</rt></ruby><ruby>払<rt>はら</rt></ruby>う 지불하다

□ <ruby>市<rt>し</rt></ruby><ruby>民<rt>みん</rt></ruby>センター 시민 센터

□ <ruby>授<rt>じゅ</rt></ruby><ruby>業<rt>ぎょう</rt></ruby><ruby>料<rt>りょう</rt></ruby> 수업료

□ <ruby>出<rt>しゅっ</rt></ruby><ruby>席<rt>せき</rt></ruby> 출석

□ <ruby>証<rt>しょう</rt></ruby><ruby>明<rt>めい</rt></ruby><ruby>書<rt>しょ</rt></ruby> 증명서

□ <ruby>初<rt>しょ</rt></ruby><ruby>心<rt>しん</rt></ruby><ruby>者<rt>しゃ</rt></ruby><ruby>向<rt>む</rt></ruby>け 초보자용

□ <ruby>申<rt>しん</rt></ruby><ruby>請<rt>せい</rt></ruby><ruby>書<rt>しょ</rt></ruby>を<ruby>書<rt>か</rt></ruby>く / <ruby>記<rt>き</rt></ruby><ruby>入<rt>にゅう</rt></ruby>する 신청서를 쓰다/기입하다

□ スピード<ruby>写<rt>しゃ</rt></ruby><ruby>真<rt>しん</rt></ruby>を<ruby>撮<rt>と</rt></ruby>る 속성 사진을 찍다

□ スポーツ 스포츠

□ <ruby>宅<rt>たく</rt></ruby><ruby>配<rt>はい</rt></ruby><ruby>便<rt>びん</rt></ruby> 택배

□ チケット 티켓

□ <ruby>貯<rt>ちょ</rt></ruby><ruby>金<rt>きん</rt></ruby>する 저금하다

□ <ruby>着<rt>つ</rt></ruby>く / <ruby>届<rt>とど</rt></ruby>く 도착하다

□ <ruby>図<rt>と</rt></ruby><ruby>書<rt>しょ</rt></ruby><ruby>館<rt>かん</rt></ruby> 도서관

□ <ruby>届<rt>とど</rt></ruby>け 신고, 신고서

□ <ruby>取<rt>と</rt></ruby>りに<ruby>来<rt>く</rt></ruby>る 가지러 오다

□ <ruby>習<rt>なら</rt></ruby>う 배우다, 익히다

□ <ruby>荷<rt>に</rt></ruby><ruby>物<rt>もつ</rt></ruby> 짐

□ <ruby>入<rt>にゅう</rt></ruby><ruby>会<rt>かい</rt></ruby><ruby>金<rt>きん</rt></ruby> 입회비, 가입비

□ <ruby>人<rt>にん</rt></ruby><ruby>数<rt>ずう</rt></ruby> 인원수

□ パスポートを<ruby>持<rt>も</rt></ruby>つ 여권을 지참하다

□ パソコン<ruby>教<rt>きょう</rt></ruby><ruby>室<rt>しつ</rt></ruby> 컴퓨터 교실

□ <ruby>引<rt>ひ</rt></ruby>き<ruby>落<rt>お</rt></ruby>とす 자동 이체하다

□ <ruby>引<rt>ひ</rt></ruby>き<ruby>出<rt>だ</rt></ruby>す 인출하다

□ <ruby>開<rt>ひら</rt></ruby>く / <ruby>閉<rt>と</rt></ruby>じる 열리다/닫히다

□ <ruby>振<rt>ふ</rt></ruby>り<ruby>込<rt>こ</rt></ruby>み 입금, 송금

□ <ruby>閉<rt>へい</rt></ruby><ruby>館<rt>かん</rt></ruby> 폐관

□ <ruby>返<rt>へん</rt></ruby><ruby>却<rt>きゃく</rt></ruby> 반납

□ ボタンを<ruby>押<rt>お</rt></ruby>す 버튼을 누르다

□ 〜<ruby>枚<rt>まい</rt></ruby> 〜매, 〜장

□ <ruby>窓<rt>まど</rt></ruby><ruby>口<rt>ぐち</rt></ruby> 창구

□ <ruby>郵<rt>ゆう</rt></ruby><ruby>便<rt>びん</rt></ruby><ruby>局<rt>きょく</rt></ruby> 우체국

□ <ruby>用<rt>よう</rt></ruby><ruby>意<rt>い</rt></ruby>する 준비하다

□ ヨガ 요가

□ <ruby>預<rt>よ</rt></ruby><ruby>金<rt>きん</rt></ruby><ruby>通<rt>つう</rt></ruby><ruby>帳<rt>ちょう</rt></ruby> 예금 통장

□ <ruby>預<rt>よ</rt></ruby><ruby>金<rt>きん</rt></ruby>する 예금하다

□ <ruby>利<rt>り</rt></ruby><ruby>用<rt>よう</rt></ruby>カード 이용 카드

□ <ruby>両<rt>りょう</rt></ruby><ruby>替<rt>がえ</rt></ruby> 환전

⑩ 쇼핑

□ <ruby>上<rt>うえ</rt></ruby>に<ruby>行<rt>い</rt></ruby>く 위로 가다

□ <ruby>大<rt>おお</rt></ruby><ruby>安<rt>やす</rt></ruby><ruby>売<rt>う</rt></ruby>り 파격 할인

☐ お買い上げ年月日 구입연월일

☐ ～階 ～층

☐ かご 장바구니

☐ 期限切れ 만기가 지남

☐ 奇数階 / 偶数階 홀수층/짝수층

☐ 靴下 / 靴をはく 양말/구두를 신다

☐ コーナー 코너

☐ 故障する 고장나다

☐ 下に降りる 아래로 내려가다

☐ シャツ / 上着 셔츠/상의

☐ 修理代 수리비

☐ 商品 상품

☐ スーツ 정장

☐ スーパー 슈퍼마켓

☐ ズボン / スカートをはく 바지/치마를 입다

☐ 洗濯 세탁

☐ そろう 갖추다, 구비하다

☐ 男性用 / 女性用 남성용/여성용

☐ チラシ 전단지

☐ デパート 백화점

☐ 点検 점검

☐ トイレ 화장실

☐ 特売品 / セール品 특매품/세일 상품

☐ 取り扱い説明書 취급 설명서

☐ 直す 고치다

☐ ネクタイをしめる 넥타이를 매다

☐ 値引き 가격 인하

☐ 配達する 배달하다

☐ 販売店 판매점

☐ 服を着る 옷을 입다

☐ 帽子をかぶる 모자를 쓰다

☐ 保障期間 보장 기간

☐ 保証書 보증서

☐ 見つかる 발견하다, 발견되다

☐ 割引 할인

⑪ 날짜/때

☐ いちがつ / しちがつ 1월/7월

☐ ふつか / はつか 2일/20일

☐ よっか / ようか 4일/8일

☐ おととし / 去年・昨年 재작년/작년

☐ 今年 / 来年 올해/내년

☐ 先月 / 今月 / 来月 지난달/이달/다음 달

☐ おととい / 昨日 그저께/어제

☐ 今日・本日 / 明日 / あさって 오늘/내일/모레

☐ さっき / この間・先日 아까, 방금/지난번에, 일전에

☐ 今度 이번, 다음번

□ 以前 / 以後 이전/이후

□ 先週 / 今週 / 来週 지난주/이번 주/다음 주

⑫ 의문사

□ いくつ 몇 개/몇 살

□ いくら 얼마나, 어느 정도

□ いつ / いつか 언제/언젠가

□ だれ / だれか 누구/누군가

□ どう / いかが 어떠함/어떠하심

□ どうして / なぜ / なぜか 어째서/왜/왠지

□ どうやって 어떻게

□ どこ / どこか 어디/어딘가

□ どの 어느

□ どのぐらい / どのくらい 얼마나, 어느 정도

□ どのような 어떠한

□ どのように 어떻게

□ どれ 어느 것

□ どんな 어떤

□ 何 / 何か 무엇/무언가

□ 何と 뭐라고

□ 何の 무슨

□ 何色 무슨 색

□ 何階 몇 층

□ 何ヶ月 몇 개월

□ 何時間 몇 시간

□ 何度・何回 몇 번

□ 何人・何名 몇 명

⑬ 접속 표현

□ あ、そうだ 아, 맞다

□ 一方 한편

□ それなのに 그런데도, 그럼에도 불구하고

□ それに 게다가

□ そのうえ 게다가, 또한

□ ただ / しかし / ところで 다만/그러나/그런데

□ たとえば 예를 들면

□ ですから 그래서, 그러니까

□ でも 하지만

□ ところが 그런데

□ なぜなら 왜냐하면

⑭ 인사말

☐ またいらっしゃってください 또 오세요

☐ 〜によろしくお伝えください 〜에게 안부 전해 주세요

☐ いただきます / ごちそうさまでした 잘 먹겠습니다/잘 먹었습니다

☐ よろしいでしょうか 괜찮으세요?

☐ けっこうです 괜찮습니다

☐ かまいません 상관 없습니다

☐ おじゃまします 실례합니다

☐ そろそろ失礼いたします 슬슬 실례하겠습니다

☐ 気をつけてください 조심하세요

☐ お大事に 몸조심하세요

☐ 明けまして、おめでとうございます 새해 복 많이 받으세요

☐ 今年もよろしくお願いいたします 올해도 잘 부탁드립니다

☐ よいお年を 좋은 한 해 보내세요

☐ それはちょっと…… 그건 좀 (곤란합니다)

☐ おかまいなく 개의치 마세요

☐ 今日はおめでとう。お幸せに 오늘은 축하합니다. 행복하세요

☐ おめでとうございます 축하합니다

☐ このたびは、ご愁傷さまでございました 이번에는 얼마나 애통하십니까

☐ 悔やみ申し上げます 조의를 표합니다

☐ このたびは、突然のことで大変でしたね 이번에는 갑작스러운 일을 당해서 큰일이었네요

☐ どんなお仕事をしていらっしゃるんですか 어떤 일을 하고 계십니까?

☐ どちらにお勤めですか 어디에 근무하세요?

☐ お先に失礼します 먼저 실례하겠습니다

☐ お疲れ様です / ご苦労さん 수고하셨습니다/수고했어요

기본 표현	축약 표현	뜻
☐ ~かもしれない	~かも	~일지도 모른다
☐ けれども	けれど・けど	하지만
☐ このあいだ	こないだ	요전 날, 일전에
☐ では	じゃ	그럼
☐ ~ではありません	~じゃありません	~이 아닙니다
☐ ~じゃない	~じゃん	~잖아
☐ すみません	すいません	죄송합니다
☐ そうか	そっか	그런가
☐ それは	そりゃ	그것은
☐ ~ても・でも	~たって・だって	~라고 해도
☐ ~だろう	~だろ	~일 것이다, ~겠지
☐ ~でしょう	~でしょ	~겠지요
☐ ~ては・では	~ちゃ・じゃ	~(해)서는
☐ ~てしまう・でしまう	~ちゃう・じゃう	~해 버리다
☐ ~は・とは・という	~って	~는, ~란, ~라고 하는

기본 표현	축약 표현	뜻
☐ ~ていく・でいく	~てく・でく	~하고 가다
☐ ~ている・でいる／ているの	~てる・でる／てんの	~고 있다/~고 있는 거야
☐ ~ておいで・でおいで	~といで・どいで	~고 와
☐ ~ておく・でおく	~とく・どく	~해 두다
☐ ところ	とこ	곳, 장소
☐ ~なければ	~なきゃ	~지 않으면
☐ なんといっても	なんてったって	뭐라고 해도
☐ ほんとう	ほんと	정말, 진짜
☐ ~ましょう	~ましょ	~합시다
☐ やっぱり	やっぱ	역시
☐ ~(な)のだ・(な)のです(か)	~(な)んだ・(な)んです(か)	~ㄴ 것이다, 겁니다(까)
☐ ~ので	~んで	~해서
☐ ~らない	~んない	~지 않다

실전과 같은 형식의 문제를 통해 실전 대비 연습을 해 봅시다.

もんだい
問題1 〔Track 02〕

問題1では、まず質問を聞いてください。それから話を聞いて、問題用紙の
1から4の中から、最もよいものを一つえらんでください。

1ばん

1 大急ぎで仕事をする
2 ほかの人に、銀行に行くように頼む
3 すぐ、銀行に行く
4 ほかの人に仕事を頼む

| 1 | ① | ② | ③ | ④ |

問題2 `Track 03`

<ruby>問題<rt>もんだい</rt></ruby>2では、まず<ruby>質問<rt>しつもん</rt></ruby>を<ruby>聞<rt>き</rt></ruby>いてください。そのあと、<ruby>問題用紙<rt>もんだいようし</rt></ruby>を<ruby>見<rt>み</rt></ruby>てください。<ruby>読<rt>よ</rt></ruby>む<ruby>時間<rt>じかん</rt></ruby>があります。それから<ruby>話<rt>はなし</rt></ruby>を<ruby>聞<rt>き</rt></ruby>いて、<ruby>問題用紙<rt>もんだいようし</rt></ruby>の1から4の<ruby>中<rt>なか</rt></ruby>から、<ruby>最<rt>もっと</rt></ruby>もよいものを<ruby>一<rt>ひと</rt></ruby>つえらんでください。

1ばん

1 <ruby>小説<rt>しょうせつ</rt></ruby>と<ruby>古<rt>ふる</rt></ruby>い<ruby>雑誌<rt>ざっし</rt></ruby>
2 <ruby>小説<rt>しょうせつ</rt></ruby>と<ruby>新<rt>あたら</rt></ruby>しい<ruby>雑誌<rt>ざっし</rt></ruby>
3 <ruby>辞書<rt>じしょ</rt></ruby>と<ruby>小説<rt>しょうせつ</rt></ruby>
4 <ruby>雑誌<rt>ざっし</rt></ruby>と<ruby>辞書<rt>じしょ</rt></ruby>

| 1 | ① | ② | ③ | ④ |

問題3 `Track 04`

<ruby>問題<rt>もんだい</rt></ruby>3では、<ruby>問題用紙<rt>もんだいようし</rt></ruby>に<ruby>何<rt>なに</rt></ruby>も<ruby>印刷<rt>いんさつ</rt></ruby>されていません。この<ruby>問題<rt>もんだい</rt></ruby>はぜんたいとして、どんな<ruby>内容<rt>ないよう</rt></ruby>かを<ruby>聞<rt>き</rt></ruby>く<ruby>問題<rt>もんだい</rt></ruby>です。<ruby>話<rt>はなし</rt></ruby>の<ruby>前<rt>まえ</rt></ruby>に<ruby>質問<rt>しつもん</rt></ruby>はありません。まず<ruby>話<rt>はなし</rt></ruby>を<ruby>聞<rt>き</rt></ruby>いてください。それから、<ruby>質問<rt>しつもん</rt></ruby>とせんたくしを<ruby>聞<rt>き</rt></ruby>いて、1から4の<ruby>中<rt>なか</rt></ruby>から、<ruby>最<rt>もっと</rt></ruby>もよいものを<ruby>一<rt>ひと</rt></ruby>つえらんでください。

ーメモー

| 1 | ① | ② | ③ | ④ |

問題4 Track 05

問題4では、えを見ながら質問を聞いてください。矢印（→）の人は何と言いますか。1から3の中から最もよいものを一つえらんでください。

1ばん

1	① ② ③

問題5では、問題用紙に何もいんさつされていません。まず、文を聞いてください。それから、そのへんじを聞いて、１から３の中から、最もよいものを一つえらんでください。

ーメモー

1	① ② ③

청해 완전 정복을 위한 꿀팁!

일본어 능력시험의 청해 실력을 올리기 위해서 다음 2가지 방법을 연습하자.

– 선택지가 인쇄되어 있는 문제는 선택지를 미리 보고 압축하기
– 선택지가 인쇄되어 있지 않은 문제는 최대한 내용을 메모하기

● 問題 1 과제 이해

과제의 내용과 과제를 수행하는 주체를 정확히 파악하는 것이 중요하다. 첫 질문을 놓치더라도 마지막에 한 번 더 들을 수 있으니 당황하지 않도록 한다.

● 問題 2 포인트 이해

실제 시험에서 약 20초간 선택지를 읽을 시간이 주어지므로, 침착하게 읽고 내용을 기억해 두자. 問題1보다 내용이 복잡하지만 질문의 포인트만 기억한다면 어렵지 않게 해결할 수 있다.

● 問題 3 개요 이해

질문은 마지막에 딱 한 번만 들려 주므로 놓치지 않도록 주의한다. 전체 내용을 듣지 못하면 풀기 어려우므로 요점을 빠르게 메모해 가며 듣도록 한다.

● 問題 4 발화 표현

그림을 먼저 보고 대략적인 상황을 추측해 본다. 선택지가 주어지지 않아 부담스러울 수 있지만 일상적인 회화 표현이 주로 나오므로 너무 부담을 갖지 않도록 한다.

● 問題 5 종합 이해

대화 내용이 짧은 만큼 빠른 시간에 정답을 골라야 한다. 순간적으로 내용을 이해해야 하므로 X와 △등을 활용해 실수를 최소화하도록 한다.

유형별 실전 문제

과제 이해 **실전 연습**　　　　　　　　　　　　　　[　　/ 6]

もんだい
問題 1

問題1では、まず質問を聞いてください。それから話を聞いて、問題用紙の1から4の中から、最もよいものを一つえらんでください。

1 ばん　Track 07

1　チョコケーキ
2　いちごケーキ
3　チーズケーキ
4　ショートケーキ

2 ばん　Track 08

1　青色のバラ
2　ピンクのバラ
3　虹色のバラ
4　青色のバラとピンクのバラ

3 ばん　Track 09

1　女の人と韓国料理についてしらべる
2　韓国料理を食べにいく
3　韓国と日本の違いについてしらべる
4　図書館に資料をさがしにいく

4ばん Track 10

1 ケーキを買いにいく
2 ケーキとワインを準備する
3 お父さんに電話する
4 お母さんにケーキを買ってもらう

5ばん Track 11

1 娘に電話をかける
2 たい焼きを買いにいく
3 娘からの電話に出る
4 マカロン屋さんに電話をする

6ばん Track 12

1 1500円
2 1600円
3 1700円
4 1800円

もんだい
問題 2

　問題2では、まず質問を聞いてください。そのあと、問題用紙を見てください。読む時間があります。それから話を聞いて、問題用紙の1から4の中から、最もよいものを一つえらんでください。

1ばん `Track 21`

1　後で買いたくても買えないかもしれないから
2　ピンク色のカメラがほしかったから
3　後で売ろうと思っているから
4　ピンク色のカメラは珍しいから

2ばん `Track 22`

1　給料にふまんがあったから
2　上司と仲よくなかったから
3　イタリアンレストランに行きたいから
4　自分のお店を出したいから

3ばん `Track 23`

1　ベリーダンス
2　ポールダンス
3　タップダンス
4　フラダンス

정답 1③ 2④ 3②　　　　　　　　　　　　　스크립트 및 해설 별책 p.71

개요 이해 실전 연습 [/ 4]

問題 3 　Track 30 ~ Track 39

問題3では、問題用紙に何も印刷されていません。この問題は全体として、どんな内容かを聞く問題です。話の前に質問はありません。まず話を聞いてください。それから、質問と選択肢を聞いて、1から4の中から、最もよいものを一つえらんでください。

ーメモー

발화 표현 실전 연습

<ruby>問題<rt>もんだい</rt></ruby> 4

<ruby>問題<rt>もんだい</rt></ruby>4では、<ruby>絵<rt>え</rt></ruby>を<ruby>見<rt>み</rt></ruby>ながら<ruby>質問<rt>しつもん</rt></ruby>を<ruby>聞<rt>き</rt></ruby>いてください。<ruby>矢印<rt>やじるし</rt></ruby>(➡)の<ruby>人<rt>ひと</rt></ruby>は<ruby>何<rt>なん</rt></ruby>と<ruby>言<rt>い</rt></ruby>いますか。 1から3の<ruby>中<rt>なか</rt></ruby>から<ruby>最<rt>もっと</rt></ruby>もよいものを<ruby>一<rt>ひと</rt></ruby>つえらんでください。

1ばん Track 40

2ばん Track 41

3 ばん Track 41

4 ばん Track 42

5 ばん　Track 43

6 ばん　Track 44

7 ばん Track 45

8 ばん Track 46

9 ばん Track 47

10 ばん Track 48

11 ばん Track 49

12 ばん Track 50

13 ばん Track 51

14 ばん Track 52

15 ばん Track 53

16 ばん Track 54

17 ばん　Track 55

18 ばん　Track 56

19 ばん Track 57

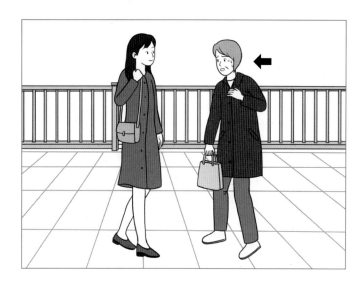

20 ばん Track 58

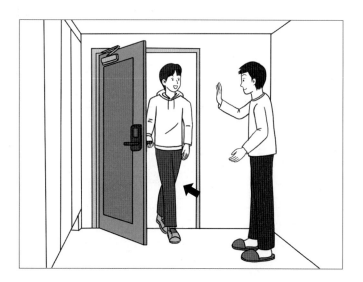

21 ばん Track 59

22 ばん Track 60

23 ばん Track 61

24 ばん Track 62

25 ばん Track 63

26 ばん Track 64

27 ばん Track 65

28 ばん Track 66

29 ばん Track 67

30 ばん Track 68

31 ばん Track 69

32 ばん Track 70

33 ばん Track 71

34 ばん Track 72

35 ばん Track 73

36 ばん Track 74

정답 33 ③ 34 ① 35 ③ 36 ③

스크립트 및 해설 별책 p.83

37 ばん Track 75

38 ばん Track 76

39 ばん Track 77

40 ばん Track 78

41 ばん Track 79

42 ばん Track 80

즉시 응답 실전 연습

問題 5
_{もんだい}

　問題 5では、問題用紙に何もいんさつされていません。まず、文を聞いてください。それから、そのへんじを聞いて、1から3の中から、最もよいものを一つえらんでください。

－メモ－

스크립트 및 해설 별책 p.86

실전 모의고사
1회

N3

N3

げんごちしき (もじ・ごい)

(30ぷん)

ちゅうい
Notes

1. しけんが はじまるまで、この もんだいようしを あけないで ください。
   Do not open this question booklet until the test begins.

2. この もんだいようしを もって かえる ことは できません。
   Do not take this question booklet with you after the test.

3. じゅけんばんごうと なまえを したの らんに、じゅけんひょうと おなじように かいて ください。
   Write your examinee registration number and name clearly in each box below as written on your test voucher.

4. この もんだいようしは、ぜんぶで 5ページ あります。
   This question booklet has 5 pages.

5. もんだいには かいとうばんごうの 1 、 2 、 3 …が ついて います。かいとうは、かいとうようしに ある おなじばんごうの ところに マーク して ください。
   One of the row numbers 1 , 2 , 3 … is given for each question. Mark your answer in the same row of the answer sheet.

じゅけんばんごう Examinee Registration Number	

なまえ　Name	

問題1 _____ のことばの読み方として最もよいものを、1・2・3・4から一つ
えらびなさい。

1 認知症は治療すれば治りますか。

　　1　かおり　　　　2　なおり　　　　3　におり　　　　4　こおり

2 彼女にアドバイスしても無駄だよ。

　　1　むじだ　　　　2　むだだ　　　　3　むりだ　　　　4　むちゃだ

3 教科書の内容は、何年ごとに更新されますか。

　　1　ないよう　　　2　ないよ　　　　3　うちよう　　　4　うちよ

4 羽のように軽い眼鏡をご紹介します。

　　1　うら　　　　　2　つばさ　　　　3　はね　　　　　4　さか

5 何もしていないのに疑われている気がする。

　　1　おこなわれて　2　あらそわれて　3　たたかわれて　4　うたがわれて

6 美しい景色に心を奪われた。

　　1　けしき　　　　2　けいしき　　　　3　けいろ　　　　4　けいしょく

7 若いうちにやっておけばよかった。

　　1　にがい　　　　2　くろい　　　　3　わかい　　　　4　つらい

8 来年もこちらのイベントに参加できたらと思います。

　　1　さんが　　　　2　しんか　　　　3　しんが　　　　4　さんか

問題2 _____ のことばを漢字で書くとき、最もよいものを、1・2・3・4から一つ
えらびなさい。

9 告白する前に、相手の気持ちを<u>たしかめる</u>方法を教えてください。

1 確かめる　　　2 望かめる　　　3 眺かめる　　　4 認かめる

10 これから8月の新商品をご<u>しょうかい</u>いたします。

1 招待　　　　　2 招介　　　　　3 紹待　　　　　4 紹介

11 事故の<u>げんいん</u>を調べるため、現場へ駆けつけた。

1 源因　　　　　2 原因　　　　　3 原困　　　　　4 源困

12 平気で虫を<u>ころす</u>彼女のことが怖くなった。

1 倒す　　　　　2 押す　　　　　3 崩す　　　　　4 殺す

13 朝から雨が<u>はげしく</u>降っている。

1 厳しく　　　　2 忙しく　　　　3 激しく　　　　4 嬉しく

14 今日は<u>しぜん</u>を守るために私たちにできることについて発表させていただきたい
と思います。

1 自然　　　　　2 事前　　　　　3 自前　　　　　4 事然

問題3 （　　　）に入れるのに最もよいものを、1・2・3・4から一つえらびなさい。

15 父の前では（　　　）言えませんが、私は父のことを尊敬しています。

1　むなしくて　　　　　　　　　　2　さびしくて

3　もったいなくて　　　　　　　　4　はずかしくて

16 この鍋は2つに（　　　）いて、2種類の料理を同時に楽しめます。

1　破れて　　　　2　分かれて　　　　3　割れて　　　　4　倒れて

17 （　　　）が複雑で説明することが難しい。

1　決定　　　　2　事情　　　　3　座席　　　　4　態度

18 赤ちゃんが気持ちよさそうに（　　　）と眠っている。

1　のんびり　　　2　ぐっすり　　　3　ふんわり　　　4　すっきり

19 家庭で不要となった（　　　）などを無料で引き取っています。

1　家具　　　　2　天井　　　　3　玄関　　　　4　居間

20 創業30周年を（　　　）してパーティーを開くことにした。

1　産業　　　　2　交通　　　　3　記念　　　　4　誤解

21 旅行先を入力するだけで旅行（　　　）を立ててくれるアプリが流行っている。

1　ライト　　　　2　ポスター　　　3　ピクニック　　　4　プラン

22 夫と（　　　）からお返事いたします。

1　引き出して　　2　問い合わせて　　3　受け付けて　　4　話し合って

23 急に（　　　）車にぶつかるところだった。

  1　飛び出した　　　2　飛び越えた　　　3　飛び立った　　　4　飛び上がった

24 手続きが（　　　）した皆さまには受験票を発送いたします。

  1　完了　　　　　2　完璧　　　　3　完備　　　　4　完全

25 ご報告書を（　　　）して、尋ねたいことがあります。

  1　意見　　　　　2　花見　　　　3　拝見　　　　4　発見

問題4 ＿＿＿＿＿の意味が最も近いものを、1・2・3・4から一つえらびなさい。

26 私は貧乏な家庭で育ちましたが、一生懸命勉強して弁護士になれました。

　　1　うれしい　　　　2　まずしい　　　　3　あかるい　　　　4　めざましい

27 事務所に置くソファは、シンプルで高級感のあるデザインをお勧めします。

　　1　オフィス　　　　2　セール　　　　　3　サイト　　　　　4　キッチン

28 時間はまだたっぷりあるから、急がなくてもいい。

　　1　すこし　　　　　2　まったく　　　　3　だんだん　　　　4　たくさん

29 年々、農家で働く人の数が減っている。

　　1　多くなっている　　　　　　　　　2　重くなっている

　　3　少なくなっている　　　　　　　　4　軽くなっている

30 口のまわりにクリームが付いている。

　　1　地域　　　　　　2　位置　　　　　　3　回転　　　　　　4　周辺

問題5　つぎのことばの使い方として最もよいものを、1・2・3・4から一つえらび
　　　　なさい。

31 文句

1　新聞の文句に間違いがあった。

2　文句を読むことに困難がある障害もあるそうです。

3　私は上司に文句を持っている。

4　文句ばかり言う人は周りから嫌われますよ。

32 常に

1　多数の意見が常に正しいとは限らない。

2　最近常に太った感じがする。

3　ずいぶん常に不思議な経験をしました。

4　おはようございます。常に寒くなりましたね。

33 受け取る

1　土日・祝日でも窓口で荷物を受け取ることができます。

2　誰もやりたがらない仕事を受け取ってしまった。

3　ATMからキャッシュカードでお金を受け取った。

4　電話でのお問い合わせは受け取っておりません。

34 思い出

1　彼女と一緒に忘れられない素敵な思い出をたくさん作りました。

2　思い出もよらない出来事が起こった。

3　思い出のまま友達でいることは辛いだろう。

4　うまく思い出がまとまらない時はどうすればいいですか。

35 配る

1 サンドイッチをキッチンペーパーで配って冷蔵庫に入れておいた。

2 最近ミシンで服を配ることがとても楽しいです。

3 毎朝、駅前でティッシュを配るアルバイトをしています。

4 プレゼント用に配っていただけませんか。

第1回日本語能力試験　模擬テスト

N3

言語知識（文法）・読解

げんごちしき　　　ぶんぽう　　　どっかい

（70分）

注　意
Notes

1. 試験が始まるまで、この問題用紙を開けないでください。
   Do not open this question booklet until the test begins.

2. この問題用紙を持って帰ることはできません。
   Do not take this question booklet with you after the test.

3. 受験番号と名前を下の欄に、受験票と同じように書いて
   じゅけんばんごう　　　　　　らん　　　　じゅけんひょう
   ください。
   Write your examinee registration number and name clearly in each box below as
   written on your test voucher.

4. この問題用紙は、全部で19ページあります。
   ぜんぶ
   This question booklet has 31 pages.

5. 問題には解答番号の 1 、2 、3 、… が付いています。
   かいとうばんごう　　　　　　　　　　　　　　　　　つ
   解答は、解答用紙にある同じ番号のところにマークして
   かいとう　　　かいとう　　　　　　　　ばんごう
   ください。
   One of the row numbers 1 , 2 , 3 … is given for each question. Mark your answer in
   the same row of the answer sheet.

受験番号 Examinee Registration Number
じゅけんばんごう

名 前　Name

問題1　つぎの文の（　　　　　）に入れるのに最もよいものを、1・2・3・4から一つ
　　　えらびなさい。

1 私は彼女と（　　　　　）以来、彼女のことを一度も忘れたことはない。

　　1　別れて　　　　　2　別れ　　　　　　3　別れた　　　　　4　別れる

2 孫が生まれたの（　　　　　）タバコを止めました。

　　1　をもとに　　　　2　をきっかけに　　3　もかまわず　　4　はもちろん

3 12年付き合った彼氏と（　　　　　）結婚することになりました。

　　1　せっかく　　　　2　わざと　　　　　3　すぐ　　　　　4　ついに

4 皆さん、高校時代に（　　　　　）つもりでお答えください。

　　1　戻る　　　　　　2　戻った　　　　　3　戻り　　　　　4　戻って

5 彼女が入院しているということは木村さん（　　　　　）知りました。

　　1　を通じて　　　　2　にかわって　　　3　とともに　　　4　をはじめ

6 あなたももう大学2年生になったから、高校を卒業して2年が経ったという

　（　　　　　）。

　　1　だけだ　　　　　2　わけだ　　　　　3　ところだ　　　4　ばかりだ

7 ここで勉強している人もいるからちょっと静かにして（　　　　　）。

　　1　いられない　　　2　たまらない　　　3　ばかりいる　　4　ほしい

8 焼き立てのパンがまずい（　　　　　）。

　　1　にすぎない　　　2　べきだ　　　　　3　わけがない　　4　いっぽうだ

407

9 地震に備えて水や食料など、日頃から準備しておく（　　　　　）。

　　1　べきです　　　　2　はずです　　　　3　ばかりです　　4　ままです

10 子供の頃、父とよく釣りに行った（　　　　）です。

　　1　こと　　　　　　2　ところ　　　　　3　もの　　　　　4　ばかり

11 （　　　　）列車が参ります。危ないですから黄色い線の内側までお下がりください。

　　1　かならず　　　2　突然　　　　　　3　まもなく　　　4　この間

12 夫が風邪を引いちゃって、旅行（　　　　）じゃないです。

　　1　こと　　　　　　2　どころ　　　　　3　ところ　　　　4　もの

13 お一人様一泊（　　　　）200円の宿泊税をいただくことになっております。

　　1　につき　　　　2　に関して　　　3　だけでなく　　4　に加えて

問題2　つぎの文の＿＿＿＿★＿＿＿＿に入る最もよいものを、1・2・3・4から一つえらび
　　　　なさい。

（問題例）

あそこで　＿＿＿＿＿　＿＿＿＿＿　＿＿★＿＿　＿＿＿＿＿　は山田さんです。

　1　テレビ　　　　　　2　見ている　　　　3　を　　　　　　　4　人

（解答のしかた）

1　正しい文はこうです。

あそこで　＿＿＿＿＿　＿＿＿＿＿　＿＿★＿＿　＿＿＿＿＿　は山田さんです。
　　　　　　1　テレビ　　3　を　　2　見ている　　4　人

2　＿＿★＿＿　に入る番号を解答用紙にマークします。

（解答用紙）　（例）　　①　●　③　④

14　A：ビザを＿＿＿＿＿　＿＿★＿＿　＿＿＿＿＿　＿＿＿＿＿はいけません。

　　B：えっ？違いますよ。ビザがなくても行ける国ってたくさんありますよ。

　1　でない　　　　　2　と　　　　　　3　海外に　　　　4　とってから

15　＿＿＿＿＿　＿＿＿＿＿　＿＿★＿＿　＿＿＿＿＿チャンネル登録者数は15人しかいま

せん。

　1　ユーチューバー　　　　　　　2　も

　3　いって　　　　　　　　　　　4　と

16 もうすぐ夏休みだね。___★___、_____ _____ _____ の？

    1 ところで   2 国へ   3 キムさんは   4 帰る

17 A：お金持ちの彼女のことが _____ ___★___ _____ _____ です。

    B：人生ってお金がすべてじゃないと言ったのに。

    1 ない   2 が

    3 うらやましくて   4 しかた

18 いくら _____ _____ ___★___ _____ は買いたくないです。

    1 かばん   2 ても   3 やすく   4 あの

問題3　つぎの文章を読んで、文章全体の内容を考えて、 19 から 22 の中に入る最もよいものを、1・2・3・4から一つえらびなさい。

　このたびは、おいしいりんごをたくさん送っていただきまして、本当にありがとうございました。とても甘くて、香りもよく、さすが青森のりんごですね。

　 19 一番おいしいりんごです。たくさんいただいたので、娘がアップルパイを作ってみようと言っております。家内はジャムを作ってみるそうです 。りんごが大好きな私は、家内と娘の腕に期待しているところです。

　ご家族で青森を旅行されたとのこと、東北の秋を十分楽しまれたことでしょうね。私たちも来年あたり行ってみたいと思っています。そのときは、景色のきれいな所やおいしい食べ物などを 20 うれしいです。

　新しいお仕事を始められて何かとお忙しいでしょうが、近いうちに一度、我が家へ遊びにいらっしゃいませんか。 21 庭を少し作り直しました。花壇を広くして花を植えました。小さな池も作りましたし、前よりはきれいになりました。今まで 22 庭の手入れなどしませんでしたが、これから少しずつやろうかと思っています。ぜひ見に来てください。

　まずは、お礼とお誘いまで。

19

1 今まで食べなかったので 　　　2 まだ食べていないので

3 まだ食べたことがない中で 　　4 今まで食べたものの中で

20

1 教えてくれれば 　　　　　　　2 教えてあげれば

3 教えていただければ 　　　　　4 教えてやったら

21

1 じつは 　　　2 しかし 　　　3 それに 　　　4 それから

22

1 やっと 　　　2 めったに 　　　3 きっと 　　　4 かならず

問題4　つぎの(1)から(4)の文章を読んで、質問に答えなさい。答えは、1・2・3・4から最もよいものを一つえらびなさい。

（1）

　ある日、アメリカ人の友達から「日本ではビニール傘をよく使うね。」と言われたことがある。ビニール傘は日本で初めて作られたそうだ。そして、年間1.2億本以上の傘が消費され、その消費量は世界でトップだと言われている。つまり、壊れたらすぐに捨て、新しいものを買うという使い捨てのイメージが強いと言える。確かにビニール傘は軽くて持ち運びやすく、値段が安くて、前がよく見えるという利点があると思う。しかし、壊れやすく、リサイクルが難しいというゴミ問題があるのも現状だ。

23　この文章を書いた人は、ビニール傘についてどう考えているか。

1　安くて軽いので、たくさん使われてもいい。

2　再利用などの環境問題も考えなければならない。

3　使い捨てのイメージを変えるべきだ。

4　消費量を増やさなければならない。

（2）

下のメモは、母親が息子に書いたメモである。

ひろしへ

　お母さんは友達のお見舞_{みま}いに行ってくるね。

　午後から風が強くなるそうだから、帰ったらすぐに雨戸_{あまど}を閉めてね。それと、お父さんは飲み会があるから遅く帰ってくるって連絡があったよ。だから、夕飯にカレーを作っておいたから、温めて食べてね。それから、もし宅配が届いたら、開けずに台所に運んでおいてね。それとピアノの練習は7時までに終わらせてね。

　お母さんは夜の9時ごろ帰るね。

---

24 このメモを読んだ息子は、まず何をしなければならないか。

1　雨戸を閉める。

2　カレーを温める。

3　ピアノの練習をする。

4　荷物をキッチンに運ぶ。

（３）

お辞儀には、３つのパターンがあります。

まず、体を15度ぐらい前に倒す軽いお辞儀です。これは、一般に「会釈」と言われるものです。社内で人とすれちがうときや、人の前を通るときに使います。

次に、体を30度ぐらい前に倒すお辞儀があります。お客様をお迎えしたり、お見送りしたりするとき、また、訪問先でもこのお辞儀をするといいでしょう。

そして、体を45度ぐらい前に倒す最も丁寧なお辞儀があります。相手に感謝の気持ちを伝えたり、謝るときなどに使います。

いずれも、頭だけを下げるのではなく、背中を伸ばして上半身を倒すようにするときれいに見えます。

---

25 お辞儀について、正しいのはどれか。

1　廊下で部長に会ったときは、最も丁寧なお辞儀をしたほうがいい。

2　お客様を待たせてしまったときは、４５度のお辞儀がいい。

3　会釈は軽いお辞儀なので、頭だけ下げるときれいに見える。

4　お客様が帰るときは、１５度のお辞儀でもかまわない。

（4）

アルバイトのみなさんへ

● 遅刻するときや休む場合は、Ｅメールではなく必ず電話で連絡してください。

● 自転車、バイクでの通勤は禁止です。

● ユニフォームに着替えたら、連絡ノートに目を通し、それから仕事を始めて
　ください。

● 電話やパソコンを私用で使わないでください。また、仕事中は、携帯電話の
　電源を切ってください。

● 会社の物を家へ持ち帰らないでください。

● 喫煙所以外では、たばこをすわないでください。

26 アルバイトの人がしてはいけないことは、どんなことだと言っているか。

1 携帯電話を持って来ること

2 喫煙所でたばこをすうこと

3 仕事の前に連絡ノートを見ること

4 休むときにＥメールで連絡すること

問題5　つぎの(1)と(2)の文章を読んで、質問に答えなさい。答えは、1・2・3・4から最もよいものを一つえらびなさい。

（1）

　　最近、昭和レトロが人気を集めています。昭和は昭和時代（1926年〜1989年）を指し、レトロは過去の流行やスタイルを意味する言葉で、「レトロスペクティブ（retrospective）」の略語です。技術が進歩し、生活が便利になったにもかかわらず、なぜ昭和時代の流行やスタイルが再び人気を集めているのでしょうか。

　　私の考えでは、忙しい現代社会で、昭和時代のゆったりとした雰囲気が若い世代に魅力的に映っているのではないかと思います。競争の激しい現代社会では、人々は常に忙しく生きなければならないというプレッシャーを感じながら暮らしています。そんな中で、昭和時代のゆったりとした感性が慰めになっているのではないでしょうか。また、高度な技術が発展している現代社会において、昭和時代のシンプルで対照的な色使いやデザインが逆に独特な魅力を与えているようにも感じます。

　　しかし、私は、この流行は現在の生活に対する不満から生まれた結果ではないかと思います。忙しい現代社会で暮らす私たちが、今、何を見落としているのかを改めて考える機会を持つべきだと思います。

27 昭和レトロとあるが、レトロとはどういう意味なのか。

1 　過去のはやりやスタイルを意味する。

2 　過去の技術やライフスタイルを意味する。

3 　現在のはやりやスタイルを意味する。

4 　現在の技術やライフスタイルを意味する。

28 昭和レトロが人気を集めている理由は何か。

1 　現代社会ではプレシャーを多く感じるから

2 　現代社会では感じることのできないゆったりとした感覚があるから

3 　現代社会では独特なデザインが人気があるから

4 　現代社会に不満を持っている人が多いから

29 この文章で、筆者が最も言いたいことは何か。

1 　流行を通じて現在の生活を振り返る必要がある。

2 　忙しく生きるより、ゆったりと生きる方が良い。

3 　独特なデザインよりシンプルなデザインが人気だ。

4 　流行はその時代の生活を示している。

（2）

最近、コンビニなどでカロリーゼロの飲料が人気を集めています。特にダイエット中や甘い食べ物を避けたい人々に多く消費されており、これらの飲料は従来（じゅうらい）の飲料と同じように甘い味を提供しながら、カロリーがないという点が魅力的です。では、このようなカロリーゼロの飲料は健康に問題がないのでしょうか。

カロリーゼロの飲料は実際にカロリーがないため、1日の総カロリー摂取量（せっしゅりょう）を減らすことができます。また、砂糖（さとう）の代わりに甘味料（かんみりょう）が使われており、血糖値（けっとうち）の管理に役立つ可能性があります。さらに、ダイエットをしている人々にとっては、甘いものへのストレスを減らす効果もあるでしょう。

しかし、甘さに依存（いぞん）するリスクがあり、砂糖（さとう）の代わりに使われる甘味料の安全性については今でも議論が続いています。 たまに飲むのであれば、健康に大きな問題はないかもしれませんが、それでも普段から水を多く飲む習慣を身につけることがより重要だと考えます。

30 カロリーゼロの飲料の効果について正しくないものはどれか。

1 甘いものが食べられないストレスを減らすことができる。

2 一日にとるカロリーの量を減らすことができる。

3 ダイエットを成功させる確率が上がる。

4 血液中の糖分の濃度をコントロールできる。

31 カロリーゼロの飲料の問題点について正しいものはどれか。

1 甘い味がする飲み物をやめられないかもしれない。

2 水を飲まなくなるかもしれない。

3 甘い味を感じなくなるかもしれない。

4 カロリーを気にしなくなるかもしれない。

32 この文章で、筆者が最も言いたいことは何か。

1 普段から水を飲んだほうがいい。

2 カロリーゼロの飲み物は安全ではない。

3 カロリーゼロの飲み物と水を一緒に飲んだほうがいい。

4 カロリーゼロの飲み物はやめられない。

問題6 つぎの文章を読んで、質問に答えなさい。答えは、1・2・3・4から最もよいものを一つえらびなさい。

結婚したばかりの頃は、私は夫とよくけんかをしていた。掃除の仕方や食べ物の好みなど、小さなことで争うことが多かった。結婚前は一緒にいるだけで幸せだったのに、結婚後に<u>こんな状況</u>になったことがとても悲しかった。
①

その時、私は夫がよく小言を言うのでけんかが起きると思っていた。だから夫が小言を言うたびに、もっと大きな声で怒ったり、わざと夫が嫌がる行動をして彼を怒らせた。すると夫も我慢できずに怒って家を出て行くことがあった。私たちはお互いを責め合い、自分は悪くないと思い込んでいた。

そんなある日、夫が帰り道に花束を買ってきた。私は驚いて「この花束は何ですか?」と聞いた。すると夫は「今日は結婚記念日だから、買ってきたんだよ」と恥ずかしそうに答えた。私はその花束を受け取った瞬間、<u>涙があふれた</u>。けんかで塗^ぬ
②
りつぶされた2年間がとてももったいなく感じ、すべてが私のせいのように思えたからだ。泣いていた私に夫は「もうけんかはやめよう。花束よりもっと素敵なプレゼントもたくさんあげるね」と言った。私は何も言わず、ただうなずいた。

<u>それ以来</u>、私は夫が嫌がる言動や行動をしないように心がけている。夫も私の
③
気持ちを理解しようと努力してくれているようだ。異なる環境で育った二人が結婚して夫婦になるということは、お互いを理解し認め合い、合わせていくことだと思う。

33 ①こんな状況とあるが、どんな状況なのか。

1 小さなことでもけんかしている状況

2 掃除の仕方について話し合っている状況

3 食べ物の好みを合わせている状況

4 一緒にいるだけで幸せな状況

34 ②涙があふれたとあるが、なぜか。

1 けんかの原因が夫にあることに気付いたから

2 夫と仲が悪くなったのが自分のせいのように思えたから

3 花束をもらってとても嬉しかったから

4 夫の言葉を聞いてびっくりしたから

35 ③それ以来とあるが、二人の関係はどうなったのか。

1 小言を言わないように努めている。

2 お互い嫌いな行動をしないように努めている。

3 違う環境で育ってきたことを認めようとしている。

4 すべてのことについて話し合ってから決めようとしている。

36 この文章の内容と合っていないものはどれか。

1 二人は新婚の時、よくけんかをした。

2 夫は、けんかした後、家を出たことがある。

3 現在は、お互いけんかしないように努めている。

4 夫は妻とけんかするたびに花束を買ってくる。

問題7　つぎの文章は別府(べっぷ)にあるホテルのリストである。下の質問に答えなさい。答えは、1・2・3・4から最もよいものを一つえらびなさい。

37 来月別府(べっぷ)に出張することになった石田さんは、ホテルを予約しようとしている。石田さんはホテルを選ぶ際、ベッド、駐車場、洗濯設備があるかどうかを重要視している。また、喫煙者であるため、喫煙可能な部屋を好む。出張の際はいつも車で移動するため、駅からの距離は気にしないが、価格は安い方が好ましい。石田さんの条件に合うホテルはどれか。

1　マリンホテル

2　レインボーホテル

3　ニューシティーホテル

4　ピンクホテル

38 別府に遊びにくる友達のためにホテルを予約しようとしている。友達が希望する条件に合うホテルはどれか。

> ・夕食が食べられるところ
>
> ・駅から近いところ
>
> ・たばこの匂いがしないところ

1　レインボーホテル

2　ニューシティーホテル

3　ピンクホテル

4　モリノホテル

別府ホテルリスト

ホテル名	部屋	設備	アクセス	料金（1泊）
マリンホテル	○●◎	レストラン Wi-Fi無料 マッサージサービス クリーニングサービス 駐車場	駅からバスで10分	15000円
レインボーホテル	○✖	レストラン ファクス送信可 クリーニングサービス 宅配便	駅から徒歩15分	22000円
ニューシティーホテル	○●◎	レストラン Wi-Fi無料 マッサージサービス クリーニングサービス 駐車場 宅配便	駅から徒歩8分	32000円
ピンクホテル	○✖	レストラン Wi-Fi無料 マッサージサービス コインランドリー 屋上プール 駐車場	駅からバスで20分	15000円
モリノホテル	●✖	レストラン マッサージサービス 露天風呂 モーニングコール 駐車場	駅からバスで25分	9900円

※ ○は洋室、●は和室です。

※ ◎は喫煙可、✖は喫煙不可です。

第1回日本語能力試験　模擬テスト

N3

聴解
ちょうかい

（40分）

注　意
Notes

1.　試験が始まるまで、この問題用紙を開けないでください。
　　Do not open this question booklet until the test begins.

2.　この問題用紙を持って帰ることはできません。
　　Do not take this question booklet with you after the test.

3.　受験番号と名前を下の欄に、受験票と同じように書いて
　　ください。
　　Write your examinee registration number and name clearly in each box below as
　　written on your test voucher.

4.　この問題用紙は、全部で13ページあります。
　　This question booklet has 13 pages.

5.　この問題用紙にメモをとってもいいです。
　　You may make notes in this question booklet.

受験番号 Examinee Registration Number	

名前　Name	

<ruby>問題<rt>もんだい</rt></ruby> 1

<ruby>問題<rt>もんだい</rt></ruby>1では、まず<ruby>質問<rt>しつもん</rt></ruby>を<ruby>聞<rt>き</rt></ruby>いてください。それから<ruby>話<rt>はなし</rt></ruby>を<ruby>聞<rt>き</rt></ruby>いて、<ruby>問題用紙<rt>もんだいようし</rt></ruby>の
1から4の<ruby>中<rt>なか</rt></ruby>から、<ruby>最<rt>もっと</rt></ruby>もよいものを<ruby>一<rt>ひと</rt></ruby>つえらんでください。

れい

1　1<ruby>階<rt>かい</rt></ruby>
2　2<ruby>階<rt>かい</rt></ruby>
3　3<ruby>階<rt>がい</rt></ruby>
4　4<ruby>階<rt>かい</rt></ruby>

1ばん

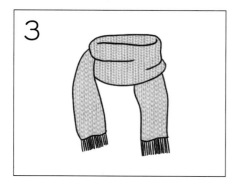
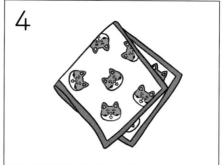

2ばん

1　肉じゃが
2　ご飯料理
3　刺身
4　肉料理

3ばん

1 書店に行って雑誌の予約をする
2 書店に雑誌を買いにいく
3 書店に電話をする
4 書店に問い合わせメールを送る

4ばん

1 新宿駅の南口
2 新宿駅の西口
3 新宿駅の東口
4 新宿駅の北口

5 ばん

1　壁に漢字を貼って見る

2　声を出しながら漢字を書く

3　漢字カードを作って読む

4　漢字を聞きながら読む

6 ばん

1　日本のお菓子

2　電気ケトル

3　日本人形

4　日本のゲーム

問題 2

問題 2 では、まず質問を聞いてください。そのあと、問題用紙を見てください。読む時間があります。それから話を聞いて、問題用紙の 1 から 4 の中から、最もよいものを一つえらんでください。

れい

1 早く映画の情報が知りたいから

2 キャンペーンに応募してチケットをもらいたいから

3 限定グッズをもらって人に見せたいから

4 レビューを読んで、話題の映画が見たいから

1 ばん

1 アルバイトがしたいから
2 手術費用が必要だから
3 早く寝たいから
4 調子が悪かったから

2 ばん

1 部活のことできた
2 ランチを食べにきた
3 図書館に資料を探しにきた
4 時間つぶしにきた

3ばん

1 財布を取りにいくため

2 先にカフェにいくため

3 カフェで本を読むため

4 新しい財布を買いにいくため

4ばん

1 女子トイレにいく

2 男子トイレにいく

3 キッチンにいく

4 お客様の方へいく

5ばん

1 ほたるをみるため

2 トカゲをみるため

3 カエルをみるため

4 へびをみるため

6ばん

1 甘いものを食べること

2 辛いものを食べること

3 柔らかいものを食べること

4 タバコを吸うこと

問題 3

問題 3 では、問題用紙に何もいんさつされていません。この問題は、ぜんたいとしてどんなないようかを聞く問題です。話の前に質問はありません。まず話を聞いてください。それから、質問とせんたくしを聞いて、1 から 4 の中から、最もよいものを一つえらんでください。

― メモ ―

もんだい
問題4

問題4では、えを見ながら質問を聞いてください。やじるし(➡)の人は何と言いますか。1から3の中から、最もよいものを一つえらんでください。

れい

1ばん

2ばん

3ばん

4ばん

もんだい
問題5

　問題5では、問題用紙に何もいんさつされていません。まず文を聞いてください。それから、そのへんじを聞いて、1から3の中から、最もよいものを一つえらんでください。

― メモ ―

실전 모의고사 2회

N3

N3

げんごちしき （もじ・ごい）

（30ぷん）

ちゅうい
Notes

1. しけんが　はじまるまで、この　もんだいようしを　あけないで　ください。
   Do not open this question booklet until the test begins.

2. この　もんだいようしを　もってかえる　ことは　できません。
   Do not take this question booklet with you after the test.

3. じゅけんばんごうと　なまえを　したの　らんに、じゅけんひょうと
   おなじように　かいて　ください。
   Write your examinee registration number and name clearly in each box below as written on your test voucher.

4. この　もんだいようしは、ぜんぶで　5ページ　あります。
   This question booklet has 5 pages.

5. もんだいには　かいとうばんごうの　1 、2 、3 …が　ついて　います。
   かいとうは、かいとうようしに　ある　おなじばんごうの　ところに　マーク
   して　ください。
   One of the row numbers 1 , 2 , 3 … is given for each question. Mark your answer in the same row of the answer sheet.

じゅけんばんごう　Examinee Registration Number	

なまえ　Name	

問題1 _____ のことばの読み方として最もよいものを、1・2・3・4から一つ
えらびなさい。

1 夜中に目が覚めて眠れない時は温かい牛乳を飲んでみてください。

　　1　よるなか　　　2　よるちゅう　　　3　よなか　　　4　よちゅう

2 誰かに追いかけられて逃げる夢はストレスから逃げたいという欲求の表れです。

　　1　ゆめ　　　　　2　もう　　　　　　3　かめ　　　　4　すず

3 相手にいい印象を与えるためにはきちんと挨拶をすることが重要です。

　　1　くわえる　　　2　ささえる　　　　3　あたえる　　4　おぼえる

4 夫は株の売買でお金を稼いでいる。

　　1　うりかい　　　2　ばいばい　　　　3　うりがい　　4　ばいがい

5 残念ながら、母の日は祝日ではありません。

　　1　しゅくにち　　2　しゅくび　　　　3　しゅくひ　　4　しゅくじつ

6 父は保険会社で働いています。

　　1　うごいて　　　2　あるいて　　　　3　かいて　　　4　はたらいて

7 これは環境に優しい洗剤として知られている。

　　1　やさしい　　　2　きびしい　　　　3　さびしい　　4　うれしい

8 学校まで往復で3時間もかかる。

　　1　おうふく　　　2　おふく　　　　　3　わふく　　　4　わうふく

問題2 _____のことばを漢字で書くとき、最もよいものを、1・2・3・4から一つ
えらびなさい。

9 集めたぬいぐるみがどれだけあるのか<u>かぞえて</u>みました。

    1 数えて   2 通えて   3 教えて   4 帰えて

10 返却期間が過ぎた本は、<u>かしだし</u>期間を延長できません。

    1 借し出し   2 貸し出し   3 返し出し   4 課し出し

11 カロリー<u>しょうひ</u>が多い運動を教えてください。

    1 消比   2 消悲   3 消費   4 消火

12 家を貸してくれた<u>おおや</u>さんに感謝の気持ちを込めて礼金を渡した。

    1 大家   2 大屋   3 多屋   4 多家

13 <u>かい</u>は焼いて食べるとおいしいですよ。

    1 池   2 丘   3 貝   4 海

14 長時間停電が続いていて<u>ふべん</u>です。

    1 不利   2 不変   3 不備   4 不便

問題3　（　　　）に入れるのに最もよいものを、1・2・3・4から一つえらびなさい。

15 各国の（　　　）を集めるのが私の趣味です。

　　1　原因　　　　　2　才能　　　　　3　切手　　　　　4　手当

16 先輩に（　　　）断られるに決まっている。

　　1　拾っても　　　2　頼んでも　　　3　超えても　　　4　頼っても

17 （　　　）するわけではないですが、私はクラスの中で一番背が高いです。

　　1　自慢　　　　　2　発表　　　　　3　自信　　　　　4　賛成

18 家族であっても部屋に入る時は、（　　　）ぐらいしてほしいです。

　　1　シャツ　　　　2　キッチン　　　3　ウイルス　　　4　ノック

19 みんなにはまだ言っていないですが、（　　　）私、去年離婚しました。

　　1　常に　　　　　2　最も　　　　　3　思わず　　　　4　実は

20 みなさん。新しいメンバーを（　　　）しましょう。

　　1　観光　　　　　2　歓迎　　　　　3　作業　　　　　4　理想

21 彼は財布から1万円札を（　　　）私にくれた。

　　1　受け取って　　2　取り出して　　3　やり直して　　4　くり返して

22 石のように（　　　）クッキーをもらいました。

　　1　おさない　　　2　ゆるい　　　　3　かたい　　　　4　するどい

23 申し訳ございませんが、（　　　　　）お待ちください。

   1　ちっとも　　　　2　やっと　　　　　3　しばらく　　　　4　やはり

24 財布を置いてきたのに（　　　　　）気が付かなかったよ。

   1　ようやく　　　　2　ついに　　　　　3　結局　　　　　4　まったく

25 机の上を（　　　　）から勉強したほうが集中できる。

   1　調整して　　　　2　整理して　　　　3　修理して　　　　4　故障して

問題4 ＿＿＿＿＿の意味が最も近いものを、1・2・3・4から一つえらびなさい。

26 内容に間違いがないか確認してください。

    1　チャレンジ　　　2　サンプル　　　　3　チェック　　　4　ジャンプ

27 カレンダーアプリを活用してスケジュール管理をしてみましょう。

    1　予想　　　　　　2　未来　　　　　　3　予定　　　　　4　会議

28 高速道路ではスピードを出さないというのも交通違反になります。

    1　重さ　　　　　　2　長さ　　　　　　3　速さ　　　　　4　軽さ

29 久しぶりに会った友達に「相変わらずかっこいいね」と言われて嬉しかった。

    1　前と同じで　　　2　前と違って　　　3　相手と違って　　4　相手と同じで

30 野菜を使ったヘルシーな料理ができあがりました。

    1　修正しました　　2　販売しました　　3　失敗しました　　4　完成しました

問題5　つぎのことばの使い方として最もよいものを、1・2・3・4から一つえらび
　　　　なさい。

31 付き合う

1　今から急いでも付き合わないと思うよ。

2　妻と付き合ってから決めてもいいですか。

3　初めて付き合った人と結婚する割合はあまり高くないそうです。

4　一緒に力を付き合って頑張りましょう。

32 キャンセル

1　新幹線の自由席なら当日でもキャンセルすることができます。

2　大きいサイズのキャンセルが欲しい。

3　毎月お得な割引キャンセルを実施中です。

4　手作りのキャンセルを売っています。

33 派手

1　私は派手な家庭を築きたいです。

2　私は派手な服装が好きですが、実際に着て外出したことはありません。

3　一人で家事をするのは派手なことだと思う。

4　政府は派手な経済政策を発表した。

34 留守番

1　アメリカへ留守番するためにアルバイトをしています。

2　久しぶりに友達の家を訪ねたがあいにく留守番だった。

3　トイレ掃除の留守番が回ってきた。

4　小学生に一人で留守番をさせるのは危ないです。

35 迷子

1 ペットボトルを使って迷子を作ってみました。

2 デパートの人込みの中で泣いている迷子を見つけました。

3 夜遅く電話をするのは迷子です。

4 迷子が一人暮らしを始めて寂しくてしかたがない。

第2回日本語能力試験　模擬テスト

N3

言語知識（文法）・読解

げんごちしき　　　ぶんぽう　　どっかい

（70分）

受験番号 Examinee Registration Number	

名前 Name	

問題1 つぎの文の（　　　　　）に入れるのに最もよいものを、1・2・3・4から一つ
えらびなさい。

1 A：あのう、さくら銀行の鈴木と申しますが、小池さんは（　　　　　）か。
B：申し訳ございませんが、小池はただいま席を外しております。

1　いたします　　　　　　　　　　2　いらっしゃいます

3　なさいます　　　　　　　　　　4　おります

2 休みだからといって食べ（　　　　　）いないで動きなさい。

1　てはじめて　　2　たばかり　　3　たところ　　4　てばかり

3 送付いただいた書類は（　　　　　）が、もう少し検討させていただきます。

1　ご覧になりました　　　　　　　2　召し上がりました

3　拝見しました　　　　　　　　　4　伺いました

4 ニュース（　　　　　）、3月から消費税が上がるということです。

1　によると　　2　を通して　　3　につき　　4　にかわって

5 この店は、家具（　　　　　）電気製品まで扱っています。

1　をめぐって　　2　に対して　　3　をはじめ　　4　をきっかけに

6 彼は足をけがしたが、諦めずに最後まで（　　　　　）ぬいた。

1　走り　　　　2　走って　　　　3　を走った　　4　走ら

7 点数（　　　　　）、参加しただけでメダルがもらえます。

1　にかけて　　2　にかかわらず　3　にわたって　　4　にかぎって

8 私は納得のいかないことがあると、文句を（　　　　　　）はいられない性格です。

1　言わずに　　　　2　言えずに　　　　3　言いずに　　　　4　言うずに

9 土日だけのアルバイトを探した（　　　　　　）、結局見つからなかった。

1　いらい　　　　2　はじめて　　　　3　いっぽうで　　　4　あげく

10 急なお願い（　　　　　　）、対応していただき誠にありがとうございます。

1　にかかわりなく　　　　　　　　　　2　にかまわず

3　にもかかわらず　　　　　　　　　　4　にくわえず

11 転校したばかりで、まだ友達がいないので一人で昼ご飯を食べる（　　　　　　）。

1　恐れがある　　　2　しかない　　　　3　までもない　　　4　べきだ

12 彼の顔を（　　　　　　）とたんに、涙が出て来た。

1　見る　　　　2　見　　　　　3　見ない　　　　4　見た

13 憧れの田中選手に（　　　　　　）光栄です。

1　お目にかかれて　　　　　　　　　　2　お目にかけて

3　ご覧になって　　　　　　　　　　　4　お見えになって

問題2　つぎの文の＿＿★＿＿に入る最もよいものを、1・2・3・4から一つえらび
　　　　なさい。

（問題例）

あそこで　＿＿＿＿＿　＿＿＿＿＿　＿＿★＿＿　＿＿＿＿＿　は山田さんです。

1　テレビ　　　　2　見ている　　　3　を　　　　　4　人

（解答のしかた）

1　正しい文はこうです。

あそこで　＿＿＿＿＿　＿＿＿＿＿　＿＿★＿＿　＿＿＿＿＿　は山田さんです。

1 テレビ　　3 を　　2 見ている　　4 人

2　＿＿★＿＿　に入る番号を解答用紙にマークします。

（解答用紙）　（例）　　①　●　③　④

14　A：天気予報によれば、明日から　＿＿＿＿＿　＿＿★＿＿　＿＿＿＿＿　＿＿＿＿＿　そ
　　　　うだよ。

　　　B：北海道って、毎年雪がたくさん降るから、札幌に住んでいる祖母が心配だよ。

1　大雪に　　　　　2　北海道を　　　　3　なる　　　　　4　中心に

15　A：こんにちは。3時に予約した渡辺と申します。

　　　B：渡辺明子さんですね。＿＿★＿＿　＿＿＿＿＿　＿＿＿＿＿　＿＿＿＿＿。

1　こちらで　　　　2　ください　　　　3　お待ち　　　　4　少々

16 英語 ___★___ _____ _____ _____ 「You」を使ってもいいですよね。

　　1　では　　　　2　対して　　　　3　先生　　　　4　に

17 寒く ___★___ _____ _____ _____ 売り上げが伸びています。

　　1　カイロ　　　2　の　　　　3　なる　　　　4　にしたがって

18 日本の会社に _____ _____ ___★___ _____ 勉強しなければならない。

　　1　日本語を　　　2　就職　　　　3　には　　　　4　する

問題3 つぎの文章を読んで、文章全体の内容を考えて、 19 から 22 の中に入る最もよいものを、1・2・3・4から一つえらびなさい。

あなたのバッグには何が入っていますか。

持ち物は、男性と女性では違うでしょうし、年齢や職業によっても違うでしょう。 19 周りの人に聞いてみました。

ほとんどの人が持っていたのは財布、鍵、携帯電話で、女性はハンカチ、ティッシュを全員が持っていました。それにティッシュ 20 、ウエットティッシュも持っている人が多いことがわかりました。

赤ちゃんのものが詰まったバッグや、道具があふれるように入っていてずっしり重いバッグ、必要なものをきちんと整理して入れてあるバッグなど、いろいろありました。中には、会社に行くときに電車が止まって、駅で数時間待たされるという経験を何回かしたという人のバッグに、お菓子、ピクニック用シート、輪ゴム、便せんなどが入っていて、こんなものまで持ち歩くのかと 21 。

バッグの中身には、その人の 22 があらわれていて、その人らしさが伝わってくるような気がしました。

19

   1 どんな色のバッグを持っているか   2 バッグの大きさはどのくらいか

   3 どんなものを持ち歩いているのか   4 何を買いたいのか

20

   1 だけでも   2 だけが   3 だけと   4 だけでなく

21

   1 驚いたものもありました   2 驚いていることです

   3 驚かせたことがありました   4 驚いたものでしょう

22

   1 仕事の仕方   2 生活スタイル

   3 通勤方法   4 ティッシュの好み

問題4　つぎの(1)から(4)の文章を読んで、質問に答えなさい。答えは、1・2・3・4
　　　から最もよいものを一つえらびなさい。

（1）

> 　私は運動嫌いで、休みの日でも家でごろごろしていることが多いのです。友人が
> テニスや水泳に誘ってくれてもいつも断ってばかりいます。
> 　両親は、私が小さいころからずっと仕事をしていたので、祖父母が妹と私の面倒
> をみてくれました。祖父母は、私たちが外で遊んでけがをするのを心配したためで
> しょうか、家の中で遊ばされることが多かったのです。近所に友達もいましたが、
> その子は体が弱かったので、いっしょに遊ぶときもあまり外に出ないで家の中で遊ん
> でいました。そんなことから、運動嫌いになったような気がします。

23　筆者が運動嫌いになった理由について、正しいものはどれか。

1　体が弱かったので家の中ばかりで遊んでいたから
2　祖父母に家の中で遊ぶように言われていたから
3　友達をテニスや水泳に誘ったが、断られてばかりだったから
4　外で遊ぶとけがをすることが多かったから

（2）

火を使わず、温風も出さずに部屋を暖める話題の遠赤外線ヒーター。中でも最新型の「アッタメール」は、ほかの製品より暖かく、消費電力500Wと省エネ。室内に温度差ができないように暖めるので、顔だけ暖かく足元が寒いというようなことはありません。また空気も汚れません。電気代は9時間使って99円と経済的です。今なら申し込み順に100台までは35,000円とお得です。お早めにどうぞ。「アッタメール」で快適な冬を過ごしませんか。

24 「アッタメール」について、正しいのはどれか。

1 暖かさはほかの製品と変わらないが、空気が汚れない。

2 ほかの製品より暖かくなり、特に顔の部分が暖かくなる。

3 ほかの製品より暖かく、部屋全体を同じ温度にする。

4 新製品なので１００台だけ販売することになっている。

（３）

> 　期末試験の代わりにレポートを提出してください。テーマは自由ですが、この講義に関係のあるものに限ります。Ａ4用紙で5枚、読みにくいので手書きは受け付けません。締め切りは来週の金曜日午後5時です。事務に直接出してください。遅れたものは受け取りません。しかし理由がある場合に限り、受け取らないこともありません。

25 レポートについて、正しいものはどれか。

　1　テーマはなんでもよい。

　2　理由があれば締め切りの後に出してもよい。

　3　手書きでもよい。

　4　先生に出してもよい。

（4）

26　この相談会はどんな人のためのものか。

　1　相談してみたいが、平日に時間がなくて、行けない人のため

　2　運動不足で太ってきたので、やせる運動を知りたい人のため

　3　体によい食事を考えたい人のため

　4　時間を決めずに、いつでも自由に相談を受けたい人のため

問題5 つぎの(1)と(2)の文章を読んで、質問に答えなさい。答えは、1・2・3・4から最もよいものを一つえらびなさい。

（1）

人工知能(AI)技術は急速に進化しており、現在、私たちの日常生活でさまざまな方法で活用されています。例えば、音声認識を使って機器を操作したり、自動運転車が人間の運転なしで自分で走行できるようになっています。

しかし一方で、人工知能技術が悪用される犯罪も増加しています。その一つがディープフェイクです。ディープフェイクとは、AIを使って作成された偽の動画や音声、またはそれを作るための技術を指します。この技術を使って、顔を合成した動画を作ったり、有名人の音声を操作して内容を変更し、フェイクニュースを広めることができます。このような被害は、有名人だけでなく一般人の間でも徐々に広がっています。

確かに、人工知能(AI)技術は今後ますます発展し、私たちの日常生活をより便利にしてくれると期待されています。しかし、このような技術の進展に伴う倫理的な問題や被害対策については、深く考える必要があると思います。

27 この文章で、人工知能を使った技術ではないのは何か。

1　自動的に運転できる車

2　声で操作できるスマートフォン

3　自分の顔を他の人の顔に変えてくれるアプリケーション

4　録音機能があるぬいぐるみ

28　このような被害は何か。

1　顔を隠さずに動画を作ること

2　声を変えずに動画を作ること

3　他人の顔を合成して動画を作ること

4　他人の許可なしに動画を作ること

29　この文章で、筆者が最も言いたいことは何か。

1　人工知能(AI)の発展にともなう問題について深く考えるべきだ。

2　人工知能(AI)の発展は期待されるが、フェイクニュースはなくさなければならない。

3　人工知能(AI)を使った技術はさらに発展すべきだ。

4　人工知能(AI)は日常生活を便利にしている。

（2）

　静岡といえば、わさび、コロッケ、緑茶、おでんなどを思い浮かべる人が多いかもしれませんが、私が静岡に行くと必ず食べるものがあります。それが、うな丼です。東京から新幹線で1時間20分ほどで行けるので、年に2〜3回はうな丼を食べに静岡に行くほどです。

　静岡は日本で初めてうなぎの養殖に成功した地域で、養殖されたうなぎを使ったさまざまな料理を味わうことができます。その中でも、私は甘いタレがかかったうなぎを、ご飯の上に乗せたうな丼が一番好きです。また、おいしいうな丼屋を見つけたらブログで紹介しています。最近食べたうな丼の中で一番満足だったのは、富士山を見ながらうな丼を楽しめるレストランでした。富士山を眺めながらうな丼を一口食べた時、1日の疲れがすっかり取れた気分になりました。こんなに雰囲気も味も良いレストランを見つけた時、もっと多くの人に知ってほしいと思うようになります。そして、いつかうな丼を紹介する本を出版することが私の夢でもあります。

　東京に帰る時は、娘のためにうなぎのエキスを生地に入れて作ったうなぎパイを買っています。うなぎパイはうなぎの味はしませんが、甘くて子供たちにもとても人気です。静岡に行かれる際は、ぜひうなぎを使った料理を味わってみてください。

30 この文章を書いた人が静岡に行く主な理由は何か。

1　うなぎ養殖をするため

2　おいしい料理を食べるため

3　富士山を眺めながら食事をするため

4　うな丼を食べるため

31 この文章を書いた人がブログにうな丼について載せている理由は何か。

1　多くの人においしいうな丼を売っている店を知ってほしいから

2　うな丼が好きな人が増えてほしいから

3　うな丼という料理を知らせたいから

4　うなぎ料理のレシピを本にしたいから

32 この文章の内容と合っていないものはどれか。

1　静岡は日本で初めてうなぎの養殖に成功した地域である。

2　静岡ではうなぎエキスを入れたお菓子を売っている。

3　静岡に行くと、富士山でうな丼が食べられる。

4　新幹線で東京から静岡まで2時間以内に行ける。

問題6　つぎの文章を読んで、質問に答えなさい。答えは、1・2・3・4から最も
　　　よいものを一つえらびなさい。

　最近、私はカプセルトイの収集に夢中になっている。カプセルトイは小型自販機の一種で、コインを入れてレバーを回すと、小さなおもちゃが入ったカプセルが出てくる。中身はランダムで、何が出るか分からないので、そのドキドキ感がとても楽しい。価格は通常100円から500円で、ミニチュアの飾りからおもちゃまで、さまざまな商品が入っている。

　<u>カプセルトイに夢中になった理由</u>は、カプセルを開けるたびに何が出るのか期待する瞬間がとても楽しいからだ。もし同じものが出たら、友達と交換したり、中古サイトで売ったりすることもある。また、レアなモデルが出たときは、その価値を大幅に超える価格で取引されることもある。音が鳴ったり、光る製品も多く、大人にも人気がある。だから、カプセルトイに興味のある友達にプレゼントをすることもある。

　しかし、バッテリーを交換できない製品は長く使うことができないし、安価で品質が良くないものも多い。また、不良品が出ても交換や返金ができないという点では、満足できない消費となることもある。

　それでも、私は毎月おおよそ3万円くらいをカプセルトイに使っている。周りの人は、私がこんなにお金を使っていることを理解できないかもしれないが、実際にはカプセルトイに関連する動画を撮って投稿し、それによって利益を得ている。つまり、好きな趣味でお金を稼ぎ、そのお金でまた趣味を楽しんでいるわけだ。

33 カプセルトイに夢中になった理由として合っているものはどれか。

1 中古サイトでカプセルトイを販売する仕事をしているから

2 音が鳴ったり、光ったりする製品を集めているから

3 カプセルトイの中身は何かわくわくするから

4 友達にカプセルトイを見せたいから

34 カプセルトイについて合っていないものはどれか。

1 中身を選ぶことはできない。

2 バッテリー交換ができる製品もある。

3 中古サイトで返品してもらえる。

4 品質が悪いものも結構ある。

35 筆者はどうやってお金を稼いでいると言っているか。

1 レアなカプセルトイを集めて売って、お金を稼いでいる。

2 中古サイトでカプセルトイを売って、お金を稼いでいる。

3 カプセルトイの動画を撮って載せて、お金を稼いでいる。

4 友達に安い価格でカプセルトイを売って、お金を稼いでいる。

36 この文章のテーマとして適当なものはどれか。

1 カプセルトイにはまった理由

2 カプセルトイへの反応

3 カプセルトイが大人に人気の理由

4 カプセルトイ市場の未来

問題7 つぎの文章はスーパーのお知らせである。下の質問に答えなさい。答えは、1・2・3・4から最もよいものを一つえらびなさい。

37 小売業（こうり）をしている梅田さんは現在スーパーのシルバー会員で、来年ゴールド会員になるために会員クラスの表を見ている。梅田さんがゴールド会員になった場合、受けられる特典の中で合っていないものは何か。

1　卸（おろし）価格が安くなる。

2　駐車場を無料で使える。

3　バッジがもらえる。

4　冷凍品の送料が無料になる。

38 無料サービスについて正しいものは何か。

1　海外発送時に追加料金が発生する。

2　シルバー会員以上から駐車場を無料で利用できる。

3　当社指定の運送便のみ送料無料サービスが適用される。

4　VIPバッジを提示すれば、駐車場無料サービスを受けることができる。

会員クラスとお得意様卸単価

いつもお仕入れ ありがとうございます。

会員クラスは前年度のお仕入れ合計金額で確定します。

お仕入れ金額が上がるにつれてお得にお仕入れいただけます。

会員クラス	お仕入れ合計金額	卸単価	無料サービス
ダイヤ会員	1500万円以上	50%	5万円以上で送料無料
スーパーゴールド会員	1000万円以上	55%	お仕入れ当日駐車場無料
ゴールド会員	800万円以上	60%	VIPバッジプレゼント
スーパーシルバー会員	600万円以上	65%	8万円以上で送料無料
シルバー会員	300万円以上	70%	
ルビー会員	50万円以上	75%	10万円以上で送料無料
レギュラー会員	50万円未満	80%	なし

※送料無料サービス

日本国内発送のみ、お仕入れ金額が 5 万円(税抜)〜10万円以上、当社指定の運送便ご利用で送料無料になります。(ただし、冷蔵・冷凍品の送料は除く。クール料金 300円ご請求。)

※お仕入れ当日の駐車場無料

お仕入れ当日の駐車場が無料でご利用いただけます。(駐車料金精算時に会員カードをご提示ください。)

第2回日本語能力試験　模擬テスト

N3

ちょうかい
聴解

（40分）

注　意
Notes

1. 試験が始まるまで、この問題用紙を開けないでください。
   Do not open this question booklet until the test begins.

2. この問題用紙を持って帰ることはできません。
   Do not take this question booklet with you after the test.

3. 受験番号と名前を下の欄に、受験票と同じように書いてください。
   Write your examinee registration number and name clearly in each box below as written on your test voucher.

4. この問題用紙は、全部で13ページあります。
   This question booklet has 13 pages.

5. この問題用紙にメモをとってもいいです。
   You may make notes in this question booklet.

受験番号 Examinee Registration Number	

名前 Name	

<ruby>問題<rt>もんだい</rt></ruby> 1

<ruby>問題<rt>もんだい</rt></ruby> 1 では、まず<ruby>質問<rt>しつもん</rt></ruby>を<ruby>聞<rt>き</rt></ruby>いてください。それから<ruby>話<rt>はなし</rt></ruby>を<ruby>聞<rt>き</rt></ruby>いて、<ruby>問題用紙<rt>もんだいようし</rt></ruby>の 1 から 4 の<ruby>中<rt>なか</rt></ruby>から、<ruby>最<rt>もっと</rt></ruby>もよいものを<ruby>一<rt>ひと</rt></ruby>つえらんでください。

れい

1 1<ruby>階<rt>かい</rt></ruby>
2 2<ruby>階<rt>かい</rt></ruby>
3 3<ruby>階<rt>がい</rt></ruby>
4 4<ruby>階<rt>かい</rt></ruby>

1 ばん

2 ばん

1 　食事6人分と飲み物6人分
2 　食事6人分と飲み物5人分
3 　食事5人分と飲み物6人分
4 　食事5人分と飲み物5人分

3 ばん

1　パスポートの写真を撮る

2　すぐに区役所の窓口に行く

3　日本人の友達に手伝いを頼む

4　パスポートサイズの写真を撮る

4 ばん

1　熱を測っておく

2　トイレに行く

3　紙に記入する

4　診察室に入る

5ばん

1　この駅から歩いて行く
2　電車で隣の駅へ行って歩く
3　この駅から3番のバスに乗る
4　この駅から4番のバスに乗る

6ばん

1　英語がかなり話せて、3日後から働ける人
2　英語があまり話せなくても、次の日から働ける人
3　英語があまり話せなくても、この日の夕方から働ける人
4　英語ができる、英語学専攻の人で3日以上働ける人

問題2では、まず質問を聞いてください。そのあと、問題用紙を見てください。読む時間があります。それから話を聞いて、問題用紙の1から4の中から、最もよいものを一つえらんでください。

れい

1 早く映画の情報が知りたいから

2 キャンペーンに応募してチケットをもらいたいから

3 限定グッズをもらって人に見せたいから

4 レビューを読んで、話題の映画が見たいから

1 ばん

1 買い物をしなおしたから

2 スーパーが込んでいたから

3 ほしい品物がなかったから

4 スーパーが大きいから

2 ばん

1 途中から入って習うのが嫌だから

2 ヨガをすると体が痛くなりそうだから

3 服を脱いだり着たりするのが、大変だから

4 ヨガをやっている男の人の数が少ないから

3 ばん

1 予約していなかったから

2 外国人登録をしていないから

3 日本に6ヶ月以上住んでいないから

4 印鑑を持っていないから

4 ばん

1 他の人がオンラインで予約をしていたから

2 図書館利用カードを持っていないから

3 だれかが借りているから

4 火曜日だから

5ばん

1 山の頂上にあるロープウエー駅

2 温泉の前のバス乗り場

3 山の下にあるロープウエー乗り場

4 山の頂上駅のバス乗り場

6ばん

1 発売されたばかりなので

2 まだ入荷していないので

3 もう見てしまったものなので

4 全部借りられてしまったので

　問題3では、問題用紙に何もいんさつされていません。この問題は、ぜんたいとして
どんなないようかを聞く問題です。話の前に質問はありません。まず話を聞いてくだ
さい。それから、質問とせんたくしを聞いて、1から4の中から、最もよいものを一つ
えらんでください。

― メモ ―

問題 4

<ruby>問題<rt>もんだい</rt></ruby>4では、えを<ruby>見<rt>み</rt></ruby>ながら<ruby>質問<rt>しつもん</rt></ruby>を<ruby>聞<rt>き</rt></ruby>いてください。やじるし（➡）の<ruby>人<rt>ひと</rt></ruby>は<ruby>何<rt>なん</rt></ruby>と<ruby>言<rt>い</rt></ruby>いますか。1から3の<ruby>中<rt>なか</rt></ruby>から、<ruby>最<rt>もっと</rt></ruby>もよいものを<ruby>一<rt>ひと</rt></ruby>つえらんでください。

れい

1 ばん

2 ばん

3 ばん

4 ばん

問題 5

問題 5 では、問題用紙に何もいんさつされていません。まず文を聞いてください。それから、そのへんじを聞いて、 1 から 3 の中から、最もよいものを一つえらんでください。

―　メモ　―

해답 용지

일본어능력시험 N3 해답 용지 샘플

N3 げんごちしき(もじ・ごい) かいとうようし

受験番号 Examinee Registration Number		名前 Name	

〈 ちゅうい Notes 〉

1. くろいえんぴつ (HB、No.2) で かいてください。
Use a black medium soft (HB or No.2) pencil.

2. かきなおすときは、けしゴムで きれいにけしてください。
Erase any unintended marks completely.

3. きたなくしたり、おったりしないで ください。
Do not soil or bend this sheet.

4. マークれい Marking examples

よい Correct	わるい Incorrect

問題 1

| 1 | ① ② ③ ④ |
| 2 | ① ② ③ ④ |

問題 2

| 9 | ① ② ③ ④ |
| 10 | ① ② ③ ④ |

問題 3

| 15 | ① ② ③ ④ |
| 16 | ① ② ③ ④ |

問題 4

| 26 | ① ② ③ ④ |
| 27 | ① ② ③ ④ |

問題 5

| 31 | ① ② ③ ④ |
| 32 | ① ② ③ ④ |

N3 げんごちしき(ぶんぽう)・どっかい かいとうようし

受験番号 Examinee Registration Number		名前 Name	

〈 ちゅうい Notes 〉

1. くろいえんぴつ (HB、No.2) で かいてください。
Use a black medium soft (HB or No.2) pencil.

2. かきなおすときは、けしゴムで きれいにけしてください。
Erase any unintended marks completely.

3. きたなくしたり、おったりしないで ください。
Do not soil or bend this sheet.

4. マークれい Marking examples

よい Correct	わるい Incorrect

問題 1

| 1 | ① ② ③ ④ |
| 2 | ① ② ③ ④ |

問題 2

| 14 | ① ② ③ ④ |
| 15 | ① ② ③ ④ |

問題 3

19	① ② ③ ④
20	① ② ③ ④
21	① ② ③ ④
22	① ② ③ ④
23	① ② ③ ④

問題 4

| 24 | ① ② ③ ④ |
| 25 | ① ② ③ ④ |

問題 5

28	① ② ③ ④
29	① ② ③ ④
30	① ② ③ ④

問題 6

34	① ② ③ ④
35	① ② ③ ④
36	① ② ③ ④
37	① ② ③ ④

問題 7

| 38 | ① ② ③ ④ |
| 39 | ① ② ③ ④ |

N3 ちょうかい かいとうようし

受験番号 Examinee Registration Number		名前 Name	

〈 ちゅうい Notes 〉

1. くろいえんぴつ (HB、No.2) で かいてください。
Use a black medium soft (HB or No.2) pencil.

2. かきなおすときは、けしゴムで きれいにけしてください。
Erase any unintended marks completely.

3. きたなくしたり、おったりしないで ください。
Do not soil or bend this sheet.

4. マークれい Marking examples

よい Correct	わるい Incorrect

問題 1

| 1 | ① ② ③ ④ |
| 2 | ① ② ③ ④ |

問題 2

| 1 | ① ② ③ ④ |
| 2 | ① ② ③ ④ |

問題 3

| 1 | ① ② ③ ④ |

問題 4

| 1 | ① ② ③ ④ |

問題 5

| 1 | ① ② ③ ④ |
| 2 | ① ② ③ ④ |

N3 第1回 日本語能力試験 模擬テスト 解答用紙

げんごちしき (もじ・ごい)

じゅけんばんごう
Examinee Registration
Number

なまえ
Name

問題 1

1	①	②	③	④
2	①	②	③	④
3	①	②	③	④
4	①	②	③	④
5	①	②	③	④
6	①	②	③	④
7	①	②	③	④
8	①	②	③	④

問題 2

9	①	②	③	④
10	①	②	③	④
11	①	②	③	④
12	①	②	③	④
13	①	②	③	④
14	①	②	③	④

問題 3

15	①	②	③	④
16	①	②	③	④
17	①	②	③	④
18	①	②	③	④
19	①	②	③	④
20	①	②	③	④
21	①	②	③	④
22	①	②	③	④
23	①	②	③	④
24	①	②	③	④
25	①	②	③	④

問題 4

26	①	②	③	④
27	①	②	③	④
28	①	②	③	④
29	①	②	③	④
30	①	②	③	④

問題 5

31	①	②	③	④
32	①	②	③	④
33	①	②	③	④
34	①	②	③	④
35	①	②	③	④

N3 第1回 日本語能力試験 模擬テスト 解答用紙

げんごちしき（ぶんぽう）・どっかい

じゅけんばんごう
Examinee Registration Number

なまえ
Name

問題 1

1	①	②	③	④
2	①	②	③	④
3	①	②	③	④
4	①	②	③	④
5	①	②	③	④
6	①	②	③	④
7	①	②	③	④
8	①	②	③	④
9	①	②	③	④
10	①	②	③	④
11	①	②	③	④
12	①	②	③	④
13	①	②	③	④

問題 2

14	①	②	③	④
15	①	②	③	④
16	①	②	③	④
17	①	②	③	④
18	①	②	③	④

問題 3

19	①	②	③	④
20	①	②	③	④
21	①	②	③	④
22	①	②	③	④

問題 4

23	①	②	③	④
24	①	②	③	④
25	①	②	③	④
26	①	②	③	④

問題 5

27	①	②	③	④
28	①	②	③	④
29	①	②	③	④
30	①	②	③	④
31	①	②	③	④
32	①	②	③	④

問題 6

33	①	②	③	④
34	①	②	③	④
35	①	②	③	④
36	①	②	③	④

問題 7

37	①	②	③	④
38	①	②	③	④

N3 第1回 日本語能力試験 模擬テスト 解答用紙

ちょうかい

じゅけんばんごう
Examinee Registration Number

なまえ
Name

もんだい 問題 1

問い	1	2	3	4
かい	①	●	③	④
1	①	②	③	④
2	①	②	③	④
3	①	②	③	④
4	①	②	③	④
5	①	②	③	④
6	①	②	③	④

もんだい 問題 2

問い	1	2	3	4
かい	①	●	③	④
1	①	②	③	④
2	①	②	③	④
3	①	②	③	④
4	①	②	③	④
5	①	②	③	④
6	①	②	③	④

もんだい 問題 3

問い	1	2	3	4
かい	①	②	③	●
1	①	②	③	④
2	①	②	③	④
3	①	②	③	④

もんだい 問題 4

問い	1	2	3
かい	●	②	③
1	①	②	③
2	①	②	③
3	①	②	③
4	①	②	③

もんだい 問題 5

問い	1	2	3
かい	●	②	③
1	①	②	③
2	①	②	③
3	①	②	③
4	①	②	③
5	①	②	③
6	①	②	③
7	①	②	③
8	①	②	③
9	①	②	③

N3 第2回 日本語能力試験 模擬テスト 解答用紙

げんごちしき (もじ・ごい)

じゅけんばんごう
Examinee Registration
Number

なまえ
Name

〈ちゅうい Notes〉
1. 〈くろい えんぴつ(HB、No.2)で かいて ください。
   (ペンや ボールペンでは かかないで ください。)
   Use a black medium soft (HB or No.2) pencil.
   (Do not use any kind of pen.)
2. かきなおす ときは、けしゴムで きれいに けして
   ください。
   Erase any unintended marks completely.
3. きたなく したり、おったり しないで ください。
   Do not soil or bend this sheet.
4. マークれい Marking Examples

よい れい Correct Example	わるい れい Incorrect Examples
●	⊗ ◯ ◑ ⊙ ◍ ● ⊖

問題 1

1	①	②	③	④
2	①	②	③	④
3	①	②	③	④
4	①	②	③	④
5	①	②	③	④
6	①	②	③	④
7	①	②	③	④
8	①	②	③	④

問題 2

9	①	②	③	④
10	①	②	③	④
11	①	②	③	④
12	①	②	③	④
13	①	②	③	④
14	①	②	③	④

問題 3

15	①	②	③	④
16	①	②	③	④
17	①	②	③	④
18	①	②	③	④
19	①	②	③	④
20	①	②	③	④
21	①	②	③	④
22	①	②	③	④
23	①	②	③	④
24	①	②	③	④
25	①	②	③	④

問題 4

26	①	②	③	④
27	①	②	③	④
28	①	②	③	④
29	①	②	③	④
30	①	②	③	④

問題 5

31	①	②	③	④
32	①	②	③	④
33	①	②	③	④
34	①	②	③	④
35	①	②	③	④

N3 第2回 日本語能力試験 模擬テスト 解答用紙

げんごちしき(ぶんぽう)・どっかい

じゅけんばんごう
Examinee Registration
Number

なまえ
Name

<注意 Notes>

1. くろいえんぴつ(HB、No.2)で かいて ください。
   (ペンや ボールペンでは かかないで ください。)
   Use a black medium soft (HB or No.2) pencil.
   (Do not use any kind of pen.)

2. かきなおす ときは、けしゴムで きれいに けして
   ください。
   Erase any unintended marks completely.

3. きたなく したり、おったり しないで ください。
   Do not soil or bend this sheet.

4. マークれい Marking Examples

よい れい Correct Example	わるい れい Incorrect Examples
●	⊘ ◯ ⦿ ⊖ ◑ ◐

問題 1

1	①	②	③	④
2	①	②	③	④
3	①	②	③	④
4	①	②	③	④
5	①	②	③	④
6	①	②	③	④
7	①	②	③	④
8	①	②	③	④
9	①	②	③	④
10	①	②	③	④
11	①	②	③	④
12	①	②	③	④
13	①	②	③	④

問題 2

14	①	②	③	④
15	①	②	③	④
16	①	②	③	④
17	①	②	③	④
18	①	②	③	④

問題 3

19	①	②	③	④
20	①	②	③	④
21	①	②	③	④
22	①	②	③	④

問題 4

23	①	②	③	④
24	①	②	③	④
25	①	②	③	④
26	①	②	③	④

問題 5

27	①	②	③	④
28	①	②	③	④
29	①	②	③	④
30	①	②	③	④
31	①	②	③	④
32	①	②	③	④

問題 6

33	①	②	③	④
34	①	②	③	④
35	①	②	③	④
36	①	②	③	④

問題 7

37	①	②	③	④
38	①	②	③	④

N3 第2回 日本語能力試験 模擬テスト 解答用紙

ちょうかい

じゅけんばんごう
Examinee Registration Number

なまえ
Name

1. 〈くろい えんぴつ(HB、No.2)で かいて ください。〉
   (ペンや ボールペンでは かかないで ください。)
   Use a black medium soft (HB or No.2) pencil.
   (Do not use any kind of pen.)
2. かきなおす ときは、けしゴムで きれいに けして ください。
   Erase any unintended marks completely.
3. きたなく したり、おったり しないで ください。
   Do not soil or bend this sheet.
4. マークれい Marking Examples

よい れい Correct Example	わるい れい Incorrect Examples
●	⊗ ◯ ◯ ◐ ⊖ ●

もんだい 問題 1

かい				
1	①	②	③	④
2	①	②	③	④
3	①	②	③	④
4	①	②	③	④
5	①	②	③	④
6	①	②	③	④

もんだい 問題 2

かい				
1	①	②	③	④
2	①	②	③	④
3	①	②	③	④
4	①	②	③	④
5	①	②	③	④
6	①	②	③	④

もんだい 問題 3

かい				
1	①	●	③	④
2	①	②	③	④
3	①	②	③	●

もんだい 問題 4

かい			
1	①	②	③
2	①	②	③
3	①	②	③
4	①	●	③

もんだい 問題 5

かい			
1	①	②	③
2	①	②	③
3	①	②	③
4	①	②	③
5	①	②	③
6	①	②	③
7	①	②	③
8	①	②	③
9	①	●	③

JLPT 합격 기준

일본어능력시험은 종합득점과 각 과목별 득점의 두 가지 기준에 따라 합격 여부를 판정합니다. 즉, 종합득점이 합격에 필요한 점수(합격점) 이상이며, 각 과목별 득점이 과목별로 부여된 합격에 필요한 최저점(기준점) 이상일 경우 합격입니다.

❶ N1~N3의 경우

구분	합격점	기준점		
		언어지식	독해	청해
N1	100	19	19	19
N2	90	19	19	19
N3	95	19	19	19

❷ N4~N5의 경우

구분	합격점	기준점		
		언어지식	독해	청해
N4	90	38		19
N5	80	38		19

JLPT 성적 결과 통지서

❶ N1~N3의 경우

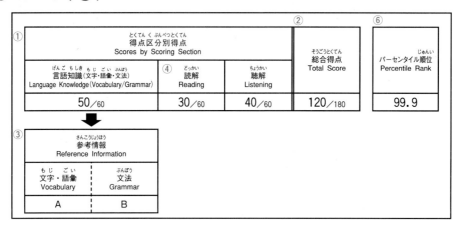

❷ N4~N5의 경우

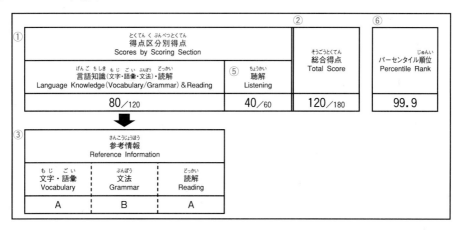

① 척도득점입니다. 합격판정의 대상이 됩니다.

② 득점구분별득점의 합계점수입니다. 합격판정의 대상이 됩니다.

③ 각 분야별로 각각 몇 문제를 맞혔는지 나타내는 정보입니다. 척도점수와는 다르며, 합격판정의 대상이 되지 않습니다. 이것에 따라 어느 분야에서 어느 정도 풀어냈는지를 알 수 있고 앞으로의 일본어 학습에 참고할 수 있습니다.

    A 매우 잘했음(정답률 67% 이상)

    B 잘했음(정답률 34%이상 67% 미만)

    C 그다지 잘하지 못했음(정답률 34% 미만)

④ [독해]와 [청해]에서는 단독으로 척도점수가 표시되기 때문에 참고 정보는 없습니다.

⑤ [청해]에서는 단독으로 척도점수가 표시되기 때문에 참고 정보는 없습니다.

⑥ 백분위 순위는 해외에서 수험한 합격자에게게만 표시됩니다.

Memo

Memo

Memo

일본어능력시험

일단 합격 JLPT N3 완벽 대비

N3 완벽 대비
기본서 ◆ 모의고사 ◆ 단어장

이지민 지음　｜　하나무라 미사키 감수

정답&해설

동양북스

일본어능력시험

JLPT

N3 완벽 대비

기본서 ✦ 모의고사 ✦ 단어장

이지민 지음 | 하나무라 미사키 감수

일단
합격

정답&해설

동양북스

1교시 문자·어휘 해석과 해설

합격 어휘 확인 문제 ❶ p.76

1	2	3	4	5
ぼしゅう	おんど	じこ	あせ	たいけん
6	7	8	9	10
そうぞう	じゅみょう	きょうみ	しょうらい	へんこう

문제 밑줄 친 단어의 읽는 법을 쓰시오.

1. 일주일에 3번 이상 일할 수 있는 분을 모집하고 있습니다.
2. 얼음이 녹기 시작하는 온도를 알고 있습니까?
3. 가스가 새는 사고를 막기 위해서 매주 교육을 행하고 있다.
4. 땀을 흘리면서 하는 운동이 건강에 가장 좋다고 생각한다.
5. 이 동물원은 먹이를 주는 체험을 할 수 있는 것으로 유명하다.
6. 당신이 성공한 모습을 상상해 보세요.
7. 과학의 발전과 함께 인간의 수명은 계속 늘고 있다.
8. 인도라는 나라의 역사에 관해서 흥미를 갖고 있습니다.
9. 장래에 뭐가 되고 싶습니까?
10. 계정의 메일주소를 변경하고 싶습니다.

합격 어휘 확인 문제 ❸ p.78

1	2	3	4	5
ゆしゅつ	ひるね	まめ	しっぱい	ていしゅつ
6	7	8	9	10
はったつ	かかく	きんえん	げんいん	しょるい

문제 밑줄 친 단어의 읽는 법을 쓰시오.

1. 엔저가 되면 수출은 늘겠죠.
2. 20분 이내의 낮잠은 건강에 좋다고 말해지고 있다.
3. 최근 콩으로 만든 빵이 잘 팔리고 있습니다.
4. 실패해도 포기하지 않고 다시 한다.
5. 학생과로 직접 제출해 주세요.
6. 교통이나 통신의 발달로 우리 생활은 편해졌다.
7. 다른 가게보다 싼 가격으로 팔고 있습니다.
8. 금연껌에도 니코틴은 들어 있어.
9. 알레르기의 원인을 조사하는 연구를 하고 있습니다.
10. 중요한 서류를 잃어버렸다.

합격 어휘 확인 문제 ❷ p.77

1	2	3	4	5
どりょく	うけつけ	たちば	いわ	あんき
6	7	8	9	10
ばあい	ごうかく	こうか	むすこ	ゆびわ

문제 밑줄 친 단어의 읽는 법을 쓰시오.

1. "노력은 배신하지 않는다"는 말을 좋아한다.
2. 죄송합니다. 오늘 접수는 종료했습니다.
3. 피해자의 입장에 서서 생각해 보세요.
4. 이 산은 소원을 이뤄준다는 바위가 있어서 인기다.
5. 효율적으로 암기하기 위한 방법을 가르쳐 주세요.
6. 카드의 비밀번호를 잊은 경우에는 어떻게 하면 됩니까?
7. 공무원 시험은 독학으로 합격할 수 있습니까?
8. 이 약은 머리가 아플 때 먹으면 효과가 있다고 한다.
9. 10년 후에 아들과 둘이서 여행에 가기 위한 돈을 모으고 있다.
10. 여자친구에게 프로포즈를 하기 위해, 반지를 사러 갔다.

합격 어휘 확인 문제 ❹ p.79

1	2	3	4	5
いま	じむしょ	なみだ	きょうだい	さら
6	7	8	9	10
まどぐち	しあい	ぶか	ざんぎょう	せんもんか

문제 밑줄 친 단어의 읽는 법을 쓰시오.

1. 거실은 좁아도 상관없습니다.
2. 창문이 크고 강이 보이는 사무실을 찾고 있습니다.
3. 기뻐서 눈물이 날 때도 있어.
4. 저 쌍둥이 형제는 얼굴은 닮았지만, 성격은 전혀 다르다.
5. 접시를 닦으면서(설거지를 하면서) 노래를 부릅니다.
6. 은행 창구에서 입금할 수 있습니다.
7. 시합에 이기기 위해서 매일 연습을 하고 있습니다.
8. 우수한 부하와 만날 수 있어서 다행이다.
9. 잔업을 강요하는 것은 법률 위반입니다.
10. 고민이 있으면 전문가에게 상담해 주세요.

합격 어휘 확인 문제 ❺ p.80

1	2	3	4	5
広告	研究	経営	遠足	割引
6	7	8	9	10
責任	代表	選択	発見	幅

문제 밑줄 친 단어를 한자로 쓰시오.

1 그녀는 광고를 만드는 일을 하고 싶어 하고 있다.

2 연구하고 싶은 분야를 자유롭게 말해 주세요.

3 아빠는 무역회사를 경영하고 있다.

4 다음 주에 소풍으로 테마파크에 가는 것 같아.

5 전 상품 30% 할인을 하겠습니다.

6 책임은 누가 지나요?

7 학교의 대표로서 콩쿨대회에 출전하게 되었습니다.

8 좋아하는 색을 선택해도 상관없습니다.

9 바다 속에서 오래된 유적을 발견한 것 같다.

10 저기, 폭 30cm 정도의 선반을 찾고 있습니다만, 여기에 있습니까?

합격 어휘 확인 문제 ❼ p.82

1	2	3	4	5
名札	強化	駐車	波	現場
6	7	8	9	10
地図	景色	位置	条件	地震

문제 밑줄 친 단어를 한자로 쓰시오.

1 학교 명찰을 달 때, 옷에 구멍이 나지 않도록 주의해 주세요.

2 수출 규제를 강화하지 않으면 안 된다.

3 장롱면허이기 때문에, 주차하는 데 시간이 걸립니다.

4 태풍의 영향으로, 파도가 높아질 우려가 있습니다.

5 직접 현장에 가서 증거를 찾아오겠습니다.

6 지도에 표시되어 있는 곳으로 가라.

7 그녀와 함께 이 경치를 보고 싶었습니다.

8 중앙도서관은 시의 중앙부에 위치하고 있다.

9 좋은 조건의 매물을 찾았습니다만, 집세가 너무 싸서 반대로 수 상합니다.

10 밖에 있을 때, 지진이 나면 어떻게 합니까?

합격 어휘 확인 문제 ❻ p.81

1	2	3	4	5
数学	砂	普段	費用	交通
6	7	8	9	10
雰囲気	会議	団体	能力	規則

문제 밑줄 친 단어를 한자로 쓰시오.

1 가장 자신 없는 과목은 수학입니다.

2 모래로 만든 아트를 전시하고 있다.

3 평소부터 메모를 하도록 하고 있다.

4 개인이 책을 출판할 때에 드는 비용을 알고 싶습니다.

5 교통 통신의 발달에 따라 우리 생활은 편해졌다.

6 회식의 분위기를 고조시키는 게임을 알고 있습니다.

7 회의에서 나눠줄 자료를 복사해 와.

8 여러 단체가 협력해 주고 있습니다.

9 미국에서는 능력에 따라 승진이 결정된다고 한다.

10 학교 규칙에 따라서 처분하겠습니다.

합격 어휘 확인 문제 ❽ p.83

1	2	3	4	5
両替	実験	出席	基礎	合図
6	7	8	9	10
髪	販売	平日	若者	予定

문제 밑줄 친 단어를 한자로 쓰시오.

1 공항 내의 은행에서 환전을 하는 것보다도 시내 은행에서 하는 편이 이득입니다.

2 왜, 실험 등에서는 쥐가 사용되는 겁니까?

3 수업에 출석하지 않아도 학점을 딸 수 있다니 믿을 수 없다.

4 "공부는 기초가 중요하다"고 말해지고 있습니다.

5 손을 흔들면 멈추라는 신호라고 생각해 주세요.

6 기분 전환을 위해서 머리카락을 자르기로 했다.

7 판매 실적으로부터 평가되는 것은 납득할 수 없었다.

8 평일임에도 불구하고 붐비고 있다.

9 최근 젊은이들이 사용하는 말에는 축약한 가타카나어가 많이 있다.

10 다음 달에 하와이에서 결혼할 예정입니다.

합격 어휘 확인 문제 ❾ p.84

1	2	3	4	5
ふえる	かよって	といあわせ	ひろった	たおれて
6	7	8	9	10
こわしたり	よって	てつだって	かれる	なれました

문제 밑줄 친 단어의 읽는 법을 쓰시오.

1 바다에 버려지는 쓰레기의 양은 늘기만 할 뿐이다.

2 취직을 위해서 영어 회화 교실에 다니고 있습니다.

3 가벼운 마음으로 문의해 주세요.

4 지갑을 주우면 파출소에 신고해 주세요.

5 가게 앞에 누군가가 쓰러져 있어서 구급차를 불렀다.

6 금세 욱 해서 물건을 부수거나 던지는 사람과는 헤어지는 편이 좋다.

7 슈퍼에 들러 맥주를 샀습니다.

8 바쁘신 와중에 도와주셔서 감사해하고 있습니다.

9 물을 주지 않으면 꽃은 시든다.

10 일본 생활에는 이제 익숙해졌습니까?

합격 어휘 확인 문제 ❿ p.85

1	2	3	4	5
たのんだ	あずけて	ひきうける	きく	くずれる
6	7	8	9	10
ことわられた	あきらめ	うばわれて	わたす	おわれて

문제 밑줄 친 단어의 읽는 법을 쓰시오.

1 나는 친구에게 결혼식 사회를 부탁했다.

2 엄마에게 맡겨 둔 통장을 받았다.

3 어느 쪽의 일을 맡을지 망설이고 있습니다.

4 두통에 잘 듣는 약을 가르쳐 주세요.

5 터널이 무너지는 꿈을 꿨다.

6 많은 사람들 앞에서 여자친구에게 프로포즈 했지만 거절당했다.

7 돈으로 꿈을 포기하고 싶지 않다.

8 모나리자 그림에 마음을 빼앗겨 버렸다.

9 명함은 양손으로 건네는 것이 매너입니다.

10 일에 쫓겨서 여유가 없다.

합격 어휘 확인 문제 ⓫ p.86

1	2	3	4	5
①	②	①	①	②
6	7	8	9	10
①	②	②	①	②

문제 (　　)에 들어갈 가장 알맞은 것을 1·2 중에서 하나 고르시오.

1 선생님에게 의지하려고 해서는 안된다.

2 서커스단에서 도망친 침팬지를 보호하고 있습니다.

3 남편과 의논한 후에 연락 드리겠습니다.

4 죄송합니다. 길을 잃어 늦었습니다.

5 사람의 물건을 훔치는 것은 명백한 범죄다.

6 나쁠 때는 나쁜 일이 겹친다.

7 그녀와 사귀는 상상을 해 봤다.

8 편지라도 보내 주세요.

9 어제 부장님으로부터 서류를 받았습니다.

10 쓰레기를 버리는 날이 정해져 있습니다.

합격 어휘 확인 문제 ⓬ p.87

1	2	3	4	5
②	②	①	①	①
6	7	8	9	10
②	①	②	①	②

문제 (　　)에 들어갈 가장 알맞은 것을 1·2 중에서 하나 고르시오.

1 식사를 남기는 것이 매너인 나라도 있다고 한다.

2 약속을 간단히 어기는 사람이 있어 곤란해하고 있습니다.

3 그 자료는 제가 갖고 있다고 전해 주세요.

4 아침에 일어나면 바로 이불을 갭니다.

5 신문에 오보가 실려 있다는 클레임이 쇄도했다.

6 어제 과음한 탓인지 머리가 깨질 듯이 아프다.

7 친구 결혼식을 축하하는 메시지를 쓰고 있습니다.

8 그녀가 범인이 아닐까 의심받고 있다.

9 반 전원의 이름을 외우는 데 시간이 걸릴 것 같다.

10 이번 사고로, 이 이상 피해가 생기지 않기를 바라고 있습니다.

합격 어휘 확인 문제 ⑬ p.88

1	2	3	4	5
ふかく	くわしい	あまい	きたない	ゆるく
6	7	8	9	10
まずしい	したしく	きびしい	かしこく	ねむく

문제 밑줄 친 단어의 읽는 법을 쓰시오.

1 그녀와는 깊게 관련되지 않는 편이 좋다고 생각한다.

2 역사에 정통한 그녀에게 물어보면 어떻습니까?

3 기분이 좋지 않은 날에는 단 것이 최고다.

4 더러운 손으로 만지지 마.

5 중고로 산 스커트가 헐렁해서 입을 수 없습니다.

6 사기를 당해서 가난한 생활을 보내고 있는 사람이 있다고 한다.

7 그녀와는 디즈니랜드에 갔다 오고 나서 친해진 느낌이 든다.

8 학생에게 엄격한 선생님은 인기가 없겠지.

9 저 사람은 항상 현명하게 굴고 있다.

10 나는 술을 마시면 졸려집니다.

합격 어휘 확인 문제 ⑭ p.89

1	2	3	4	5
②	①	①	②	②
6	7	8	9	10
①	②	①	①	②

문제 (   )에 들어갈 가장 알맞은 것을 1·2 중에서 하나 고르시오.

1 아이에게 쓴 약을 먹게 하는 것은 힘듭니다.

2 이 씨는 매운 라면을 먹어도 땀을 흘리지 않습니다.

3 그 답이 올바르다고는 말할 수 없다.

4 희귀한 우표를 모으는 것이 저의 취미입니다.

5 괴로울 때야말로 웃고 살자.

6 자잘한 것에 집착하지 마라.

7 옆 방이 시끄러워서 참을 수 없다.

8 눈부실 정도로 아름다운 소녀를 봤다.

9 전 남자친구로부터 끈질기게 연락이 와서 곤란해하고 있습니다.

10 매일 혼자서 밥을 먹어도 외롭다고 생각한 적은 없다.

합격 어휘 확인 문제 ⑮ p.90

1	2	3	4	5
はで	すなお	まっか	ゆたか	じゃま
6	7	8	9	10
ざんねん	へいき	りっぱ	しんせつ	とくい

문제 밑줄 친 단어의 읽는 법을 쓰시오.

1 직업상 화려한 복장은 금지되어 있습니다.

2 그녀는 친절하고 솔직한 사람입니다.

3 부끄러워서 얼굴이 새빨개져 버렸다.

4 풍요롭고 안심할 수 있는 마을 만들기를 목표로 하고 있습니다.

5 이 짐 방해되니까 정리해.

6 유감스럽지만 결석하겠습니다.

7 태연한 얼굴로 거짓말을 하는 사람과는 어울리지 않는 편이 좋다.

8 다나카 씨와 같은 훌륭한 사람이 되고 싶습니다.

9 저번에는 매우 친절한 대응을 해 주셔서 감사했습니다.

10 나는 그다지 노래를 잘하지 않습니다.

합격 어휘 확인 문제 ⑯ p.91

1	2	3	4	5
①	②	②	①	①
6	7	8	9	10
②	①	①	①	①

문제 (   )에 들어갈 가장 알맞은 것을 1·2 중에서 하나 고르시오.

1 회의에서 적극적으로 발언할 수 있는 사람이 되고 싶습니다.

2 보고서는 확실히 받았습니다.

3 밤늦게 비즈니스 메일을 보내는 것은 민폐입니다.

4 그녀와 만나고 평범한 매일이 180도 바뀌었다.

5 불가사의한 일이 계속되어, 점쟁이에게 점을 보기로 했다.

6 특별한 능력을 갖은 사람을 초능력자라고 한다.

7 이 벽에 페인트를 바르는 작업은 힘들 것 같습니다.

8 SNS는 시간 낭비라고 생각하고 있다.

9 다음 주 월요일 예약은 가능할까요?

10 성실하게 일해서 과장으로 승진했다.

합격 어휘 확인 문제 ⓱ p.92

1	2	3	4	5
①	①	②	②	①
6	7	8	9	10
②	②	②	①	②

문제 (　)에 들어갈 가장 알맞은 것을 1·2 중에서 하나 고르시오.

1 약속 시간이 다가오고 있는데, 버스가 오지 않아서 짜증내고 있다.

2 빵에 딸기잼을 듬뿍 발라서 먹는 것을 좋아합니다.

3 청소를 하면 상쾌하다.

4 한동안 만나지 않은 사이에 꽤 컸네요.

5 숙제가 많아서 학생들은 투덜투덜 불평을 말하고 있다.

6 손님, 잠시 기다려 주세요.

7 설마 네가 범인은 아니겠지?

8 이 드레스, 당신에게 딱 어울린다고 생각합니다.

9 그 아이는 조금도 가만히 있을 수 없다.

10 가능한 한 빨리 대응해 드리겠습니다.

합격 어휘 확인 문제 ⓲ p.93

1	2	3	4	5
①	①	①	②	①
6	7	8	9	10
②	①	②	②	②

문제 (　)에 들어갈 가장 알맞은 것을 1·2 중에서 하나 고르시오.

1 귀찮은 것이야말로 빨리 정리해 버리자.

2 전쟁으로 가족이 뿔뿔이 흩어지게 되었습니다.

3 술을 마시면 휘청휘청해서 걸을 수 없게 된다.

4 의자를 제대로 돌려 놓고 돌아가 주세요.

5 실은 결혼을 생각하고 있다.

6 수상한 남자가 어슬렁거리고 있습니다.

7 위험하기 때문에 결코 지붕 위에 오르거나 해서는 안 됩니다.

8 특별히 문제는 없습니다.

9 사람의 얼굴을 보고 방긋 웃는 아기가 매우 귀엽다.

10 이번에야말로 반드시 이겨 보이겠다.

합격 어휘 확인 문제 ⓳ p.94

1	2	3	4	5
①	②	②	①	②
6	7	8	9	10
②	①	②	②	①

문제 (　)에 들어갈 가장 알맞은 것을 1·2 중에서 하나 고르시오.

1 중고 신발을 샀는데 사이즈가 맞지 않아서 곤란해하고 있다.

2 스케줄 조정을 하고 싶으니까 시간을 알려 줘.

3 누구라도 아이디어를 낼 수 있습니다.

4 페인트를 칠한 지 얼마 되지 않았기 때문에 만지지 말아 주세요.

5 계산은 계산대에서 부탁드립니다.

6 지구력이 없어도 마라톤 선수가 될 수 있습니까?

7 차 안에서의 매너 협력을 부탁드립니다.

8 올해 문화제의 포스터는 누가 만들었어?

9 마이클 잭슨의 콘서트를 재현해 봤다.

10 칼로리를 신경 쓰지 않고 먹을 수 있는 과자가 인기를 모으고 있다.

합격 어휘 확인 문제 ⓴ p.95

1	2	3	4	5
①	①	①	①	②
6	7	8	9	10
①	②	②	①	②

문제 (　)에 들어갈 가장 알맞은 것을 1·2 중에서 하나 고르시오.

1 세미나를 수강한 참가자에게 설문조사를 실시했다.

2 서명란에 사인해 주세요.

3 최근에는 스마트폰으로 문단속을 체크할 수 있다.

4 주문 후 취소는 받기 어렵습니다.

5 핑크색 원피스에 이 코트를 입으면 어떻습니까?

6 한국이라고 듣고 연상되는 것은 무엇입니까?

7 운동하고 나서 샤워를 했습니다.

8 어머니의 날에 스카프를 선물했다.

9 이 레스토랑은 노인을 위한 메뉴가 많다.

10 메일에 파일을 첨부하는 것을 잊어버렸다.

유형별 실전 문제

問題 1

한자 읽기 실전 연습 ❶ p.98

1	2	3	4
②	④	②	①
5	6	7	8
③	①	①	②

문제 1 ＿＿＿의 단어 읽기로 가장 알맞은 것을 1·2·3·4에서 하나 고르시오.

1 이제부터 스트레스를 해소하는 방법에 관해서 소개하겠습니다.

2 돈은 이미 해결했기 때문에 그렇게 고민할 필요는 없어.

3 그는 축구 일본 대표팀 감독을 맡고 있습니다.

4 뉴스를 보고 있던 그녀의 안색이 새파래졌다.

5 최근에는 애플리케이션을 사용해서 단어를 외울 수 있다고 한다.

6 운동을 하기 전의 스트레칭은 중요합니다.

7 티슈를 한 사람에 하나씩 나눠 주세요.

8 책을 읽으면 졸리는 것은 어째서인가요?

한자 읽기 실전 연습 ❷ p.99

1	2	3	4
③	①	②	②
5	6	7	8
④	②	④	①

1 아빠와 함께 꽃을 심었다.

2 아이 앞에서 부부싸움을 해서는 안 된다.

3 이 가게는 중고 가구를 취급하고 있다.

4 1점 차로 지다니 분해서 잘 수 없다.

5 팔다 남은 경우에는 어떻게 하면 됩니까?

6 이제 와서 울어도 어쩔 수 없어.

7 노인에게 자리를 양보하는 것은 당연한 일이겠죠.

8 이번에는 신문에 광고를 내기로 했다.

한자 읽기 실전 연습 ❸ p.100

1	2	3	4
②	③	②	③
5	6	7	8
①	①	②	④

1 솔직하게 말하면 용서해 줄게

2 20살이 되면 혼자서 여행을 하고 싶다.

3 새로운 기획에 관해서 상담을 부탁드리고 싶은 일이 있습니다.

4 어릴 때부터 친한 친구와 싸웠습니다.

5 미국 대통령은 간접 선거에 의해 선출된다.

6 깊은 곳은 위험하니까 얕은 곳에서 수영해.

7 잠을 깨우기 위해 차가운 물로 얼굴을 씻어 봤습니다.

8 3분 후에 출발하기 때문에 서둘러 주세요.

한자 읽기 실전 연습 ❹ p.101

1	2	3	4
③	①	④	④
5	6	7	8
②	③	④	①

1 반려동물 금지 맨션에서 몰래 햄스터를 키우고 있다.

2 취직을 위해서 싱경해서 혼자 생활하고 있습니다.

3 성인병 예방을 위해서 과식에 주의해 주세요.

4 발코니에서 호수를 바라보는 것을 좋아한다.

5 타는 쓰레기와 타지 않는 쓰레기를 나눠서 버리지 않으면 안 된다.

6 격렬한 운동을 하면 아드레날린이 나온다고 합니다.

7 저 여배우는 표정이 풍부한 것으로 알려져 있다.

8 수입이 금지되어 있는 품목을 정리해 봤습니다.

한자 읽기 실전 연습 ❺ p.102

1	2	3	4
②	④	④	①
5	6	7	8
②	①	③	②

1 저의 장점은 노력을 아끼지 않는 것입니다.

2 망가진 가전제품을 무료로 매수해 드립니다.

3 그녀는 고상한 옷차림을 하고 사람의 돈을 속여서 갈취하는 것으로 유명했다.

4 최근 가슴이 답답해서 잘 수 없습니다.

5 지진에 대비하여 목숨을 지킵시다.

6 아무리 괴로워도 희망을 버려서는 안 됩니다.

7 조금 더 조사하고 나서 알려드리겠습니다.

8 취업 활동에 실패하고, 불안한 나날을 보내고 있다.

한자 읽기 실전 연습 ❻ p.103

1	2	3	4
①	①	③	④
5	**6**	**7**	**8**
③	①	④	③

1 오늘은 로스트 비프를 얇게 자르는 스킬을 알려드리겠습니다.

2 임신 중인 여성이 있었기 때문에 바로 일어나 자리를 양보했다.

3 나는 사람이 많은 곳이 싫습니다만, 이거 병일까요?

4 뚜껑을 여는 것만으로 저절로 거품이 나는 캔맥주가 발매되었다.

5 육아를 하면서 할 수 있는 일을 찾고 있다.

6 친구를 초대해서 티타임을 즐기는 것을 좋아합니다.

7 현관에 방범 카메라를 설치하기로 했다.

8 어느 것으로 할지 망설이고 있습니다.

問題 2

한자 표기 실전 연습 ❶ p.104

1	2	3	4
③	②	②	②
5	**6**	**7**	**8**
④	①	②	①

문제 2 _____의 단어를 한자로 쓸 때, 가장 알맞은 것을 1·2·3·4에서 하나 고르시오.

1 목표는 높게 설정하는 편이 좋다고 생각한다.

2 엘리베이터가 고장 나 있기 때문에 계단을 이용해 주세요.

3 해외에서 여권을 도난당하면 어떻게 하면 됩니까?

4 무사히 아기가 태어나서 행복합니다.

---

5 연예인의 스캔들 보도가 속출하고 있다.

6 이 짐 옆 방으로 옮겨 주길 바라.

7 은행나무 가로수를 배경으로 사진을 찍었다.

8 나이를 먹은 탓인지 무릎이 아픕니다.

한자 표기 실전 연습 ❷ p.105

1	2	3	4
①	②	①	④
5	**6**	**7**	**8**
③	③	②	①

1 많은 텔레비전 방송 프로그램에 출연한 디자이너인 스즈키 씨를 소개하겠습니다.

2 손님, 지금 사면 이득입니다.

3 온라인 면접 경험이 없는 분은 이쪽을 봐 주세요.

4 이 박물관에서 세계의 희귀한 식물을 전시하게 되었습니다.

5 좋아하는 아이돌과 악수할 수 있어서 감격입니다.

6 사장님의 명령이기 때문에 거절할 수는 없다.

7 술을 못 마시는 나는 술자리에 권유받아도 기쁘지 않다.

8 진심으로 감사의 말씀 드립니다.

한자 표기 실전 연습 ❸ p.106

1	2	3	4
①	①	②	①
5	**6**	**7**	**8**
④	②	②	①

1 그녀는 음악의 재능을 갖고 있다.

2 서버 에러가 발생해서 정상적으로 기능할 수 없게 되었습니다.

3 아이에게 쓴 약을 먹이는 방법을 알려 주세요.

4 이름을 부를 때까지 기다려 주세요.

5 학교 공부가 장래에 도움이 된다고는 생각할 수 없다.

6 모두 모여서 안전 대책을 세웠습니다.

7 최근에 직장의 인간관계로 고민하는 사람이 늘고 있다고 한다.

8 할아버지가 돌아가시고 벌써 10년 이상이 지났습니다.

한자 표기 실전 연습 ❹ p.107

1	2	3	4
①	③	③	②
5	6	7	8
④	③	②	②

1 공과금을 신용카드로 지불하면 포인트가 쌓입니다.

2 나에게 있어서 당신은 특별한 존재입니다.

3 싼 이삿짐 센터를 소개해 받았다.

4 넓은 거실이 있는 집에 살아보고 싶다.

5 건강한 매일을 살아가기 위해서 건강보조식품을 먹도록 하고 있다.

6 부모에게 감사의 마음을 전달하기 위해, 편지를 썼습니다.

7 근육통으로 팔에 힘이 들어가지 않는다.

8 그녀는 마음에 드는 컵이 깨져 있는 것을 발견하고 화내고 있다.

한자 표기 실전 연습 ❺ p.108

1	2	3	4
③	③	②	①
5	6	7	8
④	④	③	②

1 지구는 태양의 주변을 돌고 있다.

2 공원에서의 개의 산책은 반드시 목줄을 해주세요.

3 아무리 고민해도 시간 낭비입니다.

4 입학 시험 결과는 홈페이지에서 확인해 주세요.

5 학생들은 선생님의 이야기를 열심히 듣고 있었다.

6 커피를 흘려서 손님의 옷을 더럽히고 말았다.

7 상상하는 것만으로 두려운 사건이었다.

8 노래방에서 시간을 때우기로 했다.

한자 표기 실전 연습 ❻ p.109

1	2	3	4
②	③	④	①
5	6	7	8
②	①	③	④

1 냉방을 틀면서 가습기를 사용해도 됩니까?

2 저는 캐릭터를 조작하면서 총으로 싸우는 게임을 좋아합니다.

3 스즈키 씨는 독신인 채로 속 편하게 살고 싶다고 생각하고 있는 것 같다.

4 올해 겨울은 작년과 비교해서 추워질 것이 예상됩니다.

5 도시락은 회사 근처의 편의점에서 사고 있습니다.

6 이 클리닉은 밤 2시 이후에도 접수할 수 있습니다.

7 먼저 사과할 수 있는 사람은 훌륭하다고 생각한다.

8 저는 뒤에 숨겨진 진실을 알고 싶을 뿐입니다.

問題 3

문맥 규정 실전 연습 ❶ p.110

1	2	3	4
③	①	①	③
5	6	7	8
④	②	②	④

문제 3 (   )에 넣기에 가장 알맞은 것을 1·2·3·4에서 하나 고르시오.

1 옷을 선반에 넣기 전에 빨아서 다리미질을 하도록 하고 있습니다.

2 길에서 스마트폰을 주웠기 때문에 파출소에 신고하러 갔다.

3 커튼을 바꾸는 것만으로 방의 분위기가 바뀌었습니다.

4 저출산 문제는 우리나라에게 있어서 중대한 과제입니다.

5 망가진 기타를 말도 안 되는 가격으로 사 버렸다.

6 고양이가 갑자기 길에 튀어나와서 깜짝 놀랐다.

7 데이터를 처리하는 기술은 급속으로 발전해 왔다.

8 오늘의 관동 지역의 기온은 조금 낮았습니다.

문맥 규정 실전 연습 ❷ p.111

1	2	3	4
①	①	④	②
5	6	7	8
③	①	④	②

1 그녀에게 오해받은 채 차여버렸습니다.

2 선생님에게 한자를 쓰는 순서가 이상하다고 말을 들었다.

3 유학생과 이야기할 때는 일본어와 영어를 섞어서 대화합니다.

4 당일 취소는 삼가 주세요.

5 코로나 사태로 매상이 큰 폭으로 감소했다.

6 한밤중의 오토바이 소음으로 짜증남니다.

7 최근 스팸 메일이 늘어난 느낌이 든다.

8 취직이나 수험에 도움이 되는 뉴스를 정리해 봤습니다.

문맥 규정 실전 연습 ❸ p.112

1	2	3	4
④	④	①	③
5	6	7	8
④	③	①	②

1 LED 전구로 교환하는 것으로 에너지 절약 효과를 볼 수 있습니다.

2 결혼 비용을 위해서 매월 3만 엔씩 저금하고 있습니다.

3 당점에서는 엄격한 품질 체크를 실시하고 있습니다.

4 수상한 사람이 집 주변을 어슬렁대고 있다.

5 단시간에 암기하는 비결을 블로그에 게재했기 때문에 꼭 봐주세요.

6 귀찮은 것은 나도 모르게 그만 뒤로 미뤄버린다.

7 임신하면 몸의 컨디션은 어떻게 바뀝니까?

8 저 두 사람은 쌍둥이처럼 닮았습니다.

문맥 규정 실전 연습 ❹ p.113

1	2	3	4
②	③	①	③
5	6	7	8
①	④	②	④

1 잉크 얼룩이 좀처럼 빠지지 않습니다.

2 인터넷에 반드시 올바른 정보만 있다고는 할 수 없다.

3 마감에 늦지 않도록 서두르는 편이 좋아요.

4 텐뿌라나 가라아게 등 기름으로 튀긴 요리를 좋아합니다.

5 생크림 듬뿍 올린 팬케이크가 먹고 싶어졌다.

6 조금 전 팩스를 보냈습니다만, 확인해 주세요.

7 전철이 늦었지만 수업에 아슬아슬하게 늦지 않았다.

8 이 프로젝트는 당신에게 맡기겠습니다.

문맥 규정 실전 연습 ❺ p.114

1	2	3	4
②	④	④	④
5	6	7	8
①	③	①	④

1 그녀는 결혼한 지 얼마 되지 않았는데 이혼을 생각하고 있는 것 같다.

2 규칙을 잘 몰라도 골프를 즐길 수 있습니까?

3 안 되면 안 된다고 분명히 말해 주길 바란다.

4 화재가 발생하면 연기를 마시지 않도록 낮은 자세로 도망칩시다.

5 받은 세뱃돈이나 용돈은 엄마에게 맡기고 있습니다.

6 이번에는 특별히 30% 할인을 하겠습니다.

7 주민 여러분들 덕분에 공사는 순조롭게 진행되고 있습니다.

8 요전에 빌린 DVD를 돌려주러 왔습니다.

문맥 규정 실전 연습 ❻ p.115

1	2	3	4
①	③	②	①
5	6	7	8
④	③	③	④

1 유럽의 모든 나라에서 유로를 도입하고 있는 것은 아닙니다.

2 고등학교 시절의 친구를 길거리에서 딱 만났다.

3 혈액으로부터 감염되는 병도 있다고 합니다.

4 미국은 일본과 한국에 비교하면 치안이 좋다고는 말할 수 없습니다.

5 남자친구가 술에 취해서 모르는 사람과 싸움을 해버렸습니다.

6 지망하는 학교에 합격하기 위해서 열심히 공부하고 있습니다.

7 신종 코로나 바이러스 감염증의 주된 증상은 목의 통증입니다.

8 나는 밝은 곳보다 어두컴컴한 곳에서 술을 마시는 것을 좋아합니다.

問題 4

유의어 **실전 연습 ❶** p.116

1	2	3	4
④	④	②	①
5	6	7	8
③	①	④	③

문제 4 _____ 에 의미가 가장 가까운 것을 1·2·3·4에서 하나 고르시오.

1 어제 우연히 역 앞에서 고등학교 시절의 친구를 만났다.

2 내일 점심은 제가 준비하겠습니다.

3 아무리 괴로운 일이 있어도 포기하지 않길 원해.

4 한손으로 운전하는 것은 위험하다.

5 무단 결근을 했기 때문에, 사장님이 화를 내는 것도 당연하다.

6 밤늦게 먹으면 살 쪄.

7 2년간 신세를 진 선생님께 감사의 메일을 보냈습니다.

8 무료 샘플을 신청하고 싶은 분은 이쪽으로 전화 주세요.

유의어 **실전 연습 ❷** p.117

1	2	3	4
①	③	③	①
5	6	7	8
②	③	④	②

1 저희 학교에는 '머리카락의 색을 바꿔서는 안 된다'라는 규칙이 있습니다.

2 그녀는 페트병을 재활용해서 미술 작품을 만들고 있다.

3 통근 도중에 차가 고장 나서 지각해버렸다.

4 그녀에게는 연한 화장 쪽이 잘 어울린다고 생각한다.

5 사이가 좋은 부모와 자식의 모습을 보면 부럽습니다.

6 그녀는 아름답고 현명한 여성입니다.

7 고흐 그림의 매력에 마음을 빼앗겨버렸다.

8 3살인 아들이 밥을 조금도 먹지 않기 때문에 고민하고 있습니다.

유의어 **실전 연습 ❸** p.118

1	2	3	4
④	①	①	③
5	6	7	8
③	③	④	②

1 다리가 불편한 노인을 위해서 도시락 배달 서비스를 실시하고 있습니다.

2 서두르고 있기 때문에 가능한 한 빨리 대답해 주길 바란다.

3 나는 얼굴도 성격도 엄마와 닮았습니다.

4 주문한 케이크가 아직 오지 않기 때문에 확인해 주세요.

5 깜빡하고 숙제를 잊어버려서 선생님에게 혼났습니다.

6 내일은 비가 그치면 좋겠네요.

7 아침밥은 제대로 먹었니?

8 이 레스토랑에서는 돈가스 정식을 먹으면 밥과 된장국 리필이 무료입니다.

유의어 **실전 연습 ❹** p.119

1	2	3	4
①	②	④	④
5	6	7	8
①	②	③	①

1 평일의 영화관은 텅 비어서 혼자서 영화를 보고 있는 느낌이 들어 좋아합니다.

2 주말은 학비를 벌기 위해서 편의점에서 아르바이트를 하고 있다.

3 디즈니랜드 티켓은 인터넷에서 구입하는 편이 좋다.

4 어제 그녀의 민낯을 보고 깜짝 놀랐다.

5 3살 이하의 아이는 무료로 입원(입장)할 수 있습니다.

6 이 시계는 수리한 지 얼마 되지 않았는데 또 망가져 버렸다.

7 인생에서 가장 소중한 것은 무엇입니까?

8 업무에 따라 재택 근무도 가능하다.

유의어 실전 연습 ❺ p.120

1	2	3	4
①	③	③	④
5	6	7	8
①	②	③	①

1 몹시 강한 바람이 불고 있어 빨리 걸을 수 없네요.

2 도쿄대학에 합격한 선배에게 수험에 관해서 물어봤다.

3 나의 친구들에게 차가운 태도를 취한 남자친구에게 실망했다.

4 세계 일주 계획을 세우고 있습니다.

5 암기를 동반한 공부는 밤에 자기 전에 하는 것이 가장 좋습니다.

6 전화로 끝날 이야기를 직접 만나서 하고 싶어 하는 고객이 있어 곤란해하고 있다.

7 당신은 나에게 있어서 소중한 사람입니다.

8 스키를 잘 타는 사람이라도 부상이나 사고에 조심하지 않으면 안 된다.

유의어 실전 연습 ❻ p.121

1	2	3	4
③	①	②	②
5	6	7	8
④	②	③	④

1 학교에서 귀신 이야기를 들은 이래, 무서워서 좀처럼 잘 수 없습니다.

2 항상 시시한 이야기만 하는 친구가 있습니다.

3 언제 비가 내릴지 모르기 때문에 항상 접이식 우산을 들고 다니고 있다.

4 여러 궁리를 해서 훌륭한 작품을 만들어 주셨습니다.

5 3월 22일 토요일에 방문해도 됩니까?

6 인플레이션과 함께 수도 요금이 서서히 인상되었다.

7 선배에게 레포트 쓰는 법에 관해서 배우고 있습니다.

8 한국에 관한 것을 잘 알고 있는 키무라 씨와 함께 한국에 여행을 가기로 했다.

問題 5

용법 실전 연습 ❶ p.122

1	2	3	4	5
②	④	①	②	②

문제 5 다음 단어의 용법으로 가장 알맞은 것을 1·2·3·4에서 하나 고르시오.

1 空く(あく) 비다
비어 있는 자리에 앉아 주세요.

2 プラン 계획
계획을 세우지 않고 데이트 신청을 해버렸습니다.

3 囲む(かこむ) 둘러싸다
추운 겨울에 코타츠를 둘러싸고 귤을 먹는 것이 정석입니다.

4 はっきり 분명히
분명히 말해 두지만 당신과는 결혼하고 싶지 않다.

5 影響(えいきょう) 영향
소득세는 경기의 영향을 받기 쉽다.

용법 실전 연습 ❷ p.123

1	2	3	4	5
③	①	②	①	③

1 将来(しょうらい) 장래
아들에게 장래의 꿈에 관해서 물어봤다.

2 互いに(たがいに) 서로
인간은 서로 돕고 살아가지 않으면 안 되는 존재다.

3 単純(たんじゅん) 단순
그는 의외로 단순한 데가 있다.

4 役に立つ(やくにたつ) 도움이 되다
이직에 도움이 되는 자격증을 알려 주세요.

5 重要(じゅうよう) 중요
여기는 회사의 중요한 정보를 보관하고 있는 방입니다.

용법 실전 연습 ❸ p.124

1	2	3	4	5
③	②	④	③	②

1 世話(せわ) 돌봄, 신세
신세를 진 선생님에게 감사 선물을 보낼 생각입니다.

2　治る（なおる）（병이）낫다
임을 빠른 단계에서 발견할 수 있다면 나을 가능성은 높아집니다.

3　旅（たび）여행
이혼 후, 혼자서 여행을 떠나려고 생각하고 있습니다.

4　落ち着く（おちつく）안정되다
요가는 마음이 안정되는 릴렉스 효과가 있다고 한다.

5　オーダー 오더, 주문
최근에는 인터넷 주문으로 간단하게 배달 음식을 시킬 수 있다.

용법 실전 연습 ❹ p.125

1	2	3	4	5
②	②	④	③	③

1　受ける（うける）받다
어젯밤 지진으로 큰 피해를 입었습니다.(받았습니다)

2　問い合わせ（といあわせ）문의
죄송합니다만, 전화로의 문의는 받고 있지 않습니다.

3　レンズ 렌즈
안경 렌즈에 색을 넣고 싶습니다만.

4　商売（しょうばい）장사
고향이 아닌 곳에서 장사를 시작하는 것은 어려울지도 모른다.

5　詳しい（くわしい）자세하다, 잘 알고 있다
컴퓨터를 잘 알고 있는 키무라 씨에게 물어보기로 했다.

용법 실전 연습 ❺ p.126

1	2	3	4	5
④	②	③	①	①

1　枯れる（かれる）시들다
정원에 심은 꽃이 시들어 버렸습니다.

2　うっかり 깜빡
운전 면허 갱신을 깜빡하고 잊고 있었다.

3　ポスター 포스터
사다리에 올라 포스터를 붙이는 작업은 꽤 어렵다고 생각해.

4　居眠り（いねむり）앉아서 줌
수업 중에 앉아서 졸고 있는 학생에게 주의를 주었습니다.

5　こぼす 흘리다, 엎지르다
손님에게 뜨거운 커피를 엎질러 버려서 화상을 입혔습니다.

용법 실전 연습 ❻ p.127

1	2	3	4	5
③	③	①	②	③

1　仲直り（なかなおり）화해
친구와 화해를 하고 싶어도 용기가 나지 않습니다.

2　ばったり 딱(만남)
역 앞에서 좋아하는 사람과 딱 만났지만, 부끄러워서 못 본 척을 해버렸다.

3　しまう 넣다
당신과의 추억은 제 마음 속에 넣어 두겠습니다.

4　応援（おうえん）응원
엄마는 저를 항상 응원해 줍니다.

5　だいたい 대체로, 대강
집 청소는 대체로 몇 시간 정도 걸립니까?

2교시 문법 해석과 해설

1	2	3	4	5
①	②	①	①	①
6	7			
②	②			

문제 1 다음 문장의 ( )에 들어갈 가장 알맞은 것을 1·2에서 하나 고르시오.

1 A : 중졸이라도 입사할 수 있는 회사가 있나?
　　B : 학력 (1 을 불문하고 2 에 따라서) 입사할 수 있는 회사는 많이 있다고 생각해.

2 A : 이 케이크 굉장히 맛있을 것 같아요.
　　B : 신세를 진 선생님을 위해서 마음 (1 에게 있어서 2 을 담아서) 만든 케이크입니다.

3 A : 업무 내용 (1 에 관해서 2 에 의해서) 질문이 있으면 언제든지 물어보세요.
　　B : 감사합니다. 앞으로도 잘 부탁드립니다.

4 A : 내년부터 시골에서 한가롭게 살고 싶다고 생각하고 있습니다.
　　B : 어머, 멋지다. 저도 도시 (1 에 비해서 2 에 걸쳐서) 시골 쪽이 공기가 깨끗하고 조용해서 좋다고 생각합니다.

5 A : 내일 날씨를 전해주세요.
　　B : 관동 지방은 내일도 비 (1 에 더해서 2 에 있어서) 강풍에도 주의가 필요합니다.

6 A : 타케우치 씨 회사 그만둔대.
　　B : 그가 퇴직한다는 것은 그저 소문 (1 에 변하지 않습니다 2 에 불과합니다). 제가 타케우치 씨에게 직접 물어보겠습니다.

7 A : 어렸을 때는 자신 (1 을 대신해서 2 을 중심으로) 세계는 돌고 있다고 생각하고 있었어.
　　B : 지금은 아니야?

1	2	3	4	5
②	①	②	①	①
6	7			
②	①			

문제 1 다음 문장의 ( )에 들어갈 가장 알맞은 것을 1·2에서 하나 고르시오.

1 A : 저기, 폴댄스를 배우고 싶다고 생각해서 왔습니다만.
　　B : 어서오세요. 이쪽이 요금표가 되겠습니다. 한 레슨 (1 에 의해서 2 당) 2200엔입니다.

2 A : 이 레스토랑, 연중무휴입니까?
　　B : 네 토·일 (1 은 물론 2 에 따라서) 공휴일도 영업하고 있습니다.

3 A : 일본의 명소를 추천해 주세요.
　　B : 일본에는 스카이트리 (1 하고 나서 비로소 2 를 비롯해) 추천하고 싶은 곳이 많이 있습니다.

4 A : 저, 반 모두 (1 에게 2 에 불과하다) 민폐라고 선생님에게 혼났습니다.
　　B : 어머, 무슨 일 있었나요?

5 A : 아~ 뭔가 즐거운 일 없나?
　　B : 넌 정말 (1 한가한 것임에 틀림없구나 2 한가함에 대하는구나).

6 A : 왜 높은 산에 오르면 머리가 아파지는 건가요?
　　B : 높이 오름 (1 에 관해서 2 에 따라서) 공기가 희박해지기 때문입니다.

7 A : 남편은 제가 반대하고 (1 있음에도 불구하고 2 있을 것임에 틀림없이) 회사를 그만두고 왔어요.
　　B : 어머나, 이제부터는 어떻게 할 생각일까요.

1	2	3	4	5
①	①	②	①	②
6	7			
②	②			

문제 1 다음 문장의 ( )에 들어갈 가장 알맞은 것을 1·2에서 하나 고르시오.

1 A : 이시카와 씨와는 어디에서 알게 되었어?
B : 이시카와 씨는 일 (1 을 통해서 2 에 걸쳐서) 만난 사람입니다.

2 A : 당신 (1 에게 있어서 2 에 걸쳐서) 큰돈이란 얼마입니까?
B : 천만 엔 정도려나.

3 A : 6일간 (1 에 더해 2 에 걸쳐) 행해진 이벤트가 무사히 끝났네요.
B : 덕분에 무사히 끝낼 수 있었습니다.

4 A : 왜 택배는 사람이 없을 때 (1 에 한해서 2 당) 오는 걸까?
B : 최근에는 희망하는 배달 시간대를 지정할 수 있어.

5 A : 저 영화 봤어? 한 명의 여성 (1 이라고 해도 2 을 둘러싸고) 형제가 대립하는 내용이래.
B : 어제 보고 왔는데, 별로 재미 없었어.

6 A : 브랜드 가치는 무엇 (1 에 비해서 2 에 근거하여) 평가되는 겁니까?
B : 죄송합니다. 그 질문에는 답할 수 없습니다.

7 A : 다음 주 해외 출장, 후지타 씨 (1 에 따라서 2 를 대신해서) 내가 가게 되었어.
B : 후지타 씨 계속 가고 싶지 않다고 말했었잖아.

합격 문법 **확인 문제 ❹** p.173

1	2	3	4	5
③	④	①	④	②

문제 2 다음 문장의 ★ 에 들어갈 가장 알맞은 것을 1·2·3·4에서 하나 고르시오.

1 の こと について は
A : 아빠, 나 이사 가고 싶지 않아. 왜냐하면 전학 가고 싶지 않거든.
B : 알았어. 전학에 관해서는 엄마와 이야기해 볼게.

2 横浜_{よこはま} において 開かれる_{ひら} そう
A : 올해 문구 페어는 어디에서 개최되는지 알고 있습니까?
B : 음, 올해는 3월과 8월에 요코하마에서 개최된다고 합니다.

3 に加え 一人で育児 まで やって
A : 최근, 바쁜 것 같네요.
B : 맞아요. 일에 더해서 혼자서 육아까지 하고 있어요.

4 大人_{おとな} 一名_{いちめい} につき 200円引き_{えんび}
A : 저기, 실례합니다. 이 할인권을 사용하면 얼마가 됩니까?
B : 이 할인권은 어른 한 명당 200엔 할인이 됩니다.

5 ポルトガルじん によって 日本_{にほん} に
A : '타바코'라는 말이 포르투갈어에서 유래된 거 알고 있었어?
B : 담배는 포르투갈인에 의해서 일본에 전달된 것이라고 들은 적이 있어.

합격 문법 확인 문제 ❺ p.174

1	2	3	4	5
④	④	④	②	③

문제 2 다음 문장의 ★ 에 들어갈 가장 알맞은 것을 1·2·3·4에서 하나 고르시오.

1 忙しく_{いそが} なる の につれて
A : 여자친구와는 잘 만나고 있어?
B : 얼마 전에 헤어졌습니다. 일이 바빠짐에 따라 만날 수 없게 되어버려서.

2 ただ の 噂に_{うわさ} すぎない
A : 있잖아, 우에하라 씨 51세에 유튜버에 도전한다고 해.
B : 그거 나도 들었는데 그냥 소문에 지나지 않는대.

3 人に_{ひと} よって 違う_{ちが} と思う_{おも}
A : 요전에 드럭스토어 점원에게 추천받은 약, 어땠어?
B : 약의 효과는 사람에 따라 다르다고 생각하지만 나에게는 굉장히 좋았어.

4 予想_{よそう} に反して_{はん} 混んで_こ いなかった
A : 주말의 디즈니랜드는 붐볐죠?
B : 아니요. 예상과 반대로 붐비지 않아서 반대로 놀랐습니다.

5 ランチタイムだ と 入れないに_い 決まって_き
A : 오늘 점심, 역 앞의 새롭게 생긴 레스토랑으로 할까?
B : 거기 아침부터 사람들이 줄 서 있었어요. 점심시간이라면 들어갈 수 없음에 틀림없습니다.

1	2	3	4	5
①	④	②	②	③

문제 2 다음 문장의 ★ 에 들어갈 가장 알맞은 것을 1·2·3·4에서 하나 고르시오.

1 学生 に対して 厳し すぎる

A : 저 학생들에게 미움받고 있는 느낌이 듭니다.

B : 학생에게 너무 엄격한 선생님은 인기가 없어.

2 ルールに したがって ゴミを 出して

A : 여러분, 마을에서 정해진 요일, 규칙에 따라서 쓰레기를 배출해 주세요.

B : 저기, 음식물 쓰레기도 정해진 날밖에 배출할 수 없습니까?

3 知らなかった に しても お店

A : 정말 죄송합니다. 몰랐습니다.

B : 몰랐다고 해도, 가게 앞에 주차해서는 안 됩니다.

4 家族が いる にも かかわらず

A : 그녀는 소중한 가족이 있음에도 불구하고, 오랜 기간 동안 우울증에 시달리고 있었습니다.

B : 지금은 괜찮습니까?.

5 ドイツ語 を はじめ 5ヶ国語

A : 에리카, 독일어도 말할 수 있대.

B : 그녀는 독일어를 비롯해 5개 국어를 말할 수 있다고 해.

1	2	3	4	5
①	①	②	②	①

6	7
②	①

문제 1 다음 문장의 ( )에 들어갈 가장 알맞은 것을 1·2에서 하나 고르시오.

1 A : 다나카 씨 담배 끊었습니까?

B : 맞아요. 병에 (1 걸리고 나서 비로소 2 걸리고 있지만 말고) 건강의 고마움을 알고 한 번에 끊었습니다.

2 A : 그 만화, 애니메이션화 된다고 해.

B : 진짜? 나 이 만화를 (1 읽은 이래 2 읽고 나서가 아니면) 계속 애니메이션화를 기대하고 있었어.

3 A : 저기, 약을 물 없이 (1 먹어서 어쩔 수 없습니까? 2 먹어도 상관없습니까?)

B : 약이 흡수되려면 녹은 상태가 되지 않으면 안 되기 때문에 약을 물 없이 먹어서는 안 됩니다.

4 A : 이토 군은 영화 좋아했던가?

B : 학생 시절에는 자주 영화를 (1 본 참이지만 2 보곤 했지만) 최근에는 별로 보지 않아.

5 A : 이 모자 어때? 어제 플리마켓에서 싸게 샀거든.

B : 다음에 갈 때는 나도 (1 데려가 주길 바라 2 데려가고 있을 수 없어).

6 A : 어떡해. 1000엔짜리 지폐를 주머니에 넣은 (1 셈치고 2 채) 빨래를 해버렸어.

B : 찢어지지 않았다면 펼쳐서 말려 주세요.

7 A : (1 태어난 지 얼마 되지 않은 2 태어났을 뿐) 강아지는 눈이 감겨져 있어 보거나 할 수 없다고 합니다.

B : 그럼 언제쯤 눈을 뜰 수 있습니까?

1	2	3	4	5
②	①	②	①	②

6	7
①	①

문제 1 다음 문장의 ( )에 들어갈 가장 알맞은 것을 1·2에서 하나 고르시오.

1 A : 요리가 즐거워지는 비결이 있다면 알려주세요.

B : 글쎄요. 일류 셰프가 (1 되어 보았자 2 된 셈치고) 요리를 만들어 보세요.

2 A : 유학 중인 남자친구를 만나고 (1 싶어서 참을 수 없습니다 2 싶을 수 없습니다).

B : 영상 통화를 해보면 어떻습니까?

3 A : 일이 끝나면 함께 술을 마시러 가지 않겠습니까?

B : 마침 일이 (1 끝날 생각 2 끝난 참) 입니다. 갑시다.

4 A : 뭐부터 시작하면 좋을지 생각하고 있습니다.

B : 생각 (1 하기만 하고 2 생각한 이래) 있지 말고 어쨌든 해야 하는 것을 해라.

5 A : 내일 아침 일찍 집을 나가지 않으면 안 되기 때문에 평소처럼 늦게까지 텔레비전을 보고 (1 참을 수 없어 2 있을 수 없어).

B : 그래? 그럼 오늘은 빨리 자자.

6 A : 어제 회식 즐거웠니?

B : 아니, 최악이었어. 술에 취해서 (1 떠든 끝에 2 떠든 후에) 옆 자리 사람과 싸움이 나 버렸어.

7 A : 최근에 일본에 돌아가고 (1 싶어서 참을 수 없어 2 싶길 바라).

B : 그거 향수병 증상일지도 몰라.

합격 문법 확인 문제 ❾ p.188

1	2	3	4	5
④	②	①	③	②

6
②

문제 2 다음 문장의 ★ 에 들어갈 가장 알맞은 것을 1·2·3·4에서 하나 고르시오.

1 に　なって　からでない　と
A : 일본에서는 몇 살부터 술을 마실 수 있습니까?
B : 20살이 되고 나서가 아니면 술을 마셔서는 안 됩니다.

2 同窓会で　会って　以来　一度も
A : 있잖아, 나카무라 씨와 연락하고 있어?
B : 아니, 그녀와는 10년 전에 동창회에서 만난 이래 한 번도 연락을 하고 있지 않아.

3 オープン　した　ばかり　だから
A : 이 레스토랑 맛있는데 손님이 적네요.
B : 오픈한 지 얼마 되지 않았기 때문에 그다지 알려지지 않았습니다.

4 もう　少し　優しく　して
그녀에게 "조금 더 상냥하게 해 주길 바란다"고 말을 들었습니다.

5 だから　といって　休んでは　いられない
A : 여보, 오늘도 일이에요?
B : 신제품 개발로 일요일이라고 해서 쉬고 있을 수는 없어.

6 妻と　話し合った　上で　決めて
나는 어떤 일이라도 반드시 아내와 의논한 후에 결정하고 있습니다.

합격 문법 확인 문제 ❿ p.189

1	2	3	4	5
④	①	③	③	②

6
①

문제 2 다음 문장의 ★ 에 들어갈 가장 알맞은 것을 1·2·3·4에서 하나 고르시오.

1 家に　ついた　とたん　に
A : 어제, 비 괜찮았어?
B : 응. 집에 도착하자마자 내렸거든.

2 たった　今　帰った　ところ
A : 키무라 어디에 있는지 알고 있어?
B : 키무라 씨요? 지금 막 집에 간 참입니다.

3 なって　はじめて　教える　こと
선생님이 되고 나서 비로소 가르치는 것의 어려움을 알았습니다.

4 持って　帰って　も　かまいません
A : 저기, 이 가이드북 가져가도 상관없습니까?
B : 네, 가져가세요.

5 この　川で　花火を　した
A : 불꽃놀이 하고 싶어.
B : 그렇네. 어렸을 때는 자주 이 강에서 불꽃놀이를 하곤 했었지.

6 黙って　ばかり　いないで　何か
입 다물고만 있지 말고 뭔가 말해 주세요.

합격 문법 확인 문제 ⓫ p.197

1	2	3	4	5
①	②	①	①	②

6	7
①	②

문제 1 다음 문장의 ( )에 들어갈 가장 알맞은 것을 1·2에서 하나 고르시오.

1 A : 해외여행에 (1 갈 때마다　2 간들), 그 나라의 자석을 사서 모으고 있습니다.
B : 부디 저에게도 보여주세요.

2 A : 이 스커트, 사이즈가 맞지 않기 때문에 버릴 (1 대신이야　2 할 수밖에 없어).
B : 아까워. 버릴 거면 나에게 줘.

3 A : 있잖아, 나 어떻게 생각해?
B : 선배, 오해를 부를 (1 우려　2 분노) 가 있는 말은 하지 않길 바라요.

4 A : 조금만 더 갔으면 껌을 (1 밟을 뻔했어　2 밟을 뿐이었어).
B : 길에 껌을 뱉다니, 정말 몰상식하다.

5 A : 나는 아이는 집에서 부모를 (1 도울 때문이라고　2 도와야 한다고) 생각합니다.
B : 저도 그렇게 생각합니다.

6 A : 다음 주까지 건강검진 증명서를 내야 한대. 건강검진은 받았어?
B : 저는 내일 건강검진을 (1 받기로　2 받는 것으로) 했습니다.

7 A : 아 맞다. 공과금 내러 가야 해.
B : 괜찮아. 어제 자동이체를 신청했기 때문에 일부러 내러 (1 갈 뿐은 아니야　2 갈 필요가 없어).

합격 문법 확인 문제 ⑫ p.198

1	2	3	4	5
②	①	①	②	②
6	**7**			
①	①			

문제 1 다음 문장의 ( )에 들어갈 가장 알맞은 것을 1·2에서 하나 고르시오.

1 A : 저기 실례합니다. 레슨을 쉬고 싶을 때는 어떻게 하면 됩니까?

B : 레슨을 쉴 때는 수업이 시작되기 24시간 이내에 연락을 (1 하게 하고 2 하게 되어) 있습니다.

2 신종 코로나 바이러스 감염자는 (1 늘 뿐입니다 2 늘어야 합니다).

3 A : 건강을 위해서 하고 있는 것은 있습니까?

B : 글쎄요. 매일 아침 집 근처에 있는 공원에서 조깅을 (1 하도록 하고 2 하도록 되어) 있습니다.

4 A : 빵을 구울 때, 버터 (1 한편 2 대신) 에 마가린을 사용해도 됩니까?

B : 물론입니다.

5 A : 조례 개정에 관해서 당신의 의견을 들려 주세요.

B : 글쎄요. 주민에게 좋은 영향을 주고 있는 조례는 (1 바꿀 상황이 아니라고 2 바꾸어서는 안 된다고) 생각합니다.

6 A : 계산기 빌려줄까요?

B : 필요 없어. 이런 계산은 간단해서 계산기를 (1 사용할 것까지도 없어 2 사용할 수밖에 없어).

7 A : 저희 4월에 (1 결혼하게 되었습니다 2 결혼하는 것이 되었습니다).

B : 결혼, 축하 드립니다.

합격 문법 확인 문제 ⑬ p.199

1	2	3	4	5
②	③	④	①	①
6				
②				

문제 2 다음 문장의 ★ 에 들어갈 가장 알맞은 것을 1·2·3·4에서 하나 고르시오.

1 増加する 一方で 駐車 できる

A : 일본은 주차요금이 비싸네요.

B : 자동차 수가 증가할 뿐으로, 주차할 수 있는 공간은 한정되어 있기 때문입니다.

2 ホテルを 建てる ことに

A : 이 토지에 호텔을 세우기로 했습니다.

B : 굉장하네요. 호텔의 이름은 정했습니까?

3 責任 を 持つ べきです

자신의 발언에는 책임을 져야 합니다.

4 登る たびに 頂上から の

A : 매주 산에 오르는 이유는 무엇입니까?

B : 산에 오를 때마다, 정상으로부터 본 경치를 찍습니다만, 그것이 정말로 기분이 좋습니다.

5 車で 行く 代わりに 電車で

A : 내일은 공휴일이기 때문에 도로가 붐빌지도 모르는데.

B : 그럼 차로 가는 대신에 전철로 가자.

6 深刻な 混雑が 発生する 恐れが

교통대책을 세우지 않으면 심각한 혼잡이 발생할 우려가 있습니다.

합격 문법 확인 문제 ⑭ p.200

1	2	3	4	5
②	④	④	②	①
6				
②				

문제 2 다음 문장의 ★ 에 들어갈 가장 알맞은 것을 1·2·3·4에서 하나 고르시오.

1 を 逃す ところ でした

A : 늦잠을 자서 비행기를 놓칠 뻔했습니다.

B : 진짜요? 무엇보다 무사히 돌아와서 다행입니다.

2 オリーブ油を 飲む ように して

A : 매일 아침, 한 스푼의 올리브유를 먹도록 하고 있습니다.

B : 건강을 위해서입니까?

3 す べき では ない

면접에서 사적인 질문은 해서는 안 된다고 생각합니다.

4 靴を 脱ぐ こと に

A : 일본에서는 집에 들어갈 때, 신발을 벗고 들어가게 되어 있습니다. 중국도 똑같죠?

B : 중국은 지역에 따라 벗지 않는 곳도 있다고 합니다.

5 会う たびに 自慢話 ばかり

A : 그녀는 만날 때마다 자랑 이야기만 합니다.

B : 제 주변에도 그런 사람이 있어서 곤란해하고 있습니다.

6 貸します から 買う こと

텐트는 제 것을 빌려드릴 테니까 살 필요 없습니다.

합격 문법 확인 문제 ⑮ p.209

1	2	3	4	5
①	②	②	②	①

6	7
②	②

문제 1 다음 문장의 ( )에 들어갈 가장 알맞은 것을 1·2에서 하나 고르시오.

1 A : 그의 어디가 좋아서 사귀기 시작한 거니?
B : 그는 말이야, 잘생긴 (1 데다가 2 후에) 성격도 좋고, 무엇보다 상냥하거든.

2 A : 헉, 벌써 시간이 이렇게 됐네. 슬슬 집에 가야겠다.
B : 어두워 (1 지지 않기 전에 2 지기 전에) 빨리 돌아갑시다.

3 A : 시미즈씨가 가르쳐 준 (1 탓에 2 덕분에) 줄 서지 않고 살 수 있었습니다.
B : 도움이 될 수 있어서 다행입니다.

4 A : 빙수 먹고 싶다.
B : 더워지면 (1 더워질 정도 2 더워질수록) 먹고 싶어지는 것이 빙수죠.

5 A : 코이케 씨는 여행에 가지 않습니까?
B : 나도 가고 싶지. 시간 (1 만 있으면 2 도 있으면) 국내외를 불문하고 여행에 갈 수 있을 텐데.

6 A : 호텔 빈 방이 있는지 없는지 확인한 (1 바탕으로 2 후에) 예약 부탁드립니다.
B : 빈 방의 상황은 홈페이지로도 확인할 수 있습니까?

7 A : 아무래도 감기에 걸려버린 것 같아.
B : 그래서 오늘 마스크를 끼고 온 (1 뿐 2 것)이구나.

합격 문법 확인 문제 ⑯ p.210

1	2	3	4	5
①	②	②	②	②

6	7
②	②

문제 1 다음 문장의 ( )에 들어갈 가장 알맞은 것을 1·2에서 하나 고르시오.

1 A : 신세를 지고 있는 선배로부터의 부탁이기 때문에 거절 (1 할 순 없습니다 2 만이라면 가지 않습니다).
B : 뭔가 도울 수 있는 일이 있으면 나한테도 말해 줘.

2 A : 아침 7시부터 2시간 (1 에 따라서 2 에 걸쳐서) 방송되는 아침 방송에 출연하게 되었어.
B : 아침 방송에 나온다니 굉장해!

3 A : 잠깐 지금 시간 있어? 상담하고 싶은 게 있어서.

B : 미안, 이제부터 수업에 (1 들어간 2 들어갈) 참이기 때문에, 수업 끝나면 연락할게.

4 A : 저기, 선생님, 레포트 마감이 쓰여 있지 않습니다.
B : 아, 쓰는 걸 잊었구나. 여러분, 레포트는 다음 주 수요일 (1 부터 2 까지) 제출해 주세요.

5 A : 어제부터 허리가 아픈데, 사쿠라 클리닉 접수 몇 시까지였지?
B : 오늘은 공휴일이라서 하고 있지 않을 (1 곳 2 것)이야.

6 A : 있잖아, 야마모토 씨에게 추천받은 건강 보조식품을 (1 먹을 정도 2 먹었더니) 진짜로 살이 빠졌어.
B : 진짜? 나도 알려줘.

7 A : 타카하시 선생님, A반의 미호 말인데요. 가타카나 (1 곳 인가 2 는 커녕) 히라가나도 못 씁니다.
B : 타나카 미호 말이죠? 그럼 저희 반에서 지도해 봐도 될까요?

합격 문법 확인 문제 ⑰ p.211

1	2	3	4	5
③	②	②	④	①

6
④

문제 2 다음 문장의 ★ 에 들어갈 가장 알맞은 것을 1·2·3·4에서 하나 고르시오.

1 大雪で　動物園　どころ　では
A : 오늘 동물원에 간다고 말했었잖아?
B : 맞아요. 하지만 아침부터 폭설로 동물원에 갈 상황이 아니네요.

2 この　辺は　バラが　たくさん
A : 장미를 보기에 좋은 시기는 언제입니까?
B : 5월부터 6월에 걸쳐서, 이 주변은 장미가 많이 펴요.

3 時間　さえ　ない　ほど
최근, 점심밥을 먹을 시간조차 없을 정도로 매우 바쁩니다.

4 高い　上に　料理　も
A : 역 앞의 레스토랑 어땠어?
B : 가격도 비싼 데다가 요리도 맛이 없어서 최악이었어.

5 今日　少し　早く　帰らせて
A : 과장님, 죄송합니다만 오늘 조금 일찍 집에 가도 되겠습니까?
B : 무슨 일 있습니까? 몸 상태라도 안 좋은가요?

6 双子の　弟　の　せいで
어렸을 때, 쌍둥이 남동생 때문에 혼난 적이 있습니다.

합격 문법 확인 문제 ⑱ p.212

1	2	3	4	5
④	②	②	④	③
6				
①				

문제 2 다음 문장의 ★에 들어갈 가장 알맞은 것을 1·2·3·4에서 하나 고르시오.

1 大事な 日 なので 休む

A : 여보, 열도 있고 안색도 안 좋아. 오늘 회사 쉬는 게 어때?

B : 안 돼. 오늘은 신상품 프로모션을 하는 중요한 날이기 때문에 쉴 순 없어.

2 いくら 話しても したしく なった

A : 나카무라 씨와 꽤 친해졌나 봐요.

B : 아니요. 뭔가 그녀와는 아무리 이야기를 해도 친해진 느낌이 들지 않습니다.

3 いる 間に 富士山 に

유학하고 있는 동안에, 후지산에 올라가 보고 싶습니다.

4 温かい うち に お召し上がり

A : 부디 따뜻한 동안에 드세요.

B : 네, 잘 먹겠습니다.

5 全然 飲まない わけ ではない

A : 나카무라 씨, 술은 드십니까?

B : 그다지 좋아하진 않습니다만, 전혀 마시지 않는 건 아닙니다.

6 ていねいに 教えて くれた おかげで

친절하게 가르쳐 준 덕분에 잘 이해했습니다.

합격 문법 확인 문제 ⑲ p.226

1	2	3	4	5
①	①	②	②	②
6	7			
②	②			

문제 1 다음 문장의 ( )에 들어갈 가장 알맞은 것을 1·2에서 하나 고르시오.

1 A : 슈퍼에 가서 아이스크림 사 올게.

B : 그럼, 슈퍼에 (1 가는 김에 2 간 대로) 세탁소에서 스커트도 찾아와 줄래?

2 A : 다나카 씨는 공부 (1 뿐만 아니라 2 덕분에) 운동도 잘하지?

B : 맞아. 진짜로 그가 부러워서 참을 수 없어.

3 A : 1억 엔을 받을 수 (1 있다고 해도 2 있다면) 무엇에 사용하고 싶습니까?

B : 저는 우선 캠핑카를 사서 진국을 돌고 싶습니다.

4 A : 한국 (1 이라기 보다 2 이라고 하면) 무엇을 연상합니까?

B : 역시 김치겠죠?

5 A : 오늘은 내가 낼 테니까 돈은 걱정하지 마.

B : 돈도 없는 (1 탓에 2 주제에) 뭐라는 거니? 의미를 모르겠어.

6 A : 어떤 일을 하시고 있습니까?

B : 저는 앞치마를 디자인하는 디자이너 (1 뿐만 아니라 2 로서) 일하고 있습니다.

7 A : 나, 밸런타인데이에 남자친구에게 수제 초콜릿을 (1 주려고 (남→나) 2 주려고(나→남))생각해.

B : 나는 요리를 못하니까 파는 초콜릿으로 해야지.

합격 문법 확인 문제 ⑳ p.227

1	2	3	4	5
①	①	①	①	②
6	7			
①	②			

문제 1 다음 문장의 ( )에 들어갈 가장 알맞은 것을 1·2에서 하나 고르시오.

1 A : 책의 내용을 (1 읽지 않고 2 ✖), 표지만으로 책을 고르고 있지 않습니까?

B : 그렇네요. 잡지라면 부록을 보고 고르고 있습니다만.

2 A : 증거는 찾았니?

B : 네. (1 예상한 대로 2 예상을 통해서), 강에 버려져 있었습니다.

3 A : 시미즈 씨는 향수를 뿌리지 않는데 좋은 냄새가 (1 나네요 2 나오네요).

B : 헉, 저 향수 뿌려요.

4 A : 항상 엄마에게 전화를 걸려고 (1 하면 2 되면), 전화가 걸려와.

B : 부모 자식은 텔레파시로 이어져 있다고도 말하잖아.

5 A : 음료수는 무엇으로 하시겠습니까?

B : 음, 저는 콜라 (1 가 납니다 2 로 하겠습니다).

6 A : 최근 바쁜 것 같네요.

B : 일로 (1 바쁘다기보다 2 바쁘다고 해도) 아기가 태어나고 나서 사적인 시간이 없어.

20 1교시 문법

7 A : 취직 축하합니다.
   B : 아니에요. 취직이 (1 결정된 덕분에 2 결정되었다고
   해도) 구두 약속에 지나지 않습니다.

합격 문법 확인 문제 ㉑ p.228

1	2	3	4	5
②	②	①	③	③
6				
①				

문제 2 다음 문장의 ★ 에 들어갈 가장 알맞은 것을 1·2·3·4에
서 하나 고르시오.

1 熱心な 一方で 健康管理も しっかり
   A : 노무라 군은 정말로 성실한 사람이네요.
   B : 그는 일에 열심인 한편 건강관리도 확실히 하고 있다
   고 합니다.

2 花見 といえば 桜 ですが
   A : 꽃구경이라고 하면 벚꽃이죠?
   B : 현재는 꽃구경이라고 하면 벚꽃이지만, 옛날에는 매
   화꽃을 보고 있었다고 합니다.

3 吸っている 人 ばかり でなく
   담배 연기는 피우고 있는 사람뿐만 아니라, 주변 사람에게
   도 악영향을 줍니다.

4 止めた といっても 1週間
   A : 코바야시 씨, 술 끊었습니까?
   B : 맞아. 끊었다고 해도 1주일밖에 지나지 않았지만.

5 行く ついでに 薬も もらって
   A : 속이 안 좋기 때문에 잠깐 병원에 갔다 올게.
   B : 그럼 병원에 가는 김에 약도 받아 와.

6 一人 の 女性 として
   저는 엄마를 한 사람의 여성으로서 존경하고 있습니다.

합격 문법 확인 문제 ㉒ p.229

1	2	3	4	5
①	②	④	①	①
6				
③				

문제 2 다음 문장의 ★ 에 들어갈 가장 알맞은 것을 1·2·3·4에
서 하나 고르시오.

1 行く か どうか なやんで
   A : 내일, 사사키 씨 생일 파티 갈거야?
   B : 그게 내일 중요한 회의가 있어서 갈지 말지 고민하고
   있어.

2 進歩 と ともに 生活
   A : 이 기계를 사용하면 어떤 음식이라도 유통기한을 알
   수 있대.
   B : 어머 굉장해. 기술의 진보와 함께 생활 수준도 향상되
   고 있네.

3 何も 言わずに ただ 泣いて
   그녀는 아무것도 말하지 않고 그저 울기만 하고 있다.

4 私 が 言う とおりに
   A : 이제부터 제가 말하는 대로 움직여 주세요.
   B : 선생님과 같은 방향으로 움직이면 되나요?

5 韓国語で 話して いる そう
   A : 이노우에 군은 한국어가 유창하네요.
   B : 그의 엄마는 한국인으로 엄마와는 한국어로 이야기하
   고 있다고 합니다.

6 おいしく なさ そうに 見えても
   그 빵 맛있을 것 같지 않아 보여도 먹어봤더니 정말로 맛있
   었습니다.

경어 확인 문제 ❶ p.235

1	2	3	4	5
③	②	④	③	④
6				
②				

문제 (ⓐ) (ⓑ)에 들어갈 가장 알맞은 것은 어느 것입니까?
1·2·3·4 중에서 하나 고르시오.

1 부하 : 부장님은 매일 아침 1시간 정도 걸으신다면서요.
   부장 : 건강을 위해서지.
   부하 : 아버지도 개를 데리고 매일 아침 걸어서 건강이 좋
   은 것 같습니다.

2 학생 : 선생님은 항상 아침 일찍 학교에 오시는군요. 몇 시
   쯤 댁을 나오세요?

3 A : 어머님은 건강하세요?
   B : 네. 혼자 지내시는데요, 이웃 분이 친절하게 해 주시는
   것 같아서 저도 안심하고 있습니다.

4 학생 : 선생님, 또 논문을 쓰셨군요.
   선생님 : 그래. 꽤 시간이 걸렸어.
   학생 : 읽었습니다.

5 손님 : 티켓은 어디서 사면 되나요?
   담당자 : 티켓을 사실 분은 이쪽에 줄을 서 주세요.

6 A : 대사관 장소는 바로 아셨습니까?
   B : 네. 지도를 그려 주셔서 바로 알았습니다.

경어 확인 문제 ❷ p.237

1	2	3	4	5
②	②	②	③	①

6
③

문제 (ⓐ) (ⓑ)에 들어갈 가장 알맞은 것은 어느 것입니까?
1·2·3·4 중에서 하나 고르시오.

1 A : 다나카 선생님은 지금 어디에 계십니까? 1시에 약속
　　　되어 있는데요.
　　　B : 연구실일 것 같습니다.
　　　A : 그럼 연구실로 찾아뵙겠습니다.

2 A : 귀한 밥그릇이군요. 잠깐 봐도 될까요?
　　　B : 자, 보세요.

3 A : 이것은 아사쿠사의 센소지 사진이군요.
　　　B : 그렇습니다. 잘 아시는군요.
　　　A : 네. 선생님께 도쿄 명소 책을 받았는데요, 그 안에 사
　　　진이 있어서요.

4 A : 다음 주에 뵙고 싶은데요, 사정은 어떠신지요?
　　　B : 수요일 오후라면 회사에 있으니 오세요.

5 A : 실례합니다. 좀 여쭤보고 싶은 게 있는데요.
　　　B : 네. 뭔가요? 제가 듣겠습니다.

6 A : 차를 어서 드세요.
　　　B : 감사합니다. 그럼 잘 먹겠습니다.

경어 확인 문제 ❸ p.239

1	2	3	4	5
ご	お	X	ご	ご
6	7	8	9	10
X	お	お	ご	X
11	12	13	14	
③	②	③	④	

문제1 ( ) 안에 「お」 또는 「ご」를 넣으시오. 둘 다 붙일 수 없는
　　　것에는 X를 넣으시오.

1 (ご) 旅行
2 (お) 手伝い
3 (X) 北海道
4 (ご) 親切
5 (ご) 出張
6 (X) スプーン

7 (お) 名前
8 (お) 忙しい
9 (ご) 家族
10 (X) アイスクリーム

문제2 (ⓐ) (ⓑ) (ⓒ)에 들어갈 가장 알맞은 것은 어느 것입니
　　　까? 1·2·3·4 중에서 하나 고르시오.

11 〈오랜만에 만난 사람과〉
　　　A : 오랜만입니다. 건강해 보이시네요.
　　　B : 네. 덕분에요.
　　　A : 지금 어디 사세요?
　　　B : 오사카에 살고 있습니다.

12 〈가게에서〉
　　　손님 : 이 티셔츠 다른 색깔 있나요?
　　　점원 : 네, 파란색과 빨간색이 있습니다.
　　　손님 : 어느 쪽이 좋을까?
　　　점원 : 글쎄요. 손님 양복에는 파란색이 좋을 것 같습니다만.

13 〈전화로〉
　　　접수처 : 네, 빅노트입니다.
　　　고객 : 저, 세일은 언제부터인가요?
　　　접수처 : 이번 주 토요일부터입니다.
　　　고객 : 차로 가도 되나요?
　　　접수처 : 주차장이 있으니 차로 오셔도 괜찮습니다.

14 〈타사 사람과의 전화 대화〉
　　　야마시타 : 야마시타입니다. 늘 신세 지고 있습니다.
　　　다나카 : 다나카입니다. 저야말로 신세 지고 있습니다.
　　　야마시타 : 다음 주 회의 시간에 대해서 상담하고 싶어서요.

경어 확인 문제 ❹ p.241

문제 빈칸에 경어의 특별한 표현을 넣으시오.

	존경 표현	겸양 표현
行きます	いらっしゃいます おいでになります	まいります
来ます	いらっしゃいます おいでになります お越しになります	まいります
います	いらっしゃいます	おります
します	なさいます	いたします
見ます	ごらんになります	拝見します
言います	おっしゃいます	申し上げます 申します
食べます	召し上がります	いただきます
飲みます	召し上がります	いただきます

知って います	ご存じです	存じております 存じ上げています
くれます	くださいます	×
もらいます	×	ちょうだいします いただきます
あげます	×	さしあげます
訪ねます	×	うかがいます
聞きます	×	うかがいます うけたまわります
会います	×	お目にかかります

부사 확인 문제 ❶ p.248

1	2	3	4	5
①	①	②	②	①
6	**7**	**8**	**9**	**10**
②	②	②	②	①
11				
①				

문제 ( )에 들어갈 알맞은 부사를 1·2 중에서 고르시오.

1 A : 다나카 씨, 아직 안 오는데, 어떻게 할까? 먼저 갈까?
B : 아, 왔다, 왔어. (1 겨우 2 드디어) 왔네. 항상 늦으니까 싫어져.

2 소중한 접시니까 깨지 않도록 (1 살살 2 몰래) 들어 주세요.

3 멍하니 있다가 (1 모처럼 2 깜박하고) 내리는 사람과 함께 5층에서 엘리베이터를 내려 버렸다. 나는 10층에서 내려야 했는데.
↘ 부주의로 어떤 일을 했을 때에는 「うっかり」를 쓴다.

4 (1 아까 2 지난번) 지진으로 집을 잃은 사람에게 필요한 물건을 보내 주었다.

5 (1 곧 2 이윽고) 전철이 들어옵니다. 위험하니 흰 선 안쪽으로 물러나 주십시오.

6 '영어 교사 (1 즉시 2 급히) 구함'이라는 종이가 역에 놓여져 있던데, 연락해 볼까?

7 그렇게 건강했던 애완견이 (1 일제히 2 갑자기) 죽어 버리다니, 믿을 수 없습니다.

8 아버지께 받은 소중한 카메라가 (1 겨우 2 마침내) 고장 나 버렸다. 유감이군. 소중히 간직했는데.
↘ 결과를 강조할 때는 「ついに」를 쓴다. 「いよいよ」는 어떤 일이 시작될 때 많이 쓴다.

9 방에 숨어서 (1 가만히 2 몰래) 담배를 피우다가 부모님께 들키고 말았다.

10 바쁜데도 (1 일부러 2 모처럼) 와 주셔서 감사합니다.

11 A : 인도에서 방금 일본에 와서 너무 춥습니다.
B : 큰일이네요. 하지만 (1 곧 2 머지않아) 익숙해질 거예요. 문제 없어요.

부사 확인 문제 ❷ p.249

1	2	3	4	5
①	①	①	②	②
6	**7**	**8**	**9**	**10**
①	①	②	①	②
11				
②				

문제 ( )에 들어갈 알맞은 부사를 1·2 중에서 고르시오.

1 열심히 간병했는데 고양이는 (1 끝내 2 겨우) 죽고 말았다.

2 이 방 크기라면 (1 기껏해야 2 적어도) 50명 정도밖에 못 들어가지 않을까?

3 담배를 끊으려고 하는데, 일 때문에 초조해지면 (1 그만 2 깜박) 피우고 말아요.

4 (1 일부러 2 모처럼) 콘서트 표가 2장 있는데, 같이 갈 사람이 없다.

5 그가 황무지에 심은 나무들이 (1 일간 2 이윽고) 성장해서 그 주변은 푸른 숲이 되어 사람들의 눈을 즐겁게 했다.

6 (1 방금 2 일선에) 막 돌아와서 아직 옷도 갈아입지 않았어.

7 새집은 무리라고 해도 (1 적어도 2 기껏해야) 내 방 정도는 있었으면 좋겠어.

8 일본어 공부를 시작한 지 얼마 안 되었는데, 초 씨가 (1 일제히 2 갑자기) 일본어 능력시험 N1에 합격했어. 못 믿겠지.

9 지진이 일어나더라도 (1 바로 2 당장) 움직이지 말고 한동안 상황을 지켜봐 주십시오.

10 오늘 배운 말을 (1 당장 2 즉시) 써 봤는데, 비웃음을 당했다. 사용 방법이 틀렸던 걸까?
↘ 당장 써보고 싶은 마음에 쓴 것이므로 「さっそく」를 쓴다.

11 수상이 들어오자 기자들은 모두 (1 갑자기 2 일제히) 일어섰다.

1	2	3	4	5
④	①	②	③	①

6
③

문제　다음 문장의 **1**에서 **6**에 들어갈 가장 알맞은 것을
1·2·3·4 중에서 하나 고르시오.

1.

> 妻は掃除をしない。自分ではハウスダスト・ア
> レルギーだからだという。ほこりを吸うと咳が
> でるし、ほこりに触れると肌がかゆくなるとい
> う。だから、掃除機も使えない。それで、私が
> 毎週休みの日に家の掃除をすることになる。
> 私だってあんまりほこりがたまっていたら気
> になるから、しかたがないと思ってやってい
> るんだ。しかし、妻はアレルギー体質と診断
> されたことは一度もない。

ハウスダスト・アレルギー 집먼지 알레르기
かゆくなる 가려워지다　　ほこり 먼지
アレルギー体質 알레르기 체질　　診断 진단

　아내는 청소를 하지 않는다. 자기는 집먼지 알레르기이
기 때문이라고 한다. 먼지를 들이마시면 기침이 나고, 먼지
에 접촉하면 피부가 가려워진다고 한다. 때문에 청소기도
쓰지 않는다. 그래서 내가 매주 휴일에 집 청소를 하게 된
다. 나 역시 먼지가 너무 쌓여 있으면 신경이 쓰여서 어쩔
수 없다고 생각해서 하고 있는 것이다. 그러나 아내는 알레
르기 체질이라고 진단받은 적은 한 번도 없다.

1 1 그건 그렇고 2 그러자 3 그러나 4 때문에

2 1 그래서 2 그래도 3 단 4 그런데

3 1 또 2 그러나 3 그래서 4 그런 까닭으로

2.

> 学生：先生、今よろしいでしょうか。レポート
> のことでお願いがあるんですが……。
> 先生：ああ、斉藤君。レポートは「選挙と投
> 票率について」だったね。それで？
> 学生：あのう、あと3枚で完成するんですが
> ……。でも、締め切りが今日の5時ま
> でなので……間に合いそうもないんで
> す。それで、あと1日あれば、必ず出
> せます。
> 先生：あと3枚か。わかった。明日の午前9時
> までに必ずここに持ってきなさい。

選挙 선거　　投票率 투표율　　完成 완성
締め切り 마감

학생：교수님, 지금 괜찮으세요? 리포트 일로 부탁이 있
　　　습니다만…….
교수：아, 사이토 군. 리포트는 '선거와 투표율에 대해서'
　　　였지? 그래서?
학생：저, 나머지 3장만 하면 완성입니다만……. 그렇지
　　　만 마감이 오늘 5시까지라서……시간에 못 맞출 것
　　　같습니다. 그래서 앞으로 하루면, 반드시 제출할 수
　　　있습니다.
교수：3장인가? 알았네. 내일 오전 9시까지는 반드시 여
　　　기로 갖고 오게.

4 1 또 2 단 3 그래서 4 그래도

5 1 그렇지만 2 또한 3 그런 까닭으로 4 게다가

6 1 게다가 2 그런데 3 그래서 4 그런데도

1	2	3	4	5
②	④	②	③	①
6	7	8	9	10
④	②	②	①	②

문제　다음 문장의 [1]에서 [10]에 들어갈 가장 알맞은 것을 1·2·3·4 중에서 하나 고르시오.

1.

友人の紹介で、出版関係に顔が広いという人を訪ねた。なぜなら僕は出版社に就職したいと思っているから、就職活動というわけだ。友人が書いてくれた地図を見ながら、やっと目的の家に着き、少し緊張してドアホンを押した。すると、まもなくドアが開き、そこには真っ白な髪の身長が2mはありそうな大男がマスクをして立っていた。僕は思わず「ど、どろぼう」と叫んでしまった。これで僕の出版社就職の夢は消えた。

顔が広い 발이 넓다, 인맥이 두텁다　　出版社 출판사
就職活動 취직 활동　　緊張して 긴장해서　　夢 꿈

친구 소개로 출판 관계에 발이 넓은 사람을 방문했다. 왜냐하면 나는 출판사에 취직하고 싶다고 생각하고 있으므로 취직 활동인 것이다. 친구가 그려 준 지도를 보면서 겨우 목적한 집에 도착해 약간 긴장하고 인터폰을 눌렀다. 그러자 곧 문이 열리고 거기에는 새하얀 백발의, 신장이 2m는 될 것 같은 덩치 큰 남자가 마스크를 하고 서 있었다. 나는 무심코 '도, 도둑이야' 하고 소리를 질러 버렸다. 이것으로 나의 출판사 취직의 꿈은 사라졌다.

[1] 1 또는 2 왜냐하면 3 단 4 그렇다면

[2] 1 그런데 2 그런데 3 나중 4 그러자

2.

そろそろ木枯らしがふく季節です。日本の冬は空気が乾燥して、のどや鼻が乾いて、インフルエンザなどウイルスが入り込みやすくなります。そこで、皆様にはこの加湿器「シメール」をおすすめしたいと思います。「シメール」は自動的に室内の湿度を調節します。
　そのうえ、空気をきれいにし、マイナスイオンをだして、皆様の生活を快適にしてくれます。年末のボーナスで家族の健康のためにぜひ一台お求めください。

木枯らし 늦가을부터 초겨울에 걸쳐 부는 건조하고 찬 바람
乾燥 건조　　加湿器 가습기　　おすすめ 추천
湿度 습도　マイナスイオン 음이온　　快適 쾌적함

슬슬 초겨울의 찬바람이 부는 계절입니다. 일본의 겨울은 공기가 건조해서 목이나 코가 말라 감기 등 바이러스가 침입하기 쉬워집니다. 그래서 여러분께는 이 가습기 '시메-루'를 권하고 싶습니다. '시메-루'는 자동으로 실내의 습도를 조절합니다. 게다가 공기를 깨끗하게 하고 음이온을 배출해, 여러분의 생활을 쾌적하게 해 줍니다. 연말 보너스로 가족의 건강을 위해 꼭 1대 구입하시기 바랍니다.

[3] 1 그렇지 않으면 2 그래서 3 게다가 4 그러고 나서

[4] 1 그런데 2 그런데도 3 게다가 4 또는

3.

メールのやり取りをはじめて1年も経ったなんて信じられません。「一度会いませんか」という話に、この3日間悩みました。
　正直に言うと、私も会ってみたいです。でも、一方で会うのが恐いという気持ちもあります。なぜなら会ってがっかりされるのが恐いんです。それならこのままネット上のお付き合いだけでいたいなと思うんです。

悩みました 고민했습니다　　お付き合い 교제
正直に言うと 솔직하게 말하면　　がっかりする 실망하다
がっかりされる 실망을 당하다

메일 주고받기를 시작한 지 1년이나 지나다니 믿을 수가 없습니다. '한번 만나지 않겠습니까'라는 이야기에, 요 3일간 고민했습니다.

솔직하게 말하자면, 나도 만나고 싶습니다. 그렇지만 한편으로 만나는 것이 두렵다는 마음도 있습니다. 왜냐하면 만나서 실망받는 것이 두렵습니다. 그렇다면 이대로 인터넷상의 만남으로만 있고 싶다고 생각합니다.

5 1 그렇지만 2 게다가 3 그렇다면 4 그러고 나서

6 1 그런데도 2 그리고 3 그러나 4 왜냐하면

7 1 그렇지 않으면 2 그렇다면 3 그러고 나서 4 하지만

4.

小学生の娘が、「クラスのみんなが持っているから、携帯が欲しい」と言い出した。けれども、私も妻も子供に携帯を持たせるのに反対である。できれば中学を卒業するまでは与えたくないと考えている。それに、娘は歩いて3分の小学校に通い、友だちも近所に住んでいる。遠くへ出かける時は家族と一緒だ。そんな娘になぜ携帯が必要なのか。何度も「だめだ」と返事をした。それでも、娘は「みんなが持っている」と繰り返している。娘の言う「みんな」は、クラスの4、5人なのだが。

与えたくない 주고 싶지 않다

초등학생 딸이 "반 아이들이 모두 갖고 있으니까 휴대전화 갖고 싶어"라고 말을 꺼냈다. 그렇지만 나도 아내도 아이에게 휴대전화를 갖게 하는 것에 반대한다. 가능하면 중학교를 졸업할 때까지는 주고 싶지 않다고 생각하고 있다. 게다가 딸은 걸어서 3분인 초등학교에 다니고, 친구들도 근처에 살고 있다. 멀리 외출할 때에는 가족과 함께다. 그런 딸에게 왜 휴대전화가 필요한 것인가? 몇 번이나 "안 돼"라고 대답을 했다. 그래도 딸은 '모두가 갖고 있다'고 반복하고 있다. 딸이 말하는 '모두'는 반에서 4,5명이지만.

8 1 그러므로 2 그렇지만 3 또 4 그런데도

9 1 게다가 2 그러므로 3 그래도 4 그리고

10 1 그러고 보니 2 그래도 3 게다가 4 그렇지 않으면

접속사 확인 문제 ❸ p.258

1	2	3	4	5
②	②	②	①	④
6	7	8	9	10
①	④	①	④	③
11				
④				

문제 다음 문장의 **1** 에서 **11** 에 들어갈 가장 알맞은 것을 1·2·3·4 중에서 하나 고르시오.

1.

私の母国は日本とは習慣や文化がかなり違います。だから、去年日本に来て隣の部屋の鈴木さんに挨拶した時、「僕がなにか間違ったことをしたら注意してください」と頼みました。
それなのに、鈴木さんはゴミを出す日を僕が間違えると、僕の部屋の前にゴミを置きます。
それから、友達が来ておしゃべりしていると、隣の部屋で壁を叩き続けるんです。あらかじめ言ってあるんです。「今日は友達が集まります」って。でも、鈴木さんは話し合いもしないで、ただ仕返しだけ。これって、日本の文化なんですか。

母国 모국 壁 벽 叩く 두드리다
あらかじめ 미리, 사전에 仕返し 다시 함
これって 이것이

나의 모국은 일본과는 습관이나 문화가 상당히 다릅니다. 그래서 작년 일본에 와서 옆 방의 스즈키 씨에게 인사를 했을 때, '내가 뭔가 틀린 일을 하면 주의를 주세요'라고 부탁했습니다. 그런데도 스즈키 씨는 쓰레기를 내놓는 날을 내가 틀리면 내 방 앞에 쓰레기를 둡니다. 그러고 나서 친구가 와서 잡담을 하고 있으면 옆 방에서 벽을 계속 두드리는 것입니다. 미리 말해 두었습니다. '오늘은 친구가 모입니다'라고. 그렇지만 스즈키 씨는 대화도 하지 않고, 오로지 반복만 할 뿐. 이것이 일본의 문화인 것입니까?

1 1 따라서 2 그래서 3 그렇다는 것은 4 그러자

2 1 그렇다면 2 그런데도 3 또한 4 그러면

3 1 하지만 2 그러고 나서 3 단 4 그런데

4 1 그렇지만 2 그래서 3 게다가 4 또

26 **1교시** 문법

2.

東京近代美術館は、日本で初めての国立の美術館として1952年に建てられました。ここには明治時代から現代まで約100年間の作品が展示されています。美術館に入ったら、まず4階へ行って、それから3階、2階へと見て行くことをおすすめします。日本の近代美術の歴史がよくわかるでしょう。また、同じ時代に描かれた日本画と洋画を見ることができるのも、この美術館の特徴です。

明治時代 메이지 시대　　**現代** 현대　　**展示** 전시
近代 근대　　**洋画** 서양화

도쿄 근대미술관은 일본에서 최초의 국립미술관으로서 1952년에 세워졌습니다. 여기에는 메이지 시대부터 현대까지 약 100년간의 작품이 전시되어 있습니다. 미술관에 들어가면, 먼저 4층에 가고 그리고 나서 3층, 2층으로 보고 가는 것을 권장합니다. 일본 근대미술의 역사를 잘 알 수 있을 것입니다. 또, 같은 시대에 그려진 일본화와 서양화를 볼 수 있는 것도 이 미술관의 특징입니다.

5　1 그건 그렇고　2 게다가　3 그리고 나서　4 먼저

6　1 그러고 나서　2 그러자　3 그래도　4 먼저

7　1 따라서　2 또는　3 그러나　4 또

3.

あなたは「日本」という漢字のふりがなを、どう書きますか。「にほん」ですか。それとも「にっぽん」ですか。
会社名として使う時や、オリンピックの応援では、「にっぽん」と言うことが多いようです。けれども、「いつ日本にきましたか」のように「にほん」と読むことも多いような気がします。
2009年、国会で「日本」の読み方を「にほん」「にっぽん」のどちらかに統一する必要はない、とされましたから、どちらでもいいということでしょうか。

応援 응원　　**国会** 국회　　**統一** 통일

당신은 '일본'이라는 한자의 후리가나를 어떻게 씁니까? 「にほん」입니까? 아니면 「にっぽん」입니까?
회사명으로써 사용할 때와 올림픽 응원에서는 「にっぽん」이라고 말하는 경우가 많은 것 같습니다. 하지만 '언제 일본에 오셨어요?'와 같이 「にほん」이라고 읽는 경우도 많은 것 같습니다.
2009년, 국회에서 '일본'을 읽는 방법을 「にほん」「にっぽん」의 어느 쪽으로 통일할 필요는 없다고 되었으니, 어느 쪽이라도 괜찮다는 것일까요?

8　1 그렇지 않으면　2 그러고 나서　3 그리고　4 그러고 보니

9　1 그런데　2 그럼　3 그런데도　4 하지만

4.

授業の最終日に試験を行います。今年は3月9日です。はじめの20分が聴解試験です。聴解試験が終わったら、すぐ筆記試験をします。試験範囲は教科書の10課から25課までです。ただし、54ページの「辞書の引き方」は除きます。以上です。なにか質問がありますか。
なおこの試験は、遅刻したら受けることができませんから、遅刻しないよう注意してください。

聴解試験 듣기 시험　　**筆記試験** 필기시험
試験範囲 시험 범위　　**除きます** 제외합니다
遅刻 지각

수업 마지막 날에 시험을 치릅니다. 올해는 3월 9일입니다. 처음 20분이 청해 시험입니다. 청해시험이 끝나면 바로 필기시험을 칩니다. 시험 범위는 교과서 10과에서 25과까지입니다. 단, 54페이지의 '사전 찾는 법'은 제외합니다. 이상입니다. 뭔가 질문 있습니까?
또한 이 시험은 지각하면 칠 수가 없으니 지각하지 않도록 주의하십시오.

10　1 그런데　2 왜냐하면　3 단　4 그렇지 않으면

11　1 그런 까닭으로　2 게다가　3 그 때문에　4 또한

유형별 실전 문제

問題 1

문법 형식 판단 **실전 연습 ❶** p.262

1	2	3	4
②	①	②	④
5	6	7	
①	③	①	

문제 다음 문장의 ( )에 들어갈 가장 알맞은 것을 1·2·3·4에서 하나 고르시오.

1 아빠는 출장에 갈 때마다 나에게 선물을 사다 줍니다.

2 레시피에 쓰여 있는 대로 만들었는데, 전혀 맛있지 않았다.

3 가사 등 여러가지 일을 열심히 하고 있기 때문에, 몸뿐만 아니라 마음도 꽤 지쳐 있습니다.

4 화장을 하지 않는 날에 한해서, 좋아하는 사람을 만나버린다.

5 저기, 이 팜플렛, 집에 가져가도 상관없습니까?

6 담배는 몸에 나쁘다고 알면서도 그만 피워버리고 만다.

7 목욕을 하고 있는 동안에 전화가 걸려 왔습니다.

문법 형식 판단 **실전 연습 ❷** p.263

1	2	3	4
②	③	①	②
5	6	7	
④	①	③	

1 지금부터 신칸센에 막 탈 참이기 때문에, 내리면 연락할게.

2 정해진 규칙에 따라서 플레이해 주세요.

3 코바야시 씨는 독감으로 회의에 출석할 수 없기 때문에, 제가 그를 대신해서 발표를 하겠습니다.

4 관동 지방에서는 목요일부터 토요일에 걸쳐서 비가 계속될 전망입니다.

5 그녀의 부모님은 두 분 모두 동경대학 출신이기 때문에 그녀도 머리가 좋을 것이다.

6 아기를 깨우지 않도록 살짝 창문을 닫았다.

7 화장을 한 채 자는 것은 피부에 좋지 않습니다.

문법 형식 판단 **실전 연습 ❸** p.264

1	2	3	4
③	②	②	③
5	6	7	
①	④	④	

1 매번 여자에게 차이는 주제에, 잘난 척하면서 말하지 마.

2 저 감독이 만든 영화라면, 영상이 아름다울 것임에 틀림없다.

3 연령과 함께 칼로리 소비량도 줄어듭니다.

4 오늘 수업에서는, 거북이라는 생물에 관해서 배우고 싶다고 생각합니다.

5 수영 안경은 내 것을 빌려줄 테니까, 살 필요는 없어.

6 굳이 방문해 주셔서, 감사합니다.

7 나라에 따라서 시차가 왜 있는 겁니까?

문법 형식 판단 **실전 연습 ❹** p.265

1	2	3	4
③	②	④	①
5	6	7	
③	①	③	

1 식사를 먹지 않고 약을 먹으면 안 됩니다.

2 건강을 위해서, 가능한 한 빨리 자고 빨리 일어나도록 하고 있습니다.

3 나는 거의 10년에 걸쳐서, 방사능에 관해서 연구해 왔습니다.

4 키우고 있는 개 덕분에, 이웃 친구가 생겼습니다.

5 약의 부작용에 의해 살찔 우려가 있습니다.

6 우수한 그라면 반드시 성공할 수 있겠지.

7 좋아하는 사람이 여자친구와 헤어졌다고 합니다. 이것은 찬스라고 생각해도 될까요?

문법 형식 판단 **실전 연습 ❺** p.266

1	2	3	4
④	①	③	③
5	6	7	
①	②	④	

1 아이가 하는 것에 말참견을 하지 않는 것은 아이에게 있어서도 부모에게 있어서도 좋은 것 같다.

2 매일 맥주를 마시고 있는 것치고 그렇게 살찐 건 아니라고 생각하고 있었는데 5kg나 살이 쪄 있었다.

3 이거 감사의 마음을 담아 짠 스웨터입니다만, 괜찮다면 받으세요.

4 많은 사람들의 예상에 반해, 비트코인의 가치는 1000만 엔을 넘었다.

5 선생님에게 갑자기 질문을 받아, 대답할 수 없었다.

6 저는 아무리 슬퍼도, 사람들 앞에서는 울지 않습니다.

7 너 때문에 계획이 쓸모 없어졌으니까 책임져.

문법 형식 판단 실전 연습 ❻ p.267

1	2	3	4
③	②	③	②
5	6	7	
④	①	①	

1 안락사 문제를 둘러싸고, 여러 의견이 나오고 있다.

2 남자친구를 위해서 모처럼 만든 도시락인데, 먹어주지 않았다.

3 병에 걸리고 나서 비로소, 건강의 고마움을 알았다.

4 A : "손님, 조식 포함으로 하시겠습니까? 아니면 조식 미포함으로 하시겠습니까?"
B : "음, 저는 조식 포함으로 부탁드립니다."

5 어제, 술 취한 손님에게 하마터면 맞을 뻔했어.

6 저는 프로포즈는커녕 약혼반지조차 받지 않았습니다.

7 일본에서는 18세가 되고 나서가 아니면 10년 유효의 여권은 취득할 수 없다고 합니다.

問題 2

문장 완성 실전 연습 ❶ p.268

1	2	3	4
②	④	①	②
5	6	7	
③	③	①	

문제 다음 문장의 ★ 에 들어갈 가장 알맞은 것을 1·2·3·4에서 하나 고르시오.

1 病院に 行く までも ない

A : 허리가 조금 아프지만, 병원에 갈 것까지도 없어.
B : 그대로 방치하면 안 돼요. 함께 병원에 갑시다.

2 うける たびに 太り すぎだ

A : 건강검진을 받을 때마다 비만이라고 말을 듣거든.
B : 그렇구나. 겉보기에는 그렇게까지 살찌지 않았는데.

3 疑われて いる 気が する

나는 하지 않았는데, 내가 했다고 의심받고 있는 느낌이 든다.

4 所得が 高く なれば なるほど

소득이 높아지면 높아질수록, 세금도 많이 나갑니다.

5 行く ついでに 駅 まで

매일 밤, 산책하러 가는 김에 역까지 딸을 마중하러 갑니다.

6 あなた の おかげで 最高

당신 덕분에 최고의 생일이 되었습니다. 감사합니다.

7 来週の 金曜日に 伺っても よろしい

A : 스케줄이 괜찮은 날에 방문해주시면 감사하겠습니다.
B : 그럼, 다음 주 금요일에 방문해도 될까요?

문장 완성 실전 연습 ❷ p.269

1	2	3	4
①	④	①	①
5	6	7	
③	②	④	

1 いまさら 行った ところ で

A : 이제 와서 간들 아무도 없을 거라고 생각해.
B : 그럴까? 모두 집에 갔을까?

2 で 判断 す べきではない

사람은 겉모습으로 판단해서는 안 됩니다.

3 一般社員 に すぎない ので

저는 일반사원에 불과하기 때문에, 잘 모릅니다.

4 というのは 価値 の 高たかい

A : 데파치카라는 게 뭐야?
B : 데파치카라는 것은 가치가 높은(고급) 디저트 등을 파는 백화점 지하에 있는 식료품 매장을 말해.

5 今日は すこし 早く 帰らせて

A : 이토 씨, 얼굴이 새빨개요. 괜찮습니까?
B : 컨디션이 좋지 않아서, 오늘은 조금 일찍 돌아가도 되겠습니까?

6 まったく 食(た)べない わけでは ない

생선을 좋아하진 않지만, 전혀 먹지 않는 것은 아닙니다.

7 にして ダイエットを する ことに

결혼식을 앞에 두고, 다이어트를 하기로 했습니다.

문장 완성 실전 연습 ❸ p.270

1	2	3	4
①	②	③	①
5	6	7	
④	④	④	

1 奥(おく)さんは どんな 仕事(しごと)を なさって

A : 선생님의 아내분은 어떤 일을 하시고 있습니까?
B : 아내는 잡지 출판 일을 하고 있어.

2 今(いま) 作(つく)って いる ところ

A : 배고파. 요리는 아직이야?
B : 잠깐 기다려. 지금 한창 만들고 있는 중이야.

3 もう 一度(いちど) 検討(けんとう) させて

한 번 더 검토해도 될까요?

4 食事(しょくじ)に お 誘(さそ)い くださり

A : 오늘은 바쁘신 와중에, 식사에 초대해 주셔서, 감사했습니다.
B : 천만에요. 기뻐해 주셔서 기쁩니다.

5 小(ちい)さい 骨(ほね)が いっぱい あって

이 생선, 작은 뼈가 많이 있어서, 먹기 힘들어.

6 置(お)くと 室内(しつない)の 温度(おんど)に くわえて

난로 위에 물이 든 주전자를 놓으면 실내의 온도에 더해서, 습도도 높게 할 수 있습니다.

7 して いない から 成績(せいせき)が

그다지 공부하고 있지 않기 때문에 성적은 떨어질 뿐입니다.

문장 완성 실전 연습 ❹ p.271

1	2	3	4
④	③	④	①
5	6	7	
③	②	②	

1 歴史(れきし) について 研究(けんきゅう)する ために

A : 마틴 씨가 일본에 오신 목적은 무엇입니까?
B : 음, 일본의 문화에 흥미가 있어서, 일본의 역사에 관해서 연구하기 위해 왔습니다.

2 韓国料理(かんこくりょうり) と いうと やっぱり

A : 오늘 점심은 한국요리로 하지 않을래?
B : 좋아. 한국요리라고 하면, 역시 김치찌개지.

3 母(はは) に かわって 姉(あね)

아픈 엄마를 대신해서 언니가 집안일을 하고 있습니다.

4 雨(あめ)が 降(ふ)ら ない うちに さっさと

A : 일기예보에 따르면, 오후부터 비가 온다고 합니다.
B : 그럼, 비가 내리기 전에 빨리 돌아갑시다.

5 土日祭日(どにちさいじつ)も 営業(えいぎょう) して おります

이 가게는 연중무휴로, 주말과 공휴일에도 영업을 하고 있습니다.

6 として 心掛(こころが)けた の は

제가 학생회장으로서 명심한 것은, '소수의 의견에도 귀를 기울이는 것'이었습니다.

7 相談(そうだん)した 上(うえ)で 決(き)めても よろしい

부모님과 상담한 후에 결정해도 될까요?

문장 완성 실전 연습 ❺ p.272

1	2	3	4
③	③	②	①
5	6	7	
③	①	④	

1 お見舞(みま)い に 行(い)こう と

A : 일 끝나고 한잔 어때요?
B : 아, 죄송합니다. 오늘은 일이 끝나고 나서 나카야마 씨의 병문안에 가려고 생각하고 있어서.

2 レジ袋(ぶくろ) の かわりに エコバック

A : 이 가방은 뭐야? 엄청 귀엽네.
B : 아, 이거? 환경을 생각해서, 비닐봉지 대신에 에코백을 가지고 다니기로 하고 있어.

3 日本(にほん) にくらべて 消費税(しょうひぜい)が たかい

유럽은 일본에 비해서 소비세가 비싸다고 한다.

4 つけた　ところ　なので　もう

A : 이 방, 굉장히 덥네요.

B : 방금 에어컨을 켠 참이기 때문에 이제 곧 시원해질 거라고 생각합니다.

5 飼って　はじめて　ハムスターの　魅力(みりょく)

햄스터를 키워보고 비로소 햄스터의 매력을 알았다.

6 卒業(そつぎょう)して　から　でないと　大学院(だいがくいん)

대학을 졸업하고 나서가 아니면 대학원에 들어갈 수 없습니다.

7 なら　無理(むり)　して　飲(の)まなくても

술에 약하다면, 무리해서 마시지 않아도 괜찮습니다.

문장 완성 실전 연습 ❻ p.273

1	2	3	4
④	①	③	②
5	6	7	
②	④	①	

1 立(た)って　いた　男(おとこ)に　足(あし)を

A : 발 왜 그래?

B : 그게 말이야, 전철 안에서 옆에 서 있던 남자에게 발을 밟혀버렸어.

2 日本(にほん)で　店(みせ)を　開(ひら)こう　と

김 씨는 일본어 공부를 해서, 일본에서 가게를 열려고 하고 있는 것 같아.

3 において　一番(いちばん)　大切(たいせつ)な　ことは

시골 생활에 있어서 가장 중요한 것은, 이웃과의 어울림입니다.

4 わたしが　お　持(も)ち　しましょう

A : 그 짐, 제가 들어드릴까요?

B : 괜찮겠어? 살았다. 고마워.

5 ルームサービスが　ない　はずが　ないです

저 호텔은 일류이기 때문에, 룸서비스가 없을 리가 없습니다.

6 日本人(にほんじん)　か　どうか　わかりません

A : 저 사람이 일본인인지 아닌지 모르겠습니다만, 일본어는 유창했습니다.

B : 아시아인은 겉보기로는 판단할 수가 없죠.

---

7 うちに　海外(かいがい)　で　生活(せいかつ)

독신인 동안에 해외에서 생활해 보고 싶습니다.

문장 완성 실전 연습 ❼ p.274

1	2	3	4
②	②	①	④
5	6	7	
①	③	④	

1 学生証(がくせいしょう)　しか　持(も)って　いません

A : 신분증을 봐도 될까요?

B : 저기, 학생증밖에 갖고 있지 않습니다만, 이걸로도 괜찮습니까?

2 せいで　こんな　ことに　なって

A : 나 때문에 이런 일이 생겼어. 미안합니다.

B : 신경 쓸 필요 없어. 누구나 실수는 하는 거니까.

3 忙(いそが)し　すぎて　トイレに　いく

어제는 너무 바빠서 화장실에 갈 시간조차 없었습니다.

4 木村(きむら)さん　なら　知(し)って　います

A : 기무라라는 사람을 알고 계십니까?

B : 해외영업부의 기무라라면 알고 있어요.

5 から　学校(がっこう)　の　寮(りょう)に

저는 봄부터 학교 기숙사에 들어가게 되었습니다.

6 文化(ぶんか)センター　では　チヂミ　をはじめ

이 문화센터에서는, 지짐이를 비롯해 불고기나 삼계탕 등, 한국요리를 배울 수 있습니다.

7 だが　揚(あ)げ物(もの)　は　もちろん

이 가게는 우동이 메인이지만, 튀김은 물론 주먹밥도 팔고 있습니다.

문장 완성 실전 연습 ❽ p.275

1	2	3	4
③	③	③	②
5	6	7	
④	④	③	

1 仕事(しごと)が　終(お)わり　そうに　ない

A : 요시다 군, 지금부터 다같이 마시러 갈 건데 같이 안 갈래?

B : 아, 죄송합니다. 아직 일이 끝날 것 같지 않습니다. 먼저 가세요.

2 いる　間に　スーパーに　行って
A : 아이가 자고 있는 동안에, 슈퍼에 갔다 올게.
B : 응. 아이는 걱정하지 말고 조심히 갔다 와.

3 ございます　ので　ごらん　ください
여기에 카탈로그가 있으니 봐 주세요.

4 休み　さえ　すれば　大丈夫
A : 시미즈 씨, 병원에는 갔다 왔어요?
B : 응, 약을 먹고 푹 쉬기만 하면 괜찮대.

5 水泳禁止　と　なって　おります
여기는 수영 금지로 되어 있습니다. 단, 사전 허가를 얻은 경우에는 예외입니다.

6 上は　どんな　ことが　あっても
약속한 이상은, 어떤 일이 있어도 반드시 갑니다.

7 買った　ばかり　の　テレビ
지난주에 산 지 얼마 안 된 텔레비전인데, 화면이 나오지 않습니다.

問題 3

문맥 이해 **실전 연습 ❶** p.276

1	2	3	4	5
②	④	③	②	③

문제　다음 문장의 **1**에서 **5**에 들어갈 가장 알맞은 것을 1·2·3·4 중에서 하나 고르시오.

おもちゃのメーカーがボランティアでおもちゃの病院を開いています。最近は、こわれたおもちゃを直す人は少なくなって、**1**こわれたら捨てる時代と言われています。けれども、物を大切にする気持ちをもっと大事にしようと思っている人も、**2**少なくないのです。

大好きなおもちゃがこわれてしまった子どもにとっては、それを直してくれるおもちゃの専門家が、**3**神様のように見えるようです。

おもちゃの修理がきっかけで物を大事にする気持ちを持ってくれるなら、こんなにうれしいことはありません。

4もっとも切れた電気の線や折れたネジをちょっと直す昔のおもちゃと違って、今のおもちゃは直すのが難しくなりました。新しい技術を使っているからです。また、電子部品の値段が高く、修理にお金もかかります。それでも、おもちゃが直ったときに子どもたちのうれしそうな顔を見たり、「ありがとう」という明るい声を聞いたりすると、**5**直せてよかったと思うそうです。

おもちゃ 장난감　メーカー 메이커
ボランティア 자원봉사　こわれる 망가지다, 부서지다
直す 고치다　専門家 전문가　修理する 수리하다
きっかけ 계기　切れる 끊어지다
折れる 접히다, 부러지다　技術 기술
電子部品 전자 부품　直る 고쳐지다　神様 신

장난감 제조회사가 자원봉사로 장난감 병원을 열었습니다. 요즘에는 고장 난 장난감을 수리하는 사람이 적어져서 고장 나면 버리는 시대라고 말합니다. 하지만 물건을 아끼는 마음을 좀 더 소중히 하려고 생각하는 사람도 적지 않습니다.

아주 좋아하는 장난감이 고장 나 버린 아이들에게는, 그것을 고쳐 주는 장난감 전문가가 신처럼 보이는 것 같습니다. 장난감 수리가 계기가 되어 물건을 소중히 하는 마음을 가져 준다면, 이렇게 기쁜 일은 없을 것입니다.

다만 끊어진 전기선이나 부러진 나사를 살짝 고치는 옛날 장난감과 달리, 요즘의 장난감은 수리하는 것이 어려워졌습니다. 새로운 기술을 사용하고 있기 때문입니다. 또, 전자 부품의 가격이 비싸고, 수리에 돈도 듭니다. 그런데도 장난감을 수리했을 때 아이들이 기뻐하는 얼굴을 보거나 '고맙습니다'라는 밝은 목소리를 듣거나 하면 고칠 수 있어서 다행이라고 생각한다고 합니다.

---

1 1 사면 바로 버리는　　2 고장 나면 버리는
3 버리지 않고 사는　　4 고치지 않고 쓰는

↳ 앞에서 '고장 나면 수리하는 사람이 적어져서'라고 했으므로 정답은 2번임을 알 수 있다.

2 1 많지 않습니다　　2 없습니다
3 줄어들었습니다　　4 적지 않습니다

↘ 「けれども」로 시작하고 있으므로 앞 문장과 반대의 내용이 올 것이다. '고장 나면 버리는 사람'이 많은 반면, '물건을 소중히 하려는 사람도 많다'는 의미가 되어야 하므로 정답은 4번이다.

3 1 신이라고 한다 2 신 같아서 3 신처럼 4 신답게
↘ 장난감을 좋아하는 아이에게 고장 난 장난감을 고쳐주는 사람은 '신처럼' 보일 것이다. 구체적인 예를 들어 비유하고 있으므로 정답은 3번이다. 「みたいだ」는 회화체 표현이며, 「らしい」는 '~답다'라는 뜻이다.

4 1 왜냐하면 2 다만 3 그래서 4 게다가
↘ 뒤에 오는 내용이 사실은 조금 곤란한 점이 있다는 것이므로 빈칸에는 앞 내용을 보충 설명하는 접속사가 와야 한다. 따라서 정답은 2번 「もっとも」(다만)이다. 「なぜなら」 뒤에는 이유가 오고, 「そこで」 뒤에는 '다음으로 무엇을 할지'에 대한 내용이 온다. 4번 「それに」(게다가)는 같은 것을 나열할 때 쓰는 접속사이다.

5 1 고쳐지지 않아서 유감이다 2 고치는 게 힘들다
   3 고칠 수 있어서 다행이다 4 고치면 다행이다
↘ 앞 내용이 「お金もかかります。それでも〜」(돈도 듭니다. 그런데도)이므로 뒤에는 긍정적인 내용이 온다. 따라서 정답은 3번 '고칠 수 있어서 다행이다'이다.

표현 해설

1. おもちゃの修理がきっかけで 장난감 수리가 계기가 되어
「きっかけで」는 '계기로'라는 뜻으로, 이 문장은 「おもちゃを修理してもらったことが原因となって」(장난감을 수리한 것이 원인이 되어)와 같은 표현이다.
傘を貸してもらったのがきっかけで友だちになった。
우산 빌린 것을 계기로 친구가 되었다.

문맥 이해 실전 연습 ❷ p.278

1	2	3	4	5
①	②	③	②	④

図書館で本を借りて読みたいと思っても、図書館から遠いところに住んでいるひとり暮らしのお年寄りには難しい。特に地方では人口が少なくなったため、電車やバスの本数が減って利用しにくくなっている。それで、家にずっと 1 いるしかない人が増えている。
そんな人のために注文に 2 応じて郵便局員が図書館の本を届けてくれるサービスが本田

市で始まった。サービスを希望すると、月に2回、その人のところを郵便局員が訪問してくれる。リストを見せて読みたい本の希望を聞く。 3 そして、郵便で届けるというやり方だ。もちろん、郵送料はサービスを受ける人が払うことになる。本が読みたくても 4 図書館に行けない人にとっては安い料金だろう。こんなサービスを自分が住む町でも始めてほしいと思う人は 5 きっと多いに違いない。

ひとり暮らし 독신생활 お年寄り 연장자, 노인
地方 지방 本数 개수, 권수, 운행 횟수 人口 인구
利用する 이용하다 注文 주문 郵便局員 우체국 직원
希望する 희망하다 訪問する 방문하다 リスト 리스트
郵送料 우송료 払う 지불하다 料金 요금

도서관에서 책을 빌려 읽고 싶어도 도서관에서 멀리 떨어진 곳에 살고 있는 독거노인에게는 힘든 일이다. 특히 지방에서는 인구가 감소했기 때문에, 전철과 버스의 운행 횟수가 줄어서 이용하기 힘들어지고 있다. 그래서 집에 계속 있을 수밖에 없는 사람이 늘고 있다.
그런 사람을 위해 주문에 응해서 우체국 직원이 도서관의 책을 보내 주는 서비스가 혼다시에서 시작되었다. 서비스를 희망하면 월 2회, 그 사람이 사는 곳을 우체국 직원이 방문해 준다. 리스트를 보여 주고 읽고 싶은 책의 희망을 듣는다. 그리고 우편으로 보내는 방식이다. 물론 우송료는 서비스를 받는 사람이 지불하게 된다. 책을 읽고 싶어도 도서관에 갈 수 없는 사람에게는 저렴한 요금일 것이다. 이런 서비스를 자신이 사는 마을에서도 시작해 주기를 바라는 사람이 분명 많을 것임에 틀림없다.

1 1 있을 수밖에 없는 2 있을 수 없는
   3 있어도 되는 4 없어도 되는
↘ 바로 앞 문장의 「電車やバスの本数が減って」(전철과 버스의 운행 횟수가 줄어서) 외출하는 게 힘들므로 정답은 1번이다.

2 1 있어서 2 응해서 3 즈음하여 4 통해서
↘ '주문을 받아서'라는 의미이므로 정답은 2번이다.

3 1 그렇다면 2 그러자 3 그리고 4 그건 그렇고
↘ 희망하는 도서를 주문받아서 우편으로 책을 보내 주는 것이므로 빈칸에는 '그리고'에 해당하는 접속사가 들어가야 한다. 정답은 3번이다.

4 1 도서관에 가는　　　　　2 도서관에 갈 수 없는

　　　3 도서관에 간　　　　　4 도서관에 갈 수 있는

　　↳ '읽고 싶어도 ~할 수 없다'라는 의미가 되어야 하므로 정답은
　　　2번이다.

5 1 훨씬 전에 2 오히려 3 거의 4 분명

　　↳ 뒤에 「~に違いない」(분명~임에 틀림없다)가 있으므로 앞에
　　　는 「きっと」가 와야 한다. 따라서 정답은 4번이다. 참고로
　　　「とっくに는 '훨씬 전에'라는 시간을 나타내고, 「ほとんど」
　　　는 「~ない」와 함께 쓰여 '거의 ~않다'라는 빈도를 나타낸다.

표현 해설

1. 人口が少なくなったため　인구가 감소했기 때문에

「少なくなる」는 '적어지다'라는 뜻으로 「減る」와 같은
뜻이다. 「~ため」는 '~때문에'라는 뜻으로 원인이나 이
유를 나타낸다. 「~から」와 같은 표현이다.

戦争が続いたため、多くの死者が出た。

전쟁이 계속되었기 때문에 많은 사망자가 나왔다.

2. 郵送料はサービスを受ける人が払うことになる

우송료는 서비스를 받는 사람이 지불하게 된다

「~ことになる」는 '~게 된다'는 뜻으로 '자연스럽게
그렇게 된다'는 의미이다.

そのホテルは駅から遠いのでタクシーで行くこと
になる。

그 호텔은 역에서 멀어서 택시로 가게 된다.

문맥 이해 **실전 연습 ❸** p.280

1	2	3	4	5
②	④	②	③	①

新入生のみなさん、**1**いよいよ大学生活が
始まりましたね。サークルはのぞいてみまし
か。気に入ったサークル、入ってみたいなと思
うサークルはありましたか。近くのカフェやレ
ストランも、もうチェックしましたか。

　松下大学では1000人以上の留学生勉強し
ています。そう、そうなんです。あなたさえ
2その気になれば、大学内で**3**世界中の人と
友だちになれるんです。いろいろな国の人と
楽しく話してみませんか。**4**外国に行かなく
てもいろんな文化が体験できちゃうんですよ。
でも、留学生はどこに？

そんなあなたを「サークルわいわい」にご
招待。11号館201号室で毎週水曜・金曜の5
時から2時間、国籍や学年に関係なく楽しく
5交流しています。日本語も英語もOKです。
留学生と友だちになりたいあなた、留学を考
えている君、一度見に来ませんか。

留学生 유학생　**体験** 체험　**招待** 초대　**国籍** 국적

신입생 여러분, 드디어 대학 생활이 시작되었습니다. 동
아리는 알아보았습니까? 마음에 든 동아리, 가입하고 싶다
고 생각하는 동아리는 있었습니까? 근처 카페나 레스토랑
도 이미 체크했습니까?

마쓰시타 대학에서는 천 명 이상의 유학생이 공부하고
있습니다. 맞아요, 그렇습니다. 당신만 그럴 마음이 든다면
대학 내에서 전 세계 사람들과 친구가 될 수 있는 것입니다.
여러 나라의 사람과 즐겁게 이야기해 보지 않겠습니까? 외
국에 가지 않아도 다양한 문화를 체험할 수 있는 겁니다. 그
렇지만 유학생은 어디에?

그런 당신을 '동아리 와자지껄'에 초대합니다. 11호관
201호실에서 매주 수요일 · 금요일 5시부터 2시간, 국적이
나 학년에 관계없이 즐겁게 교류하고 있습니다. 일본어도
영어도 OK입니다. 유학생과 친구가 되고 싶은 당신, 유학
을 고려하고 있는 당신, 한번 보러 오지 않겠습니까?

1 1 슬슬 2 드디어 3 두근두근 4 두근두근

　　↳ 기대를 가지고 하려고 생각했던 일이 시작되었다는 것이므로
　　　정답은 2번 「いよいよ~始まった」(드디어 ~시작되었다)
　　　이다. 「そろそろ」(슬슬)는 느긋하게 뭔가를 한다는 뜻이고,
　　　「どきどき」(두근두근)는 기대나 불안, 운동 등으로 심장이
　　　격렬하게 뛰는 것을 뜻한다.

2 1 그럴 마음에 든다면　　2 그럴 생각이 미치면

　　3 그럴 마음이 없다면　　4 그럴 마음이 든다면

　　↳ 문맥상 빈칸에는 '하고 싶다면, 할 생각이 있다면' 등의 표현
　　　이 와야 한다. 따라서 정답은 4번이다. 「気に入る」(마음에
　　　들다), 「気がつく」(생각이 미치다)는 「その」(그)와는 함께 사
　　　용하지 않는다.

3 1 일본 전 지역의 사람과　2 전 세계의 사람과

　　3 대학 선배와　　　　　4 학생 기숙사의 사람과

　　↳ 앞 부분에 「松下大学では1000人以上の留学生が勉強し
　　　ています。」(마쓰시타 대학에서는 천 명 이상의 유학생이 공
　　　부하고 있습니다)라고 쓰여 있으므로 대학 내에서는 전 세계
　　　사람들과 친구가 될 수 있다. 따라서 정답은 2번이다.

4 　1 일본에 없어도　　　　2 일본에 돌아가지 않아도

　　3 외국에 가지 않아도　　4 대학에 가지 않아도

↳ '대학 내'에 '천 명 이상의 유학생이 공부하고 있기 때문에' 다양한 문화 체험을 할 수 있게 되는 것이므로 정답은 3번이다.

5 　1 교류　2 시험　3 교제　4 시합

↳ '국적'이나 '학년' 등에 제한을 두지 않고 어울리는 것은 '교류'이므로 정답은 1번이다. 3번 '교제'는 남녀가 사귀는 것을 의미한다.

표현 해설

1. あなたさえその気になれば、友だちになれるんです
　당신만 그럴 마음이 든다면, 친구가 될 수 있는 것입니다

「～さえ～ば」는 '～만 ~하면'이라는 뜻으로 '그것만으로 충분하다'라는 의미를 나타낸다.

道に迷っても、地図さえあればだいじょうぶだよ。
길을 잃어도 지도만 있으면 괜찮아.

彼はマンガさえあればほかには何もいらないと言っている。
그는 만화만 있으면 그 외에는 아무것도 필요 없다고 말하고 있다.

2. 体験できちゃうんですよ　체험할 수 있는 겁니다

「～ちゃう」는「～てしまう」(~해 버리다)의 회화체 표현이다.

문맥 이해 실전 연습 **4** p.282

1	2	3	4	5
③	①	④	②	①

最近、働きながら資格を取るための勉強をしている人が増えているそうです。不景気が続いていて、毎日のように社員のリストラのニュースを耳にします。大企業に勤めているからといって、安心は 1 できないのです。そのため、将来に不安を感じる人や、独立しようと考える人が、資格を 2 取ろうとしているようです。

しかし、働きながら勉強するのは 3 簡単なことではありません。勉強の時間を作るために、皆さん、いろいろな工夫や努力をしていることがわかりました。

4 たとえば、毎朝4時に起きて勉強している人や、 5 出勤時間まで会社の近くの喫茶店で勉強するなど、朝の時間を活用している人もたくさんいました。また、通勤の時間を勉強の時間にしたり、グループで勉強会を開いて、お互いに励まし合いながら勉強をしたりしている人もいました。

資格 자격　　不景気 불경기　　リストラ 구조조정

大企業 대기업　　独立する 독립하다　　工夫 연구, 궁리

努力 노력　　活用 활용　　お互いに 서로

励ます 격려하다

요즘 일하면서 자격을 취득하기 위한 공부를 하고 있는 사람이 늘고 있다고 합니다. 불경기가 계속되고 있고, 매일같이 사원 구조조정 뉴스를 듣습니다. 대기업에 근무하고 있다고 해도 안심은 할 수 없습니다. 그 때문에 장래에 불안을 느끼는 사람이나 독립하려고 생각하는 사람이 자격을 따려고 하는 것 같습니다.

그러나 일하면서 공부하는 것은 간단한 일이 아닙니다. 공부 시간을 만들기 위해 여러분이 다양한 궁리나 노력을 하고 있는 것을 알았습니다.

예를 들면, 매일 아침 4시에 일어나서 공부하고 있는 사람이나, 출근 시간까지 회사 근처의 커피숍에서 공부하는 등, 아침 시간을 활용하고 있는 사람도 많이 있었습니다. 또, 통근 시간을 공부 시간으로 삼거나, 단체로 스터디 모임을 열어, 서로 격려하면서 공부하거나 하는 사람도 있었습니다.

1 　1 가능했겠지요　　　　2 할 수 있을 겁니다

　　3 할 수 없습니다　　　4 할 수 있었을 겁니다

↳ 앞에「～からといって」(~라고 해서)라는 표현이 왔으므로 뒤에는 부정문이 온다. 따라서 정답은 3번이다.

2 　1 따려고 하는　　　　2 따기 위해서였다

　　3 따려고 하지 않는　　4 따기 위해 되어 있는

↳ 앞으로 자격을 따는 것이므로 정답은 1번이다.

3 　1 간단한 일이었습니다　2 간단하게 되겠지요

　　3 간단하게 되지 않습니다　4 간단한 일이 아닙니다

↳ 앞에「しかし」(그러나)라고 말하고 있으므로 정답은 4번「簡単なことではありません」(간단한 일이 아닙니다)이다.

4 　1 즉　2 예를 들면　3 또는　4 게다가

↳ 앞 단락에서 말한 다양한 궁리나 노력에 대한 예를 드는 것이므로 정답은 2번이다.「つまり」(요컨대)는 앞의 내용을 보충 설명할 때 쓰고,「あるいは」(또는)는 선택할 때,「そのうえ」(게다가)는 첨가할 때 쓴다.

정답 및 해석　35

5 1 출근 시간 2 점심시간 3 업무 후 4 귀가 시
↘ '아침 시간을 활용하고 있는 사람도 많이 있었다'라고 말하고
　있으므로 정답은 1번이다.

표현 해설

1. ニュースを耳にします 뉴스를 듣습니다
　「耳にする」는 「聞く」(듣다)와 같은 뜻이다.

2. 朝の時間を活用している 아침 시간을 활용하고 있다
　이것은 「朝の時間を効果的に使っている」(아침 시
　간을 효과적으로 사용하고 있다)와 같은 뜻이다.

문맥 이해 실전 연습 ❺ p.284

1	2	3	4
①	④	④	③

「馬鹿は死ななきゃ治らない」と、よく世間で言われているが、「親ばか」もここで言う、「ばか」の仲間に入るのだろうか。

「親ばか」というのは、子どもを 1 かわいがりすぎて、子どものこととなると何も考えられなくなり、ただ子どものためだけを思って、他人から見れば「 2 どうしてそんなことを」というようなことをしてしまう親のことである。

浜さん夫婦には中学2年生になる息子がいる。1人息子だけに「目に入れても痛くない」と思うほどかわいがっている。先日この息子がスーパーでDVDを 3 盗んで警察に捕まった。ビデオにもその様子が映っていたし、見ていた人も何人かいたが、浜さん夫婦は「うちの子に限ってそんなことはしない。何かの間違いだ」と言い続けたそうだ。

浜さん夫婦は常識のあるごく普通の夫婦で、決して 4 無理を言う人ではない。が、その人たちがこのようになってしまうのである。

親とは本当に不思議なものである。

馬鹿 바보　他人 타인　1人息子 외아들
捕まる 잡다　様子 모습, 모양　映る 비추다
常識 상식　不思議 이상함

'바보는 죽지 않으면 낫지 않는다'라고 자주 세간에서 말하고 있는데, '부모 바보'도 여기에서 말하는 '바보' 부류에 들어가는 것일까?

'부모 바보'라는 것은, 아이를 너무 귀여워해서 아이 일이라면 아무것도 생각할 수 없게 되고, 오직 아이를 위한 것만을 생각해서, 남이 보면 '어째서 그런 일을'이라고 말할 것 같은 일을 저질러 버리는 부모를 말한다.

하마 씨 부부에게는 중학교 2학년이 되는 아들이 있다. 외아들인 만큼 '눈에 넣어도 아프지 않다'고 생각할 정도로 귀여워한다. 요전에 이 아들이 슈퍼마켓에서 DVD를 훔쳐서 경찰에 체포되었다. 비디오에도 그 모습이 찍혀 있었고, 보고 있던 사람도 몇 명인가 있었지만, 하마 씨 부부는 계속 '우리 아이만큼은 그런 짓은 하지 않는다. 뭔가 착오다'라고 말했다고 한다.

하마 씨 부부는 상식이 있는 지극히 보통의 부부로, 결코 억지를 부리는 사람이 아니다. 그러나 그 사람들이 이렇게 되어 버리는 것이다.

부모란 정말로 불가사의한 존재이다.

1 1 너무 귀여워해서　　　2 증오한 나머지
　3 너무 귀여워서　　　　4 너무 자랑해서
　↘ 뒤에 「子どものこととなると何も考えられなくなり、
　　ただ子どものためだけを思って」(아이 일이라면 아무것도
　　생각할 수 없게 되고, 오직 아이를 위한 것만을 생각해서)라
　　고 쓰여 있으므로 정답은 1번이다.

2 1 이렇게 해서 그런 일을　　2 그렇게 이런 일을
　3 저렇게 해서 어떤 일을　　4 어째서 그런 일을
　↘ 빈칸에는 타인의 입장에서 보았을 때의 느낌이 들어가는 것
　　이므로 정답은 4번이다.

3 1 주어서 2 받아서 3 사서 4 훔쳐서
　↘ 바로 뒤에 「警察に捕まった」(경찰에 체포되었다)라는 말이
　　오므로 정답은 4번이다.

4 1 불평을 하지 않는 사람　　2 찬성을 하지 않는 사람
　3 억지를 부리는 사람　　　4 억지를 부리지 않는 사람
　↘ 앞에 「常識のあるごく普通の夫婦」(상식이 있는 지극히 보
　　통의 부부라는 표현이 오므로 뒤에도 그와 같은 맥락의 내용
　　이 와야 한다. 따라서 정답은 3번이다.

표현 해설

1. 1人息子だけに 외아들인 만큼
　「だけに」는 '~답게, ~한 만큼'이라는 뜻으로 어떤 상태
　에 상응하는 뜻을 나타낸다.

　彼は若いだけに体力がある。だから風邪を引いて

もすぐ治る。

그는 젊은 만큼 체력이 있다. 그래서 감기에 걸려도 금방 낫는다.

2. 目に入れても痛くない 눈에 넣어도 아프지 않다

'매우 귀여워하다'라는 뜻이다.

3. うちの子に限ってそんなことはしない

우리 아이만큼은 그런 짓은 하지 않는다

「~に限って」는 '특히 ~만은, ~에 한해'라는 한정의
뜻을 나타낸다. 「~だけは」와 같은 표현이다.

4. ごく普通の夫婦で 지극히 보통의 부부로

보통이라는 것을 강조해서 말한 표현으로, 「ごく」는
「本当に」(정말로)와 같은 의미다.

先生に会ったらあいさつをするのは、ごく当たり
前のことだ。

선생님을 만나면 인사를 하는 것은 지극히 당연한 일이다.

유형별 실전 문제

問題 4

내용 이해(단문) 실전 연습 p.312

1	2	3	4
③	④	②	③

문제 4 다음 (1)에서 (4)의 글을 읽고, 다음 질문에 대한 답으로 가장 알맞은 것을 1·2·3·4에서 하나 고르시오.

(1)

毎年、「母の日」は5月の第2日曜日、「父の日」は6月の第3日曜日です。では、2025年、今年の「母の日」と「父の日」は何日でしょうか。「母の日」は5月11日、「父の日」は6月15日だそうです。このように毎年日付が異なるので、私は新しい年が始まると、すぐに日付を調べ、カレンダーに記入する習慣を持っています。そして、毎年「母の日」には、カーネーションとともに気持ちを込めたプレゼントを、「父の日」には黄色いバラとともにコンサートのチケットなどをあげています。年を取るにつれて両親と過ごす時間が減ってきていませんか。こんな特別な日にはどんなに忙しくても家族と一緒に過ごすことが大切だと思います。今年の母の日、父の日には、両親への感謝の気持ちを込めた手紙を書いて渡そうと思っています。

母の日 어머니의 날　父の日 아버지의 날　日付 날짜
異なる 다르다　習慣 습관　年をる 나이를 먹다
渡す 건네다

매년 '어머니의 날'은 5월의 둘째 주 일요일, '아버지의 날'은 6월의 셋째 주 일요일입니다. 그렇다면 2025년, 올

해의 '어머니의 날'과 '아버지의 날'은 몇일일까요?

'어머니의 날'은 5월 11일, '아버지의 날'은 6월 15일이라고 합니다. 이렇게 매년 날짜가 다르기 때문에, 저는 새해가 시작되면 바로 날짜를 알아보고 달력에 기록하는 습관을 갖고 있습니다. 그리고 매년 '어머니의 날'에는 카네이션과 함께 마음을 담은 선물을, '아버지의 날'에는 노란 장미와 함께 콘서트 티켓 등을 드리고 있습니다. 나이를 먹음에 따라 부모님과 보내는 시간이 줄고 있지 않습니까? 이런 특별한 날에는 아무리 바빠도 가족과 함께 시간을 보내는 것이 중요하다고 생각합니다. 올해의 어머니의 날과 아버지의 날에는 부모님께 감사의 마음을 담은 편지를 써서 건네려고 합니다.

---

1 필자가 가장 중요하다고 생각하고 있는 것은 어느 것인가?

1 '어머니의 날'과 '아버지의 날'의 날짜를 달력에 써두는 것
2 감사의 마음을 담은 편지를 건네는 것
3 특별한 날에는 가족과 함께 보내는 것
4 꽃과 특별한 선물을 주는 것

↘ 정답은 3번이다. 지문에서 '특별한 날에는 아무리 바빠도 가족과 함께 시간을 보내는 것이 중요하다고 생각합니다'라는 문장으로 정답을 유추할 수 있다.

표현 해설

1. 「母の日」は5月の第2日曜日、「父の日」は6月の第3日曜日です。
   '어머니의 날'은 5월의 둘째 주 일요일, '아버지의 날'은 6월의 셋째 주 일요일입니다.
   「第1+요일」 첫째 주 / 「第2+요일」 둘째 주 / 「第3+요일」 셋째 주 / 「第4+요일」 넷째 주로 표현할 수 있다.

2. 「父の日」は6月15日だそうです
   '어머니의 날'은 5월11일, '아버지의 날'은 6월15일이라고 합니다
   「반말+そうだ」전문의 そうだ는 '~라고 한다'의 의미이다.

3. 黄色いバラとともにコンサートのチケットなどをあげています
   노란 장미와 함께 콘서트 티켓 등을 드리고 있습니다

「～とともに」'~와 함께'라는 의미를 갖고 있는 표현을 사용하고 있다.

4. 年を取るにつれて 나이를 먹음에 따라
「～につれて」'~함에 따라'라는 의미의 문법으로, 변화를 나타낼 때 사용한다.

5. 手紙を書いて渡そうと思っています
편지를 써서 건네려고 합니다
「의지형＋と」'~하려고'라는 뜻을 지닌 표현으로 사용된다.

(2)

中学校の時から、私は声優になりたいという夢を持っていました。それで、アニメを見て主人公の声を真似しながら、声優への夢を育てていきました。しかし、両親は私が勉強をせずにアニメばかり見ていることを心配していました。それでも高校に進学してからも、私の夢は変わりませんでした。結局、私は両親に内緒で声優オーディションに応募し、そのオーディションに合格しました。

しかし、未成年だったので両親の許可が必要でした。家に帰って両親にオーディションに合格したことを伝えると、両親は喜んで応援してくれました。30代になった現在、有名な声優になれたのは両親のおかげだと思っています。

声優 성우　　主人公 주인공　　真似する 흉내내다
進学 진학　　結局 결국　　内緒 비밀　　未成年 미성년
伝える 전달하다　　応援 응원

중학교 때부터, 저는 성우가 되고 싶다는 꿈을 갖고 있었습니다. 그래서 애니메이션을 보고 주인공의 목소리를 따라하면서 성우의 꿈을 키워 갔습니다. 하지만, 부모님은 제가 공부를 하지 않고 애니메이션만 보고 있는 것을 걱정했습니다. 그런데도 고등학교에 진학하고 나서도, 제 꿈은 바뀌지 않았습니다. 결국, 저는 부모님께 비밀로 성우 오디션

에 응모해, 그 오디션에 합격했습니다.

하지만, 미성년자였기 때문에 부모님의 허가가 필요했습니다. 집에 돌아가서 부모님께 오디션에 합격한 것을 전달하자 부모님은 기뻐하며 응원해 줬습니다. 30대가 된 현재, 유명한 성우가 될 수 있었던 것은 부모님 덕분이라고 생각하고 있습니다.

☐2 본문의 내용으로서 올바르지 않은 것은 어느 것인가?
1 고등학교에 진학한 후에도 성우가 되고 싶다는 꿈은 바뀌지 않았다.
2 부모님은 공부를 하지 않는 나를 걱정하고 있었다.
3 부모님께 말하지 않고 오디션을 봤다.
4 30대가 된 지금도 성우가 되고 싶다는 꿈을 갖고 있다.

↳ 잘못된 내용을 고르는 문제로 정답은 4번이다. 지문에 '30대가 된 현재, 유명한 성우가 될 수 있었던 것은 부모님 덕분이라고 생각하고 있습니다.'라는 내용을 보면 알 수 있듯이 이미 유명한 성우가 되었다는 사실을 확인할 수 있다.

(3)

女性の神様がいる神社に行ったカップルは必ず別れるという説を聞いたことがありますか。別れる理由は、女性の神様がそのカップルに嫉妬し、別れさせるからだそうです。それは本当でしょうか。私はあり得ない話だと思います。おそらく、別れた人が認めたくない心理から生まれた説ではないでしょうか。二人が愛で強く結びついている関係であれば、どんな場所に一緒に行っても別れることはないと思います。もし女性の神様がいる神社に行って別れたと思っている人がいるのなら、縁結びの神社に一緒に行けば、再びカップルになるかもしれません。

神様 신　　神社 신사　　嫉妬 질투
あり得ない 있을 수 없다　　おそらく 아마, 분명
認める 인정하다　　結びつく 연결되다, 결부되다
縁結び 연을 맺음　　再び 다시

여성 신이 있는 신사에 간 커플은 반드시 헤어진다는 설을 들은 적이 있습니까? 헤어지는 이유는, 여성 신이 그 커플을 질투해, 헤어지게 하기 때문이라고 합니다. 그것은 정말일까요? 저는 있을 수 없는 이야기라고 생각합니다. 아마, 헤어진 사람이 인정하고 싶지 않은 심리로부터 생겨난 설이 아닐까요? 두 사람이 사랑으로 강하게 연결되어 있는 관계라면, 어떤 장소에 함께 가도 헤어지는 일은 없을 것이라고 생각합니다. 만약 여성 신이 있는 신사에 가서 헤어졌다고 생각하는 사람이 있다면, 연분을 맺어주는 신사에 함께 가면, 다시 커플이 될지도 모릅니다.

---

3 │ 있을 수 없는 이야기라고 있는데, 무엇인가?

1 연분을 맺어주는 신사에 함께 가면, 커플이 된다는 이야기

2 여성 신이 있는 신사에 커플이 가면, 헤어진다는 이야기

3 연분을 맺어주는 신사에 커플이 가면, 헤어진다는 이야기

4 여성 신이 있는 신사에 함께 가면, 커플이 된다는 이야기

↳ 정답은 2번이다. '여성 신이 있는 신사에 간 커플이 반드시 헤어진다는 설이 정말일까요?'라는 질문의 대답으로서 '있을 수 없는 이야기'라고 말하고 있기 때문이다.

표현 해설

別れ<u>させる</u>からだ<u>そうです</u> 헤어지게 하기 때문이라고 합니다

「~させる」 '~시키다', '~하게 하다'라는 뜻을 가진 사역형이다. 「반말+そうだ」 전문의 そうだ는 '~라고 한다'의 의미로 쓰인다.

(4)

シェアハウスの共用スペースのルール
―みんなで気持ちよく過ごそう―

トイレ
・トイレットペーパーを使い過ぎないこと。
・トイレットペーパーは水に流すこと。

シャワールーム
・排水溝の髪の毛を取り除くこと。

・シャワーは15分以内にすること。
・私物（シャンプーやせっけんなど）を置いておかないこと。
・換気扇は24時間常に回しておくこと。

キッチン
・冷蔵庫に入れるものに名前を書いておくこと。
・匂いが強すぎる料理は作らないこと。
・シンクに洗いものをためないこと。

排水溝 배수구 　髪の毛 머리카락 　取り除く 제거하다
私物 개인 용품 　せっけん 비누 　換気扇 환풍기
冷蔵庫 냉장고 　ためる 모으다

쉐어 하우스의 공용 공간 규칙
-다같이 기분 좋게 지내기-

화장실
• 휴지 사용을 너무 많이 사용하지 않기.
• 휴지는 물에 내려 보내기.

샤워실
• 배수구의 머리카락을 제거하기.
• 샤워는 15분 이내로 하기.
• 개인 용품(샴푸, 비누 등)은 두지 않기.
• 환풍기는 24시간 항상 켜두기.

주방
• 냉장고에 넣는 물건에 이름을 적어두기.
• 냄새가 너무 강한 요리는 만들지 않기.
• 싱크대에 설거지를 쌓아두지 않기.

---

4 │ 공용 공간의 규칙에 관해서 올바른 것은 어느 것인가?

1 냉장고에 냄새가 나는 것을 넣어서는 안 된다.

2 변기 뚜껑을 닫고나서 물을 내리지 않으면 안 된다.

3 샤워를 한 후에 자신의 머리카락이 남아 있는지 확인하지 않으면 안 된다.

4 싱크대에서 설거지를 해서는 안 된다.

↳ 정답은 3번이다. 샤워실 규칙에서 '배수구의 머리카락을 제거하기'를 하기 위해서는 자신의 머리카락이 남아 있는지 확인해야 한다.

(1)

1	2	3
①	④	②

(2)

4	5	6
②	③	①

(1)

一人っ子だった私は、子供の頃、両親と一緒にショッピングセンターに行くと、ペットショップに駆け寄り、ハムスターやうさぎなどの小さな動物を見て回るのが好きでした。そんなある日、母が「ハムスターを飼ってみる?」と聞いてきました。私はとても嬉しくて、白いハムスターを家に連れて帰り、その名前を「ドール」とつけました。

学校に行っている間も、ドールが一人で寂しくないか心配で、授業が終わるとすぐに家に走って帰っていました。そんな時、母が「ドールが寂しくならないように、もう一匹飼ってみたら?」と言いました。私はすぐに母と一緒にペットショップに行き、もう一匹の白いハムスターを連れて帰り、その名前を①「シル」とつけました。

その後、ドールのケージにシルを入れましたが、ドールは変な音を出してだんだん落ち着かなくなってきました。何かおかしいと感じ、インターネットで調べてみると、②ハムスターは自分の縄張りをとても大事にする動物で、同じケージで二匹を飼ってはいけないと書かれていました。そこで、結局ドールとシルはそれぞれ別々のケージで飼うことになりました。

一人っ子 외동　**駆ける** 달려가(오)다　**飼う** 키우다, 기르다
連れてる 데리고 가다　**落ち着く** 안정되다, 진정되다
縄張り 영역　**孤独** 고독

외동이었던 저는, 어릴 때 부모님과 함께 쇼핑센터에 가면, 반려동물 가게로 달려가 햄스터나 토끼 등 작은 동물들을 구경하는 것을 좋아했습니다. 그러던 어느 날, 어머니께서 "햄스터를 키워 볼래?"라고 물으셨습니다. 저는 정말 기뻐서, 흰색 햄스터를 집에 데려가 그 이름을 '돌'이라고 지었습니다.

학교에 가 있는 동안도 돌이 혼자 외롭지 않을까 걱정이 되어, 수업이 끝나면 곧장 집으로 달려갔습니다. 그때, 어머니께서 "돌이 외롭지 않게, 한 마리 더 키워볼까?"라고 말씀하셨습니다. 저는 바로 어머니와 함께 반려동물 가게에 가서, 또 다른 흰색 햄스터를 데려오고 그 이름을 ①'실'이라고 지었습니다.

그 후, 돌의 케이지에 실을 넣었지만, 돌은 이상한 소리를 내며 점점 불안해지기 시작했습니다. 뭔가 이상하다는 느낌이 들어 인터넷에서 조사해보니, ②햄스터는 자기 영역을 매우 중요하게 여기는 동물이라 같은 케이지에서 두 마리를 기르면 안 된다고 적혀 있었습니다. 그래서 결국 돌과 실은 각각 별도의 케이지에서 키우게 되었습니다.

1 이 문장을 쓴 사람이 햄스터를 키우게 된 계기는 무엇인가?

1 엄마에게 햄스터를 키워보지 않겠냐고 권유 받은 것
2 애완동물 가게에서 귀여운 햄스터를 발견한 것
3 토끼보다 햄스터를 키우고 싶다고 말한 것
4 외동으로 외롭다고 느끼고 있었던 것

↘ 엄마가 먼저 햄스터를 키워보겠냐고 물어봤기 때문에 정답은 1번이다.

2 이 문장에 따르면, ①'실'을 데려온 이유는 무엇인가?

1 엄마가 쇼핑센터에 함께 가고 싶다고 말했기 때문에
2 엄마에게 돌이 외로운 것 같다고 말을 들었기 때문에
3 돌이 이상한 소리를 내고 있었기 때문에
4 돌이 외롭지 않을까 걱정되었기 때문에

↘ 학교에서도 돌이 외롭지 않을까 걱정하고 있는 것을 알고 있던 엄마의 권유로 실을 데려오게 되었기 때문에 정답은 4번이다.

3 이 문장에 따르면 ②햄스터를 키울 때, 알아 두어야 할 것은 무엇인가?

1 햄스터는 가끔 이상한 소리를 내는 것
2 햄스터는 자신의 영역을 소중히 여기는 것
3 두 마리 이상의 햄스터를 키워서는 안 되는 것
4 햄스터는 고독을 느끼기 쉽다는 것

↘ 필자는 돌과 실 두 마리를 같은 케이지에 넣었을 때 이상함을

감지하고 인터넷으로 조사한 결과 햄스터라는 동물은 자신의 영역을 소중히 여긴다는 사실을 알게 되었다. 따라서 정답은 2번이다.

표현 해설

そんなある日 그러던 어느 날
「ある + 명사의 표현을 사용하는 경우 「ある」는 '어느, 어떤~'이라는 의미로 사용된다.

(2)

ある日、突然、これまで一生懸命働いてきた私は意欲を失い、無気力な状態になりました。病院に行き、処方された薬を飲んでも症状はあまり改善しませんでした。運動をしてみようと思い、水泳を始めましたが、それも続かなくなりました。結局、仕事にも支障が出て、会社を辞めることになりました。その後、部屋に閉じこもり、憂うつな日々を過ごしました。

そんな私を心配していた妻は、毎朝、庭で30分だけヨガをしてみようと提案してくれました。最初は断りましたが、粘り強く説得する妻の言葉に、仕方なくやってみようと答えました。最初は妻がヨガをしているのを見ていただけでしたが、少しずつ動作を真似するようになりました。

そうして1ヶ月が過ぎた頃、少しずつ食欲が戻り、意欲も湧き始めました。私は妻に、ヨガのおかげで気分が良くなったと感謝の気持ちを伝えました。しかし妻は首を横に振りながらこう言いました。「ヨガのおかげではなく、日光を浴びるようになったことがあなたに良い影響を与えたのよ。」

その言葉を聞いて、過去を振り返ると、会社に勤めていた時、私は日が出る前に出勤し、日が沈んだ後、帰宅する生活を繰り返していたことを思い出しました。

突然 갑자기, 돌연   一生懸命 열심히   意欲 의욕
失う 잃다   無気力 무기력   状態 상태   処方 처방
症状 증상   改善 개선   水泳 수영   支障 지장
会社を辞める 회사를 그만두다   部屋 방

閉じこもる 틀어박히다   憂うつ 우울   日々 나날
過ごす 지내다   提案 제안   断る 거절하다
粘り強い 끈기 있다   説得 설득   妻 아내
仕方なく 어쩔 수 없이   動作 동작   真似する 흉내내다
食欲 식욕   湧く (샘)솟다   振る 흔들다
日光を浴びる 햇볕을 쐬다   振り返る 돌아보다
日が沈む 해가 저물다   帰宅 귀가   繰り返す 반복하다
思い出す 생각해내다

어느 날, 갑자기 지금까지 열심히 일해왔던 저는 의욕을 잃고 무기력한 상태가 되었습니다. 병원에 가서 처방받은 약을 먹어도 증상은 별로 개선되지 않았습니다. 운동을 해보려고 수영을 시작했지만, 그것도 계속할 수 없었습니다. 결국, 일에도 지장이 생겨 회사에 그만두게 되었습니다. 그 후, 방에 틀어박혀 우울한 나날을 보냈습니다.

그런 저를 걱정하던 아내는 매일 아침, 정원에서 30분만 요가를 해보자고 제안했습니다. 처음에는 거절했지만, 끈질기게 설득하는 아내의 말에 어쩔 수 없이 해보겠다고 대답했습니다. 처음에는 아내가 요가를 하는 것을 지켜보는 것만 했지만, 조금씩 동작을 따라 하게 되었습니다.

그렇게 1개월이 지났을 때, 조금씩 식욕이 돌아오고 의욕도 생기기 시작했습니다. 저는 아내에게 요가 덕분에 기분이 좋아졌다고 감사의 마음을 전했습니다. 그러나 아내는 고개를 가로저으며 이렇게 말했습니다. "요가 덕분이 아니라, 햇빛을 쬐게 된 것이 당신에게 좋은 영향을 미친 거야."

그 말을 듣고 과거를 되돌아보니, 회사에 다닐 때 저는 해가 뜨기 전에 출근하고, 해가 진 후에야 귀가하는 생활을 반복하고 있었다는 것을 떠올렸습니다.

---

1 그런 저라고 있는데 어떤 상태였는가?

1 병원에 가기 위해서 회사를 그만둔 상태
2 의욕을 잃고 방에서 좀처럼 나오지 않는 상태
3 병원에도 가지 않고 약만 먹고 있는 상태
4 운동을 시작해도 좀처럼 지속되지 않는 상태

↘ 첫번째 단락 마지막에서 '방에 틀어박혀 우울한 나날을 보냈습니다'라고 설명하고 있다. 따라서 정답은 2번이다.

2 그 말이라고 있는데 그것은 무엇인가?

1 요가 덕분에 건강해졌다.
2 회사를 그만둔 덕분에 모든 것이 좋아졌다.
3 햇빛 덕분에 건강해졌다.
4 식욕과 의욕은 함께 좋아진다.

↘ 그 말에 대한 설명은 세번째 단락 마지막에서 "요가 덕분이 아

니라, 햇빛을 쬐게 된 것이 당신에게 좋은 영향을 미친 거야."
라는 아내의 말에 나와 있다. 따라서 정답은 3번이다.

3 이 문장에서 필자가 가장 말하고 싶은 것은 무엇인가?

1 인간에게 있어서 햇볕을 쬐는 것은 중요하다.
2 요가와 같은 운동을 하는 것은 건강에 좋다.
3 의욕을 잃었을 때는 가족에게 상담하는 편이 좋다.
4 운동은 혼자서 하는 것보다 함께 하는 편이 좋다.

↳ 필자가 과거를 되돌아보았을 때 가장 문제였던 점이 햇볕을 쬐지 않았던 것이라고 마지막 단락에서 시사하고 있다. 따라서 정답은 1번이다.

표현 해설

1. 運動をしてみようと思い、水泳を始めましたが 운동을 해보려고 수영을 시작했지만
「의지형 + と」는 '~하려고'라는 의미를 가진 표현이다.

2. 意欲も湧き始めました 의욕도 생기기 시작했습니다
「동사 ます형 + 始める」'~하기 시작하다'의 의미를 갖고 있는 복합동사이다.

問題6

내용 이해(장문) 실전 연습 ❶ p.320

문제 6 다음 글을 읽고 질문에 답하세요. 답은 1·2·3·4에서 가장 적당한 것을 하나 고르세요.

1	2	3	4
②	③	①	①

社会人になってからは、クリスマスの日にも残業をしたり、仕事で疲れて家に帰って寝るだけの日が多かった。しかし、①今年のクリスマスは思い切って休暇を取り、母と一緒に箱根に行ってきた。母と二人で旅行に行くのは初めてだったので、素敵な思い出を作りたかった。そのため、11月から箱根の温泉や周辺の観光地を調べ始めた。

箱根には新宿駅からロマンスカーに乗って行くことにした。②ロマンスカーの一番前の席は人気があるそうだ。その理由は、最前席が展望席になっていて、電車が走る時に風景を楽しめるからだそうだ。しかし、11月にもかかわらず、展望席はすでに予約で埋まっていたため、一般席を予約するしかなかった。

12月25日、私と母はロマンスカーに乗って箱根湯本駅に向かった。駅に着いてからはタクシーに乗り、山奥にある旅館に向かった。12月だったが、あまり寒くなかった。旅館のフロントで鍵を受け取り、階段を上って予約した部屋に入った。部屋にある露天風呂を見て、③母はとても喜んでいた。温度差のせいか、露天風呂からは湯気が立ち上がっていた。

懐石料理を食べた後、母と一緒に露天風呂を楽しんだ。山の中だったので、明るい光がなく、星がたくさん見え、夜になって涼しくなった風がとても気持ち良かった。毎年クリスマスに旅行に行くことは難しいだろうと思ったが、幸せそうな母の姿を見て、私まで幸せなクリスマスとなった。

残業 잔업　　思い切って 큰 맘 먹고, 과감하게
休暇を取る 휴가를 얻다　　温泉 온천　　素敵だ 멋지다
思い出 추억　　周辺 주변　　観光地 관광지
最前席 맨 앞 자리　　展望席 전망석　　風景 풍경
一般席 일반석　　向かう 향하다　　山奥 산 속
旅館 여관　　鍵 열쇠　　受け取る 받다, 수취하다
階段 계단　　露天風呂 노천탕　　温度差 온도차
湯気が立ち上がる 김이 나다　　懐石料理 가이세키 요리
(일본의 여관 등에서 나오는 일본의 정찬 요리)
幸せだ 행복하다

　사회인이 되고 나서는 크리스마스에도 야근을 하거나, 일로 피곤해서 집에 돌아가서 그냥 자는 날이 많았다. 그러나 ①올해 크리스마스에는 과감하게 휴가를 내고 엄마와 함께 하코네에 다녀왔다. 엄마와 둘이서 여행을 가는 것은 처음이었기 때문에 멋진 추억을 만들고 싶었다. 그래서 11월부터 하코네의 온천과 주변 관광지를 조사하기 시작했다.

　하코네에는 신주쿠역에서 로망스카를 타고 가기로 했다. ②로망스카의 가장 앞자리 좌석은 인기 있다고 한다. 그 이유는, 맨 앞 좌석이 전망석으로 되어 있어서 열차가 달릴 때 풍경을 즐길 수 있기 때문이라고 한다. 그러나 11월임에도 불구하고, 전망석은 이미 예약으로 꽉 차 있었기 때문에 일반 좌석을 예약할 수밖에 없었다. 12월 25일, 나와 엄마는 로망스카를 타고 하코네 유모토역으로 향했다. 역에 도착하고 나서는 택시를 타고 산 속에 있는 여관으로 향했다. 12월이었지만, 별로 춥지 않았다. 여관 프런트에서 열쇠를 받은 후, 계단을 올라 예약한 방에 들어갔다. 방에 있는 노천탕을 보고 ③엄마는 매우 기뻐했다. 온도 차 때문인지, 노천탕에서 김이 올라왔다.

　가이세키 요리를 먹은 후, 어머니와 함께 노천탕을 즐겼다. 산 속에 있었기 때문에 밝은 불빛이 없었고, 별이 많이 보였으며, 밤이 되어 서늘해진 바람이 매우 기분 좋았다. 매년 크리스마스에 여행을 가는 것은 어려울 것 같다고 생각했지만, 행복해 보이는 엄마의 모습을 보니, 나까지 행복한 크리스마스가 되었다.

1　① 올해 크리스 마스는 과감하게 휴가를 내고라고 있는데 휴가를 낸 이유는 무엇인가?
1　잔업을 하고 싶지 않았기 때문에
2　엄마와의 추억을 만들고 싶었기 때문에
3　온천에 가고 싶었기 때문에
4　내년에 휴가를 낼 수 없을지도 모르기 때문에

↳ 첫 번째 단락에서 엄마와 여행을 가는 것은 처음이었기 때문에 멋진 추억을 만들고 싶었다고 언급하고 있다. 따라서 정답은 2번이다.

2　② 로망스카의 가장 앞 자리는 인기가 있다고 있는데, 인기가 있는 이유는 무엇인가?
1　가격이 가장 싸기 때문에
2　예약이 어렵기 때문에
3　풍경을 즐길 수 있기 때문에
4　일반석보다 넓기 때문에

↳ 두 번째 단락에서 구체적으로 이유에 대해 언급하고 있다. 따라서 정답은 3번이다.

3　③엄마는 매우 기뻐했다고 있는데 왜 기뻐했는가?
1　방 안에 노천탕이 있었기 때문에
2　그다지 춥지 않았기 때문에
3　별이 많이 보였기 때문에
4　산 속에 여관이 있었기 때문에

↳ 세 번째 단락에서 방에 있는 노천탕을 보고 매우 기뻐했다고 언급하고 있으므로 정답은 1번이다.

4　필자는 올해 크리스마스에 관해서 어떻게 생각하고 있는가?
1　행복해 보이는 엄마를 보고 기뻤다.
2　크리스마스는 엄마와 보내는 편이 좋다.
3　내년 크리스마스에도 엄마와 여행을 가고 싶다.
4　엄마와 온천에 가는 것을 추천하고 싶다.

↳ 마지막 단락에서 매년 크리스마스에 여행을 가는 것은 어려울 것 같지만, 어쨌든 올해의 크리스마스는 엄마의 모습을 보고 행복했다고 언급하고 있다. 따라서 정답은 1번이다.

표현 해설

1. 人気があるそうだ 인기가 있다고 한다.
「반말＋そうだ」전문의 そうだ는 '~라고 한다'의 의미를 지닌 문법 표현이다.

2. 難しいだろうと思ったが 어려울 것이라고 생각했지만
「～だろうと思う」는 '~일 것이라고 생각하다'라는 뜻의 문법 표현이다.

문제 6 다음 글을 읽고 질문에 답하세요. 답은 1·2·3·4에서 가장 적당한 것을 하나 고르세요.

1	2	3	4
①	④	①	②

私は高所恐怖症で、①高い場所に登ると恐怖を感じる。これが不便なことが多い。例えば、友達とスキー場に行ってスキーをしたいと思っても、リフトに乗るのが怖くてスキーができない。また、高い山に登るとき、ケーブルカーで楽に登りたいけれど、やはり怖くて苦労して歩いて登らなければならない。彼氏と遊園地に行っても、高い場所に上がる乗り物は絶対に乗れない。

その恐怖心を克服したいと彼氏に言ったところ、彼は「僕も子供の頃は高い場所に登るのが怖かったけど、観覧車に乗って楽しさを感じながら乗り越えることができたよ」と言った。②その言葉に勇気をもらい、想像するだけで怖かったけれど、この恐怖心を克服できるなら観覧車に乗ってみようと思った。

そして、次の日、③彼氏と一緒にお台場にある観覧車に乗りに行った。観覧車は思っていたよりずっと大きかった。足が震えたけれど、勇気を出して乗った。だんだんと高くなっていくにつれて、手と背中に冷や汗が流れたけれど、外の景色を見ようと努力した。

しかし、風のせいか観覧車が揺れて、ものすごく怖かった。その時、彼は「美しい夜景に集中してみて」と応援してくれた。でも、私は夜景を見る暇もなく、目の前が真っ白になるような感じがした。1周するのに約16分かかったが、④私にとってその16分は恐ろしい16時間のように感じた。

高所恐怖症 고소공포증　恐怖 공포　苦労する 고생하다
遊園地 유원지　克服 극복　観覧車 관람차
乗り越える 극복하다　勇気 용기　想像 상상

足が震える 다리가 떨리다　　背中 등　　冷や汗 식은땀
景色 경치　揺れる 흔들리다　夜景 야경
集中 집중　真っ白だ 새하얗다　恐ろしい 두렵다

나는 고소공포증이 있어서 ①높은 곳에 올라가면 공포를 느낀다. 이게 불편한 점이 많다. 예를 들어, 친구들과 스키장에 가서 스키를 타고 싶어도 리프트를 타는 게 무서워서 스키를 탈 수 없다. 또, 높은 산에 올라갈 때 케이블카로 편하게 올라가고 싶지만, 역시 무서워서 고생하면서 걸어 올라가지 않으면 안 된다. 남자친구와 유원지에 가서도, 높은 곳에 올라가는 놀이기구는 절대로 탈 수 없다.

그 공포심을 극복하고 싶다고 남자친구에게 말했더니, 그는 "나도 어렸을 때는 높은 곳에 올라가는 게 무서웠지만, 관람차를 타면서 즐거움을 느끼면서 극복할 수 있었어."라고 말했다. ②그 말에 용기를 얻어, 상상만 해도 무서웠지만, 이 공포심을 극복할 수 있다면 관람차에 타보자고 생각했다.

그리고 다음 날, ③남자친구와 함께 오다이바에 있는 관람차를 타러 갔다. 관람차는 생각보다 훨씬 컸다. 다리가 떨렸지만 용기를 내어 탔다. 점점 높아짐에 따라 손과 등에서 식은땀이 흘렀지만, 외부 경치를 보려고 노력했다. 하지만 바람 때문인지 관람차가 흔들려서 무척 무서웠다. 그때, 그는 "아름다운 야경에 집중해봐."라고 응원해줬다. 그러나 나는 야경을 볼 여유도 없이 눈앞이 하얘지는 느낌이 들었다. 한 바퀴를 도는 데 약 16분이 걸렸지만, ④나에게 있어서 그 16분은 두려운 16시간처럼 느껴졌다.

---

1 ①높은 곳에 올라가면 공포를 느낀다고 있는데 예로서 올바르지 않은 것은 어느 것인가?

1 번지점프를 하려고 하고 있는 친구를 올려다보는 것만으로 공포를 느낀다.

2 가족끼리 케이블카로 올라가기로 했지만, 무서워서 나만 걸어서 올라가기로 했다.

3 높은 곳에서 떨어지는 놀이기구는 무서워서 탈 수 없다.

4 스키장 리프트를 타면 떨어지는 것은 아닐까 불안해져서 울 것 같았다.

↘ 필자는 본인이 높은 곳에 올라갔을 때 공포심을 느낀다고 언급하고 있다. 하지만 1번의 경우 타인이 높은 곳에 올라간 것을 보고 공포심을 느끼는 예를 나타내고 있다. 이 문제는 올바르지 않은 것을 나타내는 문제로 정답은 1번이다.

2　②그 말이라고 있는데 무엇인가?

1　남자친구가 함께 관람차를 탄 경험담

2　어렸을 때 관람차를 딘 경험담

3　어렸을 때 높은 곳에 올라간 경험담

4　남자친구의 무서움을 극복한 경험담

↘ 두 번째 단락에서 "나도 어렸을 때는 높은 곳에 올라가는 게 무서웠지만, 관람차를 타면서 즐거움을 느끼면서 극복할 수 있었어."라는 남자친구의 코멘트를 고르는 문제이기 때문에 정답은 4번이다.

3　③남자친구와 함께 오다이바에 있는 관람차를 타러 갔다고 있는데 관람차를 타러 간 이유는 무엇인가?

1　높은 곳에서 느끼는 공포심을 극복하기 위해

2　높은 곳에 올라가면 땀을 흘려 버리기 때문에

3　남자친구는 높은 곳에 올라가면 공포심을 느끼기 때문에

4　남자친구에게 공포심을 극복하는 모습을 보여주기 위해

↘ 남자친구의 말에 용기를 얻어 공포심을 극복하고자 다음 날 관람차를 타러 갔다. 따라서 정답은 1번이다.

4　④나에게 있어서 그 16분은 두려운 16시간처럼 느껴졌다고 있는데 어떤 의미인가?

1　야경이 아름다웠기 때문에 더 오래 보고 싶었다.

2　매우 무서웠기 때문에 관람차에서 빨리 내리고 싶었다.

3　남자친구와 함께 더 오래 있고 싶었다.

4　바람이 불지 않았다면 더 오래 타고 싶었다.

↘ 바람이 불어 매우 무서웠고 눈 앞이 하얘지는 경험을 했다고 언급하고 있다. 따라서 정답은 2번이다.

표현 해설

1. 彼氏に言ったところ 남자친구에게 말했더니
「동사 た형 + ところ」 '~했더니'라는 의미의 표현이다.

2. だんだんと高くなっていくにつれて 점점 높아짐에 따라서
「～につれて」 '~함에 따라'라는 의미로, 변화를 나타낼 때 사용한다.

3. 外の景色を見ようと努力した 밖의 경치를 보려고 노력했다
「의지형 + と」는 '~하려고'라는 의미의 표현이다.

問題 7

정보 검색 **실전 연습 ❶** p.324

(1)		(2)		(3)		(4)	
1	2	3	4	5	6	7	8
③	③	①	②	③	①	③	③

(1)

문제 7 다음 글은 반려견 페스티벌에 대한 소개이다. 아래 질문에 답하시오. 답은 1·2·3·4 중에서 가장 알맞은 것을 하나 고르시오.

わんわんフェスティバル
一愛犬と楽しむフェスティバルー

わんちゃんと飼い主が一緒に楽しめるフェスティバルに皆さんをご招待いたします。

安全のため、犬の体重に応じて参加できる日が制限されています。申し込みの際には、必ず犬の体重をご記入ください。また、攻撃的な犬種や気性の荒い犬は、イベントへの参加を控えていただきますようお願いいたします。

1. 日　時：2025年3月22日(土)、23日(日)10：00～17：00(5kg未満の犬)
　　　　　　2025年4月01日(土)、02日(日)10：00～17：00(5kg以上の犬)
2. 場　所：新宿さくら公園
3. 参加費：無料
4. スケジュール

時間	イベント内容
10：00～11：00	わんちゃん健康セミナー
11：30～12：30	ランチタイム
13：00～13：50	わんちゃんと写真撮影
14：00～14：50	わんちゃんのしつけ教室
15：00～17：50	わんちゃん運動会

5. 参加に必要なもの：リード、うんち袋、レジャーシート、昼食代（一人あたり1000円）
6. 申し込み方法：3月18日（火）までに、当社のホームページの申し込みフォームから、1) 犬の名前　2) 犬の年齢　3) 犬の種類　4) 飼い主の携帯電話番号を記載してください。
7. 注意事項
   1. 生後3ヶ月未満の犬は参加できません。
   2. 5キロ未満の犬と5キロ以上の犬は同じ日に一緒に参加できません。
   3. 2匹以上の犬の参加を希望する場合は、事務局（080-1234-5678）までお問い合わせください。
   4. 犬の昼ごはんは提供されないので、各自でご準備ください。

飼い主 주인　　招待 초대　　参加 참가　　制限 제한　　申し込み 신청　　体重 체중　　攻撃的 공격적　　犬種 품종

荒い 거칠다　　控える 삼가다　　健康 건강　　リード 리드줄　　うんち袋 배변봉투　　レジャーシート 돗자리

昼食代 점심값　　年齢 연령　　記載 기재　　希望 희망

멍멍 페스티벌

-사랑하는 반려견과 함께 즐기는 페스티벌-

반려견과 주인이 함께 즐길 수 있는 페스티벌에 여러분을 초대합니다.

안전을 위해 개의 체중에 따라 참가 가능한 날짜가 제한되어 있습니다. 신청 시 꼭 개의 체중을 기입해 주시기 바랍니다.
또한 공격적인 견종이나 사나운 개는 이벤트 참여를 삼가 주시길 부탁드립니다.

1. **일 시** : 2025년 3월 22일(토), 23일(일) 10:00 ~ 17:00 (5kg 미만의 개)
   　　　　: 2025년 4월 1일(토), 2일(일) 10:00 ~ 17:00 (5kg 이상의 개)
2. **장 소** : 신주쿠 사쿠라 공원
3. **참가비** : 무료
4. **일정**

시간	이벤트 내용
10:00~11:00	반려견 건강 세미나
11:30~12:30	점심 시간
13:00~13:50	반려견과 사진 촬영
14:00~14:50	반려견 예절 교실
15:00~17:00	반려견 운동회

5. **참가에 필요한 것** : 리드줄, 배변봉투, 돗자리, 점심값 (1인당 1,000엔)
6. **신청 방법** : 3월 18일(화)까지 당사 홈페이지의 신청 폼으로 1) 개의 이름 2) 개의 연령 3) 개의 품종 4) 주인의 휴대전화
   번호를 기재해 주세요.
7. **주의 사항**
   1. 생후 3개월 미만의 개는 참가할 수 없습니다.
   2. 5kg 미만의 개와 5kg 이상의 개는 같은 날에 함께 참여할 수 없습니다.
   3. 두 마리 이상의 개를 참가시키고자 하는 경우, 사무국(080-1234-5678)으로 문의해 주세요.
   4. 개의 점심은 제공되지 않기 때문에 각자 준비해 주세요.

---

1 요시다 씨는 올해 2살이 되는 2kg인 말티즈와 3살이 되는 3kg인 푸들을 2마리 키우고 있다. 요시다 씨가 2마리의 개와 함께 이 페스티벌에 참가하기 위해서 우선 무엇을 해야 하는가?

1　4월 스케줄을 비워 둔다.
2　3월 18일까지 홈페이지에서 신청한다.
3　사무국에 전화로 문의한다.
4　참가에 필요한 것을 사러 간다.

↳　주의 사항의 3번에 쓰여 있듯이 2마리 이상 참가를 희망하는 경우에는 사무에 먼저 문의를 해야 한다. 따라서 정답은 3번이다.

2 카와구치 씨는 멍멍 페스티벌에 참가할 예정이다. 다음 조건을 근거로 참가할 수 있는 이벤트는 무엇인가?
- 카와구치 씨의 개는 올해 6살로 체중은 9kg입니다.
- 4월 2일에는 개와 함께 캠프에 갈 예정입니다.
- 카와구치 씨는 매주 토요일 오전에 수영 교실에 다니고 있습니다.

1　3월 22일 반려견 운동회
2　3월 23일 반려견 건강 세미나
3　4월 1일 반려견 예절 교실
4　4월 2일 런치 타임

↳　카와구치 씨의 개는 9kg 이상이기 때문에 4월 1일(토)와 4월 2일(일)에만 참가가 가능하다. 하지만 4월 2일에는 캠프에 갈 예정이며 토요일 오전에는 수영에 다니고 있기 때문에 4월 1일(토) 오후 시간의 이벤트에만 참가할 수 있다. 따라서 정답은 3번이다.

(2)

문제 7 다음 글은 도서관 이벤트에 대한 소개다. 아래 질문에 답하시오. 답은 1 · 2 · 3 · 4 중에서 가장 알맞은 것을 하나 고르시오.

子ども市立図書館
―図書貸し出しイベントについて―

　こども市立図書館の開館10周年を記念して、図書の貸出可能冊数を増やすイベントを開催します。借りた本の冊数に応じて、貸出期間の延長も可能です。子どもたちが本にもっと興味を持ち、さまざまな本に触れることができるよう、大人の皆さんのご関心とご参加をよろしくお願いいたします。

1. 貸出可能日時
　　令和7年5月19日（月）～5月26日（月）

平日	9時から17時まで
休日	10時から15時まで

2. 貸出可能冊数
　　通常：一人当たり2冊まで

　　イベント中：一人当たり4冊まで

3. 返却期間
　　通常：貸出後10日間(1冊)・14日間(2冊)

　　イベント中：貸出後10日間(1冊)・14日間(2冊)・19日間(3冊)・24日間(4冊)

4. 返却場所（24時間可）
　　玄関ロビーの返却ポスト

<table>
<tr><th colspan="7">5月</th></tr>
<tr><th>日</th><th>月</th><th>火</th><th>水</th><th>木</th><th>金</th><th>土</th></tr>
<tr><td></td><td></td><td></td><td></td><td>1</td><td>2</td><td>3</td></tr>
<tr><td>4</td><td>5</td><td>6</td><td>7</td><td>8</td><td>9</td><td>10</td></tr>
<tr><td>11</td><td>12</td><td>13</td><td>14</td><td>15</td><td>16</td><td>17</td></tr>
<tr><td>18</td><td>19</td><td>20</td><td>21</td><td>22</td><td>23</td><td>24</td></tr>
<tr><td>25</td><td>26</td><td>27</td><td>28</td><td>29</td><td>30</td><td>31</td></tr>
</table>

<table>
<tr><th colspan="7">6月</th></tr>
<tr><th>日</th><th>月</th><th>火</th><th>水</th><th>木</th><th>金</th><th>土</th></tr>
<tr><td>1</td><td>2</td><td>3</td><td>4</td><td>5</td><td>6</td><td>7</td></tr>
<tr><td>8</td><td>9</td><td>10</td><td>11</td><td>12</td><td>13</td><td>14</td></tr>
<tr><td>15</td><td>16</td><td>17</td><td>18</td><td>19</td><td>20</td><td>21</td></tr>
<tr><td>22</td><td>23</td><td>24</td><td>25</td><td>26</td><td>27</td><td>28</td></tr>
<tr><td>29</td><td>30</td><td></td><td></td><td></td><td></td><td></td></tr>
</table>

ご不明な点がございましたら、下記の担当までご連絡ください。
こども市立図書館　渡辺しおり　TEL：03-1234-5678

貸し出し 대출　　興味 흥미　　参加 참가　　可能 가능　　返却 반납　　通常 통상,보통　　玄関 현관　　担当 담당

어린이 시립 도서관
-도서 대출 이벤트 안내-

어린이 시립 도서관의 개관 10주년을 기념하여, 도서 대출 가능한 권수를 늘리는 이벤트를 개최합니다. 대출한 도서의 권수에 따라 대출 기간 연장도 가능합니다. 아이들이 더 많은 책에 관심을 가지고 다양한 책을 접할 수 있도록, 어른들의 관심과 참여를 부탁드립니다.

1. 대출가능날짜
   2025년5월19일(월)~5월26일(월)
   평일: 오전 9시 ~ 오후 5시
   휴일: 오전 10시 ~ 오후 3시

2. 대출 가능 권수
   통상: 1인당 2권까지
   이벤트 기간 중: 1인당 4권까지

3. 반납 기간
   통상: 대출 후 10일 (1권), 14일 (2권)
   이벤트 기간 중: 대출 후 10일 (1권), 14일 (2권), 19일 (3권), 24일 (4권)

4. 반납 장소 (24시간 가능)
   현관 로비의 반납 포스트

5月						
日	月	火	水	木	金	土
				1	2	3
4	5	6	7	8	9	10
11	12	13	14	15	16	17
18	19	20	21	22	23	24
25	26	27	28	29	30	31

6月						
日	月	火	水	木	金	土
1	2	3	4	5	6	7
8	9	10	11	12	13	14
15	16	17	18	19	20	21
22	23	24	25	26	27	28
29	30					

문의 사항이 있으면 아래 담당자에게 연락해 주세요.
어린이 시립 도서관 담당자: 와타나베 시오리 전화: 03-1234-5678

---

3 와타나베 씨는 이벤트 기간 중에 아이를 위해서 그림책을 3권 빌리려고 하고 있다. 5월 21일에 3권을 빌렸을 경우, 반납 가능한 날은 언제인가?

1 6월 6일
2 6월 10일
3 6월 12일
4 6월 14일

↳ 이벤트 기간 중에는 3권을 빌렸을 경우 대출 후 19일 이내에 반납해야 하므로 6월 9일 이내에 반납해야 한다. 따라서 정답은 1번이다.

4 도서 대출 이벤트의 내용과 일치하는 것은 무엇인가?

1 평일에 책을 반납하는 경우에는 9시부터 17시까지 가능합니다.
2 두 사람이 책을 빌리는 경우에는 최대 8권까지 빌릴 수 있습니다.
3 이벤트 기간 전에 빌린 책은 반납하지 않으면 안 됩니다.
4 2권 이상 책을 빌려야 합니다.

↳ 이벤트 기간 전에는 1인당 2권까지 빌릴 수 있지만 이벤트 기간 중에는 1인당 4권까지 빌릴 수 있다. 따라서 정답은 2번이다.

(3)

문제 7 다음 글은 학생 기숙사의 안내이다. 아래 질문에 답하시오. 답은 1·2·3·4 중에서 가장 알맞은 것을 하나 고르시오.

学生向けマンション大特集

キラキラマンション

カードキーでロック解除！

人感センサー付き照明！

家賃：57000円

学校まで：歩いて9分、自転車で4分

敷金：57000円

礼金：なし

築年月：2016年5月

間取り：1K

平成タワー

オートロック付き！

Wi-Fi利用無料！

家賃：29000円

学校まで：歩いて23分、自転車で9分

敷金：なし

礼金：9000円

築年月：1998年2月

間取り：1R

マリンワールド

新築物件！！南向き！！

Wi-Fi利用無料！

家賃：59000円

学校まで：歩いて2分、自転車で1分

敷金：30000円

礼金：10000円

築年月：2025年1月

間取り：1K

田中ハウス

コンビニが近い！！

Wi-Fi利用無料！

家賃：43000円

学校まで：歩いて13分、自転車で5分

敷金：43000円

礼金：なし

築年月：2021年2月

間取り：1K

※ 学生証を見せると、礼金は0円になります。アプリで契約する際は、学生証の写真を撮ってアップ
ロードしてください。

※ 不動産アプリ「スマイル」を通じて部屋を契約する場合、初期費用（家賃＋敷金＋礼金）の
3000円割引イベント中です！

他にも物件多数あります。お気軽にお問い合わせください。

解除 해제　　照明 조명　　家賃 집세　　敷金 보증금　　礼金 사례금　　間取り 방 구조　　契約 계약　　割引 할인
物件 매물

학생용 맨션 대특집

반짝반짝 맨션

카드 키로 잠금 해제!

인체 감지 센서가 달린 조명!

집세 : 57000엔

학교까지 : 도보 9분, 자전거로 4분

보증금 : 57000엔

사례금 : 없음

건축연도 : 2016년5월

방 구조 : 1K

헤이세이 타워

오토락 시스템 완비!

와이파이 이용 무료!

집세 : 29000엔

학교까지 : 도보 23분, 자전거로 9분

보증금 : 없음

사례금 : 9000엔

건축연도 : 1998년2월

방 구조 : 1R

마린 월드

신축 매물!! 남향!!

와이파이 이용 무료!

집세 : 59000엔

학교까지 : 도보2분, 자전거로1분

보증금 : 30000엔

사례금 : 10000엔

건축연도 : 2025년1월

방 구조 : 1K

다나카 하우스

가까운 편의점!!

와이파이 이용 무료!

집세 : 43000엔

학교까지 : 도보13분, 자전거로5분

보증금 : 43000엔

사례금 : 없음

건축연도 : 2021년2월

방 구조 : 1K

※ 학생증을 보여주면, 사례금은 0엔이 됩니다. 앱으로 계약할 때는 학생증 사진을 찍어 업로드해 주세요.

※ 부동산 앱 「스마일」을 통해 방을 계약할 경우, 초기 비용(집세 + 보증금 + 예치금)이 3000엔 할인되는 이벤트가 진행 중입니다!

그 외에도 다양한 매물들이 있습니다. 언제든지 편하게 문의해 주세요.

---

5 2025년에 대학에 입학하는 카가와 씨는, 혼자 살기 위한 방을 찾고 있다. 카가와 씨가 찾고 있는 조건에 맞는 매물은 무엇인가?

• 보증금과 사례금을 합쳐서 5만엔을 넘지 않는 것

• 학교까지 도보 15분이내일 것

• 해가 잘 드는 방일 것

1 키라키라 맨션

2 헤이세이 타워

3 마린 월드

4 다나카 하우스

↳ 보증금과 사례금을 합쳐서 5만엔을 넘지 않는 곳은 헤이세이 타워, 마린 월드, 다나카 하우스다. 하지만 그중 도보 15분 이내인 곳은 마린 월드와 다나카 하우스로 좁혀진다. 마지막으로 해가 잘 드는 방의 조건까지 충족하는 곳은 마린 월드이므로, 정답은 3번이다.

6 대학교 3학년생인 이케가미 씨는 부동산 애플리케이션 '스마일'을 통해서 헤이세이 타워를 계약하려고 하고 있다. 애플리케이션을 통해서 방을 계약하는 경우, 초기 비용은 얼마 드는가?

1 26000엔

2 35000엔

3 38000엔

4 41000엔

↳ 이케가미 씨는 학생이기 때문에 학생증을 보여주면 사례금은 0엔이다. 또한 애플리케이션 '스마일'을 통해 계약하는 경우 (집세+보증금+사례금)에서 3000엔 할인 이벤트가 진행 중이기 때문에 초기 자금은 26000엔이다. 따라서 정답은 1번이다.

(4)

문제 7 다음 글은 쓰레기 배출에 대한 공지다. 아래 질문에 답하시오. 답은 1·2·3·4 중에서 가장 알맞은 것을 하나 고르시오.

ごみ出しルールの案内

ごみ出しルールを守ってください！
朝7時までに出してください！＊時間厳守

燃えるごみ	火曜日・金曜日	生ごみ・ビニール・プラスチック・皮など
燃えないごみ	木曜日	電池・ガラス・傘・金属など
資源ごみ	月曜日	缶・ペットボトル・ビンなど
粗大ごみ	第2水曜日・第4水曜日	家具・自転車・カーペットなど

1. 燃えるごみと燃えないごみは指定袋に入れて出してください。

2. 粗大ごみはステッカーを貼って出してください。

   ※ステッカーはコンビニやスーパーでご購入できます。

   ※ステッカーは現金でしかご購入できません。

3. 市では収集しないものは、個人的に業者に依頼してください。

> 後のチェックリスト
> □ ごみ袋はしっかりしばりましたか。
> □ ごみ袋の空気は抜きましたか。
> □ 生ごみの水は抜きましたか。
> □ ルールのとおりにごみを分けましたか。

燃える 타다　　粗大ごみ 대형 쓰레기　　貼る 붙이다　　購入 구입　　現金 현금　　収集 수거　　依頼 의뢰　　抜く 빼다, 뽑다

쓰레기 배출 규칙 안내

쓰레기 배출 규칙을 꼭 지켜 주세요!
아침 7시까지 배출해 주세요! ＊시간 엄수

타는 쓰레기	화요일, 금요일	음식물 쓰레기, 비닐, 플라스틱, 껍질 등
타지 않는 쓰레기	목요일	건전지, 유리, 우산, 금속 등
자원 쓰레기	월요일	캔, 페트병, 병 등
대형 쓰레기	둘째 주 수요일 넷째 주 수요일	가구, 자전거, 카펫 등

1. 타는 쓰레기와 타지 않는 쓰레기는 지정된 봉투에 넣어 배출해 주세요.

2. 대형 쓰레기는 스티커를 붙여 배출해 주세요.

   ※ 스티커는 편의점이나 슈퍼에서 구매할 수 있습니다.

   ※ 스티커는 현금으로만 구매 가능합니다.

3. 시에서 수거하지 않는 것은 개인적으로 업자에게 의뢰해 주세요.

   > 마지막 체크리스트
   >
   > ☐ 쓰레기 봉투를 확실히 묶었나요?
   >
   > ☐ 쓰레기 봉투의 공기를 뺐나요?
   >
   > ☐ 음식물 쓰레기의 물기를 뺐나요?
   >
   > ☐ 규칙에 맞게 쓰레기를 분리했나요?

---

7 기무라 씨는 딸의 책상과 낡은 책장을 버리려 하고 있다. 기무라 씨는 쓰레기를 버리기 전에 무엇을 해야 하는가?

1 슈퍼에 가서 지정된 봉투를 산다.

2 편의점에 가서 신용 카드로 대형 쓰레기용 스티커를 산다.

3 슈퍼에 가서 현금으로 대형 쓰레기용 스티커를 산다.

4 업자에게 전화해서 수거를 부탁한다.

↘ 책상과 책장은 대형 쓰레기에 속하므로 대형 쓰레기용 스티커를 사야 한다. 이때 스티커는 현금으로만 구매가 가능하므로 정답은 3번이다.

---

8 쓰레기 배출 규칙 안내 내용과 일치하지 않는 것은 어느 것인가?

1 타는 쓰레기와 타지 않는 쓰레기를 나눠서 버려야 한다.

2 대형 쓰레기는 한 달에 2번 버릴 수 있다.

3 쓰레기 봉투의 공기를 빼지 않으면 수거해 주지 않는다.

4 시에서 수거할 수 없는 것은 쓰레기 처리장에 배출해서는 안 된다.

↘ 마지막 체크 리스트에 쓰레기 봉투의 공기를 뺐는지 물어보는 항목이 있지만 이것을 지키지 않았을 때 쓰레기 수거를 하지 않는다는 내용은 없다. 이 문제는 잘못된 내용을 고르는 문제로 정답은 3번이다.

(1)		(2)		(3)		(4)	
1	2	3	4	5	6	7	8
②	①	④	③	②	④	②	④

(1)

문제 7 다음 글은 회사설명회의 안내다. 아래 질문에 답하시오. 답은 1·2·3·4 중에서 가장 알맞은 것을 하나 고르시오.

会社説明会のご案内

　株式会社ジミノでは、26年度卒業予定の大学生を対象に、以下の内容にて会社説明会を実施いたします。皆さまのご参加、お待ちしています。

<日程>
　2025年8月8日(金)14時～16時
　2025年8月15日(金)14時～16時
　2025年8月22日(金)14時～16時

<場所> 当社の1階の第2ビジネス講堂

<プログラム>
1. 社長からの挨拶
2. 池田部長による会社紹介
3. 質疑応答

<参加費用> 無料

<参加対象> 2026年3月卒業予定の大学生
　※性別、年齢、国籍は問いません。

<申込方法> 株式会社ジミノのホームページにある会社説明会ページより、お申し込みください。

以上、ぜひとも皆さまのご参加をお待ちしています。
2025年7月11日

株式会社ジミノ
人事部長　小池勇人

株式会社 주식회사　**卒業** 졸업　**内容** 내용　**挨拶** 인사　**紹介** 소개　**質疑応答** 질의응답　**対象** 대상　**性別** 성별
年齢 연령　**国籍** 국적　**申し込む** 신청하다

회사 설명회 안내

주식회사 지미노에서는 2026년 3월 졸업 예정인 대학생을 대상으로 아래와 같은 내용으로 회사 설명회를 개최합니다. 많은 참여 부탁드립니다.

- ● 일정
  - 2025년 8월 8일 (금) 14:00 ~ 16:00
  - 2025년 8월 15일 (금) 14:00 ~ 16:00
  - 2025년 8월 22일 (금) 14:00 ~ 16:00
- ● 장소
  - 당사의 1층 제2 비즈니스 강당
- ● 프로그램
  - 사장님의 인사
  - 이케다 부장님의 회사 소개
  - 질의 응답
- ● 참가비용
  - 무료
- ● 참가 대상
  - 2026년 3월 졸업 예정인 대학생
  - ※ 성별, 나이, 국적은 관계없습니다.
- ● 신청 방법
  - 주식회사 지미노 홈페이지에 있는 회사 설명회 페이지에서 신청해 주세요.

  이상, 많은 분들의 참여를 기다리고 있습니다.
  2025년 7월 11일

주식회사 지미노
인사부장 코이케 하야토

다나카	이시다
연령: 22세	연령: 24세
성별: 남성	성별: 여성
학부: 국제관계학부	학부: 경영학부
학년: 4학년	학년: 3학년
그 외: 단기유학예정(7월~9월)	그 외: 없음
김	스미스
연령: 25세	연령: 22세
성별: 남성	성별: 남성
학부: 경제학부 경제학과	학부: 사회학부
학년: 4학년	학년: 1학년
그 외: 한국인 유학생	그 외: 미국으로 일시 귀국 (10월)
기무라	스즈키
연령: 23세	연령: 22세
성별: 여성	성별: 남성
학부: 상학부	학부: 법학부
학년: 4학년	학년: 4학년
그 외: 학점 부족으로 졸업 불가	그 외: 없음

1   다음 6명 중 회사 설명회에 참가할 수 있는 사람은 몇 명인가?

1   1명
2   2명
3   3명
4   4명

↳ 참가 대상 조건이 2026년 3월 졸업 예정자이므로 4학년생인 다나카, 김, 기무라, 스즈키 4명으로 대상을 좁힐 수 있다. 하지만 기무라는 학점 부족으로 졸업이 불가하므로 다나카, 김, 스즈키 3명으로 대상이 좁혀진다. 마지막으로 회사 설명회의 일정이 8월로 예정되어 있으므로 7월~9월 단기유학 예정인 다나카를 제외해야 한다. 따라서 정답은 2번이다.

2   회사 설명회에 관해서 올바른 것은 무엇인가?
1   회사에 관해서 질문할 시간이 있다.
2   대학을 졸업한 사람이라면 누구든지 참가할 수 있다.
3   온라인으로 행하는 경우도 있다.
4   날짜는 지정할 수 없지만 시간은 지정할 수 있다.

↳ 프로그램에 질의응답 시간이 있다고 했으므로 정답은 1번이다.

(2)

문제 7 다음 글은 어린이날에 행해지는 이벤트 안내다. 아래 질문에 답하시오. 답은 1·2·3·4 중에서 가장 알맞은 것을 하나 고르시오.

子どもの日（5月5日）
いちご狩り＆いちご食べ放題のご案内

5月5日子供の日！子供と一緒にいい思い出を作ってみませんか。

いちご狩り体験後、自分で摘んだいちごを思う存分食べられるバイキング形式の食べ放題も可能です。

5月5日（子供の日）のいちご狩りは100名様限定、先着順となりますのでご了承ください。

◆ お持ち帰りコース（1時間）

入場料	3歳以上	200円
	2歳以下	無料
1パックあたり （300~500g）	600円	

◆ 食べ放題コース（40分）

大人	2500円
小学生	2000円
未就学児(3〜6歳)	1200円
2歳以下	無料

※ お持ち帰りコースと食べ放題コースの両方を予約された方は、入場料が無料です。
※ 持ち物（手袋・エプロン・ウェットティッシュなど）は各自持参してください。
※ 練乳は無料で提供いたします。

子どもの日 어린이 날　　思い出 추억　　体験 체험　　摘む 따다　　思う存分 마음껏　　バイキング 뷔페　　限定 한정
先着順 선착순　　了承 양해　　未就学児 미취학아동　　手袋 장갑　　エプロン 앞치마　　ウェットティッシュ 물티슈
各自持参 각자지참　　練乳 연유　　提供 제공

어린이날 (5월 5일)

딸기 따기 & 딸기 무한 리필 안내

5월 5일 어린이날! 자녀와 함께 좋은 추억을 만들어 보세요.

딸기 따기 체험 후, 자신이 직접 딴 딸기를 마음껏 먹을 수 있는 뷔페 형식의 무한 리필도 가능합니다.5월 5일 (어린이날)의 딸기 따기 체험은 100명 한정으로 선착순 접수이므로 양해 부탁드립니다.

◆ 가져 가기 코스(1시간)

입장료	3세 이상	200엔
	2세 이하	무료
1팩 당 (300~500g)	600엔	

◆ 무한 리필 코스(40분)

성인	2500엔
초등학생	2000엔
미취학아동(3~6세)	1200엔
2세 이하	무료

※ 가져 가기 코스와 무한 리필 코스를 모두 예약하신 분은 입장료가 무료입니다.

※ 개인 소지품(장갑, 앞치마, 물티슈 등)은 각자 준비해 주세요.

※ 연유는 무료로 제공됩니다.

---

3 모리노 씨는 어린이 날을 맞이하여 남편과 3살인 아들과 함께 딸기 따기 체험에 참가하려고 있다. 코스는 가져 가기 코스와 무한 리필 코스 양쪽 모두 예약했다. 집에 돌아갈 때는, 딸기를 3팩 가져가려고 생각하고 있다. 그 경우, 전부 해서 얼마 드는가?

1 6200엔

2 6800엔

3 7400엔

4 8000엔

↘ 마음껏 먹기 코스에서 어른 2명 5000엔, 3살 아들 1200엔을 합하면 총 6200엔이 된다. 가져가기 코스와 무한 리필 코스 양쪽을 예약하는 경우 입장료는 무료이기 때문에 입장료는 0원으로 계산한다. 마지막으로 3팩 가져갈 예정으로 1팩당 600엔 X 3 = 1800엔을 더하면 합계 8000엔이 된다. 따라서 정답은 4번이다.

4 딸기 따기&딸기 무한 리필의 안내에 관해서 올바른 것은 무엇인가?

1 준비물을 지참하지 않는 경우 입장할 수 없습니다.

2 딸기는 1인당 3팩 이상 가져갈 수 없습니다.

3 하나의 코스만 예약할 수 있습니다.

4 입장 인원수는 추첨으로 결정됩니다.

↘ 반드시 두 코스 모두 예약해야 한다는 안내문은 없다. 따라서 정답은 3번이다.

(3)

문제 7 다음 글은 문화센터의 공지다. 아래 질문에 답하시오. 답은 1·2·3·4 중에서 가장 알맞은 것을 하나 고르시오

＜すずめ文化センター＞

7月教室カレンダー

日	月	火	水	木	金	土
		1 ヨガ教室 (初級) ○●	2 韓国語 (初級) ●	3 生け花 ○	4 韓国語 (中級) ●	5 水泳 ○
6	7 卓球 ○	8 ヨガ教室 (中級) ○●	9 テニス ○●	10 卓球 ○	11 テニス ○●	12 水泳 ○
13	14 卓球 ○	15 ヨガ教室 (初級) ○●	16 韓国語 (初級) ●	17 生け花 ○	18 韓国語 (中級) ●	19 水泳 ○
20	21	22 ヨガ教室 (中級) ○●	23 テニス ○●	24 卓球 ○	25 テニス ○●	26 水泳 ○
27	28 *試合 (卓球)	29 *コンテスト	30 *試合 (テニス)	31 *展示会		

※ ○は午前、●は午後です。

※ ▨ はお休みです。

* 試合は卓球とテニス教室を受講している人だけが参加できます。ただし、観覧は誰でも可能です。

* 展示会は生け花教室を受講している人のみ参加できます。※子供のご入場はご遠慮ください。

* コンテストは韓国語教室を受講している人だけが参加できます。

生け花 꽃꽂이　　卓球 탁구　　試合 시합　　展示会 전시회　　初級 초급　　中級 중급　　午前 오전　　午後 오후
受講 수강　　観覧 관람　　遠慮 사양

〈스즈메 문화 센터〉
7월 교실 달력

일	월	화	수	목	금	토
		1 요가교실 (초급) ○●	2 한국어 (초급) ●	3 꽃꽂이 ○	4 한국어 (중급) ●	5 수영 ○
6	7 탁구 ○	8 요가교실 (중급) ○●	9 테니스 ○●	10 탁구 ○	11 テニス ○●	12 수영 ○
13	14 탁구 ○	15 요가교실 (초급) ○●	16 한국어 (초급) ●	17 꽃꽂이 ○	18 한국어 (중급) ●	19 수영 ○
20	21	22 요가교실 (중급) ○●	23 테니스 ○●	24 탁구 ○	25 테니스 ○●	26 수영 ○
27	28 *시합 (탁구)	29 *콘테스트	30 *시합 (테니스)	31 *전시회		

※ ○은 오전, ●은 오후입니다.

※ ▨은 휴일입니다.

*경기는 탁구와 테니스 교실을 수강한 사람만 참여할 수 있습니다. 단, 관람은 누구나 가능합니다.

*전시회는 꽃꽂이 교실을 수강한 사람만 참여할 수 있습니다. ※ 어린이의 입장은 삼가해 주세요.

*콘테스트는 한국어 교실을 수강한 사람만 참여할 수 있습니다.

---

5 회사원인 이케다 씨는 퇴근 후에 운동을 배우고 싶다고 생각하고 있다. 이케다 씨가 받을 강좌는 무엇인가?

 • 수요일은 잔업이 많은 편이다.
 • 금요일은 영어를 배우고 있다.
 • 주말에는 부모님 가게를 돕고 있다.

1 탁구
2 요가교실
3 테니스
4 수영

↳ 수요일과 금요일, 주말을 제외한 강좌로는 화요일의 요가교실과 목요일의 꽃꽂이, 탁구가 있다. 하지만 이케다 씨는 퇴근 후에 강좌를 수강할 수 있기 때문에 오후 수업이 있는 요가교실만 수강할 수 있다. 따라서 정답은 2번이다.

6 스즈메 문화 센터의 강좌에 관해서 올바른 것은 어느 것인가?

1 이 문화 센터에 다니고 있는 사람만이 시합을 관람할 수 있다.
2 콘테스트에 참가하려면 한국어 실력이 중급 이상이어야 한다.
3 전시회에 아이를 데려와도 상관없다.
4 오후밖에 수강할 수 없는 교실도 있다.

↳ 수요일의 한국어(초급)와 금요일의 한국어(중급)는 오전 수업은 없고 오후 수업만 있다. 따라서 정답은 4번이다.

(4)

문제7 다음 글은 아르바이트 모집 광고다. 아래 질문에 답하시오. 답은 1 · 2 · 3 · 4 중에서 가장 알맞은 것을 하나 고르시오.

パート＆アルバイト募集中
未経験者OK！短時間OK！

山のどんぐり	野菜天国
仕事内容：特産品販売 勤務時間（月～金） ①10：00～13：00 ②13：00～16：00 ③16：00～19：00 時給：850円～ その他：制服エプロン貸出有	事内容：レジ・品出し 勤務時間（土・日） ①10：00～15：00 ②15：00～20：00 ③20：00～24：00 時給：102円～ その他：昇給あり
あいさい弁当	**ハイハイボール**
仕事内容：キッチン補助 勤務時間（勤務日数、相談OK） ①6：00～10：00 ②10：00～14：00 ③14：00～18：00 時給：990円～ その他：お弁当無料提供	仕事内容：ホールスタッフ、キッチン 勤務時間（週2～週5、出勤できる方） 17：00～24：00 時給：1060円～ 年齢：18歳以上～（高校生不可） その他：元気で明るい方、お待ちしております。

特産品販売 특산품 판매　　エプロン 앞치마　　レジ 계산대　　品出し 상품진열

파트 타임 & 아르바이트 모집중
미경험자 OK! 단시간 OK!

산의 도토리	야채천국
업무 내용: 특산품 판매 근무시간 (월~금) ① 10：00~13：00 ② 13：00~16：00 ③ 16：00~19：00 시급: 850엔~ 그 외: 제복 앞치마 빌려줌	업무 내용: 계산대, 상품 진열 근무시간(토,일) ① 10：00~15：00 ② 15：00~20：00 ③ 20：00~24：00 시급: 1020엔~ 그 외: 급료 오름 가능

아이사이 도시락	하이하이볼
업무 내용: 주방 보조 근무시간(근무일수, 상담OK) ① 6 : 00~10 : 00 ② 10 : 00~14 : 00 ③ 14 : 00~18 : 00 시급: 990엔~ 그 외: 도시락 무료 제공	업무 내용: 홀 스태프, 주방 근무시간(주2~주5, 근무할 수 있는 분) 17 : 00~24 : 00 시급: 1060엔~ 연령: 18세 이상~ (고등학생 불가) 그 외: 건강하고 밝은 분, 기다리고 있습니다.

7 고등학생인 사토 씨는 여름방학을 맞이하여 아르바이트를 찾고 있다. 사토 씨가 고를 아르바이트는 무엇인가?

• 주말에 할 수 있는 일

• 늦잠자는 일이 많기 때문에 오후에 할 수 있는 일

• 시급은 높으면 높을수록 좋다.

1   산의 도토리

2   야채천국

3   아이사이 도시락

4   하이하이볼

↘ 주말에 할 수 있는 일은 야채천국, 아이사이 도시락, 하이하이볼 3곳으로 이곳 모두 오후에도 가능하다. 단, 하이하이볼의 경우 고등학생은 불가하다고 쓰여 있으므로 사토 씨는 아르바이트를 할 수 없다. 야채천국과 아이사이 도시락의 시급을 봤을 때 야채천국 쪽이 시급이 더 높기 때문에 사토 씨는 야채천국을 고를 것이다. 따라서 정답은 2번이다.

8 대학교 3학년인 노구치 씨는 요리사가 되기 위해 전문학교를 다니고 있고, 학비를 벌기 위해 아르바이트를 찾고 있다. 노구치 씨가 고를 아르바이트는 무엇인가?

• 평일에는 학교 수업이 끝나면 3시가 넘는다.

• 주말에는 편의점에서 아르바이트를 하고 있다.

• 일주일에 3일정도 할 수 있는 아르바이트를 찾고 있다.

1   산의 도토리

2   야채천국

3   아이사이 도시락

4   하이하이볼

↘ 주말에는 아르바이트를 할 수 없기 때문에 야채천국에서는 일할 수 없다. 또한 일주일에 3일 정도 일할 아르바이트를 찾고 있기 때문에 5일 근무 조건인 산의 도토리에서도 근무할 수 없다. 마지막으로 아이사이 도시락은 마지막 근무 타임이 14시 시작이라, 평일 3시가 넘어 학교 일정이 끝나는 노구치 씨는 아르바이트 시간에 맞출 수 없다. 따라서 정답은 4번이다.

청해 유형 확인 문제 p.360 스크립트와 문제 해설

問題 1	問題 2	問題 3	問題 4	問題 5
②	①	②	①	③

問題 1
もんだい

문제1에서는 먼저 질문을 들으세요. 그러고 나서 이야기를 듣고, 문제 용지의 1~4 중에서 가장 알맞은 것을 하나 고르세요.

男の人と女の人が話しています。女の人はこの後、何をしますか。
おとこ ひと おんな ひと はな／あと なに

男：中田さん、銀行に行ってくれない？
おとこ　なかた　　ぎんこう　い

女：今ですか。
おんな　いま

男：うん、銀行そろそろ閉まるだろう？
おとこ　　ぎんこう　　　　し

女：今すぐは、ちょっと……。この仕事急い
おんな　いま　　　　　　　　　　しごといそ
　　でいるんです。

男：そう、誰か行ってくれないかな？
おとこ　　だれ　い

女：佐藤さん、行けるんじゃないでしょうか。
おんな　さとう　　い

男：じゃ、頼んでみてよ。
おとこ　　たの

女：はい。彼女がだめなら、私が大急ぎで
おんな　　かのじょ　　　　わたし　おおいそ
　　行って来ます。
　　い　　き

女の人はこの後、何をしますか。
おんな ひと　　あと　なに

1　大急ぎで仕事をする
　　おおいそ　　しごと

2　ほかの人に、銀行に行くように頼む
　　　　　ひと　ぎんこう　い　　　　　たの

3　すぐ、銀行に行く
　　　　ぎんこう　い

4　ほかの人に仕事を頼む
　　　　　ひと　しごと　たの

남자와 여자가 이야기하고 있습니다. 여자는 이후에 무엇을 합니까?

남 : 나카타 씨, 은행 좀 다녀와 주지 않을래?

여 : 지금요?

남 : 응. 은행 슬슬 문 닫겠지?

여 : 지금 당장은 좀…… . 이 일이 급해서요.

남 : 그래? 누가 다녀와 주지 않으려나?

여 : 사토 씨, 갈 수 있지 않을까요?

남 : 그럼 부탁해 봐.

여 : 네. 그녀가 안 된다면 제가 서둘러 다녀올게요.

여자는 이후에 무엇을 합니까?

1 서둘러 일을 한다
2 다른 사람에게 은행에 가달라고 부탁한다
3 당장 은행에 간다
4 다른 사람에게 일을 부탁한다

↳ 여자의 다음 행동을 묻는 문제이다. 남자는 첫 번째 대사에서 여자에게 은행에 다녀와 달라고 부탁하고 있다. 그러나 여자는 두 번째 대사에서 '지금 당장은 좀 ……'이라는 말로 남자의 부탁을 들어줄 수 없음을 완곡하게 표현하고 있다. 그러나 남자가 마지막 대사에서 사토 씨에게 부탁해 보라고 하자 여자가 '네'라고 대답하는 말에서 정답이 2번임을 알 수 있다.

問題 2
もんだい

문제2에서는 먼저 질문을 들으세요. 그런 다음 문제 용지를 보세요. 읽는 시간이 있습니다. 그러고 나서 이야기를 듣고, 문제 용지의 1~4 중에서 가장 알맞은 것을 하나 고르세요.

女の人が図書館で本を借りようとしています。
おんな ひと　としょかん　ほん　か
女の人が借りたのは何ですか。
おんな ひと　か　　　　なん

女：こちらの本を借りたいんですが。
おんな　　　　ほん　か

男：では、貸出カードをお願いします。
おとこ　　　かしだし　　　　　ねが

女：あっ…… はっ、はい……。
おんな

男：あー、この辞書は、ちょっと……。辞書
おとこ　　　　じしょ　　　　　　　　　じしょ
　　は貸し出し禁止なんです。
　　　か　だ　きんし

女：えー、そうですか……。
おんな

男：それから、この雑誌も……、今週号ですよね。古いのは、いいんですけど。

女：じゃあ、後で先週号を取って来ます。

男：どうぞ。えー、それから、こちらの小説3冊は大丈夫です。2週間以内にご返却くださいね。

女：はい、わかりました。

女の人が借りたのは何ですか。

1 小説と古い雑誌
2 小説と新しい雑誌
3 辞書と小説
4 雑誌と辞書

여자가 도서관에서 책을 빌리려고 하고 있습니다. 여자가 빌린 것은 무엇입니까?

여 : 이 책을 빌리고 싶은데요.

남 : 그럼 대출 카드를 주세요.

여 : 앗……넷, 네…….

남 : 아, 이 사전은 좀……. 사전은 대출 금지예요.

여 : 어, 그래요……?

남 : 그리고 이 잡지도……, 이번 주 호지요? 지난 것은 됩니다만.

여 : 그럼, 나중에 지난 주 호를 가져올게요.

남 : 그러세요. 음, 그리고 이 소설 3권은 괜찮습니다. 2주 이내에 반납해 주세요.

여 : 네, 알겠습니다.

여자가 빌린 것은 무엇입니까?

1 소설과 지난 잡지
2 소설과 새 잡지
3 사전과 소설
4 잡지와 사전

↳ 사전에 상황과 질문을 공개하므로 질문에 맞는 내용만 집중해서 듣도록 한다. 여자가 빌리고 싶었던 것은 사전과 신간 잡지, 그리고 소설 3권이다. 그러나 남자의 두 번째 대사에서 '사전'은 '대출 금지'라고 말하고 있으므로 사전은 빌릴 수 없음을 알 수 있다. 그리고 그 다음 대사에서 남자는 '잡지도 이번 주 호라서'라며 대출이 불가능함을 말하고 있다. 그 후 연이어 '지

난 잡지는 된다'고 했고, 여자는 '나중에 가져오겠다'고 했으므로 여자는 '지난 잡지'를 대출할 생각임을 알 수 있다. 그리고 마지막 대사에서 남자는 '소설은 괜찮다'고 말하고 있으므로 여자가 빌린 것은 '소설과 지난 잡지'임을 알 수 있다.

問題 3

문제3에서는 문제 용지에 아무것도 인쇄되어 있지 않습니다. 이 문제는 전체적으로 어떤 내용인지를 묻는 문제입니다. 이야기에 앞서 질문은 없습니다. 먼저 이야기를 들으세요. 그리고 나서 질문과 보기를 듣고 1～4 중에서 가장 알맞은 것을 하나 고르세요.

男の人と女の人が話しています。

男：就職したのはいいけれど、買わなくちゃならない物がいっぱいだよ。

女：何でも、たいてい持っているでしょう？

男：スーツにネクタイだろう。あ、ワイシャツもだ。洗濯たいへんだし、今の枚数じゃな。時計もいいのほしいし、パソコンも買いたいしな。

女：そんなに一度には無理でしょう。ひとつひとつそろえれば？ スーツだってあるじゃないの。就職活動したときのが。

男：そうだな。ネクタイも当分親父のを……。時計も今のでがまんするか。

女：じゃ、何も買わなくていいかな？

男：でも、やっぱ、あれは、いるな。俺、洗濯は大嫌いだもん。

男の人は何を買いますか。

1 ネクタイです。
2 ワイシャツです。
3 パソコンです。
4 スーツです。

남자와 여자가 이야기하고 있습니다.

남 : 취직한 건 좋은데, 사야 할 게 잔뜩이야.

여 : 뭐든 대체로 가지고 있잖아?

남 : 양복에 넥타이잖아. 아, 와이셔츠도. 빨래도 큰일이고, 지금 장수로는. 시계도 좋은 것 갖고 싶고, 컴퓨터도 사고 싶고.

여 : 그렇게 한꺼번에는 무리지. 하나하나 준비하는 게 어때? 양복도 있잖아. 취직 활동 할 때 입었던 거.

남 : 그렇군. 넥타이도 당분간 아버지 것 매고, 시계도 지금 걸로 참아 볼까.

여 : 그럼 아무것도 안 사도 되려나?

남 : 하지만 역시 그건 필요해. 나 빨래는 정말 싫은 걸.

남자는 무엇을 삽니까?

1   넥타이입니다.
2   와이셔츠입니다.
3   컴퓨터입니다.
4   양복입니다.

↳ 전체 내용을 듣고 나서 질문과 보기를 들려 주로 집중해서 잘 듣도록 한다. 남자가 처음에 사야 한다고 한 것은 양복, 넥타이, 와이셔츠, 시계, 컴퓨터이다. 그러나 대화 중반에 여자가 '한꺼번에는 무리'라고 말하면서 사지 않아도 되는 것들이 정리되고 있다. 이 대화를 통해 '양복, 넥타이, 시계'는 사지 않을 것임을 알 수 있다. 그러나 남자의 마지막 대사 '그건 필요해, 빨래는 싫다'는 말에서 '와이셔츠'만은 구입할 것임을 알 수 있다.

もんだい
問題 4

문제4에서는 그림을 보면서 질문을 들으세요. 화살표가 가리키는 사람은 뭐라고 말합니까? 1~3 중에서 가장 알맞은 것을 하나 고르세요.

どうりょう が仕事を手伝ってくれました。お礼を言いたいです。何と言いますか。

1   ありがとう、助かりました。
2   ありがとう、けっこうでした。
3   ありがとう、ご苦労さま。

동료가 일을 도와주었습니다. 감사 인사를 하고 싶습니다. 뭐라고 말합니까?

1   고마워요, (덕분에) 살았어요.
2   고마워요, 충분했어요.
3   고마워요, 수고했어요.

↳ 동료에게 감사 인사로서 알맞은 표현을 고르는 문제이다. 감사 인사로 대표적인 것은 「ありがとう(ございます)」이다. 1의 「助かる」는 '살아나다, 목숨을 건지다'라는 뜻으로 도움을 받았을 때 감사 인사말로 많이 쓴다. 2의 「けっこうだ」는 '충분하다'는 뜻으로 '사양'의 의미가 있고, 3의 「ご苦労さま」는 '수고했다'는 뜻으로 윗사람이 아랫사람에게 쓰는 말이므로 감사 인사말로는 적합하지 않다.

もんだい
問題 5

문제5에서는 문제 용지에 아무것도 인쇄되어 있지 않습니다. 우선 문장을 들으세요. 그리고 나서 그 대답을 듣고 1~3 중에서 가장 알맞은 것을 하나 고르세요.

A ： あ、ジョンさん、ごぶさたしております。

B ： ＿＿＿＿＿＿＿＿＿＿＿＿＿＿＿＿＿＿。

1   はい、そうですね。
2   本当ですね。またお会いしてしまいましたね。
3   こちらこそ、ごぶさたしてしまって。

A : 아, 존 씨, 오랫동안 연락 못 드렸습니다.
B : 1 네, 그렇군요.
    2 정말이군요. 또 만나고 말았네요.
    3 저야말로 연락 못 드려서 (죄송해요).

↳ 「ごぶさたする」는 '격조하다, 오랫동안 서로 소식이 끊기다'라는 뜻으로, 오랜만에 만났을 때 쓰는 인사말이다. 따라서 정답은 3번이다.

유형별 실전 문제

과제 이해 **실전 연습** p.366

問題1
もんだい

1	2	3	4	5	6
②	②	④	③	③	④

문제1에서는 먼저 질문을 들으세요. 그러고 나서 이야기를 듣고, 문제용지의 1~4 중에서 가장 알맞은 것을 하나 고르세요.

1ばん

女の人と男の人が話しています。女の人はどのケーキを買うことにしましたか。

女 : 明日、木村君の誕生日だよ。知ってた？

男 : うん！山田さんから聞いたよ。プレゼントはどうするつもり？

女 : みんなでお金を集めて買おうと思うんだけど。

男 : いいね。ケーキも買わなきゃ。

女 : ケーキは私が準備するね。ポイントでケーキが買えるらしいの。

男 : ポイントで買えるケーキってショートケーキじゃない？

女 : 違うよ。販売しているケーキから選べるらしい。

男 : あ、それいいね。そういえば、木村君、チョコケーキ好きだったっけ。

女 : うん、でもポイントではいちごケーキかチーズケーキしか買えないの。だからみんなが好きないちごケーキにしようかと。

男 : 僕はチーズケーキが好きだけどね。まあ、仕方ないか。

女 : あなたの誕生日にはチーズケーキにするよ。

ショートケーキ 조각 케이크   販売 판매

여자와 남자가 이야기하고 있습니다. 여자는 어느 케이크를 사기로 했습니까?

여 : 내일, 키무라 군의 생일이야. 알고 있었어?

남 : 응! 야마다 씨에게 들었어. 선물은 어떻게 할 생각이야?

여 : 다같이 돈을 모아서 사려고 생각하는데.

남 : 좋네. 케이크도 사야 해.

여 : 케이크는 내가 준비할게. 포인트로 케이크를 살 수 있대.

남 : 포인트로 살 수 있는 케이크는 조각 케이크 아니야?

여 : 아니야. 판매하고 있는 케이크에서 고를 수 있대.

남 : 아, 그거 좋네. 그러고 보니, 키무라 군 초코 케이크 좋아했던가?

여 : 응, 하지만 포인트로는 딸기 케이크나 치즈케이크밖에 살 수 없어. 그래서 모두가 좋아하는 딸기 케이크로 하려고.

남 : 나는 치즈 케이크가 좋은데. 뭐 어쩔 수 없지.

여 : 너의 생일에는 치즈 케이크로 할게.

여자는 어느 케이크를 사기로 했습니까?

1. 초코 케이크
2. 딸기 케이크
3. 치즈 케이크
4. 조각 케이크

↘ 여자는 포인트로 살 수 있는 케이크의 종류가 딸기 케이크와 치즈 케이크밖에 없다고 말했다. 또한 모두가 좋아하는 딸기 케이크로 하겠다고 말을 했기 때문에 정답은 딸기 케이크이다.

표현 해설

● ケーキも買わなきゃ 케이크도 사야 해.
「~なきゃ」는 「~なければならない」(하지 않으면 안 된다)의 표현이다.

● チョコケーキ好きだったっけ 초코 케이크 좋아했던가?
「~っけ」(~였던가?) 는 기억이 잘 나지 않거나 기억나는 사실이 정확하지 않을 때 쓰는 표현이다.

2ばん

男の人と花屋の店員が話しています。男の人はどんな色の花を選びましたか。

店員：いらっしゃいませ。

男　：あの、今日妹の演奏会があって、花束を買いたいんですが。

店員：こちらのバラはいかがですか。

男　：えっ、バラが青色になっていますね。

店員：ええ、こちらの青色のバラの花言葉は「夢がかなう」なので、お勧めですよ。

男　：いい意味ですね。でも妹はピンクが好きなんですよ。

店員：ピンクのバラもございますよ。

男　：ピンクと青色を混ぜることもできますか。

店員：もちろんです。

男　：ピンクのバラの花言葉は何ですか。

店員：「感謝」と「幸せ」です。

男　：そうですか。この虹色のバラも珍しいですね。

店員：最近、はやっています。

男　：でも、やっぱり妹が好きな色にします。

店員：はい。かしこまりました。

バラ 장미　　演奏会 연주회　　花束 꽃다발　　花言葉 꽃말
混ぜる 섞다　　感謝 감사　　虹色 무지개색

남자와 꽃가게의 점원이 이야기하고 있습니다. 남자는 어떤 색의 꽃을 골랐습니까?

점원：어서오세요.

남　：저기, 오늘 여동생 연주회가 있어서, 꽃다발을 사고 싶습니다만.

점원：이 장미는 어떠세요?

남　：어? 장미가 파란색이네요?

점원：네, 이 파란색 장미의 꽃말은 '꿈이 이루어지다'이기 때문에, 추천 드립니다.

남　：좋은 의미네요. 하지만 여동생은 핑크를 좋아해요.

점원：핑크색 장미도 있어요.

남　：핑크색과 파란색을 섞을 수 있나요?

점원：물론입니다.

남　：핑크색 장미의 꽃말은 뭐예요?

점원：'감사'와 '행복'입니다.

남　：그렇군요. 이 무지개색 장미도 희귀하네요.

점원：최근에 유행하고 있습니다.

남　：하지만 역시 여동생이 좋아하는 색으로 하겠습니다.

점원：네. 알겠습니다.

남자는 어떤 색의 꽃을 골랐습니까?

1. 파란색 장미
2. 핑크색 장미
3. 무지개색 장미
4. 파란색 장미와 핑크색 장미

↳ 여러가지 색의 장미를 추천받았지만 결국은 여동생이 좋아하는 색깔의 장미를 골랐다. 여동생이 좋아하는 색은 핑크색이라고 말했기 때문에 남자가 고른 꽃은 핑크색 장미이다.

표현 해설

- こちらのバラはいかがですか 이 장미는 어떠세요?
「いかが」는「どう」(어떻게)의 정중한 표현이다.

- ピンクのバラもございますよ 핑크색 장미도 있어요.
「ございます」는「あります」(있습니다)의 정중한 표현이다.

- かしこまりました 알겠습니다
「かしこまりました」는「わかりました」(알겠습니다)의 겸손한 표현이다.

3ばん

男の人と女の人が話しています。男の人はこれから何をしますか。

男：ねね、ゼミで発表するテーマ、決めたの？

女：あ、私は日本と韓国の食事のマナーの違いについて発表しようと思ってるの。

男：それいいね。面白そう！

女：で、明日、キムさんと韓国料理を食べながらキムさんに韓国の食事のマナーについて聞こうと思ってるの。

男：明日、僕も連れて行ってくれる？

女：いいけど、どうして？松田さんも韓国と日本の違いについて発表するつもりなの？

男：あ、そういうわけじゃないんだけど、実は、僕、韓国料理が大好きなんだ。

女：何だ、それなら早くテーマから決めなよ。韓国料理っていつでも食べれるでしょう？

男：それはそうだけど。じゃあ、僕、図書館に行ってテーマになりそうなもの、探してくるね。

女：私も一緒に行こうか。

連れて行く 데리고 가다

남자와 여자가 이야기하고 있습니다. 남자는 이제부터 무엇을 합니까?

남 : 있잖아, 세미나 수업에서 발표할 주제 정했어?

여 : 아, 나는 일본과 한국의 식사 매너 차이에 관해서 발표하려고 생각하고 있어.

남 : 그거 좋네. 재밌을 것 같아.

여 : 그래서 내일 김 씨랑 한국요리를 먹으면서 김 씨에게 한국의 식사 매너에 관해서 물어보려고 생각하고 있어.

남 : 내일 나도 데려가 줄래?

여 : 응 괜찮지만 왜? 마츠다 씨도 한국과 일본의 차이에 관해서 발표할 생각이야?

남 : 아, 그런 건 아닌데, 실은 나, 한국요리를 너무 좋아해.

여 : 뭐야, 그렇다면 빨리 주제부터 정해! 한국요리는 언제든지 먹을 수 있잖아.

남 : 그건 그렇지만. 그럼 나 도서관에 가서 주제가 될 만한 것 좀 찾아올게.

여 : 나도 같이 갈까?

남자는 이제부터 무엇을 합니까?

1. 여자와 한국요리에 관해서 조사한다.
2. 한국요리를 먹으러 간다.
3. 한국과 일본의 차이에 관해서 조사한다.
4. 도서관에 자료를 찾으러 간다.

↳ 처음에는 남자는 한국요리를 함께 먹으러 가고 싶다고 표현했지만 결국은 도서관에 가서 발표할 주제를 찾아보겠다고 말했기 때문에 남자는 도서관에 자료를 찾으러 간다가 정답이다.

표현 해설

● 私は日本と韓国の食事のマナーの違いについて発表しようと思ってるの 나는 일본과 한국의 식사 매너 차이에 관해서 발표하려고 생각하고 있어.
「동사 의지형 + と思う」(~하려고 생각하다)라는 문법이 쓰인 표현이다.

● そういうわけじゃないんだけど 그런 건 아니지만
「~わけじゃない」는 「~わけではない」(~인 것은 아니다)의 회화적 표현이다.

4ばん

娘と母親が話しています。これから娘はまず何をしますか。

娘　　　：ただいま。

お母さん：お帰り。今日の面接はどうだった？うまくいったの？

娘　　　：なんか、雰囲気はよかったんだけど、結果はどうなるかわかんないよ。それと、今まで面接を受けてきた会社から何の連絡もなかったじゃない。だからもっと不安だよ。

お母さん：実は、さっきミホ宛てに書留が来たんだけど。

娘　　　：本当？どこにあるの？

お母さん：テーブルの上に置いといたよ。

娘　　　：お母さん、私、緊張して開けられないから、お母さんが私の代わりに開けてみて。

お母さん：もう 封筒（ふうとう）に「おめでとうございます」って書（か）いてあるよ。

娘（むすめ）：まさか。

お母さん：ミホ！就職（しゅうしょく）おめでとう。

娘（むすめ）：お母（かあ）さんのおかげだよ。

お母さん：そう言（い）ってくれてありがとう。お祝（いわ）いのケーキでも買（か）いに行（い）こうか。

娘（むすめ）：お父（とう）さんに帰（かえ）りに買（か）って来（き）てもらおう。

お母さん：そうしよう。じゃあ、お父（とう）さんに電話（でん わ）してみて。

娘（むすめ）：うん。分（わ）かった。お母（かあ）さん、後（あと）でワインも飲（の）んでもいいよね。

雰囲気（ふんいき）분위기　　面接（めんせつ）면접　　書留（かきとめ）등기　　緊張（きんちょう）긴장
封筒（ふうとう）봉투　　就職（しゅうしょく）취직

딸과 엄마가 이야기하고 있습니다. 이제부터 딸은 가장 먼저 무엇을 합니까?

딸 : 다녀왔습니다.

엄마 : 어서 와. 오늘 면접은 어땠어? 잘 했어?

딸 : 뭔가, 분위기는 좋았는데, 결과는 어떻게 될지 모르겠어. 그리고 지금까지 면접을 봐 온 회사로부터 아무런 연락도 없잖아. 그래서 더 불안해.

엄마 : 실은, 아까 미호 앞으로 등기가 왔는데.

딸 : 진짜? 어디 있어?

엄마 : 테이블 위에 올려놨어.

딸 : 엄마, 나 긴장돼서 못 열겠으니까, 엄마가 내 대신에 열어 봐.

엄마 : 이미 봉투에 '축하합니다'라고 쓰여 있어.

딸 : 설마.

엄마 : 미호! 취직 축하해!

딸 : 엄마 덕분이야.

엄마 : 그렇게 말해 줘서 고마워. 축하 케이크라도 사러 갈까?

딸 : 아빠한테 퇴근길에 사오라고 하자.

엄마 : 그렇게 하자. 그럼 아빠한테 전화해 봐.

딸 : 응. 알겠어. 엄마, 나중에 와인도 마셔도 되지?

이제부터 딸은 가장 먼저 무엇을 합니까?

1. 케이크를 사러 간다.
2. 케이크와 와인을 준비한다.
3. 아빠에게 전화한다.
4. 엄마에게 케이크를 사오게 한다.

↳ 엄마가 축하 케이크를 사러 가자고 했지만 딸이 아빠에게 퇴근길에 사오도록 부탁하자고 이야기한다. 엄마는 그럼 아빠에게 전화를 해 보라고 이야기하기 때문에 딸이 가장 먼저 하게 될 일은 아빠에게 전화를 하는 것이다.

표현 해설

● さっきミホ宛（あ）てに書留（かきとめ）が来（き）たんだけど 아까 미호 앞으로 등기가 왔는데
「〜宛（あ）てに」는 '〜의 앞으로' 우편물이 도착했음을 나타낼 때 사용하는 표현이다.

● テーブルの上（うえ）に置（お）いといたよ 테이블 위에 올려 놓았어
「〜とく」는 「〜ておく」(〜해 두다)의 회화적 표현이다.

● もう封筒（ふうとう）に「おめでとうございますって書（か）いてあるよ 이미 봉투에 '축하합니다'라고 쓰여 있어
「〜って」는 「〜と」(〜라고)의 회화적 축약 표현이다.

5ばん

男（おとこ）の人（ひと）と女（おんな）の人（ひと）が話（はな）しています。男（おとこ）の人（ひと）はこれから何（なに）をしますか。

男（おとこ）：あそこ、人（ひと）がいっぱい並（なら）んでるけど、何（なに）売（う）ってる店（みせ）なの？

女（おんな）：あ、あそこはたこ焼（や）きとたい焼（や）きを売（う）っている店（みせ）なんです。

男（おとこ）：食（た）べたことあるの？

女（おんな）：はい、私（わたし）、たい焼（や）きが大好（だいす）きで結構（けっこう）食（た）べています。

男（おとこ）：うちの娘（むすめ）もたい焼（や）き大好（だいす）きなんだよね。じゃあ、今日（きょう）、仕事帰（しごとがえ）りに寄（よ）ってみようかな。

女（おんな）：あ、あの店（みせ）、売（う）り切（き）れ次第（しだい）、店（みせ）を閉（し）めるんですよ。

男（おとこ）：あ、そう？

女：娘さんに買ってあげるものなら、駅前に新しくできたマカロン屋さんもお勧めですよ。

男：マカロンか。それもいいね。あ、ちょうど娘からの電話だ。娘が好きかどうか聞いてみるね。

女：じゃあ、私はマカロン屋さんに電話して営業時間を聞いてみますね。

並ぶ 줄 서다　　たい焼き 붕어빵　　結構 꽤, 상당히
仕事帰り 퇴근길

남자와 여자가 이야기하고 있습니다. 남자는 이제부터 무엇을 합니까?

남 : 저기, 사람이 많이 줄 서 있는데, 뭐 파는 가게야?

여 : 아, 저기는 타코야키와 붕어빵을 팔고 있는 가게입니다.

남 : 먹어본 적 있어?

여 : 네, 저 붕어빵을 너무 좋아해서 꽤 먹고 있습니다.

남 : 우리 딸도 붕어빵 좋아하는데. 그럼 오늘 퇴근길에 들러 봐야겠다.

여 : 아, 저 가게, 다 팔리는 대로 가게를 닫거든요.

남 : 아 그래?

여 : 따님에게 사 주는 거라면, 역 앞에 새로 생긴 마카롱 가게도 추천합니다.

남 : 마카롱? 그것도 좋네. 아 마침 딸에게 전화가 왔다. 딸이 좋아하는지 물어볼게.

여 : 그럼, 저는 마카롱 가게에 전화해서 영업시간을 물어볼게요.

남자는 이제부터 무엇을 합니까?

1. 딸에게 전화를 건다.
2. 붕어빵을 사러 간다.
3. 딸로부터의 전화를 받는다.
4. 마카롱 가게에 전화를 한다.

↘ 딸에게 사다 줄 간식에 대해서 이야기하고 있는 도중, 마침 딸로부터 전화가 왔다. 남자는 바로 전화를 받아 딸에게 마카롱을 좋아하는지 물어볼 것이라고 이야기했기 때문에 남자가 할 일은 3번이다. 4번은 여자가 할 일이기 때문에 정답이 될 수 없다.

표현 해설

● あそこ、人がいっぱい並んでるけど、何売ってる店なの？ 저기, 사람이 많이 줄 서 있는데, 뭐 파는 가게야?

「並んでいる ＝ 並んでる」(줄 서있다), 「売っている ＝ 売ってる」(팔고 있다)와 같이 「〜ている・〜でいる」는 「〜てる・〜でる」로 축약하여 회화체로 표현할 수 있다.

● あの店、売り切れ次第、店を閉めるんですよ 저 가게, 다 팔리는 대로 가게를 닫거든요

「売り切れ次第」(다 팔리는 대로)는 문법 「동사 ます형 +次第」(~하는 대로)를 사용한 표현이다.

6ばん

大学で、男の人と事務の人が話しています。男の人はいくら支払いますか。

男：すみません。今年、卒業した者なんですが、卒業証明書と成績証明書の発行をしていただけませんか。

女：何枚必要ですか。

男：2枚ずつお願いします。

女：えっと、卒業証明書は1枚400円、成績証明書は1枚300円です。

男：あ、あと、2つとも英文でお願いします。

女：英文の発行になると、1枚あたり100円の手数料をいただきます。

男：あ、大丈夫です。お願いします。

女：分かりました。英文の発行は2〜3日ぐらいかかります。

男：はい。3日後に直接取りにきます。ありがとうございました。

卒業証明書 졸업증명서　　成績証明書 성적증명서
英文 영문　　手数料 수수료　　発行 발행
取りにくる 가지러 오다

대학에서 남자와 사무 직원이 이야기하고 있습니다. 남자는
얼마 지불합니까?

남 : 실례합니다. 올해 졸업한 사람입니다만, 졸업증명서와
　　성적증명서 발행을 해 주실 수 있나요?
여 : 몇 장 필요하세요?
남 : 2장씩 부탁드립니다.
여 : 음, 졸업증명서는 1장에 400엔, 성적증명서는 1장에
　　300엔입니다.
남 : 아, 그리고 2개 모두 영문으로 부탁드립니다.
여 : 영문 발행이 되면, 1장당 100엔의 수수료를 받습니다.
남 : 아, 괜찮습니다. 부탁드립니다.
여 : 알겠습니다. 영문 발행은 2~3일 정도 걸립니다.
남 : 네, 3일 후에 직접 가지러 오겠습니다. 감사합니다.

남자는 얼마 지불합니까?
1.　1500엔
2.　1600엔
3.　1700엔
4.　1800엔

↳ 졸업증명서 2장 800엔 + 성적증명서 2장 600엔 + 영문수수
　　료 4장 400엔 = 총 1800엔이다.

표현 해설

● 発行_{はっこう}をしていただけませんか 발행을 해 주실 수 있나요?
「～ていただけませんか」는 직역하는 경우 '~해 받을
수 없겠습니까?'이지만 한국어로 자연스럽게 해석하는
경우에는 '~해 주실 수 없겠습니까?' 혹은 '~해 주실 수
있겠습니까?'로 해석할 수 있다.

問題 2
もんだい

포인트 이해 **실전 연습** p.368 스크립트와 문제 해설

1	2	3
③	④	②

문제2에서는 먼저 질문을 들으세요. 그런 다음 문제 용지를 보세
요. 읽는 시간이 있습니다. 그리고 나서 이야기를 듣고, 문제 용
지의 1~4 중에서 가장 알맞은 것을 하나 고르세요.

1ばん

女の人と男の人がカメラについて話していま
す。女の人がカメラを買った一番の理由は何
ですか。

男 : あれ？このカメラ、何？
女 : あ、これ？最近買ったの。かわいいでしょ
　　う？
男 : 大きさもちょうどいいし、何よりあなた
　　にぴったりだね。
女 : 本当に？ピンクのカメラは初めて買って
　　みたんだけど、とても気に入ってるの。
男 : うん、色も素敵だね。でも、高くなかっ
　　たの？
女 : うん。私が持っているカメラの中で一番
　　高かったよ。でも、ピンク色のカメラが
　　ほしかったの。
男 : ピンクが好きだったんだ。じゃあ、ただ
　　ピンク色だから買ったわけ？
女 : まあ、色も大事だけど、実はこのカメラ、
　　50台限定で販売されたものなんだけど、
　　こんなカメラ、持っていれば10年後、20
　　年後に何倍も高く売れるの。
男 : あ、そっか。未来のための投資か。
女 : まあ、そんなもんだね。

素敵だ 멋지다　　限定 한정　　販売 판매　　未来 미래
投資 투자

여자와 남자가 카메라에 관해서 이야기하고 있습니다. 여자가 카메라를 산 가장 큰 이유는 무엇입니까?

남 : 어라? 이 카메라, 뭐야?

여 : 아, 이거? 최근에 샀어. 귀엽지?

남 : 크기도 딱 좋고, 무엇보다 너에게 딱이다.

여 : 진짜? 핑크색 카메라는 처음 사봤는데, 너무 마음에 들어.

남 : 응. 색도 멋지네. 근데 비싸지 않았어?

여 : 응. 내가 갖고 있는 카메라 중에서 가장 비쌌어. 하지만, 핑크색 카메라가 갖고 싶었어.

남 : 핑크색을 좋아하는구나. 그럼 그냥 핑크색이라서 산거야?

여 : 뭐, 색도 중요하지만, 실은 이 카메라 50대 한정으로 판매된 것인데, 이런 카메라, 갖고 있으면 10년 후, 20년 후에 몇 배나 비싸게 팔려.

남 : 아, 그래? 미래를 위한 투자인가?

여 : 뭐 그런 셈이지.

여자가 카메라를 산 가장 큰 이유는 무엇입니까?

1. 나중에 사고 싶어도 살 수 없을지도 모르기 때문에
2. 핑크색 카메라를 갖고 싶었기 때문에
3. 나중에 팔려고 생각하고 있기 때문에
4. 핑크색 카메라는 희귀하기 때문에

↳ 핑크색 카메라를 갖고 싶다고 말했지만 가장 큰 이유를 고르는 문제이므로 가장 강조된 부분을 찾는 것이 중요하다. 가장 강조한 부분은 50대 한정 판매로 몇십년 후에는 몇 배나 비싸게 팔린다는 내용이므로 정답은 3번이다.

표현 해설

● そっか 그래?
「そっか」는「そうか」(그래?)의 회화적 표현이다.

● そんなもんだね 그런 셈이지
문장 자체를 하나로 묶어서 암기해 두면 좋다.

2ばん

男<small>おとこ</small>の人<small>ひと</small>と女<small>おんな</small>の人<small>ひと</small>が話<small>はな</small>しています。男<small>おとこ</small>の人<small>ひと</small>はどうして仕事<small>しごと</small>を辞<small>や</small>めましたか。

男<small>おとこ</small> : ねね、明日<small>あした</small>、時間<small>じかん</small>ある？

女<small>おんな</small> : うん、私<small>わたし</small>はいいけど。明日<small>あした</small>会社<small>かいしゃ</small>行<small>い</small>かないの？

男<small>おとこ</small> : あ、言<small>い</small>わなかったっけ。僕<small>ぼく</small>、先週<small>せんしゅう</small>会社<small>かいしゃ</small>辞<small>や</small>めたよ。

女<small>おんな</small> : えっ？何<small>なん</small>で？上司<small>じょうし</small>からのパワハラとか？

男<small>おとこ</small> : いや、上司<small>じょうし</small>とは仲良<small>なかよ</small>かったよ。

女<small>おんな</small> : じゃ、給料<small>きゅうりょう</small>に不満<small>ふまん</small>があったとか？

男<small>おとこ</small> : いや、お金<small>かね</small>の問題<small>もんだい</small>じゃないよ。

女<small>おんな</small> : 何<small>なん</small>だー。それなら辞<small>や</small>めることないじゃん。

男<small>おとこ</small> : そうなんだけど、自分<small>じぶん</small>の店<small>みせ</small>を開<small>ひら</small>こうと思<small>おも</small>って。

女<small>おんな</small> : もしかして、この前<small>まえ</small>、話<small>はな</small>してたイタリアンレストラン？

辞<small>や</small>める (일을)그만두다   上司<small>じょうし</small> 상사   パワハラ 갑질
給料<small>きゅうりょう</small> 급료   不満<small>ふまん</small> 불만

남자와 여자가 이야기하고 있습니다. 남자는 왜 일을 그만 뒀습니까?

남 : 있잖아, 내일, 시간 있어?

여 : 응. 나는 괜찮은데. 내일 회사 안가?

남 : 아, 말 안 했나? 나, 지난주에 회사 그만뒀어.

여 : 어? 왜? 상사로부터의 갑질 때문에?

남 : 아니, 상사와는 사이 좋았어.

여 : 그럼, 급료에 불만이 있었어?

남 : 아니, 돈 문제는 아니야.

여 : 뭐야. 그러면 그만 둘 필요 없잖아.

남 : 그렇긴 한데, 내 가게를 열려고 생각해서.

여 : 혹시 요전에 말했던 이탈리아 레스토랑?

남자는 왜 일을 그만뒀습니까?

1. 급료에 불만이 있었기 때문에
2. 상사와 사이가 좋지 않았기 때문에
3. 이탈리아 레스토랑에 가고 싶기 때문에
4. 자신의 가게를 내고 싶기 때문에

↳ 급료에 대한 불만이나 상사와의 관계는 여자가 추측한 내용으로 정답이 될 수 없다. 남자가 직접 자신의 입으로 자신의 가게를 열려고 생각한다고 말하고 있으므로 정답은 4번이다.

- 言^いわなかったっけ 말 안 했었나?
  「~っけ」(~였던가?)는 기억이 잘 나지 않거나 기억나는 사실이 정확하지 않을 때 쓰는 표현이다.

- それなら辞^やめることないじゃん 그러면 그만 둘 필요 없잖아.
  「~じゃん」은 「~じゃない」의 회화적 표현으로 반말에 접속했을 때 '~잖아'라는 뜻으로 사용된다.

3ばん

女^{おんな}の人^{ひと}と男^{おとこ}の人^{ひと}がダンススクールについて話^{はな}しています。女^{おんな}の人^{ひと}はどのダンスを習^{なら}うことにしましたか。

女^{おんな}：最近^{さいきん}、太^{ふと}った気^きがして、ダンススクールに通^{かよ}うことにしたよ。

男^{おとこ}：いいね。ダンススクールではどんなことを習^{なら}うの？

女^{おんな}：2年前^{ねんまえ}、フラダンスを習^{なら}ったことがあるんだけど、全然^{ぜんぜん}痩^やせなかったの。で、今回^{こんかい}は激^{はげ}しいダンスを習^{なら}うことにしたよ。

男^{おとこ}：激^{はげ}しいダンスっていうと？

女^{おんな}：例^{たと}えば、ガールズヒップホップとかベリーダンスとかタップダンスとか色々^{いろいろ}あるよ。

男^{おとこ}：で、君^{きみ}は？

女^{おんな}：ちょっと恥^はずかしいけど、ポールダンスにしちゃった。

男^{おとこ}：それ本当^{ほんとう}に痛^{いた}いらしいよ。あざもできるみたいだし。ベリーダンスに変^かえた方^{ほう}がいいんじゃない？

女^{おんな}：ベリーダンス？んー、痛^{いた}くてもチャレンジしてみたいよ。

痩^やせる 살 빠지다　激^{はげ}しい 격렬하다　ヒップホップ 힙합
ベリーダンス 벨리 댄스　タップダンス 탭 댄스
ポールダンス 폴 댄스　あざ 멍

여자와 남자가 댄스 스쿨에 관해서 이야기하고 있습니다. 여자는 어느 댄스를 배우기로 했습니까?

여 : 최근, 살찐 느낌이 들어서, 댄스 스쿨에 다니기로 했어.

남 : 좋네. 댄스 스쿨에서는 어떤 것을 배워?

여 : 2년 전에, 훌라 댄스를 배운 적이 있는데, 전혀 살이 빠지지 않았어. 그래서 이번에는 격렬한 댄스를 배우기로 했어.

남 : 격렬한 댄스라면?

여 : 예를 들면, 걸즈 힙합이나 벨리 댄스나 탭 댄스 같은 여러가지가 있어.

남 : 그래서 너는?

여 : 좀 부끄럽지만, 폴 댄스로 해 버렸어.

남 : 그거 진짜 아프대. 멍도 생기는 것 같고. 벨리 댄스로 바꾸는 편이 좋지 않아?

여 : 벨리 댄스? 음~ 아파도 도전해 보고 싶어.

여자는 어느 댄스를 배우기로 했습니까?

1. 벨리 댄스
2. 폴 댄스
3. 탭 댄스
4. 훌라 댄스

↘ 남자가 폴댄스는 아프고 멍도 생긴다고 말했지만 여자는 아파도 도전해 보고 싶다고 이야기 했으므로 정답은 2번 폴댄스이다.

- で、今回^{こんかい}は激^{はげ}しいダンスを習^{なら}うことにしたよ。
  그래서 이번에는 격렬한 댄스를 배우기로 했어.
  「で」는 접속사 「それで」(그래서)의 회화적 축약 표현이다.

- 激^{はげ}しいダンスっていうと 격렬한 댄스라면?
  「~って」는 「~と」(~라고)의 회화적 축약 표현이다.

- ポールダンスにしちゃった 폴 댄스로 해 버렸어.
  「~ちゃう」는 「~てしまう」(~해 버리다)의 회화적 축약 표현이다.

もんだい 問題 3

개요 이해 **실전 연습** p.369 스크립트와 문제 해설

1	2	3	4
③	③	③	②

문제3에서는 문제 용지에 아무것도 인쇄되어 있지 않습니다. 이 문제는 전체적으로 어떤 내용인지를 묻는 문제입니다. 이야기에 앞서 질문은 없습니다. 먼저 이야기를 들으세요. 그러고 나서 질문과 보기를 듣고 1~4 중에서 가장 알맞은 것을 하나 고르세요.

1ばん

テレビで女の人が話しています。

女：ミミズを見たら気持ち悪いと思ってしまう人もいるかもしれませんが、ミミズは地球になくてはならない存在なんです。ミミズは何を食べるか知っていますか。実はミミズは土の中の有機物を食べます。その有機物の中には微生物が含まれていてミミズの腸の中で増えます。その後、増えた微生物はミミズのフンとなって、植物にいい土を作ります。ミミズが世の中からいなくなったら、植物はもちろん私たちも生きていけません。

女の人は何について話していますか。

1　ミミズの魅力
2　ミミズの種類
3　ミミズの役割
4　ミミズの歴史

ミミズ 지렁이　地球 지구　存在 존재　有機物 유기물
微生物 미생물　腸 장　世の中 세상　魅力 매력
種類 종류　役割 역할　歴史 역사

텔레비전에서 여자가 이야기하고 있습니다.

여 : 지렁이를 보면 징그럽다고 생각하는 사람도 있을지도 모릅니다만, 지렁이는 지구에 없어서는 안 될 존재입니다. 지렁이는 무엇을 먹는지 알고 있습니까? 실은 지렁이는

땅 속의 유기물을 먹습니다. 그 유기물 속에는 미생물이 포함되어 있어 지렁이의 장 안에서 늘어납니다. 그 후, 늘어난 미생물은 지렁이의 변이 되어, 식물에게 좋은 땅을 만듭니다. 지렁이가 세상에서 없어진다면, 식물은 물론 우리들도 살아갈 수 없습니다.

여자는 무엇에 관해서 이야기하고 있습니까?

1.　지렁이의 매력
2.　지렁이의 종류
3.　지렁이의 역할
4.　지렁이의 역사

↳　여자는 지렁이가 좋은 땅을 만들며, 없어질 경우 사람에게도 영향이 있음을 나타내고 있기 때문에 정답은 3번이다.

2ばん

男の学生が先生に電話で話しています。

男：あの、先生のゼミの木村ですが、今、お電話大丈夫ですか。
女：はい、どうしましたか？
男：論文を見ていただきたいんですが、明日、先生の研究室に伺ってもよろしいですか。
女：あ、明日はセミナーで学校にいませんね。
男：あ、そうですか。
女：そうですね。明後日なら大丈夫ですけど。
男：では、明後日お訪ねします。
女：あ、じゃあ、その前にメールアドレス教えてくれれば参考になる資料、送っておきますよ。
男：本当ですか。ありがとうございます。

男の学生は先生にどのようなことをお願いしましたか。

1　資料を送ること
2　メールアドレスを教えること
3　論文を見ること
4　セミナーに参加すること

論文 논문	研究室 연구실	参考 참고	資料 자료

남자 학생이 선생님에게 전화로 이야기하고 있습니다.

남 : 저기, 선생님 세미나 수업의 키무라입니다만, 지금, 전화 괜찮으세요?

여 : 네. 무슨 일이죠?

남 : 논문을 봐 주셨으면 합니다만, 내일, 선생님 연구실에 방문해도 괜찮을까요?

여 : 아, 내일은 세미나로 학교에 없어요.

남 : 아, 그렇습니까?

여 : 맞아요. 내일모레라면 괜찮습니다만.

남 : 그럼, 내일모레 방문하겠습니다.

여 : 아, 그럼 그 전에 메일주소를 알려주면 참고가 되는 자료를 보내놓을게요.

남 : 정말이요? 감사합니다.

남자 학생은 선생님에게 어떤 것을 부탁했습니까?

1. 자료를 보내는 것
2. 메일 주소를 알려주는 것
3. 논문을 보는 것
4. 세미나에 참가하는 것

↳ 남자는 전화로 자신의 논문을 봐 주길 바라며 선생님에게 방문하기를 희망하고 있기 때문에 정답은 3번이다.

표현 해설

● 論文を見ていただきたいんですが 논문을 봐 주셨으면 합니다만

「～ていただきたい」는 직역하는 경우 '~해 받고 싶다'이지만 한국어로 자연스럽게 해석하는 경우에는 '~해 주셨으면 좋겠다' 혹은 '~해 주길 바란다'로 해석할 수 있다.

● 伺ってもよろしいですか 방문해도 괜찮을까요?
「明後日お訪ねします」 내일모레 방문하겠습니다.
「伺う」와 「お訪ねする」(방문하다)는 겸양 표현이다.

3ばん

男の人と女の人が話しています。

男 : 明日、福岡に行くんだけど、福岡って何が有名なの？

女 : 福岡って言ったら明太子かラーメンだね。

男 : 明太子？あ、僕は明太子はあんまり好きじゃないの。

女 : どうして？白いご飯に明太子って最高だよ。

男 : 匂いも変だし、しょっぱくない？

女 : そう？私はその味が好きだけど。明太子味のお菓子も大好き！

男 : へぇー、僕は無理。

女 : おいしいのに。

男 : お土産に明太子買って来るよ。

女 : 本当に？楽しみにしてるね。

男の人は明太子についてどう思っていますか。

1 おいしいけど、あまり好きではない。
2 おいしいけど、匂いが嫌だ。
3 匂いもするし、あまり好きではない。
4 しょっぱいけど、けっこう好きだ。

明太子 명란젓	お菓子 과자

남자와 여자가 이야기하고 있습니다.

남 : 내일, 후쿠오카에 가는데, 후쿠오카는 뭐가 유명해?

여 : 후쿠오카라고 하면 명란젓이나 라면이지.

남 : 명란젓? 아, 나는 명란젓은 별로 좋아하지 않아.

여 : 왜? 하얀 밥에 명란젓은 최고야.

남 : 냄새도 이상하고, 짜지 않아?

여 : 그래? 나는 그 맛을 좋아하는데. 명란젓 맛 과자도 엄청 좋아해.

남 : 헐, 나는 무리.

여 : 맛있는데…

남 : 선물로 명란젓 사 올게.

여 : 정말? 기대하고 있을게.

남자는 명란젓에 관해서 어떻게 생각하고 있습니까?

1. 맛있지만, 별로 좋아하지 않는다.
2. 맛있지만, 냄새가 싫다.
3. 냄새도 나고, 별로 좋아하지 않는다.
4. 짜지만, 꽤 좋아한다.

↳ 여자는 명란젓의 맛을 좋아한다고 했지만 남자는 냄새도 이상하고 짜서 좋아하지 않는다고 표현했기 때문에 정답은 3번이다.

4ばん Track 33

_る_す_{ばん}_{でん}_わ _き
留守番電話を聞いています。

_{おんな}
女：もしもし、はると君、悪いけど、今日、祭りに一緒に行けなさそうなんだ。急に祖父が倒れちゃって、今、病院にいるの。私も今日の祭り楽しみにしてたのに、本当に残念。もしよかったらそうた君に電話してみて！この前、そうた君も一緒に行きたいって言ってたよ。5月にもまた祭りあるから、その時は一緒に行こう。あ、それから写真撮ったら送ってね。じゃあ、また。

_{おんな} _{ひと} _{まつ} _い
女の人はどうして祭りに行けませんか。

1 写真を撮りたくないから
2 病院にいなければならないから
3 電話に出られないから
4 病院に行かなければならないから

祖父 할아버지　倒れる 쓰러지다　祭り 축제, 제사
楽しみにする 기대하다　残念 유감

부재중전화를 듣고 있습니다.

여 : 여보세요. 하루토 군, 미안한데, 오늘 축제에 함께 가지 못할 것 같아. 갑자기 할아버지가 쓰러져서, 지금 병원에 있어. 나도 오늘 축제 기대하고 있었는데, 정말로 유감이야. 만약 괜찮다면 소타 군에게 전화해 봐! 요전에 소타 군도 함께 가고 싶다고 말했어. 5월에도 또 축제가

있으니까, 그때는 함께 가자. 아 그리고 사진 찍으면 보내줘. 그럼, 또 봐.

여자는 왜 축제에 갈 수 없습니까?

1. 사진을 찍고 싶지 않기 때문에
2. 병원에 있어야 하기 때문에
3. 전화를 받을 수 없기 때문에
4. 병원에 가야하기 때문에

↳ 여자는 할아버지가 갑자기 쓰러지셔서 현재 병원에 있다고 말했기 때문에 정답은 2번이다.

표현 해설

● _{きゅう} _そ_ふ _{たお} _{いま} _{びょういん}
急に祖父が倒れちゃって、今、病院にいるの 갑자기 할아버지가 쓰러져서, 지금 병원에 있어.
「～ちゃう」는 「～てしまう」(~해 버리다)의 회화적 축약 표현이다.

● _{くん} _{いっしょ} _い _い
そうた君も一緒に行きたいって言ってたよ 소타 군도 함께 가고 싶다고 말했어.
「～って」는 「～と」(~라고)의 회화적 축약 표현이다.

● じゃあ、また 그럼, 또 봐.
「じゃあ、また」는 헤어질 때 하는 인사말로 사용되는 표현이다.
그 외에 「じゃあ、また明日」(그럼 내일 또 봐), 「じゃあ、また来週」(그럼 다음주에 또 봐) 등의 표현도 함께 알아두는 것이 좋다.

問題 4

발화 표현 **실전 연습** p.370 스크립트와 문제 해설

1	2	3	4	5
②	③	①	②	②
6	7	8	9	10
③	①	①	②	③
11	12	13	14	15
①	②	②	①	①
16	17	18	19	20
②	①	②	③	③
21	22	23	24	25
②	③	①	②	①
26	27	28	29	30
③	①	②	①	②
31	32	33	34	35
③	①	③	①	③
36	37	38	39	40
③	①	③	①	②
41	42			
③	②			

문제4에서는 그림을 보면서 질문을 들으세요. 화살표가 가리키는 사람은 뭐라고 말합니까? 1~3 중에서 가장 알맞은 것을 하나 고르세요.

1ばん

空いている席に座りたいです。何と言いますか。

1 ここに座っていただけませんか。
2 ここに座ってもいいですか。
3 ここにお座りになってもいいですか。

비어 있는 자리에 앉고 싶습니다. 뭐라고 말합니까?
1. 여기에 앉아 주시겠습니까?
2. 여기에 앉아도 됩니까?
3. 여기에 앉으셔도 됩니까?

2ばん

電車の中でお年寄りに席を譲りたいです。何と言いますか。

1 席は空いています。
2 足は痛くないですか。
3 よかったらどうぞ。

전철 안에서 노인에게 자리를 양보하고 싶습니다. 뭐라고 말합니까?
1. 자리는 비어 있습니다.
2. 다리는 아프지 않습니까?
3. 괜찮다면 앉으세요.

3ばん

忙しい時、電話がかかってきました。何と言いますか。

1 ちょっと忙しいから、後でかけ直すね。
2 ちょっと忙しいから、後で電話に出るね。
3 ちょっと忙しいから、後で電話をつなぐね。

바쁠 때, 전화가 걸려왔습니다. 뭐라고 말합니까?
1. 조금 바쁘니까, 나중에 다시 걸게.
2. 조금 바쁘니까, 나중에 전화 받을게.
3. 조금 바쁘니까, 나중에 전화를 연결할게.

4ばん

友達が引っ越しを手伝ってくれました。何と言いますか。

1 引っ越しって一人じゃ無理です。
2 おかげさまで、予定より早く終わりました。
3 引っ越しセンターで働きたいです。

정답 및 해석 **77**

친구가 이사를 도와줬습니다. 뭐라고 말합니까?

1. 이사는 혼자서는 무리입니다.
2. 덕분에, 예정보다 빨리 끝났습니다.
3. 이삿짐 센터에서 일하고 싶습니다.

5ばん

友達が家に遊びに来ました。何と言いますか。

1 ぜひまた遊びに来てください。
2 どうぞ、お上がりください。
3 早く来てください。

친구가 집에 놀러 왔습니다. 뭐라고 말합니까?

1. 꼭 또 놀러 오세요.
2. 어서 들어오세요.
3. 빨리 오세요.

6ばん

近所のおばあさんが重い荷物を持っています。何と言いますか。

1 重い荷物ですね。気を付けて運びましょう。
2 誰からもらったんですか。
3 その荷物、私がお持ちしましょうか。

이웃 아줌마가 무거운 짐을 들고 있습니다. 뭐라고 말합니까?

1. 무거운 짐이네요. 조심해서 옮깁시다.
2. 누구에게 받은 겁니까?
3. 그 짐, 제가 들어드릴까요?

7ばん

不動産で家を探しています。何と言いますか。

1 南向きの部屋を探しています。
2 広い庭があってよかったです。
3 家の近くにコンビニがあります。

부동산에서 집을 찾고 있습니다. 뭐라고 말합니까?

1. 남향의 방을 찾고 있습니다.
2. 넓은 정원이 있어서 좋았습니다.
3. 집 근처에 편의점이 있습니다.

8ばん

買ったハンカチをプレゼント用にしたいです。何と言いますか。

1 このハンカチ、包んでいただけませんか。
2 このハンカチ、包ませていただけませんか。
3 このハンカチ、包みたいですが。

구입한 손수건을 선물용으로 하고 싶습니다. 뭐라고 말합니까?

1. 이 손수건, 포장해 주실 수 있나요?
2. 이 손수건, (제가)포장해도 될까요?
3. 이 손수건, (제가)포장하고 싶습니다만.

9ばん

喫煙エリアでライターを借りたいです。何と言いますか。

1 すみません。ライター借りてもらえませんか。
2 すみません。ライター貸してもらえませんか。
3 すみません。ライター返してもらえませんか。

흡연 구역에서 라이터를 빌리고 싶습니다. 뭐라고 말합니까?

1. ✖ (남에게 물건을 빌릴 때는 借りる는 사용할 수 없다)

2. 실례합니다. 라이터 빌려 주실 수 있을까요?

3. 실례합니다. 라이터 돌려 주실 수 있을까요?

10ばん

新幹線で自分の席に他の人が座っています。
何と言いますか。

1　すみません。こちらの席へどうぞ。
2　自由席なのでここに座ってもいいですか。
3　すみません。ここは私の席だと思いますが。

신칸센에서 자신의 자리에 다른 사람이 앉아 있습니다. 뭐라고
말합니까?

1. 실례합니다. 이 자리에 앉으세요.
2. 자유석이기 때문에 앉아도 됩니까?
3. 실례합니다. 여기는 제 자리라고 생각합니다만.

11ばん

先輩におごってもらいました。何と言いますか。

1　ごちそうさまでした。
2　本当にごめんなさい。
3　迷惑をかけてすみません。

선배가 밥을 사 주었습니다. 뭐라고 말합니까?

1. 잘 먹었습니다.
2. 정말로 죄송합니다.
3. 민폐를 끼쳐 죄송합니다.

12ばん

先生に相談したいことがあります。何と言い
ますか。

1　先生、明日、相談があるようです。
2　先生、明日、相談に乗ってくれませんか。
3　先生、明日、相談してもいいです。

선생님에게 상담하고 싶은 것이 있습니다. 뭐라고 말합니까?

1. 선생님, 내일, 상담이 있는 것 같습니다.
2. 선생님, 내일, 상담에 응해 주실 수 있습니까?
3. 선생님, 내일, 상담해도 됩니다.

13ばん

スーパーでお菓子を買ったところ、賞味期限
が切れていました。スーパーの人に何と言い
ますか。

1　このお菓子、賞味期限が切れていますが、
　処理してもらえますか。
2　このお菓子、賞味期限が切れていますが、
　交換してもらえますか。
3　このお菓子、賞味期限が切れていますが、
　展示してもらえますか。

슈퍼에서 과자를 샀는데, 유통기한이 지나 있었습니다. 슈퍼
사람에게 뭐라고 말합니까?

1. 이 과자, 유통기한이 지나 있습니다만, 처리해 주실
　수 있습니까?
2. 이 과자, 유통기한이 지나 있습니다만, 교환해 주실
　수 있습니까?
3. 이 과자, 유통기한이 지나 있습니다만, 전시해 주실
　수 있습니까?

14ばん

せんぱい あ やくそく じかん おく なん
先輩と会う約束の時間に遅れてきました。何
い
と言いますか。

ま おく
1 お待たせしました。遅れてごめんなさい。
ま おそ
2 お待たせしました。遅くてごめんなさい。
ま いそ
3 お待たせしました。急がなくてごめんなさ
い。

선배와 만나는 약속 시간에 늦게 왔습니다. 뭐라고 말합니까?

1. 오래 기다리셨습니다. 늦어서 죄송합니다.
2. 오래 기다리셨습니다. 느려서 죄송합니다.
3. 오래 기다리셨습니다. 서두르지 않아서 죄송합니다.

15ばん

ともだち み ま かえ なん い
友達のお見舞いから帰るところです。何と言
いますか。

だいじ
1 お大事に。
げんき
2 元気でね。
3 おかげさまで。

친구의 병문안에서 돌아가려던 참입니다. 뭐라고 말합니까?

1. 몸조리 잘 하세요. (아픈 사람에게 쓰는 말)
2. 건강해. (단순한 작별 인사)
3. 덕분입니다.

16ばん

きゃく きんえんせき す
お客さんが禁煙席でたばこを吸っています。
きゃく なん い
お客さんに何と言いますか。

きゃくさま す かま
1 お客様、ここではタバコを吸っても構いま
せん。
きゃくさま きつえんせき あんない
2 お客様、喫煙席にご案内しましょうか。
きゃくさま はいざら も
3 お客様、灰皿をお持ちしましょうか。

손님이 금연석에서 담배를 피우고 있습니다. 손님에게 뭐라고
말합니까?

1. 손님, 여기에서는 담배를 피워도 상관없습니다.
2. 손님, 흡연석으로 안내해 드릴까요?
3. 손님, 재떨이를 가져다 드릴까요?

17ばん

かれし いっしょ しゃしん と まわ ひと
彼氏と一緒に写真を撮りたいので、周りの人
たの なん い
に頼みます。何と言いますか。

しゃしん
1 あの、写真をとっていただけませんか。
しゃしん
2 あの、写真をとらせていただけませんか。
しゃしん
3 あの、写真をとらせてもらえませんか。

남자친구와 함께 사진을 찍고 싶기 때문에, 주변 사람에게 부탁
합니다. 뭐라고 말합니까?

1. 저기, 사진을 찍어 주실 수 있을까요?
2. 저기, 사진을 (제가) 찍어도 될까요?
3. 저기, 사진을 (제가) 찍어도 될까요?

18ばん

せんせい けんきゅうしつ はい なん い
先生の研究室に入ります。何と言いますか。

く ろうさま
1 ご苦労様でした。
しつれい
2 失礼いたします。
つか
3 お疲れさまでした。

선생님의 연구실에 들어갑니다. 뭐라고 말합니까?

1. 수고했습니다.
2. 실례하겠습니다.
3. 수고했습니다.

19ばん

ゆうびんきょく い みち き なん い
郵便局へ行く道を聞きたいです。何と言いま
すか。

1 郵便局に行ってもよろしいですか。
2 郵便局に降りてください。
3 郵便局へはどう行けばいいですか。

우체국에 가는 길을 묻고 싶습니다. 뭐라고 말합니까?
1. 우체국에 가도 괜찮습니까?
2. 우체국에 내려 주세요.
3. 우체국에는 어떻게 가면 됩니까?

20ばん

友達の家に入ります。何と言いますか。
1 ごめんください。
2 ただいま。
3 おじゃまします。

친구 집에 들어갑니다. 뭐라고 말합니까?
1. 계십니까?
2. 다녀왔습니다.
3. 실례하겠습니다.

21ばん

会社の同僚を飲み会に誘いたいです。何と言いますか。
1 仕事終わったら、飲ませてください。
2 仕事終わったら、飲みに行きませんか。
3 仕事終わったら、飲んでもいいですよ。

회사 동료를 술자리에 권하고 싶습니다. 뭐라고 말합니까?
1. 일이 끝나면, 마시게 해주세요.
2. 일이 끝나면, 마시러 가지 않겠습니까?
3. 일이 끝나면, 마셔도 됩니다.

22ばん

体調が悪いので会社を休みたいです。何と言いますか。
1 体調が悪いんですが、今日、休んでもらえませんか。
2 体調が悪いので、今日は休んでいただきます。
3 体調が悪いんですが、今日、休ませてもらえませんか。

컨디션이 좋지 않기 때문에 회사를 쉬고 싶습니다. 뭐라고 말합니까?
1. 컨디션이 좋지 않습니다만, 오늘 쉬겠습니까?
2. 컨디션이 좋지 않기 때문에, 오늘은 (당신이) 쉬겠습니다.
3. 컨디션이 좋지 않습니다만, 오늘 (제가) 쉬어도 될까요?

23ばん

レストランでオムライスを頼んだのにハンバーグが出ました。何と言いますか。
1 あのう、私が頼んだのと違うのが出ました。
2 いいえ、私はオムライスを頼んでいません。
3 あのう、私はハンバーグを頼みましたが。

레스토랑에서 오므라이스를 주문했는데 함박스테이크가 나왔습니다. 뭐라고 말합니까?
1. 저기, 제가 주문한 것과 다른 것이 나왔습니다.
2. 아니요, 저는 오므라이스를 주문하지 않았습니다.
3. 저기, 저는 함박스테이크를 주문했습니다만.

24ばん

> デパートでトイレを探^{さが}しています。何^{なん}と言^いいますか。
>
> 1 あの、すみません。地下^{ちか}1階^{かい}にトイレがありました。
> 2 あの、すみません。1階^{かい}にお手洗^{てあら}いがありますか。
> 3 あの、すみません。トイレは清掃中^{せいそうちゅう}みたいです。

백화점에서 화장실을 찾고 있습니다. 뭐라고 말합니까?
1. 저기, 실례합니다. 지하 1층에 화장실이 있었습니다.
2. 저기, 실례합니다. 1층에 화장실이 있습니까?
3. 저기, 실례합니다. 화장실은 청소중인 것 같습니다.

25ばん

> レストランで食^たべ終^おわったお皿^{さら}を片付^{かたづ}けてほしいです。何^{なん}と言^いいますか。
>
> 1 お皿^{さら}を下^さげてください。
> 2 お皿^{さら}を運^{はこ}んでください。
> 3 お皿^{さら}を洗^{あら}ってください。

레스토랑에서 다 먹은 접시를 치워 주길 바랍니다. 뭐라고 말합니까?
1. 접시를 치워 주세요.
2. 접시를 옮겨 주세요.
3. 접시를 닦아 주세요.

26ばん

> 駅^{えき}で財布^{さいふ}を拾^{ひろ}ったので、交番^{こうばん}に届^{とど}けに行^いきました。何^{なん}と言^いいますか。

> 1 この財布^{さいふ}、大事^{だいじ}に使^{つか}ってください。
> 2 これ、誰^{だれ}の財布^{さいふ}ですか。
> 3 これ、駅^{えき}のホームに落^おちていました。

역에서 지갑을 주웠기 때문에, 파출소에 신고하러 갔습니다. 뭐라고 말합니까?
1. 이 지갑, 소중히 사용해 주세요.
2. 이거 누구 지갑입니까?
3. 이거, 역 플랫폼에 떨어져 있었습니다.

27ばん

> お客^{きゃく}さんのパスポートをコピーしたいです。何^{なん}と言^いいますか。
>
> 1 こちらでお預^{あず}かりし、コピーさせていただきます。
> 2 こちらでお預^{あず}かりし、コピーしてほしいです。
> 3 こちらでお預^{あず}かりし、コピーしていただきます。

손님의 여권을 복사하고 싶습니다. 뭐라고 말합니까?
1. 저희가 맡아서, 복사하겠습니다.
2. 저희가 맡아서, (당신이)복사하길 바랍니다.
3. 저희가 맡아서, (당신이)복사하겠습니다.

28ばん

> アパレルショップでお客^{きゃく}さんが服^{ふく}を選^{えら}んでいます。店員^{てんいん}は何^{なん}と言^いいますか。
>
> 1 これ、交換^{こうかん}できますか。
> 2 お試^{ため}しください。
> 3 試着^{しちゃく}できますか。

옷가게에서 손님이 옷을 고르고 있습니다. 점원은 뭐라고 말합니까?

1. 이거, 교환할 수 있습니까?
2. 입어 보세요.
3. 입어 봐도 됩니까?

29ばん

予約したホテルに着きました。フロントで何と言いますか。

1 サイトで予約した佐藤といいます。
2 予約した部屋を変えてくれませんか。
3 タオルを持ってきてください。

예약한 호텔에 도착했습니다. 프론트에서 뭐라고 말합니까?

1. 사이트에서 예약한 사토라고 합니다.
2. 예약한 방을 바꿔 주실 수 있습니까?
3. 수건을 가져오세요.

30ばん

えびのアレルギーがあります。レストランで何と言いますか。

1 えびを使った料理です。
2 えびは抜きでお願いします。
3 えびも入っています。

새우 알레르기가 있습니다. 레스토랑에서 뭐라고 말합니까?

1. 새우를 사용한 요리입니다.
2. 새우를 빼고 부탁드립니다.
3. 새우도 들어 있습니다.

31ばん

改札口で切符を紛失したことに気が付きました。駅員に何と言いますか。

1 切符が破れました。
2 切符がありませんでした。
3 切符をなくしました。

개찰구에서 표를 분실한 것을 알아차렸습니다. 역무원에게 뭐라고 말합니까?

1. 표가 찢어졌습니다.
2. 표가 없었습니다.
3. 표를 잃어버렸습니다.

32ばん

レストランで食事の後、お金を払いたいです。何と言いますか。

1 お会計お願いします。
2 計算してください。
3 お金を下ろしてきます。

레스토랑에서 식사 후, 돈을 내고 싶습니다. 뭐라고 말합니까?

1. (돈)계산 부탁드립니다.
2. (숫자)계산해 주세요.
3. 돈을 인출해 오겠습니다.

33ばん

カフェで無料Wi-Fiを使いたいです。何と言いますか。

1 Wi-Fiの契約をお願いします。
2 Wi-Fiのパスワードを入力してください。
3 Wi-Fiのパスワードを教えてもらえませんか。

카페에서 무료 와이파이를 사용하고 싶습니다. 뭐라고 말합니까?

1. 와이파이 계약을 부탁드립니다.
2. 와이파이 비밀번호를 입력해 주세요.
3. 와이파이 비밀번호를 알려 주실 수 있습니까?

34ばん

卒業式が終わってから先生に挨拶をします。
何と言いますか。

1 お世話になりました。
2 卒業おめでとうございます。
3 そろそろ失礼します。

졸업식이 끝나고 나서 선생님에게 인사를 합니다. 뭐라고 말합니까?

1. 신세를 졌습니다.
2. 졸업 축하합니다.
3. 슬슬 실례하겠습니다.

35ばん

先生の説明がよく分かりません。何と言いますか。

1 もう一度、説明していただきます。
2 もう一度、説明させていただけませんか。
3 もう一度、説明していただけませんか。

선생님의 설명을 잘 모르겠습니다. 뭐라고 말합니까?

1. 한 번 더, (선생님이) 설명해 주시겠습니다.
2. 한 번 더, (제가) 설명해도 될까요?
3. 한 번 더, (선생님이) 설명해 주실 수 있을까요?

36ばん

友達が重い荷物を運んでいます。何と言いますか。

1 ダイエットしたほうがいいです。
2 それ、何ですか。
3 何か手伝おうか。

친구가 무거운 짐을 옮기고 있습니다. 뭐라고 말합니까?

1. 다이어트 하는 편이 좋습니다.
2. 그거, 뭡니까?
3. 뭔가 도와줄까?

37ばん

コンビニで高校生に見える人がビールを買おうとしています。何と言いますか。

1 年齢確認できるものをお持ちでしょうか。
2 学校はどこですか。
3 コンビニでビールは買えません。

편의점에서 고등학생으로 보이는 사람이 맥주를 사려고 하고 있습니다. 뭐라고 말합니까?

1. 연령 확인이 가능한 것을 가지고 있습니까?
2. 학교는 어디입니까?
3. 편의점에서 맥주는 살 수 없습니다.

38ばん

お客さんに新しいスマートフォンをお勧めします。何と言いますか。

1 料金は基本プランを使っていますね。
2 新モデルは高いですよ。
3 こちらのモデルはいかがでしょうか。

손님에게 새로운 스마트폰을 추천합니다. 뭐라고 말합니까?

1. 요금은 기본 플랜을 사용하고 있네요.
2. 새로운 모델은 비쌉니다.
3. 이 모델은 어떠십니까?

39ばん

バレンタインデーにチョコレートをもらいました。何と言いますか。

1 本当にもらっていいの？いただきます。
2 これ誰が作ったの？
3 ホワイトチョコレートが好きです。

밸런타인데이에 초콜릿을 받았습니다. 뭐라고 말합니까?

1. 정말 받아도 되니? 잘 받을게.
2. 이거 누가 만든 거니?
3. 화이트 초콜릿을 좋아합니다.

40ばん

弟が資格試験を受けに行きます。何と言いますか。

1 頑張ったかいがあったね。
2 緊張しないで頑張ってね。
3 受からなかったらどうしよう。

남동생이 자격증 시험을 보러 갑니다. 뭐라고 말합니까?

1. 열심히 한 보람이 있었네.
2. 긴장하지 말고 힘내.
3. 합격 못 하면 어쩌지.

41ばん

ファストフードの店で注文を受けています。店員は何と言いますか。

1 ご注文は以上です。
2 お持ち帰りします。
3 店内で召し上がりますか。

패스트푸드점에서 주문을 받고 있습니다. 점원은 뭐라고 말합니까?

1. 주문은 이상입니다.
2. 집에 가져가겠습니다.
3. 가게 안에서 드십니까?

42ばん

駅で困っている外国人がいます。何と言いますか。

1 乗り換えに困っています。
2 何かお困りですか。
3 新宿駅へ行きたいです。

역에서 곤란해하고 있는 외국인이 있습니다. 뭐라고 말합니까?

1. 환승에 곤란해하고 있습니다.
2. 뭔가 곤란한 일 있으신가요?
3. 신주쿠역으로 가고 싶습니다.

問題5

즉시 응답 실전 연습 p.391 스크립트와 문제 해설

1	2	3	4	5	6	7
②	②	③	①	③	①	③
8	9	10	11	12	13	14
②	②	②	③	③	①	②
15	16	17				
②	②	①				

문제5에서는 문제용지에 아무것도 인쇄되어 있지 않습니다. 우선 문장을 들으세요. 그리고 나서 그 대답을 듣고 1~3 중에서 가장 알맞은 것을 하나 고르세요.

1ばん

男：あの、すみません。トイレはどこですか。
女：1 手を洗いたいですか。
　　2 お手洗いは地下1階と3階にございます。
　　3 1階のトイレは清掃中みたいです。

남：저기, 실례합니다. 화장실은 어디입니까?
여：1 손을 씻고 싶습니까?
　　2 화장실은 지하 1층과 3층에 있습니다.
　　3 1층 화장실은 청소중인 것 같습니다.

2ばん

男：お子さんは、おいくつですか。
女：1 三個あります。
　　2 3歳と6歳です。
　　3 一人っ子です。

남：자녀는 몇 살입니까?
여：1 3개 있습니다.
　　2 3살과 6살입니다.
　　3 외동입니다.

3ばん

女：いらっしゃいませ。何かお探しですか。
女：1 サイズはMでお願いします。
　　2 ちょっと高いですね。
　　3 えっと、ピンクのスカートはありますか。

여：어서 오세요. 찾으시는 거 있으세요?
여：1 사이즈는 M으로 부탁드립니다.
　　2 좀 비싸네요.
　　3 음, 핑크색 스커트는 있습니까?

4ばん

女：今すぐお茶を入れます。
男：1 あ、おかまいなく。
　　2 いいえ、とんでもないです。
　　3 クリームも入れますよ。

여：지금 바로 차 끓이겠습니다.
남：1 아, 신경 쓰지 않아도 되는데.
　　2 아니요, 당치도 않습니다.
　　3 크림도 넣겠습니다.

5ばん

女：この靴とかばん、全部捨てちゃおう。
女：1 靴とかばんはリサイクルショップで買ってるの。
　　2 私のものじゃないの？
　　3 もったいないよ。捨てるなら私にちょうだい。

여：이 신발과 가방, 전부 버려 버려야지.
여：1 신발과 가방은 리사이클 샵에서 사고 있어.
　　2 내 거 아니니?
　　3 아까워. 버리는 거라면 나에게 줘.

6ばん

女：こちらのお弁当を温めましょうか。
男：1　はい、お願いします。
　　 2　いいえ、熱いですか。
　　 3　はい、要りません。

여 : 이 도시락 데울까요?
남 : 1 네, 부탁드립니다.
　　 2 아니요, 뜨겁습니까?
　　 3 네, 필요 없습니다.

7ばん

女：どうぞ、お上がりください。
女：1　すぐ上がります。
　　 2　失礼しました。
　　 3　お邪魔します。

여 : 어서 들어오세요.
여 : 1 바로 올라가겠습니다.
　　 2 실례했습니다.
　　 3 실례하겠습니다.

8ばん

男：ごめんください。
女：1　本当に迷惑ですよ。
　　 2　はい、どちら様ですか。
　　 3　お世話になりました。

남 : 계십니까?
여 : 1 정말로 민폐네요.
　　 2 네, 어느 분이십니까?
　　 3 신세를 졌습니다.

9ばん

女：冷めないうちにお召し上がりください。
男：1　冷たいビールが飲みたいです。
　　 2　いただきます。
　　 3　ごちそうさまでした。

여 : 식기 전에 드세요.
남 : 1 차가운 맥주를 마시고 싶습니다.
　　 2 잘 먹겠습니다.
　　 3 잘 먹었습니다.

10ばん

男：どうぞ、おかけください。
女：1　コートはかけなくてもいいです。
　　 2　では、失礼します。
　　 3　いえいえ。とんでもないです。

남 : 자, 앉으세요.
여 : 1 코트는 걸지 않아도 됩니다.
　　 2 그럼, 실례하겠습니다.
　　 3 아니요. 당치도 않습니다.

11ばん

女：飲み物は何になさいますか。
男：1　コーヒーもございます。
　　 2　ノンカフェインコーヒーを飲んでいます。
　　 3　私はウーロン茶にします。

여 : 마실 것은 뭘로 하시겠습니까?
남 : 1 커피도 있습니다.
　　 2 디카페인 커피를 마시고 있습니다.
　　 3 저는 우롱차로 하겠습니다.

12ばん

女：私（わたし）が頼（たの）んだのはクリームパスタですけど。

男：1　これもおいしいですよ。

　　2　カルボナーラをお勧（すす）めします。

　　3　申（もう）し訳（わけ）ございません。すぐに作（つく）り直（なお）します。

여 : 제가 주문한 것은 크림 파스타입니다만.

남 : 1 이것도 맛있어요.

　　2 카르보나라를 추천합니다.

　　3 죄송합니다. 바로 다시 만들겠습니다.

13ばん

女：お会計（かいけい）は皆（みな）さまご一緒（いっしょ）でよろしいですか。

男：1　別々（べつべつ）にお願（ねが）いします。

　　2　次々（つぎつぎ）にお願（ねが）いします。

　　3　ばらばらにお願（ねが）いします。

여 : 계산은 한꺼번에 하시겠습니까?

남 : 1 따로 부탁드립니다.

　　2 차례차례 부탁드립니다.

　　3 뿔뿔이 부탁드립니다.

14ばん

女：これは内緒（ないしょ）ですよ。

男：1　本当（ほんとう）に非常識（ひじょうしき）ですね。

　　2　分（わ）かった。誰（だれ）にも言（い）わないと約束（やくそく）するね。

　　3　大変（たいへん）なことになりました。

여 : 이거 비밀이에요.

남 : 1 정말로 몰상식하네요.

　　2 알았어. 누구에게도 말하지 않겠다고 약속할게.

　　3 큰일났습니다.

15ばん

男：つまらないものですが、どうぞ。

女：1　本当（ほんとう）、つまらないですね。

　　2　遠慮（えんりょ）なく、いただきます。

　　3　小（ちい）さくてかわいいものがほしいです。

남 : 별것 아니지만 받아주세요.

남 : 1 정말, 별것 아니네요.

　　2 사양하지 않고 받겠습니다.

　　3 작고 귀여운 것을 원합니다.

16ばん

男：ありがとうございました。

女：1　よいお年（とし）を。

　　2　どういたしまして。

　　3　言（い）うまでもないよ。

남 : 감사합니다.

여 : 1 새해 복 많이 받으세요. (연말 인사)

　　2 천만에요.

　　3 말할 것까지도 없어.

17ばん

女：1時間（じかん）あたりいくらですか。

男：1　1時間（じかん）につき500円（えん）でございます。

　　2　1時間（じかん）ごとに500円（えん）になります。

　　3　1時間（じかん）おきに500円（えん）です。

여 : 1시간당 얼마입니까?

남 : 1 1시간당 500엔입니다.

　　2 1시간마다 500엔이 됩니다.

　　3 1시간 간격으로 500엔입니다.

JLPT N3
제1회 실전 모의고사
정답 및 해석

문자·어휘

문제 1   1 ②   2 ②   3 ①   4 ③   5 ④   6 ①   7 ③   8 ④

문제 2   9 ①   10 ④   11 ②   12 ④   13 ③   14 ①

문제 3   15 ④   16 ②   17 ②   18 ②   19 ①   20 ③   21 ④   22 ④   23 ②   24 ①   25 ③

문제 4   26 ②   27 ①   28 ④   29 ③   30 ④

문제 5   31 ④   32 ①   33 ①   34 ①   35 ③

문법

문제 1   1 ①   2 ②   3 ④   4 ②   5 ①   6 ②   7 ④   8 ③   9 ①   10 ③   11 ③   12 ②
      13 ①

문제 2   14 ①   15 ③   16 ①   17 ④   18 ④

문제 3   19 ④   20 ③   21 ①   22 ②

독해

문제 4   23 ②   24 ①   25 ②   26 ④

문제 5   27 ①   28 ②   29 ①   30 ③   31 ①   32 ①

문제 6   33 ①   34 ②   35 ②   36 ④

문제 7   37 ①   38 ①

청해

문제 1   1 ①   2 ②   3 ③   4 ③   5 ②   6 ④

문제 2   1 ②   2 ①   3 ①   4 ③   5 ①   6 ④

문제 3   1 ①   2 ①   3 ①

문제 4   1 ②   2 ②   3 ①   4 ③

문제 5   1 ②   2 ①   3 ③   4 ③   5 ②   6 ②   7 ③   8 ①   9 ①

1교시 언어지식 (문자 · 어휘)

問題 1

_____의 단어 읽기로 가장 알맞은 것을 1·2·3·4에서 하나 고르시오.

[1] 치매는 치료하면 낫습니까?

[2] 그녀에게 충고해도 쓸모없어.

[3] 교과서 내용은 몇 년마다 갱신됩니까?

[4] 날개처럼 가벼운 안경을 소개하겠습니다.

[5] 아무것도 하지 않는데 의심받고 있는 느낌이 든다.

[6] 아름다운 경치에 마음을 빼앗겼다.

[7] 젊을 동안에 해둘 걸 그랬다.

[8] 내년에도 이 이벤트에 참가할 수 있으면 좋겠다고 생각합니다.

問題 2

_____의 단어를 한자로 쓸 때, 가장 알맞은 것을 1·2·3·4에서 하나 고르시오.

[9] 고백하기 전에, 상대의 마음을 확인하는 방법을 알려 주세요.

[10] 이제부터 8월의 신상품을 소개하겠습니다.

[11] 사고의 원인을 조사하기 위해, 현장에 달려갔다.

[12] 태연하게 벌레를 죽이는 그녀가 무서워졌다.

[13] 아침부터 비가 세차게 내리고 있다.

[14] 오늘은 자연을 지키기 위해서 우리가 할 수 있는 것에 관해서 발표하고 싶습니다.

問題 3

( )에 넣기에 가장 적당한 것을 1·2·3·4에서 하나 고르시오.

[15] 아빠 앞에는 부끄러워서 말할 수 없었지만, 나는 아빠를 존경하고 있습니다.

[16] 이 냄비는 2개로 나뉘어 있어 2종류의 요리를 동시에 즐길 수 있습니다.

[17] 사정이 복잡해서 설명하는 것이 어렵다.

[18] 아기가 기분 좋은 듯이 푹 잠들어 있다.

[19] 가정에서 필요 없어진 가구 등을 무료로 인수하고 있습니다.

[20] 창업 30주년을 기념해서 파티를 열기로 했다.

[21] 여행지를 입력하는 것만으로 여행 계획을 세워주는 애플리케이션이 유행하고 있다.

[22] 남편과 의논하고 나서 답장하겠습니다.

[23] 갑자기 튀어나온 차에 부딪힐 뻔했다.

[24] 수속이 끝난 여러분들께는 수험표를 발송해 드리겠습니다.

[25] 보고서를 보고 여쭤보고 싶은 것이 있습니다.

問題 4

( )에 넣기에 가장 적당한 것을 1·2·3·4에서 하나 고르시오.

[26] 저는 가난한 가정에서 자랐습니다만, 열심히 공부해서 변호사가 될 수 있었습니다.

[27] 사무실에 놓는 소파는 심플하고 고급스러운 디자인을 추천합니다.

[28] 시간은 아직 많이 있으니까 서두르지 않아도 된다.

[29] 매년 농가에서 일하는 사람의 수가 줄고 있다.

[30] 입 주변에 크림이 묻어 있다.

問題 5

_____의 말에 의미가 가장 가까운 것을 1·2·3·4에서 하나 고르시오.

[31] 文句(もんく) 불평, 불만
불평만 말하는 사람은 주변 사람들로부터 미움받아요.

[32] 常に(つねに) 늘, 항상
다수의 의견이 늘 올바르다고는 할 수 없다.

[33] 受け取る(うけとる) 수취하다, 받다
토요일, 일요일, 공휴일이라도 창구에서 짐을 받을 수 있습니다.

[34] 思い出(おもいで) 추억
그녀와 함께 잊을 수 없는 멋진 추억을 많이 만들었습니다.

[35] 配る(くばる) 나눠주다
매일 아침, 역 앞에서 티슈를 나눠주는 아르바이트를 하고 있습니다.

問題 1

다음 문장의 (　)에 들어갈 가장 알맞은 것을 1·2·3·4 에서 하나 고르시오.

1 나는 그녀와 헤어진 이래, 그녀를 한 번도 잊은 적이 없다.

2 손자가 태어난 것을 계기로 담배를 끊었습니다.

3 12년 사귄 남자친구와 드디어 결혼하게 되었습니다.

4 여러분, 고등학교 시절로 돌아간 셈치고 대답해 주세요.

5 그녀가 입원하고 있다는 것은 키무라 씨를 통해서 알았습니다.

6 너도 벌써 대학교 2학년생이 되었기 때문에, 고등학교를 졸업하고 2년이 지난 셈이다.

7 여기에서 공부하고 있는 사람도 있으니까 좀 조용히 해주길 바란다.

8 갓 구운 빵이 맛없을 리가 없다.

9 지진에 대비해서 물이나 식량 등, 평소부터 준비해 두어야 합니다.

10 어렸을 때, 아빠와 자주 낚시하러 가곤 했습니다.

11 곧 전철이 들어옵니다. 위험하기 때문에 노란 선 안쪽으로 들어가 주세요.

12 남편이 감기에 걸려버려 여행할 상황이 아닙니다.

13 1인당 1박에 200엔의 숙박세를 받게 되어 있습니다.

問題 2

다음 문장의 ★ 에 들어갈 가장 알맞은 것을 1·2·3·4 에서 하나 고르시오.

14 とってから　でない　と　海外に

A : 비자를 받고 나서가 아니면 해외에는 갈 수 없습니다.

B : 어? 아니에요. 비자가 없어도 갈 수 있는 나라는 많이 있어요.

15 ユーチューバー　と　いって　も

유튜버라고 해도 구독자 수는 15명밖에 없습니다.

16 ところで　キムさんは　国へ　帰る

이제 곧 여름방학이다. 그런데, 김 씨는 고국에 돌아가니?

17 うらやましくて　しかた　が　ない

A : 부자인 그녀가 부러워서 참을 수 없습니다.

B : 인생은 돈이 전부가 아니라고 말했는데도.

18 やすく　ても　あの　かばん

아무리 싸도 저 가방은 사고 싶지 않습니다.

問題 3

문제 다음 문장을 읽고, 문장 전체의 내용을 생각해서 19 부터 22 에 들어갈 가장 알맞은 것을 1·2·3·4에서 하나 고르시오.

　このたびは、おいしいりんごをたくさん送っていただきまして、本当にありがとうございました。とても甘くて、香りもよく、さすが青森のりんごですね。

19 今まで食べたものの中で一番おいしいりんごです。たくさんいただいたので、娘がアップルパイを作ってみようと言っております。家内はジャムを作ってみるそうです。りんごが大好きな私は、家内と娘の腕に期待しているところです。

　ご家族で青森を旅行されたとのこと、東北の秋を十分楽しまれたことでしょうね。私たちも来年あたり行ってみたいと思っています。そのときは、景色のきれいな所やおいしい食べ物などを20教えていただければうれしいです。

　新しいお仕事を始められて何かとお忙しいでしょうが、近いうちに一度、我が家へ遊びにいらっしゃいませんか。21じつは庭を少し作り直しました。花壇を広くして花を植えま

した。小さな池も作りましたし、前よりはきれいになりました。今まで[22]めったに庭の手入れなどしませんでしたが、これから少しずつやろうかと思っています。ぜひ見に来てください。
　まずは、お礼とお誘いまで。

香り 향기　　期待 기대　　十分 충분함　　景色 경치
花壇 화단　　植える 심다　　手入れ 손질

　이번에 맛있는 사과를 많이 보내주셔서 정말 감사합니다. 아주 달고, 향기도 좋고, 역시 아오모리의 사과군요.
　지금까지 먹은 것 중에서 가장 맛있는 사과입니다. 많이 보내주셔서 딸아이가 애플파이를 만들어 보겠다고 합니다. 아내는 잼을 만들어 보겠답니다. 사과를 굉장히 좋아하는 저는, 아내와 딸의 솜씨에 기대하고 있는 중입니다.
　가족과 아오모리를 여행하셨다는 것은 동북(지방)의 가을을 만끽하셨다는 것이겠지요. 저희들도 내년쯤에 가 보고 싶습니다. 그때는 경치가 아름다운 곳과 맛있는 음식 등을 가르쳐 주시면 감사하겠습니다.
　새로운 일을 시작하셔서 여러모로 바쁘시겠지만, 가까운 시일 내에 한번 저희 집에 놀러 오시지 않겠습니까? 실은 정원을 조금 손보았습니다. 화단을 넓히고 꽃을 심었습니다. 작은 연못도 만들었고, 전보다는 아름다워졌습니다. 지금까지 거의 정원 손질 같은 건 하지 않았는데, 앞으로 조금씩 해 볼까 합니다. 꼭 보러 와 주십시오.
　우선, 감사와 청하는 말씀을 드립니다.

[19]　1　지금까지 먹지 않아서
　　2　아직 먹지 않아서
　　3　아직 먹어본 적이 없는 것 중에서
　　4　지금까지 먹은 것 중에서
　↳ 뒤에 '가장 맛있는 사과'라고 했으므로 맛있는지 알 수 있는 말이 앞에 와야 한다.

[20]　1 가르쳐 주면　　　　　2 가르쳐 준다면
　　3 가르쳐 주신다면　　　4 가르쳐 주었더니
　↳ 경어를 써서 공손하게 말해야 하므로 정답은 3번이다. 1번은 공손함이 부족하고, 2·4는 자신의 행동을 나타내므로 적합하지 않다.

[21]　1 실은 2 그러나 3 게다가 4 그리고 나서
　↳ 집에 놀러 오라고 청하는 이유를 서술하는 것이므로 정답은 1번이다. '사실을 말하자면'이라는 뜻이다. 2는 반대를 나

타낼 때, 3은 내용을 덧붙일 때, 4는 시간의 순서를 나타낼 때 쓴다.

[22]　1 드디어 2 거의 3 꼭 4 반드시
　↳ 뒤에 '~하지 않았다'는 부정형이 오므로 앞에는 부정형과 함께 쓰이는 말이 와야 한다. 2번「めったに」는 '거의'라는 뜻으로 부정형과 함께 쓰며, 횟수를 나타낸다.

표현 해설

1. 送っていただきまして、本当にありがとうございました 보내주셔서 정말 감사합니다
　「~ていただく」는「~てもらう」의 존경 표현이다.
　　私は、先生に中国語を教えていただきました。
　　나는 선생님께 중국어를 배웠습니다.

2. さすが青森のりんごですね
　과연 아오모리의 사과군요
　여기서「さすが」는 '역시나, 평판대로'라는 뜻으로 사용한다. '들은 대로 아주 맛있다'는 뜻을 나타내고 있다.
　　さすが渋谷だな。いろんな服装をした若い人が多いなあ。
　　과연 시부야구나. 다양한 복장을 한 젊은 사람들이 많구나.

3. 家内と娘の腕 아내와 딸아이의 솜씨
　「腕」는 '역량, 솜씨'라는 뜻으로, '아내와 딸의 요리 재능'을 의미한다.

4. ぜひ見に来てください 꼭 보러 와 주십시오
　「ぜひ」는「~てください」「~たい」등과 함께 쓴다.
　　その本をぜひ読んでください。
　　그 책을 꼭 읽으세요.
　　来年はぜひ海外に行ってみたいと思っています。
　　내년에는 꼭 해외에 가 보고 싶습니다.

問題 4

次の (1)에서 (4)의 글을 읽고, 질문에 답하시오. 답은 1·2·3·4에서 가장 적당한 것을 하나 고르시오.

(1)

　ある日、アメリカ人の友達から「日本ではビニール傘をよく使うね。」と言われたことがある。ビニール傘は日本で初めて作られたそうだ。そして、年間1.2億本以上の傘が消費され、その消費量は世界でトップだと言われている。つまり、壊れたらすぐに捨て、新しいものを買うという使い捨てのイメージが強いと言える。確かにビニール傘は軽くて持ち運びやすく、値段が安くて、前がよく見えるという利点があると思う。しかし、壊れやすく、リサイクルが難しいというゴミ問題があるのも現状だ。

23 **この文章を書いた人は、ビニール傘についてどう考えているか。**

1　安くて軽いので、たくさん使われてもいい。
2　再利用などの環境問題も考えなければならない。
3　使い捨てのイメージを変えるべきだ。
4　消費量を増やさなければならない。

[단어]

傘 우산 | 消費 소비 | 消費量 소비량 | 壊れる 망가지다 | 捨てる 버리다 | 使い捨て 일회용 | 確かに 확실히 | 持ち運ぶ 들고 다니다 | 値段 가격 | 利点 이점 | 現状 현상(현재 상황)

어느 날, 미국인 친구로부터 "일본은 비닐우산을 자주 사용하네"라고 말을 들은 적이 있다. 비닐우산은 일본에서 처음으로 만들어졌다고 한다. 그리고, 연간 1.2억 자루 이상의 우산이 소비되어, 그 소비량은 세계에서 톱이라고 말해지고 있다. 즉, 망가지면 바로 버리고, 새로운 것을 산다는 일회용의 이미지가 강하다고 할 수 있다. 확실히 비닐우산은 가볍고 들고 다니기 쉽고, 가격이 싸고, 앞이 잘 보인다는 이점이 있다고 생각한다. 하지만, 망가지기 쉽고, 재활용이 어렵다는 쓰레기 문제가 있는 것도 현재 상황이다.

23 **이 문장을 쓴 사람은, 비닐 우산에 관해서 어떻게 생각하고 있는가?**

1　싸고 가볍기 때문에, 많이 사용되어도 좋다.
2　재활용 등 환경문제도 생각하지 않으면 안 된다.
3　일회용 이미지를 바꿔야 한다.
4　소비량을 늘리지 않으면 안 된다.

↘ 정답은 2번이다. 비닐우산에 대한 이점도 말하고 있지만 결국 마지막에는 역접 접속사 '하지만'을 사용해 쓰레기 문제를 강조하고 있다.

표현 해설

1. ある日、アメリカ人の友達から「日本ではビニール傘をよく使うね。」と言われたことがある
   어느 날, 미국인 친구로부터 "일본은 비닐우산을 자주 사용하네"라고 말을 들은 적이 있다
   「ある + 명사」라는 표현에서 「ある」는 '어느, 어떤~'이라는 의미로 사용된다. 「言われる」는 「言う」'말하다'의 수동표현으로 '말을 당하다'라는 뜻보다는 '말해지다' 혹은 '듣다'의 의미로 해석하면 더욱 자연스러운 표현이 된다.

2. 初めて作られたそうだ 처음으로 만들어졌다고 한다
   「반말+そうだ」전문의 そうだ는 '~라고 한다'의 의미를 가진 문법 표현이다.

3. 年間1.2億本以上の傘が 연간 1.2억 자루 이상의 우산이
   얇고 긴 물건(우산, 병, 기차 등)을 셀 때는 「~本」을 사용해 셀 수 있다.

4. 世界でトップだと言われている 세계에서 톱이라고 말해지고 있다
   「言われる」는 「言う」'말하다'의 수동표현으로 '말을 당하다'라는 뜻보다는 '말해지다' 혹은 '듣다'의 의미로 해석하면 더욱 자연스러운 표현이 된다.

(2)

　下のメモは、母親が息子に書いたメモである。

ひろしへ
お母さんは友達のお見舞いに行ってくるね。
午後から風が強くなるそうだから、帰ったらすぐに雨戸を閉めてね。それと、お父さんは飲み会があるから遅く帰ってくるって連絡があったよ。だから、夕飯にカレーを作っておいたから、温めて食べてね。それから、もし

宅配が届いたら、開けずに台所に運んでおいてね。それとピアノの練習は7時までに終わらせてね。

お母さんは夜の9時ごろ帰るね。

24 このメモを読んだ息子は、まず何をしなければならないか。

1 雨戸を閉める。
2 カレーを温める。
3 ピアノの練習をする。
4 荷物をキッチンに運ぶ。

[단어]

お見舞い 병문안 | 雨戸 덧문 | 飲み会 회식, 술자리 | 夕飯 저녁밥 | 温める 데우다 | 宅配 택배 | 届く 도착하다 | 台所 부엌 | 運ぶ 옮기다

아래의 메모는 엄마가 아들에게 쓴 메모이다.

히로시에게
엄마는 친구 병문안 갔다 올게.
오후부터 바람이 강해진다고 하니까, 돌아오면 바로 덧문을 닫아. 그리고, 아빠는 회식이 있어서 늦게 온다고 연락이 있었어. 그러니까 저녁밥으로 카레를 만들어 두었으니까 데워 먹어. 그러고 나서, 만약 택배가 도착하면 열지 말고, 부엌에 옮겨 놔. 그리고 피아노 연습은 7시까지 끝내. 엄마는 밤 9시쯤 갈게.

24 이 메모를 읽은 아들은 우선 무엇을 하지 않으면 안 되는가?

1 덧문을 닫는다.
2 카레를 데운다.
3 피아노 연습을 한다.
4 짐을 부엌에 옮긴다.

↘ 정답은 1번이다. 이 문제는 가장 먼저 해야 할 일을 고르는 문제이다. 집에 돌아오면 바로 덧문을 닫으라고 말하고 있다.

(3)

お辞儀には、３つのパターンがあります。
まず、体を１５度ぐらい前に倒す軽いお辞儀です。これは、一般に「会釈」と言われるものです。社内で人とすれちがうときや、人の前を通るときに使います。

次に、体を３０度ぐらい前に倒すお辞儀があります。お客様をお迎えしたり、お見送りしたりするとき、また、訪問先でもこのお辞儀をするといいでしょう。

そして、体を４５度ぐらい前に倒す最も丁寧なお辞儀があります。相手に感謝の気持ちを伝えたり、謝るときなどに使います。

いずれも、頭だけを下げるのではなく、背中を伸ばして上半身を倒すようにするときれいに見えます。

25 お辞儀について、正しいのはどれか。

1 廊下で部長に会ったときは、最も丁寧なお辞儀をしたほうがいい。
2 お客様を待たせてしまったときは、45度のお辞儀がいい。
3 会釈は軽いお辞儀なので、頭だけ下げるときれいに見える。
4 お客様が帰るときは、15度のお辞儀でもかまわない。

[단어]

お辞儀 고개 숙여 인사함, 절 | 会釈 가벼운 인사 | すれちがう 스칠 정도로 가까이 지나 엇갈리다 | 迎える 마중하다 | 見送る 배웅하다 | 訪問先 방문처 | 感謝 감사 | 上半身 상반신, 상체

고개를 숙이는 인사에는 3가지 패턴이 있습니다.
먼저, 몸을 15도 정도 앞으로 숙이는 가벼운 인사입니다. 이것은 일반적으로 '에샤쿠(머리를 살짝 숙이는 가벼운 인사)'라고 하는 것입니다. 회사 내에서 사람과 스쳐 지나갈 때나, 다른 사람 앞을 지나갈 때에 사용합니다.
다음으로, 몸을 30도 정도 앞으로 숙이는 인사가 있습니다. 손님을 마중하거나 배웅할 때, 또 거래처에서도 이 인사를 하면 좋겠지요.

그리고 몸을 45도 정도 앞으로 숙이는 가장 정중한 인사가 있습니다. 상대방에게 감사의 마음을 전하거나 사과할 때 등에 사용합니다.

모두 고개만을 숙이는 것이 아니라, 등을 펴고 상체를 숙이듯이 하면 자세가 좋아 보입니다.

---

25 고개를 숙이는 인사에 대해 맞는 것은 어느 것인가?

1 복도에서 부장을 만났을 때는 가장 정중한 인사를 하는 것이 좋다.
2 손님을 기다리게 했을 때는 45도 인사가 좋다.
3 '에샤쿠'는 가벼운 인사이므로 고개만 숙이면 완벽해 보인다.
4 손님이 돌아갈 때는 15도 인사라도 상관없다.

↳ 일본의 인사법에 대한 내용이다. 회사 내부나 가볍게 인사하고 지나쳐도 되는 상황에서는 몸을 15도 정도 숙여서(일명 에샤쿠) 인사하고, 손님이나 거래처 등에서는 보다 공손하게 보이도록 몸을 30도 정도 숙여서 인사한다. 그리고 감사나 사과 인사를 할 때는 45도 정도로 숙여서 가장 정중하게 인사해야 한다고 되어 있다. 따라서 정답은 2번이다.

표현 해설

1. 一般に「会釈」と言われるものです
   일반적으로 '에샤쿠'라고 하는 것입니다
   「~と言われる」는 '~라고 불리다, 일컬어지다'라는 뜻이다. 바꿔 말하면 皆が「会釈」と言っているものです(모두가 '에샤쿠'라고 부르고 있는 것입니다)라는 말이다. 会釈는 '고개를 살짝 숙이며 인사하는 가벼운 인사'를 말한다.

2. お迎えしたり、お見送りしたりするとき
   마중하거나 배웅할 때
   「お迎えする」「お見送りする」는 동사「迎える」(맞이하다), 「見送る」(배웅하다)에 겸양의「お~する」가 결합된 겸양 표현이다. 보통체로 하면「迎えたり」「送ったり」가 된다.

3. いずれも 모두
   「いずれも」는「どれも」와 같은 뜻으로, 위 문장에서는 앞서 언급한 일본 인사법 3가지 패턴 모두를 가리킨다.

---

(4)

アルバイトのみなさんへ

● 遅刻するときや休む場合は、Eメールではなく必ず電話で連絡してください。
● 自転車、バイクでの通勤は禁止です。
● ユニフォームに着替えたら、連絡ノートに目を通し、それから仕事を始めてください。
● 電話やパソコンを私用で使わないでください。また、仕事中は、携帯電話の電源を切ってください。
● 会社の物を家へ持ち帰らないでください。
● 喫煙所以外では、たばこをすわないでください。

---

26 アルバイトの人がしてはいけないことは、どんなことだと言っているか。

1 携帯電話を持って来ること
2 喫煙所でたばこをすうこと
3 仕事の前に連絡ノートを見ること
4 休むときにEメールで連絡すること

[단어]

遅刻 지각 | 連絡 연락 | ユニフォーム 유니폼 | 通勤 통근 | 禁止 금지 | 着替える 옷을 갈아입다 | 私用 사적인 볼일, 사사로이 씀 | 電源 전원 | 電源を切る 전원을 끄다 | 喫煙所 흡연실

아르바이트생 여러분께

● 지각할 때나 결근할 경우에는 이메일이 아니라 반드시 전화로 연락해 주세요.
● 자전거, 오토바이로 하는 통근은 금지입니다.
● 유니폼으로 갈아입으면 연락 노트를 훑어보고, 그리고 나서 업무를 시작하세요.
● 전화나 컴퓨터를 개인 용도로 사용하지 마세요. 또, 업무 중에는 휴대전화의 전원을 꺼 주세요.
● 회사 물건을 집으로 가져가지 마세요.
● 흡연 장소 이외에서는 담배를 피우지 마세요.

26 アルバイト생이 해서는 안 되는 일은 어떤 것이라고 말하고 있는가?

1 휴대 전화를 가지고 오는 것

2 흡연 장소에서 담배를 피우는 것

3 업무 전에 연락 노트를 보는 것

4 결근할 때 이메일로 연락하는 것

↳ 회사에서 아르바이트생들이 주의해야 할 점에 대해 말하고 있다. 1번의 휴대 전화를 가져오는 것은 문제가 되지 않는다. 다만 업무 중에는 전원을 꺼두어야 한다. 2번과 3번은 맞는 내용이고, 4번 결근해야 할 때는 반드시 전화로 연락해야 하므로 정답은 4번이다.

표현 해설

1. 目を通す 훑어보다

「目を通す」는 '훑어보다'라는 뜻이다. 「見る」(보다)를 써도 된다.

毎朝、新聞にざっと目を通してから、会社に行きます。 매일 아침 신문을 대충 훑어보고 나서 회사에 갑니다.

2. 電源を切ってください 전원을 꺼 주세요

이때의 「切る」는 '끊다, 자르다'라는 뜻이 아니라 '끄다'라는 뜻이다. 「電源を止めてください」(전원을 멈춰 주세요)라고도 할 수 있다. 참고로 「切る」에는 「ナイフで手を切る」(칼에 손을 베다), 「電話を切る」(전화를 끊다, 중단하다), 「ハンドルを切る」(핸들을 꺾다), 「スタートを切る」(스타트를 끊다, 개시하다)와 같이 다양한 뜻이 있다.

問題 5

다음 (1)에서 (2)의 글을 읽고, 질문에 답하시오. 답은 1·2·3·4에서 가장 적당한 것을 하나 고르시오.

(1)

最近、昭和レトロが人気を集めています。昭和は昭和時代（1926年～1989年）を指し、レトロは過去の流行やスタイルを意味する言葉で、「レトロスペクティブ(retrospective)」の略語です。技術が進歩し、生活が便利になったにもかかわらず、なぜ昭和時代の流行やスタイルが再び人気を集めているのでしょうか。

私の考えでは、忙しい現代社会で、昭和時代のゆったりとした雰囲気が若い世代に魅力的に映っているのではないかと思います。競争の激しい現代社会では、人々は常に忙しく生きなければならないというプレッシャーを感じながら暮らしています。そんな中で、昭和時代のゆったりとした感性が慰めになっているのではないでしょうか。また、高度な技術が発展している現代社会において、昭和時代のシンプルで対照的な色使いやデザインが逆に独特な魅力を与えているようにも感じます。

しかし、私は、この流行は現在の生活に対する不満から生まれた結果ではないかと思います。忙しい現代社会で暮らす私たちが、今、何を見落としているのかを改めて考える機会を持つべきだと思います

27 昭和レトロとあるが、レトロとはどういう意味なのか。

1 過去のはやりやスタイルを意味する。

2 過去の技術やライフスタイルを意味する。

3 現在のはやりやスタイルを意味する。

4 現在の技術やライフスタイルを意味する。

28 昭和レトロが人気を集めている理由は何か。

1 現代社会ではプレッシャーを多く感じるから

2 現代社会では感じることのできないゆったりとした感覚があるから

3 現代社会では独特なデザインが人気があるから

4 現代社会に不満を持っている人が多いから

29 この文章で、筆者が最も言いたいことは何か。

1 流行を通じて現在の生活を振り返る必要がある。

2 忙しく生きるより、ゆったりと生きる方が良い。

3 独特なデザインよりシンプルなデザインが人気だ。

4 流行はその時代の生活を示している。

[단어]

過去 과거 | 流行 유행 | 略語 약어 | 技術 기술 | 進歩 진보
| 再び 다시 | ゆったりとした 여유로운 | 雰囲気 분위기

魅力的 매력적 | 映る 비치다 | 競争 경쟁 | 常に 늘,항상
プレッシャー 압박,부담 | 感性 감성 | 慰め 위로 | 対照的
대조적 | 独特 독특 | 与える 주다 | 不満 불만 | 見落とす
빠뜨리고 보다 | 改めて 다시 | 機会 기회

최근, 쇼와 레트로가 인기를 끌고 있습니다. 쇼와는 쇼와 시대(1926년~1989년)를 의미하며, 레트로는 과거의 유행이나 스타일을 뜻하는 말로, '레트로스펙티브(retrospective)'의 약어입니다. 기술이 진보하고 생활이 편리해졌음에도 불구하고, 왜 쇼와 시대의 유행이나 스타일이 다시 인기를 끌고 있을까요?

제 생각으로는, 바쁜 현대 사회에서 쇼와 시대의 여유롭고 편안한 분위기가 젊은 세대에게 매력적으로 비춰지고 있는 것이 아닐까 생각합니다. 경쟁이 치열한 현대 사회에서는 사람들은 항상 바쁘게 살아야 한다는 부담을 느끼며 살아가고 있습니다. 그런 가운데, 쇼와 시대의 여유로운 감성이 위로가 되고 있는 것이 아닐까요? 또한, 고도 기술이 발전하고 있는 현대 사회에서 쇼와 시대의 단순하고 대비가 뚜렷한 색 사용이나 디자인이 반대로 독특한 매력을 주고 있는 것처럼 느껴집니다.

하지만 저는 이 유행이 현재의 생활에 대한 불만에서 생긴 결과가 아닐까 생각합니다. 바쁜 현대 사회에서 살아가는 우리들이 지금 무엇을 놓치고 있는지 다시 한 번 생각할 기회를 가져야 한다고 생각합니다.

27 쇼와 레트로라고 있는데 레트로란 어떤 의미인가?

1 과거의 유행이나 스타일을 의미한다.

2 과거의 기술이나 라이프 스타일을 의미한다.

3 현재의 유행이나 스타일을 의미한다.

4 현재의 기술이나 라이프 스타일을 의미한다.

↳ 첫 번째 단락에서 쇼와 레트로의 정의를 서술하고 있다. 따라서 정답은 1번이다.

28 쇼와 레트로가 인기를 끌고 있는 이유는 무엇인가?

1 현대사회에서는 부담을 많이 느끼기 때문에

2 현대사회에서는 느낄 수 없는 여유로운 감각이 있기 때문에

3 현대사회에서는 독특한 디자인이 인기가 있기 때문에

4 현대 사회에 불만을 갖고 있는 사람이 많기 때문에

↳ 두 번째 단락에서 필자가 생각하고 느낀 인기의 이유를 서술하고 있다. 따라서 정답은 2번이다.

29 이 문장에서, 필자가 가장 말하고 싶은 것은 무엇인가?

1 유행을 통해서 현재의 생활을 돌아볼 필요가 있다.

2 바쁘게 사는 것보다 여유롭게 사는 편이 좋다.

3 독특한 디자인보다 심플한 디자인이 인기다.

4 유행은 그 시대의 생활을 보여주고 있다.

↳ 마지막 단락에서 필자의 생각을 정리하고 있다. 따라서 정답은 1번이다.

표현 해설

1. 生活が便利になったにもかかわらず
   생활이 편리해졌음에도 불구하고
   「~にもかかわらず」는 '~임에도 불구하고'라는 의미의 문법 표현이다.

2. 改めて考える機会を持つべきだと思います
   다시 한 번 생각할 기회를 가져야 한다고 생각합니다
   「~べきだ」'~해야 한다'라는 의미의 문법 표현이다.

(2)

最近、コンビニなどでカロリーゼロの飲料が人気を集めています。特にダイエット中や甘い食べ物を避けたい人々に多く消費されており、これらの飲料は従来の飲料と同じように甘い味を提供しながら、カロリーがないという点が魅力的です。では、このようなカロリーゼロの飲料は健康に問題がないのでしょうか。

カロリーゼロの飲料は実際にカロリーがないため、1日の総カロリー摂取量を減らすことができます。また、砂糖の代わりに甘味料が使われており、血糖値の管理に役立つ可能性があります。さらに、ダイエットをしている人々にとっては、甘いものへのストレスを減らす効果もあるでしょう。

しかし、甘さに依存するリスクがあり、砂糖の代わりに使われる甘味料の安全性については今でも議論が続いています。たまに飲むのであれば、健康に大きな問題はないかもしれませんが、それでも普段から水を多く飲む習慣を身につけることがより重要だと考えます。

30 カロリーゼロの飲料の効果について正しくない
ものはどれか。

1 甘いものが食べられないストレスを減らすこと
ができる。

2 一日にとるカロリーの量を減らすことができる。

3 ダイエットを成功させる確率が上がる。

4 血液中の糖分の濃度をコントロールできる。

31 カロリーゼロの飲料の問題点について正しいも
のはどれか。

1 甘い味がする飲み物をやめられないかもしれない。

2 水を飲まなくなるかもしれない。

3 甘い味を感じなくなるかもしれない。

4 カロリーを気にしなくなるかもしれない。

32 この文章で、筆者が最も言いたいことは何か。

1 普段から水を飲んだほうがいい。

2 カロリーゼロの飲み物は安全ではない。

3 カロリーゼロの飲み物と水を一緒に飲んだほう
がいい。

4 カロリーゼロの飲み物はやめられない。

[단어]

飲料 음료수 | 避ける 피하다 | 消費 소비 | 従来 종래 | 提供 제공 | 魅力的 매력적 | 健康 건강 | 実際に 실제로 | 摂取量 섭취량 | 減らす 줄이다 | 砂糖 설탕 | 甘味料 감미료 | 血糖値 혈당(치) | 管理 관리 | 役立つ 도움이 되다 | 可能性 가능성 | 効果 효과 | 依存 의존 | 議論 의논 | 普段 평소 | 習慣 습관 | 身につける 몸에 지니다

최근 편의점 등에서 제로 칼로리 음료수가 인기를 끌고 있습니다. 특히 다이어트 중이거나 달콤한 음식을 피하고 싶은 사람들에게 많이 소비되고 있어, 이 음료수는 종래의 음료수와 마찬가지로 단맛을 제공하면서 칼로리가 없다는 점이 매력적입니다. 그럼, 이러한 제로 칼로리 음료수는 건강에 문제가 없을까?

제로 칼로리 음료수는 실제로 칼로리가 없기 때문에, 하루의 총 칼로리 섭취량을 줄일 수 있습니다. 또, 설탕 대신에 감미료가 사용되고 있어 혈당 관리에 도움이 될 가능성이 있습니다. 게다가 다이어트를 하고 있는 사람들에게 있어서는 단 것으로의 스트레스를 줄이는 효과도 있겠죠.

하지만 단맛에 의존할 위험이 있어 설탕 대신에 사용되는 감미료의 안전성에 관해서는 지금도 의논이 계속되고 있습니다. 가끔 마시는 것이라면 건강에 큰 문제는 없을지도 모르지만, 그래도 평소에 물을 많이 마시는 습관을 지니는 것이 보다 중요하다고 생각합니다.

30 제로 칼로리 음료수의 효과에 관해서 올바르지 않은 것은 어느 것인가?

1 단 것을 먹을 수 없는 스트레스를 줄일 수 있다.

2 하루에 섭취하는 칼로리 양을 줄일 수 있다.

3 다이어트를 성공시킬 확률이 올라간다.

4 혈액 안의 당분의 농도를 컨트롤 할 수 있다.

↘ 이 문제는 올바르지 않은 내용을 고르는 문제이다. 지문에서 다이어트를 성공하게 해준다는 내용은 언급되고 있지 않다. 따라서 정답은 3번이다.

31 제로 칼로리 음료수의 문제점에 관해서 올바른 것은 어느 것인가?

1 단맛이 나는 음료수를 끊을 수 없을지도 모른다.

2 물을 마시지 않게 될지도 모른다.

3 단맛을 느끼지 않게 될지도 모른다.

4 칼로리를 신경 쓰지 않게 될지도 모른다.

↘ 마지막 단락에서 단맛에 의존할 위험성을 언급하고 있다. 따라서 정답은 1번이다.

32 이 문장에서 필자가 가장 말하고 싶은 것은 무엇인가?

1 평소에 물을 마시는 편이 좋다.

2 제로 칼로리 음료수는 안전하지 않다.

3 제로 칼로리 음료수와 물을 함께 마시는 편이 좋다.

4 제로 칼로리 음료수는 끊을 수 없다.

↘ 제로 칼로리 음료수가 무조건 나쁘다고 하는 것은 아니지만, 평소에 물을 마시는 것이 중요하다고 강조하고 있다. 따라서 정답은 1번이다.

표현 해설

1. 消費されており 소비되고 있어
「～される」는 '~하게 되다' '~해지다'의 의미를 갖는 수동 표현이고, 「～ておる」는 「～ている～」 '~하고 있다'의 겸양 표현이다.

2 ダイエットをしている人々にとっては ダイエットを して いる 사람들에게 있어서는
「〜にとって」'〜에게 있어서'라는 의미의 문법 표현이다.

問題 6

다음 글을 읽고 질문에 답하시오. 답은 1・2・3・4에서 가장 적당한 것을 하나 고르시오.

結婚したばかりの頃は、私は夫とよくけんかをしていた。掃除の仕方や食べ物の好みなど、小さなことで争うことが多かった。結婚前は一緒にいるだけで幸せだったのに、結婚後に①こんな状況になったことがとても悲しかった。

その時、私は夫がよく小言を言うのでけんかが起きると思っていた。だから夫が小言を言うたびに、もっと大きな声で怒ったり、わざと夫が嫌がる行動をして彼を怒らせた。すると夫も我慢できずに怒って家を出て行くことがあった。私たちはお互いを責め合い、自分は悪くないと思い込んでいた。

そんなある日、夫が帰り道に花束を買ってきた。私は驚いて「この花束は何ですか？」と聞いた。すると夫は「今日は結婚記念日だから、買ってきたんだよ」と恥ずかしそうに答えた。私はその花束を受け取った瞬間、②涙があふれた。けんかで塗りつぶされた2年間がとてももったいなく感じ、すべてが私のせいのように思えたからだ。泣いていた私に夫は「もうけんかはやめよう。花束よりもっと素敵なプレゼントもたくさんあげるね」と言った。私は何も言わず、ただうなずいた。

③それ以来、私は夫が嫌がる言動や行動をしないように心がけている。夫も私の気持ちを理解しようと努力してくれているようだ。異なる環境で育った二人が結婚して夫婦になるということは、お互いを理解し認め合い、合わせていくことだと思う。

33 ①こんな状況とあるが、どんな状況なのか。

1 小さなことでもけんかしている状況
2 掃除の仕方について話し合っている状況
3 食べ物の好みを合わせている状況
4 一緒にいるだけで幸せな状況

34 ②涙があふれたとあるが、なぜか。

1 けんかの原因が夫にあることに気付いたから
2 夫と仲が悪くなったのが自分のせいのように思えたから
3 花束をもらってとても嬉しかったから
4 夫の言葉を聞いてびっくりしたから

35 ③それ以来とあるが、二人の関係はどうなったのか。

1 小言を言わないように努めている。
2 お互い嫌いな行動をしないように努めている。
3 違う環境で育ってきたことを認めようとしている。
4 すべてのことについて話し合ってから決めようとしている。

36 この文章の内容と合っていないものはどれか。

1 二人は新婚の時、よくけんかをした。
2 夫は、けんかした後、家を出たことがある。
3 現在は、お互いけんかしないように努めている。
4 夫は妻とけんかするたびに花束を買ってくる。

[단어]

仕方 방법 | 好み 취향 | 争う 겨루다 | 幸せだ 행복하다 | 小言を言う 잔소리를 하다 | 怒る 화내다 | 我慢する 참다 | 責める 비난하다 | 思い込む 굳게 믿다 | 花束 꽃다발 | 結婚記念日 결혼기념일 | 受け取る 받다, 수취하다 | 瞬間 순간 | 涙 눈물 | 塗りつぶす 빈틈없이 칠하다 | うなずく 끄덕이다 | 努力 노력 | 異なる 다르다 | 環境 환경 | 育つ 자라다 | 夫婦 부부 | お互い 서로 | 認める 인정하다 | 合わせる 합치다

결혼한 지 얼마 되지 않았을 때, 나는 남편과 자주 싸웠다. 청소하는 방법이나 음식 취향 같은 작은 일들로 싸우는 일이 많았다. 결혼 전에는 함께 있는 것만으로 행복했는데, 결혼 후 이런 상황이 된 것이 너무 슬펐다.

그때 나는 남편이 자주 잔소리를 해서 싸움이 일어난다고 생각했다. 그래서 남편이 잔소리를 할 때마다 더 큰 소리로 화를 내거나 일부러 남편이 싫어하는 행동을 해서 그를 화나게 했다. 그러면 남편도 참지 못하고 화를 내며 집을 나가는 일도 있었다. 우리는 서로를 탓하고, 본인은 잘못하지 않았다고 믿고 있었다.

그러던 어느 날, 남편이 집에 오는 길에 꽃다발을 사왔다. 나는 놀라서 "이 꽃다발은 뭔가요?"라고 물었다. 그러자 남편은 "오늘 결혼기념일이라서 사 왔어."라고 부끄러워하며 대답했다. 나는 그 꽃다발을 받는 순간, 눈물이 났다. 싸움으로 얼룩진 2년이 너무 아깝게 느껴졌고, 모든 것이 내 잘못인 것처럼 생각되었기 때문이다. 울고 있던 나에게 남편은 "이제 싸우지 말자. 꽃다발보다 더 멋진 선물도 많이 줄게."라고 말했다. 나는 아무 말도 하지 않고 그저 고개를 끄덕였다.

그 이후로 나는 남편이 싫어하는 말이나 행동을 하지 않으려고 유의하고 있다. 남편도 내 마음을 이해하려고 노력하고 있는 것 같다. 서로 다른 환경에서 자란 두 사람이 결혼하여 부부가 된다는 것은 서로를 이해하고 인정하며 맞춰가는 일이라고 생각한다.

---

33 ①이런 상황이라고 있는데 어떤 상황인가?

1 작은 일로도 싸우고 있는 상황

2 청소 방법에 관해서 의논하고 있는 상황

3 음식의 취향을 맞추고 있는 상황

4 함께 있는 것만으로 행복한 상황

↳ 슬펐던 상황을 고르는 문제로, 앞 문장에서 청소 방법이나 음식의 취향 같은 작은 일로 싸우는 일이 많았다고 언급하고 있다. 따라서 정답은 1번이다.

34 ②눈물이 났다고 있는데 왜인가?

1 싸움의 원인이 남편에게 있다는 것을 깨달았기 때문에

2 남편과 사이가 나빠진 것이 자신의 탓인 것처럼 생각되었기 때문에

3 꽃다발을 받고 매우 기뻤기 때문에

4 남편의 말을 듣고 놀랐기 때문에

↳ 눈물이 난 이유는 밑줄 뒤 문장에서 ~からだ(~때문이다)를 사용해 언급하고 있다. 따라서 정답은 2번이다.

35 ③그 이후라고 있는데 두 사람의 관계는 어떻게 되었는가?

1 잔소리를 하지 않도록 노력하고 있다.

2 서로 싫은 행동은 하지 않도록 노력하고 있다.

3 다른 환경에서 자란 것을 인정하려고 하고 있다.

4 모든 것에 관해서 의논하고 나서 결정하려 하고 있다.

↳ 밑줄의 바로 뒷 문장에서 본인은 남편이 싫어하는 언동을 하지 않도록 하고 있으며 남편 또한 자신의 기분을 이해하려고 노력하고 있다고 언급하고 있다. 따라서 정답은 2번이다.

36 이 문장의 내용과 맞지 않는 것은 어느 것인가?

1 두 사람은 신혼 때 자주 싸웠다.

2 남편은 싸운 후에 집을 나간 적이 있다.

3 현재는 서로 싸우지 않도록 노력하고 있다.

4 남편은 아내와 싸울 때마다 꽃다발을 사온다.

↳ 본문에서는 어느 날 남편이 꽃다발을 사온 이야기를 언급하고 있다. 싸울 때마다 꽃다발을 사온다는 언급은 없기 때문에 정답은 4번이다.

問題 7

문제7 다음 글은 벳푸에 있는 호텔 리스트다. 아래 질문에 답하시오. 답은 1·2·3·4 중에서 가장 알맞은 것을 하나 고르시오.

別府ホテルリスト

ホテル名	部屋	設備	アクセス	料金（1泊）
マリンホテル	○●◎	レストラン Wi-Fi無料 マッサージサービス クリーニングサービス 駐車場	駅からバスで10分	15000円
レインボーホテル	○✖	レストラン ファクス送信可 クリーニングサービス 宅配便	駅から徒歩15分	22000円
ニューシティーホテル	○●◎	レストラン Wi-Fi無料 マッサージサービス クリーニングサービス 駐車場 宅配便	駅から徒歩8分	32000円
ピンクホテル	○✖	レストラン Wi-Fi無料 マッサージサービス コインランドリー 屋上プール 駐車場	駅からバスで20分	15000円
モリノホテル	●✖	レストラン マッサージサービス 露天風呂 モーニングコール 駐車場	駅からバスで25分	9900円

※ ○は洋室、●は和室です。
※ ◎は喫煙可、✖は喫煙不可です。

[단어]

ホテル 호텔 ▎部屋 방 ▎設備 설비 ▎アクセス 액세스, 접근, 교통 ▎料金 요금 ▎クリーニング 클리닝, 세탁 ▎駐車場 주차장 ▎
ファクス 팩스 ▎宅配便 택배 ▎コインランドリー 코인 세탁기 ▎屋上 옥상 ▎露天風呂 노천온천 ▎モーニングコール 모닝콜,
기상 알람 ▎洋室 서양식 방 ▎和室 일본식 방 ▎喫煙 흡연 ▎出張 출장 ▎〜際 〜때 ▎洗濯 세탁 ▎条件 조건 ▎希望する 희망하다

37 来月別府に出張することになった石田さんは、ホテルを予約しようとしている。石田さんはホテルを選ぶ際、ベッド、駐車場、洗濯設備があるかどうかを重要視している。また、喫煙者であるため、喫煙可能な部屋を好む。出張の際はいつも車で移動するため、駅からの距離は気にしないが、価格は安い方が好ましい。石田さんの条件に合うホテルはどれか。

1 マリンホテル

2 レインボーホテル

3 ニューシティーホテル

4 ピンクホテル

38 別府に遊びにくる友達のためにホテルを予約しようとしている。友達が希望する条件に合うホテルはどれか。

・夕食が食べられるところ
・駅から近いところ
・たばこの匂いがしないところ

1 レインボーホテル

2 ニューシティーホテル

3 ピンクホテル

4 モリノホテル

벳푸 호텔 리스트

호텔명	방	설비	교통	요금(1박)
마린 호텔	○●◎	레스토랑 와이파이 무료 마사지 서비스 클리닝 서비스 주차장	역에서 버스로 10분	15000엔
레인보우 호텔	○✖	레스토랑 팩스 송신 가능 클리닝 서비스 택배	역에서 도보 15분	22000엔
뉴시티 호텔	○●◎	레스토랑 와이파이 무료 마사지 서비스 클리닝 서비스 주차장 택배	역에서 도보 8분	32000엔
핑크 호텔	●✖	레스토랑 와이파이 무료 마사지 서비스 코인 런더리 옥상 수영장 주차장	역에서 버스로 20분	15000엔
모리노 호텔	●✖	레스토랑 마사지 서비스 노천탕 모닝콜 주차장	역에서 버스로 25분	9900엔

※ ○은 서양식 방、●은 일본식 방입니다.

※ ◎은 흡연 가능、✖은 흡연 불가입니다.

37 다음 달 벳푸로 출장가게 된 이시다 씨는 호텔을 예약하려 하고 있다. 이시다 씨는 호텔을 고를 때 침대, 주차장, 세탁 설비가 있는지 없는지를 중요시하고 있다. 또, 흡연자이기 때문에, 흡연 가능한 방을 선호한다. 출장을 갈 때는 항상 차로 이동하기 때문에, 역에서의 거리는 신경 쓰지 않지만, 가격은 싼 편을 선호한다. 이시다 씨의 조건에 맞는 호텔은 어느 것인가?

1 마린 호텔
2 레인보우 호텔
3 뉴시티 호텔
4 핑크 호텔

↘ 흡연할 수 있는 방은 마린 호텔과 뉴시티 호텔 2곳밖에 없다. 그중 가격이 저렴한 곳은 마린 호텔이기 때문에 정답은 1번 이다.

38 벳푸에 놀러 온 친구를 위해서 호텔을 예약하려 하고 있다. 친구가 희망하는 조건에 맞는 호텔은 어느 것인가?

• 저녁밥을 먹을 수 있는 곳
• 역에서 가까운 곳
• 담배 냄새가 나지 않는 곳

1 레인보우 호텔
2 뉴시티 호텔
3 핑크 호텔
4 모리노 호텔

↘ 모든 호텔에 레스토랑이 있기 때문에 저녁을 먹을 수 있다. 단, 흡연이 불가한 호텔은 레인보우 호텔, 핑크 호텔, 모리 노 호텔 3곳이다. 그중 역에서 가장 가까운 곳은 레인보우 호텔이기 때문에 정답은 1번이다.

3교시 청해

問題1

問題1では、まず質問を聞いてください。それから話を聞いて、問題用紙の1から4の中から、最もよいものを一つ選んでください。

문제 1에서는 먼저 질문을 들으세요. 그리고 이야기를 듣고 문제지의 1~4 중에서 가장 적당한 것을 하나 고르세요.

れい

女の人と男の人が話しています。男の人はこの後、どこに行けばいいですか。	여자와 남자가 이야기하고 있습니다. 남자는 이후, 어디로 가면 됩니까?
女 え、それでは、この施設の利用がはじめての方のために、注意していただきたいことがありますので、よく聞いてください。まず決められた場所以外ではケータイは使えません。	**여** 에, 그럼, 이 시설의 이용이 처음이신 분을 위해 주의해 주셨으면 하는 것이 있으므로, 잘 들어 주세요. 먼저 정해진 장소 이외에서는 휴대전화는 사용할 수 없습니다.
男 え？ 10分後に、友達とここで待ち合わせしているのに、どうしよう。じゃ、どこで使えばいいですか。	**남** 네? 10분 후에 친구와 여기서 만나기로 했는데, 어쩌지? 그럼, 어디에서 사용하면 됩니까?
女 3階と5階に、決められた場所があります。	**여** 3층과 5층에 정해진 장소가 있습니다.
男 はい、わかりました。友達とお茶を飲んだり、話したりする時はどこに行ったらいいですか。	**남** 네, 알겠습니다. 친구와 차를 마시거나 이야기하거나 할 때는 어디로 가면 됩니까?
女 4階にカフェテリアがありますので、そちらをご利用ください。	**여** 4층에 카페테리아가 있으므로, 그곳을 이용해 주십시오.
男 はい、わかりました。さあ、奈々ちゃん、どこまで来たのか電話かけてみるか。	**남** 네, 알겠습니다. 자, 나나는 어디까지 왔는지 전화 걸어 볼까?

男の人はこの後、どこに行けばいいですか。	남자는 이후, 어디로 가면 됩니까?
1 1階	1 1층
2 2階	2 2층
3 3階	3 3층
4 4階	4 4층

[풀이]

남자는 마지막 대화에서 친구에게 '전화 걸어 볼까?'라고 했으므로, 통화가 가능한 3층이나 5층으로 가면 되니 정답은 3번이 된다.

施設 시설 | 利用 이용 | 注意 주의 | 以外 의외 | 待ち合わせ (시간과 장소를 정하여)만나기로 함

1ばん

お店で、娘と母親が先生のプレゼントを選んでいます。娘は何を買いますか。

娘	お母さん、このハンカチはどう？柴犬の刺繍が入っていてとてもかわいいよ。
お母さん	それもかわいいけど、このマフラーはどう？もうすぐ冬だし。
娘	でも、マフラーって冬しか使えないじゃん。
お母さん	それはそうだけど。じゃあ、このようかんセットはどう？
娘	ようかん？先生、ダイエットしているみたいだから、甘いものはちょっと・・・。
お母さん	あ、そう？じゃあ、さっきのそのハンカチにする？
娘	うわ、このポーチみて！すごくかわいいよ。
お母さん	小物がたっぷり入る大きさでいいね。
娘	柴犬の刺繍もかわいいけど、やっぱりこれにする！

娘は何を買いますか。

가게에서 딸과 엄마가 선생님의 선물을 고르고 있습니다. 딸은 무엇을 삽니까?

딸 엄마, 이 손수건은 어때? 시바견의 자수가 들어가 있어서 너무 귀여워.

엄마 그것도 귀여운데, 이 머플러는 어때? 이제 곧 겨울이고.

딸 하지만, 머플러는 겨울에 밖에 사용할 수 없잖아.

엄마 그건 그렇지만. 그럼 이 양갱 세트는 어때?

딸 양갱? 선생님, 다이어트 하고 있는 것 같아서, 단 것은 좀…

엄마 아 그래? 그럼 아까 그 손수건으로 할래?

딸 우와, 이 파우치 봐! 굉장히 귀여워.

엄마 소품이 듬뿍 들어갈 크기로 좋네.

딸 시바견의 자수도 귀엽지만, 역시 이걸로 할래!

딸은 무엇을 삽니까?

[풀이]

처음에는 시바견의 자수가 들어간 손수건을 마음에 들어 했지만 마지막에 본 파우치를 선택했기 때문에 정답은 1번이다. 엄마가 양갱 세트와 머플러를 추천했지만 딸은 마음에 들어 하지 않았기 때문에 2번과 3번은 정답이 될 수 없다.

刺繍 자수 | 小物 소품 | ポーチ 파우치 | ハンカチ 손수건 | ようかん 양갱 | マフラー 머플러

2ばん

夫婦が話しています。夫婦は明日何を持って行きますか。

女	あなた、明日、鈴木さんの家で夫婦同伴で夕食食べることにしたじゃない。それで、食べ物は各自で作って持ってくることになったの。
男	明日何人ぐらい来るんだっけ。
女	夫婦同伴だから、私たちを含めて8人だよ。
男	そう？うちは何を持っていけばいいの？
女	一応、鈴木さんはバーベキューを準備するって言ってたよ。
男	水野さんは？
女	水野さんはね、刺身とお酒を持って来るんだって。
男	じゃあ、うちはいなり寿司か巻き寿司みたいなご飯が入った料理を作った方がいいじゃない？長野さんは何を持って来るって言ってたの？
女	長野さんって肉屋やってるから肉を使った料理をしてきそうじゃない？ほら、この前も肉じゃが作って来てたじゃない。今、電話して聞いてみようか。
男	いや、8人もいるから、ご飯料理が多くてもいいんじゃない？
女	じゃあ、明日早起きして作ってみるね。
男	うん！明日、本当に楽しみだな。

夫婦は明日何を持って行きますか。

1 肉じゃが
2 ご飯料理
3 刺身
4 肉料理

부부가 이야기하고 있습니다. 부부는 내일 무엇을 가지고 갑니까?

여 여보, 내일. 스즈키 씨네 집에서 부부동반으로 저녁 먹기로 했잖아. 그래서 음식은 각자 만들어 가지고 오기로 했어.

남 내일 몇 명 정도 온다고 했었지?

여 부부동반이니까, 우리 포함해서 8명이야.

남 그래? 우리는 뭐 가져가면 될까?

여 일단, 스즈키 씨는 바비큐를 준비한다고 말했어.

남 미즈노 씨는?

여 미즈노 씨는. 회랑 술을 가져온대.

남 그럼, 우리는 유부초밥이나 김밥 같은 밥이 들어간 요리를 만드는 편이 좋지 않아? 나가노 씨는 뭘 가져온다고 했어?

여 나가노 씨는 정육점을 하니까 고기를 사용한 요리를 해오지 않을까? 자. 요전에도 고기 감자조림 해 왔잖아. 지금, 전화해서 물어볼까?

남 아니. 8명이니까, 밥 요리가 많아도 괜찮지 않을까?

여 그럼, 내일 빨리 일어나서 만들어볼게.

남 응! 내일, 정말 기대된다.

부부는 내일 무엇을 가지고 갑니까?

1 고기 감자조림
2 밥 요리
3 회
4 고기 요리

[풀이]
고기 감자조림과 같은 고기 요리는 나가노 씨가 가져올 것 같다고 예상하고 있고, 회는 미즈노 씨가 가져오겠다고 말했기 때문에 1번. 3번. 4번은 답이 될 수 없다.

夫婦同伴 부부동반 | 一応 일단 | 刺身 회 | いなり寿司 유부초밥 | 巻き寿司 (일본식)김밥

3ばん

留守番電話のメッセージを聞いています。メッセージを聞いた人はこのあと何をしますか。

부재중 전화 메시지를 듣고 있습니다. 메시지를 들은 사람은 이후 무엇을 합니까?

女　もしもし。さくら書店の小池と申します。お問い合わせをいただいておりました雑誌が本日入荷いたしましたので、ご連絡させていただきました。在庫には限りがございますので、お一人様一冊とさせていただきます。ご購入を希望する方はできるだけ早めに当店へお電話ください。最後に、何かご不明な点がございましたら、お気軽にお問い合わせください。では、失礼いたします。

여　여보세요. 사쿠라 서점의 코이케라고 합니다. 문의해 주신 잡지가 오늘 입하되었기 때문에, 연락 드렸습니다. 재고가 한정적이기 때문에 한 분당 한 권으로 제한하겠습니다. 구입을 희망하는 분은 가능한 한 빨리 저희 매장으로 전화해 주세요. 마지막으로, 뭔가 불명확한 점이 있으시면, 편하게 문의해 주세요. 그럼, 실례하겠습니다.

メッセージを聞いた人はこのあと何をしますか。

메시지를 들은 사람은 이후 무엇을 합니까?

1 書店に行って雑誌の予約をする
2 書店に雑誌を買いにいく
3 書店に電話をする
4 書店に問い合わせメールを送る

1 서점에 가서 잡지 예약을 한다.
2 서점에 잡지를 사러 간다.
3 서점에 전화를 한다.
4 서점에 문의 메일을 보낸다.

[풀이]
구입을 희망하는 분은 가능한 한 빨리 전화를 해달라고 이야기하고 있으므로 정답은 3번이다. 서점에 문의 메일을 보낸다는 4번의 경우에는 불명확한 점이 있는 경우이므로 정답이 될 수 없다.

問い合わせ 문의 | 本日 오늘 | 入荷 입하 | 在庫 재고 | 一冊 한 권 | 購入 구입 | 当店 당점 | 気軽だ 홀가분하다

4ばん

電話で、男の人と女の人が話しています。二人はどの出口で会いますか。

전화로 남자와 여자가 이야기하고 있습니다. 둘은 어느 출구에서 만납니까?

女　もしもし。渡辺だけど、今どこ？

男　あ、渡辺さん。僕、新宿駅に着いたところです。今南口へ向かってます。

女　あ、そう？私、もう15分前に着いたんだけど、実は道に迷ってて。

男　えっ？今どこですか。

女　広すぎてよく分かんないのよ。

男　今、駅の中ですか？

여　여보세요. 와타나베인데, 지금 어디야?

남　아, 와타나베 씨. 저, 신주쿠역에 막 도착한 참입니다. 지금 남쪽 출구로 가고 있어요.

여　아 그래? 나 이미 15분 전에 도착했는데, 실은 길을 잃어서.

남　어? 지금 어디세요?

여　너무 넓어서 잘 모르겠어.

남　지금 역 안이세요?

<table>
<tr>
<td>

女　いや、外なんだけど・・・。ここ、何か北口みたい。

男　じゃあ、目の前にある看板かビルの名前を言ってください。

女　アルタって書いてある高いビルがあるの。

男　あ、東口ですね。僕がそっちに行くんで、ちょっと待っててください。

女　うん！このビルの前で待ってるね！

</td>
<td>

여　아니, 밖인데. 여기 뭔가 북쪽 출구 같아.

남　그럼, 눈 앞에 있는 간판이나 건물 이름을 말해 주세요.

여　알타라고 쓰여 있는 높은 건물이 있어.

남　아, 동쪽 출구네요. 제가 그쪽으로 갈 테니까 잠깐 기다려 주세요.

여　응! 이 건물 앞에서 기다리고 있을게!

</td>
</tr>
</table>

二人はどの出口で会いますか。

둘은 어느 출구에서 만납니까?

<table>
<tr>
<td>

1　新宿駅の南口
2　新宿駅の西口
3　新宿駅の東口
4　新宿駅の北口

</td>
<td>

1　신주쿠역의 남쪽 출구
2　신주쿠역의 서쪽 출구
3　신주쿠역의 동쪽 출구
4　신주쿠역의 북쪽 출구

</td>
</tr>
</table>

[풀이]

남자가 알타라는 건물의 이름을 듣고 동쪽 출구라는 것을 알아차렸다. 그리고 그쪽으로 가겠다고 했으므로 둘이 만나는 출구는 3번 신주쿠역의 동쪽 출구라는 것을 알 수 있다.

道に迷う 길을 잃다(헤매다) | 看板 간판

5ばん

<table>
<tr>
<td>

女子学生と男子学生が漢字の覚え方について話しています。女子学生はどうしますか。

女　漢字ってなかなか覚えられないのよね。ねぇ、何かいい方法知らない？

男　僕はね、覚えるまで漢字をノートに何回も書くんだ。

女　それって、普通のやり方じゃない？ それじゃ、いまいち覚えられないよね。

男　そうそう。だから、書きながらでっかい声で読むんだ。

女　えっ。大きい声で？

男　いろんなことやってみたんだ。小さい漢字カードを作ってそれを読んだり、漢字を書いた紙をトイレや部屋の壁に貼って時間があるときに見たり。でも、あんまりね……。

女　ふーん、でもその方法が一番良かったってわけ？

</td>
<td>

여학생과 남학생이 한자 암기법에 대해 이야기하고 있습니다. 여학생은 어떻게 합니까?

여　한자는 좀처럼 외워지지 않네. 그렇지? 있지, 뭔가 좋은 방법 몰라?

남　나는 말야, 외울 때까지 한자를 노트에 여러 번 써.

여　그건 보통의 방법 아냐? 그걸로는 확실하게 안 외워져.

남　맞아 맞아. 그래서 쓰면서 큰 소리로 읽는 거야.

여　뭐? 큰 소리로?

남　여러 가지를 해 봤어. 작은 한자 카드를 만들어서 그걸 읽기도 하고, 한자를 적은 종이를 화장실이나 방 벽에 붙여 놓고 시간이 있을 때 보기도 하고. 하지만 별로…….

여　흠~. 그래도 그 방법이 가장 좋았다는 거야?

</td>
</tr>
</table>

男 そうなんだ。やってみろよ。 女 そうなの。じゃ、私もやってみようかな。	남 그래. 해 봐. 여 그래? 그럼 나도 해 볼까?
女子学生はどうしますか。	**여학생은 어떻게 합니까?**
1 壁に漢字を貼って見る 2 声を出しながら漢字を書く 3 漢字カードを作って読む 4 漢字を聞きながら読む	1 벽에 한자를 붙이고 본다 2 소리를 내면서 한자를 쓴다 3 한자 카드를 만들어 읽는다 4 한자를 들으면서 읽는다

[풀이]

남학생과 여학생이 한자를 잘 외우는 방법에 대해 이야기하고 있다. 체크포인트 부분을 들었다면 정답이 2번임을 알 수 있다. 남학생은 그 동안 자신이 해 본 한자 암기 방법을 나열하며 가장 효과적인 방법으로 '쓰면서 큰 소리로 읽기'를 추천하고 있다. 이에 여학생이 마지막 대사에서 '나도 해 볼까'라고 말하고 있으므로 정답은 2번이다.

方法 방법 | 普通 보통 | いまいち 약간 부족함 | でっかい 크다 | 貼る 붙이다

6ばん

男子学生と女子学生がホームステイ先に持って行くお土産について話しています。男子学生は何を持って行ったらいいですか。	**남학생과 여학생이 홈스테이할 집에 가져갈 선물에 대해 이야기하고 있습니다. 남학생은 무엇을 가져가면 좋습니까?**
男 今年の夏、カナダへホームステイに行くんだ。それで、ホームステイ先のお父さんとお母さんへのお土産は決まったんだけど、子どもに何を持って行ったらいいか、困ってるんだ。 女 子どもって何歳? 男 13歳ぐらいかな。 女 うーん。あまり高価なものだと、心配させちゃうから良くないし、食べ物も好き嫌いがあるよね。実用的じゃないものはあんまり……だし。家族と一緒に遊んだり、コミュニケーションできる物にしたら? 男 そうか。決めた。じゃ、あれを買うか。	남 올여름에 캐나다에 홈스테이하러 가. 그래서 홈스테이할 집의 아버지와 어머니에게 드릴 선물은 정해졌는데, 아이한테는 뭘 가져가면 좋을지 고민이야. 여 아이는 몇 살인데? 남 13살 정도? 여 음~. 너무 비싼 거라면 걱정시킬 테니까 좋지 않고, 음식도 기호가 있지. 실용적이지 않은 건 별로고…… 가족과 함께 놀거나 대화가 가능한 것으로 하는 건 어때? 남 그럴까? 결정했다. 그럼 그걸 살까?
男子学生は何を持って行ったらいいですか。	**남학생은 무엇을 가져가면 좋습니까?**

1 日本のお菓子	1 일본 과자
2 電気ケトル	2 전기 포트
3 日本人形	3 일본 인형
4 日本のゲーム	4 일본 게임

[풀이]

남학생이 홈스테이를 하게 될 가정에 줄 선물에 대해 여학생에게 조언을 구하고 있다. 남학생의 고민은 첫 대사에 나왔듯이 아이에게 줄 선물이다. 여학생이 너무 비싸거나 먹는 것, 비실용적인 것은 별로라고 말하며, 가족이 함께 즐길 수 있는 것을 추천하자 남학생이 수용 의사를 보이고 있다. 보기 중에 이에 어울리는 것은 4번이다.

ホームステイ 홈스테이 | ～先 ～지(행선지/목적지) | 高価 고가, 값이 비쌈 | 好き嫌い 좋고 싫음, 기호 | 実用的 실용적 | コミュニケーション 커뮤니케이션

問題 2

問題2では、まず質問を聞いてください。そのあと、問題用紙のせんたくしを読んでください。読む時間があります。それから話を聞いて、問題用紙の1から4の中から、最もよいものを一つ選んでください。

문제 2에서는 우선 질문을 들어 주세요. 그 후 문제 용지의 선택지를 읽어 주세요. 읽을 시간이 있습니다. 그리고 나서 이야기를 듣고 문제 용지의 1에서 4 중에서 가장 적당한 것을 하나 고르세요.

れい

女の人と男の人が映画のアプリについて話しています。女の人がこのアプリをダウンロードした一番の理由は何ですか。	여자와 남자가 영화 앱에 대해 이야기하고 있습니다. 여자가 이 앱을 다운로드한 가장 큰 이유는 무엇입니까?
女 田中君もよく映画見るよね。このアプリ使ってる？	여 다나카 군도 자주 영화 보지? 이 앱 쓰고 있어?
男 いや、使ってないけど…。	남 아니, 사용하지 않는데….
女 ダウンロードしてみたら。映画が見たいときにすぐ予約もできるし、混雑状況も分かるよ。	여 다운로드해 보지 그래? 영화가 보고 싶을 때 바로 예약도 할 수 있고, 혼잡 상황도 알 수 있어.
男 へえ、便利だね。	남 에~, 편리하네.
女 映画の情報はもちろん、レビューまで載っているから、すごく参考になるよ。	여 영화 정보는 물론, 리뷰까지 실려 있기 때문에 굉장히 참고가 돼.
男 ゆりちゃん、もうはまっちゃってるね。	남 유리, 이미 빠져 있구나.
女 でも、何よりいいことは、キャンペーンでチケットや限定グッズがもらえることだよ。私は、とにかくたくさん映画が見たいから、よく応募してるよ。	여 하지만 무엇보다 좋은 것은 캠페인으로 티켓이나 한정 상품을 받을 수 있는 거야. 난 어쨌든 많은 영화를 보고 싶으니까 자주 응모하고 있어.

男　そうか。いろいろいいね。	남 그렇구나. 여러모로 좋네.
女の人がこのアプリをダウンロードした一番の理由は何ですか。	여사가 이 앱을 다운로드한 가장 큰 이유는 무엇입니까?

1　早く映画の情報が知りたいから

2　キャンペーンに応募してチケットをもらいたいから

3　限定グッズをもらって人に見せたいから

4　レビューを読んで、話題の映画が見たいから

1　빨리 영화 정보를 알고 싶으니까

2　캠페인에 응모하여 티켓을 받고 싶으니까

3　한정 상품을 받아서 남에게 보여주고 싶으니까

4　리뷰를 읽고 화제의 영화를 보고 싶으니까

[풀이]

「何よりいいことは 무엇보다 좋은 것은」와 같은 표현이 나오면 뒤에 나오는 말에 집중해야 한다. 여자는 어쨌든 많은 영화를 보고 싶다고 했으니 티켓을 받고 싶은 마음이 드러나 있다는 것을 알 수 있다. 그러므로 캠페인에 응모하여 티켓을 받고 싶다고 한 2번이 정답이 된다.

アプリ 앱 | 混雑 혼잡 | 状況 상황 | レビュー 리뷰 | 情報 정보 | 載る 실리다 | 参考 참고 | はまる 빠지다, 열중하다 | 限定 한정 | グッズ 상품 | とにかく 어쨌든 | 応募 응모 | 見せる 보여주다 | 話題 화제

1ばん

男の人と女の人が話しています。女の人がアルバイトを始めた理由は何ですか。	남자와 여자가 이야기하고 있습니다. 여자가 아르바이트를 시작한 이유는 무엇입니까?
男　昨日、夜8時に何してたの？	남 어제, 밤 8시에 뭐하고 있었어?
女　8時？んー、調子が悪くて早く寝たの。	여 8시? 음~ 컨디션이 안 좋아서 빨리 잤어.
男　じゃ、今朝は何時に起きたの？	남 그럼, 오늘 아침은 몇 시에 일어났어?
女　9時ごろ。どうしたの？	여 9시쯤. 왜?
男　13時間も寝たって言ってるの？	남 13시간이나 잤다는 거야?
女　調子がよくなかったって言ったじゃん。	여 컨디션이 좋지 않았다고 말했잖아.
男　嘘つくなよ。昨日、夜10時に君を見た人がいるんだよ。居酒屋でアルバイトをしていたって言ってた。どうして嘘をついたの？お金に困っているの？	남 거짓말하지 마. 어제, 밤 10시에 너를 봤다는 사람이 있어. 선술집에서 아르바이트 하고 있었다고 말했어. 왜 거짓말을 해? 돈 때문에 곤란한 거야?
女　実は、祖母が手術をして、そのお金を私が出すことになったの。それで、3日前からバイトを始めたんだけど・・・。とにかく嘘をついちゃって、ごめん。	여 실은, 할머니가 수술을 해서, 그 돈을 내가 내게 되었어. 그래서 3일 전부터 아르바이트를 시작했는데, 어쨌든 거짓말해서 미안해.
男　そんなことがあったんだ。疑ったりしてごめん。	남 그런 일이 있었구나. 의심해서 미안해.
女の人がアルバイトを始めた理由は何ですか。	여자가 아르바이트를 시작한 이유는 무엇입니까?

1 アルバイトがしたいから	1 아르바이트를 하고 싶기 때문에
2 手術費用が必要だから	2 수술 비용이 필요하기 때문에
3 早く寝たいから	3 빨리 자고 싶기 때문에
4 調子が悪かったから	4 컨디션이 좋지 않았기 때문에

[풀이]

여자는 남자에게 할머니가 수술을 해서 아르바이트를 시작하고 있다고 설명하고 있기 때문에 정답은 2번이다.

嘘をつく 거짓말을 하다 | 手術 수술 | 疑う 의심하다

2ばん

学校で、男の人と女の人が話しています。男の人が学校に来た目的は何ですか。	학교에서 남자와 여자가 이야기하고 있습니다. 남자가 학교에 온 목적은 무엇입니까?
女 上松君、おはよう。土曜日なのに、どうして学校に来たの？	여 우에마츠 군, 안녕. 토요일인데 왜 학교에 왔어?
男 おはようございます。僕、部活のことでちょっと。	남 안녕하세요. 저 부활동으로 잠깐.
女 あー、そっか。頑張ってるね。	여 아, 그래? 열심히 하네.
男 そういえば、石原さんはどうして学校にいますか。	남 그러고 보니, 이시하라 씨는 왜 학교에 있으세요?
女 私は図書館に資料を探しに来たの。	여 나는 도서관에 자료를 찾으러 왔어.
男 あ、そうですか。	남 아, 그래요?
女 もしよかったら、1時間後に一緒にランチしない？	여 혹시 괜찮으면, 1시간 뒤에 같이 점심 먹지 않을래?
男 いいですよ。じゃあ、1時間後に図書館の前で。	남 좋아요. 그럼, 1시간 뒤에 도서관 앞에서.
女 うん！わかった。	여 응! 알겠어.
男の人が学校に来た目的は何ですか。	남자가 학교에 온 목적은 무엇입니까?

1 部活のことできた	1 부활동을 하러 왔다.
2 ランチを食べにきた	2 점심을 먹으러 왔다.
3 図書館に資料を探しにきた	3 도서관에 자료를 찾으러 왔다.
4 時間つぶしにきた	4 시간을 때우러 왔다.

[풀이]

우연히 만난 여자가 먼저 밥을 먹자고 권했기 때문에 2번은 정답이 될 수 없다. 도서관에 자료를 찾으러 온 것은 여자가 학교에 온 목적이므로 3번 또한 정답이 될 수 없다. 남자가 학교에 온 목적은 부활동 때문이므로 정답은 1번이다.

目的 목적 | 部活 부활동

3ばん

男の人と女の人が話しています。男の人はどうして約束の時間を変えたいと言っていますか。

男　今日の約束なんだけど、会う時間、変えてもいいかな。

女　うん、いいよ。でもどうして？

男　実はさ、昨日、財布をなくしたんだけど、忘れ物センターから電話があったの。

女　じゃあ、財布見つかったってこと？

男　うん。そうみたいなんだけど、それが、忘れ物センターが結構遠くて・・・。

女　私のことは気にしないで、行ってきな。

男　急でごめんね。先にカフェでも入っていて。

女　うん。分かった。駅前のカフェで本読みながら待ってるね。

男の人はどうして約束の時間を変えたいと言っていますか。

1　財布を取りにいくため
2　先にカフェにいくため
3　カフェで本を読むため
4　新しい財布を買いにいくため

남자와 여자가 이야기하고 있습니다. 남자는 왜 약속 시간을 바꾸고 싶다고 말하고 있습니까?

남　오늘 약속 말인데, 만나는 시간, 바꿔도 될까?

여　응. 괜찮아. 근데 왜?

남　실은 말이야, 어제, 지갑을 잃어버렸는데, 분실물 센터에서 전화가 왔어.

여　그럼, 지갑 찾았다는 거야?

남　응. 그런 것 같은데, 그게, 분실물 센터가 꽤 멀어서….

여　나는 신경 쓰지 말고, 갔다 와.

남　갑자기 미안. 먼저 카페라도 들어가 있어.

여　응. 알겠어. 역 앞의 카페에서 책 읽으면서 기다리고 있을게.

남자는 왜 약속 시간을 바꾸고 싶다고 말하고 있습니까?

1　지갑을 가지러 가기 위해서
2　먼저 카페에 가기 위해서
3　카페에서 책을 읽기 위해서
4　새로운 지갑을 사러 가기 위해서

[풀이]

잃어버린 지갑을 찾으러 가는 분실물 센터까지의 거리가 멀어서 여자에게 먼저 카페라도 들어가 있으라고 했으므로 정답은 1번이다.

忘れ物 분실물 | 結構 꽤, 상당히

4ばん

レストランで女の人と男の人が話しています。男の人はまず何をしなければなりませんか。

女　井上！テーブルから片付けてくれる？

男　1番テーブルですよね。分かりました。

女　あ、お客様が呼んでるわ。お客様の方に先に行って。

男　はい。分かりました。

레스토랑에서 여자와 남자가 이야기하고 있습니다. 남자는 우선 무엇을 해야 합니까?

여　이노우에! 테이블부터 정리해 줄래?

남　1번 테이블이죠? 알겠습니다.

여　아, 손님이 부르신다. 손님 쪽으로 먼저 가.

남　네. 알겠습니다.

女 あ、やっぱりお客さんの方は私が行くから、その前に食券自販機に電源入れて。

男 もう入れておきましたが。

女 あ、そう？じゃあ、トイレに行ってトイレットペーパーとハンドソープのチェックお願いね。

男 女子トイレもですか。

女 あ、そっか。男子トイレだけお願い。その前に厨房に行って鈴木呼んできて。

男 はい。分かりました。

男の人はまず何をしなければなりませんか。

1 女子トイレにいく
2 男子トイレにいく
3 キッチンにいく
4 お客様の方へいく

여 아, 역시 손님 쪽은 내가 갈 테니까, 그 전에 식권자판기에 전원 켜.

남 이미 켜 두었습니다만.

여 아, 그래? 그럼 화장실에 가서 화장지랑 핸드워시 체크 부탁해.

남 여자 화장실도요?

여 아, 맞다. 남자 화장실만 부탁해. 그 전에 주방에 가서 스즈키 불러와.

남 네. 알겠습니다.

남자는 우선 무엇을 해야 합니까?

1 여자 화장실에 간다.
2 남자 화장실에 간다.
3 부엌에 간다.
4 손님 쪽으로 간다.

[풀이]

여자가 마지막에 남자 화장실에 가서 확인하는 것을 부탁하지만 그 전에 주방에 가서 스즈키를 불러오라고 이야기하기 때문에 가장 먼저 할 일은 3번 부엌에 간다가 정답이다.

片付ける 정리하다 | 食券自販機 식권 자판기 | 電源を入れる 전원을 켜다 | 厨房 주방

5ばん

女の人と男の人が話しています。二人はどうして公園に行くことにしましたか。

男 林さんはほたる見たことありますか。

女 映画やテレビでは見たことありますが、実際に見たことはありません。

男 僕もそうです。じゃ、カエルは見たことありますか。

女 はい、地元に小さい川があって、そこにカエルや蛇がたくさんいました。

男 僕の地元にもたくさんいましたよ。子どもの頃はトカゲを捕まえて遊んだものです。

女 私もそうでした。ところで、どうしてそんなこと、聞くんですか。

男 実は、この近くの公園で全部見られるそうです。

女 本当ですか。私、実際に見てみたいです。

여자와 남자가 이야기하고 있습니다. 둘은 왜 공원에 가기로 했습니까?

남 하야시 씨는 반딧불 본 적이 있습니까?

여 영화나 텔레비전에서는 본 적이 있습니다만, 실제로 본 적은 없습니다.

남 저도 그렇습니다. 그럼, 개구리는 본 적이 있습니까?

여 네. 고향에 작은 강이 있어서, 그곳에 개구리나 뱀이 많이 있었습니다.

남 저의 고향에도 많이 있었어요. 어렸을 때는 도마뱀을 잡고 놀곤 했습니다.

여 저도 그랬어요. 그런데, 왜 그런 걸 물어보는 건가요?

남 실은, 이 근처 공원에서 전부 볼 수 있다고 해요.

여 정말요? 저, 실제로 보고 싶어요.

男 僕もです。ちょうど暗くなったし、今すぐ行っ
てみましょう。

二人はどうして公園に行くことにしましたか。

1 ほたるをみるため
2 トカゲをみるため
3 カエルをみるため
4 へびをみるため

[풀이]

남자와 여자가 실제로 본 적이 없는 것은 반딧불이다. 또한 어두운 곳에서 볼 수 있는 것 또한 반딧불이므로 정답은 1번이다.

ほたる 반딧불 | カエル 개구리 | 蛇 뱀 | トカゲ 도마뱀

남 저도요. 마침 어두워졌고, 지금 바로 가 봅시다.

둘은 왜 공원에 가기로 했습니까?

1 반딧불을 보기 위해
2 도마뱀을 보기 위해
3 개구리를 보기 위해
4 뱀을 보기 위해

6ばん

歯医者で、男の人とお医者さんが話しています。お
医者さんは今日、何をしてはいけないと言っていま
すか。

男 昨日の夜から歯が痛くて・・・。
女 ちょっと口を開けてください。
男 あ〜。
女 親知らずで腫れていますね。
男 親知らずって抜かなければならないんですか。
女 痛みがある場合は抜いた方がいいですよ。でも、うちの病院では抜けません。紹介状を書いてあげますので、大学病院に行って抜いてください。
男 はい、わかりました。
女 今日は、まず消毒をして薬をあげますね。タバコはお吸いになっていますか。
男 はい。タバコ吸っちゃだめですか。
女 はい。タバコを吸ってしまうともっとはれる可能性があります。
男 他に気を付けることってありますか。
女 特にありませんが、痛みがあるので、柔らかいものを食べてください。

치과에서, 남자와 의사가 이야기하고 있습니다. 의사는 오늘, 무엇을 해서는 안 된다고 말하고 있습니까?

남 어젯밤부터 이가 아파서….
여 잠깐 입을 벌려 주세요.
남 아~
여 사랑니로 부어 있네요.
남 사랑니는 뽑아야 합니까?
여 통증이 있는 경우에는 뽑는 편이 좋아요. 하지만, 우리 병원에서는 뽑을 수 없습니다. 소개장을 써 줄 테니까 대학병원에 가서 뽑아 주세요.
남 네. 알겠습니다.
여 오늘은, 우선 소독을 하고 약을 줄게요. 담배는 피우십니까?
남 네. 담배 피우면 안 되나요?
여 네. 담배를 피워버리면 더 부을 가능성이 있습니다.
남 그 밖에 주의할 점 있나요?
여 특별히 없습니다만, 통증이 있기 때문에, 부드러운 것을 먹어 주세요.

男 えっと、辛い物は食べてもいいですか。	남 음, 매운 것은 먹어도 되나요?
女 はい。大丈夫です。	여 그건 괜찮아요.
男 はい。ありがとうございました。	남 네. 감사합니다.
お医者さんは今日、何をしてはいけないと言っていますか。	의사는 오늘, 무엇을 해서는 안 된다고 말하고 있습니까?
1 甘いものを食べること	1 단 것을 먹는 것
2 辛いものを食べること	2 매운 것을 먹는 것
3 柔らかいものを食べること	3 부드러운 것을 먹는 것
4 タバコを吸うこと	4 담배를 피우는 것

[풀이]

의사는 더 부을 가능성이 있기 때문에 담배를 피우지 않도록 권하고 있기 때문에 정답은 4번이다.

腫れる 붓다 | 親知らず 사랑니 | 抜く 빼다. 뽑다 | 紹介状 소개장 | 消毒 소독 | 可能性 가능성

問題 3

問題 3 では、問題用紙に何もいんさつされていません。この問題は、全体としてどんな内容かを聞く問題です。話の前に質問はありません。まず話を聞いてください。それから質問とせんたくしを聞いて、1 から 4 の中から、最もよいものを一つ選んでください。

문제 3에서는 문제용지에 아무것도 인쇄되어 있지 않습니다. 이 문제는 전체적으로 어떤 내용인지를 묻는 문제입니다. 이야기하기 전에 질문은 없습니다. 우선 이야기를 들어 주세요. 그러고 나서 질문과 선택지를 듣고 1에서 4 중에서 가장 적당한 것을 하나 고르세요.

れい

男の人と女の人が映画を見て話しています。	남자와 여자가 영화를 보고 이야기하고 있습니다.
男 映画、どうだった？	남 영화, 어땠어?
女 まあまあだった。	여 그냥 그랬어.
男 そう？ ぼくは、けっこうよかったと思うけど。主人公の演技もよかったし。	남 그래? 난 꽤 좋았다고 생각하는데. 주인공의 연기도 좋았고.
女 うん、確かに。でも、ストーリーがちょっとね…。	여 응, 확실히(그건 그래). 근데 스토리가 좀….
男 ストーリー？	남 스토리
女 うん、どこかで聞いたようなストーリーっていうか…。主人公の演技は確かにすばらしかったと思うわ。	여 응, 어디선가 들어본 것 같은 스토리라고 할까…. 주인공의 연기는 확실히 훌륭했다고 생각해.
男 そう？ ぼくはストーリーもおもしろかったと思うけどね。	남 그래? 나는 스토리도 재미있었다고 생각하는데.

女の人は映画についてどう思っていますか。	여자는 영화에 대해 어떻게 생각하고 있습니까?
1 ストーリーも主人公の演技もよかった	1 스토리도 주인공의 연기도 좋았다
2 ストーリーも主人公の演技もよくなかった	2 스토리도 주인공의 연기도 좋지 않았다
3 ストーリーはよかったが、主人公の演技はよくなかった	3 스토리는 좋지만, 주인공의 연기는 좋지 않았다
4 ストーリーはよくなかったが、主人公の演技はよかった	4 스토리는 좋지 않았지만, 주인공의 연기는 좋았다

[풀이]

여자는 주인공의 연기는 좋았다고 인정했지만, 스토리가 별로였다고 하였으므로, 정답은 4번이 된다.

まあまあだ 그저 그렇다 | まあまあ 그럭저럭 | 主人公 주인공 | 演技 연기 | 確かに 확실히 | すばらしい 훌륭하다

1ばん

男の人と女の人がスーパーのチラシを見ながら話しています。	남자와 여자가 슈퍼 전단지를 보면서 이야기하고 있습니다.
男 このチラシ、みた？すべて88円だよ。	남 이 전단지, 봤어? 전부 88엔이야.
女 へぇー、ブロッコリーもミニトマトも全部88円だね。	여 헐, 브로콜리도 방울 토마토도 전부 88엔이야.
男 豚バラも88円って書いてあるよ。	남 삼겹살도 88엔이라고 쓰여져 있어.
女 それはあり得ない。豚肉が88円だなんて。	여 그건 말이 안돼. 돼지고기가 88엔이라니.
男 ほら、ここ見て。本当に88円って書いてあるよ。	남 자, 여기 봐. 진짜 88엔이라고 쓰여 있어.
女 えっ？牛カルビも88円って書いてある。	여 어? 소갈비도 88엔이라고 쓰여 있어.
男 この価格で売るの、今日までだって。早く行ってみよう。	남 이 가격으로 파는 거, 오늘까지래. 빨리 가보자.
女 あ、やっぱり。肉の方、ちゃんと見て。小さい字で50gって書いてあるよ。	여 아, 역시. 고기 쪽 제대로 봐. 작은 글씨로 50g이라고 쓰여 있어.
男 あ、騙されるところだった。	남 아, 속을 뻔했다.
女 でも、野菜は安いから、騙されたつもりで行ってみようかな。	여 하지만, 야채는 싸니까, 속은 셈 치고 가 볼까?

2人はどうしてスーパーに行くことにしましたか。	두 사람은 왜 슈퍼에 가기로 했습니까?
1 野菜が安いから	1 야채가 싸니까
2 豚肉が安いから	2 돼지고기가 싸니까
3 牛肉が安いから	3 소고기가 싸니까
4 すべてが安いから	4 전부 싸니까

처음에는 전부 저렴한 줄 알았지만 고기에는 작은 글씨로 50g이라고 쓰여 있었기 때문에 2번, 3번, 4번은 정답이 될 수 없다.

ブロッコリー 브로콜리 | ミニトマト 방울 토마토 | 豚バラ 삼겹살 | 豚肉 돼지고기 | 牛カルビ 소갈비 | 価格 가격 | 騙す 속이다

2ばん

レストランで、女の人が店員と話しています。	레스토랑에서 여자가 점원과 이야기하고 있습니다.
男 ご注文はお決まりですか。	남 주문은 결정하셨나요?
女 あの、このグリーンサラダって何が入っていますか。	여 저기, 이 그린 샐러드는 뭐가 들어 있어요?
男 レタスやキュウリ、ブロッコリーなどの野菜をベースにオリーブオイル、レモン汁、そしてピーナッツがかけられています。	남 양상추나 오이, 브로콜리 등의 야채를 베이스로 올리브 오일, 레몬즙, 그리고 땅콩이 뿌려져 있습니다.
女 ピーナッツですか。ピーナッツだけ抜いていただけますか。	여 땅콩이요? 땅콩만 빼 주실 수 있나요?
男 もちろんです。	남 물론입니다.
女 じゃあ、お願いします。それと、パスタも食べたいなあ。	여 그럼, 부탁드립니다. 그리고, 파스타도 먹고 싶네.
男 カルボナーラはいかがですか。女性にとても人気です。	남 까르보나라는 어떻습니까? 여성에게 매우 인기입니다.
女 カルボナーラって牛乳入ってますよね。私、ミルク入ってるのはちょっと。	여 까르보나라는 우유 들어갔죠? 저, 우유 들어간 것은 좀…
男 あ、そうですか。では、ペペロンチーノはいかがですか。	남 아 그렇습니까? 그럼 페페론치노는 어떻습니까?
女 もしかして、海老入ってますか?	여 혹시, 새우 들어가나요?
男 具財は海老かベーコンからお選びいただけます。	남 재료는 새우나 베이컨 중에서 고르실 수 있습니다.
女 あ、それなら大丈夫ですね。じゃあ、ベーコンで。	여 아 그럼 괜찮네요. 그럼, 베이컨으로.
男 ワインはいかがなさいますか。	남 와인은 어떻게 하시겠습니까?
女 お酒は、結構です。	여 술은 됐어요.
女の人が注文したのは何ですか。	**여자가 주문한 것은 무엇입니까?**
1 グリーンサラダとペペロンチーノ	1 그린 샐러드와 페페론치노
2 グリーンサラダとベーコン	2 그린 샐러드와 베이컨
3 グリーンサラダとカルボナーラ	3 그린 샐러드와 까르보나라
4 グリーンサラダとえび	4 그린 샐러드와 새우

[풀이]

여자는 그린 샐러드에 파스타를 주문하고 있다. 파스타 중에서 까르보나라는 우유가 들어가 별로라고 이야기했기 때문에 3번은 정답이 될 수 없다. 또한 페페론치노에서는 재료 선택이 가능해 먹기로 하였기 때문에 정답은 1번이다.

ピーナッツ 땅콩 | 海老 새우 | 具財 재료

3ばん

デパートでアナウンスを聞いています。	백화점에서 안내 방송을 듣고 있습니다.
女 本日もご来店いただきまして、誠にありがとうございます。ご来店中のお客様に、迷子のお知らせをいたします。ピンクのワンピースを着た3歳ぐらいの女の子が、サービスカウンターでお連れ様をお待ちしております。お心当たりのある方は5階サービスカウンターまでお越しください。ご協力お願いします。本日もご来店誠にありがとうございます。	**여** 오늘도 내점해 주셔서 진심으로 감사드립니다. 내점중인 손님 여러분들께 안내말씀 드리겠습니다. 핑크색 원피스를 입은 3살 정도의 여자 아이가, 서비스 카운터에서 보호자를 기다리고 있습니다. 짐작이 가시는 분은 5층 서비스 카운터로 와 주세요. 협력 부탁드립니다. 오늘도 내점해 주셔서 진심으로 감사드립니다.
何についてのアナウンスですか。	무엇에 관한 안내 방송입니까?
1 迷子のお知らせ	1 미아 알림
2 セールの案内	2 세일 안내
3 サービスセンターの位置	3 서비스 센터 위치
4 イベント内容	4 이벤트 내용

[풀이]

보호자를 찾고 있는 내용이므로 정답은 1번이다.

本日 오늘 | 来店 내점 | 誠に 진심으로 | 迷子 미아 | お連れ様 동행자 | 心当たり 짐작 | 協力 협력

問題 4

問題 4 では、問題用紙に何もいんさつされていません。この問題は、まず文を聞いてください。それから、それに対する返事を聞いて、1 から 3 の中から、最もよいものを一つ選んでください。

문제 4에서는 그림을 보면서 질문을 들어 주세요. 화살표(➜)가 가리키는 사람은 뭐라고 말합니까? 1~3 중에서 가장 적당한 것을 하나 고르세요.

れい

朝、友だちに会いました。何と言いますか。	아침에 친구를 만났습니다. 뭐라고 말합니까?
1 おはよう。	1 안녕.(아침 인사)
2 こんにちは。	2 안녕.(점심 인사)
3 こんばんは。	3 안녕.(저녁 인사)

[단어]

朝 아침 | 友だち 친구 | 会う 만나다

1ばん

ベビーカーに乗っている赤ちゃんがいます。何と言いますか。	유모차를 타고 있는 아기가 있습니다. 뭐라고 말합니까?
1 本当にかわいそうですね。	1 정말로 불쌍하네요.
2 かわいらしい赤ちゃんですね。	2 사랑스러운 아기네요.
3 いつでも乗ってください。	3 언제든지 타세요.

[단어]

ベビーカー 유모차 | 赤ちゃん 아기

2ばん

授業中におしゃべりしている学生がいます。何と言いますか。	수업 중에 떠들고 있는 학생이 있습니다. 뭐라고 말합니까?
1 口に出すな。	1 말하지 마.
2 静かにしなさい。	2 조용히 해.
3 気持ち悪いですか。	3 속이 안 좋습니까?

[단어]

口に出す 말하다. 입 밖에 꺼내다

3ばん

食券販売機にお金を入れても食券が出ません。何と言いますか。

1 あの、ボタンを押しても何も出ないんです。
2 1万円札は使えないです。
3 あの、お釣りが足りないです。

식권 판매기에 돈을 넣어도 식권이 나오지 않습니다. 뭐라고 말합니까?

1 저기, 버튼을 눌러도 아무것도 나오지 않습니다.
2 만 엔 지폐는 사용할 수 없습니다.
3 저기, 거스름돈이 부족합니다.

[단어]

食券 식권 | 販売機 판매기 | ボタン 버튼 | 札 지폐 | お釣り 거스름돈

4ばん

娘がこたつに入って眠っています。何と言いますか。

1 こたつでみかんを食べよう。
2 気を付けて運んでください。
3 風邪引いちゃうよ。自分のベッドで寝なさい。

딸이 코타츠에 들어가서 자고 있습니다. 뭐라고 말합니까?

1 코타츠에서 귤을 먹자.
2 조심해서 옮겨 주세요.
3 감기 걸려. 너의 침대에서 자라.

[단어]

運ぶ 옮기다

問題 5

問題 5 では、問題用紙に何もいんさつされていません。まず文を聞いてください。それから、そのへんじを聞いて、 1 から 3 の中から、最もよいものを一つえらんでください。

문제 5에서는 문제지에 아무것도 인쇄되어 있지 않습니다. 먼저 문장을 들어 주세요. 그리고 그 대답을 듣고, 1~3 중에서 가장 적당한 것을 하나 고르세요.

れい

男 では、お先に失礼します。	남 그럼. 먼저 실례하겠습니다.
女 1 本当に失礼ですね。	여 1 정말로 무례하군요.
2 おつかれさまでした。	2 수고하셨습니다.
3 さっきからうるさいですね。	3 아까부터 시끄럽네요.

[단어]

先に 먼저 | 失礼 실례, 무례 | さっき 조금 전, 아까 | うるさい 시끄럽다

1ばん

男 どうされましたか。	남 무슨 일 있으십니까?
女 1 とても楽しかったです。	여 1 너무 즐거웠습니다.
2 ちょっと腰が痛くて。	2 조금 허리가 아파서.
3 公園に行ってきます。	3 공원에 갔다 오겠습니다.

[단어]

腰 허리 | 痛い 아프다 | 公園 공원

2ばん

女 じゃ、1000円でお願いします。	여 그럼. 1000엔으로 부탁드립니다.
男 1 200円のお釣りです。	남 1 200엔의 거스름돈입니다.
2 お金持ちですね。	2 부자네요.
3 売り切れです。	3 품절입니다.

[단어]

釣り 거스름돈 | 金持ち 부자 | 売り切れ 품절

3ばん

男 お代わりはいかがですか。	남 리필은 어떠십니까?
女 1 もったいないですね。	여 1 아깝네요.
2 こちらこそ。	2 저야말로.
3 あ、お願いします。	3 아, 부탁드립니다.

[단어]

お代わり 리필 | もったいない 아깝다

4ばん

女 ねぇ、木村さん結婚するんだって。	여 저기, 기무라 씨 결혼한대.
男 1 誰のおかげですか。	남 1 누구 덕분입니까?
2 結婚式行ってきたよ。	2 결혼식 갔다 왔어.
3 へぇー！まだ何も聞いてないよ。	3 헉! 아직 아무것도 듣지 못했어.

[단어]

結婚 결혼 | おかげ 덕분 | 結婚式 결혼식

5ばん

女 宿題はちゃんとしてきたの？	여 숙제는 제대로 해 왔니?
男 1 もちろん買ってきました。	남 1 물론 사 왔습니다.
2 ごめんなさい。すっかり忘れていました。	2 죄송합니다. 완전히 잊고 있었습니다.
3 いいえ、大丈夫です。	3 아니요. 괜찮습니다.

[단어]

宿題 숙제 | もちろん 물론 | すっかり 완전히, 깜빡

6ばん

男 井上さんは誰に似ていますか。	남 이노우에 씨는 누구를 닮았습니까?
女 1 すべて父のおかげだと思っています。	여 1 모두 아빠 덕분이라고 생각하고 있습니다.
2 私は母にそっくりだと言われています。	2 저는 엄마를 닮았다고 말을 듣고 있습니다.
3 とてもお似合いです。	3 너무 잘 어울립니다.

[단어]

おかげ 덕분 | そっくりだ 꼭 닮다 | お似合い 잘 맞음, 어울림

7ばん

女 彼氏に本当にがっかりしました。	**여** 남자친구에게 정말로 실망했습니다.
男 1 彼氏に話してみます。	**남** 1 남자친구에게 이야기해 보겠습니다.
2 その話を聞いてすっきりしました。	2 그 이야기를 듣고 시원했습니다.
3 けんかでもしたんですか。	3 싸움이라도 했나요?

[단어]

がっかり 실망. 실망하는 모양 | 話 이야기 | けんか 싸움

8ばん

女 ご無沙汰しております。	**여** 오랜만입니다.
男 1 山田さん、お久しぶりです。	**남** 1 야마다 씨. 오랜만입니다.
2 ご存じですか。	2 알고 계십니까?
3 いいえ。結構です。	3 아니요. 됐어요.

[단어]

久しぶり 오랜만 | ご存じだ 알다(知る)의 높임말

9ばん

男 どうしたの。あくびばかりして。	**남** 무슨 일 있어? 하품만 하고.
女 1 昨日、徹夜して勉強しました。	**남** 1 어제 밤새서 공부했습니다.
2 病院でも行ってきたら？	2 병원이라도 갔다 오는 게 어때?
3 犬もいびきをかくんだよ。	3 개도 코를 골아.

[단어]

あくび 하품 | 徹夜 밤샘 | 犬 개 | いびきをかく 코를 골다

JLPT N3

제2회 실전 모의고사
정답 및 해석

문자·어휘

문제 1 1 ③ 2 ① 3 ③ 4 ② 5 ④ 6 ④ 7 ① 8 ①

문제 2 9 ① 10 ② 11 ③ 12 ① 13 ③ 14 ④

문제 3 15 ③ 16 ② 17 ① 18 ④ 19 ④ 20 ② 21 ② 22 ③ 23 ③ 24 ④ 25 ②

문제 4 26 ③ 27 ③ 28 ③ 29 ① 30 ④

문제 5 31 ③ 32 ① 33 ② 34 ④ 35 ②

문법

문제 1 1 ② 2 ④ 3 ③ 4 ① 5 ③ 6 ① 7 ② 8 ① 9 ④ 10 ③ 11 ② 12 ④
13 ①

문제 2 14 ④ 15 ① 16 ① 17 ③ 18 ③

문제 3 19 ③ 20 ④ 21 ① 22 ②

독해

문제 4 23 ② 24 ③ 25 ② 26 ③

문제 5 27 ④ 28 ③ 29 ① 30 ④ 31 ① 32 ③

문제 6 33 ③ 34 ③ 35 ③ 36 ①

문제 7 37 ④ 38 ③

청해

문제 1 1 ① 2 ② 3 ④ 4 ③ 5 ② 6 ②

문제 2 1 ① 2 ③ 3 ③ 4 ③ 5 ③ 6 ④

문제 3 1 ① 2 ① 3 ③

문제 4 1 ② 2 ③ 3 ② 4 ②

문제 5 1 ① 2 ② 3 ③ 4 ③ 5 ① 6 ③ 7 ① 8 ② 9 ②

問題 1

_____의 단어 읽기로 가장 알맞은 것을 1 · 2 · 3 · 4에서 하나 고르시오.

1 한밤중에 눈이 떠져서 잘 수 없을 때는 따뜻한 우유를 마셔 보세요.

2 누군가에게 쫓겨서 도망치는 꿈은 스트레스로부터 도망치고 싶다는 욕구의 표출입니다.

3 상대에게 좋은 인상을 주기 위해서는 제대로 인사를 하는 것이 중요합니다.

4 남편은 주식 매매로 돈을 벌고 있다.

5 유감스럽지만, 어머니의 날은 공휴일이 아닙니다.

6 아빠는 보험 회사에서 일하고 있습니다.

7 이것은 환경 친화적인 세제로서 알려져 있다.

8 학교까지 왕복으로 3시간이나 걸린다.

問題 2

_____의 단어를 한자로 쓸 때, 가장 알맞은 것을 1 · 2 · 3 · 4에서 하나 고르시오.

9 모은 봉제인형이 얼마나 있는지 세어 봤습니다.

10 반납 기간이 지난 책은 대출 기간을 연장할 수 없습니다.

11 칼로리 소비가 많은 운동을 알려 주세요.

12 집을 빌려준 집주인에게 감사의 마음을 담아 사례금을 건넸다.

13 조개는 구워 먹으면 맛있습니다.

14 장시간 정전이 계속되어 있어 불편합니다.

問題 3

( )에 넣기에 가장 적당한 것을 1 · 2 · 3 · 4에서 하나 고르시오.

15 각 국의 우표를 모으는 것이 저의 취미입니다.

16 선배에게 부탁해도 거절당할 것임에 틀림없다.

17 자랑은 아니지만, 저는 반에서 가장 키가 큽니다.

18 가족이라도 방에 들어올 때는 노크 정도 해 주길 바랍니다.

19 모두에게 아직 말하지 않았지만, 실은 저, 작년에 이혼했습니다.

20 여러분, 새로운 멤버를 환영합시다.

21 그는 지갑에서 만 엔짜리 지폐를 꺼내서 나에게 주었다.

22 돌처럼 단단한 쿠키를 받았습니다.

23 죄송합니다만, 잠시 기다려주세요.

24 지갑을 놓고 왔는데 전혀 눈치채지 못했어.

25 책상 위를 정리하고 나서 공부하는 편이 집중할 수 있다.

問題 4

_____의 말에 의미가 가장 가까운 것을 1 · 2 · 3 · 4에서 하나 고르시오.

26 내용에 틀린 부분이 없는지 확인해 주세요.

27 캘린더 애플리케이션을 활용해서 스케줄 관리를 해 봅시다.

28 고속도로에서는 속도를 내지 않는 것도 교통 위반이 됩니다.

29 오랜만에 만난 친구에게 "여전히 멋있네"라고 말을 들어서 기뻤다.

30 채소를 사용한 건강한 요리를 완성했습니다.

問題 5

다음 단어의 용법으로 가장 적당한 것을 1 · 2 · 3 · 4 에서 하나 고르시오.

31 付き合う(つきあう) 사귀다. 어울리다

처음 사귄 사람과 결혼하는 비율은 그다지 높지 않다고 합니다.

32 キャンセル 취소

신칸센의 자유석이라면 당일에도 취소할 수 있습니다.

33 派手(はで) 화려함

저는 화려한 복장을 좋아합니다만, 실제로 입고 외출한 적은 없습니다.

34 留守番(るすばん) 비운 집을 지킴

초등학생 혼자서 집을 지키게 하는 것은 위험합니다.

35 迷子(まいご) 미아

백화점의 인파 속에서 울고 있는 미아를 발견했습니다.

問題 1

다음 문장의 (   )에 들어갈 가장 알맞은 것을 1·2·3·4 에서 하나 고르시오.

1 A : 저기, 사쿠라 은행의 스즈키라고 합니다만. 코이케 씨는 계십니까?
   B : 죄송합니다만, 코이케는 지금 자리를 비우고 있습니다.
2 쉬는 날이라고 해서 먹기만 하고 있지 말고 움직여라.
3 보내주신 서류는 봤습니다만, 조금 더 검토하겠습니다.
4 뉴스에 따르면, 3월부터 소비세가 오른다는 이야기입니다.
5 이 가게는, 가구를 비롯해 전자제품까지 취급하고 있습니다.
6 그는 다리를 다쳤지만, 포기하지 않고 끝까지 달렸다.
7 점수에 관계없이, 참가한 것만으로 메달을 받을 수 있습니다.
8 저는 납득이 가지 않는 일이 있으면, 불만을 말하지 않고는 있을 수 없는 성격입니다.
9 토일만 하는 아르바이트를 찾은 끝에, 결국 찾지 못했다.
10 갑작스러운 부탁임에도 불구하고, 대응해 주셔서 진심으로 감사합니다.
11 전학을 온 지 얼마 되지 않아서, 아직 친구가 없기 때문에 혼자서 점심밥을 먹을 수밖에 없다.
12 그의 얼굴을 보자마자, 눈물이 나왔다.
13 동경하는 다나카 선수와 만나 뵐 수 있어서 영광입니다.

問題 2

다음 문장의 ★ 에 들어갈 가장 알맞은 것을 1·2·3·4 에서 하나 고르시오.

14 北海道を 　中心に 　大雪に 　なる
   A : 일기예보에 따르면, 내일부터 홋카이도를 중심으로 폭설이 내린다고 해.
   B : 홋카이도는 매년 눈이 많이 내리니까 삿포로에 살고 있는 할머니가 걱정이야.
15 こちらで 　少々 　お待ち 　ください
   A : 안녕하세요. 3시에 예약한 와타나베라고 합니다.
   B : 와타나베 아키코 씨 맞으시죠? 여기서 잠시 기다려 주세요.

16 では 　先生 　に 　対して
   영어로는 선생님에게 'you'를 사용해도 되죠?
17 なる 　にしたがって 　カイロ 　の
   추워짐에 따라 손난로 매상이 늘고 있습니다.
18 就職 　する 　には 　日本語を
   일본 회사에 취직하려면 일본어를 공부하지 않으면 안 된다.

問題 3

문제 다음 문장을 읽고, 문장 전체의 내용을 생각해서 19 부터 22 에 들어갈 가장 알맞은 것을 1·2·3·4에서 하나 고르시오.

あなたのバッグには何が入っていますか。
持ち物は、男性と女性では違うでしょうし、年齢や職業によっても違うでしょう。 19 どんなものを持ち歩いているのか周りの人に聞いてみました。
ほとんどの人が持っていたのは財布、鍵、携帯電話で、女性はハンカチ、ティッシュを全員が持っていました。それにティッシュ 20 だけでなく、ウエットティッシュも持っている人が多いことがわかりました。
赤ちゃんのものが詰まったバッグや、道具があふれるように入っていてずっしり重いバッグ、必要なものをきちんと整理して入れてあるバッグなど、いろいろありました。中には、会社に行くときに電車が止まって、駅で数時間待たされるという経験を何回かしたという人のバッグに、お菓子、ピクニック用シート、輪ゴム、便せんなどが入っていて、こんなものまで持ち歩くのかと 21 驚いたものもありました。

128 제2회 실전 모의고사

バッグの中身(なかみ)には、その人(ひと)の [22] 生活(せいかつ)スタイルがあらわれていて、その人(ひと)らしさが伝(つた)わってくるような気(き)がしました。

年齢(ねんれい) 연령, 나이　**職業(しょくぎょう)** 직업　**全員(ぜんいん)** 전원
ウエットティッシュ 물수건　**道具(どうぐ)** 도구
ずっしり 묵직하게　**詰(つ)まった** 가득찬　**整理(せいり)** 정리
経験(けいけん) 경험　便(びん)せん 편지지　**中身(なかみ)** 내용

당신의 가방에는 무엇이 들어 있습니까?

소지품은 남성과 여성이 다를 테고, 연령이나 직업에 따라서도 다르겠지요. 어떤 물건을 가지고 다니는지 주위 사람들에게 물어보았습니다.

대부분의 사람이 가지고 있던 것은 지갑, 열쇠, 휴대전화이고, 여성은 손수건, 티슈를 전원이 가지고 있었습니다. 게다가 티슈뿐만 아니라 물티슈도 지니고 있는 사람이 많은 것을 알 수 있었습니다.

아기 용품이 가득 들어 있는 가방이나, 도구가 넘칠 듯이 들어 있어 묵직한 가방, 필요한 물건을 가지런히 정리해 넣어 둔 가방 등, 여러 가지가 있었습니다. 그중에는 회사에 갈 때 전철이 멈춰서, 역에서 여러 시간 기다리는 경험을 몇 번인가 했다는 사람의 가방에 과자, 피크닉용 돗자리, 고무밴드, 편지지 등이 들어 있어, 이런 것까지 가지고 다니는지 놀란 것도 있었습니다.

가방 속 내용물에는 그 사람의 생활 스타일이 나타나 있어, 그 사람다움이 전해지는 듯한 생각이 들었습니다.

[19] 1 어떤 색의 가방을 가지고 있는지
　　2 가방 크기는 어느 정도인지
　　3 어떤 물건을 가지고 다니는지
　　4 무엇을 사고 싶은지
　↳ 도입부에서 소지품에 대해서 이야기하고 있으므로 정답은 3번이다.

[20] 1 만이라도　2 만이　3 만과　4 뿐만 아니라
　↳ 뒤에 '물티슈도'라는 말이 이어지므로 빈칸에는 앞 내용에 첨가하는 표현이 들어가야 한다. 따라서 정답은 4번으로, 'A뿐만 아니라 B도'라는 문장이 된다.

[21] 1 놀란 것도 있었습니다
　　2 놀라고 있는 것입니다
　　3 놀라게 한 적이 있습니다
　　4 놀랐겠지요
　↳ 놀란 것은 필자이므로 정답은 1번이다. 3번은 다른 사람이 놀랐다는 뜻이다.

[22] 1 일하는 방식　　　　2 생활 스타일
　　3 통근 방법　　　　4 티슈 취향
　↳ 「赤(あか)ちゃんのもの」(아기 용품), 「道具(どうぐ)」(도구), 「必要(ひつよう)なもの」(필요한 물건)라는 말이 있으므로 정답은 2번이다. '일하는 방식', '통근 방법', '티슈 취향'에 대한 언급은 나와 있지 않다.

표현 해설

1. 駅(えき)で数時間(すうじかん)待(ま)たされるという経験(けいけん)を何回(なんかい)かした
　역에서 여러 시간 기다리는 경험을 몇 번인가 했다
　何回(なんかい)か(몇 번인가)는 数回(すうかい)(여러 번)와 같은 표현이다.
　足(あし)が痛(いた)くて、何回(なんかい)か病院(びょういん)に行(い)きました。
　다리가 아파서 몇 번인가 병원에 갔습니다.

問題 4

다음 (1)에서 (4)의 글을 읽고, 질문에 답하시오. 답은 1·2·3·4에서 가장 적당한 것을 하나 고르시오.

(1)

私(わたし)は運動嫌(うんどうぎら)いで、休(やす)みの日(ひ)でも家(うち)でごろごろしていることが多(おお)いのです。友人(ゆうじん)がテニスや水泳(すいえい)に誘(さそ)ってくれてもいつも断(ことわ)ってばかりいます。

両親(りょうしん)は、私(わたし)が小(ちい)さいころからずっと仕事(しごと)をしていたので、祖父母(そふぼ)が妹(いもうと)と私(わたし)の面倒(めんどう)をみてくれました。祖父母(そふぼ)は、私(わたし)たちが外(そと)で遊(あそ)んでけがをするのを心配(しんぱい)したためでしょうか、家(いえ)の中(なか)で遊(あそ)ばされることが多(おお)かったのです。近所(きんじょ)に友達(ともだち)もいましたが、その子(こ)は体(からだ)が弱(よわ)かったので、いっしょに遊(あそ)ぶときもあまり外(そと)に出(で)ないで家(いえ)の中(なか)で遊(あそ)んでいました。そんなことから、運動嫌(うんどうぎら)いになったような気(き)がします。

[23] 筆者(ひっしゃ)が運動嫌(うんどうぎら)いになった理由(りゆう)について、正(ただ)しいものはどれか。

1 体(からだ)が弱(よわ)かったので家(いえ)の中(なか)ばかりで遊(あそ)んでいたから

2 祖父母(そふぼ)に家(いえ)の中(なか)で遊(あそ)ぶように言(い)われていたから

3 友達(ともだち)をテニスや水泳(すいえい)に誘(さそ)ったが、断(ことわ)られてばかりだったから

4 外(そと)で遊(あそ)ぶとけがをすることが多(おお)かったから

[단어]

運動嫌い 운동을 싫어함 | **水泳** 수영 | **けがをする** 상처를 입다, 다치다 | **近所** 근처

私は運動을 싫어해서 휴일에도 집에서 뒹굴거리는 일이 많습니다. 친구가 테니스나 수영하러 가자고 해도 늘 거절만 하고 있습니다.

부모님은 내가 어렸을 때부터 계속 일을 하고 있었기 때문에 조부모님이 여동생과 나를 돌봐 주셨습니다. 조부모님은 우리가 밖에서 놀다 다치는 것을 걱정하셨기 때문인지, 집 안에서 놀게 하는 일이 많았습니다. 근처에 친구도 있었지만, 그 아이는 몸이 약했기 때문에 함께 놀 때도 별로 밖에 나오지 않고 집 안에서 놀았습니다. 그래서 운동을 싫어하게 된 것 같습니다.

---

23 필자가 운동을 싫어하는 사람이 된 이유에 대해 맞는 것은 어느 것인가?

1 몸이 약해서 집 안에서만 놀았으므로
2 조부모가 집 안에서 놀라고 했으므로
3 친구가 테니스나 수영하러 가자고 해도 거절만 하고 있으므로
4 밖에서 놀면 다치는 일이 많았으므로

↳ 정답은 2번이다. 1번 몸이 약했던 것은 친구이고, 4번은 조부모의 걱정에 해당되는 내용이다. 3번은 필자에 해당되는 내용이지만, 이것은 운동을 싫어하게 된 이후의 일이다.

표현 해설

1. **うちでごろごろしている** 집에서 뒹굴거리고 있다
   「ごろごろ」는 '빈둥빈둥'이라는 뜻으로 하는 일 없이 시간을 보내는 모양을 나타낸다.

2. **断ってばかりいます** 거절하고만 있습니다
   이것은 '거절하는 경우가 아주 많다'는 의미로 「ばかり」는 '~만, ~뿐'이라는 뜻으로 범위를 한정할 때 쓴다.
   弟は小さいころ、近所の子にいじめられて泣いてばかりいました。
   남동생은 어렸을 때 근처 아이에게 괴롭힘을 당해서 울기만 했습니다.

3. **面倒をみてくれました** 돌봐 주었습니다
   「面倒をみる」는 '돌봐 주다, 보살피다'라는 뜻이고, 「~てくれる」는 '다른 사람이 (나에게) ~해 주다'라는 뜻이다. 「世話をして、育ててくれました」(보살펴 길러주었습니다)도 같은 표현이다.

4. **遊ばされることが多かったのです**
   놀게 하는 일이 많았습니다
   「遊ばされる」는 「遊ばせられる」(놀게 함을 당하다)의 축약형으로, '다른 사람에게 시킴을 당하다'라는 사역수동 표현이다. 즉 이 문장은 '조부모가 나에게 집 안에서 놀라고 해서서 나는 집 안에서 노는 일이 많았다'는 뜻이다.
   生徒は先生に本を読まされた。
   학생은 선생님이 책을 읽으라고 해서 책을 읽었다.
   私は母にピアノを習わされた。
   나는 엄마가 피아노를 배우라고 해서 피아노를 배웠다.

(2)

火を使わず、温風も出さずに部屋を暖める話題の遠赤外線ヒーター。中でも最新型の「アッタメール」は、ほかの製品より暖かく、消費電力500Wと省エネ。室内に温度差ができないように暖めるので、顔だけ暖かく足元が寒いというようなことはありません。また空気も汚れません。電気代は9時間使って99円と経済的です。今なら申し込み順に100台までは35,000円とお得です。お早めにどうぞ。「アッタメール」で快適な冬を過ごしませんか。

24 「アッタメール」について、正しいのはどれか。
1 暖かさはほかの製品と変わらないが、空気が汚れない。
2 ほかの製品より暖かくなり、特に顔の部分が暖かくなる。
3 ほかの製品より暖かく、部屋全体を同じ温度にする。
4 新製品なので100台だけ販売することになっている。

[단어]

温風 온풍 | **話題** 화제 | **遠赤外線** 원적외선 | **消費電力** 소비전력 | **省エネ** 에너지 절 | **温度差** 온도차 | **足元** 발밑, 발치 | **電気代** 전기 요금 | **経済的** 경제적 | **お得** 이익 | **快適** 쾌적함

불을 사용하지 않고, 온풍도 나오지 않고 방을 따뜻하게 하는 화제의 원적외선 히터. 그중에서도 최신형인 '데우~다'는 다른 제품보다 따뜻하고, 소비 전력은 500와트로 에너지 절약. 실내에 온도 차가 생기지 않도록 덥히기 때문에, 얼굴만 따뜻하고 발은 추운 것 같은 일은 없습니다. 또 공기도 오염되지 않습니다. 전기 요금은 9시간 사용해서 99엔으로 경제적입니다. 지금이라면 신청순으로 100대까지는 35,000엔으로 이득입니다. 일찌감치 구입하세요. '데우~다'로 쾌적한 겨울을 보내지 않으시겠습니까?

24 '데우~다'에 대해 맞는 것은 어느 것인가?

1 따뜻함은 다른 제품과 다르지 않지만 공기가 오염되지 않는다.

2 다른 제품보다 따뜻해지고, 특히 얼굴 부분이 따뜻해진다.

3 다른 제품보다 따뜻하고 방 안 전체를 같은 온도로 만든다.

4 신제품이므로 100대만 판매하기로 되어 있다.

↘ 정답은 3번이다. 「アッタメール」(데우~다)는 다른 제품보다 따뜻하고 에너지가 절약되며, 공기가 오염되지 않는 특징을 가지고 있다. 또한 실내에 온도차가 나지 않으므로 몸 전체가 고르게 따뜻하다. 따라서 1번과 2번은 틀린 설명이다. 4번의 100대는 선착순 구입시 가격 혜택을 받을 수 있는 대수이므로 역시 틀린 내용이다.

표현 해설

1. 火を使わず、温風も出さずに部屋を暖める
   불을 사용하지 않고 온풍도 나오지 않고 방을 따뜻하게 하다
   「~ず」는 '~지 않고'라는 뜻으로 「~ないで」와 같은 의미이다. 따라서 「使わず」는 「使わないで」, 「出さず」는 「出さないで」라고 해도 된다.

   気分が悪くて、何も食べずに一日過ごした。
   속이 좋지 않아서 아무것도 먹지 않고 하루를 보냈다.

2. 申し込み順に 신청순으로
   「申し込み」는 '신청'이라는 뜻이다. 「申し込みの順番に」라고 해도 된다.

(3)
　期末試験の代わりにレポートを提出してください。テーマは自由ですが、この講義に関係のあるものに限ります。Ａ４用紙で５枚、読みにくいので手書きは受け付けません。締め切りは来週の金曜日午後５時です。事務に直接出してください。遅れたものは受け取りません。しかし理由がある場合に限り、受け取らないこともありません。

25 レポートについて、正しいものはどれか。

1 テーマはなんでもよい。

2 理由があれば締め切りの後に出してもよい。

3 手書きでもよい。

4 先生に出してもよい。

[단어]

期末 기말 | 提出 제출 | 講義 강의 | 用紙 용지 | 手書き 육필, 손으로 씀 | 締め切り 마감

기말시험 대신 리포트를 제출해 주세요. 테마는 자유지만, 이 강의와 관계있는 것으로 제한합니다. A4용지로 5장, 읽기 불편하니 손으로 쓴 것은 받지 않습니다. 마감은 다음 주 금요일 오후 5시입니다. 사무실에 직접 제출해 주세요. 늦은 것은 받지 않습니다. 그러나 이유가 있는 경우에 한해 받지 않는 것도 아닙니다.

25 리포트에 대해 맞는 것은 어느 것인가?

1 테마는 뭐든지 가능하다.

2 이유가 있으면 마감 후에 내도 된다.

3 손으로 쓴 것도 된다.

4 선생님께 내도 된다.

↘ 정답은 2번이다. 테마는 강의와 관련된 것이어야 하며, 손으로 작성한 리포트는 읽기 불편하기 때문에 불가하다. 또한 작성한 리포트는 사무실에 내야 하므로 1번, 3번, 4번은 맞지 않다.

표현 해설

1. 講義に関係のあるものに限ります
   강의와 관계 있는 것으로 제한합니다
   「~に限ります」는 '~로만 한정합니다, ~만 됩니다'라는 뜻이므로, 이 문장은 '강의에 관계 있는 것만 인정하

고 그밖의 것은 안 됩니다'라는 뜻이다.

富士山の近くにあるゲストハウスの利用は本学の関係者に限ります。

후지산 근처에 있는 게스트하우스의 이용은 본교 관계자에 한합니다.

2. 理由がある場合に限り 이유가 있을 때에 한해

이것은 「理由のあるときだけは特に / 特別に」라고도 쓸 수 있다.

金曜日は女性に限り半額にさせていただきます。

금요일은 여성에 한해 반값에 해 드립니다.

3. 受け取らないこともありません
받지 않는 것도 아닙니다.

이것은 이중부정 표현이므로 의미는 「受け取る」(받아들이다)와 같다.

忙しいんだけど、君のためなら手伝わないこともない。

바쁘지만 너를 위해서라면 돕지 못할 것도 없다.

(4)

春の栄養相談のお知らせ
〈バランスの取れた食事／何でも相談してください。〉

健康な体でいるためにはバランスの取れた食事が大切です。食品の選び方、食事の量、食品の組み合わせ、運動量などによっては、気づかないうちに病気になっていることがあります。専門家が皆さんの相談に乗り、バランスのよい食生活のためのお手伝いをします。簡単に作れるレシピの紹介もあります。

相談日時：平日 10：00～12：00
申し込み：1回30分予約制
　　　　　保健所窓口に申し込んでください。
料　金：無料

26　この相談会はどんな人のためのものか。

1　相談してみたいが、平日に時間がなくて、行けない人のため

2　運動不足で太ってきたので、やせる運動を知りたい人のため

3　体によい食事を考えたい人のため

4　時間を決めずに、いつでも自由に相談を受けたい人のため

[단어]

栄養 영양 | バランス 밸런스, 균형 | 組み合わせ 조합 | レシピ 레시피 | 平日 평일 | 予約制 예약제 | 保健所 보건소 | 窓口 창구

봄철 영양 상담 알림
〈 균형 잡힌 식사 / 뭐든지 상담하세요 〉

건강한 몸을 유지하기 위해서는 균형 잡힌 식사가 중요합니다. 식품 선택 방법, 식사량, 식품의 조합, 운동량 등에 따라서는 깨닫기 전에 병에 걸리는 경우가 있습니다. 전문가 여러분의 상담을 받아 균형 좋은 식생활을 위한 도움을 드립니다. 간단하게 만들 수 있는 레시피 소개도 있습니다.

상담 일시　평일 10:00~12:00
신청　　　　1회 30분 예약제
　　　　　　보건소 창구에서 신청하세요.
요금　　　　무료

26　이 상담회는 어떤 사람을 위한 것인가?

1　상담해 보고 싶지만 평일에 시간이 없어서 갈 수 없는 사람을 위해

2　운동 부족으로 살이 쪄서 살을 빼는 운동을 알고 싶은 사람을 위해

3　몸에 좋은 식사를 알아보고 싶은 사람을 위해

4　시간을 정하지 않고 언제라도 자유롭게 상담을 받고 싶은 사람을 위해

↳ 이 글은 균형 잡힌 식사의 중요성에 대해 말하고 있으며, 균형 잡힌 식생활에 관심 있는 사람들에게 상담을 통해 도움을 주겠다는 내용이다. 따라서 정답은 3번이다.

1. 気<ruby>気<rt>き</rt></ruby>づかないうちに病気<ruby>病気<rt>びょうき</rt></ruby>になっている
   깨닫기 전에 병에 걸리다

   「〜ないうちに」는 '〜기 전에'라는 뜻이다.

   知<ruby>知<rt>し</rt></ruby>らないうちに友<ruby>友<rt>とも</rt></ruby>だちが大学<ruby>大学<rt>だいがく</rt></ruby>をやめ、会社<ruby>会社<rt>かいしゃ</rt></ruby>を作<ruby>作<rt>つく</rt></ruby>っていた。

   모르는 새에 친구가 대학을 그만두고 회사를 차렸다.

2. 相談<ruby>相談<rt>そうだん</rt></ruby>に乗<ruby>乗<rt>の</rt></ruby>り 상담에 응해

   「相談に乗る」는 '상담하다'라는 뜻이다.

   どんなことでも相談<ruby>相談<rt>そうだん</rt></ruby>に乗<ruby>乗<rt>の</rt></ruby>ってくれた先輩<ruby>先輩<rt>せんぱい</rt></ruby>が帰国<ruby>帰国<rt>きこく</rt></ruby>してしまった。

   어떤 일이라도 상담해 주던 선배가 귀국해 버렸다.

問題 5

다음 (1)에서 (2)의 글을 읽고, 질문에 답하시오. 답은 1·2·3·4에서 가장 적당한 것을 하나 고르시오.

(1)

人工知能(AI)技術は急速に進化しており、現在、私たちの日常生活でさまざまな方法で活用されています。例えば、音声認識を使って機器を操作したり、自動運転車が人間の運転なしで自分で走行できるようになっています。

しかし一方で、人工知能技術が悪用される犯罪も増加しています。その一つがディープフェイクです。ディープフェイクとは、AIを使って作成された偽の動画や音声、またはそれを作るための技術を指します。この技術を使って、顔を合成した動画を作ったり、有名人の音声を操作して内容を変更し、フェイクニュースを広めることができます。このような被害は、有名人だけでなく一般人の間でも徐々に広がっています。

確かに、人工知能(AI)技術は今後ますます発展し、私たちの日常生活をより便利にしてくれると期待されています。しかし、このような技術の進展に伴う倫理的な問題や被害対策については、深く考える必要があると思います。

27 この文章<ruby>文章<rt>ぶんしょう</rt></ruby>で、人工知能<ruby>人工知能<rt>じんこうちのう</rt></ruby>を使<ruby>使<rt>つか</rt></ruby>った技術<ruby>技術<rt>ぎじゅつ</rt></ruby>ではないのは何<ruby>何<rt>なに</rt></ruby>か。

1 自動的<ruby>自動的<rt>じどうてき</rt></ruby>に運転<ruby>運転<rt>うんてん</rt></ruby>できる車<ruby>車<rt>くるま</rt></ruby>

2 声<ruby>声<rt>こえ</rt></ruby>で操作<ruby>操作<rt>そうさ</rt></ruby>できるスマートフォン

3 自分<ruby>自分<rt>じぶん</rt></ruby>の顔<ruby>顔<rt>かお</rt></ruby>を他<ruby>他<rt>た</rt></ruby>の人<ruby>人<rt>ひと</rt></ruby>の顔<ruby>顔<rt>かお</rt></ruby>に変<ruby>変<rt>か</rt></ruby>えてくれるアプリケーション

4 録音機能<ruby>録音機能<rt>ろくおんきのう</rt></ruby>があるぬいぐるみ

28 このような被害<ruby>被害<rt>ひがい</rt></ruby>は何<ruby>何<rt>なに</rt></ruby>か。

1 顔<ruby>顔<rt>かお</rt></ruby>を隠<ruby>隠<rt>かく</rt></ruby>さずに動画<ruby>動画<rt>どうが</rt></ruby>を作<ruby>作<rt>つく</rt></ruby>ること

2 声<ruby>声<rt>こえ</rt></ruby>を変<ruby>変<rt>か</rt></ruby>えずに動画<ruby>動画<rt>どうが</rt></ruby>を作<ruby>作<rt>つく</rt></ruby>ること

3 他人<ruby>他人<rt>たにん</rt></ruby>の顔<ruby>顔<rt>かお</rt></ruby>を合成<ruby>合成<rt>ごうせい</rt></ruby>して動画<ruby>動画<rt>どうが</rt></ruby>を作<ruby>作<rt>つく</rt></ruby>ること

4 他人<ruby>他人<rt>たにん</rt></ruby>の許可<ruby>許可<rt>きょか</rt></ruby>なしに動画<ruby>動画<rt>どうが</rt></ruby>を作<ruby>作<rt>つく</rt></ruby>ること

29 この文章<ruby>文章<rt>ぶんしょう</rt></ruby>で、筆者<ruby>筆者<rt>ひっしゃ</rt></ruby>が最<ruby>最<rt>もっと</rt></ruby>も言<ruby>言<rt>い</rt></ruby>いたいことは何<ruby>何<rt>なに</rt></ruby>か。

1 人工知能<ruby>人工知能<rt>じんこうちのう</rt></ruby>（AI）の発展<ruby>発展<rt>はってん</rt></ruby>にともなう問題<ruby>問題<rt>もんだい</rt></ruby>について深<ruby>深<rt>ふか</rt></ruby>く考<ruby>考<rt>かんが</rt></ruby>えるべきだ。

2 人工知能<ruby>人工知能<rt>じんこうちのう</rt></ruby>（AI）の発展<ruby>発展<rt>はってん</rt></ruby>は期待<ruby>期待<rt>きたい</rt></ruby>されるが、フェイクニュースはなくさなければならない。

3 人工知能<ruby>人工知能<rt>じんこうちのう</rt></ruby>（AI）を使<ruby>使<rt>つか</rt></ruby>った技術<ruby>技術<rt>ぎじゅつ</rt></ruby>はさらに発展<ruby>発展<rt>はってん</rt></ruby>すべきだ。

4 人工知能<ruby>人工知能<rt>じんこうちのう</rt></ruby>（AI）は日常生活<ruby>日常生活<rt>にちじょうせいかつ</rt></ruby>を便利<ruby>便利<rt>べんり</rt></ruby>にしている。

[단어]

人工知能<ruby>人工知能<rt>じんこうちのう</rt></ruby> 인공지능｜技術<ruby>技術<rt>ぎじゅつ</rt></ruby> 기술｜急速<ruby>急速<rt>きゅうそく</rt></ruby>に 급속도로｜進化<ruby>進化<rt>しんか</rt></ruby> 진화｜現在<ruby>現在<rt>げんざい</rt></ruby> 현재｜日常生活<ruby>日常生活<rt>にちじょうせいかつ</rt></ruby> 일상생활｜活用<ruby>活用<rt>かつよう</rt></ruby> 활용｜音声認識<ruby>音声認識<rt>おんせいにんしき</rt></ruby> 음성인식｜機器<ruby>機器<rt>きき</rt></ruby> 기기｜操作<ruby>操作<rt>そうさ</rt></ruby> 조작｜自動運転車<ruby>自動運転車<rt>じどううんてんしゃ</rt></ruby> 자율주행차｜走行<ruby>走行<rt>そうこう</rt></ruby> 주행｜悪用<ruby>悪用<rt>あくよう</rt></ruby> 악용｜犯罪<ruby>犯罪<rt>はんざい</rt></ruby> 범죄｜増加<ruby>増加<rt>ぞうか</rt></ruby> 증가｜偽<ruby>偽<rt>にせ</rt></ruby> 가짜｜動画<ruby>動画<rt>どうが</rt></ruby> 동영상｜指<ruby>指<rt>さ</rt></ruby>す 가리키다｜合成<ruby>合成<rt>ごうせい</rt></ruby> 합성｜広<ruby>広<rt>ひろ</rt></ruby>める 확산시키다｜被害<ruby>被害<rt>ひがい</rt></ruby> 피해｜一般人<ruby>一般人<rt>いっぱんじん</rt></ruby> 일반인｜徐々<ruby>徐々<rt>じょじょ</rt></ruby>に 서서히｜広<ruby>広<rt>ひろ</rt></ruby>がる 확산되다｜進展<ruby>進展<rt>しんてん</rt></ruby> 진전｜伴<ruby>伴<rt>ともな</rt></ruby>う 동반하다｜論理的<ruby>論理的<rt>ろんりてき</rt></ruby> 논리적｜対策<ruby>対策<rt>たいさく</rt></ruby> 대책

인공지능(AI) 기술은 급속도로 진화하고 있으며, 현재 우리 일상생활에서 다양한 방법으로 활용되고 있습니다. 예를 들어, 음성 인식을 사용해 기기를 조작하거나, 자율 주행차가 사람의 운전 없이 스스로 주행할 수 있게 되었습니다.

하지만 한편으로, 인공지능 기술이 악용되는 범죄도 증가하고 있습니다. 그중 하나가 딥페이크입니다. 딥페이크란 AI를 사용해 만들어진 가짜 동영상이나 음성, 또는 그것을 만드는 기술을 의미합니다. 이 기술을 사용해서 얼굴을 합성한 영상을 만들거나, 유명인의 음성을 조작해 내용을 변경하고 가짜 뉴스를 퍼뜨릴 수 있습니다. 이러한 피해는 유명인뿐만 아니라 일반인들 사이에서도 점차 확산되고 있습니다.

확실히 인공지능(AI) 기술은 앞으로 더욱 발전하여 우리 일상생활을 더 편리하게 만들어줄 것이라고 기대되고 있습니다. 그러나 이러한 기술 발전에 따른 윤리적 문제나 피해 대책에 대해서는 깊이 생각할 필요가 있다고 생각합니다.

---

27 이 문장에서 인공지능을 사용한 기술이 아닌 것은 무엇인가?

1 자동적으로 운전할 수 있는 자동차
2 목소리로 조작할 수 있는 스마트폰
3 자신의 얼굴을 다른 사람의 얼굴로 바꿔 주는 애플리케이션
4 녹음 기능이 있는 봉제인형

↘ 이 문제는 잘못된 것을 고르는 문제로 녹음 기능이 있는 봉제인형에 대한 내용은 언급하고 있지 않다. 따라서 정답은 4번이다.

---

28 이러한 피해는 무엇인가?

1 얼굴을 숨기지 않고 동영상을 만드는 것
2 목소리를 바꾸지 않고 동영상을 만드는 것
3 타인의 얼굴을 합성해서 동영상을 만드는 것
4 타인의 허가 없이 동영상을 만드는 것

↘ 이러한 피해는 바로 앞에서 언급한 '얼굴을 합성한 영상을 만들거나, 유명인의 음성을 조작해 내용을 변경하고 가짜 뉴스를 퍼뜨릴 수 있습니다'의 내용을 선택해야 한다. 따라서 정답은 3번이다.

---

29 이 문장에서, 필자가 가장 말하고 싶은 것은 무엇인가?

1 인공지능(AI)의 발전에 따른 문제에 관해서 깊이 생각해야 한다.

2 인공지능(AI)의 발전은 기대되지만, 가짜 뉴스는 없애지 않으면 안 된다.
3 인공지능(AI)을 사용한 기술은 더욱더 발전해야 한다.
4 인공지능(AI)은 일상생활을 편리하게 하고 있다.

↘ 필자는 마지막 단락에서 인공지능(AI)는 일상생활을 더 편리하게 만들어 줄 것이라고 기대하는 한편, 윤리적 문제나 피해 대책에 관해서도 생각해야 한다고 언급하고 있다. 따라서 정답은 1번이다.

표현 해설

1. 急速に進化しており 급속도로 진화하고 있으며
「～ておる」는「～ている」'~하고 있다'의 겸양 표현이다.

2. ディープフェイクとは 딥페이크란
「～とは」'~란'은 어떠한 명사를 정의할 때 사용하는 표현이다.

(2)

静岡といえば、わさび、コロッケ、緑茶、おでんなどを思い浮かべる人が多いかもしれませんが、私が静岡に行くと必ず食べるものがあります。それが、うな丼です。東京から新幹線で1時間20分ほどで行けるので、年に2～3回はうな丼を食べに静岡に行くほどです。

静岡は日本で初めてうなぎの養殖に成功した地域で、養殖されたうなぎを使ったさまざまな料理を味わうことができます。その中でも、私は甘いタレがかかったうなぎを、ご飯の上に乗せたうな丼が一番好きです。また、おいしいうな丼屋を見つけたらブログで紹介しています。最近食べたうな丼の中で一番満足だったのは、富士山を見ながらうな丼を楽しめるレストランでした。富士山を眺めながらうな丼を一口食べた時、1日の疲れがすっかり取れた気分になりました。こんなに雰囲気も味も良いレストランを見つけた時、もっと多くの人に知ってほしいと思うようになります。そして、いつかうな丼を紹介する本を出版することが私の夢でもあります。

東京に帰る時は、娘のためにうなぎのエキスを生地に入れて作ったうなぎパイを買っています。うなぎパイはうなぎの味はしませんが、甘くて子供たちにもとても人気です。静岡に行かれる際は、ぜひうなぎを使った料理を味わってみてください。

30 この文章を書いた人が静岡に行く主な理由は何か。

1 うなぎ養殖をするため

2 おいしい料理を食べるため

3 富士山を眺めながら食事をするため

4 うな丼を食べるため

31 この文章を書いた人がブログにうな丼について載せている理由は何か。

1 多くの人においしいうな丼を売っている店を知ってほしいから

2 うな丼が好きな人が増えてほしいから

3 うな丼という料理を知らせたいから

4 うなぎ料理のレシピを本にしたいから

32 この文章の内容と合っていないものはどれか。

1 静岡は日本で初めてうなぎの養殖に成功した地域である。

2 静岡ではうなぎエキスを入れたお菓子を売っている。

3 静岡に行くと、富士山でうな丼が食べられる。

4 新幹線で東京から静岡まで2時間以内に行ける。

[단어]

思い浮かべる 떠올리다 | 養殖 양식 | 味わう 맛보다 | タレ 소스,양념 | 見つける 찾다,발견하다 | 紹介 소개 | 満足 만족 | 眺める 바라보다 | 疲れが取れる 피로가 풀리다 | すっかり 완전히 | 雰囲気 분위기 | 出版 출판 | エキス 엑기스 | 生地 반죽

시즈오카라고 하면 와사비, 고로케, 녹차, 오뎅 등을 떠올리는 사람들이 많을지도 모르지만, 제가 시즈오카에 가면 꼭 먹는 음식이 있습니다. 그것은 우나동입니다. 도쿄에서 신칸센으로 약 1시간 20분 정도로 갈 수 있기 때문에, 1년에 2~3번은 우나동을 먹으러 시즈오카에 갈 정도입니다.

시즈오카는 일본에서 처음으로 장어 양식에 성공한 지역으로, 양식된 장어를 사용한 다양한 요리를 맛볼 수 있습니다. 그 중에서도 저는 달콤한 소스가 발린 장어를 밥 위에 얹은 우나동을 가장 좋아합니다. 또한, 맛있는 우나동 집을 찾으면 블로그에 소개하고 있습니다. 최근에 먹은 우나동 중에서 가장 만족스러웠던 것은 후지산을 보면서 우나동을 즐길 수 있는 레스토랑이었습니다. 후지산을 바라보며 우나동을 한입 먹었을 때, 하루의 피로가 싹 풀린 기분이 들었습니다. 이렇게 분위기도 맛도 좋은 레스토랑을 찾았을 때, 더 많은 사람들이 알았으면 좋겠다고 생각하게 됩니다. 그리고 언젠가는 우나동을 소개하는 책을 출판하는 것이 제 꿈이기도 합니다.

도쿄로 돌아갈 때는 딸을 위해 우나기의 엑스를 반죽에 넣어 만든 우나기 파이를 사고 있습니다. 우나기 파이는 우나기 맛은 나지 않지만 달콤해서 아이들에게도 매우 인기가 있습니다. 시즈오카에 가실 때는 꼭 우나기를 사용한 요리를 맛보세요.

30 이 문장을 쓴 사람이 시즈오카에 가는 주된 이유는 무엇인가?

1 장어 양식을 하기 위해서

2 맛있는 요리를 먹기 위해서

3 후지산을 바라보면서 식사를 하기 위해서

4 우나동을 먹기 위해서

↘ 필자는 첫 번째 단락에서 1년에 2~3번은 우나동을 먹으러 시즈오카에 가고 있다고 언급하고 있다. 따라서 정답은 4번이다.

31 이 문장을 쓴 사람이 블로그에 우나동에 관해서 게재하고 있는 이유는 무엇인가?

1 많은 사람들이 맛있는 우나동을 팔고 있는 가게를 알기를 바라기 때문에

2 우나동을 좋아하는 사람이 늘길 바라기 때문에

3 우나동이라는 요리를 알리고 싶기 때문에

4 장어 요리 레시피를 책으로 만들고 싶기 때문에

↘ 두 번째 단락에서 분위기와 맛이 좋은 레스토랑을 찾았을 때 더 많은 사람들이 알았으면 좋겠다는 생각을 언급하고 있다. 따라서 정답은 1번이다.

32 이 문장의 내용과 일치하지 않는 것은 어느 것인가?

1 시즈오카는 일본에서 처음으로 장어 양식에 성공한 지역이다.

2 시즈오카에서는 장어 엑기스를 넣은 과자를 팔고 있다.

3 시즈오카에 가면 후지산에서 우나동을 먹을 수 있다.

4 신칸센으로 도쿄에서 시즈오카까지 2시간 이내에 갈 수 있다.

↳ 후지산을 보면서 우나동을 즐길 수 있는 레스토랑에서의 식사가 만족스러웠다는 내용이 있지만 후지산에서 먹을 수 있다는 내용은 아니다. 이 문제는 잘못된 내용을 고르는 문제로 정답은 3번이다.

問題 6

다음 글을 읽고 질문에 답하시오. 답은 1·2·3·4에서 가장 적당한 것을 하나 고르시오.

(1)

最近、私はカプセルトイの収集に夢中になっている。カプセルトイは小型自販機の一種で、コインを入れてレバーを回すと、小さなおもちゃが入ったカプセルが出てくる。中身はランダムで、何が出るか分からないので、そのドキドキ感がとても楽しい。価格は通常100円から500円で、ミニチュアの飾りからおもちゃまで、さまざまな商品が入っている。

カプセルトイに夢中になった理由は、カプセルを開けるたびに何が出るのか期待する瞬間がとても楽しいからだ。もし同じものが出たら、友達と交換したり、中古サイトで売ったりすることもある。また、レアなモデルが出たときは、その価値を大幅に超える価格で取引されることもある。音が鳴ったり、光る製品も多く、大人にも人気がある。だから、カプセルトイに興味のある友達にプレゼントをすることもある。

しかし、バッテリーを交換できない製品は長く使うことができないし、安価で品質が良くないものも多い。また、不良品が出ても交換や返金ができないという点では、満足できない消費となることもある。

それでも、私は毎月おおよそ3万円くらいをカプセルトイに使っている。周りの人は、私がこんなにお金を使っていることを理解できないかもしれないが、実際にはカプセルトイに関連する動画を撮って投稿し、それによって利益を得ている。つまり、好きな趣味でお金を稼ぎ、そのお金でまた趣味を楽しんでいるわけだ。

33 カプセルトイに夢中になった理由として合っているものはどれか。

1 中古サイトでカプセルトイを販売する仕事をしているから

2 音が鳴ったり、光ったりする製品を集めているから

3 カプセルトイの中身は何かわくわくするから

4 友達にカプセルトイを見せたいから

34 カプセルトイについて合っていないものはどれか。

1 中身を選ぶことはできない。

2 バッテリー交換ができる製品もある。

3 中古サイトで返品してもらえる。

4 品質が悪いものも結構ある。

35 筆者はどうやってお金を稼いでいると言っているか。

1 レアなカプセルトイを集めて売って、お金を稼いでいる。

2 中古サイトでカプセルトイを売って、お金を稼いでいる。

3 カプセルトイの動画を撮って載せて、お金を稼いでいる。

4 友達に安い価格でカプセルトイを売って、お金を稼いでいる。

36 この文章のテーマとして適当なものはどれか。

1 カプセルトイにはまった理由

2 カプセルトイへの反応

3 カプセルトイが大人に人気の理由

4 カプセルトイ市場の未来

[단어]

收集 수집 | 夢中になる 열중하다 | 小型 소형 | 自販機 자판기 | 一種 일종 | 中身 내용물 | ランダム 랜덤 | 通常 통상.보통 | ミニチュア 미니어처 | 飾り 장식 | おもちゃ 장난감 | 商品 상품 | 期待 기대 | 交換 교환 | 大幅 큰 폭 | 取引 거래 | 音が鳴る 소리가 나다 | 製品 제품 | 安価 염가 | 品質 품질 | 不良品 불량품 | 満足 만족 | 消費 소비 | 動画 동영상 | 投稿 투고 | 利益 이익 | 稼ぐ 돈을 벌다

최근 나는 캡슐 토이 수집에 빠져 있다. 캡슐 토이는 작은 자동판매기의 일종으로, 동전을 넣고 레버를 돌리면 작은 장난감이 들어 있는 캡슐이 나온다. 안에 들어 있는 것은 랜덤이라서 무엇이 나올지 몰라 그 설렘이 매우 즐겁다. 가격은 보통 100엔에서 500엔 사이로, 미니어처 장식부터 장난감까지 다양한 상품이 들어 있다.

캡슐 토이에 빠지게 된 이유는, 캡슐을 열 때마다 무엇이 나올지 기대하는 순간이 너무 즐겁기 때문이다. 만약 같은 물건이 나오면 친구와 교환하거나 중고 사이트에서 팔기도 한다. 또, 희귀 모델이 나왔을 때는 그 가치를 큰 폭으로 넘는 가격으로 거래되기도 한다. 소리가 나거나 불빛이 나는 제품도 많아서, 성인들 사이에서도 인기가 있다. 그래서 캡슐 토이에 관심이 있는 친구에게 선물하기도 한다.

하지만 배터리를 교환할 수 없는 제품은 오래 사용할 수 없고, 값이 저렴하고 품질이 좋지 않은 것들도 많다. 또한 불량품이 나와도 교환이나 환불이 불가능하기 때문에 만족스럽지 않은 소비가 될 때도 있다.

그런데도, 나는 매달 약 3만 엔 정도를 캡슐 토이에 쓰고 있다. 주변 사람들은 내가 이렇게 돈을 쓰는 것을 이해하지 못할지도 모르지만, 사실은 캡슐 토이와 관련된 영상을 찍어 올리고, 그걸 통해 수익을 얻고 있다. 즉, 좋아하는 취미로 돈을 벌고, 그 돈으로 다시 취미를 즐기고 있는 셈이다.

33 캡슐 토이에 빠지게 된 이유로서 일치하는 것은 어느 것인가?

1 중고 사이트에서 캡슐 토이를 판매하는 일을 하고 있기 때문에

2 소리가 나거나 빛이 나거나 하는 제품을 모으고 있기 때문에

3 캡슐 토이의 내용물은 무엇일지 기대되기 때문에

4 친구에게 캡슐 토이를 보여주고 싶기 때문에

↳ 밑줄 뒤 문장에서 ~からだ(~때문이다)를 사용해 이유를

33 캡슐 토이에 관해서 일치하지 않는 것은 어느 것인가?

1 내용물을 고를 수 없다.

2 배터리 교환을 할 수 있는 제품도 있다.

3 중고 사이트에서 반품할 수 있다.

4 품질이 나쁜 것도 꽤 있다.

↳ 본문에서 불량품이 나와도 교환이나 환불이 불가능하다고 쓰여 있다. 잘못된 것을 고르는 문제로 정답은 3번이다.

35 필자는 어떻게 돈을 벌고 있다고 말하고 있는가?

1 희귀한 캡슐 토이를 모아서 팔아 돈을 벌고 있다.

2 중고 사이트에서 캡슐 토이를 팔아 돈을 벌고 있다.

3 캡슐 토이 동영상을 찍어 올려서 돈을 벌고 있다.

4 친구에게 싼 가격으로 캡슐 토이를 팔아 돈을 벌고 있다.

↳ 마지막 문단에 캡슐 토이의 동영상을 찍어 투고해 이익을 얻고 있다는 내용을 보면 알 수 있듯 정답은 3번이다.

36 이 문장의 주제로서 적당한 것은 어느 것인가?

1 캡슐 토이에 빠진 이유

2 캡슐 토이로의 반응

3 캡슐 토이가 성인에게 인기인 이유

4 캡슐 토이 시장의 미래

↳ 주제를 고르는 문제는 위의 문제를 풀면서 전체적인 내용을 파악하는 것이 가장 중요하다.

問題7

つぎの文章はスーパーのお知らせである。下の質問に答えなさい。答えは、1・2・3・4から最もよいものを一つえらびなさい。

다음 글은 슈퍼의 안내다. 아래 질문에 답하시오. 답은 1 · 2 · 3 · 4 중에서 가장 알맞은 것을 하나 고르시오.

会員クラスとお得意様卸単価

いつもお仕入れ ありがとうございます。
会員クラスは前年度のお仕入れ合計金額で確定します。
お仕入れ金額が上がるにつれてお得にお仕入れいただけます。

会員クラス	お仕入れ合計金額	卸単価	無料サービス
ダイヤ会員	1500万円以上	50%	5万円以上で送料無料
スーパーゴールド会員	1000万円以上	55%	お仕入れ当日駐車場無料
ゴールド会員	800万円以上	60%	VIPバッジプレゼント
スーパーシルバー会員	600万円以上	65%	8万円以上で送料無料
シルバー会員	300万円以上	70%	
ルビー会員	50万円以上	75%	10万円以上で送料無料
レギュラー会員	50万円未満	80%	なし

※送料無料サービス
日本国内発送のみ、お仕入れ金額が 5 万円(税抜)～10万円以上、当社指定の運送便ご利用で送料無料になります。(ただし、冷蔵・冷凍品の送料は除く。クール料金300円ご請求。)

※お仕入れ当日の駐車場無料
お仕入れ当日の駐車場が無料でご利用いただけます。(駐車料金精算時に会員カードをご提示ください。)

37 小売業をしている梅田さんは現在スーパーのシルバー会員で、来年ゴールド会員になるために会員クラスの表を見ている。梅田さんがゴールド会員になった場合、受けられる特典の中で合っていないものは何か。

1 卸価格が安くなる。
2 駐車場を無料で使える。
3 バッジがもらえる。
4 冷凍品の送料が無料になる。

38 無料サービスについて正しいものは何か。

1 海外発送時に追加料金が発生する。
2 シルバー会員以上から駐車場を無料で利用できる。
3 当社指定の運送便のみ送料無料サービスが適用される。
4 VIPバッジを提示すれば、駐車場無料サービスを受けることができる。

[단어]

仕入れ 구매 | 合計金額 합계금액 | 確定 확정 | 卸単価 도매단가 | 発送 발송 | 送料 송료 | 冷蔵 냉장 | 冷凍 냉동 | 除く 제외하다 | 請求 청구 | 提示 제시

회원 등급과 우수 고객 도매 가격

항상 구매해 주셔서 감사합니다.
회원 등급은 전년도 구매 총액에 따라 확정됩니다.
구매 금액이 증가할수록 더 유리하게 구매하실 수 있습니다.

회원 등급	구매 총액	도매 단가	무료 서비스
다이아 회원	1500만 엔 이상	50%	5만 엔 이상 무료 배송
슈퍼골드 회원	1000만 엔 이상	55%	구매 당일 주차장 무료
골드 회원	800만 엔 이상	60%	VIP배지 선물
슈퍼실버 회원	600만 엔 이상	65%	8만 엔 이상 무료 배송
실버 회원	300만 엔 이상	70%	
루비 회원	50만 엔 이상	75%	10만 엔 이상 무료 배송
레귤러 회원	50만 엔 미만	80%	없음

※ 배송비 무료 서비스
일본 국내 발송만 해당하며, 구매 금액이 5만 엔(세금 제외) 이상 10만 엔 이상, 당사가 지정한 운송 업체를 이용하시면 무료로 배송됩니다. (단, 냉장 및 냉동품의 배송비는 제외한다. 쿨 요금 300엔 청구)

※ 구매 당일 주차장 무료
구매 당일에 주차장이 무료로 제공됩니다. (주차 요금 결제 시 회원 카드를 제시해 주세요.)

37 소매업을 하고 있는 우메다 씨는 현재 슈퍼 실버 회원으로 내년에 골드 회원이 되기 위해서 회원 등급표를 보고 있다. 우메다 씨가 골드 회원이 된 경우, 받을 수 있는 특전 중에서 일치하지 않는 것은 무엇인가?

1 도매 가격이 저렴해진다.

2 주차장을 무료로 사용할 수 있다.

3 배지를 받을 수 있다.

4 냉동품의 배송비가 무료가 된다.

↘ 냉장품. 냉동품의 송료는 등급과 상관없이 쿨(보냉) 요금 300엔이 청구된다. 잘못된 것을 고르는 문제로 정답은 4번이다.

38 무료 서비스에 관해서 올바른 것은 무엇인가?

1 해외 발송시에 추가 요금이 발생한다.

2 실버 회원 이상부터 주차장을 무료로 이용할 수 있다.

3 당사 지정 운송업체만 배송비 무료 서비스가 적용된다.

4 VIP배지를 제시하면 주차장 무료 서비스를 받을 수 있다.

↘ 해외 발송에 대한 내용은 언급하고 있지 않으며, 주차장 무료 서비스는 골드 회원 이상부터 적용된다. 또한 주차장 무료 서비스를 받기 위해서는 배지가 아닌 회원 카드를 제시해야 한다. 따라서 정답은 3번이다.

問題 1

問題1では、まず質問を聞いてください。それから話を聞いて、問題用紙の1から4の中から、最もよいものを一つ選んでください。

문제 1에서는 먼저 질문을 들으세요. 그리고 이야기를 듣고 문제지의 1~4 중에서 가장 적당한 것을 하나 고르세요.

れい

女の人と男の人が話しています。男の人はこの後、どこに行けばいいですか。	여자와 남자가 이야기하고 있습니다. 남자는 이후, 어디로 가면 됩니까?
女　え、それでは、この施設の利用がはじめての方のために、注意していただきたいことがありますので、よく聞いてください。まず決められた場所以外ではケータイは使えません。	여 에, 그럼, 이 시설의 이용이 처음이신 분을 위해 주의해 주셨으면 하는 것이 있으므로, 잘 들어 주세요. 먼저 정해진 장소 이외에서는 휴대전화는 사용할 수 없습니다.
男　え？10分後に、友達とここで待ち合わせしているのに、どうしよう。じゃ、どこで使えばいいですか。	남 네? 10분 후에 친구와 여기서 만나기로 했는데, 어쩌지? 그럼, 어디에서 사용하면 됩니까?
女　3階と5階に、決められた場所があります。	여 3층과 5층에 정해진 장소가 있습니다.
男　はい、わかりました。友達とお茶を飲んだり、話したりする時はどこに行ったらいいですか。	남 네, 알겠습니다. 친구와 차를 마시거나 이야기하거나 할 때는 어디로 가면 됩니까?
女　4階にカフェテリアがありますので、そちらをご利用ください。	여 4층에 카페테리아가 있으므로, 그곳을 이용해 주십시오.
男　はい、わかりました。さあ、奈々ちゃん、どこまで来たのか電話かけてみるか。	남 네, 알겠습니다. 자, 나나는 어디까지 왔는지 전화 걸어 볼까?
男の人はこの後、どこに行けばいいですか。	남자는 이후, 어디로 가면 됩니까?

1　1階	1 1층
2　2階	2 2층
3　3階	3 3층
4　4階	4 4층

[풀이]

남자는 마지막 대화에서 친구에게 '전화 걸어 볼까?'라고 했으므로, 통화가 가능한 3층이나 5층으로 가면 되니 정답은 3번이 된다.

施設 시설 | 利用 이용 | 注意 주의 | 以外 의외 | 待ち合わせ (시간과 장소를 정하여)만나기로 함

1ばん

女の人と男の人が話しています。男の人はどうして眠くなると言っていますか。

女　さっきからずっとあくびばっかして、どうしたの？

男　あ、あくびが止まらないよ。

女　また徹夜したの？

男　いや、ぐっすり寝たよ。

女　じゃあ、何でそんなに眠そうなの？コーヒーは飲んだの？

男　うん、今朝飲んだよ。

女　そう？最近疲れてるんじゃない？

男　朝、飲んだ薬のせいかな。

女　えっ？風邪ひいちゃったの？

男　なんか寒気がして。

女　今日は無理しないで、家に帰ってゆっくり休んだ方がいいよ。

男の人はどうして眠くなると言っていますか。

여자와 남자가 이야기하고 있습니다. 남자는 왜 졸리다고 말하고 있습니까?

여　아까부터 계속 하품만 하고, 무슨 일 있어?

남　아, 하품이 멈추질 않아.

여　또 밤 샜니?

남　아니. 푹 잤어.

여　그럼 왜 그렇게 졸려 보여? 커피는 마셨어?

남　응. 오늘 아침에 마셨어.

여　그래? 요즘 피곤한 거 아니야?

남　아침에 먹은 약 때문인가?

여　어? 감기 걸렸어?

남　뭔가 오한이 들어서.

여　오늘은 무리하지 말고, 집에 돌아가서 푹 쉬는 편이 좋아.

남자는 왜 졸리다고 말하고 있습니까?

[풀이]

2번과 4번은 여자의 추측이므로 답이 될 수 없다. 남자는 오한이 들어서 약을 먹었다고 말했기 때문에 3번은 답이 될 수 없고, 졸린 이유는 약을 먹었기 때문일 것이라고 말했기 때문에 답은 1번이다.

あくび 하품 | 徹夜 밤샘 | 寒気 오한, 한기

2ばん

男の人が店の人と話しています。今日の食事会の費用は何人分払わなければなりませんか。

男　電話で予約を入れた山田です。7時からで、6人でお願いしてあるんですが……。

女　あ、はい。6名様、7時から2時間、Aコース、飲み放題付きで予約をいただいておりますが。

男　それが、突然1人来られなくなっちゃって……。

女　誠に申し訳ございませんが、お料理の方はもう用意しておりまして……。

남자가 점원과 이야기하고 있습니다. 오늘 식사 모임의 비용은 몇 인분을 지불해야 합니까?

남　전화로 예약한 야마다입니다. 7시부터이고 여섯 명으로 부탁드렸는데요…….

여　아, 네. 여섯 분. 7시부터 2시간, A코스, 음료 무제한으로 예약되어 있습니다만.

남　그게, 갑자기 한 사람이 못 오게 돼서요…….

여　정말 죄송합니다만, 요리 쪽은 이미 준비해 둬서…….

男 え、キャンセルできませんか。	남 에, 취소 안 되나요?
女 申し訳ございません。このコースは5時までで すと、キャンセルは無料なんですが……。	여 죄송합니다. 이 코스는 5시까지면 취소는 무료입니다 만…….
男 じゃあ、飲み放題の1,500円は……?	남 그럼, 음료 무제한인 1,500엔은요……?
女 あ、はい、お飲み物の方は5名様ということでお 受けできますので……。	여 아, 네. 음료는 다섯 분으로 접수가 가능하오니…….
男 そうですか……。	남 그래요……?
女 申し訳ございませんね。こちら、3,000円分の お食事サービスチケットですので、次回いらし たときに、お使いになってください。	여 죄송합니다. 이건 3,000엔어치의 식사 서비스 티켓이니 다음에 오셨을 때 사용하시기 바랍니다.
男 わかりました。じゃあ。	남 알겠습니다. 그럼.

今日の食事会の費用は何人分払わなければなりませ んか。	오늘 식사 모임의 비용은 몇 인분을 지불해야만 합니까?

1 食事6人分と飲み物6人分	1 식사 6인분과 음료 6인분
2 食事6人分と飲み物5人分	2 식사 6인분과 음료 5인분
3 食事5人分と飲み物6人分	3 식사 5인분과 음료 6인분
4 食事5人分と飲み物5人分	4 식사 5인분과 음료 5인분

[풀이]

남자가 처음에 예약한 것은 6명이지만, 일행 중 한 명이 못 오게 되어 실제 인원수는 5명이다. 그러나 예약한 코스 요리는 취소 시
간을 넘겨 취소가 불가능한 상태이다. 따라서 식사는 6인분 비용을 지불해야 한다. 그러나 음료는 취소가 가능하므로 음료 비용으
로는 5인분만 지불하면 된다. 따라서 정답은 2번이다.

飲み放題 마시고 싶은 대로 마심 | キャンセル 캔슬, 취소 | 次回 다음 번

3ばん

外国人の女の人が電話で区役所の人に外国人登録に ついてきいています。女の人は、これから何をしな ければなりませんか。	외국인 여자가 전화로 구청 직원에게 외국인등록에 대해 묻고 있습니다. 여자는 지금부터 무엇을 해야만 합니까?
男 はい、若葉区役所案内です。	남 네, 와카바 구청 안내입니다.
女 あのー、これから外国人登録に行きたいんです が。何を持って行けばいいですか。	여 저~, 지금부터 외국인등록을 하러 가고 싶은데요. 무엇 을 가져가면 되나요?
男 では、パスポートをお持ちいただいて……それ から、最近お撮りになったパスポートサイズの 写真を2枚、窓口へお持ちください。	남 그럼, 여권를 가져오시고……. 그리고 최근에 찍으신 여 권 크기의 사진을 2장 창구로 가져오세요.
女 最近のなら、旅行したときの写真でもいいですか。	여 최근 것이라면 여행했을 때 찍은 사진도 되나요?
男 えー、パスポートと同じような写真じゃないと。	남 저기, 여권과 같은 사진이 아니면.

女	じゃあ、そちらに写真を撮るところはありますか。	여 그럼, 그쪽에 사진을 찍는 곳은 있나요?
男	いいえ、こちらには…… スピード写真でもいいですよ。	남 아니요, 여기에는……. 속성 사진이라도 괜찮습니다.
女	あ、そうですか。わかりました。それだけでいいですか。	여 아, 그래요? 알겠습니다. 그것만 있으면 되나요?
男	そうですね。あとは、こちらの窓口で、申請書を書いていただきます。	남 그렇습니다. 이후는 여기 창구에서 신청서를 써 주세요.
女	実は……あんまり日本語が書けないんですが、日本人の友達と一緒に行ったほうがいいですか。	여 실은……일본어를 잘 못 쓰는데요, 일본인 친구와 함께 가는 게 좋은가요?
男	申請書は英語のもありますが、英語はわかりますか。	남 신청서는 영어로 된 것도 있습니다만, 영어는 아십니까?
女	ええ、まあ。	여 네, 그런대로.
男	じゃ、大丈夫でしょう。	남 그럼 괜찮으실 거예요.
女	そうですか。それじゃ、うかがいます。ありがとうございました。	여 그래요? 그럼 찾아뵙겠습니다. 감사합니다.

女の人は、これから何をしなければなりませんか。 **여자는 지금부터 무엇을 해야 합니까?**

1 パスポートの写真を撮る	1 여권 사진을 찍는다
2 すぐに区役所の窓口に行く	2 즉시 구청 창구에 간다
3 日本人の友達に手伝いを頼む	3 일본인 친구에게 도움을 요청한다
4 パスポートサイズの写真を撮る	4 여권 크기의 사진을 찍는다

[풀이]

외국인 여자가 구청 직원에게 외국인등록에 필요한 준비물에 대해 문의하고 있다. 체크포인트 부분을 들었다면 정답이 4번임을 알수 있다. 외국인 등록에 필요한 준비물은 여권과, 최근 촬영한 여권 사진과 동일한 크기의 사진 2장이다. 구청에 사진을 찍는 곳이있는지를 묻는 여자의 대사를 통해 여자에게는 해당 사진이 없음을 알 수 있다. 따라서 여자는 해당 사진을 준비하러 가야 한다.

区役所 구청 | 外国人登録 외국인등록 | 窓口 창구 | スピード写真 속성 사진 | 申請書 신청서

4ばん

男の人が病院の受付で係の人と話しています。男の人は、まず何をしますか。	**남자가 병원 접수처에서 담당자와 이야기하고 있습니다. 남자는 우선 무엇을 합니까?**
男 すみません、初めてなんですが。	남 실례합니다. 처음인데요.
女 どうなさいましたか。	여 어디가 아프세요?
男 きのうから頭が痛くて、少し熱もあるんです。	남 어제부터 머리가 아프고 열도 조금 있어요.

女	そうですか。では、この紙に必要なことをご記入になっていただけますか。
男	ここで書くんですか。
女	いいえ、そこの待合室のいすにおかけになってお書きください。お書きになったら、こちらに出してください。それから、この体温計で熱を測っておいてください。後で看護師が取りに来ますので。
男	はい。
女	その後、お名前をお呼びしましたら診察室にお入りください。
男	はい、わかりました。あの、それから、お手洗いはどちらでしょうか。
女	お手洗いなら、そこの廊下の突き当たりの左側にあります。レントゲン室の奥です。
男	そうですか……　じゃ、まずはこれを。

여 그래요? 그럼, 이 종이에 필요한 것을 적어 주시겠어요?

남 여기에서 씁니까?

여 아니요, 저기 대기실 의자에 앉으셔서 적어 주세요. 다 적으시면 이쪽에 제출해 주세요. 그리고 나서 이 체온계로 열을 재어 두세요. 나중에 간호사가 가지러 오니까요.

남 네.

여 그 후에 호명하면 진찰실로 들어오세요.

남 네, 알겠습니다. 저, 그리고 화장실은 어디예요?

여 화장실이라면 저기 복도 막다른 곳 왼쪽에 있습니다. X선 촬영실 뒤쪽이에요.

남 그래요……? 그럼, 우선 이걸.

男の人は、まず何をしますか。

1 熱を測っておく

2 トイレに行く

3 紙に記入する

4 診察室に入る

남자는 우선 무엇을 합니까?

1 열을 재 둔다

2 화장실에 간다

3 종이에 적는다

4 진찰실에 들어간다

[풀이]

병원에서 남자와 접수 담당자가 이야기를 나누고 있다. 접수 담당자는 남자에게 몸 상태를 확인한 뒤 차례로 해야 할 일들에 대해 설명을 해 주고 있다. 우선 해야 할 일은 종이에 필요한 정보를 기입할 것. 그리고 나서 기입이 끝나면 접수처에 제출하고 체온계로 열을 잴 것. 그 후 호명하면 진찰실에 들어갈 것이다. 정답은 3번이다.

記入 기입 | 待合室 대합실 | 看護師 간호사 | 診察室 진찰실 | レントゲン室 X선실

5ばん

女の人が、交番で道をきいています。女の人はこれからどうしますか。	**여자가 파출소에서 길을 묻고 있습니다. 여자는 앞으로 어떻게 합니까?**
女 すみません。ヤマト工業大学に行きたいんですが、道を教えていただけませんか。	여 실례합니다. 야마토 공업대학에 가고 싶은데요, 길 좀 가르쳐 주실래요?
男 ヤマト工業大学ね。それは、隣の駅だよ。	남 야마토 공업대학 말이군요. 그건 옆 역이에요.

女	えー。降りる駅を間違えちゃったんですか。	여	네? 내리는 역을 잘못 안 건가요?
男	あー、でも、確かこの駅からもバスが出ていたなぁ。ちょっと待ってね。調べてあげるから。	남	아~, 하지만 분명히 이 역에서도 버스가 있었지. 잠깐만요. 알아봐 줄 테니까.
女	お願いします。	여	부탁드립니다.
男	3番のバス停の南山田行きか、4番のセンター中央行きに乗れば、通るよ。	남	3번 버스 정류장의 미나미야마다행이나 4번의 센터중앙행을 타면 지나가요.
女	どちらが速いですか。	여	어느 것이 빠른가요?
男	うーん、3番のバスに乗れば6つ目で、4番は3つ目だね……あ、でも、3番は10分おきに来るけど、4番は30分おきだよ。	남	음~. 3번 버스를 타면 여섯 번째고, 4번은 세 번째예요. 아, 하지만 3번은 10분 간격으로 오지만, 4번은 30분 간격이에요.
女	どうしよう。遅刻したら大変だ……。	여	어쩌지. 지각하면 큰일인데…….
男	それじゃ、やっぱり駅から歩いたほうがまちがいないね。駅から2～3分だから。	남	그럼, 역시 역에서 걸어가는 게 확실할 거예요. 역에서 2~3분이니까.
女	ああ、そうですか。じゃあ、そうします。ありがとうございました。	여	아, 그래요? 그럼, 그렇게 할게요. 감사합니다.

女の人はこれからどうしますか。

1 この駅から歩いて行く
2 電車で隣の駅へ行って歩く
3 この駅から3番のバスに乗る
4 この駅から4番のバスに乗る

여자는 앞으로 어떻게 합니까?

1 이 역에서 걸어서 간다
2 전철로 다음 역으로 가서 걸어간다
3 이 역에서 3번 버스를 탄다
4 이 역에서 4번 버스를 탄다

[풀이]

여자가 파출소에서 경찰에게 길을 묻고 있다. 경찰의 첫 대사를 들었다면 여자가 내리는 역을 착각했음을 알 수 있다. 처음에 경찰관은 버스를 이용해 목적지로 가는 방법을 설명해 주었으나, 여자가 버스 운행 간격 때문에 지각할 것을 걱정하자 곧 역에서 걸어가는 방법이 확실하다고 말하고 있다. 여자도 마지막 대사에서 '그렇게 할게요'라고 말하고 있으므로 여자는 전철을 타고 해당 역으로 가서 도보로 목적지로 이동할 것이다. 정답은 2번이다.

交番 파출소 | バス停 버스 정류장 | ～行き ～행

6ばん

先生と学生がアルバイトの話をしています。学生はどんな条件の人を探せばいいでしょうか。		선생님과 학생이 아르바이트 이야기를 하고 있습니다. 학생은 어떤 조건의 사람을 찾으면 될까요?	
先生	ちょっといいかな？君、確か英語話せるよね？	선생님	잠깐 괜찮은가? 자네, 필시 영어 할 줄 알지?
学生	ええ、ちょっとだけですが……。	학생	네, 약간이지만…….

先生	知り合いがね、英語の通訳のバイトを探してるんだよ。それで、やってもらえないかなと思って。	
学生	え、通訳ですか？私なんか役に立たないですよ。英語学専攻の友達がいますから、きいてみましょうか。	
先生	いや、そんな専門的なものじゃないから。かといって、全く話せないのはね……。日常会話ができるぐらいの人がいいんだけど。それでね、時給は９００円で１日３時間ほど手伝ってほしいんだって。	
学生	そうですか。じゃ、探してみます。２〜３日かかってもいいですか。	
先生	うーん、それがね、そのバイト明日からなんだよ。	
学生	え。それは急ですね。どのぐらいの期間なんですか。	
先生	できたら、ずっと働いてほしいみたいなんだけど、無理なら３日程度でもいいんだって。とにかく、明日から仕事できる人がほしいらしいんだ。	
学生	そうですか。じゃ、探してみます。	
先生	ありがとう。じゃ、頼んだよ。	

선생님	아는 사람이 말야, 영어 통역 아르바이트를 찾고 있거든. 그래서 해 줄 수 없을까 해서.
학생	네, 통역이요? 저는 도움이 안 됩니다. 영어학 전공인 친구가 있으니까 물어볼까요?
선생님	아니, 그런 전문적인 게 아니니까. 그렇다고 해서 전혀 말을 못하는 건……. 일상 회화가 가능한 정도의 사람이 좋은데. 그리고 시급은 900엔이고 하루 3시간 정도 도와줬으면 한대.
학생	그래요? 그럼 찾아보겠습니다. 2~3일 걸려도 됩니까?
선생님	음~, 그게 말이지, 그 아르바이트 내일부터야.
학생	에. 그거 급하군요. 기간은 어느 정도입니까?
선생님	가능하면 계속 일해 주길 바라는 것 같은데, 무리라면 3일 정도도 좋대. 어쨌든 내일부터 일할 수 있는 사람이 필요한 것 같아.
학생	그래요? 그럼 찾아보겠습니다.
선생님	고마워. 그럼 부탁하네.

学生はどんな条件の人を探せばいいでしょうか。

1 英語がかなりはなせて、３日後から働ける人
2 英語があまり話せなくても、次の日から働ける人
3 英語があまり話せなくても、この日の夕方から働ける人
4 英語ができる、英語学専攻の人で３日以上働ける人

학생은 어떤 조건의 사람을 찾으면 됩니까?

1 영어를 제법 말할 줄 알고, 3일 후부터 일할 수 있는 사람
2 **영어를 별로 말하지 못해도 다음 날부터 일할 수 있는 사람**
3 영어를 별로 말하지 못해도 이날 저녁부터 일할 수 있는 사람
4 영어를 할 수 있는 영어학 전공자로, 3일 이상 일할 수 있는 사람

[풀이]
선생님과 학생이 아르바이트에 대한 이야기를 하고 있다. 선생님은 지인으로부터 영어 통역 아르바이트생을 구해 달라는 부탁을 받고 학생에게 다시 부탁하고 있다. 아르바이트생의 조건은 체크포인트 부분에 나와 있듯이, '일상 회화가 가능한 정도', '내일부터 할 수 있는 사람'이다. 따라서 학생은 '영어회화를 잘하지 못하더라도 내일부터 일할 수 있는 사람'을 찾아야 한다. 정답은 2번이다.

通訳 통역 | 英語学 영어학 | 専攻 전공 | 専門的 전문적 | 日常会話 일상회화 | 時給 시급 | 急 급함 | 期間 기간 | 無理 무리 | 程度 정도

問題2

問題2では、まず質問を聞いてください。そのあと、問題用紙のせんたくしを読んでください。読む時間があります。それから話を聞いて、問題用紙の1から4の中から、最もよいものを一つ選んでください。

문제 2에서는 우선 질문을 들어 주세요. 그 후 문제 용지의 선택지를 읽어 주세요. 읽을 시간이 있습니다. 그러고 나서 이야기를 듣고 문제 용지의 1에서 4 중에서 가장 적당한 것을 하나 고르세요.

れい

女の人と男の人が映画のアプリについて話しています。女の人がこのアプリをダウンロードした一番の理由は何ですか。

여자와 남자가 영화 앱에 대해 이야기하고 있습니다. 여자가 이 앱을 다운로드한 가장 큰 이유는 무엇입니까?

女 田中君もよく映画見るよね。このアプリ使ってる？	여 다나카 군도 자주 영화 보지? 이 앱 쓰고 있어?
男 いや、使ってないけど…。	남 아니, 사용하지 않는데….
女 ダウンロードしてみたら。映画が見たいときにすぐ予約もできるし、混雑状況も分かるよ。	여 다운로드해 보지 그래? 영화가 보고 싶을 때 바로 예약도 할 수 있고, 혼잡 상황도 알 수 있어.
男 へえ、便利だね。	남 에~, 편리하네.
女 映画の情報はもちろん、レビューまで載っているから、すごく参考になるよ。	여 영화 정보는 물론, 리뷰까지 실려 있기 때문에 굉장히 참고가 돼.
男 ゆりちゃん、もうはまっちゃってるね。	남 유리, 이미 빠져 있구나.
女 でも、何よりいいことは、キャンペーンでチケットや限定グッズがもらえることだよ。私は、とにかくたくさん映画が見たいから、よく応募してるよ。	여 하지만 무엇보다 좋은 것은 캠페인으로 티켓이나 한정 상품을 받을 수 있는 거야. 난 어쨌든 많은 영화를 보고 싶으니까 자주 응모하고 있어.
男 そうか。いろいろいいね。	남 그렇구나. 여러모로 좋네.

女の人がこのアプリをダウンロードした一番の理由は何ですか。

여자가 이 앱을 다운로드한 가장 큰 이유는 무엇입니까?

1 早く映画の情報が知りたいから	1 빨리 영화 정보를 알고 싶으니까
2 キャンペーンに応募してチケットをもらいたいから	2 캠페인에 응모하여 티켓을 받고 싶으니까
3 限定グッズをもらって人に見せたいから	3 한정 상품을 받아서 남에게 보여주고 싶으니까
4 レビューを読んで、話題の映画が見たいから	4 리뷰를 읽고 화제의 영화를 보고 싶으니까

[풀이]

「何よりいいことは 무엇보다 좋은 것은」와 같은 표현이 나오면 뒤에 나오는 말에 집중해야 한다. 여자는 어쨌든 많은 영화를 보고 싶다고 했으니 티켓을 받고 싶은 마음이 드러나 있다는 것을 알 수 있다. 그러므로 캠페인에 응모하여 티켓을 받고 싶다고 한 2번이 정답이 된다.

アプリ 앱 | 混雑 혼잡 | 状況 상황 | レビュー 리뷰 | 情報 정보 | 載る 실리다 | 参考 참고 | はまる 빠지다, 열중하다 | 限定 한정 | グッズ 상품 | とにかく 어쨌든 | 応募 응모 | 見せる 보여주다 | 話題 화제

1ばん

夫が買い物から帰ってきました。買い物に時間がかかったのはどうしてですか。

夫　ただ今。

妻　お帰り。ずいぶん遅かったね。スーパー、込んでたの?

夫　ううん、すいてて、がらがらだった。でも、あのスーパー、意外に不便なんだな。

妻　そう。大きくてね。商品がそろっているのはいいんだけど。

夫　ほしいもの、見つけるのに、上に行ったり、下に降りたりして、時間がかかったよ。

妻　で、頼んだもの、買ってきてくれた?

夫　うん。でも、全部そろったら、急にトイレに行きたくなってさ。

妻　やだ、野菜も肉も持ったままトイレに入ったの?

夫　まさか。トイレの前にかごをおいて、トイレに入ろうとしたら。

妻　男性用のトイレは1、3、5の奇数階だよ。まちがえて入っちゃったの?

夫　そうじゃなくて、1階は故障してるし、3階は込んでるし、5階は掃除中。しかたがないから、一度外に出て……。

妻　駅のトイレまで行ったの?

夫　うん、近いからと思ってね。で、スーパーに戻ったら、元の場所にかごがなくなっててさ。全部やりなおし。

妻　スーパーの人が片付けちゃったのかもね。

買い物に時間がかかったのはどうしてですか。

1　買い物をしなおしたから

2　スーパーが込んでいたから

3　ほしい品物がなかったから

4　スーパーが大きいから

남편이 장보기에서 돌아왔습니다. 장 보는 데 시간이 걸린 것은 왜입니까?

남편　다녀왔어.

아내　어서 와요. 꽤 늦었네요. 슈퍼, 붐볐어요?

남편　아니. 텅텅 비어 있었어. 근데 그 슈퍼, 의외로 불편하더라고.

아내　맞아요. 커서 그래요. 상품이 구비돼 있는 건 좋지만.

남편　필요한 거 찾느라 위로 갔다 아래로 내려갔다 해서, 시간이 걸렸어.

아내　그래서 부탁한 거, 사 왔어요?

남편　응. 하지만 전부 챙겼더니 갑자기 화장실에 가고 싶어져서 말야.

아내　어머, 채소도 고기도 손에 든 채로 화장실에 들어갔어요?

남편　설마. 화장실 앞에 바구니를 놓고 화장실에 들어가려고 했더니.

아내　남성용 화장실은 1, 3, 5 홀수층이에요. 잘못 알고 들어갔어요?

남편　그게 아니라 1층은 고장 나 있지, 3층은 붐비지, 5층은 청소 중이지. 할 수 없어서 한 번 밖으로 나가서…….

아내　역 화장실까지 간 거예요?

남편　응, 가까우니까라고 생각해서 말야. 그리고 슈퍼에 돌아오니 원래 장소에 바구니가 없어져서 말야. 전부 다시 했어.

아내　슈퍼 직원이 정리해 버린 걸지도 몰라요.

장보기에 시간이 걸린 것은 왜입니까?

1　장보기를 다시 해서

2　슈퍼가 붐벼서

3　원하는 물건이 없어서

4　슈퍼가 커서

[풀이]

장보기에서 돌아온 남편과 아내가 대화를 나누고 있다. 대화를 끝까지 들어야 정답을 알 수 있는 문제이다. 장보기에 시간이 걸린 이유를 묻고 있으므로 보기와 관련 있는 남자의 대사에 신경 써서 듣도록 한다. 남자 말에 따르면 슈퍼마켓은 사람이 없어서 한적 했으므로 2번은 정답이 아니다. 4번은 불편한 이유이지 시간이 걸린 이유는 아니다. 다음 대사에서 필요한 물건을 찾느라 오르락내리락 해서 시간이 걸렸다고 했으므로 3번도 정답이 아니다. 남자의 마지막 대사에 따라 정답은 1번이다.

意外 의외 | **不便** 불편함 | **商品** 상품 | **男性用** 남성용 | **奇数階** 홀수층 | **故障** 고장 | **掃除中** 청소 중 | **戻る** 돌아오다, 돌아가다 | **片付ける** 정리하다

2ばん

男の人と女の人が市民センターで話しています。男の人がヨガを習わないのはどうしてですか。	남자와 여자가 시민센터에서 이야기하고 있습니다. 남자가 요가를 배우지 않는 것은 왜입니까?

男 へー、市民センターっていろんなことやってんだね。

여 와~. 시민센터가 여러 가지 일을 하고 있구나.

女 そうよ。書道、英会話、パソコン教室とかね。実は、私も先月からここのヨガ教室に通ってるんだ。

여 맞아. 서예, 영어회화, 컴퓨터 강습이라든가. 실은 나도 지난달부터 여기 요가 강습에 다니고 있어.

男 ふーん。知らなかったよ。

남 흠~. 몰랐어.

女 ヨガって体にいいし、ストレスも解消できて気持ちいいよ。一緒にやらない？前から何か習いたいって言ってたから、いい機会じゃない？

여 요가는 몸에 좋고 스트레스도 해소할 수 있어서 기분이 좋아. 같이 안 할래? 전부터 뭔가 배우고 싶다고 했으니까 좋은 기회잖아?

男 うん……。けど、俺、体硬いし、運動苦手だから。

남 응……. 하지만 난 몸이 뻣뻣하고 운동도 서투니까.

女 激しいスポーツってわけじゃないんだし、やれば？誰だってできるよ。本当に簡単なんだってば。

여 격렬한 스포츠일 리가 없으니 해 보는 게 어때? 누구나 할 수 있어. 정말로 간단하다니까.

男 そうなんだ。けど、そのクラス、もうずっと前から始まっちゃってるんだろ。突然入っても、ついていけないよ。

남 그렇군. 하지만 그 수업, 이미 훨씬 전부터 시작된 거잖아? 갑자기 들어가도 따라가지 못해.

女 大丈夫。このクラスは初心者向きだから、いつ入ってもいいような内容になってるの。

여 괜찮아. 이 수업은 초보자 대상이니까, 언제 들어가도 괜찮은 내용으로 되어 있어.

男 ふーん、まぁ、それならいいか。だけど、ヨガやってるのって、女の人ばっかりじゃないの。

남 음~, 뭐, 그렇다면 괜찮겠지? 하지만 요가 하고 있는 건 여자뿐이잖아.

女 そんなことないよ。先生は男の人だし、人数も半々ぐらい。

여 그렇지 않아. 선생님은 남자고, 인원수도 반반 정도야.

男 ふーん、意外だな。でも、やっぱ、やめとく。だって、ヨガで疲れた後に着替えて帰るのは、面倒だからね。

남 음~, 의외네. 하지만 역시 그만둘래. 왜냐하면 요가로 지친 후에 옷 갈아입고 돌아가는 건 귀찮으니까.

男の人がヨガを習わないのはどうしてですか。	남자가 요가를 배우지 않는 것은 왜입니까?

1 途中から入って習うのが嫌だから

2 ヨガをすると体が痛くなりそうだから

3 服を脱いだり着たりするのが、大変だから

4 ヨガをやっている男の人の数が少ないから

1 도중에 들어가서 배우는 것이 싫어서

2 요가를 하면 몸이 아파질 것 같아서

3 옷을 벗거나 입거나 하는 것이 힘들어서

4 요가를 하고 있는 남자 수가 적어서

[풀이]

남자와 여자가 시민센터에서 이야기하고 있다. 남자가 요가를 배우지 않는 이유를 묻고 있다. 보기의 내용을 중심으로 남자의 대사를 잘 듣도록 한다. 정답은 남자의 마지막 대사를 들어야 알 수 있다. 정답은 3번이다.

ヨガ 요가 | 途中 도중 | 面倒 귀찮음 | 書道 서예 | 英会話 영어회화 | ストレス 스트레스 | 解消 해소 | 機会 기회 | 硬い 딱딱하다 | 苦手 서툼 | 激しい 격렬하다 | 突然 갑자기

3ばん

男の人が銀行の窓口で銀行員と話しています。男の人が今、口座を作ることができないのはどうしてですか。

男 口座を作りたいんですが、予約しなければいけなかったかな。

女 いいえ、それは必要ありませんが……、外国の方の場合は……外国人登録証明書はお持ちですか。

男 はい、持ってきました。

女 失礼ですが、日本にはどのくらい滞在していらっしゃいますか。

男 ええっと……、3か月です。

女 あー、申し訳ございませんが、6か月以上日本にお住まいの方でなければ口座はお作りになれないんですが。

男 えー、本当に？ これから2年以上いる予定なんですが。

女 では、6か月経ってから、またいらっしゃっていただけますでしょうか。

男 うーん、そうですか。

女 それから、その際には印鑑もご用意くださいませ。

男 えっ、はんこですか。それは、持っていませんが。

女 では、カタカナでもかまいませんので、お名前が分かる印鑑をお作りになっていただけますでしょうか。

남자가 은행 창구에서 은행원과 이야기하고 있습니다. 남자가 지금 계좌를 만들지 못하는 것은 왜입니까?

남 계좌를 만들고 싶은데요, 예약해야 했나요?

여 아니요, 그럴 필요는 없는데요……, 외국분인 경우는 …… 외국인등록 증명서는 가져 오셨어요?

남 네, 가져왔습니다.

여 실례지만, 일본에는 얼마나 체재하고 계십니까?

남 그러니까 3개월입니다.

여 아, 죄송하지만, 6개월 이상 일본에 거주하시는 분이 아니면 계좌는 만드실 수 없습니다만.

남 네, 정말요? 앞으로 2년 이상 있을 예정인데요.

여 그럼 6개월 지나고 나서 다시 와 주시겠어요?

남 음, 그렇습니까?

여 그리고 그때에는 인감도 준비해 주세요.

남 네, 도장요? 그건 없는데요.

여 그럼 가타카나로도 상관없으니 성함을 알 수 있는 인감을 만들어 주시겠어요?

<ruby>男<rt>おとこ</rt></ruby>の<ruby>人<rt>ひと</rt></ruby>が<ruby>今<rt>いま</rt></ruby>、<ruby>口座<rt>こうざ</rt></ruby>を<ruby>作<rt>つく</rt></ruby>ることができないのはどうしてですか。	남자가 지금 계좌를 만들지 못하는 것은 왜입니까?

1 <ruby>予約<rt>よやく</rt></ruby>していなかったから	1 예약을 하지 않기 때문에
2 <ruby>外国人登録<rt>がいこくじんとうろく</rt></ruby>をしていないから	2 외국인등록을 하지 않기 때문에
3 <ruby>日本<rt>にほん</rt></ruby>に6ヶ<ruby>月以上住<rt>げついじょうす</rt></ruby>んでいないから	3 일본에 6개월 이상 살고 있지 않기 때문에
4 <ruby>印鑑<rt>いんかん</rt></ruby>を<ruby>持<rt>も</rt></ruby>っていないから	4 인감을 가지고 있지 않기 때문에

[풀이]

보기의 내용을 중심으로 대화를 잘 듣도록 한다. 외국인의 경우, 은행 계좌를 만들 수 있는 조건은 일본에 6개월 이상 거주해야 한다. 그러나 남자는 3개월을 거주했으므로 계좌를 만들 수 있는 조건이 되지 않는다. 정답은 3번이다.

銀行員 은행원 | **外国人登録** 외국인등록 | **証明書** 증명서 | **印鑑** 인감 | **口座** 계좌 | **滞在する** 체재하다

4ばん

<ruby>男子学生<rt>だんしがくせい</rt></ruby>と<ruby>女子学生<rt>じょしがくせい</rt></ruby>が<ruby>学生寮<rt>がくせいりょう</rt></ruby>で<ruby>話<rt>はな</rt></ruby>しています。<ruby>男子学生<rt>だんしがくせい</rt></ruby>が<ruby>本<rt>ほん</rt></ruby>を<ruby>借<rt>か</rt></ruby>りることができなかったのはどうしてですか。	남학생과 여학생이 학생 기숙사에서 이야기하고 있습니다. 남학생이 책을 빌리지 못한 것은 왜입니까?

<ruby>女<rt>おんな</rt></ruby>	どうしたの。<ruby>困<rt>こま</rt></ruby>った<ruby>顔<rt>かお</rt></ruby>して。	여	왜 그래? 난감한 얼굴을 하고서.
<ruby>男<rt>おとこ</rt></ruby>	レポートを<ruby>書<rt>か</rt></ruby>くのに<ruby>必要<rt>ひつよう</rt></ruby>な<ruby>本<rt>ほん</rt></ruby>、<ruby>借<rt>か</rt></ruby>りられなかったんだ。	남	리포트를 쓰는 데 필요한 책, 못 빌렸어.
<ruby>女<rt>おんな</rt></ruby>	ええっ、そうなんだ。でも、<ruby>今日<rt>きょう</rt></ruby>は<ruby>火曜日<rt>かようび</rt></ruby>だから、<ruby>図書館<rt>としょかん</rt></ruby>が<ruby>休館<rt>きゅうかん</rt></ruby>ってわけじゃないし。<ruby>図書館利用<rt>としょかんりよう</rt></ruby>カード<ruby>持<rt>も</rt></ruby>ってなかったからとか?	여	저런, 그렇구나. 하지만 오늘은 화요일이니까 도서관이 휴관일 리는 없고. 도서관 이용 카드 안 가져갔다든가?
<ruby>男<rt>おとこ</rt></ruby>	いや、<ruby>持<rt>も</rt></ruby>ってなくても、<ruby>住所<rt>じゅうしょ</rt></ruby>が<ruby>確認<rt>かくにん</rt></ruby>できるものがあればいいんだけど。	남	아니, 안 가져가도 주소를 확인할 수 있는 게 있으면 되지만.
<ruby>女<rt>おんな</rt></ruby>	じゃ、なんで?	여	그럼 왜?
<ruby>男<rt>おとこ</rt></ruby>	それがさ、<ruby>貸出中<rt>かしだしちゅう</rt></ruby>らしくて。	남	그게 말이야, 대출 중인 것 같아.
<ruby>女<rt>おんな</rt></ruby>	ああ、そういうこと。	여	아, 그런 거구나.
<ruby>男<rt>おとこ</rt></ruby>	こうなるんだったら、<ruby>先週<rt>せんしゅう</rt></ruby>にでもオンラインで<ruby>本<rt>ほん</rt></ruby>の<ruby>状況<rt>じょうきょう</rt></ruby>をちゃんと<ruby>確認<rt>かくにん</rt></ruby>しておけばよかったよ。	남	이렇게 될 줄 알았으면 지난주에라도 온라인으로 책 상황을 제대로 확인해 두면 좋았을 텐데.
<ruby>女<rt>おんな</rt></ruby>	そうだね。そしたら、<ruby>本<rt>ほん</rt></ruby>の<ruby>予約<rt>よやく</rt></ruby>もできたのにね。	여	그래. 그랬으면 책 예약도 할 수 있었을 텐데.

<ruby>男子学生<rt>だんしがくせい</rt></ruby>が<ruby>本<rt>ほん</rt></ruby>を<ruby>借<rt>か</rt></ruby>りることができなかったのはどうしてですか。	남학생이 책을 빌리지 못한 것은 왜입니까?

1 他の人がオンラインで予約をしていたから
2 図書館利用カードを持っていないから
3 だれかが借りているから
4 火曜日だから

1 다른 사람이 온라인으로 예약을 했기 때문에
2 도서관 이용 카드를 안 가지고 있었기 때문에
3 누군가가 빌려 갔기 때문에
4 화요일이기 때문에

[풀이]
'대출 중인 것 같다'는 남자의 대사로 정답이 3번임을 알 수 있다.

オンライン 온라인 | 予約 예약 | 確認 확인 | 貸出中 대출 중 | 状況 상황

5ばん

女の人と男の人が話しています。2人はどこで待ち合わせますか。

여자와 남자가 이야기하고 있습니다. 두 사람은 어디에서 만납니까?

女　わあー、ここが頂上かと思ったのに……。私、もうだめ。登れない。下りよう。

男　せっかくここまで来たんだから、俺、頂上まで行きたいよ。

女　私、まじで無理。

男　じゃ、下のロープウエーの乗り場で待ち合わせようよ。君はこの道を下りればいいよ。僕は頂上から、近道下りて、すぐ追いつくよ。あそこから、バスに乗って帰ろう。

女　温泉に入って帰ろうよ。温泉前にもバス停あるし。

男　あそこからは……。ロープウエーの乗り場から出るバスだから、そこでもう満員で、通過しちゃうこともあるしな。

女　じゃ、急いで温泉に入って、ロープウエーの乗り場まで戻ったら?

男　温泉入って、戻るって、ちょっときついよ。その代わり、バス降りてから、飯、おごるよ。

女　本当? じゃ、それでもいいけど。

여 이런~, 여기가 정상인 줄 알았는데……. 난 더는 안 되겠어. 못 올라가겠어. 내려가자.

남 애써 여기까지 왔으니까 난 정상까지 가고 싶어.

여 난 정말 무리야.

남 그럼, 아래 로프웨이 타는 곳에서 만나. 너는 이 길을 내려가면 돼. 나는 정상에서 지름길로 내려가서 바로 따라잡을게. 거기에서 버스를 타고 가자.

여 온천에 들어갔다 가자. 온천 앞에도 버스 정류장 있고.

남 거기에서는……. 로프웨이 타는 곳에서 출발하는 버스이기 때문에 거기서 이미 만원이라 통과해 버리는 경우도 있고 말이야.

여 그럼, 서둘러 온천에 들어갔다가 로프웨이 타는 곳까지 되돌아가면?

남 온천 갔다가 되돌아가는 건 좀 힘들어. 그 대신에 버스 내리고 나서 밥 살게.

여 정말? 그럼, 그래도 좋지만.

2人はどこで待ち合わせますか。

두 사람은 어디에서 만납니까?

1 山の頂上にあるロープウエー駅
2 温泉の前のバス乗り場
3 山の下にあるロープウエー乗り場
4 山の頂上駅のバス乗り場

1 산 정상에 있는 로프웨이 역
2 온천 앞 버스 정류장
3 산 밑에 있는 로프웨이 정류장
4 산 정상에 있는 역의 버스 정류장

남자가 먼저 제안한 곳은 3번이다. 그러자 여자는 2번을 제안했고, 남자가 버스가 서지 않고 통과할 수 있다고 하자 여자도 3번 장소를 제안한다. 체크포인트 부분을 들었다면 여자가 남자의 제안을 따를 것임을 알 수 있다.

頂上 정상 | 待ち合わせ 만나기로 함 | 追いつく 따라잡다 | 満員 만원 | 通過 통과

6ばん

女の人がDVD・CDレンタルショップで店員と話しています。女の人が借りたいDVDを借りることができないのはどうしてですか。

女 すみません。ミス・チャイルドの新曲のCDを借りたいんですが、棚にないんですよ。

男 あっ……。先週発売されたばかりのですか。あれはまだ入荷していないんですよ。

女 えー、そうなの……。

男 ええ。もうしばらくお待ちいただかないと……。

女 それじゃ、「続・四丁目の朝日」のＤＶＤ、あそこにあるやつは全部「貸出中」の札が付いているんだけど、他にはないんですか。

男 うーん。あそこに並べてあるだけなんですよ。「四丁目の朝日」では、いかがでしょうかね。

女 ああー、あれはもう見ちゃったのよね……。じゃー、またにします。

男 そうですかー、申し訳ございません。

女の人が借りたいDVDを借りることができないのはどうしてですか。

1 発売されたばかりなので
2 まだ入荷していないので
3 もう見てしまったものなので
4 全部借りられてしまったので

여자가 DVD · CD대여점에서 점원과 이야기하고 있습니다. 여자가 빌리고 싶은 DVD를 못 빌린 것은 왜입니까?

여 저기요. 미스 차일드의 신곡 CD를 빌리고 싶은데요, 진열대에 없어요.

남 아……. 지난주에 갓 발매된 것 말인가요? 그건 아직 입하되지 않았습니다.

여 아, 그래요…….

남 네. 조금 더 기다려 주셔야…….

여 그럼 '속 · 4가의 아침 해' DVD, 저기에 있는 건 전부 '대여 중' 푯말이 붙어 있는데, 다른 건 없나요?

남 음~ 저기에 진열된 것뿐입니다. '4가의 아침 해'는 어떠세요?

여 아, 그건 이미 본 거라서요. 그럼 다시 올게요.

남 그러세요? 죄송합니다.

여자가 빌리고 싶은 DVD를 못 빌린 것은 왜입니까?

1 발매된 지 얼마 안 되어서
2 아직 입하되지 않아서
3 이미 본 것이라서
4 전부 대여되어서

체크포인트 부분을 들었다면 정답이 4번임을 알 수 있다. 2는 빌리고 싶었던 CD를 못 빌린 이유이고, 3은 여자가 DVD를 빌리지 않은 이유이다.

レンタルショップ 대여점 | 棚 선반 | 入荷する 입하하다 | 貸出中 대출 중 | 札 표, 푯말

問題 3

問題 3 では、問題用紙に何もいんさつされていません。この問題は、全体としてどんな内容かを聞く問題です。話の前に質問はありません。まず話を聞いてください。それから質問とせんたくしを聞いて、１から４の中から、最もよいものを一つ選んでください。

문제 3에서는 문제용지에 아무것도 인쇄되어 있지 않습니다. 이 문제는 전체적으로 어떤 내용인지를 묻는 문제입니다. 이야기하기 전에 질문은 없습니다. 우선 이야기를 들어 주세요. 그러고 나서 질문과 선택지를 듣고 1에서 4 중에서 가장 적당한 것을 하나 고르세요.

れい

男の人と女の人が映画を見て話しています。	남자와 여자가 영화를 보고 이야기하고 있습니다.
男　映画、どうだった？	남　영화, 어땠어?
女　まあまあだった。	여　그냥 그랬어.
男　そう？ ぼくは、けっこうよかったと思うけど。主人公の演技もよかったし。	남　그래? 난 꽤 좋았다고 생각하는데. 주인공의 연기도 좋았고.
女　うん、確かに。でも、ストーリーがちょっとね…。	여　응, 확실히(그건 그래). 근데 스토리가 좀….
男　ストーリー？	남　스토리?
女　うん、どこかで聞いたようなストーリーっていうか…。主人公の演技は確かにすばらしかったと思うわ。	여　응, 어디선가 들어본 것 같은 스토리라고 할까…. 주인공의 연기는 확실히 훌륭했다고 생각해.
男　そう？ ぼくはストーリーもおもしろかったと思うけどね。	남　그래? 나는 스토리도 재미있었다고 생각하는데.
女の人は映画についてどう思っていますか。	여자는 영화에 대해 어떻게 생각하고 있습니까?

1 ストーリーも主人公の演技もよかった	1 스토리도 주인공의 연기도 좋았다
2 ストーリーも主人公の演技もよくなかった	2 스토리도 주인공의 연기도 좋지 않았다
3 ストーリーはよかったが、主人公の演技はよくなかった	3 스토리는 좋았지만, 주인공의 연기는 좋지 않았다
4 ストーリーはよくなかったが、主人公の演技はよかった	4 스토리는 좋지 않았지만, 주인공의 연기는 좋았다

[풀이]

여자는 주인공의 연기는 좋았다고 인정했지만, 스토리가 별로였다고 하였으므로, 정답은 4번이 된다.

まあまあだ 그저 그렇다 | まあまあ 그럭저럭 | 主人公 주인공 | 演技 연기 | 確かに 확실히 | すばらしい 훌륭하다

1ばん

女の人が話しています。

女 私は「飼っているペット」というテーマでアンケートを行いました。回答者は女性15人、男性15人で計30人でした。結果、性別を問わず最も飼われているペットは「犬」でした。そして犬を飼っている理由を尋ねたところ、1位「好きだから」、2位「かわいいから」、3位「一緒にいると楽しいから」という結果になりました。最後に「犬を家族だと思っていますか」という質問に86%の人が"はい"と回答しました。

女の人は何について話していますか。

1 ペットとして犬が人気がある理由
2 ペットを飼っている人の割合
3 ペットを飼っている人が増えている理由
4 ペットを飼ってみて感じたこと

여자가 이야기하고 있습니다.

여 저는 '기르고 있는 반려동물'이라는 테마로 설문조사를 실시했습니다. 응답자는 여성 15명, 남성 15명으로 합계 30명이었습니다. 그 결과, 성별을 불문하고 가장 많이 키우고 있는 반려동물은 '개'였습니다. 그리고 개를 키우고 있는 이유를 물어봤더니, 1위 '좋아하니까', 2위 '귀여우니까', 3위 '같이 있으면 즐거우니까'라는 결과가 되었습니다. 마지막으로 '개를 가족이라고 생각하고 있습니까?'라는 질문에 86%의 사람이 '네'라고 응답했습니다.

여자는 무엇에 관해서 이야기하고 있습니까?

1 반려동물로서 개가 인기가 있는 이유
2 반려동물을 기르고 있는 사람의 비율
3 반려동물을 기르고 있는 사람이 늘고 있는 이유
4 반려동물을 길러 보고 느낀 것

[풀이]

여자의 설명 중에 2번, 3번, 4번에 해당하는 내용은 전혀 언급되지 않기 때문에 정답이 될 수 없다.

飼う 기르다 | 回答者 응답자 | 性別 성별 | 尋ねる 묻다

2ばん

男の人と女の人が話しています。

男 日本語を勉強し始めたきっかけは何?
女 えっと、日本の俳優さんが好きになったのがきっかけですかね。
男 その俳優のどこが好きだったの?やっぱり顔?
女 まあ、顔も好きですけど、タイプなわけじゃないですね。
男 じゃあ、演技がうまいとか?
女 確かに演技が上手で賞もたくさん受賞した俳優なんです。でも何より、私は彼のひげが好きなんです。
男 りんちゃん、ひげある男が好きだったんだ。

남자와 여자가 이야기하고 있습니다.

남 일본어를 공부하기 시작하게 된 계기가 뭐야?
여 음, 일본 배우를 좋아하게 된 것이 계기라고 할 수 있을까요?
남 그 배우의 어디가 좋았어? 역시 얼굴?
여 뭐, 얼굴도 좋아하지만, 타입은 아닙니다.
남 그럼, 연기를 잘해서?
여 확실히 연기를 잘해서 상도 많이 수상한 배우입니다. 하지만, 무엇보다, 저는 그의 수염을 좋아해요.
남 린, 수염 있는 남자를 좋아하는구나?

女 そうなんですよ。なんかひげがあると、もっと 男らしく感じるんです。 男 じゃあ、俺も今日からひげ伸ばしてみようか。	여 맞아요. 뭔가 수염이 있으면, 더 남자답게 느껴져요. 남 그럼, 나도 오늘부터 수염 길러볼까?
女の人は好きな俳優のどんなところが魅力だと言っ ていますか。	여자는 좋아하는 배우의 어떤 점이 매력이라고 말하고 있습 니까?
1 ひげがあるところ 2 演技がうまいところ 3 顔がハンサムなところ 4 男らしく話すところ	1 수염이 있는 점 2 연기를 잘하는 점 3 얼굴이 잘생긴 점 4 남자 답게 말하는 점

[풀이]
물론 얼굴도 좋고 연기도 잘한다고 말했지만 무엇보다 수염을 좋아한다고 강조하고 있기 때문에 정답은 1번이다.

俳優 배우 | 演技 연기 | 受賞 수상 | ひげ 수염 | 男らしさ 남자다움

3ばん

不動産で女の人と男の人が話しています。	부동산에서 여자와 남자가 이야기하고 있습니다.
女 あの、すみません。部屋を探しているんですが。 男 いらっしゃいませ。こちらへどうぞ。何か条件 がございましたら、遠慮なくおっしゃってくだ さい。 女 えっと、まず、私、新入生なので、学校から近 ければ近いほど助かります。 男 はい。他に何かございますか。 女 んー、それから南向きの部屋がいいです。あ と、コンビニとか100円ショップなんかも近くに あってほしいです。 男 では、1階でも構いませんか。 女 あー、1階はちょっと・・・。 男 やはりそうですよね。では、駅からは遠くなっ ても大丈夫ですか。 女 はい、歩いて20分以内なら平気です。	여 저기, 실례합니다. 방을 찾고 있습니다만. 남 어서 오세요. 여기 앉으세요. 뭔가 찾으시는 조건이 있으 시면, 편하게 말씀해 주세요. 여 음, 우선 제가 신입생이기 때문에, 학교에서 가까우면 가 까울수록 좋습니다. 남 네. 그 외에 뭔가 있으십니까? 여 음, 그리고 남향의 방이 좋습니다. 그리고, 편의점이나 100엔샵 같은 곳도 가까운 곳에 있었으면 좋겠습니다. 남 그럼 1층이어도 상관없습니까? 여 아, 1층은 좀… 남 역시 좀 그렇죠? 그럼, 역에서는 멀어져도 괜찮습니까? 여 네, 걸어서 20분 이내라면 괜찮습니다.

男 それでは、こちらの物件をご覧ください。2 LDKの広い家ですが、家賃も安くて、何より新築で2階の部屋なんです。そして南向きでコンビニも近くにありますよ。しかし、駅から少し遠くなります。

女の人が不動産に来た目的は何ですか。

1 コンビニと近い部屋に引っ越すためにきた。
2 駅から遠くても安い部屋を探しにきた。
3 新しい部屋を探しにきた。
4 駅から遠くても広い部屋を探しにきた。

남 그럼, 이 매물을 봐주세요. 2LDK의 넓은 집이지만, 집세도 싸고, 무엇보다 신축으로 2층의 방입니다. 그리고 남향이고 편의점도 근처에 있어요. 하지만 역에서 조금 멀어집니다.

여자가 부동산에 온 목적은 무엇입니까?

1 편의점과 가까운 방으로 이사하기 위해서 왔다.
2 역에서 멀어도 싼 방을 찾으러 왔다.
3 새로운 방을 찾으러 왔다.
4 역에서 멀어도 넓은 방을 찾으러 왔다.

[풀이]
여자는 신입생이기 때문에 학교와 가까운 방을 찾고자 부동산을 방문했고, 편의점에 가까운 방으로 가려고 이사하는 것이 목적이 아니기 때문에 1번은 답이 될 수 없다. 또한 가격에 대한 조건이나 집의 크기는 언급하지 않았기 때문에 2번과 4번 또한 답이 될 수 없다.

条件 조건 | 物件 매물 | 家賃 집세

問題 4

<ruby>問題<rt>もんだい</rt></ruby> 4 では、<ruby>問題<rt>もんだい</rt></ruby><ruby>用紙<rt>ようし</rt></ruby>に<ruby>何<rt>なに</rt></ruby>もいんさつされていません。この問題は、まず<ruby>文<rt>ぶん</rt></ruby>を<ruby>聞<rt>き</rt></ruby>いてください。それから、それに<ruby>対<rt>たい</rt></ruby>する<ruby>返事<rt>へんじ</rt></ruby>を<ruby>聞<rt>き</rt></ruby>いて、1から3の<ruby>中<rt>なか</rt></ruby>から、<ruby>最<rt>もっと</rt></ruby>もよいものを<ruby>一<rt>ひと</rt></ruby>つ<ruby>選<rt>えら</rt></ruby>んでください。

문제 4에서는 그림을 보면서 질문을 들어 주세요. 화살표(➜)가 가리키는 사람은 뭐라고 말합니까? 1~3 중에서 가장 적당한 것을 하나 고르세요.

れい

<ruby>朝<rt>あさ</rt></ruby>、<ruby>友<rt>とも</rt></ruby>だちに<ruby>会<rt>あ</rt></ruby>いました。<ruby>何<rt>なん</rt></ruby>と<ruby>言<rt>い</rt></ruby>いますか。	아침에 친구를 만났습니다. 뭐라고 말합니까?
<ruby>男<rt>おとこ</rt></ruby> 1 おはよう。	남 1 안녕.(아침 인사)
2 こんにちは。	2 안녕.(점심 인사)
3 こんばんは。	3 안녕.(저녁 인사)

[단어]

<ruby>朝<rt>あさ</rt></ruby> 아침 | <ruby>友<rt>とも</rt></ruby>だち 친구 | <ruby>会<rt>あ</rt></ruby>う 만나다

1ばん

ホテルのカードキーを<ruby>部屋<rt>へや</rt></ruby>に<ruby>置<rt>お</rt></ruby>き<ruby>忘<rt>わす</rt></ruby>れて<ruby>出<rt>で</rt></ruby>ました。<ruby>何<rt>なん</rt></ruby>と<ruby>言<rt>い</rt></ruby>いますか。	호텔 카드 키를 방에 두고 나왔습니다. 뭐라고 말합니까?
1 かぎを<ruby>家<rt>いえ</rt></ruby>に<ruby>持<rt>も</rt></ruby>って<ruby>帰<rt>かえ</rt></ruby>りました。	1 열쇠를 집에 가지고 갔습니다.
2 かぎを<ruby>置<rt>お</rt></ruby>いたまま<ruby>外<rt>そと</rt></ruby>に<ruby>出<rt>で</rt></ruby>てしまいました。	2 열쇠를 둔 채 밖에 나와 버렸습니다.
3 かぎはちゃんと<ruby>閉<rt>し</rt></ruby>めてください。	3 열쇠는 제대로 잠가주세요.

[단어]

カードキー 카드키 | かぎ 열쇠 | <ruby>閉<rt>し</rt></ruby>める 잠그다

2ばん

<ruby>空<rt>そら</rt></ruby>が<ruby>曇<rt>くも</rt></ruby>って<ruby>風<rt>かぜ</rt></ruby>も<ruby>強<rt>つよ</rt></ruby>くなってきました。<ruby>何<rt>なん</rt></ruby>と<ruby>言<rt>い</rt></ruby>いますか。	하늘이 흐리고 바람도 강해졌습니다. 뭐라고 말합니까?
1 <ruby>雨<rt>あめ</rt></ruby>は<ruby>止<rt>や</rt></ruby>みましたか。	1 비는 그쳤습니까?
2 <ruby>明日<rt>あした</rt></ruby>は<ruby>晴<rt>は</rt></ruby>れるそうです。	2 내일은 맑다고 합니다.
3 <ruby>今<rt>いま</rt></ruby>にも<ruby>雨<rt>あめ</rt></ruby>が<ruby>降<rt>ふ</rt></ruby>りそうですね。	3 당장이라도 비가 내릴 것 같네요.

[단어]

<ruby>曇<rt>くも</rt></ruby>る 흐리다 | <ruby>止<rt>や</rt></ruby>む 그치다 | <ruby>晴<rt>は</rt></ruby>れる 맑다

3ばん

部屋が寒いです。何と言いますか。	방이 춥습니다. 뭐라고 말합니까?
1 寒いから、クーラーでもつけようか。	1 추우니까, 에어컨이라도 틀까?
2 寒いから、ストーブでもつけようか。	2 추우니까, 난로라도 틀까?
3 寒いから、エアコンの温度を下げようか。	3 추우니까, 에어컨의 온도를 내릴까?

[단어]

クーラー 에어컨 | ストーブ 난로 | 下げる 내리다

4ばん

駐車禁止なのに駐車している人がいます。何と言いますか。	주차 금지인데 주차를 하고 있는 사람이 있습니다. 뭐라고 말합니까?
1 ここからは立入禁止です。	1 여기부터는 출입금지입니다.
2 ここに車を止めてはいけません。	2 여기에 차를 세우면 안 됩니다.
3 ここは通行止めとなっています。	3 여기는 통행금지로 되어 있습니다.

[단어]

駐車 주차 | 禁止 금지 | 立入 진입 | 通行 통행

問題 5

問題 5 では、問題用紙に何もいんさつされていません。まず文を聞いてください。それから、そのへんじを聞いて、 1 から 3 の中から、最もよいものを一つえらんでください。

문제 5에서는 문제지에 아무것도 인쇄되어 있지 않습니다. 먼저 문장을 들어 주세요. 그리고 그 대답을 듣고, 1~3 중에서 가장 적당한 것을 하나 고르세요.

れい

男 では、お先に失礼します。	남 그럼. 먼저 실례하겠습니다.
女 1 本当に失礼ですね。	여 1 정말로 무례하군요.
2 おつかれさまでした。	2 수고하셨습니다.
3 さっきからうるさいですね。	3 아까부터 시끄럽네요.

[단어]

先に 먼저 | 失礼 실례, 무례 | さっき 조금 전, 아까 | うるさい 시끄럽다

1ばん

女 お肌、つるつるだね。	여 피부. 매끈하네.
女 1 そんなことないです。	여 1 그렇지 않습니다.
2 普段どんなケアをしてるんですか。	2 평소 어떤 케어를 하고 있습니까?
3 びっくりした。	3 깜짝 놀랐어.

[단어]

肌 피부 | つるつる 매끈매끈, 매끈한 모양 | 普段 평소 | ケア 케어 | びっくりする 깜짝 놀라다

2ばん

男 今何してるの。	남 지금 뭐 해?
女 1 たくさん食べない方がいいって。	여 1 많이 먹지 않는 편이 좋다니까.
2 家でごろごろしてるよ。	2 집에서 뒹굴뒹굴 하고 있어.
3 ゲームばかりしちゃだめだよ。	3 게임만 하면 안 돼.

[단어]

ごろごろ 뒹굴뒹굴

3ばん

女 先に失礼します。

男　1　どうぞ、お入りください。
　　2　毎度ありがとうございます。
　　3　お疲れ様でした。

여　먼저 실례하겠습니다.

남　1　어서 들어오세요.
　　2　매번 감사합니다.
　　3　수고하셨습니다.

[단어]

先に 먼저 | 毎度 매번

4ばん

女 明けましておめでとうございます。

男　1　来年も頑張りましょう。
　　2　今年ももう終わるね。
　　3　こちらこそ、今年もどうぞよろしくお願いします。

여　새해 복 많이 받으세요. (연초 인사)

남　1　내년에도 힘냅시다.
　　2　올해도 벌써 끝났네.
　　3　저야말로, 올해도 잘 부탁드립니다.

[단어]

頑張る 힘내다 | 今年 올해

5ばん

男 報告書にミスがあって直しておいたよ。確認してみて。

女　1　あ、すみません。これから気を付けます。
　　2　あ、すみません。やっぱりグラフも入れた方がいいですかね。
　　3　あ、すみません。どんどん直してください。

남　보고서에 미스가 있어서 고쳐 두었어. 확인해 봐.

여　1　아, 죄송합니다. 이제부터 조심하겠습니다.
　　2　아. 죄송합니다. 역시 그래프도 넣는 편이 좋을까요?
　　3　아. 죄송합니다. 마구 고쳐 주세요.

[단어]

報告書 보고서 | ミス 미스, 실수 | 直す 고치다 | 確認 확인 | 気を付ける 조심하다 | やっぱり 역시 | グラフ 그래프 | どんどん 마구, 척척

6ばん

女 よいお年を。

男　1　高橋さん、今年は大変でしたね。
　　2　高橋さんも年を取りましたね。
　　3　高橋さんも良いお年をお迎えください。

여　새해 복 많이 받으세요. (연말 인사)

남　1　타카하시 씨, 올해는 힘들었네요.
　　2　타카하시 씨도 나이를 먹었네요.
　　3　타카하시 씨도 새해 복 많이 받으세요.

[단어]

大変だ 힘들다, 큰일이다 | 年を取る 나이를 먹다

7ばん

男 明日、伺ってもよろしいでしょうか。
女 1 承知いたしました。お待ちしております。
　 2 ありがとうございます。では、部長と一緒に伺います。
　 3 何かありましたか。

남 내일, 방문해도 괜찮을까요?
여 1 알겠습니다. 기다리고 있겠습니다.
　 2 감사합니다. 그럼, 부장님과 함께 방문하겠습니다.
　 3 뭔가 있었나요?

[단어]

伺う '방문하다(尋ねる)'의 겸양어 ┃ 一緒に 함께

8ばん

男 また何かあったら遠慮なく言ってくださいね。
女 1 そうですね。何でもおっしゃってください。
　 2 そう言っていただけるだけで、すごく安心しました。
　 3 考え直したほうがいいですね。

남 또 무슨 일이 있으면 편하게 말해주세요.
여 1 그렇네요. 뭐든지 말씀해 주세요.
　 2 그렇게 말해주시는 것만으로, 굉장히 안심했습니다.
　 3 다시 생각하는 편이 좋아요.

[단어]

遠慮なく 기탄없이, 편하게 ┃ すごく 매우 ┃ 安心 안심 ┃ 考え直す 다시 생각하다

9ばん

女 430円です。袋に入れますか。
男 1 ビニール袋ではありません。
　 2 あ、お願いします。
　 3 お袋の味ですね。

여 430엔입니다. 봉투에 넣어드릴까요?
남 1 비닐봉투가 아닙니다.
　 2 아, 부탁드립니다.
　 3 어머니의 맛이네요.

[단어]

袋 봉투 ┃ ビニール 비닐 ┃ お袋 어머니(자기 어머니를 남에게 말할 때) ┃ 味 맛

Memo

Memo

Memo

일단
합격

일본어능력시험

JLPT

N3 완벽 대비

기본서 + 모의고사 + 단어장

동양북스 채널에서 더 많은 도서
더 많은 이야기를 만나보세요!

 유튜브

 인스타그램

 블로그

 포스트

 페이스북

 카카오뷰

외국어 출판 45년의 신뢰
외국어 전문 출판 그룹
동양북스가 만드는 책은 다릅니다.

45년의 쉼 없는 노력과 도전으로 책 만들기에 최선을 다해온
동양북스는 오늘도 미래의 가치에 투자하고 있습니다.
대한민국의 내일을 생각하는 도전 정신과 믿음으로 최선을 다하겠습니다.

동양북스